诉讼执行一体化

——以执行视角优化诉讼策略

吴志强　张烨　著

法律出版社
LAW PRESS·CHINA
北京

图书在版编目(CIP)数据

诉讼执行一体化:以执行视角优化诉讼策略 / 吴志强,张烨著. -- 北京:法律出版社,2023
ISBN 978-7-5197-8059-3

Ⅰ.①诉… Ⅱ.①吴… ②张… Ⅲ.①执行(法律)-研究-中国 Ⅳ.①D925.04

中国国家版本馆 CIP 数据核字(2023)第 117102 号

诉讼执行一体化
——以执行视角优化诉讼策略
SUSONG ZHIXING YITIHUA
—YI ZHIXING SHIJIAO YOUHUA SUSONG CELÜE

吴志强 张烨 著

策划编辑 孙 慧 余群化
责任编辑 孙 慧 余群化
装帧设计 李 瞻

出版发行 法律出版社
编辑统筹 司法实务出版分社
责任校对 张翼羽
责任印制 胡晓雅
经　　销 新华书店

开本 710 毫米×1000 毫米 1/16
印张 39.5 **字数** 583 千
版本 2023 年 8 月第 1 版
印次 2023 年 8 月第 1 次印刷
印刷 三河市龙大印装有限公司

地址:北京市丰台区莲花池西里 7 号(100073)
网址:www.lawpress.com.cn
投稿邮箱:info@lawpress.com.cn
举报盗版邮箱:jbwq@lawpress.com.cn
销售电话:010-83938349
客服电话:010-83938350
咨询电话:010-63939796

书号:ISBN 978-7-5197-8059-3
定价:148.00 元
凡购买本社图书,如有印装错误,我社负责退换。电话:010-83938349

前　言

“诉讼执行一体化”是笔者在实务办案及对典型案例整理过程中对解决执行困境的体系性思考。强制执行是将司法公正落地的最后一道关卡，近年来随着相关部门的不断努力，执行改革已从“基本解决执行难”进入“切实解决执行难”的攻坚阶段。执行队伍人手不足、地方保护主义、被执行人抗拒执行等阻碍执行的外部因素已经得到有效遏制，在此情况下，因权利人自身原因在诉讼阶段埋下隐患，最终导致执行困难甚至无法执行的问题就凸显出来。于是，笔者开始思考诉讼执行一体化问题，并在《保全与执行实务精要》一书第八章做了初步阐述。

因审判和执行分离原则，人民法院执行机构对判决书的实质权利义务不能做审判，只能按照生效法律文书确定的给付内容照章执行。根据《执行工作规定》第 16 条的规定：“人民法院受理执行案件应当符合下列条件：……(3) 申请执行的法律文书有给付内容，且执行标的和被执行人明确……”人民法院在受理执行案件时，首先应对生效法律文书是否具有可执行性进行审查，包括审查法律文书是否有给付内容、给付内容是否明确、履行条件是否明确、条件是否成就等。其中，若生效法律文书中的给付内容不明确，根据《最高人民法院关于人民法院立案、审判与执行工作协调运行的意见》第 15 条第 1 款的规定：“执行机构发现本院作出的生效法律文书执行内容不明确的，应书面征询审判部门的意见。审判部门应在 15 日内作出书面答复或者裁定予以补正……”据此，执行机构可向本院的审判部门发函要求释明判决主文中的给付内容，但此种操作可能会有以下两个方面的问题：一方面，增加额外程序拖延了执行时间，且审判部门未必能明确相关内容即执行结果不确定；另一方面，即便审判部门能明确相应内容，审判部门在执行程序中对生效法律文书内容再解释的行为对于权利人的权益存在不确定性，减损了生效法律文书的稳定性，且当事人无相应救济程序，导致权利人的胜诉权益无法确定，而执行程序中又会出现新的实体权利义务争议。

笔者在司法实务中遇到很多因诉讼阶段埋下的隐患导致执行受阻的案件。有些权利人经历诉讼（仲裁）程序取得胜诉，却因胜诉文书给付内容不明确、履行条件未成就、无执行内容等原因而不符合执行案件受理条件，无法通过人民法院强制执行程序将胜诉判决变现；有些权利人起诉时遗漏共同被告，导致被执行人有机会转移财产或利用执行异议制造阻碍拖延执行时间；有些权利人没有充分利用保全措施，在执行程序中丧失优先清偿债权的顺位优势。造成这类执行困境的根本原因在于权利人自身对诉讼、执行程序认知不足，只要权利人在诉讼阶段注意采取相应防范措施，就可以避免。

关于因外在客观因素导致的“执行难”问题，在《保全与执行实务精要》一书中已有全面、充分的论述，而本书主要围绕权利人自身行为导致的“执行难”问题进行论述，从避免“执行难”的角度出发，根据相关法律法规并结合实务案件，以问题、案例、结论、基本案情、争议焦点、裁判要点、相关法律法规、诉讼策略、类案裁判观点分析的行文体例，从当事人争议合同风险的评判、诉讼请求的制定、被告的选择、保全的适用以及争议调解内容的约定等几个角度，分析因权利人自身行为导致“执行难”的不同情形，帮助权利人在日常经济交往中防范风险，并在准备诉讼或仲裁时优化诉讼策略，以求最大限度地避免因自身因素导致的“执行难”，即本书副标题“以执行视角优化诉讼策略”所言之意。

本书的五个章节内容系债权人在提起诉讼时需要逐一考虑的五个步骤，五个章节内容共157个知识点，涉及200余个真实案例，具体如下。

第一章是关于日常经济交往中签署合同的风险和合规审查问题的讨论。首先，当事人若想通过诉讼（仲裁）程序解决合同纠纷，需要明确合同主体身份信息及联系方式；其次，需要提前研判合同中各主体的真实意思即权利义务约定事项，并以此评估纠纷案件能否起诉以及能否实现当事人的诉讼目的。此外，本章还包括签署公证债权文书的相关内容，因公证债权文书的本质是当事人双方通过约定达成的具有给付内容的合同，因此对于合同内容的约定是否合法、合规、合理则成为决定公证债权文书能否顺利执行的重要因素，故该部分内容放在本章中进行阐述。

第二章是关于制定合理、明确、可执行的诉讼（仲裁）请求问题的讨论。关于当事人向人民法院起诉的诉讼请求内容，需注意内容的合理、明确和可执行，上述三点内容在制定诉讼请求的前期容易被忽略。所谓合理，是指诉讼请求应在保证合法性的前提下，结合案件事实及原告自身具体情况，在整体考虑原告诉讼目的、被告履行能力、涉诉法律关系、相关法律依据、在案证据、案件管辖法院、案件胜诉概率、胜诉后判决能否执行等因素后，基于系统的法律知识及实务经验多方权衡后形成。所谓明确，即指诉讼请求内容阐述明确，且有明确的请求权及明确的法律依据。所谓可执行，是指诉讼请求中要有可执行的内容，包括给付内容明确和给付条件成就，如股东资格确认纠纷案件中，若仅是诉讼请求确认股东资格未包含相应股权变更事项，则即便该诉讼最终获得胜诉，原告也无法依据胜诉判决向人民法院要求强制执行将他人股权变更至原告名下。关于当事人向仲裁机构申请仲裁的申请内容，既需注意申请内容满足合理、明确、可执行的基本条件的同时，又需注意仲裁程序的合法性，避免撤销仲裁裁决等程序对权益的影响，其中仲裁程序的合法性是仲裁裁决顺利执行的重要因素。

第三章是关于结合执行中追加债务人难度，考量诉讼中列共同被告的可能性和合理性问题的讨论。此处关于被告选择的论述，相比将直接侵权人或合同相对方列为被告的应然性，更侧重于将上述应然被告的配偶、股东、分支机构、总公司等主体列为被告的可行性的论述。上述主体若无法在诉讼程序中被列为被告，则在执行程序中追加相关主体的难度更大。因此，综合考虑直接债务人的清偿能力及将相关人员（配偶）列为被告的败诉风险等因素，结合当事人的诉讼目的及对相关人员在执行程序中予以追加的可能性问题，综合研判是否将相关人员列为共同被告。

第四章是关于利用保全程序，保障执行优势问题的讨论。此处包括财产保全程序最直观的优势，即采取保全措施避免债务人转移资产，以及首先查封法院就执行标的的执行处置权优势、执行分配中优先分配的顺位优势。同时，该章结合司法实务中巧妙使用行为保全措施取得诉讼优势地位的案例，阐明行为保全的使用范围和适用要点。

第五章是关于签署和解、调解协议的注意事项问题的讨论。诉讼过程中，若诉讼双方能达成和解或经人民法院居中调解，双方和平解决纠纷则皆大欢喜，但如果协议签署后债务人仍拒不履行，且因调解书内容无法执行，则就只剩权利人的黯然神伤。关于诉讼过程中的和解问题，当事人均需通过人民法院制作民事调解书，否则诉讼双方私下达成和解、原告撤诉，对于原告来说仅是重新签署了一份新的合同。诉讼双方私下达成的和解协议非生效法律文书，若因履行和解协议出现纠纷原告还需重新起诉，权利人无法依据和解协议申请人民法院强制执行。因此，诉讼中的和解与调解在程序上均需经人民法院制作民事调解书才有价值，故在此层面，诉讼调解包含诉讼过程中的自行和解和人民法院的居间调解。关于诉讼调解，是人民法院居间协调使双方就纠纷达成一致意见形成调解协议，并由人民法院依据调解协议制作民事调解书。若当事人未按照民事调解书约定内容履行义务，另一方当事人可直接依据民事调解书向人民法院申请强制执行。仲裁程序中的和解与调解也存在同样的问题及注意事项。因此，本章中笔者结合实务案例对诉讼（仲裁）程序中的和解、调解约定注意事项进行分析和阐述，以帮助权利人避免辛苦达成的调解最终仍无法执行的损失。

司法实务的魅力在于它是一个完整的知识体系，任何现实问题均需将实体法、程序法等多项法律规定相互结合来解决，实施法律行为时产生的“因”亦必然在纠纷产生时形成相对应的“果”。本书内容是笔者结合实务中的真实案例及各法院不同裁判观点对诉讼审判程序与执行程序相关问题的体系性思考，从有利于执行的视角，分析签署合同、确定诉讼请求、选择被告、适用保全程序、签署调解文件过程中的相关问题及注意事项，意图通过对实务案例中因权利人自身原因导致的“执行难”进行总结和反思，寻求在诉前准备、诉讼程序甚至日常经济交往中规避风险的方法，将诉前准备、诉中策略以及胜诉后的执行程序做整体考量，从而在根本上避免“执行难”，以求最大限度实现当事人应得之权益。

本书是在笔者完成“保全与执行”领域三本书籍的写作后，结合实务办案经验及典型案例梳理完成的第四本书，力图做到内容全面务实、观点清晰准确，帮助读者在起诉之初即优化诉讼策略，从而避免因自身原因导致“执行难”的风险。本书是笔者在办案之余完成的创作，难免遗漏，欢迎各界读者朋友批评指正。

吴志强

2023 年 2 月 1 日

全称简称表

全称	简称	效力级别	发布/实施时间
《中华人民共和国民事诉讼法》	《民事诉讼法》	法律	2021年12月24日发布 2022年1月1日实施
《最高人民法院关于适用〈中华人民共和国民事诉讼法〉的解释》	《民事诉讼法司法解释》	司法解释	2022年4月1日发布 2022年4月10日实施
《最高人民法院关于适用〈中华人民共和国仲裁法〉若干问题的解释》	《仲裁法司法解释》	司法解释	2008年12月16日发布 2008年12月31日实施
《最高人民法院关于公证债权文书执行若干问题的规定》	《公证债权文书执行规定》	司法解释	2018年9月30日发布 2018年10月1日实施
《最高人民法院关于民事执行中变更、追加当事人若干问题的规定》	《变更、追加规定》	司法解释	2020年12月29日发布 2021年1月1日实施
《最高人民法院关于适用〈中华人民共和国民事诉讼法〉执行程序若干问题的解释》	《民事诉讼法执行程序解释》	司法解释	2020年12月29日发布 2021年1月1日实施
《最高人民法院关于人民法院执行工作若干问题的规定（试行）》	《执行工作规定》	司法解释	2020年12月29日发布 2021年1月1日实施
《最高人民法院关于适用〈中华人民共和国公司法〉若干问题的规定（三）》	《公司法司法解释三》	司法解释	2020年12月29日发布 2021年1月1日实施

目　录

◇ 第一章　日常经济交往中签署合同的风险和合规审查 ◇

◇ 第二章 制定合理、明确、可执行的诉讼（仲裁）请求 ◇

◇ 第四章 利用保全程序，保障执行优势 ◇

第一章

日常经济交往中签署合同的风险和合规审查

本章内容是关于日常经济交往中签署合同的风险和合规审查等问题的讨论，当事人若想通过诉讼（仲裁）程序解决合同纠纷，需要先明确合同主体身份信息及联系方式，然后需要提前研判合同中各主体的真实意思即权利义务约定，并以此评估案件能否起诉以及能否实现当事人的诉讼目的。此章还包括签署公证债权文书时需避免债权约定内容无法执行及公证程序违法的内容。因公证债权文书的本质是当事人双方通过约定达成的具有给付内容的合同，所以对于合同内容的约定是否合法、合规、合理则成为决定公证债权文书能否顺利执行的重要因素，故该部分内容放在本章中进行阐述。

一、明确合同主体的身份信息及联系方式，确保有效送达

权利义务双方签署合同时，合同主体的身份信息及联系人、联系方式要明确，避免纠纷产生后在提起诉讼或人民法院送达法律文书时遇到阻碍。根据《民事诉讼法》第122条的规定，起诉时需有明确的被告。做到这一点并不难，合同相对方身份信息明确，即可以合同相对方为被告提起诉讼。但是，实务中的难点在于以下几点：（1）立案时，对于自然人被告的身份信息确认是难点，如“签署合同的一方仅有签名但其他身份信息不详，因合同履行发生纠纷的，能否以该方为被告向法院起诉要求赔偿”的问题，以及部分法院在起诉时需原告提供自然人被告的身份证复印件等，均造成立案困难；（2）立案后，被告拒收人民法院文件，人民法院亦无法与被告取得联系，拖延诉讼程序；（3）开庭前，自然人被告以其住所地或户籍地提管辖异议，拖延诉讼程序；（4）审理过程中，人民法院文书难以送达，公告送达的时间及额外垫付的公告费等问题；（5）执行程序中，无法有效联系被执行人阻碍执行进度问题。

根据《民事诉讼法》第95条第1款的规定，法院在受送达人下落不明，或者用其他方式无法送达的情形下，可以采用公告送达的方式，即自发出公告之日起，经过30日，视为送达。公告送达可以在法院的公告栏和受送达人

住所地张贴公告，也可以在报纸、信息网络等媒体上刊登公告，发出公告日期以最后张贴或者刊登的日期为准。但在实务操作中，公告送达仅是在尝试所有送达方法均无果的情况下才选择的最后送达方式，因公告送达的公告期不计入审限，若每一份法院文书都采用公告送达的方式，必然会拖延诉讼进度，大大增加权利人维权的时间成本。

综上，暂不论合同内容的风险防范及合规审查问题，仅从有利于正常推进诉讼程序及执行程序的角度出发，笔者建议在签署合同时，明确合同主体的身份信息及联系方式，具体来说：（1）合同相对方为企业的，在合同中需明确约定联系人、联系地址、联系电话，并明确约定联系人及联系信息的变更条件；（2）合同相对方为自然人的，在明确合同主体的基本身份信息（含姓名、身份证号码等）、联系地址、联系方式之外，建议备一份身份证复印件。

司法实务中经常会遇到原告在提起诉讼时无明确被告信息被人民法院驳回起诉的情形，如以下这篇案例，就是因为合同签约方身份不明导致起诉被驳回。

001. 合同中相对方仅有签名但其他身份信息不详，发生纠纷后能否起诉要求赔偿

◇ **问题** 签署合同的一方仅有签名但其他身份信息不详，因合同履行发生纠纷的，能否以该方为被告起诉法院要求赔偿

◇ **案例** 青海高院（2018）青民终33号

◇ **结论** 合同中只有胡某某的签字，未注明其他任何身份信息，一审被告胡某某的身份信息不详，二审中原告提供的胡某某身份信息的打印件证据来源不明，胡某某未到庭应诉，二审法院依然无法准确认定该身份信息中的胡某某就是涉案合同中签字的胡某某。因此，法院以被告身份不明为由，裁定驳回原告的起诉

【基本案情】

上海金桥公司与三工置业公司、胡某某等合同纠纷一案，上海金桥公司向一审法院提起诉讼，请求判令胡某某向其赔偿各项损失合计7667044.09元，判令三工置业公司就上述损失赔偿承担连带赔偿责任。

一审法院经审理，判决支持了原告上海金桥公司部分请求，判令被告胡某某支付原告上海金桥公司各项损失合计6609452.71元及利息。

上海金桥公司不服一审判决，认为仅判决胡某某责任而未确认三工置业公司连带责任系错误，故向青海高院上诉，请求如下：改判一审判决，判令三工置业公司承担连带赔偿责任，查明并确定胡某某的基本身份信息。

青海高院经审理，裁定如下：（1）撤销一审判决；（2）驳回上海金桥公司对胡某某的起诉。

【争议焦点】

本案被告身份信息是否明确，是否符合案件受理条件？

【裁判要点】

本案中，《四方协议》中丁方只有胡某某的签字，未注明其他任何身份信息，原审被告胡某某的身份信息不详，二审中上海金桥公司提供的胡某某身份信息的打印件，证据来源不明，胡某某未到庭应诉，青海高院无法准许认定该身份信息的真实性、合法性，也无法准确认定该身份信息之胡某某就是本案《四方协议》中签字之胡某某。综上，本案中原审被告胡某某身份信息不明确，青海高院对上海金桥公司针对胡某某的起诉予以驳回。

【相关法律法规】

《民事诉讼法》

第一百二十二条　起诉必须符合下列条件：

（一）原告是与本案有直接利害关系的公民、法人和其他组织；

（二）有明确的被告；

（三）有具体的诉讼请求和事实、理由；

（四）属于人民法院受理民事诉讼的范围和受诉人民法院管辖。

第一百二十四条 起诉状应当记明下列事项：

……

（二）被告的姓名、性别、工作单位、住所等信息，法人或者其他组织的名称、住所等信息；

……

（四）证据和证据来源，证人姓名和住所。

《民事诉讼法司法解释》

第二百零八条 人民法院接到当事人提交的民事起诉状时，对符合民事诉讼法第一百二十二条的规定，且不属于第一百二十七条规定情形的，应当登记立案；对当场不能判定是否符合起诉条件的，应当接收起诉材料，并出具注明收到日期的书面凭证。

需要补充必要相关材料的，人民法院应当及时告知当事人。在补齐相关材料后，应当在七日内决定是否立案。

立案后发现不符合起诉条件或者属于民事诉讼法第一百二十七条规定情形的，裁定驳回起诉。

第二百零九条 原告提供被告的姓名或者名称、住所等信息具体明确，足以使被告与他人相区别的，可以认定为有明确的被告。

起诉状列写被告信息不足以认定明确的被告的，人民法院可以告知原告补正。原告补正后仍不能确定明确的被告的，人民法院裁定不予受理。

第三百二十八条 人民法院依照第二审程序审理案件，认为依法不应由人民法院受理的，可以由第二审人民法院直接裁定撤销原裁判，驳回起诉。

【诉讼策略】

1. 本案系因签署合同一方身份信息不详导致出现纠纷后原告无法证明《四方协议》中签字之胡某某即为被告之胡某某，最终青海高院未对案件实体法律问题进行审理，仅在程序上以起诉不符合受理条件为由裁定驳回原告起诉。

案涉《四方协议》在签署时，只有胡某某的签字，未注明胡某某的其他任何身份信息。原告一审以胡某某及其他方为被告提起诉讼请求连带赔偿时，一审法院仅判决胡某某承担责任，此时原告认为实体责任人胡某某身份信息缺失，一审判决未能查明并确认胡某某的身份信息，导致判决结果的落空及无法执行，形同于一张典型的“法律白条”。

于是，原告不服一审判决向青海高院提起上诉，二审期间原告依然无法提供胡某某的具体身份信息，且原告在二审期间提供的胡某某身份证复印件证据来源不明，无法证明该身份证所涉胡某某即为涉案《四方协议》签署人之胡某某，被告身份依然不明。二审法院依法裁定驳回原告的起诉。

综上，二审法院未对原告起诉及上诉请求内容进行实体审理，仅以原告起诉不符合案件受理条件，依据程序规则，即裁定驳回原告起诉。原告因签署合同时的一点失误导致后续近千万元的损失，且连进入诉讼程序审查实体问题的机会都没有。

2. 原告提起诉讼的首要条件是有明确的被告，即需知道被告的名称、住所、联系方式等具体信息，以自然人为被告尽量提供身份证信息，以法人为被告尽量提供有效联系人联系信息。

根据《民事诉讼法》第 122 条的规定，原告提起诉讼时必须有明确的被告，才符合案件受理条件。《民事诉讼法司法解释》第 209 条第 1 款规定，原告提供被告的姓名或者名称、住所等信息具体明确，足以使被告与他人相区别的，可以认定为有明确的被告。因此，原告在诉讼时需有明确被告，是指能提供被告的姓名或者名称、住所等信息具体明确，足以使被告与他人相区别。

根据《民事诉讼法》第 124 条的规定，原告起诉状应当列明的被告信息，包括被告的姓名、性别、工作单位、住所等信息，法人或者其他组织的名称、住所等信息。《民事诉讼法司法解释》第 209 条第 2 款以及第 328 条规定，起诉状列写被告信息不足以认定明确的被告的，人民法院可以告知原告补正。原告补正后仍不能确定明确的被告的，人民法院裁定不予受理；在二审程序中，人民法院认为案件不符合受理条件的，可以由第二审人民法院直接裁定撤销原裁判，驳回起诉。本案即此种二审法院直接裁定驳回原告起诉的情形。

综上，各方在签署合同时为避免发生纠纷时维权困难，须注意在合同中明确各方主体的身份信息以及各方的有效联系信息。

【类案裁判观点分析】

案例一：自然人被告身份信息不明，原告诉讼不符合人民法院案件受理条件，经一审、二审仍被裁定驳回起诉——陕西高院（2018）陕民终347号

原告起诉提交的被告张某某身份信息，系第三人2006年的股东名录，该名录显示被告张某某的身份证号码为：兰退字第×××号，因无其他相关信息，该证据不能证明被告张某某目前的自然人身份。原审受理本案后，按照原告提交的地址以EMS向被告张某某送达应诉通知书、开庭传票等法律文书，EMS以“收件人名址有误”退回。后原告未能进一步补正被告身份的基础信息，致使被告的身份无法识别，应当认定被告不明确，原审依据上述法律规定，裁定驳回西安公司的起诉，并无不当。

案例二：起诉状对于被告身份信息的描述需明确具体——辽宁高院（2018）辽民申1039号

经审查，原告一审起诉状，实际共列五名被告，其中部分被告具体信息不详，如起诉状中原工程队长王某某的继承人、原铁法市①铁法矿务局大型地沟排水工程等表述，原告起诉状列写被告信息不足以认定有明确的被告。

案例三：债权人仅提供债务人香港永久性居民身份证复印件但未提供住所等信息，导致人民法院无法联系被告，故该案不符合案件受理条件，裁定驳回原告起诉——广东高院（2017）粤民终2310号

民间借贷纠纷案件中，债权人大元公司起诉时仅提交显示姓名为郭某某、佘某某的香港永久性居民身份证复印件，但是未能提供郭某某、佘某某的住所等信息。根据大元公司所提供的郭某某、佘某某的信息不足以认定有明确的被告，原审法院要求大元公司补正后，大元公司仍无法明确，原审法院据此裁定驳回大元公司对郭某某、佘某某的起诉并无不当。大元公司上诉提出

① 现为辽宁省调兵山市。

其提交郭某某、佘某某的香港永久性居民身份证复印件，符合起诉条件的理由不能成立。

二、明确合同主体真实意思，避免约定不清（以执行程序中的第三人介入为例）

执行程序中的第三人介入，涉及债务加入、执行担保和执行和解担保等不同情形，因各种情形的法律效果不同，故权利人在签署相关文件时就需注意明确各方真实意思及法律地位。

我们要先厘清相关概念。所谓“债务加入”，根据《民法典》第552条的规定，是指在债务人不脱离原合同关系的情况下，第三人自愿加入债的关系，并与债务人共同向债权人履行义务，债权人可要求该第三人在其愿意承担的债务范围内和债务人就债务清偿承担连带责任。根据《民事诉讼法》第238条的规定以及《最高人民法院关于执行担保若干问题的规定》第1～3条的规定，所谓“执行担保”，是指在执行中，被执行人或第三人为暂缓执行程序而向人民法院提供担保，并经申请执行人同意。被执行人逾期不履行的，人民法院有权执行被执行人的担保财产或者第三人的财产。所谓“执行和解协议中的担保”，根据《最高人民法院关于执行和解若干问题的规定》第18条的规定，是指在执行和解协议中约定的担保条款，且担保人向人民法院承诺在被执行人不履行执行和解协议时自愿接受直接强制执行的，恢复执行原生效法律文书后，人民法院可以依申请执行人申请及担保条款的约定，直接裁定执行担保财产或者保证人的财产。

但是，即便基于前述关于债务加入、执行担保及执行和解协议中的担保，对执行程序中的第三人介入做了概念上的区分，权利人在面对第三人签署类似协议时，仍不容易区分出三者的不同，故导致后续执行程序出现不同的结果。因此，笔者从三者引起的不同的法律效果以及签署协议时注意用何种词汇的角度出发，分析和阐明三者的不同，以求帮助读者明晰如何明确合同主体真实意思，以免约定不清。

002. 不同约定情形下的第三人介入，引起的不同法律效果

1. 执行和解中的债务加入

根据《变更、追加规定》第 24 条“执行过程中，第三人向执行法院书面承诺自愿代被执行人履行生效法律文书确定的债务，申请执行人申请变更、追加该第三人为被执行人，在承诺范围内承担责任的，人民法院应予支持”的规定，债权人可以在执行程序中依据该规定内容，向执行法院申请追加该第三人为被执行人，并在该第三人承诺范围内执行该第三人的财产。

2. 执行和解中约定的担保

根据《最高人民法院关于执行和解若干问题的规定》第 18 条的规定，因被执行人不履行执行和解协议而恢复原生效法律文书执行时，执行法院可以依申请执行人申请及担保条款的约定，直接裁定执行担保财产或者保证人的财产，此种情形下法律并未禁止追加该担保人为被执行人。

3. 执行担保

根据《民事诉讼法》第 238 条的规定，在暂缓执行期限届满后被执行人仍不履行义务，人民法院有权执行担保人的财产。根据《最高人民法院关于执行担保若干问题的规定》第 11 条第 1 款的规定，对于执行担保，禁止将担保人变更、追加为被执行人，即人民法院可直接裁定执行担保财产或者保证人的财产，不得将担保人变更、追加为被执行人。

综上，执行担保和执行和解中的担保，在满足执行担保财产的情形时，均不需要申请执行人另行追加担保人为被执行人，可直接在执行程序中执行担保财产。因根据《变更、追加规定》第 30 条、第 31 条的规定，该追加的第三人可以向执行法院的上一级法院申请复议，且复议期间人民法院不得对其争议范围内的财产进行处分。因此，相比较债务加入并追加第三人为被执行人的程序而言，执行担保以及执行和解中的担保，更有利于高效执行。

003. 执行程序中如何明确债务加入、执行担保和执行和解中的担保

债务加入，根据《民法典》第552条、《最高人民法院关于适用〈民法典〉有关担保制度的解释》第12条等相关规定，是指第三人明确表示愿意加入债权债务关系中，并明确表示愿意与债务人共同连带向债权人偿还债务。要注意债务加入与债务转移的区别。《民法典》第551条规定，债务人将债务的全部或者部分转移给第三人的，应当经债权人同意。债务人或者第三人可以催告债权人在合理期限内予以同意，债权人未作表示的，视为不同意，债务仍需由债务人清偿。

执行担保，根据《最高人民法院关于执行担保若干问题的规定》的相关规定，执行担保是担保人向法院提供的担保，其应当向人民法院提交担保书，并将担保书副本送交申请执行人。担保书中应当载明担保人的基本信息、暂缓执行期限、担保期限、被担保的债权种类及数额、担保范围、担保方式、被执行人于暂缓执行期限届满后仍不履行时担保人自愿接受直接强制执行的承诺等内容。

执行和解中的担保，根据《最高人民法院关于执行和解若干问题的规定》的相关规定，担保人需要在和解协议中明确“人民法院可以依申请执行人申请及担保条款的约定，直接裁定执行担保财产或者保证人的财产”等内容。

004. 合同以外第三人仅有履行付款义务行为而无加入债务的意思表示，能否起诉该第三人清偿债务

◇ **执行依据** 买卖合同纠纷

◇ **问题** 买卖合同以外第三人虽与买卖双方签署新的协议约定其代为履行买方付款行为，但未明确表示其有加入合同债务的意思表示，卖方能否要求该第三人清偿债务

◇ **案例** 宁夏高院（2021）宁民终76号

◇ **结论** 买卖合同以外第三人仅有代为履行支付货款义务的行为，而无加入合同债务并受合同约定内容约束的意思表示的，不构成债务转移或加入，合同当事人主张由第三人承担债务清偿责任的，人民法院不予支持

【基本案情】

2017年4月5日，黄河东路街道办（甲方）、阳海公司（乙方）、盈南村村民委员会（丙方）与永日电梯公司（丁方）签订四方协议《电梯合约》，约定：2011年12月30日开始，甲方委托乙方代建涉案出租公寓项目，丁方承建该项目电梯销售安装工程，为及时支付工程款，结合项目委托代建合同的相关内容，工程尾款由乙方委托丙方将电梯销售安装尾款直接支付给丁方。

盈南村村民委员会于2017年5月3日以转账支票方式向永日电梯公司支付电梯款40万元。后因义务人未按合同约定履行，永日电梯公司向银川中院提起诉讼，请求：（1）判令阳海公司、黄河东路街道办、盈南村村民委员会支付永日电梯公司货款709480元及逾期付款违约金482963元；（2）判令阳海公司、黄河东路街道办、盈南村村民委员会向永日电梯公司支付到期质保金826650元及逾期付款违约金321567元，以上两项合计2340660元；（3）阳海公司、黄河东路街道办、盈南村村民委员会负担诉讼费。

银川中院审理后，作出（2019）宁01民初2609号民事判决，判决如下：（1）阳海公司向永日电梯公司支付货款1536130元、逾期付款违约金753936元，并以1536130元为基数按照日5‱标准支付自2019年7月24日起的逾期付款违约金至判决确定履行之日止；（2）驳回永日电梯公司的其他诉讼请求。

阳海公司不服一审判决，向宁夏高院提起上诉，上诉请求如下：（1）撤销（2019）宁01民初2609号民事判决，改判由黄河东路街道办、盈南村村民委员会承担付款责任，或将本案发回重审；（2）改判阳海公司不承担逾期

付款违约金；（3）一审、二审诉讼费由被上诉人负担。

宁夏高院经审理，改判如下：（1）撤销（2019）宁01民初2609号民事判决；（2）阳海公司支付永日电梯公司货款1536130元及逾期付款违约金255099元，以及自2019年7月24日起至判决确定的给付之日止的逾期付款违约金；（3）驳回永日电梯公司的其他诉讼请求。

【争议焦点】

代为履行付款行为的黄河东路街道办、盈南村村民委员会应否向卖方永日电梯公司承担债务清偿责任？

【裁判要点】

关于《电梯合约》付款主体问题，阳海公司上诉主张四方协议构成债务转移或债务加入，黄河东路街道办、盈南村村民委员会应承担《电梯合约》的付款责任，黄河东路街道办、盈南村村民委员会认为不应承担付款责任。首先，《电梯合约》的性质为买卖合同，永日电梯公司作为出卖人转移电梯所有权于阳海公司，阳海公司作为买受人支付价款。其次，黄河东路街道办、盈南村村民委员会作为买卖合同之外的第三人，并未在四方协议中承诺承担阳海公司的买卖合同付款义务，以四方协议中的条款无法推知黄河东路街道办、盈南村村民委员会有加入买卖合同债务的意思表示。最后，阳海公司委托盈南村村民委员会支付永日电梯公司40万元，属于履行付款义务的行为，亦不构成债务转移或加入。综上，一审法院判决阳海公司承担付款责任正确，阳海公司的此项上诉主张不能成立，不予支持。

【相关法律法规】

《民法典》

第四百六十五条第二款　依法成立的合同，仅对当事人具有法律约束力，但是法律另有规定的除外。

第五百八十五条第二款　约定的违约金低于造成的损失的，人民法院或者仲裁机构可以根据当事人的请求予以增加；约定的违约金过分高于造成的损失的，人民法院或者仲裁机构可以根据当事人的请求予以适当减少。

【诉讼策略】

1. 本案系因委托建设开发事项引起的多方主体纠纷中的买卖合同纠纷案件，其中卖方为永日电梯公司、买方为阳海公司，买卖合同履行过程中该买卖双方又与另两方签署协议，约定由该另两方代为履行支付货款行为但未明示该另两方承担付款责任，即未明示加入债务与买方共同支付货款，故卖方无权起诉要求该另两方承担货款及违约金的支付责任。

黄河东路街道办仅系涉案项目的委托方，并非本案电梯买卖合同的相对方，且四方协议也未约定黄河东路街道办对案涉货款具有付款义务，永日电梯公司要求黄河东路街道办承担付款义务的诉讼请求不能成立。

盈南村村民委员会是案涉项目实际使用方，虽然其与永日电梯公司、阳海公司以及黄河东路街道办签订四方协议，明确约定其受阳海公司委托将电梯款直接支付给永日电梯公司，但盈南村村民委员会接受委托支付电梯款并非其同意成为支付货款的义务方，且四方协议同时约定，委托支付工程尾款的方式和期限由阳海公司、盈南村村民委员会、永日电梯公司三方具体协商确定，永日电梯公司未提交证据证实除前述40万元外，三方还就剩下的电梯款支付达成其他协议，且阳海公司在其出具的委托支付工程尾款明确载明，如有纠纷及法律责任由阳海公司承担。

因此，黄河东路街道办及盈南村村民委员会仅是代为向永日电梯公司支付货款，但并不承担付款责任，故永日电梯公司要求黄河东路街道办及盈南村民委员会就欠付电梯款承担付款责任的诉讼请求不能成立。

2. 就多方签署的合同，其中涉及代为履行付款行为的一方应否承担债务清偿责任的事项，各方应提前在合同中约定第三方介入原债权债务关系与债务人共同清偿债务的意思表示，避免纠纷发生后因表意不清而无法保障相应方权益。

005. 担保人在执行和解协议上签字并出具承诺函，执行担保财产后能否再执行该担保人其他财产

◇ **执行依据**　借款合同纠纷

◇ **问题**　借贷双方与第三人共同达成执行和解，并约定第三人提供物保的同时同意对债务人负债承担连带责任，法院执行完担保物后能否执行该第三人的其他财产

◇ **案例**　河北高院（2022）冀执监145号

◇ **结论**　在申请执行人与被执行人签订的和解协议中，约定担保人承担物的担保和连带保证责任条款，且担保人向人民法院书面承诺，“如不能付清，执行担保人愿意对上述款项承担连带责任保证，并用登记在自己名下商铺提供担保”，因此，担保人的涉案担保，符合《最高人民法院关于执行和解若干问题的规定》第18条规定的有关情形，人民法院既可以执行担保财产，亦可执行担保人的其他财产

【基本案情】

崔某与孙某借款合同纠纷一案，双方经承德双桥法院调解，法院作出（2015）双桥民初字第3014号民事调解书。调解书生效后，崔某向承德双桥法院申请强制执行。

执行过程中，双方及担保人于2018年11月14日私下达成执行和解协议，并由执行法官记录，三方对执行和解协议、执行询问笔录签字确认。同时，担保人王某在已经打印好的保证书上签字。

《执行和解协议》约定：“如被执行人孙某未能按上述约定履行完毕上述款项，执行担保人王某愿意对上述款项承担连带责任保证，并用登记在王某名下位于承德市的商铺提供担保；法院于此和解协议签订之日对担保人王某名下商铺进行查封，如被执行人孙某不能按期履行，法院立即对上述房产进

行评估拍卖。”《保证书》内容为：“如不能付清，执行担保人王某愿意对上述款项承担连带责任保证，并用登记在王某名下位于承德市商铺提供担保，法院对上述房产可进行查封，如孙某到期不能履行，法院可对上述查封房产进行评估拍卖。”

因被执行人孙某未履行《执行和解协议》，崔某申请对登记在担保人王某名下位于承德市的商铺进行评估、拍卖。一部分商铺拍卖所得款项转至崔某银行账户，对流拍商铺崔某不同意以物抵债，并同意执行法院对流拍商铺解除查封退还给担保人王某。

2020 年 6 月 22 日，承德双桥法院依崔某申请裁定如下：查封担保人王某名下位于承德市高新区的房屋。后该院于 2020 年 10 月 27 日作出（2019）冀 0802 执恢 333 号之四执行裁定书，认为执行担保人王某名下位于承德市高新区的房屋不属于担保财产，解除该房屋的查封。

崔某对解封裁定向承德双桥法院提出执行异议，请求如下：撤销（2019）冀 0802 执恢 333 号之四执行裁定书，并恢复对王某名下的位于承德市高新区的房屋的执行，并责令王某对该笔债务承担连带保证责任。承德双桥法院作出（2021）冀 0802 执异 53 号裁定，驳回崔某的异议请求。

崔某不服上述裁定，向承德中院申请复议，承德中院作出（2021）冀 08 执复 57 号执行裁定，裁定驳回崔某的复议申请，维持承德双桥法院（2021）冀 0802 执异 53 号执行裁定。

崔某不服向河北高院申诉，请求撤销上述裁定，河北高院经审理，裁定如下：（1）撤销承德中院（2021）冀 08 执复 57 号执行裁定；（2）撤销承德双桥法院（2021）冀 0802 执异 53 号执行裁定；（3）本案由承德双桥法院重新审查。

届此，本案因对王某担保意思表示未查清，第二次被发回重审。

【争议焦点】

执行法院在执行完担保资产后，能否执行担保人王某名下的其他资产？

【裁判要点】

本案中，在申请执行人与被执行人签订的和解协议中，约定利害关系人王某承担物的担保和连带保证责任条款，且王某向人民法院书面承诺，“申请执行人崔某与被执行人孙某民间借贷纠纷一案，被执行人孙某承诺应于2019年12月30日前对上述款项全部付清，如不能付清，执行担保人王某愿意对上述款项承担连带责任保证。并用登记在王某名下位于承德市的商铺提供担保”，因此王某的涉案担保符合《最高人民法院关于执行和解若干问题的规定》第18条规定的可直接裁定执行担保财产或者保证人的财产的情形，既可以执行担保财产，亦可执行保证人的财产。王某称其仅以其位于承德市的商铺提供担保，不应再执行其住房的主张，与其向人民法院作出的书面承诺不符，不予支持。

承德中院以评估拍卖王某的房产已满足案款标的为由，认为王某已履行完毕其执行担保义务，不应继续处置其名下其他财产，系对《最高人民法院关于执行和解若干问题的规定》中关于执行和解中担保行为相关规定的错误理解，应予纠正。

综上，承德双桥法院（2021）冀0802执异53号、（2019）冀0802执恢333号之四执行裁定，承德中院（2021）冀08执复57号执行裁定对财产担保和保证的关系认识不清，依法应予撤销。

【相关法律法规】

《最高人民法院关于执行和解若干问题的规定》

第十八条 执行和解协议中约定担保条款，且担保人向人民法院承诺在被执行人不履行执行和解协议时自愿接受直接强制执行的，恢复执行原生效法律文书后，人民法院可以依申请执行人申请及担保条款的约定，直接裁定执行担保财产或者保证人的财产。

《最高人民法院关于执行担保若干问题的规定》

第二条 执行担保可以由被执行人提供财产担保，也可以由他人提供财产担保或者保证。

第四条第一款 担保书中应当载明担保人的基本信息、暂缓执行期限、担保期间、被担保的债权种类及数额、担保范围、担保方式、被执行人于暂缓执行期限届满后仍不履行时担保人自愿接受直接强制执行的承诺等内容。

第十一条 暂缓执行期限届满后被执行人仍不履行义务，或者暂缓执行期间担保人有转移、隐藏、变卖、毁损担保财产等行为的，人民法院可以依申请执行人的申请恢复执行，并直接裁定执行担保财产或者保证人的财产，不得将担保人变更、追加为被执行人。

执行担保财产或者保证人的财产，以担保人应当履行义务部分的财产为限。被执行人有便于执行的现金、银行存款的，应当优先执行该现金、银行存款。

《民事诉讼法司法解释》

第四百六十九条 被执行人在人民法院决定暂缓执行的期限届满后仍不履行义务的，人民法院可以直接执行担保财产，或者裁定执行担保人的财产，但执行担保人的财产以担保人应当履行义务部分的财产为限。

【诉讼策略】

1. 本案纠纷主要因担保人在执行和解协议及向法院提交的承诺函中的意思表示如何认定的问题，经河北高院再审审理认为本案中担保人既提供物的担保又同意提供连带保证责任的人的担保，故认为执行法院可在执行完担保财产后继续执行担保人其他财产。

担保人向人民法院提交的书面承诺，内容包括："申请执行人崔某与被执行人孙某民间借贷纠纷一案，被执行人孙某承诺应于2019年12月30日前对上述款项全部付清，如不能付清，执行担保人王某愿意对上述款项承担连带责任保证，并用登记在王某名下位于承德市商铺提供担保"，因此，王某的涉案担保包括两部分，第一部分是"执行担保人王某愿意对上述款项承担连带责任保证"，第二部分是"用登记在王某名下位于承德市的商铺提供担保"。

根据《最高人民法院关于执行和解若干问题的规定》第18条的规定，执行和解协议中约定担保条款，且担保人向人民法院承诺在被执行人不履行执行和解协议时自愿接受直接强制执行的，恢复执行原生效法律文书后，人民法院可以依申请执行人申请及担保条款的约定，直接裁定执行担保财产或者保证人的财产。因此，本案人民法院既可以执行担保财产，也可执行保证人的财产，提供物保与人保系同一人的，人民法院可在执行完毕担保财产后可再执行担保人的其他财产。

2. 关于执行和解协议和担保人出具的承诺函中担保人意思表示的分析，因担保人已明示承担连带责任的意思表示，同时愿意以商铺提供担保，故从担保人签署的法律文件载明内容及相关文字的使用，可判断担保人的真实意思。

根据《民法典》第 392 条的规定，在第三人物的担保和人的担保并存时，债权人既可以就物的担保实现债权，亦可以请求保证人承担保证责任。因此，法律上并无排斥第三人物的担保与人的担保同时存在的情形。本案中，执行和解协议第 2 项约定："如被执行人孙某未能按上述约定履行完毕上述款项，申请执行人崔某有权立即请求本院恢复对承德双桥法院（2015）双桥民初字 3014 号民事调解书的执行。执行担保人王某愿意对上述款项承担连带责任保证，并用登记在王某名下位于承德市商铺提供担保。"对于该项借款，保证人的保证有两个意思表示：第一，执行担保人王某愿意对上述款项承担连带责任保证。第二，并用登记在王某名下位于承德市的商铺提供担保。两个意思用"并"字，明确表明了王某的真实意思表示就是担保人对该笔债务承担连带担保责任，并首先用担保物担保，若担保物变价款不够偿债，再用担保人的其他财产进行偿还，而非仅限于用担保物担保。如果是仅限于担保物担保，在这里就不是用"并"字，而是用"仅限于"三个字了。因此，从本案和解协议中的用词文义理解，担保人的真实意思是既提供物的担保亦提供人的担保。

三、确保公证债权文书的可执行性，避免公证程序违法

所谓公证债权文书，其本质是合同双方通过约定达成的具有给付内容的合同，实务中借款合同较为常见，该合同经公证机构依法赋予强制执行效力，债权人据此可不经诉讼审判程序直接向人民法院申请强制执行。公证债权文书一般包括：具有强制执行效力债权文书的公证书及执行证书。根据《公证

法》第 37 条第 1 款的规定，对经公证的以给付为内容并载明债务人愿意接受强制执行承诺的债权文书，债权人可以依法向有管辖权的人民法院申请强制执行。

公证债权文书可不经司法审判直接申请强制执行。根据《民事诉讼法》第 245 条第 1 款的规定，对公证机关依法赋予强制执行效力的债权文书，一方当事人不履行的，对方当事人可以向有管辖权的人民法院申请执行，受申请的人民法院应当执行，即公证债权文书可以跳过诉讼程序直接进入执行程序。

债权债务双方先向公证机构办理执行证书是公证债权文书申请执行的前置条件。根据《公证债权文书执行规定》第 3 条的规定，债权人申请执行公证债权文书，除应当提交作为执行依据的公证债权文书等申请执行所需的材料外，还应当提交证明履行情况等内容的执行证书。根据《最高人民法院、司法部关于公证机关赋予强制执行效力的债权文书执行有关问题的联合通知》第 6 条的规定，执行证书应载明“被执行人、执行标的和申请执行的期限。债务人已经履行的部分，在执行证书中予以扣除。因债务人不履行或不完全履行而发生的违约金、利息、滞纳金等。”

公证债权文书如在签署及制作过程中出现不规范的情形，将会导致公证债权申请执行时法院不予受理，以及法院受理后裁定不予执行的情形，因此，债权人在签署、制作公证债权文书时需要注意风险防范及合规审查。

006. 债权人申请执行公证债权文书，法院不予受理的情形

根据《公证债权文书执行规定》第 5 条的规定，债权人申请执行公证债权文书，人民法院裁定不予受理或受理后裁定驳回执行申请的情形，具体包括以下几方面：

1. 债权文书属于不得经公证赋予强制执行效力的文书。
2. 公证债权文书未载明债务人接受强制执行的承诺。
3. 公证证词载明的权利义务主体或者给付内容不明确。
4. 债权人未提交执行证书。

上述情形中，前三种情形是债权人在签署和制作公证债权文书时，能够识别和避免的情形，故债权人在签署和制作公证债权文书时需要进行专业的风险防范及合规审查。

007. 公证债权文书不予执行的情形

根据《民事诉讼法》第245条第2款的规定，公证债权文书确有错误的，人民法院裁定不予执行。根据《民事诉讼法司法解释》第478条的相关规定，以及《公证债权文书执行规定》的相关规定，可得出公证债权文书不予执行的具体情形，具体包括：

1. 公证债权文书属于不得赋予强制执行效力的债权文书。

2. 被执行人一方未亲自或者未委托代理人到场公证等严重违反法律规定的公证程序的。

3. 公证债权文书的内容与事实不符或者违反法律强制性规定的。

4. 公证债权文书未载明被执行人不履行义务或者不完全履行义务时同意接受强制执行的。

5. 人民法院认定执行该公证债权文书违背社会公共利益的。

6. 无民事行为能力人或者限制民事行为能力人没有监护人代为办理公证的。

7. 公证员为本人、近亲属办理公证，或者办理与本人、近亲属有利害关系的公证的。

8. 公证员办理公证时有贪污受贿、徇私舞弊行为，已经由生效刑事法律文书等确认的。

9. 其他严重违反法定公证程序的情形。

债权人在签署和制作公证债权文书时，上述情形中的前八种情形均能够在事前进行识别和避免，故债权人在签署和制作公证债权文书时进行相应的风险防范及合规审查即可有效避免公证债权文书被裁定不予执行的风险。

008. 公证债权文书被裁定不予执行后，债权人可重新就债权争议提起诉讼解决

根据《民事诉讼法司法解释》及《公证债权文书执行规定》的相关规定，被执行人申请不予执行公证债权文书，应当在执行通知书送达之日起15日内向执行法院提出书面申请，并提交相关证据材料。

法院审查债务人的不予执行申请裁定不予执行的，债权人可在接到该裁定之日起10日内向上一级法院申请复议，若债权人在申请复议期满未申请复议，或者复议申请被驳回的，债权人可以就公证债权文书涉及的民事权利义务争议向人民法院提起诉讼。

009. 公证债权文书未对律师费、评估费等具体数额予以明确，能否强制执行

◇ **执行依据**　保证合同纠纷案件公证债权文书的执行

◇ **问题**　公证书及配套执行证书中未对律师费、评估费、拍卖费、申请执行人垫付的案件受理费具体数额予以明确，债权人能否申请法院强制执行上述费用

◇ **案例**　北京高院（2021）京执复290号

◇ **结论**　公证书及配套执行证书中未对律师费、评估费、拍卖费、申请执行人垫付的案件受理费具体数额予以明确，故人民法院无法依据公证书强制执行上述费用

【基本案情】

长智基金与常峰投资公司、纺织公司、安华公司、胡某、施某所涉委托贷款保证合同法律关系，江西省南昌市洪城公证处对安华公司、胡某、施某等签署的《委托贷款保证合同》进行公证，作出（2017）赣洪城证内字第

12726 号《公证书》，并根据上述《公证书》作出（2018）赣洪城证执行字第 5 号《执行证书》。该《执行证书》确认以下执行事项：（1）被执行人：①常峰投资公司；②纺织公司；③安华公司；④胡某；⑤施某。（2）执行标的：①贷款本金：103500 万元；②暂计至 2018 年 9 月 21 日的逾期利息：19579857.43 元；③2018 年 9 月 21 日至 2018 年 10 月 31 日的利息、罚息、复利合计：15277504.73 元；④2018 年 11 月 1 日至借款实际还清日之间产生的利息、罚息、复利按照《委托贷款合同》相关约定计算；⑤实现债权的费用，包括但不限于以下几项：第一，公证费：206.5 万元（按《委托贷款合同》相关约定该部分费用由债务人承担）；第二，律师费：按实际发生额计算；第三，评估费：按实际发生额计算；第四，拍卖费：按实际发生额计算；第五，申请人执行人垫付的案件受理费等。

上述《公证书》及《执行证书》生效后，长智基金向北京二中院申请强制执行。被执行人施某向北京二中院提出异议，请求如下：依法驳回长智基金在（2019）京 02 执 1192 号执行案件中的全部执行申请。

北京二中院认为，本案不存在异议人异议中所称案涉《公证书》公证事项、案涉《执行证书》中执行标的不明确的情形，遂于 2021 年 7 月 27 日作出（2021）京 02 执异 343 号执行裁定，裁定如下：驳回异议人施某的异议请求。

施某向北京高院申请复议，请求如下：撤销北京二中院（2021）京 02 执异 343 号执行裁定，并驳回申请执行人长智基金的全部执行申请。

北京高院经审理，裁定如下：驳回施某的复议申请，维持北京二中院（2021）京 02 执异 343 号执行裁定。

【争议焦点】

申请执行人长智基金的强制执行申请应否被驳回？

【裁判要点】

本案中，关于（2017）赣洪城证内字第 12726 号《公证书》明确对《委托贷款保证合同》赋予强制执行效力，复议申请人施某主张《公证书》赋予强制执行效力的对象不明，与事实不符。《公证债权文书执行规定》自 2018

年10月1日起施行，作为执行依据的（2017）赣洪城证内字第12726号《公证书》于2017年6月14日作出。因此，该《公证书》的证词虽未载明给付内容，但在结合《委托贷款保证合同》和（2018）赣洪城证执行字第5号执行证书可以确定给付内容的情况下，对复议申请人依据《公证债权文书执行规定》第5条请求驳回全部执行申请的主张，不予支持。

但是，因（2017）赣洪城证内字第12726号《公证书》、（2018）赣洪城证执行字第5号《执行证书》未对律师费、评估费、拍卖费、申请执行人垫付的案件受理费具体数额予以明确，故人民法院无法依据该《公证书》强制执行上述费用。执行程序的案件受理费、因执行程序而发生评估费、拍卖费等应由人民法院按照《诉讼费用交纳办法》收取。

综上，复议申请人的复议理由不成立，应予驳回，北京二中院（2021）京02执异343号执行裁定认定事实清楚，适用法律正确应予维持。

【相关法律法规】

《公证债权文书执行规定》

第五条 债权人申请执行公证债权文书，有下列情形之一的，人民法院应当裁定不予受理；已经受理的，裁定驳回执行申请：

（一）债权文书属于不得经公证赋予强制执行效力的文书；

（二）公证债权文书未载明债务人接受强制执行的承诺；

（三）公证证词载明的权利义务主体或者给付内容不明确；

（四）债权人未提交执行证书；

（五）其他不符合受理条件的情形。

《执行工作规定》

16. 人民法院受理执行案件应当符合下列条件：

（1）申请或移送执行的法律文书已经生效；

（2）申请执行人是生效法律文书确定的权利人或其继承人、权利承受人；

（3）申请执行的法律文书有给付内容，且执行标的和被执行人明确；

（4）义务人在生效法律文书确定的期限内未履行义务；

（5）属于受申请执行的人民法院管辖。

人民法院对符合上述条件的申请，应当在七日内予以立案；不符合上述条件之一的，应当在七日内裁定不予受理。

【诉讼策略】

1. 本案涉及对委托贷款合同以及委托贷款担保合同进行公证，并由公证机关赋予强制执行效力等相关问题，其中明确担保合同可由公证机关赋予强制执行效力。

关于担保合同是否可作为公证债权文书问题，可从担保合同的主合同有效以及担保人自愿放弃诉权并接受强制执行措施两方面进行论证。

根据《最高人民法院关于人民法院办理执行异议和复议案件若干问题的规定》第22条的规定："公证债权文书对主债务和担保债务同时赋予强制执行效力的，人民法院应予执行……人民法院受理担保债务的执行申请后，被执行人仅以担保合同不属于赋予强制执行效力的公证债权文书范围为由申请不予执行的，不予支持。"该规定明确担保合同可以被公证机关赋予强制执行效力。

同时，主债权合同未经公证并不影响担保合同公证的强制执行效力，担保合同虽在效力上与主债权合同具有从属性，"主债权无效担保合同无效"，但在主债权合同存续且有效的前提下，当事人可以单独就担保合同办理公证债权文书，以赋予担保合同的强制执行效力。

2. 保证人在签署保证合同时应该审慎对待自己的诉权。

抵押合同中，担保物权的成立和实现已具有公示效果和优先受偿的优势，没必要多出一份公证费用，因此，实务中对于赋予保证合同的强制执行效力的讨论更为多见。

本案系委托贷款保证合同，此处主要是讨论担保合同中的保证合同，包括一般保证合同和连带保证合同。保证人在放弃自己的诉权并明确表示愿意接受司法机关的强制执行的，当债务人无法清偿债务时，保证人很难以"不知""担保合同不在公证债权文书范围内"等为由主张排除强制执行措施。

因此，保证人在签署保证合同的公证债权文书时应该审慎对待自己的诉权，签字并生效后，执行的条件成就，债权人可直接进入执行程序执行保证人的财产。

3. 债权人在未能确定债务人的清偿能力时，有必要由公证机关赋予保证合同以强制执行效力。

具有强制执行效力的公证债权文书，在债务已届清偿期，债务人不能清偿债务时，可以凭借公证债权文书到公证机关申请执行证书，然后向有管辖权的人民法院申请对保证人财产进行强制执行，如此可在一定程度上避免保证人在诉讼中转移资产，致使债权无法实现清偿。

【类案裁判观点分析】

案例：因执行依据中未明确保全费、差旅费、执行费、评估费、拍卖费、公告费、律师费等具体金额，故执行法院不应将上述费用的给付义务纳入实际执行范围——北京高院（2020）京执复183号

本案中，作为执行依据的涉案公证书已对权利义务主体作出了明确界定，不存在权利义务主体不明的情况。（2020）京01执415号执行通知虽错将（2020）精诚执字第00003号《执行证书》作为执行依据，但并未将保全费、差旅费、执行费、评估费、拍卖费、公告费、律师费等给付内容纳入实际执行范围。综上，（2020）京01执415号执行案件符合执行案件立案受理条件；对于（2020）京01执415号执行通知和（2020）京01执异230号执行裁定将（2020）精诚执字第00003号《执行证书》作为执行依据的部分，本院予以指正。

010. 授信合同项下单项业务合同，未经公证赋予强制执行效力能否强制执行

◇ **执行依据** 金融借款合同纠纷案件公证债权文书的执行

◇ **问题** 授信合同项下的多个单项业务合同，未逐一公证赋予强制执行效力的，该单项业务合同所涉债权能否强制执行

◇ **案例** 四川高院（2021）川执复105号

◇ **结论** 授信合同项下的多个单项业务合同，在未经逐一依法公证赋予强制执行效力时，该单项业务合同所涉债权债务不可以直接申请强制执行

【基本案情】

2018年12月18日，博大阳光公司与天府银行某分行签订《公司客户额度授信合同》一份，约定如下：授信额度为10亿元，有效期限为2018年12月17日至2019年12月17日。经双方申请，律政公证处对上述《公司客户额度授信合同》进行了公证，于2019年1月30日出具（2019）川律公证内经字第3055号《公证书》，载明："公证事项：《公司客户额度授信合同》公证并赋予强制执行效力。为保证债务的履行，博大阳光公司作出了自愿接受强制执行的意思表达。"

2018年12月18日，天府银行某分行分别与担保人李某等6人签订了《最高额保证合同》，并经律政公证处进行公证。

博大阳光公司、天府银行某分行在签订上述《公司客户额度授信合同》后，在授信额度与授信期间内，双方先后签订了8份单项业务主合同，天府银行某分行按约提供8笔融资款。

2019年6月21日，天府银行某分行以博大阳光公司仍未履行还款义务和6位保证人仍未履行保证责任为由，向律政公证处申请出具执行证书。律政公证处受理后向博大阳光公司及保证人发函对8份单项业务主合同项下还款及担保情况进行核实，并于2019年8月13日出具（2019）川律公证执字第230号《执行证书》，文书载明：被执行人为博大阳光公司、李某等。执行标的为：（1）流动借款本金3000万元及利息、罚息、违约金；（2）银行承兑汇票2666万元及垫款利息；（3）国内信用证本金47627763.2元及垫款利息；（4）进口信用证9934000美元、6741219美元、8718586美元、6435597美元及垫款利息；（5）实现债权的费用。李某等6人因对上述债务在最高额4.8亿元的范围内承担连带保证担保责任。

2019年8月21日，天府银行某分行向成都中院申请强制执行，成都中院查明，涉案8份单项业务主合同均约定争议解决方式是向人民法院起诉，且均未进行公证。成都中院认为，申请执行公证债权文书的执行案件应提交“公证债权文书”和“执行证书”，而本案所涉8份单项业务主合同仅是债权文书，均不是“公证债权文书”，不符合执行案件受理的基本条件，遂于2020年12月15日作出（2020）川01执异1350号执行裁定，驳回天府银行某分行的执行申请。

天府银行某分行向四川高院申请复议，请求如下：撤销执异1350号执行裁定，驳回博大阳光公司的异议申请，继续执行（2019）川律公证内经字第3055号《公证书》。四川高院经审理，裁定如下：驳回天府银行某分行关于（2019）川律公证内经字第3055号《公证书》的执行申请。

【争议焦点】

经公证的授信合同项下的8份单项业务合同是否需逐一进行公证，未经公证的单项业务合同能否符合执行受理条件？

【裁判要点】

在（2019）川01执2739号执行实施案中，天府银行某分行申请执行的债权文书与博大阳光公司承担责任有关的部分，实为（2019）川律公证执字第230号《执行证书》载明的8份单项业务主合同，该8份合同的债权债务虽经公证机构出具前述《执行证书》，且该8份合同属于《公司客户额度授信合同》项下的单项业务合同，而该《公司客户额度授信合同》此前已由公证机构出具（2019）川律公证内经字第3055号《公证书》赋予强制执行效力。但是，一方面该8份单项业务主合同均未经过公证并赋予强制执行效力，另一方面该8份单项业务主合同存在以下特殊情形时，并不因《公司客户额度授信合同》经过公证赋予强制执行效力而当然具有申请执行的效力，这些情形是：（1）8份单项业务主合同均未明确约定，基于《公司客户额度授信合同》已经公证赋予强制执行效力，对该8份单项业务主合同无须另行申请赋予强制执行效力的公证，债权人即可申请强制执行合同项下的债权；（2）8份单项业务主合同均将解决争议方式约定为由双方当事人协商，协商不成时由当事人向天府银行某分行所在地人民法院起诉；（3）8份单项业务主合同中的《（人民币资金）流动资金借款合同》同时载明以下内容："本合同可经律政公证处进行公证。"该约定应理解为，双方将公证作为避免该单项业务合同发生争议的可选方式时，虽然明知《公司客户额度授信合同》已经公证赋予强制执行效力，但仍然约定需对该份单项业务主合同另行申请公证，而非约定以《公司客户额度授信合同》的赋予强制执行效力的公证来代替。

此外，根据2017年7月13日发布的《最高人民法院、司法部、中国银监会①关于充分发挥公证书的强制执行效力服务银行金融债权风险防控的通知》，虽然金融机构对外融资实务中的"授信合同"已被纳入赋予强制执行效力的公证的债权文书范围，借以充分发挥公证作为预防性法律制度的作为，提高银行业金融机构实现债权的效率、降低金融债权实现成本，但是，该通知并未规定在授信合同项下的单项业务合同存在前述情形时，单项业务合同未经赋予强制执行效力的公证也可直接申请强制执行。

综上，天府银行某分行基于8份单项业务主合同项下主债权对博大阳光公司提出的执行申请，因该8份单项业务主合同未经公证并赋予强制执行效力，不符合申请执行公证债权文书的受理条件，应当不予受理，已经受理的，应当裁定驳回。

【相关法律法规】

《公证债权文书执行规定》

第三条　债权人申请执行公证债权文书，除应当提交作为执行依据的公证债权文书等申请执行所需的材料外，还应当提交证明履行情况等内容的执行证书。

第五条　债权人申请执行公证债权文书，有下列情形之一的，人民法院应当裁定不予受理；已经受理的，裁定驳回执行申请：

① 该国务院直属事业单位现已撤销。

（一）债权文书属于不得经公证赋予强制执行效力的文书；

（二）公证债权文书未载明债务人接受强制执行的承诺；

（三）公证证词载明的权利义务主体或者给付内容不明确；

（四）债权人未提交执行证书；

（五）其他不符合受理条件的情形。

第六条 公证债权文书赋予强制执行效力的范围同时包含主债务和担保债务的，人民法院应当依法予以执行；仅包含主债务的，对担保债务部分的执行申请不予受理；仅包含担保债务的，对主债务部分的执行申请不予受理。

《公证法》

第三十七条 对经公证的以给付为内容并载明债务人愿意接受强制执行承诺的债权文书，债务人不履行或者履行不适当的，债权人可以依法向有管辖权的人民法院申请执行。

前款规定的债权文书确有错误的，人民法院裁定不予执行，并将裁定书送达双方当事人和公证机构。

《执行工作规定》

16. 人民法院受理执行案件应当符合下列条件：

（1）申请或移送执行的法律文书已经生效；

（2）申请执行人是生效法律文书确定的权利人或其继承人、权利承受人；

（3）申请执行的法律文书有给付内容，且执行标的和被执行人明确；

（4）义务人在生效法律文书确定的期限内未履行义务；

（5）属于受申请执行的人民法院管辖。

人民法院对符合上述条件的申请，应当在七日内予以立案；不符合上述条件之一的，应当在七日内裁定不予受理。

【诉讼策略】

1. 本案系因授信合同项下单项业务合同未经赋予强制执行效力的公证引发的纠纷，债权人依据案涉《公证书》及执行证书要求法院强制执行债务人因业务合同产生的实际债务，人民法院最终驳回债权人的执行申请。

本案同类案件的争议焦点，多集中于经公证的授信合同项下的单项借款合同、承兑协议、信用证开证合同等单项业务合同是否无须逐一进行公证，即可赋予强制执行效力。针对该焦点问题，要注意以下几点：首先，授信合同项下的单项业务合同未明确约定“基于授信合同已经赋予强制执行效力的公证，对该份单项业务合同无须另行申请赋予强制执行效力的公证，债权人即可申请强制执行合同项下的债权”。其次，单项业务合同均将解决争议方式约定为向债权人所在地人民法院起诉。因此，尽管授信合同已经过了赋予强制执行效力的公证，其项下的业务合同在无约定的情况下，仍需逐一完成赋予强制执行效力的公证，否则无法按照公证债权文书的相关规定进入司法执行程序。

2. 本案中，债权人认为驳回执行申请的主体应为人民法院执行部门，执行监督部门无权在执行异议审查过程中裁定驳回债权人的执行申请，债权人以人民法院执行监督部门程序错误为由请求四川高院撤销原裁定，但该事由不足以推翻原裁定。

债权人认为在执行阶段发现不符合申请执行受理条件的，应由人民法院执行部门驳回执行申请，执行监督部门无权在执行异议案件中裁定驳回执行申请。对此程序问题，现有法律和司法解释没有明确规定。

根据《人民法院办理执行案件规范》第919条的规定，被执行人认为执行案件不符合受理条件而提出异议，或者虽然针对执行通知、执行裁定等提出异议，但实质是认为执行案件不符合受理条件的，执行审查机构应当参照执行行为异议的规定进行审查。理由成立的，裁定异议成立，并驳回申请执行人的执行申请，已经采取执行措施的，予以纠正；理由不成立的，裁定驳回异议。本案中，成都中院由其审判执行监督庭承办并参照执行行为异议的规定对债务人提出执行案件受理方面的异议进行审查，符合前述办案规范，并无不当。

011. 公证证词确认双方签署合同的事实但未载明权利义务及给付内容，该公证债权文书能否执行

◇ **执行依据** 借款合同纠纷案件公证债权文书的执行

◇ **问题** 公证证词仅陈述双方签署合同的事实，未载明各方权利义务及给付内容，该公证债权文书能否执行

◇ **案例** 山东高院（2020）鲁执复425号

◇ **结论** 公证证词中仅证明债权人与债务人签订合同的事实，未载明权利义务主体和明确的给付内容，属于“公证证词载明的权利义务主体或者给付内容不明确”，系法定的执行案件不予受理的情形。债权人在执行法院裁定不予受理执行申请后，应向上一级人民法院提请复议或向人民法院起诉解决，不能再就该公证债权文书向其他法院申请执行

【基本案情】

对于厦门银行某分行与融资租赁公司、联合公司所涉借款合同法律关系，厦门市鹭江公证处作出（2019）厦鹭证内字第38166号《具有强制执行效力的债权文书公证书》及（2019）厦鹭证执字第00233号《执行证书》。

2019年8月22日，厦门银行某分行持上述《具有强制执行效力的债权文书公证书》及《执行证书》，向龙岩中院申请执行，龙岩中院于2019年9月2日作出（2019）闽08执503号执行裁定书，以（2019）厦鹭证内字第38166号《具有强制执行效力的债权文书公证书》“在公证证词中仅证明申请人与被申请人签订合同的事实，未列明权利义务的主体及权利义务的具体内容，属执行内容不明确，不符合受理条件”为由，裁定驳回了厦门银行某分行的执行申请。

厦门银行某分行申请向济南中院申请，济南中院于2019年9月11日对该公证债权文书立案执行。济南中院认为，申请执行人隐瞒执行申请被驳回

事实，持同一份债权文书重复申请执行，没有法律依据。遂作出（2019）鲁01执1732号之四执行裁定，驳回厦门银行某分行的执行申请。

厦门银行某分行向山东高院申请复议，请求：撤销济南中院（2019）鲁01执1732号之四执行裁定，指令济南中院继续执行。山东高院经审理，裁定：驳回厦门银行某分行复议申请，维持济南中院（2019）鲁01执1732号之四执行裁定。

【争议焦点】

厦门银行某分行申请执行涉案公证债权文书应否予以受理？

【裁判要点】

山东高院认为，作为本案执行依据的（2019）厦鹭证内字第38166号《具有强制执行效力的债权文书公证书》在公证证词中仅证明申请执行人与被执行人签订合同的事实，未载明权利义务主体和明确的给付内容，属于《公证债权文书执行规定》第5条规定的不予受理公证债权文书执行申请的情形。

《公证债权文书执行规定》第7条规定："债权人对不予受理、驳回执行申请裁定不服的，可以自裁定送达之日起十日内向上一级人民法院申请复议。申请复议期满未申请复议，或者复议申请被驳回的，当事人可以就公证债权文书涉及的民事权利义务争议向人民法院提起诉讼。"

对厦门银行某分行的同一申请，龙岩中院已经作出（2019）闽08执503号执行裁定书，裁定驳回厦门银行某分行的执行申请。依照上述法律规定，厦门银行某分行应当通过复议或诉讼程序进行救济。

综上，厦门银行某分行的复议理由不成立，不予支持。

【相关法律法规】

《公证债权文书执行规定》

第四条　债权人申请执行的公证债权文书应当包括公证证词、被证明的债权文书等内容。权利义务主体、给付内容应当在公证证词中列明。

第五条　债权人申请执行公证债权文书，有下列情形之一的，人民法院应当裁定不予受理；已经受理的，裁定驳回执行申请：

（一）债权文书属于不得经公证赋予强制执行效力的文书；

（二）公证债权文书未载明债务人接受强制执行的承诺；

（三）公证证词载明的权利义务主体或者给付内容不明确；

（四）债权人未提交执行证书；

（五）其他不符合受理条件的情形。

第七条 债权人对不予受理、驳回执行申请裁定不服的，可以自裁定送达之日起十日内向上一级人民法院申请复议。

申请复议期满未申请复议，或者复议申请被驳回的，当事人可以就公证债权文书涉及的民事权利义务争议向人民法院提起诉讼。

【诉讼策略】

1. 本案系因公证债权文书中的公证证词未载明合同签署方的权利义务及给付内容，故导致公证债权文书内容不符合执行案件的受理条件，债权人无法据此文书申请人民法院强制执行。

本案中，债权人先依据案涉《具有强制执行效力的债权文书公证书》及《执行证书》向当地法院申请强制执行，当地法院经审查认为涉案公证证词仅是对双方签署合同事实的确认，未载明双方的权利义务及明确给付内容，导致涉案公证债权文书执行内容不明确，符合《公证债权文书执行规定》第5条第3项“公证证词载明的权利义务主体或者给付内容不明确”的条件，根据该规定，债权人申请执行公证债权文书，存在上述情形的，人民法院应当裁定不予受理；已经受理的，裁定驳回执行申请。因此，本案债权人第一次申请执行被法院裁定驳回执行申请。

此后，债权人依据上述公证债权文书向另一法院申请强制执行，在该法院已查明债权人此前已申请执行并被驳回，该法院以债权人无权重复提起执行申请为由，再次裁定驳回债权人的执行申请。

综上，公证债权文书执行所涉执行文件包括案涉《具有强制执行效力的债权文书公证书》和《执行证书》，而公证证词内容是否规范直接影响权利人能否顺利通过人民法院强制执行程序取得应得权益。

2. 根据《公证债权文书执行规定》第5条第3项的规定，对公证证词载明的给付内容只是规定必须明确，并未规定应当“具体”，即公证证词中载明的给付内容只需清晰明白地指明给付义务的种类、项目即可，而无须确定给付金额、期限、违约金计算方式等内容。

《公证债权文书执行规定》第5条第3项的内容为“公证证词载明的权利义务主体或者给付内容不明确”，该规定内容并未规定公证证词应当“具体”。《公证债权文书执行规定》第4条规定，“公证债权文书应当包括公证证词、被证明的债权文书等内容”。第10条规定，“人民法院在执行实施中，根据公证债权文书并结合申请执行人的申请依法确定给付内容”。从上述规定可知，公证证词并非公证债权文书本身，也非独立存在的证明文件，其与债权文书等内容共同构成了据以执行的依据。因此，对于公证证词的解读理应结合债权文书内容进行，公证证词就给付内容只是规定必须明确，并未规定应当“具体”，故公证证词必须要明确给付内容的种类、项目等内容，但不必然要确定给付金额、期限、违约金计算方式等内容。

【类案裁判观点分析】

案例：公证证词中载明的给付内容只要求清晰明白地指明给付义务的种类、项目即可，而无须确定给付金额、期限、违约金计算方式等内容——四川高院（2020）川执复228号

根据《公证债权文书执行规定》第5条第3项的规定，对公证证词载明的给付内容只是规定必须明确，并未规定应当“具体”，即公证证词中载明的给付内容只需清晰明白地指明给付义务的种类、项目即可，而无须确定给付金额、期限、违约计算方式等内容。因此，本案复议申请人认为涉案公证证词给付内容不具体的理由于法无据，不能成立。另外，《公证债权文书执行规定》第4条规定，“公证债权文书应当包括公证证词、被证明的债权文书等内容”。第10条规定，“人民法院在执行实施中，根据公证债权文书并结合申请执行人的申请依法确定给付内容”。从上述规定可知，公证证词并非公证债权文书本身，也非独立存在的证明文件，其与债权文书等内容共同构成了据以执行的依据。因此，对公证证词的解读理应结合债权文书内容进行。

第二章

制定合理、明确、可执行的诉讼（仲裁）请求

本章内容是关于制定合理、明确、可执行的诉讼（仲裁）请求问题的讨论，包括以下两部分内容：（1）民事诉讼中需注意制定合理、明确、可执行的诉讼请求，避免胜诉判决无法执行；（2）商事仲裁既要确保仲裁内容的可执行，亦需避免撤销仲裁裁决等程序对权益的影响。关于当事人向人民法院起诉的诉讼请求内容，需注意内容的合理、明确和可执行，这三点内容在制定诉讼请求的前期容易被忽略。关于当事人向仲裁机构申请仲裁的申请内容，既需注意申请内容满足合理、明确、可执行的基本条件，又需注意仲裁程序的合法性，避免撤销仲裁裁决等程序对权益的影响，其中仲裁程序的合法性是仲裁裁决顺利执行的重要因素，包括不予执行仲裁裁决程序和撤销仲裁裁决程序。

一、民事诉讼中需注意制定合理、明确、可执行的诉讼请求，避免胜诉判决无法执行

诉讼请求是原告向法院表达要求的最直接体现，根据诉讼请求内容的不同，民事诉讼可以细分为给付之诉、确认之诉和形成之诉。实务中，法院法官的审判工作也是以诉讼请求为基础一步步展开的，包括以下几个步骤：（1）确认诉讼请求。（2）明确各方权利义务关系或称之为法律关系。（3）明确原告提出诉讼请求的法律依据。（4）查明涉案事实。（5）作出裁判。可见，诉讼请求系法院审判工作的基础，法官对案件事实的查明和对法律适用的选择均从当事人的诉讼请求出发，因此，民事诉讼的原告在准备起诉状时，需要结合自身事实情况及需求，制定出合理、明确、可执行的诉讼请求。

所谓合理，是指在保证合法性的前提下，原告或其委托律师结合案件事实及原告自身具体情况，在整体考虑原告诉讼目的、被告履行能力、涉诉法律关系、相关法律依据、在案证据、案件管辖法院、案件胜诉概率、胜诉后判决能否执行等因素后，基于系统的法律知识及实务经验多方权衡后形成的诉讼请求内容。

所谓明确，是指诉讼请求内容阐述明确，且有明确的请求权及明确的法律依据。例如，在借款合同纠纷案件中，原告应在诉讼请求中明确利息的计

算方法，包括以多少金额为基数，以中国人民银行授权全国银行间同业拆借中心公布的一年期贷款市场报价利率（LPR）或其他约定明确的利率为标准，自何时起计算至实际给付之日止，暂计算至起诉之日的金额为多少等内容需明确。

所谓可执行，是指诉讼请求中要有可执行的内容，包括给付内容明确和给付条件成就。例如，在股东资格确认纠纷案件中，若仅是诉讼请求确认股东资格未包含相应股权变更事项，则即便该诉讼最终获得胜诉，原告也无法依据胜诉判决向法院要求强制执行将他人股权变更至原告名下。

因此，判决书产生执行力必须具备的条件如下：（1）判决书已经生效；（2）判决书界定权利义务的内容应具体、明确，不能含混不清或者存在歧义；（3）要有给付内容且给付的范围要明确，如给付标的、种类、数量、质量、时间等要明确指明等。

本章内容系通过剖析真实案例，分析案件中不同诉讼请求引发的不同法律效果，并形成相应诉讼风险提示，帮助读者提前了解到相关诉讼行为的风险隐患，并在诉前和诉中予以注意，进而一定程度避免取得胜诉后无法执行的结果发生。

（一）离婚、继承纠纷

012. 离婚判决已就房产分割及产权归属做了确认，该判决能否执行

◇ **执行依据** 离婚纠纷案件判决书

◇ **问题** 离婚判决房屋归原告所有，原告向被告支付部分房屋分割款，原告依据该判决请求法院执行办理房产过户的，能否获得支持

◇ **案例** 江苏高院（2021）苏执监253号

◇ **结论** 判决涉案房产归原告所有，原告向被告支付房屋分割款27.275

万元。该判项仅是就涉案房产作出分割的确权判项，其中并无被告应向原告交付房产及协助办理过户手续等给付内容，因此，原告依据上述判决无法申请办理房产过户登记及交付

【基本案情】

陈某诉张某军婚姻家庭纠纷一案，盐城亭湖法院于2018年5月2日作出（2017）苏0902民初3449号民事判决：（1）准予原告陈某与被告张某军离婚。（2）婚生女孩张某随原告陈某生活，被告张某军从2018年5月开始每月负担张某生活费600元，至张某独立生活时止。张某的教育费、医疗费凭票据由原、被告各半负担。（3）位于盐城市盐都新区某小区×幢×室住宅及××号车库（本案中简称涉案房产和车库）归被告张某军所有，张某军于本判决生效后20日内支付原告陈某房屋分割款27.275万元。陈某不服，上诉至盐城中院，盐城中院于2018年9月14日作出民事判决：驳回上诉，维持原判。2018年11月5日，张某军向盐城亭湖法院申请执行。2018年12月7日，张某军与陈某达成和解协议。

2018年12月7日，因双方和解，张某军向盐城亭湖法院提交撤销执行申请，12月8日，法院裁定终结执行。

2019年12月18日，张某军以陈某不履行和解协议为由，申请恢复执行原判决判项第3条。盐城亭湖法院于2020年9月7日作出（2020）苏0902执异117号执行裁定，裁定驳回张某军的恢复执行申请，停止（2020）苏0902执恢400号案件的执行。张某军不服，向盐城中院申请复议，盐城中院于2020年11月27日作出（2020）苏09执复159号执行裁定，裁定驳回张某军的复议申请，维持盐城亭湖法院（2020）苏0902执异117号裁定。

2020年12月11日，盐城中院将盐城亭湖法院执行的张某军申请执行案指定盐城盐都法院执行，盐城盐都法院于2021年1月7日立案后，于2021年1月30日作出（2021）苏0903执111号执行裁定书，驳回了张某军的执行申请。

2021年3月8日，张某军不服盐城亭湖法院作出的（2020）苏0902执

异117号执行裁定、盐城中院作出的（2020）苏09执复159号执行裁定，向江苏高院申诉，形成本案纠纷。江苏高院于2021年6月24日裁定驳回张某军的申诉。

后张某军要求陈某让出房屋未果，遂又诉至盐城盐都法院，诉讼请求如下：（1）依法判令陈某搬离出涉案房产和车库，并交付张某军使用；（2）本案诉讼费用由陈某负担。经一审、二审，判决驳回张某军的诉讼请求。

【争议焦点】

执行法院驳回张某军执行申请是否错误？

【裁判要点】

江苏高院认为，根据《执行工作规定》第18条[①]的规定，人民法院受理执行案件必须满足以下条件：（1）申请或移送执行的法律文书已经生效；（2）申请执行人是生效法律文书确定的权利人或其继承人、权利承受人；（3）申请执行的法律文书有给付内容，且执行标的和被执行人明确；（4）义务人在生效法律文书确定的期限内未履行义务；（5）属于受申请执行的人民法院管辖。否则，不予受理。

本案中，张某军请求恢复执行，由陈某履行已生效的（2017）苏0902民初3449号民事判决第3项，将案涉房产和车库交付给张某军，并协助将上述房产过户到其名下。但是，（2017）苏0902民初3449号民事判决第3项的判决内容为“位于盐城市盐都新区×小区×幢×室住宅及××号车库归张某军所有，张某军于本判决生效后20日内支付陈某干房屋分割款27.275万元”。该判项仅是就涉案房产作出分割确权判决，其中并无陈某应向张某军交付房产及协助办理过户手续等给付内容，故张某军的涉案执行申请不符合上述规定中的申请执行的法律文书应当有（被申请人对申请人的）给付义务的要件。因此，无论陈某是否违反了双方和解协议的约定，张某军有关执行（2017）苏0902民初3449号民事判决第3项相应内容的申请，均不应受理，

① 现为《执行工作规定》第16条。

也就更无从谈及恢复执行的问题。

综上，盐城亭湖法院作出的（2020）苏0902执异117号执行裁定、盐城中院作出的（2020）苏09执复159号执行裁定驳回张某军的恢复执行申请，处理结果正确。故驳回张某军的申诉。

【相关法律法规】

《执行工作规定》

16. 人民法院受理执行案件应当符合下列条件：

（1）申请或移送执行的法律文书已经生效；

（2）申请执行人是生效法律文书确定的权利人或其继承人、权利承受人；

（3）申请执行的法律文书有给付内容，且执行标的和被执行人明确；

（4）义务人在生效法律文书确定的期限内未履行义务；

（5）属于受申请执行的人民法院管辖。

人民法院对符合上述条件的申请，应当在七日内予以立案；不符合上述条件之一的，应当在七日内裁定不予受理。

【诉讼策略】

1. 本案系离婚财产分割纠纷案件，该案判决并无被告向原告承担房产过户及交付义务的相关内容，故原告据此判决无法申请法院执行办理产权登记。

执行法院受理执行案件必须满足的条件如下：

（1）申请或移送执行的法律文书已经生效。

（2）申请执行的法律文书有给付义务，且执行标的和被执行人明确。

（3）义务人在生效法律文书确定的期限内未履行义务。

然而，作为本案执行依据的判决书，并未判决被告向原告承担交付和协助办理产权过户的给付内容，因此，原告胜诉后与被告达成的和解协议，无论被告是否违法和解协议，原告均无权依据上述判决向法院申请强制执行被告协助办理涉案房产的产权过户登记。

2. 原告在起诉及诉讼过程中未明确被告交付房产的给付责任，判决中亦未涉及被告给付责任的表述，故该判决因不符合执行立案受理条件，无法通过法院强制执行办理产权过户。

原告起诉要求离婚，法院判决如下：（1）准予原告陈某与被告张某军离婚。（2）婚生女孩张某随原告陈某生活，被告张某军从2018年5月开始每月负担张某生活费600元，至张某独立生活时止。张某的教育费、医疗费凭票据由原、被告各半负担。（3）位于盐城市盐都新区×小区×幢×室住宅及××号车库归被告张某军所有，张某军于本判决生效后20日内支付原告陈某房屋分割款27.275万元。如未按本判决指定的期间履行给付金钱义务，应当依照《民事诉讼法》第260条的规定，加倍支付迟延履行期间的债务利息。案件受理费8242元，鉴定费4000元，合计12242元，由原、被告各半负担。

综上，作为执行依据的判决仅是对涉案房产作出分割的确权判决，其中并无被告应向原告交付房产及协助办理过户手续等给付内容，因此，原告依据该判决向法院申请执行的，不符合执行立案受理条件，故执行法院驳回原告要求办理产权过户的执行申请。

013. 法定继承纠纷案件就股权继承的确认，为便宜办理过户应注意的风险隐患

◇ **执行依据**　法定继承纠纷案件判决书

◇ **问题**　法定继承纠纷案件判决明确了继承人继承股权的时间、名称、数量，但未明确协助办理的义务主体，则继承人据此判决申请工商变更登记，能否获得法院支持

◇ **案例**　广东高院（2020）粤执监149号

◇ **结论**　继承纠纷案件判决自然人股东死亡后的法定继承人继承该股东的相应股权份额，上述判决判项确认了法定继承人的股东资格，明确了各法定继承人继承股权的时间、名称、数量，但因未明确股权变更登记相关变更事项的具体义务主体及协助履行的义务主体，故该判决内容不符合执行立案的受理条件，执行法院裁定驳回权利人的执行申请

【基本案情】

汤某浩的法定继承人就汤某浩的遗产继承纠纷一案，广州从化法院于2018年2月6日作出一审判决，判决如下：登记在汤某浩名下位于从化市××道边的国有土地使用权由向某占11/20的份额，刘某、汤某、汤某1、汤某2、汤某3、苗某、朱某各占1/20份额。自2017年2月6日起，第三人佳俊手袋厂中汤某浩的股东资格由原告向某、刘某、汤某、汤某1、汤某2、汤某3、苗某、朱某继承，其中原告向某占汤某浩的股权份额的11/20，原告刘某、汤某、汤某1、汤某2、汤某3、苗某、朱某各占汤某浩的股权份额的1/20。自2017年2月6日起，第三人百嘉公司中汤某浩的股东资格由原告向某、刘某、汤某、汤某1、汤某2、汤某3、苗某、朱某继承，其中原告向某占汤某浩的股权份额的11/20，原告刘某、汤某、汤某1、汤某2、汤某3、苗某、朱某各占汤国浩的股权份额的1/20。

上述判决生效后，汤某1、汤某2、汤某3向广州从化法院申请执行，请求执行事项为：佳俊手袋厂、百嘉公司到公司登记机关按照（2017）粤0184民初675号民事判决书确定的股东资格继承情况办理股东变更登记，汤某、向某、刘某、朱某应予协助。

2020年4月22日，广州从化法院作出（2020）粤0117执2461号执行裁定，裁定如下：对汤某1、汤某2、汤某3的执行申请，不予受理。

汤某1、汤某2、汤某3不服广州从化法院作出的（2020）粤0117执2461号执行裁定，向广州中院申请复议，请求撤销该执行裁定。2020年7月17日，广州中院作出（2020）粤01执复373号执行裁定，裁定：驳回汤某1、汤某2、汤某3的复议申请，维持从广州从化法院（2020）粤0117执2461号执行裁定。

汤某1、汤某2、汤某3不服广州中院上述裁定，向广东高院申诉，请求法院依法执行（2017）粤0184民初675号民事判决相关内容，形成本案纠纷，广东高院裁定驳回汤某1、汤某2、汤某3的申诉请求。

【争议焦点】

（2017）粤0184民初675号生效民事判决确定继承人继承股东资格及享有股权份额的判项，是否符合申请执行的条件？

【裁判要点】

广东高院认为，申诉人据以执行的生效民事判决书确认，自2017年2月6日起，第三人佳俊手袋厂、百嘉公司中汤某浩的股东资格由原告向某、刘某、汤某、汤某1、汤某2、汤某3、苗某、朱某等继承，其中原告汤某1、汤某2、汤某3各占汤某浩的股权份额的1/20。上述判项确认了申诉人的股东资格，明确了申诉人继承股权的时间、名称、数量，但并未明确具体变更事项的义务主体及协助履行的义务主体。《民事诉讼法司法解释》第463条①第1款规定："当事人申请人民法院执行的生效法律文书应当具备下列条件：（一）权利义务主体明确；（二）给付内容明确。"《执行工作规定》第18条②第1款规定："人民法院受理执行案件应当符合下列条件：……（3）申请执行的法律文书有给付内容，且执行标的和被执行人明确……"本案中，汤某1、汤某2、汤某3向广州从化法院申请强制执行，要求佳俊手袋厂、百嘉公司到公司登记机关按照（2017）粤0184民初675号民事判决书确定的股东资格继承情况办理股东变更登记，汤某、向某、刘某、朱某应予协助，该申请执行事项不符合前述法律规定的人民法院立案执行的条件，因此，广州从化法院不予受理该案执行符合上述法律规定，广州中院驳回汤某1、汤某2、汤某3的复议申请，维持广州从化法院处理结果亦依法有据，予以支持。汤某1、汤某2、汤某3可另循法律途径保障自身权利。综上，申诉人汤某1、汤某2、汤某3的申诉理由不能成立，依法应予驳回。

---

① 现为《民事诉讼法司法解释》第461条。

② 现为《执行工作规定》第16条。

【相关法律法规】

《民事诉讼法司法解释》

第四百六十一条　当事人申请人民法院执行的生效法律文书应当具备下列条件：

（一）权利义务主体明确；

（二）给付内容明确。

法律文书确定继续履行合同的，应当明确继续履行的具体内容。

《执行工作规定》

16. 人民法院受理执行案件应当符合下列条件：

（1）申请或移送执行的法律文书已经生效；

（2）申请执行人是生效法律文书确定的权利人或其继承人、权利承受人；

（3）申请执行的法律文书有给付内容，且执行标的和被执行人明确；

（4）义务人在生效法律文书确定的期限内未履行义务；

（5）属于受申请执行的人民法院管辖。

人民法院对符合上述条件的申请，应当在七日内予以立案；不符合上述条件之一的，应当在七日内裁定不予受理。

【诉讼策略】

本案系法定继承纠纷案件，法院判决各继承人继承股权的公司名称、时间及相应份额，继承人据此判决向法院申请办理股权变更工商登记的，执行法院认为执行依据不符合执行立案受理条件，故驳回其执行申请。

作为继承资产的股东资格，法院判决由原告等法定继承人继承，其中亦明确了各继承人的继承份额，明确了继承人的股东资格及继承人继承股权的时间、名称、数量，但并未明确具体变更事项的义务主体及协助履行的义务主体。

执行法院认为，申请执行的法律文书应有给付内容，且执行标的和被执行人应当明确。本案中，继承人向法院申请强制执行，要求涉案公司到公司登记机关按照上述判决书确定的股东资格继承情况办理股东变更登记，其他股东应予协助，该申请执行事项不符合法律规定的法院立案执行的条件。因此，执行法院不予受理法定继承人的执行申请。

（二）物权保护纠纷

014. 确权判决既有房产确权部分又有迟延利息给付部分，胜诉方能否据此判决要求办理产权过户

◇ **执行依据** 所有权确认纠纷案件判决书

◇ **问题** 确权判决中既有确认房产归属的确权部分，又有支付迟延履行利息的给付部分，胜诉方在执行给付内容后继续请求法院强制执行办理产权过户的，能否得到支持

◇ **案例** 北海中院（2019）桂05执240号

◇ **结论** 确权判决中含有支付迟延履行利息的内容，该判决内容可分为给付和确权两部分内容。执行法院强制执行了迟延履行利息和案件受理费等给付内容后，对原告关于履行确权判决内容的请求，因该部分判决无给付内容无法执行，故驳回原告关于办理产权过户的执行申请

【基本案情】

赖某与袁某物权确认纠纷一案，北海中院于2018年11月1日作出（2018）桂05民初249号民事判决：确认位于广西壮族自治区北海市××路××海景大厦××单元××号房屋归原告赖某所有。

上述判决生效后，2019年6月14日，原告赖某申请执行。执行过程中，被告袁某于2019年7月31日将案件受理费8493.02元及迟延履行债务利息371.57元汇入北海中院执行款专户，北海中院已将上述款项支付给赖某。

2019年8月，北海中院裁定驳回赖某关于“确认位于广西北海市××路

××海景大厦××单元××号房屋归赖某所有的”执行申请。

【争议焦点】

赖某关于“确认位于广西北海市××路××海景大厦××单元××号房屋归赖某所有的”执行申请，是否符合执行受理条件？

【裁判要点】

北海中院认为，申请执行人赖某据以申请执行的法律文书有两项内容：(1) 案件受理费及迟延履行期间债务利息，具有给付内容，北海中院亦已执行完毕；(2) 申请执行人请求确认位于广西壮族自治区北海市××路××海景大厦××单元××号房屋归其所有，该判项为确认判决，属于没有给付内容导致无法执行，该请求不符合人民法院受理执行案件的条件，遂裁定如下：驳回申请执行人赖某关于“确认位于广西北海市××路××海景大厦××单元××号房屋归赖某所有的”执行申请。

【相关法律法规】

《执行工作规定》

16. 人民法院受理执行案件应当符合下列条件：

(1) 申请或移送执行的法律文书已经生效；

(2) 申请执行人是生效法律文书确定的权利人或其继承人、权利承受人；

(3) 申请执行的法律文书有给付内容，且执行标的和被执行人明确；

(4) 义务人在生效法律文书确定的期限内未履行义务；

(5) 属于受申请执行的人民法院管辖。

人民法院对符合上述条件的申请，应当在七日内予以立案；不符合上述条件之一的，应当在七日内裁定不予受理。

《民事诉讼法》

第二百六十条 被执行人未按判决、裁定和其他法律文书指定的期间履行给付金钱义务的，应当加倍支付迟延履行期间的债务利息。被执行人未按判决、裁定和其他法律文书指定的期间履行其他义务的，应当支付迟延履行金。

【诉讼策略】

1. 本案系包含给付内容和确权内容的所有权确认纠纷案件，其中的给付内容属于一般案件均存在的受理费返还及相应加倍迟延履行利息，因此，可以确定即便是确认之诉案件，若判决被告归还诉讼费，原告对于该项内容可申请法院强制执行。

法院判决主文关于案件受理费承担的问题，表述为：案件受理费8493.02元，由被告袁某负担，该款赖某已向法院预交，袁某须于本判决生效之日起10日内将该款返还赖某，逾期没有返还，应当按照《民事诉讼法》的规定，加倍支付迟延履行期间的债务利息。权利人可在案件生效判决指定的履行期限最后一日起2年内，向人民法院申请强制执行。执行法院亦认为案件受理费及迟延履行期间债务利息，具有给付内容，执行法院应予执行并已执行完毕。

2. 人民法院依据原告的诉讼请求内容进行判决，对于给付内容予以执行，对于确权内容不予受理执行申请。

原告在起诉时提出的诉讼请求如下：（1）确认广西壮族自治区北海市××路××海景大厦××单元××号房屋产权归赖某所有；（2）依法判令袁某承担本案全部诉讼费用。

法院判决：确认位于广西壮族自治区北海市的房屋归原告赖某所有。案件受理费8493.02元，由被告袁某负担，该款赖某已向法院预交，袁某须于本判决生效之日起10日内将该款返还赖某，逾期没有返还，应当按照《民事诉讼法》的规定，加倍支付迟延履行期间的债务利息。权利人可在本案生效判决指定的履行期限最后一日起2年内，向人民法院申请强制执行。

综上，人民法院按照原告提出的诉讼请求进行裁判，并最终支持了原告的诉讼请求，根据该判决，原告可向法院申请执行被告返还案件受理费及相应迟延履行利息，但当原告申请法院强制执行办理产权过户登记时，执行法院以确权判决无给付内容无法执行，驳回了原告的执行申请。

015. 判决确认房屋归原告所有，胜诉方能否要求法院强制被告腾房

◇ **执行依据** 所有权确认纠纷案件判决书

◇ **问题** 判决被告名下房产归原告所有，且已通过法院执行将被告名下房产变更登记至原告名下，此时，原告依据上述判决请求法院强制被告腾退房屋的执行申请，能否获得支持

◇ **案例** 四川高院（2019）川执监61号

◇ **结论** 判决登记在被告名下的涉案房产归原告所有，该判决内容系确权判决，执行法院将涉案房产变更登记至原告名下已执行完毕。原告依据该判决请求被告腾退房屋的，该请求内容已超过判决内容，原告的执行请求无执行依据，故执行法院不予受理执行申请

【基本案情】

郑某与高某、蒋某物权确认纠纷一案，内江市中法院于2012年7月13日作出（2012）内中民初字第5号民事判决，判决登记在高某名下的位于内江市市中区××家××号营业用房（涉案房产）归郑某所有。高某、蒋某提起上诉后，内江中院于2013年1月25日作出（2012）内民终字第381号民事判决，判决驳回上诉，维持原判。高某、蒋某还是不服，申请再审，内江中院于2014年4月9日作出（2014）内民申字第3号民事裁定，裁定驳回高某、蒋某的再审申请。

2013年2月22日，郑某依据（2012）内中民初字第5号生效的民事判决申请执行，请求将该营业用房过户给郑某。执行法院于2月28日作出（2013）内中执字第376号执行裁定，裁定将高某的涉案房产产权证、土地使用权证登记为郑某。内江市房地产产权交易中心于3月13日将涉案房产登记在郑某名下。2014年，蒋某申报公租房并于2016年12月摇号分配到公租房一套。

2017年6月14日，郑某向执行法院申请恢复执行高某、蒋某物权确认纠纷一案，执行法院于2017年6月20日作出（2017）川1002执恢91号执行裁定，裁定驳回郑某的执行申请。

郑某向内江市中法院提出异议，请求撤销（2017）川1002执恢91号执行裁定，立即恢复对本案的强制执行，坚决要求执行法院强制高某、蒋某搬离涉案房产。内江市中法院裁定驳回郑某的异议请求。郑某向内江中院申请复议，内江中院裁定驳回其复议。郑某向四川高院申诉，形成本案纠纷，四川高院经审理驳回郑某的申诉。

【争议焦点】

郑某请求执行法院在执行程序中强制高某等履行腾退房屋的义务是否有执行依据？

【裁判要点】

四川高院认为，本案执行依据为内江市中法院（2012）内中民初字第5号民事判决，该判决的主文系确认登记在高某名下的涉案房屋归郑某所有，与郑某在该案中的诉讼请求一致。执行法院已根据郑某的执行申请将涉案房屋的所有权变更为郑某所有。郑某请求执行法院责令高某、蒋某腾退涉案房屋，交付郑某实际占有，超出生效判决确定的内容，郑某申诉主张其在内江市中法院（2012）内中民初字第5号民事案件中已请求交付涉案房屋，但未提供证据证明其主张。执行异议裁定及执行复议裁定已告知郑某可通过另行主张权利包括提起诉讼的方式解决，所以驳回郑某的执行异议、执行复议申请并无不当。郑某申诉主张执行法院仅变更涉案房屋的所有权登记系执行不完全、执行不到位，但未提供生效裁判文书作为执行依据，其该项申诉理由不能成立，故驳回郑某的申诉请求。

【相关法律法规】

《民事诉讼法》

第二百三十一条 发生法律效力的民事判决、裁定，以及刑事判决、裁定中的财产部分，由第一审人民法院或者与第一审人民法院同级的被执行的财产所在地人民法院执行。

法律规定由人民法院执行的其他法律文书，由被执行人住所地或者被执行的财产所在地人民法院执行。

《民事诉讼法司法解释》

第四百六十一条 当事人申请人民法院执行的生效法律文书应当具备下列条件：

（一）权利义务主体明确；

（二）给付内容明确。

法律文书确定继续履行合同的，应当明确继续履行的具体内容。

《执行工作规定》

16. 人民法院受理执行案件应当符合下列条件：

（1）申请或移送执行的法律文书已经生效；

（2）申请执行人是生效法律文书确定的权利人或其继承人、权利承受人；

（3）申请执行的法律文书有给付内容，且执行标的和被执行人明确；

（4）义务人在生效法律文书确定的期限内未履行义务；

（5）属于受申请执行的人民法院管辖。

人民法院对符合上述条件的申请，应当在七日内予以立案；不符合上述条件之一的，应当在七日内裁定不予受理。

【诉讼策略】

1. 本案系房产确权纠纷案件，判决确认原告享有涉案房产的所有权，原告亦以此判决通过执行法院办理了房产过户登记，但当申请法院强制被告腾退房屋时遇到阻碍，执行法院认为判决内容已执行完毕，原告若想通过诉讼腾房需再起诉腾房。

作为执行依据的生效判决书，判决登记在被告名下的涉案房产归原告所有。原告据此判决书向法院申请涉案房产办理产权过户登记，执行法院协同不动产登记中心已完成产权变更登记，执行法院认为本案已执行完毕，故作结案处理。

但是，房产仍由被告占用未交付给原告，故原告请求法院强制被告腾退房屋。执行法院认为法院在执行程序中强制被执行人履行包括履行指定行为的义务必须以生效法律文书为执行依据，而且生效法律文书应有明确的履行内容和确定的履行期限。因此，原告请求执行法院责令被告履行或强制执行腾退房屋，以实现其物权的申请，应当以生效法律文书为执行依据，但作为本案执行依据的民事判决主文部分并无判令被告在确定的履行期限内履行腾退房屋行为义务的内容；而对生效法律文书判决主文，执行法院已在有关部门协助下依法将执行标的物的所有权证从被告名下转移登记至原告名下。因此，原告提出的请求执行法院责令或强制被告腾退房屋的申请，没有生效法律文书作为执行依据，执行法院不能实施相应的执行行为。

2. 本案中胜诉的原告之所以无法依据生效判决书请求法院责令或强制被告腾退房屋，系因判决主文中无关于责令被告腾房的内容。

原告在提起诉讼时可能也忽视了胜诉后要求被告腾退房屋的需求，故本案起诉、诉讼过程中以及生效判决内容均未提及关于被告应限期腾退房屋的表述内容，也因此，执行法院认为本案若再执行被告腾退房屋已超过判决内容，故释明原告可以再行起诉要求被告腾房，但本案的执行只能结束，故裁定驳回原告的执行申请。

016. 对四至位置不明的别墅类房产，能否根据胜诉确权判决执行返还房产

◇ **执行依据** 所有权确认纠纷案件判决书

◇ **问题** 判决仅确认原告对涉案房产的权益但无给付内容，且涉案房产四至位置不明，原告能否依据上述胜诉判决通过法院强制被告返还房产

◇ **案例** 三亚中院（2020）琼02执恢10号

◇ **结论**　判决仅是确认双方权益，没有给付内容，且判决确认原告享有的某公寓一楼212.22平方米房产权益四至位置不明确，不符合强制执行的条件，故执行法院驳回该原告的执行申请

【基本案情】

华琦公司与胡某、新天地公司财产确权纠纷一案，海南高院于2013年11月18日作出民事判决书，判决如下：（1）撤销（2012）三亚民一初字第3号民事判决；（2）确认华琦公司对某公寓一楼212.22平方米的房产享有权益（海南合作公司享有的部分由双方另行分割）；（3）驳回华琦公司的其他诉讼请求。

因被告胡某、新天地公司未履行生效法律文书确定的义务，华琦公司向三亚中院申请强制执行，执行事项如下：（1）强制被执行人胡某、新天地公司将位于三亚市某公寓一楼212.22平方米房产返还给申请执行人；（2）强制被执行人胡某向申请执行人支付案件受理费68331元；（3）强制被执行人胡某加倍支付迟延履行期间债务利息；（4）本案执行费由被执行人胡某承担。三亚中院于2014年5月22日立案执行。

2014年6月20日，三亚中院作出执行裁定书，裁定如下：驳回申请执行人的第一项执行申请即“强制被执行人胡某、新天地公司将位于三亚市某公寓一楼212.22平方米房产返还给申请执行人”。

华琦公司对三亚中院驳回其第一项执行申请不服，向三亚中院提出执行异议，三亚中院认为：华琦公司对某公寓一楼212.22平方米房产享有权益，四至位置不明确，不符合强制执行的条件，并于2015年5月14日裁定：驳回华琦公司的异议。华琦公司不服，向海南高院提出复议。海南高院于2015年8月10日裁定如下：驳回华琦公司的复议申请。

2020年4月23日，华琦公司向三亚中院申请恢复华琦公司对某公寓一楼212.22平方米房产享有权益的执行。三亚中院于2020年5月7日立案恢复执行，并于2022年11月10日裁定如下：驳回华琦公司的执行申请即“强制被执行人胡某、新天地公司将位于三亚市某公寓一楼212.22平方米的房产

返还给申请执行人”。

【争议焦点】

债权人依据本案生效判决申请办理涉案房产过户登记的执行申请，应否支持？

【裁判要点】

三亚中院认为，海南高院（2013）琼民一终字第30号民事判决书第2项的判决仅是确认双方权益的判决，没有给付内容，且债权人享有权益的某公寓一楼212.22平方米房产四至位置不明确，不符合强制执行的条件，债权人依据该判项第2项内容提出本执行案件的恢复执行申请请求，依据不足，理由不充分，同时也不符合《执行工作规定》规定的受理条件，本案应驳回债权人的申请。

【相关法律法规】

《执行工作规定》

16. 人民法院受理执行案件应当符合下列条件：

（1）申请或移送执行的法律文书已经生效；

（2）申请执行人是生效法律文书确定的权利人或其继承人、权利承受人；

（3）申请执行的法律文书有给付内容，且执行标的和被执行人明确；

（4）义务人在生效法律文书确定的期限内未履行义务；

（5）属于受申请执行的人民法院管辖。

人民法院对符合上述条件的申请，应当在七日内予以立案；不符合上述条件之一的，应当在七日内裁定不予受理。

【诉讼策略】

1. 本案系财产确权纠纷案件，执行依据的判决书判决原告对房产享有权益，但具体何种权益以及权益如何行使均未明确，导致原告虽然胜诉但仍无法要求被告返还房产。

作为本案执行依据的判决，其判决主文仅是确认原告、被告双方权益，没有给付内容，且确认原告享有的212.22平方米房产权益四至位置不明确，因此上述判决内容属执行内容不明确，不符合强制执行受理立案的条件，故执行法院裁定驳回原告要求被告返还房产的执行申请。

2. 原告提出的诉讼请求并未明确要求被告返还房产，且在诉讼时未能明确涉案房产的具体情形，包括面积及四至位置等，故导致胜诉后却无法执行的结果。

本案中，原告在起诉时提出的诉讼请求如下：（1）确认新天地公司与胡某订立的《资产转让协议》为无效合同；（2）请求确认某公寓一楼未出售的355平方米房产的所有权属于华琦公司；（3）胡某停止侵占355平方米的房产并恢复原状；（4）胡某赔偿侵占355平方米房产期间造成华琦公司经济损失66万元（按355平方米商铺每月租金3万元计）；（5）本案的诉讼费由胡某承担。

法院判决如下：（1）撤销三亚中院（2012）三亚民一初字第3号民事判决；（2）确认海南华琦公司对某公寓一楼212.22平方米房产享有权益（海南合作公司享有的部分由双方另行分割）；（3）驳回华琦公司的其他诉讼请求。一审、二审案件受理费各68331元，共计136662元由华琦公司负担68331元，由胡某负担68331元。鉴定费5000元，由华琦公司负担。

综上，原告在起诉时对于案涉房产的面积认识存在错误，也导致后续执行过程中无法明确涉案房产的四至位置。同时，原告在起诉时并未明确提出要求被告返还房产，但其在执行程序中请求通过法院强制被告返还房产，导致该执行请求无执行依据，故法院未予受理原告的执行申请。

【类案裁判观点分析】

案例一：判决未明确“瓦平房一间”的面积及四至，导致执行法院无法执行——江苏高院（2019）苏执监50号

判决未明确“瓦平房一间”的面积及四至，法院执行部门经征询作出该判决的审判机构的意见，仍不能明确“瓦平房一间”的面积及四至，该判项

内容不明确，不具备强制执行的条件。

案例二：判决没有确定交付房屋的明确地块位置及房屋位置，属于执行内容不明确——江苏高院（2019）苏执复233号

生效判决，没有确定交付房屋的明确地块位置及房屋在地块中所处位置，而判决所要求交付的经营用房的具体地理位置恰恰是当事人双方在执行过程中争议的焦点，因此，执行依据内容不明确。

017. 判决被告配合办理产权过户，但房产尚未登记至被告名下，原告胜诉后能否强制被告配合产权过户

◇ **执行依据** 所有权确认纠纷案件判决书

◇ **问题** 判决被告配合原告办理产权过户登记，但涉案房产尚未登记在被告名下，原告依据上述判决申请法院强制被告协助办理产权过户的，应否支持

◇ **案例** 茂名中院（2021）粤09执复109号

◇ **结论** 判决被告配合原告将涉案土地使用权和房屋所有权过户登记至原告名下，但上述不动产尚未登记在被告名下。强制执行的前提是涉案不动产登记在被告名下，且被告拒不配合履行过户义务，只有满足这个前提，人民法院才会通过强制执行程序将涉案不动产过户登记至原告名下。现原告请求先将涉案不动产登记至被告名下，然后再过户登记在原告名下，该执行申请不符合判决内容，故执行法院以原告的执行申请不符合执行受理条件为由，驳回原告的执行申请

【基本案情】

蔡某与郑某所有权确认纠纷一案，茂名电白法院于2019年11月12日作出的（2019）民初3111号民事判决内容如下：被告配合原告将涉案房地产

的土地使用权和房屋所有权办理变更登记至原告蔡某名下。

上述判决生效后，蔡某于2020年5月13日向茂名电白法院申请执行，要求法院强制执行被告郑某配合其将涉案房地产的土地使用权和房屋所有权办理变更登记至其名下。2020年7月17日，茂名电白法院向郑某发出执行通知书，责令其在本通知书送达之时起5日内配合蔡某将涉案房地产的土地使用权和房屋所有权办理变更登记至蔡某名下。

2020年8月，茂名电白法院分别传唤双方到庭，经询问发现案件执行受阻的主要原因如下：被执行人郑某需先将涉案房地产过户到其名下，但因郑某过户到本人名下需缴纳土地出让金以及税费，双方就上述费用的承担产生争议。

2020年10月30日，茂名电白法院作出（2020）粤0904执1120号执行裁定书，认为因本案双方当事人对涉案房地产过户登记至蔡某名下所产生费用由谁负担发生争议，导致涉案房地产没有办理登记至蔡某名下。被执行人郑某不存在不配合执行的情形，因此本案不符合受理执行案件的条件，遂裁定驳回蔡某的执行申请。

蔡某不服，向茂名电白法院提出执行异议，茂名电白法院驳回其异议。蔡某向茂名中院申请复议，形成本案纠纷，茂名中院裁定驳回其复议。

【争议焦点】

执行法院驳回蔡某请求办理不动产过户登记的执行申请，是否错误？

【裁判要点】

根据茂名电白法院（2013）茂电法执字第181－4号执行裁定，郑某取得涉案土地和房屋的财产权。而执行法院在没有查清该房地产是否办理了权属登记的情况下，发出协助执行通知书，要求有关机构协助办理涉案土地的使用权过户登记手续。因产权登记的权力属于行政权，司法权无权干预，人民法院只能要求有关登记部门协助办理产权变更、转移登记手续，不能要求其办理产权设立登记手续。如果该房地产尚未办理产权设立登记，则无法办理产权变更、转移登记。

在涉案房地产尚未登记在郑某名下的情况下，执行法院无权要求产权登记机构将属于郑某的房地产变更、转移登记在蔡某名下。

法院判决郑某配合蔡某将涉案土地使用权和房屋所有权办理变更登记至蔡某名下，郑某不自动履行的情况下，蔡某申请强制执行，因执行法院在本案中无权要求产权登记部门将涉案房地产登记在郑某名下，也即无法强制执行，将属于被执行人郑某所有的涉案房地产变更、转移登记在申请执行人蔡某名下。本案判决的内容不能强制执行，即执行标的不明确，依照《执行工作规定》第16条第1款有关人民法院受理执行案件，申请执行人据以申请执行的法律文书应当具有给付内容，且执行标的和被执行人应当明确的规定，本案不符合申请执行的条件，执行法院裁定驳回执行申请，符合法律规定。

【相关法律法规】

《执行工作规定》

16. 人民法院受理执行案件应当符合下列条件：

（1）申请或移送执行的法律文书已经生效；

（2）申请执行人是生效法律文书确定的权利人或其继承人、权利承受人；

（3）申请执行的法律文书有给付内容，且执行标的和被执行人明确；

（4）义务人在生效法律文书确定的期限内未履行义务；

（5）属于受申请执行的人民法院管辖。

人民法院对符合上述条件的申请，应当在七日内予以立案；不符合上述条件之一的，应当在七日内裁定不予受理。

【诉讼策略】

1. 本案系不动产所有权确认纠纷案件，法院判决被告配合将涉案房产办理至原告名下，但因涉案不动产亦未登记在被告名下，导致执行过程中需要先将涉案不动产变更登记至被告名下，再由被告变更登记至原告名下，故执行中产生新的纠纷，而执行法院以判决内容不包括变更过程、执行申请无依据为由，驳回原告的执行申请。

执行法院认为，作为本案执行依据的判决是确定被告应在判决生效后30日内配合原告将涉案房地产的土地使用权和房屋所有权办理变更登记至原告名下，但对涉案房地产过户登记至原告名下所产生费用由谁承担未予判定。现原告作为申请执行人，与被执行人在执行程序中对涉案房地产过户登记至原告名下所产生费用产生争议，属于涉及执行依据内容的新争议。又因执行法院在本案中，无权要求产权登记部门将涉案房地产登记在被告名下，即无法将属于但未登记在被告名下的涉案房地产变更、转移登记至原告名下，本案判决内容的执行标的不明确，不能强制执行，也因如此，执行裁定驳回原告的执行申请。

2. 不动产所有权确认纠纷案件，后续一般会产生办理产权过户的需求，因此，该类案件在起诉和诉讼过程中需明确执行中可能产生的争议，避免胜诉判决无法执行的不利结果。

原告在起诉时提出的诉讼请求如下：（1）依法判令被告郑某配合原告将位于茂名市电白区某镇某圩某住宅区B区六行1号、2号土地的土地使用权证《电国用（2012）第××××号》办理变更登记至原告蔡某名下；（2）依法判令被告郑某配合原告蔡某将位于茂名市电白区某镇某圩某住宅区B区六行1号、2号房屋的不动产权证办理登记至原告蔡某名下；（3）案件受理费由被告负担。

法院判决如下：被告郑某应在本判决生效后30日内配合原告蔡某将位于茂名市电白区某镇某圩某住宅区B区六行1号、2号的土地使用权及该土地上的房屋所有权办理变更登记至原告蔡某名下。案件受理费3575元，由被告郑某负担。

综上，在本案中原告的诉讼请求均被法院判决支持，但该判决在后续执行程序中受阻，甚至无法执行。该类案件中，在起诉前需调查清楚案涉房产的产权登记情况，并需考虑若被告拒绝配合履行判决应如何在前置审判程序中明确相关争议事项，如本案若能事前明确案涉房产办理过户产生的相关费用承担责任人，将有效避免后续执行争议。

018. 确权判决执行过程中相关裁定涉及"协助办理产权过户手续"内容，胜诉方能否办理产权过户

◇ **执行依据** 所有权确认纠纷案件判决书

◇ **问题** 判决仅确认房产归原告所有，但相关案外人异议裁定中"本院查明"部分记载"协助办理产权过户手续"，原告据此申请法院执行办理产权过户的，能否获得支持

◇ **案例** 威海中院（2022）鲁10执复102号

◇ **结论** 原告请求判决确认房屋归其所有、被告协助办理产权变更登记，法院经审理认为办理产权过户的条件尚未成就，故仅判决房屋归原告所有。原告依据上述判决请求法院责令被告协助办理房屋过户手续，同时提出相关案外人异议裁定中"本院查明"部分记载"协助办理产权过户手续"。执行法院认为执行依据系确权判决，无给付内容，尽管相关裁定文书中体现"协助办理产权过户手续"，但执行应以执行依据的判决内容为准，遂裁定驳回原告的执行申请

【基本案情】

王某与新思维公司房屋所有权确认纠纷一案，山东乳山法院作出（2010）乳城民初字第1282号民事判决书，判决如下：（1）山东乳山房屋确权归原告所有；（2）驳回原告的其他诉讼请求。

上述判决生效后，王某向山东乳山法院申请执行，请求责令新思维公司协助办理过户手续。执行过程中，案外人城建公司于2015年5月6日对执行标的提出异议，山东乳山法院作出（2015）乳执异字第13号执行裁定书，裁定驳回案外人城建公司的异议，该裁定书"本院查明"部分记载："申请执行人（王某）与被执行人（新思维公司）之间房屋所有权确认纠纷一案，本院于2011年11月28日以（2010）乳城民初字第1282号民事判决书结案，

判令被执行人将案外人给其顶账的位于乳山市房屋确权归申请执行人所有并协助办理产权过户手续。”

另查明，（2010）乳城民初字第1282号判决书“本院认为”部分内容记载：“因诉争的房产仍然登记在案外人城建公司名下，且被告（新思维公司）并未尽足额付清购房款，城建公司不同意协助办理产权过户手续，原告（王某）要求被告（新思维公司）协助办理过户手续的请求，暂时缺乏处理条件，本案不予处理。”

2015年10月20日，执行案件以终结本次执行程序方式结案。后王某申请恢复执行，山东乳山法院认为王某申请协助办理过户手续，法律依据不足，遂裁定驳回王某的执行申请。

王某向威海中院申请复议，形成本案纠纷，威海中院裁定驳回王某的复议申请。

【争议焦点】

作为执行依据的民事判决书是否符合申请执行的条件?

【裁判要点】

本案据以执行的生效法律文书（2010）乳城民初字第1282号民事判决书的判项为：（1）乳山市房屋确权归原告所有；（2）驳回原告其他诉讼请求。该判项系确认判决，并无实际给付内容。且该法律文书中已对王某所提出的“被告新思维公司协助办理房屋过户手续”之诉讼请求暂不具备处理条件进行了释明。在审查王某的执行申请是否符合申请执行条件时应当以该判决内容为准。虽然（2015）乳执异字第13号执行裁定书中“本院查明”部分记载“协助办理产权过户手续”，但与生效法律文书中已决判项不符，应以据以执行的生效判决书为准。综上，复议申请人王某之复议请求无事实和法律依据，不予支持。

【相关法律法规】

《民事诉讼法司法解释》

第四百六十一条　当事人申请人民法院执行的生效法律文书应当具备下

列条件：

（一）权利义务主体明确；

（二）给付内容明确。

法律文书确定继续履行合同的，应当明确继续履行的具体内容。

《执行工作规定》

16. 人民法院受理执行案件应当符合下列条件：

（1）申请或移送执行的法律文书已经生效；

（2）申请执行人是生效法律文书确定的权利人或其继承人、权利承受人；

（3）申请执行的法律文书有给付内容，且执行标的和被执行人明确；

（4）义务人在生效法律文书确定的期限内未履行义务；

（5）属于受申请执行的人民法院管辖。

人民法院对符合上述条件的申请，应当在七日内予以立案；不符合上述条件之一的，应当在七日内裁定不予受理。

【诉讼策略】

1. 本案系房屋所有权确权纠纷案件，法院判决确认涉案房屋归原告所有，但未支持原告关于被告协助办理产权过户登记的诉讼请求，原告依据上述判决申请执行请求办理过户的，执行法院驳回其执行申请。

本案因出现与判决内容不同的执行裁定内容，该执行裁定系案外人异议裁定，系原告申请执行办理产权过户过程中，案外人就诉争房屋提出排除执行的异议请求，执行法院在审理该执行裁定过程中，该裁定文书中“本院查明”部分记载：“申请执行人与被执行人之间房屋所有权确认纠纷一案，本院于2011年11月28日以（2010）乳城民初字第1282号民事判决书结案，判令被执行人将案外人给其顶账的位于乳山市房屋确权归申请执行人所有并协助办理产权过户手续。”上述执行裁定中写明作为执行依据的判决书判令被告“协助办理产权过户手续”，但该内容与判决书内容相矛盾，执行法院认为应以判决书内容为准，故未支持原告依据胜诉的确权判决及上述执行裁定内容请求办理产权过户登记的执行申请。

2. 本案因诉争房产未登记在被告名下，故虽然原告在起诉时的诉讼请求包含被告的协助办理过户的履行责任，但审判法院未予支持该诉讼请求，以致原告胜诉后亦无法通过法院办理产权过户。若本案在起诉时考虑到诉争房屋登记在案外人名下这一因素，将案外人列为共同被告并要求履行交付责任，可能会避免胜诉方无法产权过户的不利结果。

原告起诉时提出的诉讼请求如下：（1）确认位于乳山市房屋所有权归原告王某所有；（2）被告新思维公司协助办理房屋过户手续。

审理法院认为："因诉争的房产仍然登记在案外人城建公司名下，且被告（新思维公司）并未尽足额付清购房款，城建公司不同意协助办理产权过户手续，原告（王某）要求被告（新思维公司）协助办理过户手续的请求，暂时缺乏处理条件，本案不予处理。"故法院判决如下：（1）乳山市房屋确权归原告所有；（2）驳回原告的其他诉讼请求。

综上，本案涉及多方主体，且诉争房产因未登记至被告名下，故在履行过程中必然会受到阻碍。原告在提起诉讼时注意到后续房产过户的需求，但法院认为房屋基础情况不符合支持原告关于协助办理产权过户的请求，故审判时未支持该协助义务的请求。因此，该类案件在诉讼时，先要考虑在判决中明确被告的协助履行责任，同时在起诉前或诉讼过程中，需查明诉争房产的基础情况以及产权登记情况，并提前考量如何胜诉以及如何办理产权过户等问题。

【类案裁判观点分析】

案例：判决明确给付内容及执行标的和债务人，虽未规定两债务人协助办理过户手续的具体期限，但依法权利人在判决生效之日起至执行期间届满之前的期间内，对债务人都有要求其履行判决确定义务的请求权，被告拒不履行的，原告可以向人民法院申请强制执行——揭阳中院（2021）粤52执复26号

本案中，惠来法院作出的（2020）粤5224民初1325号民事判决已经生效，该判决主文第2项，即"被告吴某妹、吴某畅应协助原告吴某元办理位于惠来县房屋的产权过户手续和房地产登记手续"。该项判决给付内容及执行标的和债务人明确。虽然未规定两债务人协助办理过户手续的具体期限，但依据《民事诉讼法》第239条[①]第2款的规定，权利人在判决生效之日起至执行期间届满之前的期间内，对债务人都有要求其履行判决确定义务的请求权，被告拒不履行的，原告可以向人民法院申请强制执行。债务人拒不按执行通知书履行协助义务的，执行法院应通知不动产登记机关协助强制办理过户手续。故吴某元的执行申请，符合立案受理的条件。

019. 车辆确权判决胜诉后，胜诉方能否据此强制被告交付车辆

◇ **执行依据** 所有权确认纠纷案件判决书

◇ **问题** 对于动产所有权纠纷案件，判决动产归原告所有，原告能否依据该判决申请法院强制被告交付该动产

◇ **案例** 北京二中院（2022）京02执复181号

◇ **结论** 判决判令涉案车辆归原告所有，该项判决并无可供执行内容，执行法院驳回原告的强制执行申请，符合法律规定

【基本案情】

白某与刘某所有权确认纠纷一案，北京丰台法院作出（2021）京0106民初4429号民事判决书确定：车架号为×××的北京现代牌小型轿车（本案中简称涉案车辆）归白某所有。

上述判决生效后，白某向北京丰台法院申请强执行，责令被告交付涉案车辆，北京丰台法院作出（2022）京0106执2262号执行裁定，驳回白某的执行申请。

白某向北京二中院申请复议，形成本案纠纷。白某的复议请求如下：（1）撤销北京丰台法院（2022）京0106执2262号裁定；（2）依法采取强制执行措施，责令被执行人履行生效判决，配合将涉案车辆过户至白某名下；

---

① 现为《民事诉讼法》第246条。

(3) 本案执行费用由被执行人承担。北京二中院裁定：驳回白某的复议申请。

【争议焦点】

执行法院驳回白某的强制执行申请，是否符合法律规定？

【裁判要点】

北京二中院认为，本案中，作为执行依据的（2021）京0106民初4429号民事判决判令涉案车辆归白某所有，该项判决并无可供执行内容，北京丰台法院驳回白某强制执行申请，符合法律及司法解释的规定，并无不当。白某所提复议请求，于法无据，不予支持。综上，裁定：驳回白某的复议申请。

【相关法律法规】

《民事诉讼法司法解释》

第四百六十一条　当事人申请人民法院执行的生效法律文书应当具备下列条件：

（一）权利义务主体明确；

（二）给付内容明确。

法律文书确定继续履行合同的，应当明确继续履行的具体内容。

《执行工作规定》

16. 人民法院受理执行案件应当符合下列条件：

(1) 申请或移送执行的法律文书已经生效；

(2) 申请执行人是生效法律文书确定的权利人或其继承人、权利承受人；

(3) 申请执行的法律文书有给付内容，且执行标的和被执行人明确；

(4) 义务人在生效法律文书确定的期限内未履行义务；

(5) 属于受申请执行的人民法院管辖。

人民法院对符合上述条件的申请，应当在七日内予以立案；不符合上述条件之一的，应当在七日内裁定不予受理。

【诉讼策略】

1. 本案系动产所有权确认纠纷案件，胜诉后原告依然存在诉争标的物交付的需求，因此，原告依据确权判决书仍无法实现对目标物的占有、使用、收益和处分等目的。

作为执行依据的判决仅是判令涉案车辆归原告所有，该项判决为确权判决内容，无可供执行的给付内容。原告依据上述判决书，向执行法院提出如下请求：执行法院依法采取强制执行措施，责令被执行人履行生效判决，配合将涉案车辆过户至原告名下。执行法院认为原告的请求内容不符合执行立案条件，遂裁定驳回原告的执行申请。

2. 原告的诉讼请求内容不包括给付内容，已经为后续执行受阻埋下了隐患。

原告在起诉时提出的诉讼请求如下：（1）请求确认车架号为×××的北京现代牌车辆归原告所有；（2）诉讼费由被告承担。

法院判决如下：车架号为×××的北京现代牌小型轿车归白某所有。案件受理费1150元，由白某负担（已缴纳）。

综上，法院依据原告的诉讼请求进行裁判，原告的诉讼请求内容中不包括给付内容，法院不会超出诉讼请求范围进行裁判，因此，原告直到最后执行受阻无法取得涉案车辆时才会知晓：其实隐患早已在起诉时就埋下了。

020. 判决确认合同有效，胜诉方申请法院执行合同所涉还款责任的，能否获得支持

◇ **执行依据**　所有权确认纠纷案件判决书

◇ **问题**　权利人与政府所涉民事财产纠纷案件，判决仅是确认双方协议有效，凭该判决能否执行被告履行协议中的还款责任

◇ **案例**　泰安中院（2022）鲁09执4号

◇ **结论**　判决确认双方签署的协议有效，该判决系确认判决而非给付判决，

该判决判项没有给付内容，不符合法律关于受理执行案件需给付内容明确的要求，故权利人请求强制被告还款的执行申请不符合执行立案条件。因本案已经立案执行，遂裁定驳回权利人的强制执行申请

【基本案情】

王某与肥城市 A 镇政府所有权确认纠纷一案，生效判决为（2000）泰民初字第 3 号民事判决，判项为：（1）确认双方于 1998 年 9 月签订的《关于某铸造车间有关事宜的处理意见》部分有效。（2）驳回原告请求被告返还财产的诉讼请求。

王某依据上述判决，向泰安中院请求强制执行（2000）泰民初字第 3 号判决中 18.2 万元还款、诉讼费 5279.5 元及利息。泰安中院驳回王某的执行申请。

另查明，本案执行依据（2000）泰民初字第 3 号民事判决生效后，王某曾委托律师在山东肥城法院起诉 A 镇政府财产损害赔偿纠纷案，诉讼请求主张 A 镇政府将部分资产私自处理，要求归还铲车、电炉等资产价值 768807.1 元。山东肥城法院作出（2014）肥民初字第 3080 号民事判决，因王某未提交其他证据证明被告侵占的事实，对其事实请求不予支持，驳回王某的诉讼请求。

【争议焦点】

王某依据（2000）泰民初字第 3 号民事判决申请执行，是否符合执行案件受理条件？

【裁判要点】

本案执行依据（2000）泰民初字第 3 号民事判决系确认判决，而非给付判决，该判决判项没有给付内容，不符合前述司法解释规定的给付内容明确的要求，不符合执行立案的条件。因本案已经立案执行，依照《最高人民法

院关于执行案件立案、结案若干问题的意见》第 14 条的规定，裁定如下：驳回王某的强制执行申请。

【相关法律法规】

《民事诉讼法司法解释》

第四百六十一条 当事人申请人民法院执行的生效法律文书应当具备下列条件：

（一）权利义务主体明确；

（二）给付内容明确。

法律文书确定继续履行合同的，应当明确继续履行的具体内容。

《执行工作规定》

16. 人民法院受理执行案件应当符合下列条件：

（1）申请或移送执行的法律文书已经生效；

（2）申请执行人是生效法律文书确定的权利人或其继承人、权利承受人；

（3）申请执行的法律文书有给付内容，且执行标的和被执行人明确；

（4）义务人在生效法律文书确定的期限内未履行义务；

（5）属于受申请执行的人民法院管辖。

人民法院对符合上述条件的申请，应当在七日内予以立案；不符合上述条件之一的，应当在七日内裁定不予受理。

【诉讼策略】

本案系自然人与镇政府之间所涉民事财产确认纠纷案件，判决内容为确认双方于 1998 年 9 月签订的协议部分有效，因该判决内容无明确的给付内容，不符合执行案件受理条件，故不予受理执行立案，已经受理的案件裁定驳回权利人的执行申请。

（三）所有权纠纷

021. 判决确认房产为原告、被告等份共有，胜诉方能否据此办理产权登记

◇ **执行依据**　共有权确认纠纷案件判决书

◇ **问题**　判决确认房产为原告、被告等份共有，原告能否依据该判决通过法院执行办理产权登记

◇ **案例**　随州中院（2020）鄂13执复25号

◇ **结论**　判决为确权判决，无明确的权利义务主体、给付内容、给付时间，该文书只是对双方的权利进行了一个确认，没有明确具体的给付内容，故不能作为执行依据，执行法院驳回原告办理产权登记的执行申请

【基本案情】

谭某与杨某共有权确认纠纷一案，随州中院作出（2016）鄂13民再6号民事判决，内容如下：（1）撤销（2013）鄂随州中民一终字第00019号民事判决和（2012）鄂曾都民初字第01021号民事判决；（2）确认杨某名下的位于随州市×××字街迎宾酒楼房地产为杨某、谭某等份共有。

（2016）鄂13民再6号民事判决“本院认为”部分载明：“杨某单方面对房屋的改造行为，增加了房屋的面积及价值，谭某也因此改造行为获得利益，因此对杨某单独出资对房屋进行改造后导致房产增值的部分，谭某应予补偿。因本案是谭某请求对诉争的房产进行确权，故对上述补偿问题，可由当事人自行协商确定，各当事人也可另行主张权利。”

上述判决执行生效后，谭某申请执行办理不动产产权登记，随州曾都法院未予办理，并于2018年11月15日裁定终结执行。谭某不服，提出执行异议，随州曾都法院驳回其异议。谭某不服，向随州中院申请复议，形成本案

纠纷，随州中院驳回谭某的复议申请。

【争议焦点】

执行法院驳回谭某的执行申请，是否错误?

【裁判要点】

本案中，（2016）鄂13民再6号民事判决为确权判决，无明确的权利义务主体、给付内容、给付时间，该文书只是对双方的权利进行了一个确认，没有明确具体的给付内容。该判决为确权判决，不能作为执行依据，随州曾都人民法院终结执行并无不当。（2016）鄂13民再6号民事判决是产生法律效力的法律文书，依据《物权法》① 第28条②的规定："因人民法院、仲裁委员会的法律文书或者人民政府的征收决定等，导致物权设立、变更、转让或者消灭的，自法律文书或者人民政府的征收决定等生效时发生效力。"《不动产登记暂行条例实施细则》第19条规定："当事人可以持人民法院、仲裁委员会的生效法律文书或者人民政府的生效决定单方申请不动产登记。有下列情形之一的，不动产登记机构直接办理不动产登记：（一）人民法院持生效法律文书和协助执行通知书要求不动产登记机构办理登记的……"根据上述规定，复议申请人可持生效法律文书申请所有权变更登记，房产增值部分是否补偿到位不是所有权变更登记的前置条件，故裁定驳回谭某的复议申请。

【相关法律法规】

《民事诉讼法司法解释》

第四百六十一条 当事人申请人民法院执行的生效法律文书应当具备下列条件：

（一）权利义务主体明确；

（二）给付内容明确。

法律文书确定继续履行合同的，应当明确继续履行的具体内容。

---

① 该法现已废止。

② 现为《民法典》第229条。

《执行工作规定》

16. 人民法院受理执行案件应当符合下列条件：

（1）申请或移送执行的法律文书已经生效；

（2）申请执行人是生效法律文书确定的权利人或其继承人、权利承受人；

（3）申请执行的法律文书有给付内容，且执行标的和被执行人明确；

（4）义务人在生效法律文书确定的期限内未履行义务；

（5）属于受申请执行的人民法院管辖。

人民法院对符合上述条件的申请，应当在七日内予以立案；不符合上述条件之一的，应当在七日内裁定不予受理。

【诉讼策略】

1. 本案系不动产共有权确认纠纷案件，该类案件因是确权之诉，无明确给付内容，故无法通过法院强制执行。

一般的确权判决中无明确的权利义务主体、给付内容、给付时间，该确权判决书只是对双方的权利进行了一个确认，没有明确具体的给付内容，故不能作为执行依据，无法通过法院完成确认事项的强制执行。

根据《不动产登记暂行条例实施细则》第19条第1款的规定："当事人可以持人民法院、仲裁委员会的生效法律文书或者人民政府的生效决定单方申请不动产登记。"根据该条第2款的规定："有下列情形之一的，不动产登记机构直接办理不动产登记：（一）人民法院持生效法律文书和协助执行通知书要求不动产登记机构办理登记的……"因此，原告可以依据法院生效判决书以及协助执行通知书，单方向不动产登记部门要求办理相关登记，但上述情形的文书要件是：生效法律文书和协助执行通知书。

综上，原告依据确权判决的胜诉判决，需要先行执行立案拿到协助执行通知书，才能单方面到不动产登记中心完成不动产设立、变更等相关登记。若无法执行立案、拿到协助执行通知书，则胜诉方单方依据胜诉判决无法完成产权登记。

2. 确权类案件中，原告在提起诉讼时宜考虑在诉讼请求中加入要求被告协助办理相应产权变更登记的协助义务要求，避免后续执行时法院以确权判决无执行内容而认为执行不能。

原告在起诉时提出的诉讼请求如下：（1）确认随州市×××字街迎宾酒楼地产及在该房地上新建改建的房产为其与杨某等份共有；（2）本案诉讼费用由杨某承担。

本案生效判决内容如下：（1）撤销（2013）鄂随州中民一终字第00019号民事判决和（2012）鄂曾都民初字第01021号民事判决；（2）确认杨某名下的位于随州市×××字街迎宾酒楼房地产为杨某、谭某等份共有。一审案件受理费500元，二审案件受理费12050元，合计12550元，由再审申请人谭某负担6275元，被申请人杨某负担6275元。

综上，原告在诉讼中的请求内容仅为确认所有权等份共有，并无关于义务人协助办理相应产权变更登记的协助义务要求，因此，执行法院认为确权判决不符合执行受理条件。同时，执行法院认为原告可依据判决书的确权内容直接向不动产登记部门申请办理产权变更登记，原告以确权判决申请变更登记，需要向不动产登记部门提供判决书和协助执行通知书，且实际办理中仍存在诸多困难。因此，通过人民法院执行程序办理产权登记是相对便捷和稳妥的途径。

022. 判决原告、被告三人等份共有房产，胜诉方能否据此请求执行分割并办理产权登记

◇ **执行依据** 共有权确认纠纷案件判决书

◇ **问题** 判决涉案3套房产属原告、被告三人共有，各自享有33.33%份额，原告能否据此判决要求执行分割房产并办理产权登记

◇ **案例** 普洱中院（2019）云08执复7号

◇ **结论** 判决涉案3套房产属原告、被告三人共有，各自享有33.33%份额，该判决内容因系确权判决，无给付内容，无明确的执行标的，因此，原告依据该判决请求法院对房产进行分割和产权登记的执行申请不符合执行立案受理条件，故法院驳回该原告的执行申请

【基本案情】

周某与范某、贺某共有权确认纠纷一案，由云南宁洱法院审理，于2018年8月12日作出（2018）云0821民初143号民事判决书，判决如下：（1）四通公司以物抵债给云南建工公司的3套房产属原告周某，被告范某、贺某共有，三人对该3套房产各自享有1/3的份额；（2）驳回原告周某的其他诉讼请求。周某不服该一审判决，向普洱中院提起上诉，普洱中院于2018年12月19日作出（2018）云08民终854号民事判决书，判决驳回上诉，维持原判。

2019年6月25日，周某依据生效的（2018）云0821民初143号民事判决书，向云南宁洱法院申请执行，请求对房产进行分割和产权登记。执行过程中，云南宁洱法院认为该执行案件不符合执行案件的受理条件，于2019年7月29日作出（2019）云0821执169号执行裁定书，驳回周某的执行申请。

周某不服上述裁定，向普洱中院申请复议，形成本案纠纷，普洱中院裁定驳回周某的复议申请。

【争议焦点】

执行法院驳回周某的执行申请是否错误？

【裁判要点】

普洱中院认为：云南宁洱法院（2019）云0821执169号执行案件，执行依据为（2018）云0821民初143号民事判决书，此生效判决为确权判决，无给付内容，无明确的执行标的。根据《执行工作规定》第18条[①]和《最高人民法院关于执行案件立案、结案若干问题的意见》第20条的规定，立案执行条件之一即为申请执行的法律文书有给付内容，执行标的应该明确。无给付内容，执行标的不明确，无法执行的，应驳回执行申请。综上所述，复议申请人周某的复议理由不成立，不予支持。

① 现为《执行工作规定》第16条。

【相关法律法规】

《民事诉讼法司法解释》

第四百六十一条 当事人申请人民法院执行的生效法律文书应当具备下列条件：

（一）权利义务主体明确；

（二）给付内容明确。

法律文书确定继续履行合同的，应当明确继续履行的具体内容。

《执行工作规定》

16. 人民法院受理执行案件应当符合下列条件：

（1）申请或移送执行的法律文书已经生效；

（2）申请执行人是生效法律文书确定的权利人或其继承人、权利承受人；

（3）申请执行的法律文书有给付内容，且执行标的和被执行人明确；

（4）义务人在生效法律文书确定的期限内未履行义务；

（5）属于受申请执行的人民法院管辖。

人民法院对符合上述条件的申请，应当在七日内予以立案；不符合上述条件之一的，应当在七日内裁定不予受理。

【诉讼策略】

1. 本案系共有权人起诉确认共有权确认纠纷案件，原告取得确认其享有份额的胜诉判决，但因该判决无给付内容，故最终无法通过法院执行办理相应财产分割和产权登记。

原告经诉讼取得的胜诉判决内容为：云南四通公司以物抵债给云南建工公司的3套房产属原告周某、被告范某、贺某共有，三人对该3套房产各自享有1/3的份额。原告取得上述胜诉判决后，向法院申请依据该判决进行财产分割和产权登记，但因该判决内容系确权判决，无给付内容，无法执行，不符合执行立案受理条件，故执行法院在受理执行申请后又依法裁定驳回了原告的执行申请。

2. 法院按照原告的诉讼请求内容作出了确权判决，确认原告应享有的产权份额，但该判决因无给付内容无法通过法院强制执行财产分割和产权登记。

原告在起诉时提出的诉讼请求如下：（1）请求确认四通公司抵债给云南建工公司的3套房产原告占50%的份额，二被告占50%的份额；（2）本案诉讼费由被告承担。

法院判决如下：（1）云南四通公司以物抵债给云南建工公司的3套房产属原告周某，被告范某、贺某共有，三人对该3套房产各自享有1/3的份额；（2）驳回原告周某的其他诉讼请求。案件受理费100元，由原告周某负担25元，由被告范某、贺某负担75元。

综上，法院按照原告的诉讼请求内容作出了确权判决，确认原告应享有的产权份额，但该判决因无给付内容无法通过法院进行强制执行。同时，该案系以确权纠纷案件的标准收取诉讼费。若留心观察，现在很多法院对该类确权纠纷案件已开始尝试参照给付之诉案件的标准收取诉讼费，因此，原告在提起诉讼前需要衡量全案情况并结合诉讼利益，综合研判后提出合理的诉讼请求内容。

【类案裁判观点分析】

案例：判决未明确涉案房产的具体产权面积及四至，仅凭判决确定的产权共有关系及产权持有比例无法与涉案房产××大厦各层独立房产一一对应，无法执行——新疆高院（2021）新执复82号

从判决内容上看，该判决未明确涉案房产归毛某所有的具体产权面积及四至，仅凭判决确定的产权比例关系无法与涉案房产××大厦各层独立房产一一对应，法院执行部门对该判决判归毛某所有的产权面积及位置无法通过强制执行程序确定，故该案执行依据不明确，不符合执行立案受理条件。

023. 判决既确认共有权又明确分割份额，胜诉方请求按份额办理产权登记的，能否获得支持

◇ **执行依据** 共有权确认纠纷及共有物分割纠纷案件判决书

◇ **问题** 判决原告享有共有土地使用权56.77%份额，该原告能否据此申请法院按照其对共有土地使用权享有56.77%份额执行办理不动产产权登记

◇ **案例** 大连中院（2019）辽02执429号

◇ **结论** 判决涉案土地使用权归原告、被告共有，明确原告享有56.77%份额，原告依据该判决申请办理产权登记，执行法院认为上述判决没有具体的给付内容，故对原告的执行申请予以驳回

【基本案情】

欧亚公司与华民公司共有权确认纠纷及共有物分割纠纷一案，辽宁高院作出的（2017）辽民终1013号民事判决书已经发生法律效力，判决如下：（1）撤销（2016）辽02民初223号民事判决；（2）确认登记在华民公司“国用（2004）字第×××号国有土地使用证”项下26580平方米土地使用权，为欧亚公司、华民公司、万国建筑公司按份共有；（3）确认欧亚公司对登记在华民公司“国用（2004）字第×××号国有土地使用证”项下26580平方米土地使用权享有56.77%份额。

2019年4月17日，大连中院立案执行。欧亚公司申请执行事项为：（1）执行登记在被执行人名下“国用（2004）字第×××号国有土地使用证”项下26580平方米土地使用权，申请执行人享有56.77%的份额；（2）执行向大连金普新区不动产登记中心发出协助执行通知书，发给申请执行人不动产权属证书。

大连中院认为，作为执行依据的判决书，判决确认土地使用权归属及申请执行人享有的份额，没有具体的给付内容，不符合执行案件受理条件，故驳回欧亚公司的执行申请。

【争议焦点】

欧亚公司依据涉案生效判决书申请执行，是否符合执行案件受理条件？

【裁判要点】

大连中院认为，根据《民事诉讼法司法解释》第463条[①]第1款的规定，当事人申请人民法院执行的生效法律文书，应当具备明确的给付内容。《最高人民法院关于人民执行工作若干问题的规定（试行）》第18条[②]第1款规定，人民法院受理执行案件，据以申请执行的法律文书应当有给付内容，且执行标的和被执行人明确。根据上述法律规定，本案中因申请执行人申请执行的（2017）辽民终1013号民事判决书主文为确认土地使用权归属及申请执行人享有的份额，没有具体的给付内容，应当对申请执行人的执行申请予以驳回。遂裁定：驳回欧亚公司的执行申请。

【相关法律法规】

《民事诉讼法司法解释》

第四百六十一条　当事人申请人民法院执行的生效法律文书应当具备下列条件：

（一）权利义务主体明确；

（二）给付内容明确。

法律文书确定继续履行合同的，应当明确继续履行的具体内容。

《执行工作规定》

16. 人民法院受理执行案件应当符合下列条件：

（1）申请或移送执行的法律文书已经生效；

（2）申请执行人是生效法律文书确定的权利人或其继承人、权利承受人；

（3）申请执行的法律文书有给付内容，且执行标的和被执行人明确；

（4）义务人在生效法律文书确定的期限内未履行义务；

（5）属于受申请执行的人民法院管辖。

---

① 现为《民事诉讼法司法解释》第461条。

② 现为《执行工作规定》第16条。

人民法院对符合上述条件的申请，应当在七日内予以立案；不符合上述条件之一的，应当在七日内裁定不予受理。

【诉讼策略】

1. 本案系共有权确认纠纷及共有物分割纠纷案件，判决既明确了对涉案土地的共有关系，同时亦明确了权利人享有的份额，但原告依然无法依据上述判决申请法院执行办理涉案土地产权登记。

执行法院认为，权利人依据生效判决文书向法院申请执行，该生效判决文书应满足以下条件：（1）给付内容；（2）执行标的和被执行人明确。辽宁高院的（2017）辽民终1013号民事判决书主文为确认土地使用权归属及原告享有56.77%的份额，没有具体的给付内容，因此，该判决不符合执行案件受理的条件，原告据此判决申请办理产权登记的执行申请，执行法院裁定予以驳回。

2. 原告提出的确认共有权以及分割共有物的请求内容，在后续诉讼中变更撤回了关于分割共有物的请求内容，而对于仅有确认共有权及相应份额的判决，因无给付内容，无法申请法院强制执行。

原告起诉时提出的诉讼请求为：（1）确认欧亚公司在登记于华民公司“国用（2004）字第×××号国有土地使用证”项下26580平方米土地使用权按照出资额56.78%份额按份共有；（2）依法分割登记于华民公司名下26580平方米土地使用权中价值3000万元的15902平方米土地使用权归欧亚公司所有；（3）华民公司承担本案诉讼费和实际发生费用。

二审审理期间，原告欧亚公司就其提出的要求分割登记于华民公司名下26580平方米土地使用权中15902平方米土地使用权归欧亚公司所有的上诉请求，欧亚公司于询问后向辽宁高院申请撤回该项一审诉讼请求及上诉请求。

法院判决如下：（1）撤销（2016）辽02民初223号民事判决；（2）确认登记在华民公司“国用（2004）字第×××号国有土地使用证”项下26580平方米土地使用权，为欧亚公司、华民公司、万国建筑公司按份共有；（3）确认欧亚公司享有登记在华民公司“国用（2004）字第×××号国有土地使用证”项下26580平方米土地使用权享有56.77%份额。一审案件受理费

191800 元，由欧亚公司负担 95900 元，由华民公司负担 95900 元。公告费 600 元，由华民公司负担。二审案件受理费 191800 元，由欧亚公司负担 95900 元，华民公司负担 95900 元。

综上，原告在本案诉讼过程中撤回了关于分割共有物的诉讼请求内容，法院按照原告的最终确认的诉讼请求事项完成裁判，并最终确认了原告对共有土地的份额。该判决内容因无明确的给付内容，故在执行程序中不符合执行案件的受理条件，故被执行法院驳回执行申请。同时，该案虽未确权判决但案件受理费参照给付之诉的收费标准进行收取，这也是现在各地法院普遍适用的收费方式，因此，单从节省诉讼费的角度来讲，可尝试在确认之诉中加入给付请求内容。

（四）用益物权纠纷

024. 判决仅确认权利人与村民的同等土地承包经营权，胜诉方据此请求执行签署承包合同的，能否获得支持

◇ **执行依据**　土地承包经营权纠纷案件判决书

◇ **问题**　判决仅确认权利人与同村其他村民享有同等的土地承包经营权，但并未直接判令村民委员会与权利人签订土地承包经营合同，该判决能否执行

◇ **案例**　最高人民法院（2019）最高法执监 201 号

◇ **结论**　判决仅确认王某等三人在车庄子村享有与其他村民同等的土地承包经营权，但并未直接判令车庄子村民委员会与王某等三人签订土地承包经营合同，因此，该判项没有可执行的具体内容，无法执行

【基本案情】

王某等三人与车庄子村民委员会承包经营权、财产损害赔偿纠纷一案，

河北玉田法院作出的（2007）玉民初字第02416号民事判决书，已经发生法律效力，王某等三人于2008年7月3日向唐山中院申请执行。

执行过程中，判决书第2项即车庄子村民委员会给付王某等三人2000年至2004年该村收益款3600元已执行到位。判决书第1项即王某等三人在车庄子村享有与其他村民同等的土地承包经营权属于确认之诉，无可执行内容。唐山中院于2017年8月31日作出结案通知书，本案执行完毕，现予以结案。

王某等三人申请撤销唐山中院作出的上述结案通知书，恢复执行。唐山中院驳回王某等三人的异议请求。王涛等三人向河北高院申请复议，河北高院驳回复议。王涛等三人向最高人民法院申诉，形成本案纠纷，最高人民法院经审理驳回其申诉。

【争议焦点】

王某等三人胜诉判决书能否执行？

【裁判要点】

本案据以执行的民事判决主文共3项：（1）王某等三人在车庄子村享有与其他村民同等的土地承包经营权；（2）车庄子村给付王某等三人2000～2004年该村收益款计3600元，于判决生效之日起五日内付清；（3）驳回王某等三人要求车庄子村民委员会赔偿自1995年起没有土地造成的损失2520元、分红款4200元及租房费用4800元的诉讼请求。该判决第1项仅确认王某等三人在车庄子村享有与其他村民同等的土地承包经营权，并未直接判令车庄子村民委员会与王某等三人签订土地承包经营合同，该判项没有可执行的具体内容。唐山中院查明该判决第2项收益款3600元已给付，王某等三人主张该款项系当地镇政府的贫困救济款，但未提供充分有效证据加以证实，对该项主张最高人民法院不予支持。综上，王某等三人的申诉理由不能成立。

【相关法律法规】

《民事诉讼法司法解释》

第四百六十一条 当事人申请人民法院执行的生效法律文书应当具备下

列条件：

（一）权利义务主体明确；

（二）给付内容明确。

法律文书确定继续履行合同的，应当明确继续履行的具体内容。

《执行工作规定》

16. 人民法院受理执行案件应当符合下列条件：

（1）申请或移送执行的法律文书已经生效；

（2）申请执行人是生效法律文书确定的权利人或其继承人、权利承受人；

（3）申请执行的法律文书有给付内容，且执行标的和被执行人明确；

（4）义务人在生效法律文书确定的期限内未履行义务；

（5）属于受申请执行的人民法院管辖。

人民法院对符合上述条件的申请，应当在七日内予以立案；不符合上述条件之一的，应当在七日内裁定不予受理。

【诉讼策略】

1. 本案系原告请求村民委员会请求确认其享有承包经营权的案件，但也仅限于确认原告与同村村民享有同等土地承包经营权，该判决无实质给付内容，无法通过法院强制执行。

判决书第1项仅确认原告在村子内享有与其他村民同等的土地承包经营权，但并未直接判令村民委员会与原告签订土地承包经营合同，因此，该判项没有可执行的具体内容，原告即便取得案件胜诉亦无权通过法院强制执行程序取得村土地的土地承包经营权。

2. 原告请求恢复执行，但其复议理由明显无事实及法律依据，最终亦未得到法院支持。

原告认为：执行法院以没有执行内容为理由，将执行案件结案错误。原告认为：执行法院把给付之诉改为确认之诉，判决判令被告与原告签订土地承包合同，分给三原告承包地2.1亩，属于给付之诉，而不是确认之诉，依法应恢复执行。但是，从执行依据生效判决中，可以明显确定，判决内容为：（1）王某等三人在车庄子村享有与其他村民同等的土地承包经营权；（2）车庄子村给付王某等三人2000年至2004年该村收益款计3600元，于判决生效之日起5日内付清；（3）驳回王某等三人要求车庄子村民委员会赔偿自1995年起没有土地造成的损失2520元、分红款4200元及租房费用4800元的诉讼请求。因其他判项已经履行完，仅有判决第1项未履行，因该项内容为确认内容不具有给付内容，故执行法院驳回原告的执行申请。

（五）确认合同效力纠纷

025. 判决合同有效且权利人享有收益权，胜诉方能否据此判决执行相应收益权

◇ **执行依据** 确认合同效力纠纷案件判决书

◇ **问题** 判决确认双方签署的协议有效，并确认原告享有协议约定的收益权，该判决能否顺利执行

◇ **案例** 最高人民法院（2019）最高法执监507号

◇ **结论** 确认之诉的判决，判决内容仅确定了当事人之间的权利义务关系，没有给付内容，不符合人民法院受理执行生效法律文书的条件的规定

【基本案情】

李某诉王某确认合同效力纠纷一案中，张家口中院于2015年5月26日作出（2015）张商初字第22号民事判决，主要内容为：确认李某与王某于2009年10月12日签订的《协议书》中出资与收益的约定有效，李某已履行出资1000万元的义务，并享有《协议书》第2条约定的收益权利。

2017年3月30日，李某申请强制执行王某履行合同义务。同年4月18日，张家口中院作出（2017）冀07执46号执行裁定，裁定冻结、划拨被执行人王某银行存款2150万元，或查封、扣押、冻结、扣留、提取其相应的其他财产、收益和其他财产权等。

2017年4月20日，张家口中院作出执行通知书，要求星宝公司将给付王某的、由星宝公司控制的2300万元，于履行期限届满之日前，划入法院账户。

2017年7月19日，张家口中院作出（2017）冀07执恢9号、（2017）冀07执46号责令限期追款通知书，责令星宝公司自本通知送达之日起10日内如数追回擅自支付的款项1700万元，并与仍然持有的600万元，共计2300万元交存张家口中院；如逾期未能追回及交存，张家口中院将依法裁定星宝公司以自己的财产向申请执行人承担责任。

星宝公司认为上述执行行为违法，向张家口中院提出执行异议。张家口中院作出裁定，裁定驳回其异议。星宝公司不服，向河北高院申请复议，河北高院认为张家口中院裁定结果不当，应予纠正，遂裁定如下：撤销张家口中院（2017）冀07执恢9号、（2017）冀07执46号责令限期追款通知书。

申请执行人李某不服上述复议裁定，向最高人民法院申诉，形成本案纠纷，最高人民法院经审理驳回李某的申诉。

【争议焦点】

1. 作为执行依据的（2015）张商初字第22号民事判决是否具有给付内容？

2. 河北高院以该判决非给付之诉判决为由撤销张家口中院关于要求星宝公司限期追回款项的通知是否正确？

【裁判要点】

本案作为执行依据的（2015）张商初字第22号民事判决的主文为：确认原告李某与被告王某于2009年10月12日签订的《协议书》中出资与收益的约定有效，李某已履行出资1000万元义务，并享有《协议书》第2条约定的收益的权利。此为确认之诉的判决，判决内容仅确定了当事人之间的权利义务关系，没有给付内容，不符合《民事诉讼法司法解释》第463条①及

① 现为《民事诉讼法司法解释》第461条。

《执行工作规定》第18条[①]关于人民法院受理执行案件有关生效法律文书条件的规定。张家口中院受理并以（2017）冀07执46号案立案执行李某与王某确认合同纠纷一案缺乏法律依据。

张家口中院在执行（2015）张执字第2号案中，于2015年12月17日向星宝公司送达（2015）张执字第2号《协助执行通知书》，要求停止支付被执行人王某在该公司的投资款2000万元及利润分成等收益。随后在该案恢复执行的（2017）冀07执恢9号案中又作出执行通知书，要求星宝公司将给付王某、由星宝公司控制的2300万元划入该院账户，而（2017）冀07执恢9号案随后终结执行。同时，（2017）冀07执46号案立案执行并不符合法律规定。因此，张家口中院将（2017）冀07执恢9号案与（2017）冀07执46号案并案执行，并作出的（2017）冀07执恢9号、（2017）冀07执46号责令限期追款通知书应予撤销。李某作为（2017）冀07执46号案申请执行人主张应维持该责令限期追款通知书，依据不足。

【相关法律法规】

《民事诉讼法司法解释》

第四百六十一条　当事人申请人民法院执行的生效法律文书应当具备下列条件：

（一）权利义务主体明确；

（二）给付内容明确。

法律文书确定继续履行合同的，应当明确继续履行的具体内容。

《执行工作规定》

16. 人民法院受理执行案件应当符合下列条件：

（1）申请或移送执行的法律文书已经生效；

（2）申请执行人是生效法律文书确定的权利人或其继承人、权利承受人；

（3）申请执行的法律文书有给付内容，且执行标的和被执行人明确；

---

① 现为《执行工作规定》第16条。

（4）义务人在生效法律文书确定的期限内未履行义务；

（5）属于受申请执行的人民法院管辖。

人民法院对符合上述条件的申请，应当在七日内予以立案；不符合上述条件之一的，应当在七日内裁定不予受理。

【诉讼策略】

1. 本案系确认合同效力以及原告已履行合同应享有收益权的确认之诉案件，因该案件判决中无明确给付内容，故法院受理执行后经最高人民法院审理认为不符合执行立案条件，并撤销原有执行措施。

本案中，原告据以申请强制执行的依据是张家口中院就其与王某确认合同效力纠纷一案的民事判决，但该判决并未直接明确判定被告需向原告承担的给付义务及相关给付内容，该判决非给付之诉判决，故无法通过法院进行强制执行，原告需执行的内容，应通过另行提起给付之诉程序解决。

2. 原告在提起诉讼时已经明确了相应的给付内容，诉讼中变更了诉讼请求中具有给付内容的请求事项，使案件最终判决内容无给付内容。

原告提起诉讼时的诉讼请求如下：（1）请求判令偿还原告投入的投资1000万元；（2）在被告与星宝公司合作开发的宣化阁北街××号开发项目中，偿还原告应得的4.95%的股权所产生的收益及享有的相关权利；（3）从起诉之日起计算，偿还原告应得款项的利息；（4）诉讼费用由被告承担。

庭审中，原告将第1项诉讼请求变更为：确认李某的投资1000万元及其相关收益；撤回第2项、第3项诉讼请求。

法院判决如下：确认原告李某与被告王某于2009年10月12日签订的《协议书》中出资与收益的约定有效，李某已履行出资1000万元的义务，并享有《协议书》第2条约定的收益权利。

综上，原告在最初提起诉讼时的诉讼请求中含有明确的给付内容，可以执行，但后续诉讼庭审中原告变更了诉讼请求，使案件最终判决内容无给付内容无法执行。

026. 判决拆迁财产家庭分配协议部分无效，则协议有效部分能否通过法院强制执行

◇ **执行依据** 确认合同无效纠纷判决书

◇ **问题** 权利人以判决未确认财产分配协议无效的协议有效为依据，请求法院判令其取得拆迁财产处分权，该执行申请能否获得支持

◇ **案例** 北京高院（2021）京执监36号

◇ **结论** 判决仅就双方争议的《家庭协议》部分内容的效力予以确认，无给付内容，亦无执行标的和承担给付责任的义务人。同时，强制执行申请书中请求执行的事项为“拆迁处分权”，并非生效判决所处理的内容，故徐某的执行申请不符合执行立案受理的条件，驳回其执行申请

【基本案情】

2017年4月，靳某平等以靳某林、佘某英、徐某为被告，向北京东城法院提起确认合同无效纠纷诉讼，请求法院依法确认佘某英与靳某林签订的《家庭协议》无效。

北京东城法院经审理查明：2009年4月22日，靳某林与佘某英签订《家庭协议》，约定两部分内容，分别为：第一，琉璃井北里××号1.5间平房，拆迁后，向国家申请要一套二居室回迁房，回迁补偿款全部用于购买此房子，产权归靳某林、徐某所有；第二，另外蒲黄榆蒲安北里×号楼×门401号一居室归佘某英、靳某梅所有。该协议由佘某英与靳某林签字。

北京东城法院认为，关于家庭协议的第2部分内容，因佘某英仅为蒲安北里401号房屋的承租人，其无权处分该房屋，签订上述协议内容，未经该房屋的产权人及管理人同意或追认，该协议内容无效。综上，北京东城法院于2017年6月22日作出（2017）京0101民初8065号民事判决，判决如下：（1）确认靳某林与佘某英于2009年4月22日签订的《家庭协议》中

的第2段内容无效；（2）驳回靳某平、靳某梅的其他诉讼请求。该判决已发生法律效力。

2019年，徐某依据（2017）京0101民初8065号民事判决以佘某英为被执行人向北京东城法院申请强制执行，请求执行内容为：法院判给我方的拆迁处分权。令佘某英（继母）和望坛拆迁办执行法院判给我方的拆迁处分权。

【争议焦点】

执行法院对徐某执行申请裁定不予受理是否违法？

【裁判要点】

本案中，徐某据以申请执行的依据为北京东城法院（2017）京0101民初8065号民事判决，案件系确认合同效力纠纷，属于确认之诉，该判决仅就双方争议的《家庭协议》的部分内容效力予以判决，无给付内容，亦无执行标的和具有给付义务的义务人。同时，徐某在强制执行申请书中请求执行的事项为“拆迁处分权”，并非（2017）京0101民初8065号民事判决所处理的内容，故徐某的执行申请不符合法律规定的执行案件受理的条件，应依法不予受理。综上，北京东城法院和北京二中院对本案裁定不予受理并无不当。

【相关法律法规】

《民事诉讼法司法解释》

第四百六十一条 当事人申请人民法院执行的生效法律文书应当具备下列条件：

（一）权利义务主体明确；

（二）给付内容明确。

法律文书确定继续履行合同的，应当明确继续履行的具体内容。

《执行工作规定》

16. 人民法院受理执行案件应当符合下列条件：

（1）申请或移送执行的法律文书已经生效；

（2）申请执行人是生效法律文书确定的权利人或其继承人、权利承受人；

（3）申请执行的法律文书有给付内容，且执行标的和被执行人明确；

（4）义务人在生效法律文书确定的期限内未履行义务；

（5）属于受申请执行的人民法院管辖。

人民法院对符合上述条件的申请，应当在七日内予以立案；不符合上述条件之一的，应当在七日内裁定不予受理。

【诉讼策略】

1. 本案系对家庭签署的财产分配协议效力确认纠纷案件，其中不含有给付内容及义务人，故判决无法执行。

当事人申请人民法院执行的生效法律文书应当具备下列条件：（1）权利义务主体明确；（2）给付内容明确。徐某据以执行所依据的北京东城法院（2017）京 0101 民初 8065 号民事判决裁判的案件系确认合同无效的确认之诉，判决主文并未就实体权利作出具有执行内容的给付或可执行的权利处分的判项。徐某申请执行的事项“拆迁处分权”并非前述判决书主文所载明的内容，故上述判决书对于徐某，并无可执行内容，徐某的执行申请，不符合申请执行的法定条件，因此执行法院裁定不予受理。

2. 本案执行申请人非执行依据生效判决书的原告，而是被告。该被告依据协议部分被确定为无效，则剩余部分应有效，故依据有效部分的约定请求法院强制执行，但因执行内容不符合法律规定，被驳回执行立案申请。

原告在提起诉讼时的诉讼请求如下：（1）请求依法确认被告佘某英与靳某林签订的《家庭协议》无效；（2）案件受理费由被告承担。

法院判决如下：（1）确认被告靳某林与被告佘某英于 2009 年 4 月 22 日签订的《家庭协议》中的第 2 段内容无效。（2）驳回原告靳某平、靳某梅的其他诉讼请求。

综上，无论是原告的诉讼请求还是法院的判决内容，本案判决中均无明确的给付内容以及义务主体，故无法通过法院强制执行该判决书。

027. 原告诉讼请求仅有确权内容而无给付内容，胜诉后的判决能否执行

◇ **执行依据**　确认合同效力纠纷案件判决书

◇ **问题**　原告的诉讼请求无给付内容，原告胜诉后的执行程序中要求法院执行机构通过征询审判部门的方式明确执行内容，该项要求能否得到支持

◇ **案例**　新疆高院（2021）新执监17号

◇ **结论**　法院根据原告的诉讼请求内容进行判决，不会超出原告诉讼请求的范围。本案中，原告未提出给付金钱的诉讼请求，故判决亦未超出原告的请求而作出给付金钱的判项。本案原告提起的诉讼为确认之诉，判决内容不存在给付内容，因此，即便本案原告胜诉，也无法申请法院强制执行

【基本案情】

陶某与新时尚装修公司因合同纠纷诉至乌鲁木齐沙依巴克法院，该院于2019年4月29日作出（2019）新0103民初1276号民事判决，判决如下：（1）原告陶某与被告新时尚装修公司于1987年10月26日签订的《建筑工程施工遗留欠款结算协议书》真实、合法、有效；（2）原告陶某欠被告新时尚装修公司房款5000元已经抵销。新时尚装修公司不服提出上诉，乌鲁木齐中院于2019年6月28日作出（2019）新01民终2239号民事判决：驳回上诉，维持原判。

陶某向乌鲁木齐沙依巴克法院申请执行，乌鲁木齐沙依巴克法院于2020年4月22日立案执行，并于2020年10月15日裁定，裁定驳回申请执行人陶某的执行申请。

陶某向乌鲁木齐沙依巴克法院提出书面异议，乌鲁木齐沙依巴克法院于2020年11月9日作出（2020）新0103执异40号执行裁定，驳回陶某的异

议请求。陶某明不服，向乌鲁木齐中院申请复议，乌鲁木齐中院于 2020 年 12 月 20 日作出（2020）新 01 执复 69 号执行裁定，驳回陶某的复议申请。陶某不服，向新疆高院申诉，形成本案诉讼，新疆高院经审理驳回陶某的申诉。

【争议焦点】

作为执行依据的民事判决，是否有明确的给付内容？

【裁判要点】

从判决内容来看，该判决确认了陶某与新时尚装修公司结算协议书合法有效，并确认陶某与新时尚装修公司的债务已抵销。陶某在该民事诉讼中仅提出以上诉讼请求，乌鲁木齐沙依巴克法院均予支持，陶某未提出给付金钱的诉讼请求，该判决亦未超出陶某的请求而作出给付金钱的判项，故该民事诉讼为确认之诉，该判决不存在给付内容，没有当事人依法向人民法院申请强制执行的判项。该判决内容也不涉及陶某所主张的涉案房产过户事宜，判决中对原告的诉讼请求予以支持，内容清楚明确，属于不具有强制执行内容的判决，而不属于执行内容不明确的情形，故不符合《最高人民法院关于人民法院立案、审判与执行工作协调运行的意见》第 15 条规定的情形。陶某主张人民法院通过立审执协调运行解决其诉讼请求无事实和法律依据，乌鲁木齐沙依巴克法院以（2020）新 0103 执 1327 号之一执行裁定，驳回陶某的执行申请并无不当。

【相关法律法规】

《执行工作规定》

16. 人民法院受理执行案件应当符合下列条件：

（1）申请或移送执行的法律文书已经生效；

（2）申请执行人是生效法律文书确定的权利人或其继承人、权利承受人；

（3）申请执行的法律文书有给付内容，且执行标的和被执行人明确；

（4）义务人在生效法律文书确定的期限内未履行义务；

（5）属于受申请执行的人民法院管辖。

人民法院对符合上述条件的申请，应当在七日内予以立案；不符合上述条件之一的，应当在七日内裁定不予受理。

《民事诉讼法司法解释》

第四百六十一条 当事人申请人民法院执行的生效法律文书应当具备下列条件：

（一）权利义务主体明确；

（二）给付内容明确。

法律文书确定继续履行合同的，应当明确继续履行的具体内容。

《最高人民法院关于人民法院立案、审判与执行工作协调运行的意见》

15. 执行机构发现本院作出的生效法律文书执行内容不明确的，应书面征询审判部门的意见。审判部门应在15日内作出书面答复或者裁定予以补正。审判部门未及时答复或者不予答复的，执行机构可层报院长督促审判部门答复。

执行内容不明确的生效法律文书是上级法院作出的，执行法院的执行机构应当层报上级法院执行机构，由上级法院执行机构向审判部门征询意见。审判部门应在15日内作出书面答复或者裁定予以补正。上级法院的审判部门未及时答复或者不予答复的，上级法院执行机构层报院长督促审判部门答复。

执行内容不明确的生效法律文书是其他法院作出的，执行法院的执行机构可以向作出生效法律文书的法院执行机构发函，由该法院执行机构向审判部门征询意见。审判部门应在15日内作出书面答复或者裁定予以补正。审判部门未及时答复或者不予答复的，作出生效法律文书的法院执行机构层报院长督促审判部门答复。

【诉讼策略】

1. 本案中，原告的诉讼请求内容均为确认内容而无给付内容，故导致判决胜诉后无具体给付内容，无法执行。

原告在一审时提出的诉讼请求内容包括：（1）确认陶某与新时尚装修公

司于1987年10月26日签订的《建筑工程施工遗留欠款结算协议书》真实、合法、有效，认定该协议书明确陶某欠新时尚装修公司的5000元售房款已经抵销；（2）新时尚装修公司承担诉讼费。

法院在审理时，认为《建筑工程施工遗留欠款结算协议书》的真实性已经生效判决和裁定认定，故陶某要求确认协议书真实、合法、有效的诉讼请求予以支持。依据协议内容，陶某要求认定陶某欠新时尚装修公司的5000元售房款已经抵销，亦属该协议书的约定内容，亦予以支持。

原告在取得胜诉判决后，向执行法院提出以下执行申请内容：第一，按照判决书确认事项予以再次明确；第二，被告负担本案执行费及加倍支付迟延履行期间的债务利息（按实际付款时间计算）。因作为执行依据的生效判决没有关于被告向原告承担给付义务的内容，仅是确认协议有效及抵债事实成立，故无法执行。

2. 因确认之诉无须按照给付之诉计算诉讼时效，因此，在起诉时需要考虑诉讼目的及诉讼时效的问题。

若案件已过诉讼时效，可寻求诉讼时效中断或重新起算的方法，如被告认可履行等。若案件未过诉讼时效，则需要考虑诉讼目的及后续执行问题，如仅是确认某一事项为后续诉讼做准备，则需要考虑诉讼时间及成本问题，以及在一个诉讼中主张是否会影响胜诉率等问题。

（六）土地使用权转让合同纠纷

028. 判决被告继续履行土地使用权转让合同义务的，该判决能否强制执行

◇ **执行依据**　土地使用权转让合同纠纷判决书

◇ **问题**　土地使用权转让合同纠纷案件，判决被告继续履行合同的，该判决是否符合执行案件受理条件

◇ **案例**　四川高院（2021）川执复140号

◇ **结论**　原审判部门判决被告继续履行《联合开发协议书》及《项目开发协议书的补充协议》中约定的合同义务，执行法院在执行该判项内容时，就判决中继续履行合同的内容向原审判部门征求意见，审判部门出具说明，认为该继续履行合同的判项无具体执行内容。因此，执行法院以原告的申请执行不符合执行案件受理条件为由，驳回了原告的执行申请

【基本案情】

温泉公司与大地公司、四川省技术贸易中心土地使用权转让合同纠纷一案，经一审、二审、再审程序，最终判决如下：（1）大地公司、四川省技术贸易中心向温泉公司支付土地转让款17073200元，并以该款为本金按照每日0.01%的标准支付从2008年6月10日起至实际付款之日止的利息；（2）温泉公司继续履行与大地公司、四川省技术贸易中心所签订的《联合开发协议书》及《项目开发协议书的补充协议》中约定的合同义务；（3）驳回大地公司的其他诉讼请求。

判决生效后，大地公司认为温泉公司未履行判决第2项即“温泉公司继续履行与大地公司、四川省技术贸易中心所签订的《联合开发协议书》及《项目开发协议书的补充协议》中约定的合同义务”，向成都中院申请强制执行。

因申请执行的判决主文内容为履行《联合开发协议书》及《项目开发协议书的补充协议》中约定的合同义务，无给付内容，不符合受理条件，成都中院于2018年12月11日作出（2016）川01执恢3号执行裁定，驳回了大地公司的执行申请。

大地公司不服，向成都中院提起执行异议，该院于2019年6月20日作出（2019）川01执异720号执行裁定，驳回了大地公司的异议请求。大地公司不服，向四川高院申请复议，四川高院于2019年9月25日裁定如下：撤销（2019）川01执异720号执行裁定和（2016）川01执恢3号执行裁定。

2020年1月2日，成都中院立案恢复执行，并于2020年10月27日作出（2020）川01执恢1号执行通知书，责令温泉公司支付违约金121.344万元、

迟延履行金 8775598.08 元，并于见通知之日起 15 日内完成涉案土地拆迁安置和土地平整方案制作。

温泉公司对上述执行行为提出异议，认为判决仅判令其继续履行合同，没有支付违约金的判项。成都中院就生效判决所涉继续履行合同的相关问题向原审判部门征求意见，答复为：判决主文第 2 项继续履行合同无具体执行内容。故成都中院裁定撤销（2020）川 01 执恢 1 号执行通知书。

大地公司不服上述裁定，向四川高院申请复议，请求如下：继续执行，并在复议申请人已履行了司法判决确定的给付义务后，应对等地执行被执行人继续履行判决确定的《项目开发协议书》及《项目开发协议书的补充协议》中约定的合同义务，并以对等公平原则按双方协议约定每天 0.01% 的标准计算迟延罚金和合同总标的 5% 的赔偿金。四川高院经审理，裁定如下：驳回大地公司的执行申请。

【争议焦点】

大地公司申请执行（2008）成民初字第 586 号民事判决第 2 项是否符合执行案件受理条件？

【裁判要点】

《民事诉讼法司法解释》第 463 条①规定：“当事人申请人民法院执行的生效法律文书应当具备下列条件：（一）权利义务主体明确；（二）给付内容明确。法律文书确定继续履行合同的，应当明确继续履行的具体内容。”据此，作为执行依据的继续履行判项，除了要具备主体和给付内容明确的前提外，还需要履行的细节都清晰、准确，以此避免在执行过程中产生大量争议或出现以执代审的情况。鉴于本案生效法律文书是在上述司法解释实施前作出，在判决主文未明确继续履行的具体内容时，执行部门应根据文义解释、法律解释等方法对生效法律文书的文义进行解释和审查，并结合生效法律文书在事实认定及裁判说理部分进行认定，如仍无法明确履行的具体内容则可

① 现为《民事诉讼法司法解释》第 461 条。

提请作出生效法律文书的审判部门进行补正或说明。本案中，成都中院在对大地公司申请执行的（2008）成民初字第586号民事判决相关判项进行审查后，在不能明确具体给付内容的情况下，就判决中继续履行合同的内容向该院案件原审判部门及承办人征求意见，该院审判部门出具说明，认为大地公司请求执行的（2008）成民初字第586号民事判决主文第2项无具体执行内容。因此，大地公司申请执行的判项无给付内容，执行标的也不明确。根据《执行工作规定》第16条第1款的规定："人民法院受理执行案件应当符合下列条件：……（3）申请执行的法律文书有给付内容，且执行标的和被执行人明确……"据此，其申请执行不符合执行案件受理条件，依法应予驳回执行申请。

【相关法律法规】

《民事诉讼法司法解释》

第四百六十一条 当事人申请人民法院执行的生效法律文书应当具备下列条件：

（一）权利义务主体明确；

（二）给付内容明确。

法律文书确定继续履行合同的，应当明确继续履行的具体内容。

《执行工作规定》

16. 人民法院受理执行案件应当符合下列条件：

（1）申请或移送执行的法律文书已经生效；

（2）申请执行人是生效法律文书确定的权利人或其继承人、权利承受人；

（3）申请执行的法律文书有给付内容，且执行标的和被执行人明确；

（4）义务人在生效法律文书确定的期限内未履行义务；

（5）属于受申请执行的人民法院管辖。

人民法院对符合上述条件的申请，应当在七日内予以立案；不符合上述条件之一的，应当在七日内裁定不予受理。

《最高人民法院关于人民法院立案、审判与执行工作协调运行的意见》

15. 执行机构发现本院作出的生效法律文书执行内容不明确的，应书面征询审判部门的意见。审判部门应在15日内作出书面答复或者裁定予以补正。审判部门未及时答复或者不予答复的，执行机构可层报院长督促审判部门答复。

执行内容不明确的生效法律文书是上级法院作出的，执行法院的执行机构应当层报上级法院执行机构，由上级法院执行机构向审判部门征询意见。审判部门应在15日内作出书面答复或者裁定予以补正。上级法院的审判部门未及时答复或者不予答复的，上级法院执行机构层报院长督促审判部门答复。

执行内容不明确的生效法律文书是其他法院作出的，执行法院的执行机构可以向作出生效法律文书的法院执行机构发函，由该法院执行机构向审判部门征询意见。审判部门应在15日内作出书面答复或者裁定予以补正。审判部门未及时答复或者不予答复的，作出生效法律文书的法院执行机构层报院长督促审判部门答复。

【诉讼策略】

1. 本案系土地使用权转让合同纠纷，判决被告继续履行涉案《联合开发协议书》及《项目开发协议书的补充协议》中约定的合同义务，该判决内容因无具体给付内容，故不符合执行案件受理条件，原告经多年执行纠纷后，最终仍被认定为不符合执行申请条件，胜诉判决确认的权益无法得到落实。

作为执行依据的判决书中继续履行合同的判项，除要具备主体和给付内容明确的前提外，还需要就履行的细节进行清晰和准确的确认，以此避免在执行过程中产生大量争议或出现以执代审的情况。

在判决主文未明确继续履行的具体内容时，执行部门应通过文义解释、法律解释等方法对生效法律文书的文义进行解释和审查，并结合生效法律文书在事实认定及裁判说理部分进行认定，如仍无法明确履行的具体内容，则可提请作出生效法律文书的审判部门进行补正或说明。本案中，执行法院就争议判项经审查仍不能明确具体给付内容的情况下，就判决中继续履行合同的内容向该院案件原审判部门及承办人征求意见，该院审判部门出具说明，认为涉案继续履行合同判项无具体给付内容。因此，执行法院认定权利人申请执行的判项无给付内容，执行标的亦不明确，遂裁定驳回其执行申请。

2. 作为执行依据的判决内容因仅确认义务人继续履行合同而未明确相应履行内容，故属无给付内容的判决，该判决不符合执行案件受理条件，无法执行。

作为执行依据的生效判决，其判决内容为：（1）大地公司、四川省技术贸易中心向温泉公司支付土地转让款17073200元，并以该款为本金按照每日0.01%的标准支付从2008年6月10日起至实际付款之日止的利息；（2）温泉公司继续履行与大地公司、四川省技术贸易中心所签订的《联合开发协议书》及《项目开发协议书的补充协议》中约定的合同义务；（3）驳回大地公司的其他诉讼请求。

原告在取得上述胜诉判决后，认为被告未履行判决第2项，即“被告继续履行与原告等所签订的《联合开发协议书》及《项目开发协议书的补充协议》中约定的合同义务”，向人民法院申请强制执行，经执行异议、复议及申诉程序，历经多年仍无法执行上述内容。执行法院认为上述要求被告继续履行合同的判决内容无给付内容，不符合执行立案受理条件，故无法执行。

029. 判决双方继续履行土地使用权转让合同但未明确履行事项，该胜诉判决能否顺利执行

◇ **执行依据**　土地使用权转让合同纠纷案件判决书

◇ **问题**　执行依据生效判决判定双方继续履行土地使用权转让合同，但并未明确应当继续履行的具体内容，依据该判决内容能否申请强制执行

◇ **案例**　湖北高院（2021）鄂执复339号

◇ **结论**　执行依据生效判决判定金属回收公司继续履行与冠伸公司签订的土地使用权转让合同，但该判决并未明确金属回收公司应当继续履行的具体内容。同时，十堰中院在诉讼保全中查封的土地和执行过程中查封的土地存在形状和位置不一致的情形，上述土地是否系同一处土地，是否发生过变化以及变化的原因，均无法确认。因此，债权人在执行过程中遇到阻碍导致判决难以执行

【基本案情】

2000 年 8 月 14 日，冠伸公司与金属回收公司签订了一份《土地有偿转让合同》，约定冠伸公司以 90 万元的价款受让金属回收公司享有土地使用权的、位于十堰市，即涉案 2.7 亩土地的使用权。合同履行过程中，双方产生纠纷，冠伸公司遂起诉，要求金属回收公司继续履行双方签订的前述转让合同，十堰中院经审理后于 2001 年 11 月 20 日作出（2001）十经初字第 103 号民事判决书，判决“金属回收公司继续履行其于 2000 年 8 月 14 日与冠伸公司签订的《土地有偿转让合同》”，判决生效后，十堰中院函告行政主管部门协助办理“金属回收公司所拥有的位于十堰的 2.7 亩土地使用权过户给冠伸公司有关过户手续”，后由于种种原因，前述手续未办理。

另查：正兴公司经受让取得对金属回收公司的债权，该债权执行过程中，2020 年 3 月 31 日，经正兴公司申请，十堰中院预查封了被执行人金属回收公司依据十堰张湾法院（2016）鄂 0303 执 114 号执行裁定执行回转取得的位于十堰市刘家沟下货场的 2.7 亩的土地所有权。正兴公司请求对被执行人金属回收公司名下土地进行处置，十堰中院于 2021 年 8 月 16 日作出（2012）鄂十堰中执恢字第 00018 号公告，认为前述土地虽然登记在金属回收公司名下，但经人民法院生效判决确认及执行，已裁定给冠伸公司，该土地实际已属于冠伸公司所有，十堰中院对该土地不能执行。

正兴公司对十堰中院作出的上述通知书提出执行异议，十堰中院裁定驳回正兴公司的异议。正兴公司向湖北高院提出复议，形成本案诉讼，湖北高院撤销十堰中院的裁定，裁定重审。

【争议焦点】

涉案生效判决判定内容是否符合执行立案条件?

【裁判要点】

湖北高院认为：（1）十堰中院作出的（2001）十经初字第 103 号民事判决存在履行内容不明确的问题。上述判决判定金属回收公司继续履行与冠伸公司签订的土地使用权转让合同，但该判决并未明确金属回收公司应当继续履行的具体内容，十堰中院执行部门可征询审判部门的意见。（2）十堰中院未查明涉案土地目前的查封状态。2020 年 3 月 31 日，十堰中院依正兴公司申请，预查封了被执行人金属回收公司依据张湾法院（2016）鄂 0303 执 114 号执行裁定执行回转取得的位于十堰市刘家沟下货场的 2.7 亩的土地使用权。目前，上述土地是否仍在冠伸公司申请的查封之下，正兴公司的预查封是否已经转为正式查封，十堰中院未予查明。（3）十堰中院未查明在诉讼保全中查封的土地和执行过程中查封的土地是否系同一处土地。2001 年 8 月 2 日，十堰中院作出的（2001）十经初字第 103 号《协助执行通知书》，对位于十堰市的 2.7 亩土地使用权予以查封，土地呈条状“Y”字形。2021 年 5 月 7 日，十堰中院作出（2012）鄂十堰中执恢字第 00018 号公告，载明案涉 2.7 亩土地位于十堰市刘家沟下货场，该宗土地的土地证号为：鄂（2020）十堰市不动产权第×××号。2020 年 5 月 18 日，十堰市不动产登记中心出具的土地登记档案查询证明显示，鄂（2020）十堰市不动产权第×××号土地的使用权人为金属回收公司，坐落于二堰街的土地登记面积为 1800 平方米，宗地图显示土地形状为“一”字长条形。可见，十堰中院在诉讼保全中查封的土地和执行过程中查封的土地存在形状和位置不一致的情形，上述土地是否系同一处土地，是否发生过变化以及变化的原因，该院在异议审查过程中亦未予查明，故应发回重审。

【相关法律法规】

《民事诉讼法司法解释》

第四百六十一条　当事人申请人民法院执行的生效法律文书应当具备下列条件：

（一）权利义务主体明确；

（二）给付内容明确。

法律文书确定继续履行合同的，应当明确继续履行的具体内容。

【诉讼策略】

1. 本案涉及一个债务人对应多个债权人的情形，若冠伸公司与金属回收公司之间关于土地转让的判决无法执行，则金属回收公司的债权人正兴公司将可能分配应属于冠伸公司的土地。

本案中，冠伸公司与金属回收公司早在2000年8月即已签订《土地有偿转让合同》，并支付了90万元土地转让款，后于2001年11月20日取得胜诉判决，判决“金属回收公司继续履行其于2000年8月14日与冠伸公司签订的《土地有偿转让合同》”，但判决生效后，冠伸公司始终未能顺利取得涉案土地使用权。在金属回收公司债权人正兴公司提出异议后，执行法院直接以民事判决存在履行内容不明确的问题认为不能执行该土地，导致执行不能。

2. 本案中，十堰中院在诉讼保全中查封的土地和执行过程中查封的土地存在形状和位置不一致的情形，上述土地是否系同一处土地，是否发生过变化以及变化的原因，因此，债权人在执行过程中遇到阻碍。

2001年8月2日，十堰中院作出的（2001）十经初字第103号《协助执行通知书》，对位于十堰市的2.7亩土地使用权予以查封，土地呈条状“Y”字形。2021年5月7日，十堰中院作出（2012）鄂十堰中执恢字第00018号公告，载明涉案2.7亩土地位于十堰市刘家沟下货场，该宗土地的地图显示土地形状为“一”字长条形。可见，十堰中院在诉讼保全中查封的土地和执行过程中查封的土地存在形状和位置不一致的情形，因此，该执行程序中冠伸公司于2001年查封的土地与后续申请办理过户的土地存在差异，执行法院在执行中也无法明确判断保全查封的土地与拟过户的土地是否一致，故而执行遇阻，导致无法执行。

（七）采矿权转让合同纠纷

030. 自然人签署采矿权转让合同，取得义务人协助办理转让手续的胜诉判决后，能否通过法院执行取得采矿权

◇ **执行依据** 采矿权纠纷案件判决书

◇ **问题** 自然人签署合同受让采矿权，判决该转让合同成立但是否生效需

经行政审批，受让人为满足行政审批条件，据此判决在执行程序中申请变更其独资设立的公司为执行申请人，能否获得法院支持

◇ **案例**　最高人民法院（2017）最高法执监136号（最高人民法院指导案例123号）

◇ **结论**　生效判决认定采矿权转让合同依法成立但尚未生效，判令转让方按照合同约定办理采矿权转让手续，并非对采矿权归属的确定，执行法院依此向相关主管机关发出协助办理采矿权转让手续通知书，只具有启动主管机关审批采矿权转让手续的作用，采矿权能否转让应由相关主管机关依法决定。申请执行人在执行程序中请求变更采矿权受让人的，也应由相关主管机关依法判断

【基本案情】

于某与隆兴矿业所涉采矿权纠纷一案，锡林郭勒中院于2013年3月20日作出（2012）锡中法民一初字第42号民事判决：隆兴矿业于判决生效后15日内，按照《矿权转让合同》的约定为于某办理矿权转让手续。隆兴矿业上诉至内蒙古高院，内蒙古高院认为：双方签订的《矿权转让合同》尚未办理批准、登记手续，故《矿权转让合同》依法成立，但未生效，该合同的效力属效力待定。若《矿权转让合同》经审批管理机关审查后不予批准，双方当事人可依据《合同法》[①] 的相关规定另行主张权利。内蒙古高院于2013年11月11日作出（2013）内民一终字第281号民事判决：维持原判。

锡林郭勒中院根据于某的申请，于2014年3月17日立案执行，并于2014年5月7日和6月4日向锡林郭勒有关行政主管部门发出协助执行通知书，请其根据（2012）锡中法民一初字第42号判决内容，协助为于某按照《矿权转让合同》的约定办理矿权过户转让手续。主管部门答复称，隆兴矿业与于某签订《矿权转让合同》后，未向其提交转让申请，且该合同是一个企业法人与自然人之间签订的矿权转让合同，依据法律、行政法规及地方性

① 该法现已废止。

法规的规定，对锡林郭勒中院要求其协助执行的内容，按实际情况属协助不能，无法完成该协助通知书中的内容。

2014 年 5 月 19 日，于某成立自然人独资的有限公司辉澜公司，并于 2015 年 6 月 17 日向锡林郭勒中院申请将申请执行人变更为辉澜公司。锡林郭勒中院认为，本案执行依据确定的权利人是于某个人，并不是其独资成立的辉澜公司，于某请求将申请执行人变更为辉澜公司没有法律依据。且内蒙古高院二审判决中释明，如《矿权转让合同》经审批管理机关不予批准，双方当事人可依据《合同法》的相关规定另行主张权利。据此，锡林郭勒中院于 2016 年 12 月 14 日作出（2014）锡中法执字第 11 号执行裁定，驳回于某申请将申请执行人变更为辉澜公司的请求。

于某不服，向内蒙古高院申请复议。内蒙古高院认为，依据《矿权转让合同》第 8 条“未经甲乙双方协商一致，任何一方不得单独对第三方转让该矿权，否则转让方除承担由此给另一方造成的全部经济损失外，另赔偿权利受损方 200 万元，并承担相关的法律责任”的约定，本案的债权系当事人约定的不可转让的债权，故内蒙古高院于 2017 年 3 月 15 日作出（2017）内执复 4 号执行裁定：驳回于某复议申请。

于某不服内蒙古高院复议裁定，向最高人民法院申诉，形成本案纠纷，最高人民法院经审理裁定驳回于某的申诉。

【争议焦点】

锡林郭勒中院和内蒙古高院裁定不予变更于某独资设立的辉澜公司为本案申请执行人是否违反法律规定？

【裁判要点】

作为本案执行依据的判项为隆兴矿业按照《矿权转让合同》的约定为于某办理矿权转让手续。根据现行法律法规的规定，申请转让探矿权、采矿权的，须经审批管理机关审批，其批准转让的，转让合同自批准之日起生效。本案中，一审、二审法院均认为对于矿权受让人的资格审查，属行政机关的审批权力，于某是否符合采矿权受让人条件、《矿权转让合同》能否经相关部门批准，并非法院审理范围，因该合同尚未经审批机关批准，因此认定该合同依法成立，但尚未生效。二审判决也认定，如该合同经审批管理机关审查后不予批准，双方当事人对于合同的法律后果、权利义务，可另行主张权利。转让合同因未经批准而未生效的，不影响合同中关于履行报批义务的条款的效力，结合判决理由部分，本案生效判决所称的隆兴矿业按照《矿权转让合同》的约定为于某办理矿权转让手续，并非对矿业权权属的认定，而首先应是指履行促成合同生效的合同报批义务，合同经过审批管理机关批准后，才涉及办理矿权转让过户登记。因此，锡林郭勒中院向锡林郭勒有关主管部门发出协助办理矿权转让手续的通知，只是相当于完成了隆兴矿业向主管机关申请办理矿权转让手续的行为，启动了行政机关审批的程序，且在当前阶段，只能理解为要求有关主管部门依法履行转让合同审批的职能。

矿业权因涉及行政机关的审批和许可问题，不同于一般的民事权利，未经审批的矿权转让合同的权利承受问题，与普通的民事裁判中的权利承受及债权转让问题有较大差别，通过执行程序中的申请执行主体变更的方式，并不能最终解决。本案中，于某主张以其成立的辉澜公司名义办理矿业权转让手续问题，本质上仍属于矿业权受让人主体资格是否符合法定条件的行政审批范围，应由行政机关根据矿权管理的相关规定作出判断。于某认为，其在履行生效判决确定的权利义务过程中成立辉澜公司，是在按照行政机关的行政管理性规定完善办理矿权转让的相关手续，并非将《矿权转让合同》的权利向第三方转让，亦未损害国家利益和任何当事人的利益，其申请将采矿权转让手续办至辉澜公司名下，完全符合《矿产资源法》《矿业权出让转让管理暂行规定》《矿产资源开采登记管理办法》《内蒙古自治区国土资源厅①关于规范探矿权采矿权管理有关问题的补充通知》等行政机关在自然人签署矿权转让合同情况下办理矿权转让手续的行政管理规定，此观点应向相关行政审批机关主张。锡林郭勒中院和内蒙古高院裁定驳回于某变更主体的申请，符合本案生效判决就矿业权转让合同审批问题所表达的意见，亦不违反执行程序的相关法律和司法解释的规定。

---

① 现为内蒙古自治区自然资源厅。

综上，申诉人于某的申诉理由不能成立。内蒙古高院（2017）内执复4号执行裁定认定事实清楚，结论正确，应予维持，遂裁定：驳回于某的申诉请求。

【相关法律法规】

《民法典》

第五百零二条 依法成立的合同，自成立时生效，但是法律另有规定或者当事人另有约定的除外。

依照法律、行政法规的规定，合同应当办理批准等手续的，依照其规定。未办理批准等手续影响合同生效的，不影响合同中履行报批等义务条款以及相关条款的效力。应当办理申请批准等手续的当事人未履行义务的，对方可以请求其承担违反该义务的责任。

依照法律、行政法规的规定，合同的变更、转让、解除等情形应当办理批准等手续的，适用前款规定。

《探矿权采矿权转让管理办法》

第十条 申请转让探矿权、采矿权的，审批管理机关应当自收到转让申请之日起40日内，作出准予转让或者不准转让的决定，并通知转让人和受让人。

准予转让的，转让人和受让人应当自收到批准转让通知之日起60日内，到原发证机关办理变更登记手续；受让人按照国家规定缴纳有关费用后，领取勘查许可证或者采矿许可证，成为探矿权人或者采矿权人。

批准转让的，转让合同自批准之日起生效。

不准转让的，审批管理机关应当说明理由。

《变更、追加规定》

第九条 申请执行人将生效法律文书确定的债权依法转让给第三人，且书面认可第三人取得该债权，该第三人申请变更、追加其为申请执行人的，人民法院应予支持。

《民事诉讼法司法解释》

第四百六十一条 当事人申请人民法院执行的生效法律文书应当具备下

列条件：

（一）权利义务主体明确；

（二）给付内容明确。

法律文书确定继续履行合同的，应当明确继续履行的具体内容。

《执行工作规定》

16. 人民法院受理执行案件应当符合下列条件：

（1）申请或移送执行的法律文书已经生效；

（2）申请执行人是生效法律文书确定的权利人或其继承人、权利承受人；

（3）申请执行的法律文书有给付内容，且执行标的和被执行人明确；

（4）义务人在生效法律文书确定的期限内未履行义务；

（5）属于受申请执行的人民法院管辖。

人民法院对符合上述条件的申请，应当在七日内予以立案；不符合上述条件之一的，应当在七日内裁定不予受理。

【诉讼策略】

1. 本案系采矿权转让合同纠纷案件，因矿业权转让合同需经行政机关审批通过才发生法律效力，法院按照合同约定要求当事人履行报批义务或要求相关主管机关协助办理矿业权转让手续的，只具有启动主管机关审批矿业权转让手续的作用，因此矿业权的转让中双方当事人应当关注行政机关关于矿业权转让的行政管理规定，只有实质性满足行政机关审批条件时，才能实现矿业权转让的目的，否则受让人无法实际取得相应采矿权。

因矿业权的转让涉及行政机关的审批和许可问题，故与普通的民事裁判中的权利承受及债权转让问题有较大差别。

本案涉及自然人签署的矿权转让合同情况下办理矿权转让手续的相关问题，根据《探矿权采矿权转让管理办法》第7条“探矿权或者采矿权转让的受让人，应当符合《矿产资源勘查区块登记管理办法》或者《矿产资源开采登记管理办法》规定的有关探矿权申请人或者采矿权申请人的条件”的规定，自然人受让采矿区存在行政审批不通过的情形，故最终导致采矿区转让合同无效的结果。因此，受让人准备采用的执行程序中申请执行主体变更的方式，并不能解决矿业权转让不符合行政审批条件的问题。

然而，受让人在执行程序中申请变更其独资设立的公司为申请执行人，主张以其成立的独资公司名义办理矿业权转让手续，本质上仍属于矿业权受让人主体资格是否符合行政审批法定条件的问题。因此，最高人民法院认为锡林郭勒中院和内蒙古高院裁定驳回受让人变更主体的申请，符合相关法律和司法解释的规定。

2. 未经行政机关审批的矿业权转让合同成立未生效，但转让合同报批义务及相关违约条款独立生效。关于受让人是否符合取得采矿权的资质要求，应由行政机关审批，执行程序无法解决。

根据《民法典》第502条第2款“依照法律、行政法规的规定，合同应当办理批准等手续的，依照其规定。未办理批准等手续影响合同生效的，不影响合同中履行报批等义务条款以及相关条款的效力。应当办理申请批准等手续的当事人未履行义务的，对方可以请求其承担违反该义务的责任”的规定，整体合同的效力问题不影响采矿权转让方的“报批等义务”及相关违约条款的效力。

采矿权转让合同中有关报批条款成立即生效，报批条款对报批义务人具有法律拘束力，如果义务人不履行，合同相对人有权要求义务人履行报批义务。

本案中，隆兴矿业向于某转让采矿权，于某有权基于合同约定要求隆兴矿业办理矿权转让手续，此时，法院对其该项诉讼请求的支持尚仅限于对其合同之债的支持，所涉合同效力的审查亦属于司法权的行使范围。至于隆兴矿业办理矿权转让手续时能否经过相关部门批准，并非法院审理范围。于某申请将申请执行人变更为辉澜公司，申请执行人的变更本质上仍属于矿业权受让人主体资格是否符合法定条件的行政审批范围。

综上，法院认为受让人是否符合法定受让条件应由行政机关根据矿权管理的相关规定作出判断，若行政机关认为受让人不符合相应条件，则受让人只能通过其他诉讼途径解决问题，而无法通过执行程序取得涉案矿权。

3. 本案的执行依据纠纷案件涉及本诉及反诉事项，法院判决内容亦明确了合同成立及对效力待定问题亦有说明，受让人无法依据该判决内容通过法院执行程序取得采矿权。

本诉系涉案《矿权转让合同》的转让方隆兴矿业提起诉讼，主张《矿权转让合同》受让方于某不符合法律规定的采矿权人的申请条件，请求法院确认《矿权转让合同》无效并给付违约金。

反诉系受让方于某提出，请求判令转让方隆兴矿业继续履行办理采矿权转让的各种批准手续。

法院判决如下：（1）驳回隆兴矿业本诉的诉讼请求；（2）隆兴矿业于判决生效后15日内，按照《矿权转让合同》的约定为于某办理矿权转让手续；（3）驳回于某反诉的其他诉讼请求。本诉案件受理费13800元由隆兴矿业负担，反诉案件受理费6900元由于某负担。

综上，受让方于某依据上述判决内容，申请法院执行，并在执行过程中请求变更其独资设立的公司为执行申请人，执行法院不予支持。受让方后续如何取得涉案采矿权将会面临受让矿权主体资格审批的阻碍，因此，受让人即便取得转让合同纠纷案件的胜诉判决，但依然无法依据该判决内容通过法院执行程序取得采矿权。

（八）房地产开发经营合同纠纷

031. 判决合作方协助办理房产项目建设、销售及后续工作所需所有证件和审批手续，该判决能否顺利执行

◇ **执行依据** 合作开发房地产合同纠纷案件判决书

◇ **问题** 判决义务人协助权利人为房地产项目楼房办理建设、销售及后续工作所需的包括开工许可证、施工许可证、预（销）售许可证在内的所有证件和审批手续，该判项内容能否顺利执行

◇ **案例** 最高人民法院（2019）最高法执监491号

◇ **结论** 合同纠纷案件判决并未支持大城公司要求解除补充协议的诉讼请求，亦未简单判决继续履行合同，而是明确判定了4项具体内容，其中如判决第2项的内容，判令大城公司协助高登公司为××项目18号楼、19号楼办理建设、销售及后续工作所需的包括开工许可证、施工许可证、预（销）售许可证在内的所有证件和审批手续。此判项不仅包括协助办理“建设”所需的证件和审批手续，也明确包括“销售”环节的证件和审批手续。根据已查明的事实，相关房产已销售给小业主，大城公司理应依判决在小业主办理产权证照过程中依法予以协助和配合。因此，执行法院应对高登公司提出的几十项执行申请是否超出判决的范围，应进行综合分析认定，遂裁定发回河南高院重新审查应否驳回高登公司的执行申请

【基本案情】

高登公司与大城公司合作开发房地产合同纠纷一案，经安阳中院一审判决及河南高院二审，作出（2013）豫法民一终字第137号民事判决，判决内容为：（1）驳回本诉原告大城公司要求解除原告、被告双方签订的《关于××项目建设的补充协议》的诉讼请求。（2）本诉原告大城公司协助高登公司为××项目18号楼、19号楼办理建设、销售及后续工作所需所有证件和审批手续。（3）反诉被告大城公司应当在本判决生效后10日内将××项目部移交反诉原告高登公司管理，并由反诉原告高登公司负责整个项目的日常运作和经营管理。项目部的公章、银行印鉴、相关证件和银行账户恢复由反诉原告、被告双方共同管理。（4）除安阳电厂职工、安阳投资公司职工团购房以及依双方合同约定应由反诉被告大城公司支配处置的60套房屋之外的其他商品房由反诉原告高登公司支配、销售，并享有全部收益。（5）安阳电厂职工支付的全部团购房综合造价4%的管理费中的2.5%由反诉原告高登公司享有。（6）驳回反诉原告高登公司的其他反诉请求。

濮阳中院立案执行后，因双方对判决主文如何执行争议较大，濮阳中院

先后组织听证，双方均未达成一致意见。濮阳中院在执行中查明，关于判决书第2项，大城公司已经为××项目18号楼、19号楼办理了建设许可证、开工许可证、施工许可证、预（销）售许可证；关于判决书第5项，河南高院判决书明确认定，双方尚未决算，管理费数额待双方决算后才可确定。濮阳中院先后向河南高院、安阳中院发函，征询负责审理该案审判部门的意见，河南高院、安阳中院均未对判决书主文如何执行作出明确答复。濮阳中院认为，本案执行依据的执行内容不明确，无给付内容，本案不符合立案执行条件。

2019年4月17日，濮阳中院作出（2017）豫09执121号之一执行裁定，裁定：驳回高登公司的执行申请。

高登公司不服，向河南高院申请复议，请求如下：依法撤销（2017）豫09执121号之一执行裁定，依法责令濮阳中院继续强制执行。河南高院认为高登公司申请执行不符合执行立案条件，遂裁定驳回高登公司的复议申请，维持濮阳中院（2017）豫09执121号之一执行裁定。

高登公司不服，向最高人民法院提出申诉，最高人民法院经审理认为河南高院未对高登公司的执行申请逐项分析即认为高登公司的执行申请超出判决范围，显属认定事实不清，应予撤销。遂裁定如下：（1）撤销河南高院（2019）豫执复162号执行裁定；（2）本案由河南高院重新审查处理。

【争议焦点】

本案以执行依据的执行内容不明确、不符合立案执行条件为由裁定驳回高登公司的执行申请，是否符合规定？

【裁判要点】

最高人民法院认为，根据查明的事实，诉讼中，大城公司请求解除补充协议，高登公司反诉要求继续履行。经过安阳中院、河南高院两级法院的审理，最终判决为：（1）驳回大城公司要求解除原、被告双方签订的《关于××项目建设的补充协议》的诉讼请求。（2）大城公司协助高登公司为××项目18号楼、19号楼办理建设、销售及后续工作所需的包括开工许可证、施工许可证、预（销）售许可证在内的所有证件和审批手续。（3）大城公司应当在判决书生效后10日内将××项目部移交高登公司管理，并由高登公司负责整个项目的日常运作和经营管理。项目部的公章、银行印鉴、相关证件和银行账户恢复由原、被告双方共同管理。（4）除安阳电厂职工、安阳投资公司职工团购房以及依双方合同约定应由大城置业公司支配处置的60套房屋之外的其他商品房由高登公司支配、销售，并享有全部收益。（5）安阳电厂职工支付的全部团购房综合造价4%的管理费中的2.5%由高登公司享有。（6）驳回高登公司的其他反诉请求。可见，本案执行依据并未支持大城公司要求解除补充协议的诉讼请求，亦未简单判决继续履行合同，而是明确判定了四项具体内容。单从判决第2项的内容来看，是判令大城公司协助高登公司为××项目18号楼、19号楼办理建设、销售及后续工作所需的包括开工许可证、施工许可证、预（销）售许可证在内的所有证件和审批手续。此判项不仅包括协助办理“建设”所需的证件和审批手续，也明确包括“销售”环节的证件和审批手续。《城市商品房预售管理办法》等相关法律法规也明确规定了商品房在销售环节应当由开发商出具的证照、开发项目应当具备的条件以及销售环节应当配合业主办理的手续等。根据查明的事实，相关房产已销售给小业主，大城公司理应依判决在小业主办理产权证照过程中依法予以协助和配合。对于高登公司提出的几十项执行申请是否超出判决的范围，人民法院应当结合生效判决认定的事实理由、当事人双方的协议内容、法律法规的规定，以及相关行政部门有关办理项目建设、销售及后续工作所需证件和审批手续的相关要求，进行综合分析认定。河南高院未对高登公司的执行申请逐项加以分析，即认为该生效判决未涉及申请人提出的执行请求、该请求已经超出该项判决的范围，显属认定事实不清，应予撤销。

【相关法律法规】

《民事诉讼法司法解释》

第四百六十一条 当事人申请人民法院执行的生效法律文书应当具备下列条件：

（一）权利义务主体明确；

（二）给付内容明确。

法律文书确定继续履行合同的，应当明确继续履行的具体内容。

《执行工作规定》

16. 人民法院受理执行案件应当符合下列条件：

（1）申请或移送执行的法律文书已经生效；

（2）申请执行人是生效法律文书确定的权利人或其继承人、权利承受人；

（3）申请执行的法律文书有给付内容，且执行标的和被执行人明确；

（4）义务人在生效法律文书确定的期限内未履行义务；

（5）属于受申请执行的人民法院管辖。

人民法院对符合上述条件的申请，应当在七日内予以立案；不符合上述条件之一的，应当在七日内裁定不予受理。

《最高人民法院关于人民法院立案、审判与执行工作协调运行的意见》

15. 执行机构发现本院作出的生效法律文书执行内容不明确的，应书面征询审判部门的意见。审判部门应在15日内作出书面答复或者裁定予以补正。审判部门未及时答复或者不予答复的，执行机构可层报院长督促审判部门答复。

执行内容不明确的生效法律文书是上级法院作出的，执行法院的执行机构应当层报上级法院执行机构，由上级法院执行机构向审判部门征询意见。审判部门应在15日内作出书面答复或者裁定予以补正。上级法院的审判部门未及时答复或者不予答复的，上级法院执行机构层报院长督促审判部门答复。

执行内容不明确的生效法律文书是其他法院作出的，执行法院的执行机构可以向作出生效法律文书的法院执行机构发函，由该法院执行机构向审判部门征询意见。审判部门应在15日内作出书面答复或者裁定予以补正。审判部门未及时答复或者不予答复的，作出生效法律文书的法院执行机构层报院长督促审判部门答复。

【诉讼策略】

1. 本案系合作开发房地产合同纠纷案件，其特点之一就是案情及双方履行情况均复杂，本案合作双方相互诉讼，法院判决涉六项内容，权利人依据判决提出执行申请有几十项，执行法院认为权利人的执行申请超出判决内容驳回其执行申请。申诉后，最高人民法院认为案件应重审，但并未明示本案应否继续执行，因此，对于权利人来讲，推进本案的执行依然难度很大。

执行法院及河南高院认为高登公司提出执行申请超出判决内容，不符合执行立案受理条件。然而，高登公司坚持认为其提出的请求符合判决内容及法律规定，如对于判决主文第 2 项内容，高登公司认为大城公司应当协助履行以下义务：（1）协助高登公司办理××项目 18 号楼、19 号楼 149 户商品房买卖合同备案，具体协助内容为在 149 户商品房买卖合同上加盖大城公司公章。（2）协助为购买××项目 18 号楼、19 号楼的业主需要办理银行贷款的住户办理银行贷款手续，具体协助内容为在这些贷款合同及贷款手续上加盖大城公司公章。（3）协助为购买××项目 18 号楼、19 号楼的业主需要办理住房公积金贷款的住户办理住房公积金贷款手续，具体协助内容为大城公司在这些公积金贷款合同及住房公积金贷款手续上加盖大城公司公章。（4）大城公司协助高登公司将购买××项目 18 号楼、19 号楼的业主银行按揭款汇入高登公司账户，其中已经在安阳中院执行备案中的办理完毕银行按揭贷款 28 户，共计 789.7 万元，大城公司应立即将该款项汇入高登公司账户；仍需要办理银行贷款的住户办理银行贷款共计 58 户，银行贷款 1564 万元，大城公司应收到银行贷款后汇入高登公司账户。（5）大城公司协助高登公司将购买××项目 18 号楼、19 号楼的业主住房公积金贷款汇入高登公司账户，其中需要办理住房公积金贷款的住户共计 32 户，贷款金额 819 万元，大城公司应收到住房公积金贷款后立即汇入高登公司账户。（6）大城公司后续协助高登公司为购买××项目 18 号楼、19 号楼的业主共计 311 户（已经在安阳中院执行中，协助业主进行商品房预售合同备案）办理开具购房发票、办理初始登记、不动产证等手续；尚未备案业主 149 户，办理备案后仍需办理开具购房发票、办理初始登记、不动产证等手续；如暂时不具备需要办理这些证件的条件，后续再行办理。

2. 关于判决是否具有给付内容、权利人执行程序中请求事项是否属于判决内容等问题，在执行程序中一般很难直接解决，执行法院需函询审判部门，若仍然无法解决，则可能驳回权利人的执行申请。

根据《最高人民法院关于人民法院立案、审判与执行工作协调运行的意见》第15条的规定，执行机构发现生效法律文书执行内容不明确的，应书面征询审判部门的意见。本案中，执行机构亦发函征询审判部门就判决内容及权利人执行申请内容是否符合判决主文范围进行询问，审判部门回函称，原审判合议庭针对当事人的诉讼请求予以判决，不存在判决主文不明确的情形，执行过程中当事人存在的争议，不属于判决内容，不属于审判部门应当解释的内容。因此，高登公司在本案执行过程中提出的相关执行请求，不属于本案生效判决的范围，高登公司与大城公司在继续履行合同过程中发生的其他权利义务争议，双方可以通过其他法律途径解决。河南高院亦依据上述回函内容，裁定认为高登公司的申请不符合执行立案的受理条件，遂裁定驳回权利人的执行申请。

（九）房屋买卖合同纠纷

032. 判决确认房产权属及卖房人协助过户义务，胜诉方能否据此请求法院执行600万元过户税费

◇ **执行依据**　房屋买卖合同纠纷案件判决书

◇ **问题**　判决关于房产过户税费的相关内容不明确，审判部门回函明确义务人应承担相关税费，义务人以判决内容不明、审判部门的二次解释非生效判决为由，主张不应承担税费能否成立

◇ **案例**　广东高院（2020）粤执监51号

◇ **结论**　虽然判项中只判决义务人配合协助将涉案房产的所有权转移登记到权利人名下，没有明确配合协助的具体内容，存在执行给付内容不明确的情况。但执行部门函问审判部门后，审判部门已书面释明：判项中配合协助的内容包含提供转移产权登记相关资料及

缴交行政部门规定的税款事项。因此，本案的执行依据权利义务主体明确，给付内容明确，已不存在给付内容不明确的情况，依法应予执行

【基本案情】

郑某与姚某、朱某、春怡公司房屋买卖合同纠纷一案，汕头龙湖法院于2016年1月25日作出民事判决，主要内容如下：（1）姚某、朱某应于本判决发生法律效力之日起5日内，配合协助将汕头市某街道某小区第28幢107号、207号、303号房（本案中简称涉案房产）的所有权转移登记到郑某名下；（2）春怡公司应于本判决发生法律效力之日起5日内，配合协助将位于涉案房产的所有权转移登记到郑某名下。该判决已于2016年4月13日生效。

姚某、朱某与春怡公司没有履行义务，郑某向汕头龙湖法院申请执行。2016年11月17日，本案终结本次执行。

2017年，郑某向汕头龙湖法院提出以下诉讼请求：（1）判令姚某、朱某立即偿还郑某代姚某、朱某垫付的涉案房产的契税费118613.79元、房产测绘费540元、不动产登记费550元，共119703.79元。（2）判令姚某、朱某承担涉案房产的不动产权转移登记到郑某名下的契税费等费用6585629.27元。（3）判令姚某、朱某共同退还郑某超额支付的购房款429525元。汕头龙湖法院于2017年10月30日作出民事裁定认为：郑某诉讼请求涉及的内容，属于执行程序解决的问题，遂裁定驳回郑某的起诉。

2018年1月5日，汕头龙湖法院依郑某申请恢复执行。2月7日，对于姚某、朱某在协助办理不动产登记、交易过户时缴纳税款的问题，因作为执行依据的民事判决的主文确定的执行内容没有明确，汕头龙湖法院执行局向审判部门发函征询，审判部门复函，上述判决中要求姚某、朱某配合协助的内容包含提供转移产权登记相关资料及缴交行政部门规定的税款事项。2018年2月27日，汕头龙湖法院函询汕头市龙湖区地方税务局涉案房产交易卖方应缴纳的税费，各项税费合计6585629.27元。

另查，2016年11月30日至2018年6月25日，郑某为姚某、朱某垫付

了各税款合计5943668.57元，并已办理了上述房地产的过户手续。

2018年8月13日，汕头龙湖法院裁定：姚某、朱某应于本案裁定送达之日起7日内偿还郑某替代缴纳的费用共计5944205.57元。姚某、朱某提出异议，认为执行法院让其承担过户税款无依据，汕头龙湖法院驳回该二人的异议，后汕头中院又驳回该二人的复议。姚某、朱某向广东高院提出申诉，形成本案纠纷，广东高院驳回该二人的申诉请求。

【争议焦点】

汕头龙湖法院按照生效法律文书的审判部门对判决的释明内容进行执行，是否恰当?

【裁判要点】

本案中，汕头龙湖法院作出的（2015）汕龙法民二初字第82号民事判决判令姚某、朱某配合协助将位于汕头市某街道某小区第28幢107号、207号、303号房的所有权转移登记到债权人郑某名下，过户过程中发生税费缴纳纠纷，汕头龙湖法院遂按照《民事诉讼法司法解释》的规定书面征询该院审判部门意见，审判部门明确答复要求姚某、朱某配合协助的内容包含提供转移产权登记相关资料及缴交行政部门规定的税款事项。随后，该院按照答复意见作出（2018）粤0507执恢3号之三执行裁定，责令姚某、朱某应偿还债权人郑某替代二人向登记机关缴纳的房产产权转移费用，符合生效判决确定的二人应当履行协助办理产权转移登记义务，并无违法不当之处。

【相关法律法规】

《民事诉讼法司法解释》

第四百六十一条　当事人申请人民法院执行的生效法律文书应当具备下列条件：

（一）权利义务主体明确；

（二）给付内容明确。

法律文书确定继续履行合同的，应当明确继续履行的具体内容。

《最高人民法院关于人民法院立案、审判与执行工作协调运行的意见》

15. 执行机构发现本院作出的生效法律文书执行内容不明确的，应书面征询审判部门的意见。审判部门应在15日内作出书面答复或者裁定予以补正。审判部门未及时答复或者不予答复的，执行机构可层报院长督促审判部门答复。

执行内容不明确的生效法律文书是上级法院作出的，执行法院的执行机构应当层报上级法院执行机构，由上级法院执行机构向审判部门征询意见。审判部门应在15日内作出书面答复或者裁定予以补正。上级法院的审判部门未及时答复或者不予答复的，上级法院执行机构层报院长督促审判部门答复。

执行内容不明确的生效法律文书是其他法院作出的，执行法院的执行机构可以向作出生效法律文书的法院执行机构发函，由该法院执行机构向审判部门征询意见。审判部门应在15日内作出书面答复或者裁定予以补正。审判部门未及时答复或者不予答复的，作出生效法律文书的法院执行机构层报院长督促审判部门答复。

【诉讼策略】

1. 房产过户特别是一些特殊房产的过户费及相关税费，都相对较高，购房人在房屋买卖合同纠纷案件中可注意先行查询相关过户费用及税款，并在诉讼请求中予以明确，避免执行遇阻。

本案涉及的3套房产，执行法院经征询地方税务局，明确房地产交易卖方应缴纳的税费如下：增值税718260.7元、城市建设税50278.25元、教育费附加21547.82元、地方教育费附加14365.21元、个人所得税1106359.65元、土地增值税4667275.94元、印花税7541.7元，各项合计6585629.27元。

购房人为完成房产过户，自行垫付500余万元，后又单独另诉要求卖方支付该垫付费用。法院受理购房人的另诉后，认为两个案件存在关联，在判决进入法院执行程序期间，购房人再起诉要求卖房人偿还垫付的涉案房产的契税费等费用，并退还购房人超额支付的购房款，此诉讼请求涉及的内容，属于执行程序解决的情形，不宜作为民事案件处理，不属于人民法院受理民事案件诉讼的范围，因此裁定驳回购房人的该起诉。购房人只能再回到执行程序，向执行法院请求裁定卖房人承担税款并偿还购房人已垫付的费用。

2. 卖房人认为购房人在诉请履行合同的案件中并未诉讼请求卖房人承担办理产权过户所需税费，应视为购房人自愿放弃该项权利，广东高院最终认为该主张不成立，但也影响了整体执行进度以及导致购房人先行垫付500余万元才完成房产过户。

购房人的诉讼请求如下：（1）请求判令两被告立即协助原告将涉案房产的所有权转移登记到原告名下；（2）请求判令第三人协助原告将涉案房产的所有权转移登记到原告名下。上述请求内容中并无房产过户的相关税款及费用应如何承担的内容。

按照双方签署的购房合同的约定，卖房人将涉案房产出卖给购房人，产权过户手续及费用按政府有关规定执行，各自承担所属部分。上述购房合同关于税款承担的约定也存在一定争议，税款到底如何承担不明。

结合上述判决判项内容以及双方在购房合同中的约定，都无法明确税款的承担主体，因此，执行法院向审判部门征询，审判部门的回复一锤定音，明确判决判项中的协助义务包括承担相应税款税费。

033. 判决违约金按“同期存款利率”计算，该判决能否顺利执行

◇ **执行依据**　商品房预售合同纠纷案件判决书

◇ **问题**　生效判决确定的违约金按照“同期存款利率”计算，但未明确是活期或是定期的哪一类存款，能否顺利执行

◇ **案例**　广西高院（2021）桂执监111号

◇ **结论**　生效判决的“同期存款”没有明确是活期或是定期的哪一类存款，执行法院书面征询审判部门的意见，但审判部门没有书面答复或裁定补正，执行法院在执行过程中按照中国人民银行三年定期存款基准利率分段计算违约金没有依据，故因判决内容不明，执行案件被裁定撤销原裁定发回重审。因“同期存款利率”的违约金计算方法内容不明，导致执行受阻且再起新的争议，拖延了执行

【基本案情】

原告黄某与被告金腾公司商品房预售合同纠纷一案，南宁中院作出（2017）桂01民终95号民事判决书，判决如下：金腾公司向黄某支付违约金（违约金计算：以567915元为基数，自2014年4月9日期起，按照中国人民银行同期存款基准利率分段计付至金腾公司完成本案商品房现售备案登记之日止）。

判决生效后，因金腾公司逾期未履行，黄某向南宁青秀法院申请强制执行，2019年4月23日，南宁青秀法院裁定如下：冻结、扣划、提取被执行人金腾公司的银行存款及其他款项98306.31元及利息和本案有关的费用，并附本案的违约金计算表。

因计算表中的违约金是按中国人民银行定期存款基准利率计算，金腾公司不服，向南宁青秀法院提出执行异议，认为没有特别约定是定期存款的，应视为活期存款，并按活期存款利率计算违约金。

在执行过程中，南宁青秀法院书面征询南宁中院审判部门关于如何理解“同期存款”的意见，但南宁中院审判部门没有作出书面答复或者裁定补正。2020年5月28日，南宁青秀法院裁定如下：认为执行依据判项中的“同期存款利率”含义为同期定期存款利率，金腾公司的异议理由不成立，驳回了金腾公司的异议请求。

2020年6月9日，金腾公司向南宁中院申请复议。2020年10月26日，南宁中院裁定，驳回金腾公司的复议申请。金腾公司向广西高院申诉，形成本案纠纷，广西高院经审理，裁定如下：撤销原南宁青秀法院异议裁定和南宁中院的复议裁定，案件发回南宁青秀法院重审。

【争议焦点】

生效判决确定的违约金按照“同期存款利率”计算，但未明确是活期或是定期的哪一类存款，该判决内容执行？

【裁判要点】

广西高院认为，本案生效判决中的“同期存款”没有明确是活期或是定期的哪一类存款。《最高人民法院关于人民法院立案、审判与执行工作协调运行的意见》第 15 条第 1 款规定：“执行机构发现本院作出的生效法律文书执行内容不明确的，应书面征询审判部门的意见。审判部门应在 15 日内作出书面答复或者裁定予以补正……”根据上述规定，南宁青秀法院书面征询南宁中院审判部门的意见，但南宁中院审判部门没有书面答复或裁定补正，南宁青秀法院在执行中按照中国人民银行三年定期存款基准利率分段计算违约金没有依据。因此，南宁中院的复议裁定和南宁青秀法院的异议裁定认定事实不清，驳回金腾公司异议请求的理由不足。遂裁定：撤销原南宁青秀法院异议裁定和南宁中院的复议裁定，案件发回南宁青秀法院重审。

【相关法律法规】

《最高人民法院关于人民法院立案、审判与执行工作协调运行的意见》

15. 执行机构发现本院作出的生效法律文书执行内容不明确的，应书面征询审判部门的意见。审判部门应在 15 日内作出书面答复或者裁定予以补正。审判部门未及时答复或者不予答复的，执行机构可层报院长督促审判部门答复。

执行内容不明确的生效法律文书是上级法院作出的，执行法院的执行机构应当层报上级法院执行机构，由上级法院执行机构向审判部门征询意见。审判部门应在 15 日内作出书面答复或者裁定予以补正。上级法院的审判部门未及时答复或者不予答复的，上级法院执行机构层报院长督促审判部门答复。

执行内容不明确的生效法律文书是其他法院作出的，执行法院的执行机构可以向作出生效法律文书的法院执行机构发函，由该法院执行机构向审判部门征询意见。审判部门应在 15 日内作出书面答复或者裁定予以补正。审判部门未及时答复或者不予答复的，作出生效法律文书的法院执行机构层报院长督促审判部门答复。

【诉讼策略】

1. 本案中，债权人与债务人就判决的违约金计算利率出现不同理解，审判部门对“同期存款利率”亦未作出解释，执行程序出现异议、复议、申诉以及发回重审，导致执行程序受阻。

债务人认为执行法院依据生效判决作出的执行裁定中关于执行款的利息计算错误，违约金的计算应按照中国人民银行活期存款基准利率计算。执行法院执行过程中依法向审判部门发函征询意见，但审判部门未予回复。执行法院自主以“同期存款利率”含义为同期定期存款利率，并裁定按照中按照中国人民银行三年定期存款基准利率分段计算违约金，债务人对此裁定依据《民事诉讼法》第232条的规定提出执行异议，后向南宁中院提出复议，以及在申请被驳回后，债务人向广西高院提出申诉，最终广西高院认为执行法院自行解释判决书判项内容，无事实及法律依据，遂裁定本案发回重审。在上述债权人与债务人就“同期存款利率”的不同理解发生争议的过程中，暂不论最终是按照定期或活期存款利率计算，至少必然拖慢了执行进度，从这一角度对债权人来讲已是损失。

2. 广西高院将案件返回重审，主要还是要征询审判部门的意见，或者债权人、债务人就该争议事项“同期存款利率”达成一致意见，否则本案仍无法顺利执行。

广西高院在发回重审的裁定文书中再次明确：根据《最高人民法院关于人民法院立案、审判与执行工作协调运行的意见》第15条第1款的规定，执行机构发现本院作出的生效法律文书执行内容不明确的，应书面征询审判部门的意见。执行法院在审判部门没有书面答复或裁定补正的情况下，在执行中直接裁定按照中国人民银行三年定期存款基准利率分段计算违约金，没有依据。因此，从上述表述内容看，广西高院的意见还是要征询审判部门就判决书中的“同期存款利率”进行解释，执行法院应当按照审判部门的解释内容计算涉案违约金。

若审判部门迟迟不予回复，债权人可能会选择妥协，同意“同期存款利率”按照活期利率计算违约金，以推进执行进度，如此，债权人也必然会承担一部分本不应有的损失。

034. 未明确“继续履行合同”的具体内容，能否顺利执行

◇ **执行依据**　商品房销售合同纠纷案件判决书

◇ **问题**　判决书判项为“继续履行合同”但未明确继续履行的具体内容，该判决内容能否顺利执行

◇ **案例**　湖北高院（2020）鄂执复691号

◇ **结论**　执行法院就生效判决的判项中“继续履行合同”内容具体所指问题，向审判部门进行了函询，但回复内容仍未明确“继续履行合同”的具体内容，此时，执行法院若直接以执行内容不明确为由裁定驳回债权人的执行立案申请，属事实不清，故应发回重新审查

【基本案情】

均阳公司与恒天公司商品房销售合同纠纷一案，武汉中院作出民事判决且已生效。均阳公司于2019年3月5日向武汉中院申请强制执行，执行判项为“双方当事人继续履行2007年1月12日签订的《商品房买卖合同》”。申请执行的内容为：协助房屋产权过户。

执行过程中，因判决继续履行合同的内容不具体，且双方当事人对涉案合同约定的购房款履行情况说法不一，合同继续履行的内容存在争议，执行部门向审判部门发函征询，审判部门复函称“协助过户与继续履行本合同具有不同的法律含义，不宜按生效判决中的‘本院认为’部分内容推定判项内容”。

另查：均阳公司在商品房销售合同纠纷诉讼中曾将诉讼请求由明确具体的协助办理过户变更为抽象的继续履行合同。

武汉中院审查后，裁定：驳回均阳公司对生效判决书的执行申请。均阳公司不服，向湖北高院申请复议，形成本案纠纷，湖北高院经审理，裁定如下：撤销原裁定、发回重审。

【争议焦点】

就生效判决的判项“继续履行合同”，武汉中院以执行内容不明为由驳回债权人的执行立案申请，是否有法律依据？

【裁判要点】

湖北高院认为，按照《最高人民法院关于人民法院立案、审判与执行工作协调运行的意见》第11条的规定，继续履行合同的，应当明确当事人继续履行合同的内容、方式等。第15条第1款规定：“执行机构发现本院作出的生效法律文书执行内容不明确的，应书面征询审判部门的意见。审判部门应在15日内作出书面答复或者裁定予以补正。审判部门未及时答复或者不予答复的，执行机构可层报院长督促审判部门答复。”本案中，虽然武汉中院执行部门就（2018）鄂01民初2303号生效判决的判项“继续履行合同”向审判部门进行了函询，但审判部门的回复仅表示“协助过户与继续履行本合同具有不同的法律含义，不宜按生效判决中的‘本院认为’部分内容推定判项内容”，该回复实际上仍未明确“继续履行合同”的具体内容，应视为审判部门未予答复。而且，本案案情较为复杂，双方当事人对于继续履行合同的具体内容争议较大，武汉中院应当在组织双方当事人进行听证后，将双方当事人对于继续履行合同的意见函请审判部门给予明确具体的答复，现武汉中院在审判部门未予明确答复的情况下，作出驳回均阳公司执行申请的异议裁定，属事实不清。鉴于此，本案发回武汉中院重新审查。

【相关法律法规】

《最高人民法院关于人民法院立案、审判与执行工作协调运行的意见》

11. 法律文书主文应当明确具体：

（1）给付金钱的，应当明确数额。需要计算利息、违约金数额的，应当有明确的计算基数、标准、起止时间等；

（2）交付特定标的物的，应当明确特定物的名称、数量、具体特征等特定信息，以及交付时间、方式等；

（3）确定继承的，应当明确遗产的名称、数量、数额等；

（4）离婚案件分割财产的，应当明确财产名称、数量、数额等；

（5）继续履行合同的，应当明确当事人继续履行合同的内容、方式等；

（6）排除妨碍、恢复原状的，应当明确排除妨碍、恢复原状的标准、时间等；

（7）停止侵害的，应当明确停止侵害行为的具体方式，以及被侵害权利的具体内容或者范围等；

（8）确定子女探视权的，应当明确探视的方式、具体时间和地点，以及交接办法等；

（9）当事人之间互负给付义务的，应当明确履行顺序。

对前款规定中财产数量较多的，可以在法律文书后另附清单。

15. 执行机构发现本院作出的生效法律文书执行内容不明确的，应书面征询审判部门的意见。审判部门应在15日内作出书面答复或者裁定予以补正。审判部门未及时答复或者不予答复的，执行机构可层报院长督促审判部门答复。

执行内容不明确的生效法律文书是上级法院作出的，执行法院的执行机构应当层报上级法院执行机构，由上级法院执行机构向审判部门征询意见。审判部门应在15日内作出书面答复或者裁定予以补正。上级法院的审判部门未及时答复或者不予答复的，上级法院执行机构层报院长督促审判部门答复。

执行内容不明确的生效法律文书是其他法院作出的，执行法院的执行机构可以向作出生效法律文书的法院执行机构发函，由该法院执行机构向审判部门征询意见。审判部门应在15日内作出书面答复或者裁定予以补正。审判部门未及时答复或者不予答复的，作出生效法律文书的法院执行机构层报院长督促审判部门答复。

【诉讼策略】

1. 本案因《商品房买卖合同》的履行产生纠纷，购房人仍希望获得房产，故请求继续履行购房合同，但因履行内容不明，导致执行受阻。

根据《最高人民法院关于人民法院立案、审判与执行工作协调运行的意见》第11条第1款的相关内容，法院判决继续履行合同的，应当明确当事人继续履行合同的内容、方式等。然而，本案中，武汉中院判项内容仅为“继续履行合同”，购房人拿着该判决书向法院申请执行遇阻，无法执行。在执行部门向审判部门发函征询意见时，审判部门的回复亦未解释清楚“继续履行合同”的具体内容，导致判决书仍无法执行。

2. 本案原告就《商品房买卖合同》产生的纠纷，其诉讼请求变更了2次，最后变更为“继续按照《商品房买卖合同》约定的义务予以履行”。

（1）购房人提起诉讼时的诉讼请求如下：①判令被告协助原告办理某小区第2B栋南边第1单元第3～7层（10套商品房，建筑面积为1165.75平方米）、第3B栋第2～7层（24套商品房，建筑面积为2194.92平方米），合计共34套商品房、建筑面积为3360.67平方米的不动产登记（具体房号为第3B栋201、202、203、204、301、302、303、304、401、402、403、404、501、502、503、504、601、602、603、604、701、702、703、704，第2B栋南边第1单元301、302、401、402、501、502、601、602、701、702，共计34套）；②判令被告向原告支付未能按期办理不动产证书的违约金，违约金自2007年4月30日起按照当时同期银行五年以上贷款利率7.11%/年为基数上浮30%（9.24%/年）计算至违约行为终止之日；③判令被告赔偿原告为某小区第1B栋、第2B栋、第3B栋支付的维修改造工程款合计45万元；④判令被告承担本案的诉讼费用。

（2）2018年7月12日，原告将诉讼请求第1项变更为：判令被告将原告购买的某小区第2B栋南边第1单元第3～7层（10套商品房，建筑面积为1165.75平方米）、第3B栋第2～7层（24套商品房，建筑面积为2194.92平方米），合计共34套商品房、建筑面积为3360.67平方米的房屋过户给原告。

（3）之后，原告又一次变更诉讼请求，最终将诉讼请求变更为：①判令被告继续按照《商品房买卖合同》约定的义务予以履行；②本案诉讼费由被告承担。

上述诉讼请求的变化可能是根据诉讼过程中相应情况的变化做的调整，但就便宜胜诉判决书顺利执行的问题，诉讼请求应该尽量完整、详细。

（十）借款合同纠纷

035. 判决债务人在“应得节电效益款”范围内向债权人承担质押付款责任，该判决能否顺利执行

◇ **执行依据** 借款合同纠纷案件判决书

◇ **问题** 判决债务人在应得节电效益款范围内向债权人承担质押付款责任，该判决内容能否顺利执行

◇ **案例** 辽宁高院（2022）辽执复8号

◇ **结论** 法院判决债务人在其他债务人应得节电效益款范围内向债权人承担质押付款责任，因该判项内容中的“节电效益款”无法确认金额，判决书中亦无明确的关于“节电效益款”的金额或计算方法，因此，执行法院在执行过程中无法确认该款项是否存在以及具体数额，故而无法执行

【基本案情】

铁岭银行与铁岭某集团电子科技有限公司、某市政管理处等借款合同纠纷一案，铁岭中院于2015年6月28日作出的民事判决书已发生法律效力，该判决第4项为“某市政管理处在铁岭某集团电子科技有限公司应得节电效益款范围内向铁岭银行股份有限公司承担质押付款责任”。

债权人铁岭银行向铁岭中院申请执行，该院于2015年12月8日立案执行，于2017年12月29日裁定终结执行，2021年8月2日恢复执行，于2021年8月10日裁定冻结被执行人某市政管理处银行存款4500万元。

某市政管理处于2021年8月20日向铁岭中院提出书面异议，认为：执行依据的生效判决第4项内容，现实情况是，“应得节电效益款”不存在，协议书中没有确定应得节电效益款的具体数额。因此，上述判项没有给付内容，执行标的不明确，不应受理债权人的执行申请，更不应冻结异议人的银行账户

存款4500万元，故请求撤销相关执行行为，解除对异议人账户的冻结。

铁岭中院认为作为执行依据的生效判决内容不明确，无法执行，遂裁定如下：撤销对银行存款冻结的裁定，并驳回铁岭银行对某市政管理处的执行申请。铁岭银行不服铁岭中院异议裁定，向辽宁高院申请复议，形成本案诉讼，辽宁高院经审理，裁定驳回铁岭银行的复议申请。

【争议焦点】

债权人依据生效判决书申请执行并冻结债务人银行存款是否存在法律依据？

【裁判要点】

辽宁高院认为，《执行工作规定》第16条规定："人民法院受理执行案件应当符合下列条件：……（3）申请执行的法律文书有给付内容，且执行标的和债务人明确；申请人申请法院执行，债务人的给付内容应当明确。"依据上述法律规定，人民法院在受理执行案件时，首先应对生效法律文书是否具有可执行性进行审查，包括审查法律文书确定的给付内容、履行条件是否明确、是否成就等。如果相关执行内容不明确，并且案件事实复杂、争议较大，人民法院不能在执行程序中直接审查确定上述内容，应由当事人另寻其他法律途径解决。

本案中，判决"某市政管理处在铁岭某集团电子科技有限公司应得节电效益款范围内向铁岭银行股份有限公司承担质押付款责任"，现债务人某市政管理处称铁岭某集团电子科技有限公司未按协议履行，故不存在节电效益款，铁岭中院在执行过程中无法确认该款项是否存在及具体数额而无法执行。铁岭中院异议裁定并无不当，辽宁高院予以维持，债权人申请执行的复议理由不能成立，辽宁高院不予支持。

【相关法律法规】

《执行工作规定》

16. 人民法院受理执行案件应当符合下列条件：

（1）申请或移送执行的法律文书已经生效；

（2）申请执行人是生效法律文书确定的权利人或其继承人、权利承受人；

（3）申请执行的法律文书有给付内容，且执行标的和被执行人明确；

（4）义务人在生效法律文书确定的期限内未履行义务；

（5）属于受申请执行的人民法院管辖。

人民法院对符合上述条件的申请，应当在七日内予以立案；不符合上述条件之一的，应当在七日内裁定不予受理。

【诉讼策略】

1. 本案中，债权人在提起诉讼时其诉讼请求内容并不明确、具体，故导致判决书关于债务人应承担的具体债务金额存在争议。

法院判决均是按照原告的诉讼内容进行裁判，对原告的诉讼请求内容进行逐项审理，同时也不会超过诉讼请求范围。本案中存在多个债务人，债务人之间分别应承担的责任无法准确确认，此种情况下，债权人要格外注意如何将多债务人诉为连带责任。若要求多债务人承担连带责任有难度，也需要明确各债务人的清偿顺位和清偿金额，建议在起诉时即明确各债务人应清偿金额的计算方法。

2. 生效判决在执行过程中受阻，主要是因为“应得节电效益款”不存在，故导致某市政管理处无须承担责任，因此，对于该类案件在起诉时以及诉讼中，关于该诉请内容的基础调查是极为必要的，避免取得胜诉后亦无法执行的结果。

本案中，债务人某市政管理处称，执行依据的生效判决第 4 项为“某市政管理处在铁岭某集团电子科技有限公司应得节电效益款范围内向铁岭银行股份有限公司承担质押付款责任”，但现实情况是“应得节电效益款”不存在，协议书中没有确定应得节电效益款的具体数额。因此，作为执行依据的民事判决判项没有给付内容，执行标的不明确。根据《执行工作规定》第 16 条的规定，执行法院冻结债务人某市政管理处银行账户存款 4500 万元的执行行为违反法律规定，故执行法院最终解除对债务人某市政管理处账户的冻结，并认为债权人的执行申请不符合执行立案条件，裁定驳回债权人的执行立案申请。

综上，债权人在起诉和诉讼过程中对于债务人应承担责任的范围应进行详细调研或者依据具体案件情况寻求列明计算债务金额的方法，以避免胜诉后仍无法执行的不利结果。

（十一）保证合同纠纷

036. 判决对最高额抵押担保金额表述不清，能否顺利执行

◇ **执行依据** 保证合同纠纷案件判决书

◇ **问题** 判决书中关于最高额抵押担保金额表述不清，执行法院只能征询审判部门就争议问题进行回复，回复内容低于债权人预期，该如何执行

◇ **案例** 河南高院（2021）豫执复364号

◇ **结论** 判决书主文关于最高额抵押担保的具体金额未做明确表述，故执行受阻，执行法官只能征询审判庭意见，但审判庭对于担保金额的二次解释又远远低于债权人申请执行的金额。审判庭对生效判决内容的二次解释会减损生效法律文书的稳定性和对当事人的程序保障，且容易引发新的争议，不利于债权人的权益保护

【基本案情】

农发行某支行与三农公司、金瑞公司等借款保证合同纠纷一案，漯河中院于2017年8月25日作出民事判决，其中判决第4项为“金瑞公司对三农公司9260万元借款本息，以其提供抵押的房地产拍卖变现所得价款优先偿还农发行某支行”。农发行某支行将上述民事判决项下的全部债权转让给了华融资产某省分公司，其又将上述债权转让给博观公司。

2018年11月23日，漯河中院裁定变更博观公司为该案申请执行人。

2020 年 6 月 4 日，漯河中院依博观公司的恢复执行申请，立案恢复执行。

2020 年 12 月 23 日，漯河中院向该案审理部门出具问询函，函询本涉案及房产最高额抵押优先受偿数额。该案审理部门复函：金瑞公司对三农公司 9260 万元借款本息，以其提供抵押的房地产拍卖变现所得价款优先偿还农发行某支行（即该判决的第四项内容），其中涉案不动产证号为 2××3、2××4、2××5、2××6 号的房产（本案中简称涉案房产），担保金额共计 2260 万元。

执行过程中，漯河中院对该案抵押物涉案房产所有权和对应的土地使用权进行评估拍卖。经过两次拍卖因无人竞买而流拍，博观公司申请以物抵债。该院于 2020 年 11 月 12 日裁定如下：涉案房产作价 2622 万元交付博观公司抵债。

利害关系人李某系涉案房产的轮候查封人，其对漯河中院将涉案房产作价 2622 万元以物抵债裁定提出执行异议，认为博观公司对涉案房产仅享有 2260 万元的优先受偿权，该金额超过部分不具有优先受偿的效力。漯河中院认为李某的异议成立，裁定撤销以物抵债裁定。债权人博观公司不服，向河南高院申请复议，形成本案诉讼，河南高院经审理，裁定如下：驳回债权人博观公司的复议申请。

【争议焦点】

债权人对涉案房产作价 2622 万元抵债裁定的复议申请是否成立？

【裁判要点】

关于漯河中院根据该院审判部门的复函确定涉案房地产最高额抵押担保金额并撤销以物抵债裁定是否符合规定的问题。经查，《最高人民法院关于人民法院立案、审判与执行工作协调运行的意见》第 15 条第 1 款规定，执行机构发现本院作出的生效法律文书执行内容不明确的，应当书面征询审判部门意见。审判部门应在 15 日内作出书面答复或者裁定予以补正。审判部门未及时答复或者不予答复的，执行机构可层报院长督促审判部门答复。本案中，作为执行依据的民事判决主文第 4 项内容为“金瑞公司对三农公司 9260 万元借款本息，以其提供抵押的房地产拍卖变现所得价款优先偿还农发行某支行”，对于涉案不动产证号为2××3、2××4、2××5、2××6号的房产和对应土地使用权最高额抵押所担保的金额表述并不明确，在漯河中院执行部门书面征询审判部门意见后，根据审判部门的书面答复，漯河中院确定涉案房地产担保金额共计2260万元并撤销以物抵债裁定符合上述意见规定，亦无不当。

【相关法律法规】

《最高人民法院关于人民法院立案、审判与执行工作协调运行的意见》

15. 执行机构发现本院作出的生效法律文书执行内容不明确的，应书面征询审判部门的意见。审判部门应在15日内作出书面答复或者裁定予以补正。审判部门未及时答复或者不予答复的，执行机构可层报院长督促审判部门答复。

执行内容不明确的生效法律文书是上级法院作出的，执行法院的执行机构应当层报上级法院执行机构，由上级法院执行机构向审判部门征询意见。审判部门应在15日内作出书面答复或者裁定予以补正。上级法院的审判部门未及时答复或者不予答复的，上级法院执行机构层报院长督促审判部门答复。

执行内容不明确的生效法律文书是其他法院作出的，执行法院的执行机构可以向作出生效法律文书的法院执行机构发函，由该法院执行机构向审判部门征询意见。审判部门应在15日内作出书面答复或者裁定予以补正。审判部门未及时答复或者不予答复的，作出生效法律文书的法院执行机构层报院长督促审判部门答复。

【诉讼策略】

1. 本案涉及最高额抵押担保金额的确认，因案件中涉及多个房产和多个抵押担保合同，审判法院在判决书中仅就整体金额做了表述未区分其中各个房产的担保金额，故导致执行内容不明，难以执行。

案例中，债权人与债务人之间共签署了7份《流动资金借款合同》，其中一部分即涉案房产，担保金额为2260万元，另外5份《流动资金借款合同》中的房产担保金额为7000万元，但上述情况在生效判决文书中并无明确区分，而是在执行过程中，执行部门法官函询审判庭法官后得到的回复函内容。上述回复内容虽然进一步明确了执行内容，但既拖延了执行时间，同时因为审判庭对于判决内容的二次解释，债权人或债务人若对解释不服也只能依据审判监督程序主张权利救济，执行程序中无法解决和救济。审判庭对生效判决内容的二次解释会减损生效法律文书的稳定性和对当事人的程序保障，且容易引发新的争议，不利于当事人的权益保护。

2. 本案起诉时间发生在 2017 年，债权人的诉讼请求相对已很明确，但关于第 4 项诉讼请求未明确区分《流动资金借款合同》项下房产对应的抵押金额，此时若诉讼请求不方便明确区分、判决书主文中无法说明，可以请求审判法官在判决书“本院认为”部分进行说明，以便执行法官执行时查看判决书能够明确执行内容。

原告农发行某支行起诉时提出的诉讼请求如下：（1）依法判令被告三农公司偿还原告借款本金 1.401 亿元及利息，计息期间自 2016 年 1 月 21 日起至借款本息清偿完毕之日止。其中，9000 万元借款按年息 4.6% 计息；1260 万元借款按年息 5.278% 计息；1000 万元借款按年息 5.1138% 计息；500 万元借款按年息 4.8359% 计息；2250 万元借款按年息 4.35% 计息。（2）依法判令被告众益公司等对三农公司的 1.401 亿元的借款本息承担连带清偿义务。（3）龙头公司对三农公司的 1350 万元借款本息承担连带清偿责任；经投公司对三农公司 2000 万元的借款本息承担连带清偿责任；和信公司对三农公司 900 万元的借款承担连带清偿责任。（4）金瑞公司对三农公司 9260 万元借款本息，以其提供抵押的房地产拍卖变现所得价款优先受偿；海洋公司对三农公司 500 万元借款本息，以其提供抵押的房地产拍卖变现所得价款优先受偿。（5）本案的诉讼费用由被告承担。上述诉讼请求内容因被告多，担保人、担保范围不同，故诉讼请求内容很长，此时可把涉案第 4 项的不同担保合同的担保范围写明在诉讼请求第 4 项内容上，也可以在诉讼时将上述不同担保合同的担保范围写在代理意见部分，并提请法院在判决书主文或判决书“本院查明”部分或“本院认为”部分进行说明，以避免执行程序中因执行内容不明遇到阻碍。

（十二）租赁合同纠纷

037. 出租方起诉要求承租方腾退并恢复租赁物原状，胜诉后该出租方能否据此判决强制执行

◇ **执行依据** 租赁合同纠纷案件判决书

◇ **问题** 生效判决明确原告、被告双方互负履行义务，因判决书表述“相应补偿”并未明确，双方合同中又无具体明确的补偿标准和计算方法，依据该生效判决进入执行程序，在双方就补偿未达成一致意见、未实际履行补偿义务情况下，原告能否通过执行程序强制被告搬离涉案停车场

◇ **案例** 最高人民法院（2020）最高法执监275号

◇ **结论** 第一，判决书中若明确双方互负履行义务，则会出现的结果是在申请执行人没有履行自己承担的给付义务的情况下，人民法院不能对对方所负的对待给付义务予以强制执行。第二，判决书中若存在“相应补偿”等不确定表述，则在执行程序中会出现执行金额无法确认的问题，故而导致判决无法执行。第三，关于恢复原状的请求，若判决书中无明确的恢复情形，则也会出现无法执行的问题

【基本案情】

物业公司与王某合同纠纷一案，唐山开平法院于2018年5月5日作出（2017）冀0205民初1906号民事判决，主要判项为：（1）王某于该判决生效后5日内搬离开平区新苑路小区停车场（本案中简称涉案停车场），物业公司按照双方签订的《承包停车场合同书》第6条的约定给予王某相应补偿；（2）王某自2016年7月12日起，按照每年1.2万元的租金标准向物业公司给付租金，直至搬离之日止；（3）王某于该判决生效后拆除在涉案停车

场搭建的除《承包停车场合同书》第 6 条载明的建筑、设施之外的临时建筑，将停车场恢复原状。

上述判决生效后，物业公司向唐山中院申请强制执行，唐山中院于 2018 年 8 月 10 日立案执行。2019 年 3 月 21 日，在唐山中院制作的询问笔录中，王某的代理人表示，经与物业公司协商，双方无法就补偿标准及补偿范围达成一致意见。2019 年 4 月 26 日，唐山中院向作出涉案判决的审判人员征询意见，审判人员表示涉案判决主文第 1 项中的补偿问题需要双方当事人另行评估协商解决，关于第 3 项则没有具体的恢复状态。

2019 年 4 月 29 日，唐山中院作出（2018）冀 02 执 15549 号执行裁定：驳回物业公司关于涉案判决第 1 项、第 3 项的执行申请。

物业公司不服唐山中院（2018）冀 02 执 15549 号裁定，向唐山中院提出异议，请求予以撤销，并继续执行涉案判决。唐山中院驳回新开公司的异议请求。物业公司不服，向河北高院申请复议，河北高院驳回其复议。后物业公司向最高人民法院申诉，形成本案纠纷，最高人民法院经审理，驳回物业公司关于请求继续执行的申诉。

【争议焦点】

唐山中院驳回物业公司的强制执行申请是否有事实和法律依据？

【裁判要点】

本案中，涉案判决第 1 项判项为王某于该判决生效后 5 日内搬离涉案停车场，物业公司按照双方签订的《承包停车场合同书》第 6 条的约定给予王某相应补偿。上述两义务存在明显的牵连关系，彼此互为对待给付。执行依据涉及此种对待给付的，在性质上属于执行依据附停止条件，即申请执行人履行自己承担的给付义务，是其申请人民法院强制执行对方所承担的对待给付义务的条件，但是要注意，在申请执行人没有履行自己承担的给付义务的情况下，人民法院不能对对方所负的对待给付义务予以强制执行。否则，就意味着隔断了对待给付义务之间的牵连关系，让对方丧失了用对待给付义务担保、督促申请执行人履行自己所负义务的重要保障，有失公平。准此以言，物业公司申请人民法院强制执行王某搬离涉案停车场的条件为：物业公司按照双方签订的《承包停车场合同书》第6条的约定，给予王某相应补偿。在物业公司没有履行该项补偿义务之前，不能通过执行程序单方面强制王某搬离涉案停车场。

从案件执行情况来看，因双方所订《承包停车场合同书》的相关条文没有具体明确的补偿标准和计算方法，而双方自始至终亦未能就补偿标准及补偿范围达成一致意见，物业公司在实际上没有履行其补偿义务，在此情况下，不能通过执行程序强制王某搬离涉案停车场。

综上，执行法院驳回物业公司的相关执行申请，处理结果正确。唐山中院异议、河北高院复议程序维持该处理结果，结论并无不当。申诉人物业公司的申诉请求不能成立。

【相关法律法规】

《民事诉讼法司法解释》

第四百六十一条 当事人申请人民法院执行的生效法律文书应当具备下列条件：

（一）权利义务主体明确；

（二）给付内容明确。

法律文书确定继续履行合同的，应当明确继续履行的具体内容。

【诉讼策略】

1. 本案系租赁合同纠纷案件，出租人在准备诉讼请求及诉讼过程中需要考虑胜诉后腾退、恢复原状等执行问题。

本案中所涉《承包停车场合同书》虽名为承包，但实际是租赁法律关系，承租人按照合同约定向出租人支付租金，但因承租人在租赁期内在涉案停车场搭建了部分建筑物，经原告起诉被告应诉，以及双方诉讼庭审，法院最终判决如下：（1）承租人搬离停车场，并将停车场恢复原状；（2）承租人向出租人支付欠付的租金；（3）出租人按照《承包停车场合同书》约定给予承租人相应补偿。本案之所以无法执行，问题就出在“出租人按照《承包停车场合同书》约定给予承租人相应补偿"，生效判决确认原告（出租人）被告（承租人）双方互负给付义务。因此，基于公平原则的考虑，在出租人未履行给付义务时，出租人无权通过执行程序强制要求承租人履行义务。

2. 本案生效判决无法执行，除了双方互负给付义务外，还存在判决书表述不清的问题。

生效判决书判决如下：物业公司按照双方签订的《承包停车场合同书》第 6 条的约定给予王某相应补偿，该"相应补偿"并无明确的金额或计算方法，通过《承包停车场合同书》第 6 条的约定内容亦无法确认具体计算方法或金额。因此，生效判决书中表述不清的问题导致生效判决书中的给付义务内容不明确，故无法执行。

3. 在租赁合同纠纷案件的起诉准备，以及诉讼过程中，原告均需注意其诉讼请求事项内容合理、明确和可执行，以避免费力取得胜诉后仍无法执行的不利结果出现。

出租人在起诉时，首先审核在案证据，明确其与承租人之间的权利义务，应对诉讼中承租人提出相应反诉或其他不利答辩内容。另外，出租人在要求承租人腾退房屋并对已改建部分恢复原状时，需要明确恢复原状的要求，否则审理法官也很难明确到底恢复成什么样才是"原状"，到执行阶段就更难明确如何恢复原状。

4. 本案中，承租人因租赁合同中约定的补偿金额以及在诉讼中亦未进行评估定损，给后续执行程序埋下巨大隐患。

出租人在提起诉讼时的诉讼请求一共有以下 5 项：（1）被告立即搬离开平区新苑路小区停车场；（2）被告自 2016 年 7 月 12 日起，按照每年 1.2 万元租金标准向原告给付租金，直至搬离之日止；（3）被告按照年利率 6% 的标准向原告给付逾期给付租金的损失，直至付清逾期租金之日止；（4）被告立即拆除擅自在开平区新苑路小区停车场搭建的临时建筑，将停车场恢复原状；（5）被告承担本案诉讼费用。法院在审理时，对上述诉讼请求中的第 1 项、第 2 项和第 4 项均予以支持，但最终还是出现无法执行的结果，说明本案无法执行的隐患在起诉甚至是签约时，即已经埋下，只是在最后执行程序进行权益变现时才显现出来。

《承包停车场合同书》第 6 条约定："承租人在承包期间，自主经营，独立核算，承租人投资改造完善的所有工程项目均不计入上缴承包金额指数，经出租人同意承租人投资兴建的停车场门市部在承包合同终止后，出租人应按工程、投资资金支付给承租人，门市部支付资金有以下 3 项：一是门市部建筑资金；二是设施资金，包括水、暖气、电等资金；三是门卫、暖气、院落整体监控及电动门设施资金。以上三项都是经出租人同意、认同，由承租人投资兴建的。”根据上述约定，出租人请求终止租赁合同并要求承租人腾退的，应就承租人在承租场地建设的建筑物，按照工程、投资资金向承租人支付一定费用，至于费用多少，本案在审理中并未评估确认，故而导致执行时给付内容不明确、无法执行的结果。

【类案裁判观点分析】

案例：一般不应将附随义务与主给付义务作为必须同时履行的对待给付义务。因此，债权人提交施工资料和配合验收的内容是否明确，不应直接影响债权人对仲裁裁决申请执行的权利。在基于债权人的申请而启动执行程序后，本案执行应是以强制债务人履行工程款给付义务为主，债权人移交施工资料及配合验收的义务可在执行程序中附带解决。即便该项义务内容不明确，导致对该项裁决内容无法执行，亦应就债务人对该项内容的执行请求予以驳回，而不应由此直接认定债权人申请执行的条件不成就，进而驳回其执行申请——最高人民法院（2018）最高法执监45号

关于东阳公司申请执行是否符合受理条件的问题。仲裁裁决是基于东阳公司的申请作出，裁决的核心内容是确定鑫鑫公司支付工程款的义务及具体数额，且对鑫鑫公司履行义务的时间专门提出了要求，即应在收到裁决之日起 10 日之内履行完毕。因此，就鑫鑫公司支付工程款这项给付内容而言，仲裁裁决确定的具体数额、时间都是明确的。而在仲裁程序中，鑫鑫公司未提起反请求，因此仲裁裁决中关于东阳公司应履行义务的内容，并非独立的裁决事项，更不是核心裁决内容。仲裁庭的意见及裁决主文中并未将提交施工资料和配合验收作为鑫鑫公司支付工程款的前提条件，仲裁庭意见中指出的是“在鑫鑫公司对东阳公司已完成的工程据实结算、支付工程款的同时，东阳公司应承担已完工程相应资料的移交义务和配合鑫鑫公司验收的义务”，实际上首先强调的是鑫鑫公司的支付义务。鑫鑫公司在申诉书中也认可东阳公司移交施工资料和配合验收是其应当履行的附随义务。通常理解上，一般不应将附随义务与主给付义务作为必须同时履行的对待给付义务。因此，东阳公司提交施工资料和配合验收的内容是否明确，不应直接影响东阳公司对仲裁裁决申请执行的权利。在基于东阳公司的申请而启动执行程序后，本案执行应是以强制鑫鑫公司履行工程款给付义务为主，东阳公司移交施工资料及配合验收的义务可在执行程序中附带解决。即便该项义务内容不明确，导致对该项裁决内容无法执行，亦只应就鑫鑫公司对该项内容的执行请求予以驳回，而不应由此直接认定东阳公司申请执行的条件不成就，进而驳回其执行申请。邯郸中院异议裁定认为仲裁裁决对于东阳公司提供资料的具体内容、数量、时间未明确，双方履行义务的时间先后没有明确，进而认为全部裁决内容不明确，实质上是将本案双方义务置于同一地位，甚至将移交施工资料作为支付工程款的前提条件，未能全面准确把握执行依据的内容，其据此认定东阳公司申请执行的条件不成就，裁定驳回东阳公司的执行申请，违背了法律及司法解释有关执行案件受理条件的规定，是错误的。

038. 租赁物无法返还的判决“按照市场价格赔偿”，该判项能否顺利执行

◇ **执行依据** 租赁合同纠纷判决书

◇ **问题** 判决“按照市场价格赔偿”，双方在执行过程中，就市场价格的认定产生争议，此时胜诉方还能否顺利执行

◇ **案例** 河北高院（2020）冀执复368号、河北高院（2021）冀执复316号

◇ **结论** 判决“按照市场价格赔偿”，但是按照出租器材现状的市场价值还是按照同类新产品的市场价值核算，内容不明确。执行法院应组织双方当事人协商，取得一致意见，如不能达成一致意见，执行法院应当终结对此部分的执行，告知当事人另行起诉

【基本案情】

袁某与赤峰建设公司租赁合同纠纷一案，唐山丰润法院于 2019 年 9 月 4 日判决如下：（1）被告赤峰建设公司于本判决生效后 10 日内给付原告袁某租赁费 1133577.45 元；（2）被告赤峰建设公司于本判决生效后 10 日内返还原告袁某钢管 8071 米、扣件 12740 个、油托 131 个、套头 321 个或按市场价格赔偿原告的损失；（3）驳回原告其他诉讼请求。上述判决生效后，唐山中院立案执行。

执行法院在执行过程中对执行依据涉及的钢管、扣件、油托、套头等物品市场价格进行了调查，确定执行依据中返还物品按市场价值分别为：钢管 91444.43 元、扣件价值 63700 元、油托价值 1179 元、套头 2889 元。

2020 年 1 月 8 日，执行法院通过制作笔录告知赤峰建设公司上述返还物品市场价值计算方式。同日，执行法院裁定：冻结、扣划被执行人赤峰建设公司的银行存款 1328006.65 元或查封、扣押、冻结其相应价值的财产。

赤峰建设公司对此不服，提出执行行为异议，唐山中院驳回其异议请求。赤峰建设公司向河北高院申请复议，形成本案纠纷，河北高院裁定撤销原异议裁定，发回重审。

本案发回重审后，唐山中院认为因赤峰建设公司不予返还原物，其应按照标的物市场价格赔偿申请执行人袁某的损失，无法提供原物进行评估的法律后果亦应由赤峰建设公司自行承担，故对赤峰建设公司所提应由第三方评估的主张不予支持，裁定驳回赤峰建设公司的异议。经复议，河北高院裁定撤销该驳回异议的裁定。

【争议焦点】

执行法院以判决事项“按照市场价格赔偿”的执行内容不明确为由，驳回执行立案申请是否错误?

【裁判要点】

关于复议申请人提出所涉出租的建筑器材均属于陈旧性器材而非新设备，

唐山中院在折算成相应款项时均按同类市场新器材计价，未予扣减器材的折旧价款，也未依法委托第三方进行评估计价，缺乏公平公正及合理性的问题，法院认为，唐山丰润法院 2019 年 9 月 4 日作出（2019）冀 0208 民初 1663 号判决书，判决：被告赤峰建设公司于本判决生效后 10 日内返还原告袁某钢管 8071 米、扣件 12740 个、油托 131 个、套头 321 个或按市场价格赔偿原告的损失。其判决事项“按照市场价格赔偿”，是按照出租器材现状的市场价值还是按照同类新产品的市场价值核算，内容不明确，执行机构可以通过召集双方当事人协商或者征求作出判决的审判组织的意见等方式予以公正处理。唐山中院以复议申请人申请不符合本案执行依据确定的义务为由予以驳回不当。综上，本案部分事实不清，裁定发回重审。

发回重审后经异议及复议程序，又到河北高院，河北高院经审理，认为：关于复议申请人主张的涉案出租建设器材折旧及评估问题，执行机构应组织双方当事人协商，取得一致意见，如不能达成一致意见，依据《民事诉讼法司法解释》第 494 条第 2 款，应当终结对此部分的执行，告知当事人另行起诉。

【相关法律法规】

《民事诉讼法司法解释》

第四百六十一条　当事人申请人民法院执行的生效法律文书应当具备下列条件：

（一）权利义务主体明确；

（二）给付内容明确。

法律文书确定继续履行合同的，应当明确继续履行的具体内容。

第四百九十二条　执行标的物为特定物的，应当执行原物。原物确已毁损或者灭失的，经双方当事人同意，可以折价赔偿。

双方当事人对折价赔偿不能协商一致的，人民法院应当终结执行程序。申请执行人可以另行起诉。

【诉讼策略】

1. 本案中，双方在建筑器材租赁业务履行过程中产生纠纷，原告为被告承建的工程提供建筑器材，被告租赁期满后未足额支付租金并欠原告钢管、扣件等物品未返还，原告经民事诉讼取得胜诉后，因判决书关于未返还的租赁物折价赔偿问题，判决为“按照市场价格赔偿”，于是双方在执行中产生纠纷，最终导致无法执行的局面。

作为执行依据的判决书，判决第2项为“被告赤峰建设公司于本判决生效后10日内返还原告袁某钢管8071米、扣件12740个、油托131个、套头321个或按市场价格赔偿原告的损失”。其中涉及被告将特定物返还给原告的问题，因被告无法返还原告，执行法院认为过错在被告，应由被告承担赔偿责任。但是，至于赔偿标准问题，各方在执行中产生极大争议，导致本案经执行异议、复议，发回重审后的异议、复议等程序，并且最终河北高院根据《民事诉讼法司法解释》第492条第2款“双方当事人对折价赔偿不能协商一致的，人民法院应当终结执行程序。申请执行人可以另行起诉”的规定，裁定撤销了唐山中院的第二次执行异议裁定，并明确让原告、被告双方协商折价赔偿标准，否则，执行程序解决不了，只能终结执行，原告只能再重新起诉解决。

2. 本案中，原告就租赁合同纠纷提起的诉讼请求内容已经明确赔偿折价款金额，审判法院未采纳而自主判决为“按市场价格赔偿”，也因此引起判决无法执行的结果。

原告起诉时提出的诉讼请求如下：（1）请求法院判决被告给付原告租赁费1269753.44元、违约金380926元，合计1650679.44元；（2）被告返还原告钢管8071米、扣件12740个、油托131个、套头321个或赔偿折价款202425元；（3）本案诉讼费用由被告承担。

诉讼中，原告增加诉讼请求，要求被告给付原告2019年3月12日至2019年8月15日期间的租赁费53824.01元。

审判法院认为：被告尚未返还原告的建筑器材应予返还，如不能按时返还，可按市场价值赔偿原告损失，故判决：按市场价格赔偿原告的损失。

综上，原告提出的诉讼请求已经明确赔偿折价款金额，法院未采信，可能原因是赔偿折价款金额的计算依据及证据不充分，故法院以“按市场价格赔偿”进行判决，此时审理程序的各方均未意识到该判项内容难以确认的问题，直到执行程序，各方争议、矛盾再次爆发，该判项问题显露出来，并最终导致无法执行的结果。

（十三）承揽合同纠纷

039. 判决定作人支付费用需承揽人先完成修理更换，承揽人要求支付费用的申请能否顺利执行

◇ **执行依据**　承揽合同纠纷案件判决书

◇ **问题**　判决定作人支付费用的前提条件是承揽人对设备完成修理、更换等补救措施，在无法证明定作人故意阻碍承揽人履行前述条件时，承揽人请求法院强制执行定作人承揽费用，能否获得支持

◇ **案例**　最高人民法院（2021）最高法执监421号

◇ **结论**　承揽合同纠纷案件，法院判决定作人支付货款及安装费的前提条件是承揽人完成涉案设备的修理、更换等补救措施。虽然承揽人向定作人寄送函件，要求定作人配合清空车库，以便维修，但仅凭该函件不能视为定作人拒绝承揽人进行相应的修理、补救工作，也不足以认定定作人为了自己利益，不正当地阻止承揽人进行相应的维修等工作，故本案定作人支付款项的条件未成就，不满足“义务人在生效判决确定的期限内未履行义务”的条件，因此，承揽人提出的执行申请不符合受理条件

【基本案情】

莱钢公司与福来公司承揽合同纠纷一案，成都中院于2017年12月15日作出（2015）成民初字第2549号民事判决，判令福来公司在莱钢公司采取修理、更换等补救措施后10日内向莱钢公司支付货款及安装费1989337.43元等。

判决生效后，莱钢公司向成都中院申请执行，执行案号为（2020）川01

执40号，后成都中院裁定冻结了福来公司名下相应银行账户内存款。福来公司以莱钢公司申请执行的条件没有成就为由提出执行异议，请求撤销成都中院（2020）川01执40号执行案件，解除对其银行账户的冻结。

成都中院审理上述异议，莱钢公司提出其分别于2019年4月30日、5月12日、8月15日通过邮政EMS向福来公司寄送函件，载明：莱钢公司计划对红星路银石广场智能立体停车库的部分质量和问题进行维修，工期3天，望福来公司在方便的时间清空车库，以保证维修工作的顺利进行。福来公司否认收到上述函件。莱钢公司现尚未采取（2015）成民初字第2549号民事判决确定的“修理、更换等补救措施”。

成都中院认为本案尚不具备福来公司向莱钢公司支付款项的条件，不满足“义务人在生效判决确定的期限内未履行义务”的条件，于2020年4月10日作出裁定：驳回莱钢公司的执行申请。莱钢公司不服，向四川高院申请复议，四川高院于2020年9月7日作出裁定：驳回莱钢公司的复议申请。

莱钢公司向最高人民法院院申诉，请求撤销四川高院和成都中院的执行裁定，由成都中院对（2015）成民初字第2549号民事判决立案执行。最高人民法院经审理裁定驳回莱钢公司的申诉。

【争议焦点】

（2015）成民初字第2549号民事判决确定的福来公司支付货款及安装费的条件是否成就？

【裁判要点】

（2015）成民初字第2549号民事判决判令福来公司在莱钢公司采取修理、更换等补救措施后10日内向莱钢公司支付货款及安装费1989337.43元。可见，福来公司支付货款及安装费的前提是莱钢公司已履行对涉案车库设备的修理、更换等义务。莱钢公司自认其尚未履行判决义务。尽管莱钢公司提交的邮政EMS邮单显示其曾于2019年4月30日、5月12日、8月15日向福来公司寄送函件，但福来公司否认收到上述函件，并质疑函件内容。（2020）川执复233号执行裁定认定莱钢公司所提交的证据不足以证明福来公司阻止其履行“采取维修、更换等补救措施”的义务、阻止付款条件成就，并无不当。（2020）川01执异306号执行裁定以本案尚不具备福来公司向莱钢公司支付款项的情形，不满足《执行工作规定》第18条①规定的“义务人在生效判决确定的期限内未履行义务”的条件为由，驳回莱钢公司的执行申请，（2020）川执复233号执行裁定予以维持，有事实和法律依据。综上，莱钢公司的申诉理由不能成立，驳回莱钢公司的申诉请求。

【相关法律法规】

《民法典》

第一百五十八条　民事法律行为可以附条件，但是根据其性质不得附条件的除外。附生效条件的民事法律行为，自条件成就时生效。附解除条件的民事法律行为，自条件成就时失效。

第一百五十九条　附条件的民事法律行为，当事人为自己的利益不正当地阻止条件成就的，视为条件已经成就；不正当地促成条件成就的，视为条件不成就。

《民事诉讼法司法解释》

第四百六十一条　当事人申请人民法院执行的生效法律文书应当具备下列条件：

（一）权利义务主体明确；

（二）给付内容明确。

法律文书确定继续履行合同的，应当明确继续履行的具体内容。

《执行工作规定》

16. 人民法院受理执行案件应当符合下列条件：

（1）申请或移送执行的法律文书已经生效；

（2）申请执行人是生效法律文书确定的权利人或其继承人、权利承受人；

（3）申请执行的法律文书有给付内容，且执行标的和被执行人明确；

① 现为《执行工作规定》第16条。

（4）义务人在生效法律文书确定的期限内未履行义务；

（5）属于受申请执行的人民法院管辖。

人民法院对符合上述条件的申请，应当在七日内予以立案；不符合上述条件之一的，应当在七日内裁定不予受理。

【诉讼策略】

1. 本案系承揽合同纠纷案件，承揽人起诉要求支付承揽费用，并依据胜诉判决申请执行，执行法院认为不符合“义务人在生效判决确定的期限内未履行义务”的条件，故不予执行。

作为执行依据的判决书，判决定作人在承揽人采取修理、更换等补救措施后10日内向承揽人支付货款及安装费。可见，定作人支付货款及安装费的前提是承揽人已履行对涉案车库设备的修理、更换等义务。承揽人自认其尚未履行判决确定的先履行义务。

承揽人为了证明其未履行前置义务的原因系定作人的阻碍，提交邮政EMS邮单显示其曾于2019年4月30日、5月12日、8月15日向定作人寄送函件，但定作人否认收到上述函件，并质疑函件内容。因此，承揽人所提交的证据不足以证明定作人阻止其履行“采取维修、更换等补救措施”的义务、阻止付款条件成就。

综上，执行法院认为承揽人申请法院强制执行定作人资产的执行申请，不符合“义务人在生效判决确定的期限内未履行义务”的条件，故驳回承揽人要求支付费用的执行申请。

2. 对于双务合同纠纷案件，原告在起诉和诉讼中需提前考虑和防范判决内容后续执行的问题，避免无法通过法院执行判决中有利己方的部分。

本案中的定作人和承揽人双方均存在一定权利义务，而本案判决能否执行，关键在确定的定作人履行金钱给付义务的期限是否已经届满，具体而言，就是本案所涉判决确定的定作人支付款项的条件是否成就。生效判决确定定作人需在承揽人采取维修、更换等补救措施后10日内向承揽人支付相应款项，而根据本案查明的事实，承揽人并未采取相应维修、更换等补救措施。因承揽人并未履行生效判决确定的义务，定作人向承揽人支付款项的条件尚未成就，因此，承揽人无权通过执行程序强制执行定作人履行判决确定的费用支付责任。

（十四）建设工程施工合同纠纷

040. 判决开发商在欠付工程款范围内承担连带责任，该判决能否顺利执行

◇ **执行依据**　建设工程施工合同纠纷案件判决书

◇ **问题**　判决开发商在其欠付工程款范围内承担连带责任，在未明确开发商是否欠付工程款以及欠付工程款的具体金额的情况下，能否顺利执行

◇ **案例**　广东高院（2022）粤执监 10 号

◇ **结论**　执行依据判决开发商在其欠付工程款范围内对施工人承担连带责任，但未明确开发商是否欠付工程款以及欠付的金额。执行过程中，开发商与相对人之间就工程款支付问题存在争议，在不能明确开发商具体欠付工程款金额的情形下，执行法院直接采取扣划开发商银行存款的执行行为不当，需纠正执行法院的扣款行为，将已经支付给施工人的款项追回并返还给开发商

【基本案情】

关于原告华某诉被告强盛公司、兴晟公司建设工程施工合同纠纷一案，湛江中院于 2020 年 8 月 17 日作出二审判决：（1）限被告强盛公司于本判决生效之日起 10 日内支付给原告华某工程款 1643617.23 元及利息（利息计算：自 2017 年 8 月 8 日起按中国人民银行同期同类贷款利率计至本判决确定之日止）。（2）被告兴晟公司在其欠付工程款范围内对原告华某承担连带责任。该判决于 2020 年 9 月 10 日生效。

因兴晟公司、强盛公司未履行给付义务，华某向湛江赤坎法院申请执行。

湛江赤坎法院于2020年11月5日通过司法网络查控平台冻结了兴晟公司名下的银行存款2894691元。于11月10日，裁定冻结、划扣被执行人兴晟公司、强盛公司银行存款1929794.27元及利息。于11月26日，将兴晟公司银行存款1964984.72元划扣到执行法院执行款专用账户内。

2020年12月2日，兴晟公司不服湛江赤坎法院冻结其银行账户的执行行为，向湛江赤坎法院提出执行异议。湛江赤坎法院于12月10日作出（2020）粤0802执异134号裁定，驳回兴晟公司的异议申请。于12月31日，湛江赤坎法院在扣除执行费后将执行标的款1943501.61元支付给申请执行人华某。同日，湛江赤坎法院作出结案通知书，对该案作执行完毕处理。

兴晟公司不服提起复议，湛江中院于2021年6月10日裁定，撤销（2020）粤0802执异134号裁定，指令湛江赤坎法院重新审查。湛江赤坎法院重新组成合议庭，审查后作出（2021）106号裁定：由湛江赤坎法院执行部门于本裁定生效后依法作出执行回转的裁定。

华某不服，向湛江中院申请复议，湛江中院于2021年11月15日裁定：由湛江赤坎法院执行部门于本裁定生效后依法采取执行措施将已执行的1964984.72元返还兴晟公司。

华某不服向广东高院申诉，形成本案纠纷，广东高院经审理，裁定如下：驳回华某的申诉。

【争议焦点】

湛江赤坎法院、湛江中院认为由于生效法律文书内容不明确，执行法院直接扣划兴晟公司银行账户存款的行为不当的结论是否正确？

【裁判要点】

根据生效法律文书（2020）粤08民终454号民事判决书确定的内容，应当由债务人强盛公司支付给债权人华某工程款1643617.23元及利息。兴晟公司在其欠付工程款范围内对华某承担连带责任。上述生效判决确定了兴晟公司承担连带责任的前提是须确定兴晟公司尚有未支付的工程款及未付工程款的具体金额。本案执行依据并未明确兴晟公司是否欠付工程款以及欠付的金额。兴晟公司在异议审查阶段曾提供证据证明其并不欠付工程款，这至少说明，在兴晟公司与相对人之间就工程款支付的问题存在争议。人民法院的执行行为必须以生效法律文书为依据，《民事诉讼法司法解释》第463条[①]第1款规定，当事人申请人民法院执行的生效法律文书应当具备下列条件：（1）权利义务主体明确；（2）给付内容明确。在现阶段不明确兴晟公司具体欠付工程款金额的前提下，执行法院直接采取扣划兴晟公司银行存款1964984.72元的执行行为不当。

【相关法律法规】

《最高人民法院关于审理建设工程施工合同纠纷案件适用法律问题的解释（一）》

第四十三条 实际施工人以转包人、违法分包人为被告起诉的，人民法院应当依法受理。

实际施工人以发包人为被告主张权利的，人民法院应当追加转包人或者违法分包人为本案第三人，在查明发包人欠付转包人或者违法分包人建设工程价款的数额后，判决发包人在欠付建设工程价款范围内对实际施工人承担责任。

《执行工作规定》

65. 在执行中或执行完毕后，据以执行的法律文书被人民法院或其他有关机关撤销或变更的，原执行机构应当依照民事诉讼法第二百三十三条[②]的规定，依当事人申请或依职权，按照新的生效法律文书，作出执行回转的裁定，责令原申请执行人返还已取得的财产及其孳息。拒不返还的，强制执行。

执行回转应重新立案，适用执行程序的有关规定。

66. 执行回转时，已执行的标的物系特定物的，应当退还原物。不能退还原物的，经双方当事人同意，可以折价赔偿。

双方当事人对折价赔偿不能协商一致的，人民法院应当终结执行回转程序。申请执行人可以另行起诉。

---

① 现为《民事诉讼法司法解释》第461条，（2020）粤08民终454号民事判决书引用的是2015年《民事诉讼法司法解释》。

② 现为《民事诉讼法》第240条。

《民事诉讼法》

第二百四十条 执行完毕后，据以执行的判决、裁定和其他法律文书确有错误，被人民法院撤销的，对已被执行的财产，人民法院应当作出裁定，责令取得财产的人返还；拒不返还的，强制执行。

【诉讼策略】

1. 本案中出现三方主体：开发商、总承包人、实际施工人，实际施工人以开发商和总承包人为被告起诉要求清偿工程款，胜诉后，执行中执行法院不当扣划了开发商的银行存款支付给施工人，后经审理确认需纠正将发给施工人的款项追回还给开发商。

执行依据的生效判决，判决被告开发商在其欠付工程款范围内对施工人承担连带责任，但对于开发商具体欠付的工程款数额并未明确，且在执行程序中缺乏法律依据直接确定开发商应承担的债务数额范围，故本案的执行内容其实并不明确。

本案执行中，执行法院在开发商具体欠付工程款金额不明的情况下冻结、扣划开发商银行账户存款，该执行行为欠缺合法性并应予纠正。关于如何纠正的问题，最初裁定认为应由执行法院作出执行回转裁定，将扣划的款项追回。但是，根据《执行工作规定》第 65 条的规定，在据以执行的法律文书被撤销或变更后，原执行部门才按照新的生效法律文书作出执行回转裁定，并依据执行回转裁定重新立案执行。因此，本案若是采取执行回转方式则需重新立案执行，如此会增加开发商的负担。本案最终是由执行法院执行部门直接依法采取执行措施纠正，即追回款项返还给开发商。

2. 本案判决支持了实际施工人关于开发商在其欠付工程款范围内承担连带责任的诉讼请求，若起诉时或诉讼过程中能够调查或确认开发商的欠付工程款金额，将会有利于胜诉后的执行程序推进。

实际施工人起诉时提出的诉讼请求如下：（1）判令被告强盛公司支付所欠工程款 1643617.23 元给原告；（2）判令被告强盛公司支付原告逾期利息暂计 28843.2 元（从 2017 年 8 月 8 日至 2017 年 12 月 19 日），2017 年 8 月 8 日后至判决之日的利息按上述标准计算；（3）判令海天公司对上述款项承担连带责任；（4）判令兴晟公司在其欠付工程款范围内对被告强盛公司、海天公司承担连带责任；（5）本案诉讼费由三被告承担。

经一审、二审，判决如下：（1）限被告强盛公司于本判决生效之日起10日内支付给原告华某工程款1643617.23元及利息（利息计算：自2017年8月8日起按中国人民银行同期同类贷款利率计至本判决确定之日止）。（2）被告兴晟公司在其欠付工程款范围内对原告华某承担连带责任。

综上，法院判决支持了施工人关于开发商在其欠付工程款范围内承担连带责任的诉讼请求，但开发商具体欠付的工程款金额不确定，故导致执行内容不明确、无法执行的结果。

【类案裁判观点分析】

判决开发商在其欠付工程款范围内承担连带责任的，因执行程序中无法确认欠付工程款的具体金额，故判决内容无法执行。以下为持该观点的案例。

案例一：山东高院（2020）鲁执监27号

判决主文第4项内容为判令金达房地产公司在欠付大汉公司工程价款范围内承担付款责任，但该判项内容并未明确金达房地产公司欠付工程价款的具体数额，以及是否具备支付条件。因此，该判项给付内容并不明确。

案例二：河北高院（2021）冀执复526号

（2013）唐民初字第348号民事判决第2项“鑫发公司在欠付工程款范围内承担连带付款责任”的欠付工程款数额目前不明确。法院执行部门向审判部门函询后仍无法明确鑫发公司欠付工程款的具体金额，因此（2013）唐民初字第348号民事判决第2项目前属给付内容不明确，执行机构驳回针对该判项的执行申请并无不当。

案例三：河南高院（2021）豫执复348号

执行依据第6项为某建设公司对上述第1项、第3项确定的债务在未付清工程款范围内承担连带清偿责任，但判决书并未确定未付清工程款的数额，且某投资集团公司称工程款已付清。因此，本案执行依据第6项关于未付清工程款的数额并不明确，开封中院驳回李某胜对该院（2018）豫02民初20

号民事判决主文第6项的执行申请并无不当。

案例四：江苏高院（2019）苏执监28号

江苏泰兴法院（2016）苏1283民初6328号民事判决主文第2项判令乾丰公司在欠付中瑞公司工程款范围内承担给付责任，但乾丰公司是否欠付中瑞公司工程款以及欠付多少工程款，该判决并未明确。由于该判项内容不明确，本案债权人遂不能依据该判决主文第2项内容向人民法院申请执行。

案例五：江苏高院（2019）苏执监828号

本案执行依据盐城盐都法院（2015）都民初字第00853号民事判决主文第2项内容为锦盛公司在欠付隆生源公司工程价款范围内承担连带清偿责任，但未明确欠付工程款的范围。在该判决的认定事实部分亦载明："审理中，锦盛公司认为已超付工程款起诉隆生源公司，要求返还3038360.47元，盐城盐都法院于2015年9月6日立案受理，该案正在审理中。"因此，盐城盐都法院（2015）都民初字第00853号民事判决主文第2项的给付内容不明确，不具有可执行内容。

案例六：江苏高院（2019）苏执监285号

执行依据的江苏沛县法院（2015）沛民初字第1133号民事判决，该判决主文第2项"城投公司在欠付盛谐公司工程款的范围内承担连带责任"，对欠付工程款的范围未予明确，经执行机构向审判庭征询意见，仍未能明确，因此，本案执行依据确认城投公司承担的给付义务不明确，江苏沛县法院在执行程序中未对城投公司继续强制执行于法有据。

因欠付工程款金额不确认、执行内容不明确，执行法院不得冻结开发商的银行账户。以下为持该观点的案例。

案例七：河北高院（2021）冀执复590号

作为执行依据的（2019）冀0224民初1758号民事判决，判令俊辉房地产在欠付亨通公司工程价款范围内对复议申请人的债权承担连带给付责任。在俊辉房地产欠付亨通公司工程价款数额不明的情况下，不能在执行程序中直接冻结俊辉房地产银行账户存款。

案例八：河北高院（2021）冀执复110号

执行依据为（2019）冀0283民初765号民事判决书，该判决对债务人鼎晖公司欠付的工程款范围未予明确，后经执行机构征询意见，审判部门也未予明确，故本案执行内容不明确，执行机构裁定冻结债务人鼎晖公司的款项不当，唐山中院裁定予以纠正应予支持。

案例九：青海高院（2021）青执复9号

本案执行依据（2019）青01民初297号民事判决书虽判令“被告兴鼎安公司在欠付洪宇公司、洪宇青海分公司工程款范围内对上述款项承担给付责任”，但并未查明兴鼎安公司欠付洪宇公司、洪宇青海分公司工程款的数额，判决内容不明确。执行中，执行机构书面征询审判庭意见，该庭回复“具体欠付的工程款双方并未在本案中明确”，判决内容仍未得到明确。我院听证，当事人就兴鼎安公司在欠付洪宇公司、洪宇青海分公司工程款的事实是否存在也未形成一致意见。由于兴鼎安公司应承担给付责任的数额不明，执行法院无法采取相应的执行措施。西宁中院裁定撤销对兴鼎安公司银行账户存款的冻结措施，并无不当，应予维持。

041. 建设工程施工合同纠纷案件中仅判决双方继续履行合同但未指明具体内容，则该判决能否顺利执行

◇ **执行依据**　建设工程施工合同纠纷案件判决书

◇ **问题**　建工纠纷案件，仅判决双方继续履行合同但无具体内容，则该判决能否顺利执行

◇ **案例**　广东高院（2020）粤执复723号

◇ **结论**　生效判决没有明确继续履行合同的具体内容，执行机构在征询生效判决作出机构的意见后，仍不能确认判决给付内容的，执行法院应裁定驳回申请执行人的执行申请。如本案申请执行人若想要求被执行人支付2393.13万元的建设费用，则需另行寻求救济

【基本案情】

远鸿公司与杨侨镇政府所涉建设工程合同纠纷一案，惠州中院作出的（2018）粤13民初121号民事判决书判决如下：（1）确认原告、被告于2013年8月9日签订的《杨侨镇某路片区开发建设合同》、2013年8月15日签订的《杨侨镇某路片区开发建设补充合同》，被告2013年8月10日出具的《承诺书》、2013年8月16日出具的《承诺书》合法有效，双方当事人应当继续履行合同义务；（2）驳回原告远鸿公司的其他诉讼请求。该判决生效后，远鸿公司向惠州中院申请执行。

执行过程中，惠州中院执行局向生效判决作出单位民事审判第一庭致函征询上述民事判决书判项中“继续履行合同义务”的内容是否包括杨侨镇政府向远鸿公司支付基础设施建设费用2393.13万元。该审判部门复函称：远鸿公司申请强制执行，要求杨侨镇政府直接从县财政划扣2393.13万元的请求，应当不予执行。

2020年4月17日，惠州中院裁定驳回远鸿公司的执行申请。远鸿公司向广东高院申请复议请求继续执行，形成本案纠纷，广东高院经审理，裁定：驳回远鸿公司的复议申请。

【争议焦点】

作为执行依据的生效判决是否具有可执行性？

【裁判要点】

本案中，作为执行依据的判决主文确定原告、被告双方签订的合同合法有效，双方当事人应当继续履行合同，但并未明确继续履行的具体内容。显然，仅从判决主文无法确定该判决需要被执行人履行的具体内容。

在判决书主文给付内容不明确的情形下，执行部门也可以结合生效法律文书在事实认定及裁判说理部分进行审查认定。同时，还可以提请生效法律文书的作出机构结合案件审理期间查明的情况进行补正或者说明。本案中，惠州中院的执行部门即向该生效判决的作出机构征询意见。审判部门明确回复“应当不予执行。根据《承诺书》约定，远鸿公司请求的资金应当专项用于项目的文化设施、景观精品等基础设施建设，并非直接从县财政划扣交付由远鸿公司自行占有使用，该补贴资金既属于预付款性质，也属于专项补贴资金”。

此外，根据补充查明的事实，申请执行人在诉讼阶段所提的诉讼请求就包括了“请求判令被告按《承诺书》约定向原告支付 2392.2 万元用于项目基础设施建设”，与本执行案请求法院强制执行的内容和性质相同。对于该项诉讼请求，惠州中院在生效判决中已明确不予支持，驳回该项诉讼请求。

综上所述，在生效判决没有明确继续履行合同之具体内容，且征询生效判决作出机构的意见，明确申请执行人所提请求不应当通过强制执行措施实现的情况下，惠州中院裁定驳回申请执行人的执行申请正确。

【相关法律法规】

《民事诉讼法司法解释》

第四百六十一条　当事人申请人民法院执行的生效法律文书应当具备下列条件：

（一）权利义务主体明确；

（二）给付内容明确。

法律文书确定继续履行合同的，应当明确继续履行的具体内容。

【诉讼策略】

1. 本案系建设公司与镇政府之间所涉民事建设工程纠纷，法院判决双方继续履行合同，但建设公司因想要镇政府支付 2393.13 万元的建设费用，故提起强制执行申请，最终执行法院驳回其执行申请。

《民事诉讼法司法解释》第 461 条规定：“当事人申请人民法院执行的生效法律文书应当具备下列条件：（一）权利义务主体明确；（二）给付内容明确。法律文书确定继续履行合同的，应当明确继续履行的具体内容。”因此，生效法律文书确定的给付内容必须明确是该法律文书具有可执行性的关键。本案中，法院判决内容仅为“确认原、被告于2013 年 8 月 9 日签订的《杨侨镇某路片区开发建设合同》、2013 年 8 月 15 日签订的《杨侨镇某路片区开发建设补充合同》，被告 2013 年 8 月 10 日出具的《承诺书》、2013 年 8 月 16 日出具的《承诺书》合法有效，双方当事人应当继续履行合同义务”，因上述判决判项未明确继续履行的内容，且根据合同内容亦无法判断继续履行事项，属执行内容不明确。另外，根据杨侨镇政府出具的《承诺书》的约定，远鸿公司请求的资金系专项补贴资金，并未约定直接从县财政划扣交付由远鸿公司自行占有使用，建设公司无权申请执行。因此，执行法院驳回原告的执行申请。

2. 本案中，建设公司的诉讼请求包括执行申请的 2392.2 万元基础设施建设费，审判法院未予支持。该请求在执行程序中再提出，因避免以执行程序代替审判从而影响司法公正，执行法院必然不予支持。

原告建设公司起诉时的诉讼请求如下：（1）请求依法判决确认原、被告（杨侨镇政府）签订的涉案多份合同、被告出具的《承诺书》合法有效并判令被告继续履行合同义务；（2）判令被告按《承诺书》约定向原告支付 2392.2 万元用于项目基础设施建设及赔偿损失 9365389.33 元；（3）判令被告向原告支付逾期完成杨侨镇某路片区控制性详细规划区域内相等价值的土地的前期审批工作的违约金 6983333 元。审判法院仅支持了建设公司的第一项诉讼请求，驳回了建设公司的其他诉讼请求。综上，本案无法执行虽有判决书内容不明的原因，但主要原因还是诉讼请求的金额未被支持，因此，处理这类案件除了要保障合同有效及义务能够得以履行外，还需考虑诉讼请求金额以何种形式主张，如单独主张或按照未履行合同的违约责任主张，或者在诉讼过程中寻求使其明确化的机会。

042. 判决施工单位承担修复费用，房产公司在未先行修复的情况下，能否申请执行

◇ **执行依据** 建设工程施工合同纠纷案件判决书

◇ **问题** 判决施工单位承担修复费，但需房产公司先行委托第三方完成修

复以确认修复金额。房产公司在未委托第三方先行修复的情况下，径行申请执行施工单位资产的，能否获得支持

◇ **案例**　青海高院（2022）青执监3号

◇ **结论**　生效判决的内容是：在施工单位不履行修复义务时，则由房地产公司委托有资质的第三方先行予以修复，所需费用由建筑公司承担。因此，房地产公司在未委托第三方开展修复工作的前提下，径行向法院申请强制执行要求施工单位支付费用，不满足判决书所附的条件已经成就的实质要件，执行法院对房地产公司的执行申请无法执行，故驳回其执行申请

【基本案情】

盛源房地产公司与某建设集团公司、李某等建设工程施工合同纠纷一案，经青海高院一审，及最高人民法院二审，最高人民法院于2020年12月24日作出（2020）最高法民终898号判决。该判决第4项内容为："某建设集团公司、李某等于本判决生效后90日内就青海省建筑工程质量检测站《关于某小区2号楼、3号楼工程项目委托检测的回复》列明的问题履行修复义务，如某建设集团公司、李某等在规定的期限内不履行修复义务，则由盛源房地产公司委托有资质的第三方修复，所需费用由某建设集团公司、李某等承担。"

该判决生效后，由于某建设集团公司、李某等未在判决确定的期限内履行修复义务，盛源房地产公司就该判决书第4项内容于2021年4月9日向青海高院申请强制执行，青海高院指定该案由西宁中院执行。

执行中，鉴于判决第4项明确规定如被执行人未在规定期限内履行修复义务，则由申请执行人盛源房地产公司委托有资质的第三方修复，所需费用由某建设集团公司、李某等承担。由于盛源房地产公司尚未委托有资质的第三方修复，故无法确定某建设集团公司、李某等所承担的具体费用，本案不具有可执行性。2021年11月24日，西宁中院裁定如下：驳回申请执行人盛源房地产公司的强制执行申请。

盛源房地产公司向西宁中院申诉，西宁中院启动执行监督程序进行审查，作出（2022）青01执监1号执行裁定：驳回盛源房地产公司申诉请求。盛源房地产公司不服该裁定遂向青海高院进行申诉，形成本案纠纷，青海高院审查后，驳回盛源房地产公司的申诉申请。

【争议焦点】

执行法院驳回盛源房地产公司的执行申请是否违法？

【裁判要点】

青海高院认为，当事人申请强制执行应当满足申请执行的法律文书已经生效且该文书确定的履行义务所附的条件已经成就或者所附的期限已经届满的实质要件。本案中，根据最高人民法院（2020）最高法民终898号判决第4项判决内容，当某建设集团公司、李某等不履行修复义务时，则由盛源房地产公司委托有资质的第三方先行予以修复，所需费用由某建设集团公司、李某等承担。现某建设集团公司、李某等未在判决确定期限内履行修复义务，根据判决确定的救济途径，盛源房地产公司应先委托有资质第三方先行修复，再申请执行相应费用。盛源房地产公司在未委托第三方开展修复工作的前提下，径行向法院申请强制执行，不满足所附的条件已经成就的实质要件。故盛源房地产公司的执行申请尚不具备执行条件，西宁中院驳回其执行申请并无不妥。

【相关法律法规】

《民事诉讼法司法解释》

第四百六十一条第一款 当事人申请人民法院执行的生效法律文书应当具备下列条件：

（一）权利义务主体明确；

（二）给付内容明确。

《执行工作规定》

16. 人民法院受理执行案件应当符合下列条件：

（1）申请或移送执行的法律文书已经生效；

（2）申请执行人是生效法律文书确定的权利人或其继承人、权利承受人；

（3）申请执行的法律文书有给付内容，且执行标的和被执行人明确；

（4）义务人在生效法律文书确定的期限内未履行义务；

（5）属于受申请执行的人民法院管辖。

人民法院对符合上述条件的申请，应当在七日内予以立案；不符合上述条件之一的，应当在七日内裁定不予受理。

44. 被执行人拒不履行生效法律文书中指定的行为的，人民法院可以强制其履行。

对于可以替代履行的行为，可以委托有关单位或他人完成，因完成上述行为发生的费用由被执行人承担。

对于只能由被执行人完成的行为，经教育，被执行人仍拒不履行的，人民法院应当按照妨害执行行为的有关规定处理。

《最高人民法院关于执行案件立案、结案若干问题的意见》

第二十条 执行实施案件立案后，经审查发现不符合《执行工作规定》第 18 条①规定的受理条件，裁定驳回申请的，以“驳回申请”方式结案。

【诉讼策略】

1. 本案系建设工程施工合同纠纷案件，施工内容需修复，法院判决施工方承担修复费，并明确了不履行相应行为的金钱给付责任，房地产公司在未确认给付金额的情况下径行向法院申请执行施工方的资产，法院未予支持。

本案执行依据的生效判决书，其判决内容为“某建设集团公司、李某初等于本判决生效后 90 日内就青海省建筑工程质量检测站《关于某小区 2 号楼、3 号楼工程项目委托检测的回复》列明的问题履行修复义务，如某建设集团公司、李某等在规定的期限内不履行修复义务，则由盛源房地产公司委托有资质的第三方修复，所需费用由某建设集团公司、李某等承担”。该判

① 现为《执行工作规定》第 16 条。

项内容为相应行为的执行，而且判决第 4 项明确规定该行为为可替代履行的行为，即如被执行人未在规定期限内履行修复义务，则由申请执行人委托有资质的第三方修复，所需费用由被执行人承担。判决生效后，由于被执行人未在规定期限内履行修复义务，则申请执行人应当按判决要求，委托有资质的第三方进行修复。申请执行人房地产公司在未按判决要求委托第三方修复的情况下，直接向人民法院申请执行，不符合生效判决第 4 项，因申请执行人房地产公司的执行申请尚不具备执行条件，故执行法院驳回房地产公司的执行申请，房地产公司未能完成执行。

2. 房地产公司在一审及二审中的诉讼请求内容以及判决内容均已很明确，因此，即便本次执行申请未被受理，房地产公司可以先行委托第三方修复，待修复费用确认后可再行申请执行。

房地产公司在一审时提出的诉讼请求如下：（1）依法判令某建筑公司及李某等给付逾期竣工违约金 2540 万元（截至起诉时日期 2017 年 3 月 21 日）。（2）依法判令某建筑公司及李某全面履行施工合同，包括：①立即完成未完工程的施工内容（未完工程详见附表）；②对已完工但质量不符合约定的部分返工返修；③完成工程竣工验收并移交工程及竣工资料；④立即向房地产公司开具已付工程款税务发票。（3）反诉费用由某建筑公司及李某承担。

房地产公司在二审时提出的上诉请求如下：（1）撤销一审判决第 1 项，改判驳回李某请求房地产公司支付工程款的诉讼请求；（2）撤销一审判决第 7 项，改判某建筑公司、李某等全面履行合同，即立即完成未完工程的施工内容，对已完工但质量不符合约定的部分进行返工返修；（3）一审、二审诉讼费用由某建筑公司、李某等承担。

最高人民法院经审理判决：某建筑公司及李某等于本判决生效后 90 日内就青海省建筑工程质量检测站《关于某小区 2 号楼、3 号楼工程项目委托检测的回复》列明的问题履行修复义务，如某建筑公司、李某等在规定的期限内不履行修复义务，则由房地产公司委托有资质的第三方修复，所需费用由某建筑公司、李某等承担。

结合上述诉讼请求、上诉请求内容以及法院判决判项，本案判决施工方承担的是对施工内容履行修复行为的行为责任，又因该行为非专属性行为，故作出施工方不履行修复责任的替代方式，房地产公司可以委托有关单位或他人完成，因完成上述行为发生的费用由被执行人承担。本次执行申请虽未被受理，是因房地产公司未依法确认修复费用金额，房地产公司可以先行委托第三方修复，待修复费用确认后，可再行申请执行。

（十五）合伙合同纠纷

043. 判决确认原告就涉案煤矿及相应权益享有 50% 份额，原告能否据此申请办理股权登记

◇ **执行依据**　合伙合同纠纷案件判决书

◇ **问题**　判决确认原告就涉案煤矿及相应权益享有 50% 份额，原告据此判决申请办理煤矿持股比例的工商登记，执行法院应否受理该执行申请

◇ **案例**　贵州高院（2019）黔执复 13 号

◇ **结论**　判决确认原告享有被告煤矿 50% 的财产份额和相应的采矿权及其他财产权利，原告诉讼的目的不仅为明确财产权益比例，还必然包括这一权益比例在登记主管机关得到登记。本案作为执行依据的判决虽为确权判决，但从解决问题的立场出发，允许该判决进入执行程序，让生效法律文书确定的权利人通过执行程序完成权属变更登记，有利于完成诉讼定分止争的目的，有利于及时兑现当事人的合法权益。因此，执行法院应当受理原告关于“向贵州省工商行政管理局[①]发出协助执行通知，变更安家寨煤矿的持股比例为罗某芬 50%，罗某兴 50%”的申请

【基本案情】

罗某芬与安家寨煤矿、罗某兴合伙财产份额确认纠纷一案，毕节中院于

① 现为贵州省市场监督管理局。

2016年9月2日作出（2014）黔毕中民初第8号民事判决，判决如下：（1）原告罗某芬享有被告安家寨煤矿12.54%的财产份额和相应的采矿权及其他财产权利；（2）驳回原告罗某芬的其他诉讼请求。双方均向贵州高院提出上诉，贵州高院于2017年8月7日作出（2016）黔民终783号民事判决，判决如下：（1）变更（2014）黔毕中民初第8号民事判决第1项为：上诉人罗某芬享有被告安家寨煤矿50%的财产份额和相应的采矿权及其他财产权利；（2）驳回上诉人罗某芬的其余上诉请求；（3）驳回上诉人安家寨煤矿、罗某兴的上诉请求。

二审判决生效后，2017年9月12日，罗某芬向毕节中院提出以下强制执行申请：（1）请求法院强制执行（2016）黔民终783号判决书，立即向贵州省工商行政管理局发出协助执行通知，变更安家寨煤矿的持股比例为罗某芬50%、罗某兴50%；（2）请求法院强制执行罗某兴向罗某芬支付案件受理费70900元。

毕节中院于2017年9月25日将案件受理费70900元执行到位。毕节中院在执行过程中认为，（2016）黔民终783号判决的案由为合伙财产份额确认纠纷，其案件性质为确认之诉，该判决主文第1项内容仅明确申请执行人享有的财产份额，并无给付内容。2017年10月27日，毕节中院作出（2017）黔05执125号执行裁定，裁定驳回罗某芬关于变更安家寨煤矿的持股比例的执行申请。

罗某芬向毕节中院提出执行异议，毕节中院裁定撤销（2017）黔05执125号执行裁定，本案继续执行。

安家寨煤矿、罗某兴不服，向贵州高院申请复议，形成本案纠纷，贵州高院认为本案应予执行，遂裁定驳回安家寨煤矿、罗某兴的复议申请。

【争议焦点】

罗某芬能否申请执行（2016）黔民终783号民事判决，毕节中院是否应当受理罗某芬提出的执行申请？

【裁判要点】

本案为合伙财产份额确认纠纷，本案执行依据贵州高院（2016）黔民终783号民事判决是确权判决。根据本案生效判决确认，罗某芬享有被告安家寨煤矿50%的财产份额和相应的采矿权及其他财产权利，这必须以一方履行某种行为并进行变更登记为前提和基础。原告罗某芬诉讼的目的不仅为明确财产权益比例，还必然包括这一权益比例在登记主管机关得到登记。因此，贵州高院（2016）黔民终783号民事判决虽为确权判决，但从解决实际问题出发，允许该判决进入执行程序，让生效法律文书确定的权利人通过执行程序完成权属变更登记，有利于完成诉讼定分止争的目的，有利于及时兑现当事人的合法权益。因此，毕节中院应当受理罗某芬关于“向贵州省工商行政管理局发出协助执行通知，变更纳雍县安家寨煤矿的持股比例为罗某芬50%，罗某兴50%”的申请。毕节中院（2017）黔05执125号执行裁定认定罗某芬请求“立即向贵州省工商行政管理局发出协助执行通知，变更安家寨煤矿的持股比例为罗某芬50%，罗某兴50%”的事项不符合受理条件，进而裁定驳回罗某芬的异议申请，结果不当，应予纠正。综上，安家寨煤矿、罗某兴的复议理由不能成立，应予驳回。

【相关法律法规】

《最高人民法院关于人民法院办理执行异议和复议案件若干问题的规定》

第二十三条　上一级人民法院对不服异议裁定的复议申请审查后，应当按照下列情形，分别处理：

（一）异议裁定认定事实清楚，适用法律正确，结果应予维持的，裁定驳回复议申请，维持异议裁定；

（二）异议裁定认定事实错误，或者适用法律错误，结果应予纠正的，裁定撤销或者变更异议裁定；

（三）异议裁定认定基本事实不清、证据不足的，裁定撤销异议裁定，发回作出裁定的人民法院重新审查，或者查清事实后作出相应裁定；

（四）异议裁定遗漏异议请求或者存在其他严重违反法定程序的情形，

裁定撤销异议裁定，发回作出裁定的人民法院重新审查；

（五）异议裁定对应当适用民事诉讼法第二百二十七条[①]规定审查处理的异议，错误适用民事诉讼法第二百二十五条[②]规定审查处理的，裁定撤销异议裁定，发回作出裁定的人民法院重新作出裁定。

除依照本条第一款第三、四、五项发回重新审查或者重新作出裁定的情形外，裁定撤销或者变更异议裁定且执行行为可撤销、变更的，应当同时撤销或者变更该裁定维持的执行行为。

人民法院对发回重新审查的案件作出裁定后，当事人、利害关系人申请复议的，上一级人民法院复议后不得再次发回重新审查。

【诉讼策略】

1. 本案系合伙财产份额确认纠纷案件，判决确认原告对涉案煤矿及相应权益享有50%份额，原告首次以该判决申请执行受阻，后经执行异议、复议，执行法院受理原告的执行申请。

原告依据胜诉的确权判决申请执行法院立即向贵州省工商行政管理局发出协助执行通知，变更涉案煤矿的持股比例为原告占50%的工商变更登记。贵州高院在论证原告的执行申请符合执行案件受理条件时，从法律原则及诉讼目的角度出发，认为原告诉讼的目的不仅有明确财产权益比例，还必然包括这一权益比例在登记主管机关得到登记。本案作为执行依据的判决虽为确权判决，但从解决实际问题的立场出发，允许该判决进入执行程序，让生效法律文书确定的权利人通过执行程序完成权属变更登记，有利于完成诉讼定分止争的目的，有利于及时兑现当事人的合法权益。因此，执行法院应予执行。

2. 原告就请求获得合伙份额事项已前后提起两次诉讼程序，包括一审、二审、再审，后在执行程序中受阻又经执行异议、复议程序，最终贵州高院从解决问题、避免当事人诉累角度，认为本案应予受理原告的执行申请。

---

① 现为《民事诉讼法》第234条。

② 现为《民事诉讼法》第232条。

原告在提起本案诉讼之前，曾就其合伙人身份提起过确认之诉，2013 年 12 月 11 日毕节中院作出判决，认定原告为涉案煤矿的合伙人，与罗某兴共同享有该煤矿的采矿权及其他财产权利，双方所占份额应根据各自出资等情况协商解决。

后原告又提起本案诉讼，并在起诉时提出以下诉讼请求：（1）判令罗某芬享有安家寨煤矿 80% 的财产份额和相应的采矿权及其他财产等权利；（2）判令罗某兴支付罗某芬收益 1000 万元；（3）所有诉讼费用全部由被告承担。

毕节中院一审判决如下：（1）原告罗某芬享有被告安家寨煤矿 12.54% 的财产份额和相应的采矿权及其他财产权利；（2）驳回原告罗某芬的其他诉讼请求。案件受理费 141800 元，由原告罗某芬承担 70900 元，被告罗某兴承担 70900 元。

贵州高院二审判决如下：（1）变更（2014）黔毕中民初第 8 号民事判决第 1 项为：上诉人罗某芬享有被告安家寨煤矿 50% 的财产份额和相应的采矿权及其他财产权利；（2）驳回上诉人罗某芬的其余上诉请求；（3）驳回上诉人安家寨煤矿、罗某兴的上诉请求。一审案件受理费承担比例不变；罗某芬缴纳的二审案件受理费 141800 元罗某芬负担；安家寨煤矿、罗某兴交纳的二审案件受理费 141800 元由罗某兴负担。

综上，原告就合伙事宜纠纷首次提起的确认其合伙人身份案件因无具体给付内容，故无法落实原告的实际权利。原告再行提起本案诉讼，本案诉讼实则亦为确认之诉，故原告依据本案胜诉判决首次申请执行时依然受阻，后经执行异议、复议程序，以及贵州高院从避免诉累的角度，才同意本案继续执行。

【类案裁判观点分析】

案例：判决内容虽为确权判决，但执行法院在审理权利人执行申请时应综合考虑案件的实际情况，并征询相关部门的意见。执行法院在未做以上工作的情况下，径直驳回权利人的执行申请，应属不当——贵州高院（2018）黔执复 128 号

本院认为，执行法院在审查确定执行内容是否明确并拟驳回当事人申请时，应当综合考虑案件的实际情况，并征询相关部门的意见。执行法院在未做以上工作的情况下，径直驳回当事人的申请，应属不当。本案经本院审判委员会讨论决定，裁定如下：(1) 撤销毕节中院 (2018) 黔05执异22号执行裁定；(2) 发回毕节中院重新审查。

(十六) 劳动争议

044. 判决签署无固定期限劳动合同，但未明确签署内容，该判决能否执行

◇ **执行依据**　劳动合同纠纷案件判决书

◇ **问题**　判决仅确认公司与员工签署无固定期限劳动合同，但未就合同具体内容予以明确，则该判决能否执行

◇ **案例**　江苏高院 (2019) 苏执监237号

◇ **结论**　判决公司与员工签订并履行无固定期限劳动合同，但判决中未明确签订并履行无固定期限劳动合同的具体内容，执行过程中双方就该无固定期限劳动合同的主要条款存在争议，无法协商达成一致意见，该争议问题难以在执行程序中解决，因此，该判决内容无法执行，法院最终驳回胜诉原告的执行申请

【基本案情】

宗某与A公司、A公司徐州分公司劳动争议纠纷一案，徐州泉山法院于2014年6月16日作出 (2013) 泉民初字第2826号民事判决，判决如下：A公司、A公司徐州分公司与宗某签订并履行无固定期限劳动合同。A公司、A公司徐州分公司不服上述判决，向徐州中院提起上诉，后书面申请撤回上诉。

因A公司、A公司徐州分公司未履行生效判决确定的义务，宗某向徐州泉山法院申请执行，徐州泉山法院受理后立案执行，后经宗某申请，徐州中院裁定如下：该案由徐州云龙法院执行。

2017年12月27日，徐州云龙法院作出裁定，以无法明确执行内容为由驳回宗某的执行申请。宗某不服，向徐州中院申请复议，徐州中院驳回其复议。宗某向江苏高院申诉，形成本案纠纷，江苏高院经审理驳回宗某的申诉。

【争议焦点】

执行法院裁定驳回宗某执行申请是否违法？

【裁判要点】

本案执行依据徐州泉山法院（2013）泉民初字第2826号民事判决主文为A公司、A公司徐州分公司与宗某签订并履行无固定期限劳动合同。上述判决未明确签订并履行无固定期限劳动合同的具体内容，执行中双方就该无固定期限劳动合同的主要条款存在争议，无法协商达成一致意见，该争议问题难以在执行程序中解决，执行法院以执行内容不明确不符合执行案件受理条件为由驳回宗某的执行申请，并无不当。综上，宗某的申诉请求不成立，应予驳回。

【相关法律法规】

《民事诉讼法司法解释》

第四百六十一条　当事人申请人民法院执行的生效法律文书应当具备下列条件：

（一）权利义务主体明确；

（二）给付内容明确。

法律文书确定继续履行合同的，应当明确继续履行的具体内容。

《执行工作规定》

16. 人民法院受理执行案件应当符合下列条件：

（1）申请或移送执行的法律文书已经生效；

（2）申请执行人是生效法律文书确定的权利人或其继承人、权利承受人；

（3）申请执行的法律文书有给付内容，且执行标的和被执行人明确；

（4）义务人在生效法律文书确定的期限内未履行义务；

（5）属于受申请执行的人民法院管辖。

人民法院对符合上述条件的申请，应当在七日内予以立案；不符合上述条件之一的，应当在七日内裁定不予受理。

【诉讼策略】

1. 本案系劳动争议纠纷，原告、被告经劳动仲裁及民事诉讼审理最终确认判决内容，但本案判决主文中却仅确认公司与员工签署无固定期限劳动合同，未明确合同具体内容，最终导致无法执行的结果。

根据《民事诉讼法司法解释》第 461 条第 2 款的规定："法律文书确定继续履行合同的，应当明确继续履行的具体内容。"对此，《执行工作规定》第 16 条亦有明确规定。《最高人民法院关于执行案件立案、结案若干问题的意见》第 20 条规定，执行实施案件立案后，经审查发现不符合法律规定的受理条件，裁定驳回申请的，以"驳回申请"方式结案。本案中，员工申请执行的民事判决书判决主文为公司与员工签订并履行无固定期限劳动合同，执行内容不明确，且难以在执行程序中使执行内容明确。因此，对员工的执行申请予以驳回。

2. 本案中，员工宗某于 2019 年再次提起诉讼，其诉讼请求变更为明确内容，经一审、二审后，部分支持了该员工的请求。

员工于 2019 年再次向徐州泉山法院提起诉讼，诉讼请求为：（1）A 公司依法为宗某在有权限的社会保险经办机构开社会保险账户：养老保险级别管理，属省级社会保险经办机构，其余四险属地管理，属徐州市社会保险经办机构。（2）委托社会保险经办机构依法核定 A 公司所欠宗某已经代扣过的社会保险费。缴费基数按江苏省近期省级社会平均工资双倍，年限始于 1992 年 7 月止于 A 公司依法履行（2016）苏 0311 执 1243 号裁定的次月，依法将 A 公司欠缴社会保险险种、数额移送徐州市地税局第三分局清欠。（3）安排工作岗位。（4）依法补发工资，始于 2011 年 9 月 26 日，按江苏省省级社会平均工资双倍支付，依法扣除原告应当缴纳的"五险一金"部分，合计 5976432 元（暂止于 2017 年 3 月 25 日共计 66 个月）。（5）诉讼费由被告负担。

徐州泉山法院一审审理后，判决如下：（1）判决发生法律效力之日起10日内，A公司、A公司徐州分公司向宗某支付自2011年9月26日起至2017年3月25日止期间的工资报酬107618.28元；（2）驳回宗某的其他诉讼请求。徐州中院二审维持上述一审判决内容。

综上，员工在诉讼请求与公司签署无固定期限的劳动合同案件中，应该明确请求签署合同的具体内容，避免胜诉后无法执行，以及拖得久了之后再起诉，因履行环境已经发生很大变化，法院亦不容易支持继续签署合同的请求。

045. 判决撤销单位开除决定，该判决能否执行

◇ **执行依据** 辞退争议案件判决书

◇ **问题** 判决书仅判决撤销单位开除决定书，但无具体履行内容，该判决能否执行

◇ **案例** 河北高院（2020）冀执监86号

◇ **结论** 判决主文为撤销某银行《关于再次重申对靳某同志行政开除处分的决定》，该判决关于履行的具体内容并不明确，不具有可执行内容，因此，无法通过法院强制执行

【基本案情】

某银行诉靳某劳动争议一案，1997年5月16日河北承德县法院作出（1997）承民初字第207号民事判决书，判令撤销某银行第118号《关于再次重申对靳某同志行政开除处分的决定》。经上诉及再审，2003年11月27日承德中院作出（2003）承民再终字第86号民事判决书，维持上述判决。

2004年3月16日，权利人靳某向河北承德县法院申请执行，3月18日河北承德县法院作出执行裁定书，裁定被执行人某银行履行判决书，恢复靳某的工职，安排工作。此后，被执行人某银行分别于2004年6月28日给靳某补发了1995年8月至2004年6月期间的工资福利、住房公积金等共计66078.91元，

于2007年7月12日将靳某的养老保险金12697.67元交至该法院。

2004年6月25日，某银行作出《关于与靳某解除劳动关系的决定》，阐明与靳某解除劳动关系，该决定于2004年6月28日向靳某送达。

2010年2月22日，河北承德县法院作出（2004）承执裁字第112－4号执行裁定书，裁定被执行人某银行于2010年3月30日前恢复靳某的劳动关系。

某银行不服该裁定，于2010年3月2日向河北承德县法院提出书面异议，认为恢复岗位的判决已执行完毕，双方已重新解除劳动关系。河北承德县法院认为，某银行属部分履行生效法律文书，尚未完全履行生效法律文书所确定的义务，遂裁定驳回某银行的异议。某银行向承德中院申请复议，承德中院认为（1997）承民初字207号民事判决书无具体的执行内容，不应予以执行，故撤销河北承德县法院的执行裁定。

靳某不服，向河北高院申诉，形成本案纠纷，河北高院驳回靳某的申诉。

【争议焦点】

执行法院驳回靳某的执行申请是否违法？

【裁判要点】

河北高院认为，执行依据有明确的执行内容是当事人申请执行的基本条件，本案的执行依据主文为撤销某银行作出的118号《关于再次重申对靳某同志行政开除处分的决定》。该判决关于履行的具体内容并不明确，不具有可执行内容。某银行对申诉人的系列支付金钱行为并不能反向推断出河北承德县法院（1997）承民初字第207号民事判决就具有执行内容的结论，承德中院的执行复议裁定符合法律规定。综上，靳某的申诉主张不予支持，应予驳回。

【相关法律法规】

《民事诉讼法司法解释》

第四百六十一条 当事人申请人民法院执行的生效法律文书应当具备下列条件：

（一）权利义务主体明确；

（二）给付内容明确。

法律文书确定继续履行合同的，应当明确继续履行的具体内容。

《执行工作规定》

16. 人民法院受理执行案件应当符合下列条件：

（1）申请或移送执行的法律文书已经生效；

（2）申请执行人是生效法律文书确定的权利人或其继承人、权利承受人；

（3）申请执行的法律文书有给付内容，且执行标的和被执行人明确；

（4）义务人在生效法律文书确定的期限内未履行义务；

（5）属于受申请执行的人民法院管辖。

人民法院对符合上述条件的申请，应当在七日内予以立案；不符合上述条件之一的，应当在七日内裁定不予受理。

（十七）股东资格确认纠纷

046. 隐名股东请求显名的股东资格确认之诉，胜诉方能否据此通过法院执行办理工商变更登记

◇ **执行依据**　股东资格确认纠纷判决书

◇ **问题**　隐名股东显名化的股东资格确认之诉，隐名股东能否通过法院强制执行办理工商变更登记

◇ **案例**　江西高院（2020）赣执复60号

◇ **结论**　隐名股东显名化的股东资格确认之诉，因登记过户属于股权的交付，因此本案的生效判决并非纯粹的确认判决，而是具有给付内容的确认判决。同时，现无法律规定确认之诉不可以执行，判决书已经确认隐名股东系公司股东，那么就应当产生附随义务，公

司等债务人应当协助已显名股东办理股权变更工商登记等手续，因此，具有执行内容且执行主体明确的股东资格确认之诉的判决应当予以执行

【基本案情】

辛某和与首玺公司、辛某英、尧某云、姜某水股东资格确认纠纷一案，辛某和在与原股东签订《开发协议》、《开发补充协议》和《股份转让书》3份协议后，首玺公司的股权持有人及持股情况变更为尧某云占80%、原持有人根据协议约定暂时保留20%（待获得全部转让款时再行转让）。本案中，尧某云自认其未向首玺公司投入任何资金，故尧某云并非首玺公司的股东，登记在其名下的股份应是代他人持有，既有代持辛某和的股份也有代持姜某水、姜某茂的股份，其中代持姜某水在首玺公司的股份为0.8027%，代持姜某茂的股份为19.4082%，合计为20.2109%，代持辛某和的股份为59.7891%。另外，首玺公司辛某英名下20%的股份是代辛某和持有的。据此，江西高院于2020年3月23日作出（2019）赣民终629号民事判决，该判决主文确认辛某和在首玺公司持有79.7891%股份。

2020年4月14日，辛某和向九江中院申请执行。执行过程中，九江中院于2020年4月28日裁定，驳回辛某和请求将被执行人首玺公司的79.7891%股份变更登记至其名下的申请。

辛某和对此不服，向九江中院提出异议申请，该院裁定驳回其异议请求。

辛某和向江西高院申请复议，形成本案纠纷，江西高院经审理裁定撤销九江中院驳回执行申请的裁定，执行法院继续执行本案。

【争议焦点】

1. 作为本案执行依据的民事判决是否具有给付内容？

2. 作为本案执行依据的股权比例确认判决是否属于不可执行判决？

3. 本案应如何执行？

【裁判要点】

1. 关于本案执行依据的民事判决是否具有给付内容的问题

本案据以执行的（2019）赣民终629号生效民事判决的主文，虽然只是确认辛某和在首玺公司的股权比例为79.7891%，但结合本案据以执行的民事判决所认定的事实来看，辛某和59.7891%的股权比例系作为隐名股东从原显名股东尧某云代持经本案判决股东显名化而来，辛某和持有的首玺公司20%股权比例系作为隐名股东从原显名股东辛某英代持经本案判决显名化而来。因此，基于尧某云代辛某和持股59.7891%的事实，原隐名股东辛某和在首玺公司的股权比例应从零增加到59.7891%，那么本案债务人即原显名股东尧某云在首玺公司持有的股权比例则相应地减少59.7891%。基于辛某英代辛广和持股20%股份的事实，原隐名股东辛某和在首玺公司的股权比例应再增加20%，那么本案债务人，即原显名股东辛某英在首玺公司持有的股权比例则应相应地从20%减少到零。这一股权比例的增减变更，必须以尧某云、辛某英的减少部分的股权过户登记给辛某和为前提和基础。登记过户属于股权的交付，因此本案的生效判决并非纯粹的确认判决，而是具有给付内容的确认判决。根据《执行工作规定》第18条①第1款的规定，本案申请执行的江西高院（2019）赣民终629号民事判决具有给付内容，符合人民法院受理执行案件的条件，本案原审异议裁定以本案执行依据系不具有给付内容确认判决为由，认定本案执行申请不符合受理条件，认定事实和适用法律错误。

2. 关于本案执行依据的股权比例确认判决是否属于不可执行判决的问题

现有法律及司法解释并未明确规定确认之诉不可以执行，既然本案执行所依据的（2019）赣民终629号生效民事判决已经确认隐名股东辛某和系首玺公司股东，那么就应当产生附随义务，首玺公司等债务人应当协助已显名股东辛某和办理股权变更工商登记等手续，执行本案能够防止当事人讼累，节约司法资源。股权变更的民事判决生效后，在首玺公司登记主管机关的股

① 现为《执行工作规定》第16条。

权登记簿予以登记，是原告辛某和起诉的根本目的，也是民事判决发生法律效力的具体体现。如以确认之诉判决没有强制执行力为由，将本案民事判决排除在执行程序之外，则本案原告辛某和仍须再行提起一个登记过户的给付之诉，首玺公司、尧某云、辛某英等作为被告须再次参与诉讼，徒然增加当事人和人民法院的负担，并未对有关当事人的合法权益起到更为有利的保护。从本案也可以反证，具有执行内容且执行主体明确的确认之诉的判决应当予以执行。

3. 关于本案如何执行的问题

依照《公司法》第 32 条第 3 款的规定，公司应当将股东的姓名或者名称向公司登记机关登记；登记事项发生变更的，应当办理变更登记。未经登记或者变更登记的，不得对抗第三人。本案中，根据（2019）赣民终 629 号民事判决，首玺公司原股东尧某云、辛某英、姜某水及新股东辛某和的股权比例发生变更，该公司负有变更公司登记事项的法定义务，尧某云、辛某英、姜某茂、姜某水等债务人具有协助执行的义务。同时，根据《公司法》的相关规定，公司股权变更登记包括当事人合意变更登记、司法强制变更登记两种形式。对于股权强制变更登记的，可以参照《最高人民法院、国家工商总局[①]关于加强信息合作规范执行与协助执行的通知》第 7 条、第 16 条的规定予以执行。本案中，债权人辛某和与债务人首玺公司、尧某云、辛某英、姜某水之间的股权比例登记过户属于股权的交付，债务人拒不自动履行的，人民法院可以送达生效法律文书副本或者执行裁定书、协助执行通知书、协助公示执行信息需求书，到债务人首玺公司股权所在有限责任公司登记的有关行政主管部门办理，并责令债务人尧某云、辛某英、姜某水履行协助配合义务。

【相关法律法规】

《公司法》

第三十二条 有限责任公司应当置备股东名册，记载下列事项：

（一）股东的姓名或者名称及住所；

① 该国务院直属机构现已撤销。

（二）股东的出资额；

（三）出资证明书编号。

记载于股东名册的股东，可以依股东名册主张行使股东权利。

公司应当将股东的姓名或者名称向公司登记机关登记；登记事项发生变更的，应当办理变更登记。未经登记或者变更登记的，不得对抗第三人。

第七十二条　人民法院依照法律规定的强制执行程序转让股东的股权时，应当通知公司及全体股东，其他股东在同等条件下有优先购买权。其他股东自人民法院通知之日起满二十日不行使优先购买权的，视为放弃优先购买权。

第七十三条　依照本法第七十一条、第七十二条转让股权后，公司应当注销原股东的出资证明书，向新股东签发出资证明书，并相应修改公司章程和股东名册中有关股东及其出资额的记载。对公司章程的该项修改不需再由股东会表决。

《执行工作规定》

16. 人民法院受理执行案件应当符合下列条件：

（1）申请或移送执行的法律文书已经生效；

（2）申请执行人是生效法律文书确定的权利人或其继承人、权利承受人；

（3）申请执行的法律文书有给付内容，且执行标的和被执行人明确；

（4）义务人在生效法律文书确定的期限内未履行义务；

（5）属于受申请执行的人民法院管辖。

人民法院对符合上述条件的申请，应当在七日内予以立案；不符合上述条件之一的，应当在七日内裁定不予受理。

【诉讼策略】

1. 本案系隐名股东要求显名，提起的以公司及代持股东为被告的股东资格确认之诉案件，该案胜诉后执行过程中受阻，最终江西高院在执行复议程序中裁定支持了隐名股东请求办理工商变更登记的执行申请。

（1）股东资格确认纠纷案件系确认之诉，但江西高院认为现在没有法律或司法解释规定确认之诉案件不可以执行。

（2）结合确认股东资格案件本身，民事判决已经确认隐名股东系诉争公司股东，那么就应当产生附随义务，诉争公司等债务人应当协助已显名股东办理股权变更工商登记等手续，执行本案能够防止当事人讼累，节约司法资源。

（3）股权变更的民事判决生效后，在诉争公司登记主管机关的股权登记簿予以登记，是原告隐名股东起诉的根本目的，也是民事判决发生法律效力的具体体现。

综上，不应以确认之诉判决没有强制执行力为由，将本案民事判决排除在执行程序之外，而强制原告隐名股东再行提起一个登记过户的给付之诉。

2. 在股东资格确认之诉案件中，原告在提起诉讼时可尝试加入要求被告协助办理工商变更登记的诉讼请求内容。

本案原告在一审起诉时提出的诉讼请求，是确认辛某和是持有首玺公司100%股份的股东。

一审法院认为，辛某和要求确认其为首玺公司持有100%的股东资格的诉讼请求，其既未履行受让首玺公司全部股份的实际出资义务，亦未以受让或其他形式继受公司股份，且首玺公司原股东及工商登记股东均未同意辛某和取得公司股东资格的意思表示。据此判决：驳回辛某和的诉讼请求。案件受理费93800元，保全费5000元，合计98800元，由辛某和负担。

辛某和上诉，江西高院二审判决如下：（1）撤销一审判决；（2）确认辛某和在首玺公司持有79.7891%股份；（3）驳回辛某和的其他诉讼请求。

综上，隐名股东在提起诉讼时即已明确本案为确认之诉，但该确认之诉案件的诉讼费亦按照给付内容股权价值确认的诉讼费。同时，本案在江西高院被最终确认符合执行立案申请条件，但该裁判并非代表其他地区法院也能同意隐名股东就确认之诉判决执行的立案请求。因此，隐名股东在提起本类诉讼时可以尝试明确将被告协助办理工商变更登记事项列为诉讼请求内容。

047. 判决被告持有的公司股权归原告所有，胜诉方能否据此请求法院执行办理股权变更登记

◇ **执行依据** 股东资格确认纠纷案件判决书

◇ **问题** 判决被告持有的某公司股权归原告所有，原告取得胜诉后能否据此判决申请法院强制执行办理股权变更登记

◇ **案例** 广东高院（2018）粤执复96号

◇ **结论** 判决被告股东持有的某公司股权归原告所有，该判决是一份确权判决，并没有给付内容。且该判决书“本院认为”部分载明被告股东提交的确认其持有股权为原告所有的确认书，在完成变更登记之前不产生对抗第三人的效力。因此，原告主张依据该判决书向法院申请强制被告股东办理上述股权变更登记至原告名下的申请，超出判决内容范围，无法强制执行

【基本案情】

汉唐公司与泓源水业公司股东资格确认纠纷一案，深圳中院作出（2010）深中法民七初字第8号民事判决书，判决泓源水业公司持有的50.75%济南鹊华公司股权归汉唐公司所有。泓源水业公司不服提出上诉，广东高院经审理后作出（2015）粤高法民二破终字第31号民事判决书，判决驳回上诉，维持原判。

判决生效后，汉唐公司向深圳中院申请强制执行，请求办理股权变更登记。

执行过程中，深圳中院于2017年8月23日作出（2017）粤03执309号执行裁定书，认为本案执行依据系确认被执行人泓源水业公司持有的50.75%济南鹊华公司股权归属于汉唐公司，并不具有给付内容，不符合人民法院受理执行案件的条件，遂裁定驳回汉唐公司的强制执行申请。

汉唐公司不服上述裁定，向深圳中院提出异议。深圳中院另查明，在汉唐公司提起诉讼之前，该院在执行申请执行人浦发银行某支行与被执行人泓源水业公司、瀚成公司借款合同纠纷两案过程中，依法冻结了被执行人泓源水业公司所持有的上述股权。本案执行依据的民事判决对此情况亦予查明确认，并在判决书“本院认为”部分载明：“根据泓源水业公司的确认书，其持有的济南鹊华公司50.75%的股份权利应归属于汉唐公司，但这属于原告

(汉唐公司)、被告（泓源水业公司）之间的内部关系，在完成变更登记之前不产生对抗第三人的效力。”

深圳中院裁定驳回汉唐公司的异议，汉唐公司不服，向广东高院申请复议，形成本案纠纷，广东高院经审理裁定驳回汉唐公司的复议请求。

【争议焦点】

作为执行依据的民事判决是否具有执行内容?

【裁判要点】

根据法律规定，当事人申请人民法院执行的法律文书应当权利义务主体明确且给付内容明确。本案中，汉唐公司向深圳中院申请执行的生效法律文书为深圳中院（2010）深中法民七初字第8号民事判决书，该判决书的判决主文为“泓源水业公司持有的50.75%济南鹊华公司股权归汉唐公司享有”。显然该民事判决书仅是确认了“泓源水业公司持有的50.75%济南鹊华公司股权归汉唐公司享有”，是一份确权判决书，并没有给付内容。且深圳中院（2010）深中法民七初字第8号民事判决书亦在“本院认为”部分载明：“根据泓源水业公司的确认书，其持有的济南鹊华公司50.75%的股份权利应归属于汉唐公司，但这属于原告（汉唐公司）、被告（泓源水业公司）之间的内部关系，在完成变更登记之前不产生对抗第三人的效力。”因此，汉唐公司主张依据深圳中院（2010）深中法民七初字第8号民事判决书向该院申请强制债务人泓源水业公司将上述股权变更登记至该公司名下的申请，不符合法律规定及判决内容。

【相关法律法规】

《民事诉讼法司法解释》

第四百六十一条 当事人申请人民法院执行的生效法律文书应当具备下列条件：

（一）权利义务主体明确；

（二）给付内容明确。

法律文书确定继续履行合同的，应当明确继续履行的具体内容。

【诉讼策略】

1. 本案系股东资格确认纠纷案件，且诉争股权又被其他借款纠纷案件债权人保全冻结，因此，即便被告股东认可原告为诉争股权的真实权利人，确权判决胜诉，原告亦无法通过法院执行程序将诉争股权变更登记至己方名下。

原告以被告股东以及公司为被告提起股东资格确认之诉，且在诉讼中被告股东亦出具确认书，确认其持有的诉争股权属于原告，但该确认文件仅在汉唐公司与泓源水业公司之间发生作用，在完成变更登记之前不产生对抗第三人的效力。同时，又因作为执行依据的生效判决书仅确认了被告股东持有的某公司股权归原告享有，该判决是一份确权判决书，并没有给付内容，因此，该胜诉判决无法通过法院强制执行程序完成原告请求办理股权变更登记的请求，所以该判决无法执行。

2. 原告取得确定股东资格确认之诉的胜诉判决后，向法院申请执行被驳回执行立案申请，原告有权提起执行异议程序进行救济。因作为执行依据的判决书无给付内容不符合执行立案条件，故在执行异议及复议中均被驳回。

申请执行人汉唐公司不服执行法院驳回其执行立案申请的裁定书，向深圳中院提出异议，其认为：生效判决确认被执行人泓源水业公司持有的50.75%济南鹊华公司股权归属于汉唐公司，予以给付是生效判决确认权属后应有之义，汉唐公司有权申请将该股权过户至该公司名下，执行法院裁定驳回其强制执行申请没有事实和法律依据。因此，汉唐公司在执行程序中提出异议请求：撤销错误裁定书，并强制被执行人泓源水业公司将所持有的诉争股权变更登记到汉唐公司名下。经执行异议及广东高院对执行复议的审查，最终均未支持汉唐公司的请求，究其原因，主要系作为执行依据的判决书是一份确权判决，并没有给付内容，不符合执行立案的法定条件。

048. 股东资格纠纷中原告诉讼请求无给付内容，能否申请保全公司名下财产

◇ **执行依据** 股东资格确认纠纷案件判决书

◇ **问题** 股东资格确认纠纷案件中原告诉讼请求中无具体给付内容，在诉讼中原告能否申请保全公司名下财产

◇ **案例** 商丘中院（2019）豫14执复66号

◇ **结论** 原告的第1项诉讼请求为变更之诉，第2项诉讼请求属于股东资格确认，属于确认之诉，该两项诉讼请求均没有具体的给付内容，因此，该案没有执行内容，诉讼财产保全缺乏必要性，遂裁定撤销保全裁定解除保全措施

【基本案情】

邵某与宋某、众信置业公司股东资格确认纠纷一案，邵某于2019年5月24日向商丘睢阳法院提起诉讼，诉讼请求如下：（1）判决解除邵某与宋某签订的股权代持协议；（2）确认邵某在众信置业公司股东资格及持股比例（以评估结果为准）；（3）判令宋某、众信置业公司协助办理工商变更登记等相关事宜。

该院立案后，根据邵某的申请，于2019年6月10日作出保全裁定，查封了众信置业公司名下土地。众信置业公司对此行为不服而向商丘睢阳法院提出执行异议。商丘睢阳法院审理后裁定撤销保全裁定，并解除对被告众信置业公司名下土地的保全措施。

原告邵某不服，向商丘中院申请复议，形成本案纠纷，商丘中院认为本案救济程序错误，应采取保全裁定复议救济程序非《民事诉讼法》规定的执行行为异议救济程序，故撤销商丘睢阳法院裁定，但最终无法保全的结果没有改变。

【争议焦点】

法院应否停止对涉案土地的执行，并解除对被告名下涉案土地的查封措施?

【裁判要点】

根据相关法律规定，需要对争议的财产采取诉讼中财产保全的案件必须是给付之诉，即涉案的诉讼请求具有财产给付内容。结合本案案情，异议人与申请人之间的纠纷，申请人的第1项诉讼请求为变更之诉，第2项诉讼请求为股东资格确认，属于确认之诉，该两项诉讼请求均没有具体的给付内容，该案没有执行内容，诉讼财产保全缺乏必要性。据此，该院于2019年6月10日作出的（2019）豫1422执保324号执行裁定书应予撤销。综上，异议人众信置业公司的异议请求成立，应予支持。故裁定：撤销查封众信置业公司名下涉案土地的执行裁定。

【相关法律法规】

《民事诉讼法司法解释》

第一百六十六条　裁定采取保全措施后，有下列情形之一的，人民法院应当作出解除保全裁定：

（一）保全错误的；

（二）申请人撤回保全申请的；

（三）申请人的起诉或者诉讼请求被生效裁判驳回的；

（四）人民法院认为应当解除保全的其他情形。

解除以登记方式实施的保全措施的，应当向登记机关发出协助执行通知书。

第一百七十一条　当事人对保全或者先予执行裁定不服的，可以自收到裁定书之日起五日内向作出裁定的人民法院申请复议。人民法院应当在收到复议申请后十日内审查。裁定正确的，驳回当事人的申请；裁定不当的，变更或者撤销原裁定。

【诉讼策略】

1. 本案观点并不能代表现在的通说观点，但可以作为实务案例观点积累和储备。

法院认为原告的诉讼请求因没有具体的给付内容，该案没有执行内容，即便原告胜诉了亦无法依据该案件胜诉判决通过法院执行程序行使相应权利，因此，认为原告无损失的可能、无诉讼财产保全的必要性，因此，裁定撤销了保全裁定并解除了保全措施。

2. 原告请求诉讼中财产保全的案件，诉讼请求分两项：第 1 项是形成之诉，第 2 项是确认之诉，法院认为上述请求内容无给付内容、无执行内容，不符合财产保全条件。

原告在提起本案股东资格确认之诉时的诉讼请求如下：(1) 判决解除邵某与宋某签订的股权代持协议；(2) 确认邵某在众信置业公司股东资格及持股比例（以评估结果为准）；(3) 判令宋某、众信置业公司协助办理工商变更登记等相关事宜。

法院撤销保全裁定的观点有待商榷，因上述诉讼请求的第 2 项具有行为给付内容，符合执行立案的条件。同时，关于保全裁定救济问题，对于该类保全裁定异议案件，应根据《民事诉讼法司法解释》第 171 条的复议程序进行救济。

【类案裁判观点分析】

案例：股东资格确认之诉案件中，原告诉前财产保全申请查封公司财产即是对股权对应的实体财产权益的查封，法院根据原告的申请作出诉前保全的裁定，符合诉前保全的法律规定——成都中院（2019）川 01 执复 105 号①

对于在提起股东资格确认之诉之前提起的诉前财产保全，虽然股东资格确认之诉所争议的是玉宇公司 100% 股权的归属问题，属于确认之诉，但股权包含财产权益，股权的归属决定财产权益归属。贺某、尹某诉前财产保全

① 本案裁判观点与本文主文案例相反。

申请查封公司财产即是对股权对应的实体财产权益的查封，四川彭州法院根据贺某、尹某的申请作出诉前保全的裁定，符合诉前保全的法律规定。

049. 多人诉讼中，判决仅确认原告的股东身份及被告的协助义务但未明确持股份额，该判决能否顺利执行

◇ **执行依据**　股东资格确认纠纷案件判决书

◇ **问题**　原告系多人，判决仅确认原告为公司股东及被告协助办理工商变更登记的协助义务，但未明确每位原告应持有的股权份额，该判决能否顺利执行

◇ **案例**　浙江高院（2020）浙执监11号

◇ **结论**　案件原告为多人，判决主文仅确认原告为领先公司的股东，被告协助办理股权变更登记手续，但并未判决原告等多人具体的股权份额，执行法院在执行程序中直接明确了原告等人的具体出资额和股权份额，并要求市场监督管理局办理股东变更登记。上级法院认为执行法院的该执行行为无执行依据，故裁定撤销相应执行行为

【基本案情】

林某等11人与徐某、领先公司股东资格确认纠纷一案，浙江温岭法院于2016年7月8日作出（2016）浙1081民初611号民事判决，确认林某等11人为领先公司的股东，责令领先公司及徐某在判决生效后1个月内协助林某等11人去工商行政管理部门办理股权变更登记手续，驳回林某等11人的其他诉讼请求。领先公司及徐某不服，向台州中院上诉。台州中院于2016年11月3日作出（2016）浙10民终2032民事判决，驳回上诉，维持原判。

因领先公司、徐某未协助林某等11人去办理股权变更登记手续，林某等11人向浙江温岭法院申请强制执行。浙江温岭法院于2017年5月16日作出（2016）浙1081执7318号《协助执行通知书》，并向温岭市市场监督管理局

送达判决书以及前述《协助执行通知书》，请求其协助办理变更股权登记。林某等 11 人于 2017 年 6 月 7 日向浙江温岭法院出具结案确认书，该院于同日制作了结案通知书，并按照当事人送达地址确认书上的地址以法院专递形式向领先公司、徐某邮寄了结案通知书。

徐某以（2016）浙 1081 民初 611 号民事判决书不具法律效力、浙江温岭法院执行行为违法等为由提出执行异议，浙江温岭法院裁定驳回徐某的异议。

徐某不服，向台州中院申请复议，台中中院驳回其复议。

徐某向浙江高院申诉，形成本案纠纷，浙江高院撤销了前述浙江温岭法院及台州中院关于徐某异议的裁定，裁定浙江温岭法院重审审查。

【争议焦点】

执行法院直接通过执行程序明确了林某等 11 人对领先公司的具体出资额和在领先公司中的股权份额，该执行行为是否错误？

【裁判要点】

浙江高院认为，根据《民事诉讼法司法解释》第 463 条[①]的规定，当事人申请人民法院执行的生效法律文书应当具备权利义务主体明确、给付内容明确等条件。浙江温岭法院（2016）浙 1081 民初 611 号民事判决主文仅确认林某等 11 人为领先公司的股东，领先公司及徐某协助办理股权变更登记手续，但并未判决林某等 11 人具体的股权份额。浙江温岭法院在执行程序中作出的（2016）浙 1081 执 7381 号《协助执行通知书》，明确了林某等 11 人对领先公司的具体出资额和在领先公司中的股权份额，并将该通知书送达温岭市市场监督管理局，要求该局办理领先公司的股东变更登记。对浙江温岭法院的该执行行为是否具有相应的执行依据，浙江温岭法院（2018）浙 1081 执异 2 号、台州中院（2018）浙 10 执复 5 号执行裁定对此均未进行审查，导致主要事实认定不清，应予撤销。

---

① 现为《民事诉讼法司法解释》第 461 条。

【相关法律法规】

《民事诉讼法司法解释》

第四百六十一条　当事人申请人民法院执行的生效法律文书应当具备下列条件：

（一）权利义务主体明确；

（二）给付内容明确。

法律文书确定继续履行合同的，应当明确继续履行的具体内容。

【诉讼策略】

1. 本案系多原告共同起诉请求确认股东资格的案件，因此判决中应明确每位原告应持有的股权比例，否则案件在执行中会受阻，甚至如本案一样在执行完结后又被翻出来重新审查。

作为本案执行依据的民事判决主文仅确认11位原告为公司的股东，被告负有协助办理股权变更登记手续的义务，但并未判决11位原告具体应持有的股权份额。该判决进入执行程序中，执行法院直接在执行程序中未经法定程序明确了11位原告对公司的具体出资额和在公司中的股权份额，并发函要求市场监督管理局办理公司的股东变更登记。执行法院的该执行行为并没有相应的执行依据，因此，浙江高院裁定案件重新审查，该结果让本已胜诉的原告又陷入执行纠纷之中。

2. 本案原告诉讼请求关于协助办理工商变更登记的内容值得学习，关于多原告共同起诉时应明确份额的内容值得关注。

原告在起诉时提出的诉讼请求如下：（1）判令确认原告林某等为被告领先公司的股东；（2）判令被告领先公司及第三人徐某、徐某亮、徐某超协助原告林某等人去有关行政主管部门办理股权登记手续；（3）本案诉讼费用由被告承担。

一审法院的判决如下：（1）确认原告林某等为被告领先公司的股东。（2）被告领先公司及第三人徐某需在本判决生效后1个月内协助原告林某等去有关行政主管部门办理股权变更登记手续。（3）驳回原告林某等的其他诉讼请求。一审案件受理费 80 元，减半收取 40 元，由被告领先公司负担。

综上，法院依据原告的诉讼请求内容完成审判，所以在该类多人为原告的案件中，可尝试列明每位原告要求的具体股权份额，以免执行时受到阻碍。同时，本案按照确认之诉案件收取诉讼费，现在很多法院对于确认之诉和给付之诉的诉讼费收取问题并未明确，有些地区的股东资格确认之诉案件也参照给付之诉案件的标准计收诉讼费。

050. 股东资格确认案件的判决未明确变更后的各股东持股比例，该判决能否顺利执行

◇ **执行依据** 股东资格确认纠纷案件判决书

◇ **问题** 确认股东资格的判决既明确权利人的股东资格亦明确其认缴出资额，但未明确公司各股东已经登记的出资比例变化后权利人应持股比例，该判决能否顺利执行

◇ **案例** 红河中院（2019）云 25 执复 33 号

◇ **结论** 本案系股东资格确认纠纷案件，判决已经确认权利人的股东资格，并明确股东认缴出资额，但因第三人与公司及涉案股权之间存在争议，判决未明确公司各股东已经登记的出资比例将发生变化后权利人的出资比例应占多少的问题。因此，权利人依据上述判决申请法院强制公司及股东协助办理工商变更登记，该请求内容系行为义务的执行，行为标的不明确，不符合执行案件的受理条件，故法院驳回权利人的执行申请

【基本案情】

唐某雄与联申公司、庞某等人股东资格确认纠纷一案，云南弥勒法院于 2017 年 12 月 26 日作出（2017）云 2504 民初 2111 号民事判决，其内容主要如下：（1）原告唐某雄为被告联申公司的股东，认缴出资额为 65 万元；（2）由被告联申公司及第三人庞某、冉某、郑某、马某、胡某、刘某、

黄某伟于判决生效后30日内到公司登记机关将原告唐某雄变更登记为被告联申公司的股东；（3）驳回第三人黄某怀的诉讼请求。一审判决后，联申公司及第三人庞某等人向红河中院提起上诉，该院于2018年12月21日以（2018）云25民终621号判决，驳回其上诉、维持原判。

判决生效后，唐某雄于2019年1月11日向云南弥勒法院申请强制执行，执行请求为：要求联申公司及第三人庞某等共同到公司登记机关将唐某雄变更登记为联申公司股东，出资额为65万元。

2019年8月6日，云南弥勒法院作出（2019）云2504执250号执行裁定，驳回申请执行人唐某雄关于（2017）云2504民初2111号民事判决的执行申请。

唐某雄不服，向红河中院申请复议，请求撤销上述（2019）云2504执250号裁定，让云南弥勒法院恢复关于（2017）云2504民初2111号民事判决的申请执行。红河中院经审理，驳回唐某雄的复议申请。

【争议焦点】

执行法院驳回唐某雄的执行申请是否符合法律规定？

【裁判要点】

本案是行为义务的执行，但行为标的不明确。生效判决认定唐某雄为联申公司股东，认缴出资额65万元，那么在联申石材公司各股东已经登记的出资比例将发生变化的情形下，唐某雄的出资比例是多少？本案云南弥勒法院（2017）云2504民初2111号及江河中院（2018）云25民终621号民事判决书认定，黄某怀与唐某雄系合伙关系，黄某怀先后4次通过亚星公司向联申公司注入资金69.5万元是代唐某雄缴纳股东出资款，并非购买唐某雄的股份，黄某怀不是联申公司的股东。黄某怀在一审、二审均与其他股东一起参加了诉讼，其要求确认其投入联申公司的69.5万元是入股资金，自己是联申公司股东的请求被驳回。弥勒市市场监督管理局出具的联申公司的企业登记基本情况表显示，黄某怀2018年1月8日认缴出资额76.5万元，已经登记为联申公司股东，出资比例9.8646%。唐某雄是否应替代黄某怀登记为联申公司股东，判决未明确，黄某怀也不是本案的债务人，因此本案行为标的不明确，债务人漏缺，遂裁定驳回债权人唐某雄的执行申请并无不当。

【相关法律法规】

《民事诉讼法司法解释》

第四百六十一条 当事人申请人民法院执行的生效法律文书应当具备下列条件：

（一）权利义务主体明确；

（二）给付内容明确。

法律文书确定继续履行合同的，应当明确继续履行的具体内容。

《执行工作规定》

16. 人民法院受理执行案件应当符合下列条件：

（1）申请或移送执行的法律文书已经生效；

（2）申请执行人是生效法律文书确定的权利人或其继承人、权利承受人；

（3）申请执行的法律文书有给付内容，且执行标的和被执行人明确；

（4）义务人在生效法律文书确定的期限内未履行义务；

（5）属于受申请执行的人民法院管辖。

人民法院对符合上述条件的申请，应当在七日内予以立案；不符合上述条件之一的，应当在七日内裁定不予受理。

【诉讼策略】

1. 本案系股东资格确认纠纷案件，因此判决内容中若无明确的给付内容，执行法院一般不容易立案执行，本案判决已经明确了股东资格及认缴出资金额，但因其他股东亦与公司存在股权争议，所以该判决关于公司股权变化后原告应持股比例未予明确，故执行法院认为原告据此判决的执行申请内容不明确，不符合执行案件受理条件。

本案系权利人申请法院强制被告办理公司股权工商变更登记，该请求内容系行为给付义务，但因行为标的不明确，执行法院无法确认应给权利人变更为持股多少，因此，执行法院认为权利人的执行申请不符合执行案件的受理条件，裁定驳回其执行申请。

本案判决权利人为公司股东，认缴出资额65万元，但是因公司另一股东黄某怀与公司之间亦存在相关争议，审判法院认为黄某怀与本案权利人系合伙关系，黄某怀先后4次通过亚星公司向联申公司注入资金69.5万元是代唐某雄缴纳股东出资款，并非购买唐某雄的股份，黄某怀不是联申公司股东。因此，唐某雄是否应替代黄某怀登记为联申公司股东，判决未明确，黄某怀也不是本案的债务人，本案行为标的不明确，债务人漏缺。对于联申公司各股东已经登记的出资比例将发生变化，唐某雄的出资比例是多少仍无法在执行程序中准确认定，故给付内容并不明确，不符合执行案件的受理条件。

2. 原告在起诉请求确认其股东资格时，需考虑被告协助办理工商登记的相关问题，如本案因公司股东变更后的持股比例无法确认，故执行法院驳回原告的执行申请，导致原告即便取得胜诉判决亦无法通过法院强制办理工商变更登记。

原告在起诉时提出的诉讼请求如下：（1）依法确认原告为被告的注册股东，确认向被告认缴的注册资本为65万元；（2）判决被告及第三人庞某等公司现有股东自判决生效之日起10日内至工商管理部门将原告变更登记为被告的注册股东；（3）本案诉讼费用由被告承担。

第三人黄某怀在诉讼中提出请求，请求确认其为联申公司股东。

法院判决如下：（1）原告唐某雄为被告联申公司的股东，认缴出资额为65万元。（2）由被告联申公司及第三人庞某等公司现有股东于判决生效后30日内到公司登记机关将原告唐某雄变更登记为被告联申公司的股东。（3）驳回第三人黄某怀的诉讼请求。案件受理费100元，由被告联申公司负担。

综上，法院依据原告的诉讼请求进行裁判，并作出支持原告诉讼请求的判决，且该诉讼请求在确认原告股东资格的同时亦考虑明确被告协助办理工商登记的行为义务，但因公司股东变更后的持股比例无法确认，故执行法院驳回原告的执行申请，原告无法通过法院强制办理工商变更登记。

（十八）股权继承与转让纠纷

051. 判决继承人在“继承遗产实际价值”内承担责任，该判决能否顺利执行

◇ **执行依据** 股权转让纠纷案件判决书

◇ **问题** 合同相对人死亡，权利人起诉相对人的财产继承人，要求支付股权转让款及违约金，法院判决各继承人在“继承遗产实际价值范围内”支付股权转让款及违约金，该判决能否顺利执行

◇ **案例** 河北高院（2021）冀执复262号

◇ **结论** 股权转让纠纷案，因相对人死亡但财产未完成继承，经执行法院向审判部门征询亦无法明确各继承人的继承份额，故无法在执行程序中确认各继承人继承遗产的名称、数量、数额。因此，上级法院裁定撤销执行法院对各继承人财产采取的所有执行措施

【基本案情】

李某、任某与韩某永、韩某红、韩某国股权转让纠纷一案，经一审、二审审理，2019年12月30日，唐山中院作出判决，判令：韩某永、韩某红、韩某国于判决生效之日起10日内在继承韩某中的遗产实际价值范围内给付李某、任某股权转让款800万元及违约金240万元。

该案件进入执行程序后，2020年7月20日，执行机构裁定如下：冻结被执行人韩某永、韩某红、韩某国银行存款1200万元或等值财产。

韩某永、韩某红、韩某国对查封其名下银行存款、房产不服，向唐山中院提出异议，唐山中院于2020年9月24日裁定撤销部分执行行为。韩某永、韩某红、韩某国向河北高院申请复议，河北高院裁定发回重新审查。

2021年4月16日，执行机构向审判部门发函，请求对判决书中韩某永、韩某红、韩某国继承遗产的范围，包括名称、数量、数额予以明确。审判部

门回函："涉案判决关于继承财产的判项因当时无法确认，故出此判决。"基于此，唐山中院裁定撤销对韩某永、韩某红、韩某国的财产或财产性权益采取的强制执行措施。

李某、任某不服，向河北高院申请复议，形成本案纠纷，河北高院裁定驳回李某、任某的复议请求。

【争议焦点】

执行法院解除对被执行人采取的所有执行措施是否违法？

【裁判要点】

河北高院认为，本案执行依据对于"继承遗产实际价值"未有明确具体表述，唐山中院依据《最高人民法院关于人民法院立案、审判与执行工作协调运行的意见》第15条的规定，书面征询审判部门意见之后，仍无法明确韩某永、韩某红、韩某国继承遗产的名称、数量、数额。唐山中院据此裁定撤销对韩某永、韩某红、韩某国的财产或财产性权益采取的强制执行措施并无不当。关于复议申请人提出的旭泰钢绞线公司的股权及迁安市产1/2份额问题，执行机构应在确定韩某中的遗产和债务人继承遗产实际价值时，一并查明，并采取相应的执行措施。综上，复议申请人的复议理由不能成立，对其复议请求不予支持。

【相关法律法规】

《执行工作规定》

16. 人民法院受理执行案件应当符合下列条件：

（1）申请或移送执行的法律文书已经生效；

（2）申请执行人是生效法律文书确定的权利人或其继承人、权利承受人；

（3）申请执行的法律文书有给付内容，且执行标的和被执行人明确；

（4）义务人在生效法律文书确定的期限内未履行义务；

（5）属于受申请执行的人民法院管辖。

人民法院对符合上述条件的申请，应当在七日内予以立案；不符合上述条件之一的，应当在七日内裁定不予受理。

《最高人民法院关于人民法院立案、审判与执行工作协调运行的意见》

15. 执行机构发现本院作出的生效法律文书执行内容不明确的，应书面征询审判部门的意见。审判部门应在15日内作出书面答复或者裁定予以补正。审判部门未及时答复或者不予答复的，执行机构可层报院长督促审判部门答复。

执行内容不明确的生效法律文书是上级法院作出的，执行法院的执行机构应当层报上级法院执行机构，由上级法院执行机构向审判部门征询意见。审判部门应在15日内作出书面答复或者裁定予以补正。上级法院的审判部门未及时答复或者不予答复的，上级法院执行机构层报院长督促审判部门答复。

执行内容不明确的生效法律文书是其他法院作出的，执行法院的执行机构可以向作出生效法律文书的法院执行机构发函，由该法院执行机构向审判部门征询意见。审判部门应在15日内作出书面答复或者裁定予以补正。审判部门未及时答复或者不予答复的，作出生效法律文书的法院执行机构层报院长督促审判部门答复。

【诉讼策略】

1. 本案因判决中给付内容不明确故导致无法执行的结果。

本案之所以难以完成执行，其主要问题是作为执行依据的判决书中未写明继承遗产的名称、数量、数额，导致执行义务人、责任范围均不明确，案件无法执行，执行法院遂解除了对被执行人的所有执行措施。因此，该类案件在诉讼过程中需要提前明确无法执行的可能情形，并在起诉和诉讼过程中提前想办法予以避免。

2. 判决判令各继承人在继承遗产实际价值范围内支付股权转让款及违约金，但对于“继承遗产实际价值”未有明确表述，故导致判决给付内容不明确无法执行的结果。

本案中，作为执行依据的判决判令各继承人在继承韩某中的遗产实际价值范围内给付李某等股权转让款及违约金，但对于“继承遗产实际价值”未有明确表述，执行法院依法向判决作出的审判部门的征询函及反馈情况，依然无法确定各继承人继承遗产的名称、数量、数额，故执行法院在执行依据的执行内容不明确的情况下，可以不予立案执行，立案执行的，后续也可以予以纠正，也就是说，法院判决中有“继承遗产实际价值”范围内承担责任的判项，但未明确继承遗产的名称、数量、数额，该判决内容无法执行。

052. 判决优先购买权的“同等条件”标准已经明确，该判决能否执行

◇ **执行依据**　优先购买权确认纠纷案件判决书

◇ **问题**　判决权利人对公司股东拟对外转让股权享有优先购买权，且优先购买权履行中“同等条件”亦有明确标准，则该判决能否执行

◇ **案例**　淮安中院（2021）苏08执复21号

◇ **结论**　判决确认原告就被告转让的股权，在同等条件下享有优先购买权，且在执行过程中判决作出部门就“同等条件”进行释明，判决内容清晰明确，符合执行受理条件，应予执行

【基本案情】

陆某与朱某、晏某、段某等人股东资格确认纠纷一案，淮安清江浦法院于2018年9月13日作出（2018）苏0812民初2967号民事判决：原告陆某对被告朱某、晏某、段某等人转让他人的股份，在同等条件下享有优先购买权。被告朱某、晏某、段某等人对一审判决不服，上诉至淮安中院，淮安中院于2019年3月25日作出二审判决：驳回上诉，维持原判。

2019年9月20日，淮安清江浦法院根据陆某的申请，对上述生效法律文书立案强制执行。执行过程中，作出生效判决的审判部门向执行部门发送释明函，其主要内容为：原告在同等条件下享有优先购买权，该同等条件是指原告陆某可以28700元受让朱某、晏某、段某等人转让的康乐城公司共计8.2%的股权。陆某可以此内容申请强制执行。

2020年3月17日，陆某向淮安清江浦法院提交书面材料1份，向法院明确执行请求，提出在支付涉案股权转让款后，陆某即获得相应的股权，无须法院再向有关部门出具协助变更登记的文书。陆某解释，因为康乐城公司被吊销营业执照，陆某提交股权出让金，法院出裁定股权归陆某所有就可以了，再去要求法院下协助执行通知书办理股权变更登记没有实际意义。陆某方可以自行变更，即便不变更也可以行使股东权利。

2020年4月17日，陆某将股权转让款交至淮安清江浦法院执行案款账户。

2020年9月30日，淮安清江浦法院作出通知书：通知朱某、晏某、段某等被执行人到执行局领取相应的股权转让价款。朱某、晏某、段某不服上述执行行为，向淮安清江浦法院提出异议，请求撤销上述执行通知书、驳回陆某的执行申请。

2021年1月15日，淮安清江浦法院裁定：驳回朱某、晏某、段某的异议请求。朱某、晏某、段某不服上述裁定，向淮安中院申请复议，形成本案纠纷，淮安中院裁定驳回朱某、晏某、段某的复议申请。

【争议焦点】

本案判决是否具有明确的给付内容？

【裁判要点】

1. 执行依据是否具有给付内容

《最高人民法院关于人民法院立案、审判与执行工作协调运行的意见》第15条规定：“执行机构发现本院作出的生效法律文书执行内容不明确的，应书面征询审判部门的意见。审判部门应在15日内作出书面答复或者裁定予以补正……”确权是行权的前提和基础，行权是确权的结果，为保障当事人及时实现合法权益，加强立案、审判、执行部门的衔接和运行，明确判决主文的可执行性，执行部门根据生效判决结合审判部门的释明意见作出判断，并非执行权的扩张。本案中，在股权转让纠纷一案诉讼过程中，原告陆某的诉讼请求为以下两项：（1）确认原告就被告出让股份有优先购买权；（2）确认原告有权依据被告转让股份的条件收购相应的股权，收购价格合计为28700元，受让股权共计8.2%。该案判决主文内容为“在同等条件下享有优先购买权”。在执行过程中，一审法院通过释明函的方式，对判决主文中“同等条件”作出释明。淮安中院认为，该释明函并未超出原告的诉讼请求，是对判决主文的充分阐明，严格遵守了民事诉讼法的处分原则，不应视为以函代判。因此，淮安清江浦法院（2018）苏0812民初2967号民事判决书具有明确的给付内容，一审法院的执行并未超出生效法律文书确定的范围。

2. 如果该涉案股权转让协议已解除，案件能否继续执行

生效的法律文书即具有既判力，一经作出对各方当事人都具有约束力。本案中，王某平（刘某）与复议申请人签订了股权转让协议，并领取了股权转让款，即复议申请人已经履行了股权转让协议。即使复议申请人与王某平、刘某解除了涉案股权转让协议，但该解除协议行为发生在涉案法律文书生效之后，并不能影响生效法律文书的效力。现申请执行人已履行缴纳股权转让价款的义务，故淮安清江浦法院立案执行相应股权并通知被执行人领取股权转让款的执行行为并无不当。

3. 情势变更是否构成同等条件

复议申请人认为申请执行人以10年前的价格拟购买涉案股权已不构成同等条件，因该理由涉及实体争议，系对执行依据的不服，已超出本案审查范围，淮安中院不予审查。

综上，淮安清江浦法院认定事实清楚，适用法律并无不当，应予维持。

【相关法律法规】

《最高人民法院关于适用〈中华人民共和国公司法〉若干问题的规定（四）》

第二十一条 有限责任公司的股东向股东以外的人转让股权，未就其股权转让事项征求其他股东意见，或者以欺诈、恶意串通等手段，损害其他股东优先购买权，其他股东主张按照同等条件购买该转让股权的，人民法院应当予以支持，但其他股东自知道或者应当知道行使优先购买权的同等条件之日起三十日内没有主张，或者自股权变更登记之日起超过一年的除外。

前款规定的其他股东仅提出确认股权转让合同及股权变动效力等请求，未同时主张按照同等条件购买转让股权的，人民法院不予支持，但其他股东非因自身原因导致无法行使优先购买权，请求损害赔偿的除外。

股东以外的股权受让人，因股东行使优先购买权而不能实现合同目的的，可以依法请求转让股东承担相应民事责任。

《最高人民法院关于人民法院立案、审判与执行工作协调运行的意见》

15. 执行机构发现本院作出的生效法律文书执行内容不明确的，应书面征询审判部门的意见。审判部门应在15日内作出书面答复或者裁定予以补正。审判部门未及时答复或者不予答复的，执行机构可层报院长督促审判部门答复。

执行内容不明确的生效法律文书是上级法院作出的，执行法院的执行机构应当层报上级法院执行机构，由上级法院执行机构向审判部门征询意见。审判部门应在15日内作出书面答复或者裁定予以补正。上级法院的审判部门未及时答复或者不予答复的，上级法院执行机构层报院长督促审判部门答复。

执行内容不明确的生效法律文书是其他法院作出的，执行法院的执行机构可以向作出生效法律文书的法院执行机构发函，由该法院执行机构向审判部门征询意见。审判部门应在15日内作出书面答复或者裁定予以补正。审判部门未及时答复或者不予答复的，作出生效法律文书的法院执行机构层报院长督促审判部门答复。

【诉讼策略】

1. 本案系股东行使优先购买权案件，原告起诉请求确认其优先购买权，且审判部门对“同等条件”标准作出明确界定，因此该判决内容权利义务明确，有给付内容，符合执行立案条件。

生效判决作出法院对生效判决中优先购买权进行释明，指出权利人对于公司股东对外转让股权在同等条件下享有优先购买权，其中“同等条件”是指原告可以28700元受让股东转让的公司共计8.2%的股权。因上述内容明确，因此权利人依据该生效判决书内容申请强制执行。

2. 股东对股权转让行使优先购买权需在诉讼请求或诉讼过程中明确相应

履行标准，如以多少钱购买多少比例股权，以避免胜诉后执行受阻。

原告在就优先受偿权案件提起诉讼时，其诉讼请求为：（1）确认原告就被告出让股份有优先购买权；（2）确认原告有权依据被告转让股份的条件收购相应的股权，收购价格合计为28700元，受让股权共计8.2%。

法院判决：原告陆某对被告朱某等人转让他人的股份，在同等条件下享有优先购买权。

综上，原告就股东转让股权提出优先购买权确认诉讼案件，因原告在诉讼请求中已经明确行使优先购买权的具体标准，即“收购价格合计为28700元，受让股权共计8.2%”，因此，该优先购买权的履行符合执行立案受理条件。

（十九）公司决议效力确认纠纷

053. 原告请求确认股东会决议无效案件胜诉后，该原告能否据此判决强制办理股权变更登记

◇ **执行依据**　公司决议效力确认纠纷案件判决书

◇ **问题**　原告起诉请求确认股东会决议无效，判决仅对公司决议效力确认，无给付内容和履行期限，原告能否依据该胜诉判决请求变更公司股权登记

◇ **案例**　浙江高院（2019）浙执复94号

◇ **结论**　作为执行依据的生效判决书的判决主文仅是对公司决议效力的确认，并无具体和明确的给付内容，亦未确定债务人公司履行义务的期限，因此该执行依据不符合执行立案的法定条件，该判决无法强制执行

【基本案情】

苍南仪表公司决议效力确认纠纷一案，最高人民法院于2019年5月24

日作出（2019）最高法民再111号民事判决，判决内容为：（1）撤销浙江高院（2018）浙民终298号民事判决及温州中院（2017）浙03民初115号民事判决；（2）确认苍南仪表公司2014年4月1日和2014年12月4日董事会决议中关于决定收回叶某股份、股金、股息以及将叶某股份收归企业的内容无效；（3）驳回叶某其他诉讼请求。

叶某依据上述判决内容，向法院申请恢复其原拥有的苍南仪表公司股份，温州中院认为（2019）最高法民再111号判决无给付内容且未确定被执行人履行义务的期限，案件不符合执行案件的受理条件，遂于2019年11月18日作出（2019）浙03执1821号执行裁定，驳回申请执行人叶某的执行申请。

叶某不服，向浙江高院复议，形成本案纠纷，浙江高院经审理认为叶某的复议理由不成立，裁定驳回叶某的复议申请。

【争议焦点】

就叶某依据涉案判决请求变更股权登记的执行立案申请，执行法院驳回该申请是否错误？

【裁判要点】

浙江高院认为，《民事诉讼法司法解释》第463条[①]第1款和《执行工作规定》第18条[②]，均明确规定了申请执行需具备的实质要件，即当事人向人民法院申请执行，应当符合申请执行的法律文书具有给付内容且给付内容具体和明确，义务人在生效法律文书确定的期限内未履行义务等要件。本案复议申请人叶某向温州中院提出执行申请时，其所依据的（2019）最高法民再111号民事判决主文仅是对公司决议效力作出确认，并无具体和明确的给付内容，也未确定债务人苍南仪表公司履行义务的期限。综上，叶某的复议主张和理由不能成立，裁定驳回叶某的复议申请。

---

① 现为《民事诉讼法司法解释》第461条。

② 现为《执行工作规定》第16条。

【相关法律法规】

《民事诉讼法司法解释》

第四百六十一条 当事人申请人民法院执行的生效法律文书应当具备下列条件：

（一）权利义务主体明确；

（二）给付内容明确。

法律文书确定继续履行合同的，应当明确继续履行的具体内容。

《执行工作规定》

16. 人民法院受理执行案件应当符合下列条件：

(1) 申请或移送执行的法律文书已经生效；

(2) 申请执行人是生效法律文书确定的权利人或其继承人、权利承受人；

(3) 申请执行的法律文书有给付内容，且执行标的和被执行人明确；

(4) 义务人在生效法律文书确定的期限内未履行义务；

(5) 属于受申请执行的人民法院管辖。

人民法院对符合上述条件的申请，应当在七日内予以立案；不符合上述条件之一的，应当在七日内裁定不予受理。

【诉讼策略】

1. 本案系股东会决议效力确认纠纷案件，公司作出股东会决议剥夺原告的股东身份，原告起诉请求确认股东会决议无效，后经法院判决确认无效后，该股东依据胜诉判决请求变更股权登记遭到执行法院拒绝。

根据法律规定，受理执行案件应符合以下两个条件：第一，申请执行的法律文书有给付内容，且执行标的和被执行人明确；第二，义务人在生效法律文书确定的期限内未履行义务。然而本案中，作为执行依据的民事判决的判决主文没有给付内容，也未确定被执行人履行义务的期限，因此，执行法院才认为本案不符合执行案件的受理条件。

原告认为，虽然判决书中没有明确给付内容，但可以通过文义解释予以明确。虽然该份判决内容未直接写出给付内容，但是执行法院在未提请生效法律文书的作出机构进行补正或者解释说明也未对判决内容进行文义解释的情况下直接驳回原告的执行申请，存在错误。但是，浙江高院并未支持原告观点，浙江高院认为判决主文仅是公司决议效力确认，并无具体和明确的给付内容，也未确定被执行人履行义务的期限，因此不符合执行立案的条件，故不应受理执行。

2. 原告在股东会决议效力确认纠纷案件中，可以尝试明确相关责任人的协助义务，同时向审理法院阐明若无明确内容将使判决无法执行的严重性，以帮助权利人获得有实际价值的胜诉判决。

原告起诉时提出的诉讼请求如下：（1）请求确认苍南仪表公司 2014 年 4 月 1 日、2014 年 12 月 4 日作出的董事会决议无效；（2）请求判令苍南仪表公司向登记机关申请撤销变更登记；（3）请求苍南仪表公司赔偿叶某因未能体现其股东身份的损失 5000 万元；（4）本案诉讼费用由苍南仪表公司承担。

一审法院判决如下：（1）确认苍南仪表公司 2014 年 4 月 1 日董事会决议中“决议收回叶斌股金、股息”部分无效；（2）驳回叶某其他诉讼请求。案件受理费 291800 元，由叶某负担 291720 元，由苍南仪表公司负担 80 元。

二审判决：维持原判，驳回叶某上诉。

浙江高院再审判决如下：（1）撤销二审判决、一审判决；（2）确认苍南仪表公司 2014 年 4 月 1 日和 2014 年 12 月 4 日董事会决议中关于决定收回叶某股份、股金、股息以及将叶某股份收归企业的内容无效；（3）驳回叶某其他诉讼请求。一审案件受理费 291800 元，由叶某负担 291700 元，由苍南仪表公司负担 100 元；二审案件受理费 291720 元，由叶某负担 291620 元，由苍南仪表公司负担 100 元。

综上，原告在提起诉讼时有明确要求义务人公司协助办理股权变更登记的请求内容，该诉讼请求内容未在诉讼中被支持。因此，笔者认为在此类诉讼中，若法院不明确义务人履行协助义务将使判决无法执行，原告在诉讼时应当将上述问题向审判法院进行着重阐释，以推动法院在审理时能够明确协助义务人的协助办理相关变更登记的义务。

（二十）破产债权确认纠纷

054. 判决仅确认权利人就欠付工程款享有优先受偿权，该判决能否执行

◇ **执行依据**　破产债权确认纠纷案件判决书

◇ **问题**　判决仅确认权利人就欠付工程款享有优先受偿权，该判决内容能否执行

◇ **案例**　菏泽中院（2022）鲁17执477号

◇ **结论**　判决仅确认原告就涉案工程折价或拍卖的价款在被告欠付工程款5618462.63元范围内享有优先受偿权，该判决没有明确的给付内容，故胜诉原告依据上述判决内容向人民法院申请强制执行的，不符合执行案件受理条件，故被驳回执行申请

【基本案情】

化学工程公司诉玉皇公司破产债权确认纠纷一案，菏泽中院于2021年6月27日作出（2021）鲁17民初103号民事判决，判决确认化学工程公司就涉案工程折价或拍卖的价款在玉皇公司欠付工程款5618462.63元范围内优先受偿。

上述判决生效后，2022年4月1日，化学工程公司向菏泽中院申请强制执行。菏泽中院认为，（2021）鲁17民初103号民事判决不符合执行案件受理条件，遂裁定驳回化学工程公司的执行申请。

【争议焦点】

化学工程公司依据（2021）鲁17民初103号判决提请的执行申请，是否符合执行受理条件？

【裁判要点】

菏泽中院认为，《民事诉讼法司法解释》第463条[①]第1款规定："当事人申请人民法院执行的生效法律文书应当具备下列条件：（一）权利义务主体明确；（二）给付内容明确。"《执行工作规定》第16条第1款第3项要求申请执行的法律文书有给付内容，且执行标的和被执行人明确。本案中，菏泽中院（2021）鲁17民初103号民事判决仅判决确认化学工程公司就涉案工程折价或拍卖的价款在玉皇公司欠付工程款5618462.63元范围内享有优先受偿权，该判决没有明确的给付内容，故化学工程公司申请执行菏泽中院（2021）鲁17民初103号民事判决不符合执行案件受理条件，依法应予驳回，遂裁定：驳回化学工程公司的执行申请。

【相关法律法规】

《民事诉讼法司法解释》

第四百六十一条 当事人申请人民法院执行的生效法律文书应当具备下列条件：

（一）权利义务主体明确；

（二）给付内容明确。

法律文书确定继续履行合同的，应当明确继续履行的具体内容。

《执行工作规定》

16. 人民法院受理执行案件应当符合下列条件：

（1）申请或移送执行的法律文书已经生效；

（2）申请执行人是生效法律文书确定的权利人或其继承人、权利承受人；

（3）申请执行的法律文书有给付内容，且执行标的和被执行人明确；

（4）义务人在生效法律文书确定的期限内未履行义务；

（5）属于受申请执行的人民法院管辖。

---

① 现为《民事诉讼法司法解释》第461条。

人民法院对符合上述条件的申请，应当在七日内予以立案；不符合上述条件之一的，应当在七日内裁定不予受理。

《最高人民法院关于执行案件立案、结案若干问题的意见》

第十四条　除执行财产保全裁定、恢复执行的案件外，其他执行实施类案件的结案方式包括：

（一）执行完毕；

（二）终结本次执行程序；

（三）终结执行；

（四）销案；

（五）不予执行；

（六）驳回申请。

【诉讼策略】

本案系破产债权确认纠纷案件，判决内容亦主要围绕债权优先权的确认，但若仅是确认相应优先权而无具体给付内容，则该案件即便胜诉亦无法执行。

对于类似本案的优先权确认纠纷案件，若判决仅确认权利人就涉案工程折价或拍卖的价款在债务人欠付工程款范围内享有优先受偿权，因该判决没有明确的给付内容，权利人在取得上述胜诉判决后一般无法通过法院强制执行取得工程款。

因此，对于该类案件，在起诉时需要考虑清楚原告起诉的诉讼目的，制定起诉策略需要结合债权人是仅希望确认债权优先受偿后便宜对破产资产的参与分配，还是通过诉讼和执行程序取得工程款。同时，还需在起诉前预估被告的破产程序进度以及诉讼进度等因素。

055. 债权人起诉要求确认破产债权，能否据此判决申请法院执行

◇ **执行依据**　破产债权确认纠纷案件判决书

◇ **问题** 判决仅对权利人就破产债权性质及金额作出认定，而并未判令被告限期清偿债务，该判决是否符合执行立案条件

◇ **案例** 江门中院（2021）粤07执复131号

◇ **结论** 判决仅就原告所享破产债权性质及其金额作出认定而并未判令被告限期清偿相应债务，原告径直提出强制执行申请，不符合“义务人在生效法律文书确定的期限内未履行义务”的规定，故不符合执行案件受理条件

【基本案情】

崔某、张某与泰达公司破产债权确认纠纷一案，江门江海法院于2020年9月18日作出（2020）粤0704民初1520号民事判决，判决如下：（1）确认崔某、张某对泰达公司享有普通破产债权387167.74元；（2）驳回崔某、张某的其他诉讼请求。该判决载明内容显示：（1）崔某、张某在该案中以所购商铺已被泰达公司拆分出售为由，请求江门江海法院确认其对泰达公司享有优先债权483364元；（2）该案各方当事人对泰达公司破产重整、债权申报与审核公示、已付房款时间及金额等事实并无争议，江门江海法院遂予确认。

2020年10月27日，（2020）粤0704民初1520号判决发生法律效力。崔某、张某以该判决作为依据，并以判决确认其对泰达公司享有的普通债权387167.74元为标的，向江门江海法院申请强制执行。江门江海法院经审查作出（2021）粤0704执1453号执行裁定，裁定如下：驳回崔某、张某的执行申请。

崔某、张某不服（2021）粤0704执1453号执行裁定，向江门中院申请复议，形成本案纠纷，江门中院裁定驳回崔某、张某的复议申请。

另查明，泰达公司已被江门江海法院于2019年4月23日作出的（2019）粤0704破申1号民事裁定受理破产重整申请。

【争议焦点】

执行法院裁定驳回崔某、张某的执行申请是否错误？

【裁判要点】

江门中院认为，江门江海法院作出的（2020）粤0704民初1520号民事判决确认崔某、张某对泰达公司享有普通破产债权387167.74元，该判决已发生法律效力。崔某、张某于本案中主张其对泰达公司特定财产享有担保权进而对该公司享有优先债权，与前述民事判决确认内容不符，据此主张（2021）粤0704执1453号执行裁定处理不当，理由不能成立，江门中院均不予支持。

另据《企业破产法》第16条关于“人民法院受理破产申请后，债务人对个别债权人的债务清偿无效”、第44条关于“人民法院受理破产申请时对债务人享有债权的债权人，依照本法规定的程序行使权利”和第92条第1款关于“经人民法院裁定批准的重整计划，对债务人和全体债权人均有约束力”的规定，可知崔某、张某应在涉案破产程序中依法统一受偿而非仅据生效法律文书另获个别清偿。另外，前述民事判决仅就崔某、张某所享破产债权性质及其金额作出认定而并未判令泰达公司限期清偿相应债务，崔某、张某径直提出强制执行申请，不符合《执行工作规定》第16条关于“人民法院受理执行案件应当符合下列条件……（3）申请执行的法律文书有给付内容，且执行标的和被执行人明确；（4）义务人在生效法律文书确定的期限内未履行义务……”的规定。鉴于此，江门江海法院以（2021）粤0704执1453号执行裁定驳回崔某、张某相关执行申请，处理并无不当，应予维持。崔某、张某请求撤销前述执行裁定，依据不足，江门中院不予支持。遂裁定驳回崔某、张某的复议申请。

【相关法律法规】

《执行工作规定》

16. 人民法院受理执行案件应当符合下列条件：

（1）申请或移送执行的法律文书已经生效；

（2）申请执行人是生效法律文书确定的权利人或其继承人、权利承受人；

（3）申请执行的法律文书有给付内容，且执行标的和被执行人明确；

（4）义务人在生效法律文书确定的期限内未履行义务；

（5）属于受申请执行的人民法院管辖。

人民法院对符合上述条件的申请，应当在七日内予以立案；不符合上述条件之一的，应当在七日内裁定不予受理。

《企业破产法》

第十六条　人民法院受理破产申请后，债务人对个别债权人的债务清偿无效。

第四十四条　人民法院受理破产申请时对债务人享有债权的债权人，依照本法规定的程序行使权利。

第九十二条　经人民法院裁定批准的重整计划，对债务人和全体债权人均有约束力。

债权人未依照本法规定申报债权的，在重整计划执行期间不得行使权利；在重整计划执行完毕后，可以按照重整计划规定的同类债权的清偿条件行使权利。

债权人对债务人的保证人和其他连带债务人所享有的权利，不受重整计划的影响。

【诉讼策略】

1. 本案系债权人就破产债务人享有的破产债权确认纠纷案件，债权人取得胜诉后破产资产不能单独清偿，胜诉判决内容也不符合执行立案受理条件，故执行法院驳回债权人的执行申请。

根据《企业破产法》第 16 条关于人民法院受理破产申请后禁止个别清偿的规定，第 44 条关于债权人应依法定程序行使权利的规定，和第 92 条关于破产重整计划约束力的规定，债权人应在涉案破产程序中依法统一受偿而非仅据生效法律文书另获个别清偿。鉴于此，债权人对于债务人已进入破产程序的案件是否另行提起诉讼确认债权，则需提前做好全盘规划。

本案中，债权人就破产债权的确认提起诉讼，判决仅就债权人享有的破产债权性质及其金额作出认定，而未判令债务人限期清偿相应债务，该判决内容因不符合执行立案受理条件，债权人即便排除困难取得胜诉判决，亦无法据此申请法院强制执行。

2. 该类案件在提起诉讼时需综合评估诉讼目的及后续程序进展，避免胜诉后的判决未对权利人起到实际价值。

债权人在起诉时提出的诉讼请求为：（1）确认原告对被告享有的债权为483364元；（2）确认原告对被告享有的债权为优先债权；（3）诉讼费用由被告承担。

法院判决如下：（1）确认原告崔某、张某对被告泰达公司享有普通破产债权387167.74元；（2）驳回原告崔某、张某的其他诉讼请求。案件受理费4275.23元，由被告泰达公司负担。

综上，原告提起诉讼时关注的内容是确认债权以及该债权的优先受偿问题，可能在起诉时仅考虑债权申报问题，而并未考虑单独申请法院强制执行的问题。因此，胜诉后债权人向法院申请强制执行时，因不符合执行案件受理条件，故被裁定驳回执行申请。

（二十一）证券权利确认纠纷

056. 判决责令被告按约定给付诉争股权，胜诉方能否据此判决请求法院办理股权变更登记

◇ **执行依据**　股票权利确认纠纷案件判决书

◇ **问题**　判决责令被告按约定履行给付诉争股权，胜诉方能否据此判决请求法院办理股权变更登记

◇ **案例**　通化中院（2019）吉05执复54号

◇ **结论**　原告认为作为执行依据的判决中有明确的给付内容，符合执行立案条件，被告认为执行依据确定的案由为股票权利确认纠纷，明显是确认之诉，不具有给付内容，双方对执行内容产生争议。原告的诉讼请求是责令被告履行协议给付诉争股权，但未明确被告

等义务人协助办理相关产权登记变更手续，导致执行中各方对执行内容产生争议，故导致原告无法依据涉案判决申请办理工商登记

【基本案情】

刘某甲与刘某乙股票权利确认纠纷执行一案，吉林集安法院作出（2017）吉0582民初297号民事判决：刘某乙于判决生效后立即将逾期支付的94万元折抵其持有的益盛药业股票486580股给刘某甲。

上述判决生效后，刘某甲向吉林集安法院申请执行，吉林集安法院向益盛药业下达了执行裁定书与协助执行通知书，要求将刘某乙持有的益盛药业股票486580股给刘某甲，协助单位明确将刘某乙持有的股份中划拨出486580股备注登记到刘某甲名下。

2018年4月11日，吉林集安法院作出（2018）吉0582执224号之一执行裁定书，以“于2018年3月22日通过益盛药业将刘某乙所持有的该公司股票486580股划拨给刘某甲，刘某甲缴纳案件受理费6600元、执行费11800元，该案执行完毕”等为由，裁定终结（2017）吉0582民初297号民事判决书的执行。

2019年4月11日，刘某甲提出执行异议，请求撤销（2018）吉0582执224号之一执行裁定，恢复对本案的执行。吉林集安法院驳回刘某甲的异议申请。刘某甲向通化中院申请复议，形成本案纠纷，通化中院经审理认为本案不应终结执行，裁定撤销（2018）吉0582执224号之一执行裁定并发回重审。

【争议焦点】

执行法院裁定终结本案执行是否错误？

【裁判要点】

本案中，刘某甲的诉讼请求为“责令刘某乙按照《关于益盛药业刘某乙股票变现协议》第3条规定，履行给付益盛药业股权486580股”。刘某甲认

为本案执行依据有给付内容，应由益盛药业在该公司股东名册上从刘某乙所持股份中划出 486580 股，登记在其名下，并由执行法院给证券交易所发出协助执行通知书，进行股权变更登记。但是，执行依据确定的案由为股票权利确认纠纷，执行依据并无变更涉案股权登记的内容。益盛药业系执行依据中的第三人，该公司认为刘某甲并非该公司出资人，其只享有股票价值，不享有表决权，不能将其登记在股东名册上。因各方对本案的执行内容理解不一致，执行机构应提请生效法律文书作出机构对本案的执行内容予以解释说明。在本案执行内容需进一步明确的情况下，不宜裁定终结本案执行。故经通化中院审判委员会讨论决定，裁定发回重审本案。

【相关法律法规】

《民事诉讼法司法解释》

第四百六十一条 当事人申请人民法院执行的生效法律文书应当具备下列条件：

（一）权利义务主体明确；

（二）给付内容明确。

法律文书确定继续履行合同的，应当明确继续履行的具体内容。

【诉讼策略】

1. 本案系股票权利确认纠纷案件，因此被告认为案件判决为确认之诉，判决中并无变更涉案股权登记的内容，不符合继续执行办理过户登记的条件，原告、被告双方就此产生争议，案件执行受阻。

本案案由为股票权利确认纠纷，虽判令被告于判决生效后立即将逾期支付的 94 万元折抵其持有的益盛药业股票 486580 股给原告，但没有判决对该股票变更办理登记等相关事项，执行程序中无法超出判决内容进行执行。现执行法院已向被告所持股票的益盛药业下达了执行裁定书及协助执行通知书，并已将被告持有的股票划拨出 486580 股备注登记在原告名下，本案应按照执行终结处理。因此，原告要求继续执行变更登记的请求无法律依据，执行法院不予支持。

2. 原告诉讼请求责令被告履行协议给付诉争股权，但未明确被告等义务人应当协助办理相关产权登记变更手续，导致执行中各方对执行内容产生争议，执行受阻。

原告在起诉时向法院提出的诉讼请求为：（1）责令被告按照《关于益盛药业刘某乙股票变现协议》第3条约定履行给付申请人益盛药业公司股权486580股；（2）判令被告承担本案诉讼费用。

法院审理后判决如下：被告刘某乙于判决生效后立即将逾期支付的94万元折抵其持有的益盛药业公司股票486580股给原告刘某甲。案件受理费6600元，由被告刘某乙负担。

综上，原告诉讼请求责令被告履行协议给付诉争股权，未明确被告等义务人协助办理相关产权登记变更手续，执行中各方对执行内容产生争议，执行受到阻碍。同时，本案虽被执行法院认定为确权纠纷案件，但在审判时系按照给付之诉的标准收取的诉讼费，因此，若在起诉时明确一定给付内容，对于原告并无额外损失。

（二十二）信托纠纷

057. 判决终止信托协议、被告投资的股票归原告所有，该判决能否执行

◇ **执行依据**　信托纠纷案件判决书

◇ **问题**　判决被告投资的股票归原告所有，原告能否据此判决请求法院强制被告交付诉争股票

◇ **案例**　广东高院（2021）粤执复66号

◇ **结论**　原告通过被告向盐湖股份公司实际投资所对应的盐湖股票（股票代码000792）44519109股归原告所有，该判项并不具有给付内容，不符合法院受理执行案件的条件，因此，原告关于强制被告交付上述股票的申请，执行法院不予支持

【基本案情】

华美公司与云信公司信托纠纷一案，广东高院作出（2016）粤民初9号民事判决，判决如下：（1）确认终止华美公司、王某、禾之禾公司和云信公司、某烟投资公司等签署的有关信托事项的《协议书》；（2）华美公司通过云信公司向盐湖股份公司实际投资所对应的盐湖股票（股票代码000792）44519109股归华美公司所有；（3）华美公司于2010年2月23日至4月12日出售原ST盐湖（股票代码00578）股票2476774股所得价款57760597.01元归华美公司所有；（4）盐湖股份公司账户内保留的华美公司分红款（截至2016年9月30日，该分红款金额为25201366.67元）归华美公司所有。最高人民法院作出的（2018）最高法民终359号判决，维持该判决，并已经发生法律效力。

2020年8月27日，华美公司向广东高院申请强制执行，请求如下：（1）云信公司向华美公司交付通过云信公司向盐湖股份公司实际投资所对应的盐湖股票（股票代码000792）44519109股；（2）云信公司承担本案的执行费用。

2020年9月11日，广东高院指定深圳中院执行。深圳中院认为，本案执行依据系确认“华美公司通过云信公司向青海盐湖工业股份公司实际投资所对应的盐湖股票（股票代码000792）44519109股归华美公司所有”，并不具有给付内容，不符合人民法院受理执行案件的条件。因此，于2020年11月3日作出（2020）粤03执异5832号执行裁定，裁定驳回华美公司的强制执行申请。

华美公司不服上述裁定，向广东高院申请复议，请求如下：撤销（2020）粤03执5832号执行裁定书，裁定深圳中院继续执行。广东高院经审理，裁定：驳回华美公司的复议申请，维持深圳中院（2020）粤03执异5832号执行裁定。

【争议焦点】

深圳中院裁定驳回华美公司的强制执行申请是否符合法律规定？

【裁判要点】

本案执行依据即（2016）粤民初9号民事判决书仅判决确认终止各方当事人签署的有关信托事项的《协议书》，以及确认相关股票等归华美公司所有，但没有明确的给付内容。至于华美公司提出的深圳中院（2011）深中法民二再字第20号裁定书只是裁定撤销（2009）深中法民二初字第7号民事调解书，并未对涉案标的权属及案件实体处理重新出具生效的判决或裁定，深圳中院不应对云信公司的执行回转予以立案等主张，不属于本案审查范围，其可另寻其他法律途径解决。深圳中院认为本案不符合人民法院受理执行案件的条件，根据《民事诉讼法》第154条①第1款、《执行工作规定》第18条②的规定裁定驳回华美公司的强制执行申请，并无不当。

综上所述，复议申请人华美公司的复议理由不能成立，裁定驳回华美公司的复议申请，维持深圳中院（2020）粤03执异5832号执行裁定。

【相关法律法规】

《民事诉讼法司法解释》

第四百六十一条 当事人申请人民法院执行的生效法律文书应当具备下列条件：

（一）权利义务主体明确；

（二）给付内容明确。

法律文书确定继续履行合同的，应当明确继续履行的具体内容。

《执行工作规定》

16. 人民法院受理执行案件应当符合下列条件：

（1）申请或移送执行的法律文书已经生效；

（2）申请执行人是生效法律文书确定的权利人或其继承人、权利承受人；

---

① 现为《民事诉讼法》第157条。

② 现为《执行工作规定》第16条。

（3）申请执行的法律文书有给付内容，且执行标的和被执行人明确；

（4）义务人在生效法律文书确定的期限内未履行义务；

（5）属于受申请执行的人民法院管辖。

人民法院对符合上述条件的申请，应当在七日内予以立案；不符合上述条件之一的，应当在七日内裁定不予受理。

【诉讼策略】

1. 本案系信托纠纷案件，原告、被告双方争议的涉案股票已经判决归属原告所有，但执行法院认为该判决内容系确权判决无给付内容，故不符合执行案件受理条件。

作为本案执行依据的判决书，判项第1项内容为确认终止各方当事人签署的有关信托事项的《协议书》；判项第2项内容为确认“华美公司通过云信公司向青海盐湖工业股份有限公司实际投资所对应的盐湖股票（股票代码000792）44519109股归广州市华美公司所有”。该上述两个判项内容均为确认内容，不具有给付内容，而根据法律规定，受理执行案件的条件如下：（1）权利义务主体明确；（2）给付内容明确。因此，执行法院认为原告依据上述判决申请执行不符合执行案件的受理条件，故驳回其执行申请。

2. 信托纠纷案件中，法院支持了原告的诉讼请求，但原告依据上述胜诉判决却无法执行，应有之权益最终未得到落实。

原告在起诉时提出的诉讼请求如下：（1）请求确认华美公司与云信公司、王某、禾之禾公司、某烟投资公司等于2007年2月12日签订的《协议书》已依法终止；（2）请求确认原登记在云信公司名下、现登记在华美公司名下的盐湖股份（股票代码000792）股票29679406股及其衍生权益（包括股票分红、送股、转增股本、转让所得等）归华美公司所有；（3）请求确认华美公司于2010年2月23日至4月12日出售原ST盐湖（股票代码000578）股票2476774股的价款57760597.01元归华美公司所有；（4）判令云信公司承担本案诉讼费用。

后因盐湖股份公司于2017年6月12日发布《2016年年度权益分派实施公告》，决定向该公司全体股东每10股转增5股，所送（转）股于2017年6

月19日直接计入股东证券账户，故先登记在华美公司名下的盐湖股份从29679406股变更为44519109股。华美公司于2017年6月29日向广东高院申请将上述第2项诉讼请求变更为：请求确认原登记在云信公司名下、现登记在华美公司名下的盐湖股份（股票代码000792）股票44519109股及其衍生权益（包括自2008年以来股票分红、送股、转增股本、转让所得等）归华美公司所有。

法院判决如下：（1）确认终止华美公司、王某、禾之禾公司和云信公司、某烟投资公司等签署的有关信托事项的《协议书》；（2）华美公司通过云信公司向盐湖股份公司实际投资所对应的盐湖股票（股票代码000792）44519109股归华美公司所有；（3）华美公司于2010年2月23日至4月12日出售原ST盐湖（股票代码000578）股票2476774股所得价款57760597.01元归华美公司所有；（4）盐湖股份公司账户内保留的华美公司分红款（截至2016年9月30日，该分红款金额为25201366.67元）归华美公司所有。案件受理费4757857.62元和财产保全费用10000元，均由云信公司负担。

综上，原告在信托纠纷案件中取得胜诉，后原告依据上述胜诉判决向法院申请执行，请求法院强制执行被告云信公司向原告交付通过云信公司向盐湖股份公司实际投资所对应的盐湖股份（股票代码000792）股票44519109股。执行法院认为原告执行依据的判决书无给付内容，不符合执行案件受理条件，故驳回其执行申请。原告在信托纠纷诉讼中取得胜诉，但在如何落实权益的执行程序中败诉，最终未能落实其应有权益。

（二十三）案外人异议之诉判决确权内容的执行

058. 确认所有权的案外人异议之诉判决，能否执行办理产权过户

◇ **执行依据**　案外人异议之诉判决书

◇ **问题**　债权人依据案外人异议之诉的胜诉判决，能否请求法院强制执行程序办理房产过户

◇ **案例**　青海高院（2021）青执22号

◇ **结论**　案外人在执行异议之诉中同时提出确认其权利的诉讼请求的，人民法院可以在判决中一并作出裁判，但该执行异议之诉的判决解决的是法院已受理执行案件涉案标的物是否归债务人所有、是否可作为债务人财产在该案中予以执行的问题。执行异议之诉判决由于没有给付内容，一般不符合人民法院执行立案受理条件

【基本案情】

高新电气公司与栾某、上海电器公司案外人执行异议之诉一案，青海高院于2018年6月28日作出（2018）青民初75号民事判决，判决内容如下：（1）不得执行上海市秣陵路××号的1030室、1054室、1057室、1060室、1062室、1067室、1081室、1087室、1099室、1114室、2006室、2011室、3003室、3075室共计14间商铺；（2）确认原告高新电气公司对上述14间商铺享有所有权。

上述判决生效后，高新电气公司于2021年12月4日向青海高院申请强制执行，请求将位于上海市秣陵路××号的1030室、1054室、1057室、1060室、1062室、1067室、1081室、1087室、1099室、1114室、2006室、2011室、3003室、3075室共计14间商铺过户至申请执行人高新电气公司名下。

青海高院经审理，认为（2018）青民初75号民事判决无给付内容，不符合执行立案条件，遂裁定如下：驳回高新电气公司的执行申请。

【争议焦点】

债权人依据案外人异议之诉的判决能否请求法院办理房产过户？

【裁判要点】

青海高院认为，《民事诉讼法司法解释》第312条[①]规定："对案外人提起的执行异议之诉，人民法院经审理，按照下列情形分别处理：（一）案外人就执行标的享有足以排除强制执行的民事权益的，判决不得执行该执行标的；（二）案外人就执行标的不享有足以排除强制执行的民事权益的，判决驳回诉讼请求。案外人同时提出确认其权利的诉讼请求的，人民法院可以在判决中一并作出裁判。"执行异议之诉判决，解决的是法院已受理的执行案件涉案标的物是否归债务人所有，是否可作为债务人财产在该案中予以执行的问题。执行异议之诉判决由于没有给付内容，一般不符合人民法院执行立案受理条件。青海高院（2018）青民初75号民事判决虽确认原告高新电气公司对涉案14间商铺享有所有权，但并没有判令交付或过户，没有给付内容。根据《执行工作规定》第16条、《最高人民法院关于执行案件立案、结案若干问题的意见》第20条的规定，裁定如下：驳回债权人高新电气公司的执行申请。

【相关法律法规】

《民事诉讼法司法解释》

第三百一十条 对案外人提起的执行异议之诉，人民法院经审理，按照下列情形分别处理：

（一）案外人就执行标的享有足以排除强制执行的民事权益的，判决不得执行该执行标的；

（二）案外人就执行标的不享有足以排除强制执行的民事权益的，判决驳回诉讼请求。

案外人同时提出确认其权利的诉讼请求的，人民法院可以在判决中一并作出裁判。

《执行工作规定》

16. 人民法院受理执行案件应当符合下列条件：

---

① 现为《民事诉讼法司法解释》第310条。

（1）申请或移送执行的法律文书已经生效；

（2）申请执行人是生效法律文书确定的权利人或其继承人、权利承受人；

（3）申请执行的法律文书有给付内容，且执行标的和被执行人明确；

（4）义务人在生效法律文书确定的期限内未履行义务；

（5）属于受申请执行的人民法院管辖。

人民法院对符合上述条件的申请，应当在七日内予以立案；不符合上述条件之一的，应当在七日内裁定不予受理。

【诉讼策略】

1. 本案系案外人异议之诉案件，该类案件解决的是法院已受理的执行案件涉案标的物是否归债务人所有、是否可作为债务人财产可予以执行的问题，因此，该类案件判决中不具有给付内容，不符合执行立案的条件。

该类案件中是否能就执行标的物提出确认所有权的诉讼请求，此前还存在一定争议，2015 年《民事诉讼法司法解释》以后的几次修正，均明确：案外人同时提出确认其权利的诉讼请求的，人民法院可以在判决中一并作出裁判。因此，案外人在就执行标的物提出案外人异议，并在异议之诉起诉时可以请求排除执行并确认其为执行标的物权利人。然而，上述确认权利的判决书因无具体给付内容，案外人无权依据该判决书向法院申请启动强制执行程序。

2. 本案中的原告在案外人异议之诉一审起诉时提出明确诉讼请求，法院经审理判决内容亦按照原告的诉讼请求内容确认了原告主张的权利。

原告在提起案外人异议之诉一审时，提出的诉讼请求如下：（1）不得执行上海市秣陵路××号 1030 室、1054 室、1057 室、1060 室、1062 室、1067 室、1081 室、1087 室、1099 室、1114 室、2006 室、2011 室、3003 室、3075 室商铺；（2）依法确认上述涉案商铺归属原告所有；（3）诉讼费用由被告承担。

青海高院经审理作出民事判决，判决如下：（1）不得执行上海市秣陵路

××号的1030室、1054室、1057室、1060室、1062室、1067室、1081室、1087室、1099室、1114室、2006室、2011室、3003室、3075室共计14间商铺；（2）确认原告高新电气公司对上述14间商铺享有所有权。本案受理费137623.85元，由被告栾某负担。

综上，案外人在就执行标的物提出案外人异议及在异议之诉中确认所有权时，需要考虑排除附在执行标的物上的所有执行措施，后续若需想将登记在被执行人名下的房产过户至己方名下，可尝试向执行法院立执行案件取得协助执行通知书再结合确认之诉判决书向不动产登记部门申请办理产权过户，若如本案，一般人民法院会认为不符合执行立案条件从而不予立案，权利人只能再起诉请求义务人协助办理产权变更登记。

二、商事仲裁既要确保仲裁内容的可执行，亦需避免撤销仲裁裁决等程序对权益的影响

商事仲裁程序是比较常见的纠纷解决路径，其在化解纠纷矛盾时的显著优势是程序上一裁终局的高效，以及原则上不公开仲裁信息的高保密性。然而，仲裁程序中的财产保全措施以及仲裁裁决的司法执行，因涉及仲裁机构与人民法院等相关方的程序衔接，与诉讼程序及法院出具的判决书、裁定书的执行有所不同。

债权人即便经仲裁取得胜诉裁决，但若想拿到案款，在不考虑债务人的清偿能力的情形下，还有以下三种可能的阻碍因素：（1）仲裁裁决内容无法执行；（2）债务人或案外人申请不予执行仲裁裁决；（3）债务人申请撤销仲裁裁决。

在本部分，笔者在结合实务案例与相关法律规定的基础上，阐述双方当事人在提起仲裁申请、参与仲裁庭审的相关注意事项，并结合实战经验提出相应诉讼策略。

（一）仲裁请求及裁决主文内容应符合执行立案受理条件

因仲裁裁决内容不符合执行受理条件，将导致无法执行的结果，故债权人在提请仲裁时需要注意仲裁请求内容的合理、明确和可执行。

根据《最高人民法院关于人民法院办理仲裁裁决执行案件若干问题的规定》第3条的规定，对于仲裁裁决事项，债权人除需考虑纠纷背景、在案证据、诉讼目的、胜诉概率等因素外，还需注意仲裁请求应满足以下条件：

1. 仲裁主体要明确。债权人在提出仲裁请求时，需要明确权利人和义务人，以及权利人、义务人的身份信息。

2. 给付内容要明确。关于金钱给付内容，债权人在提出仲裁请求时，需要明确仲裁金额；若有相应利息或逾期罚金的，需要明确相应的计算方法。关于交付特定物的，债权人需要明确特定物信息、交付方式及交付范围，以便执行程序中执行法院的寻找、确认和强制交付。

3. 履行行为要明确。债权人在提出仲裁请求时，需要明确行为履行标准、对象、范围。

4. 请求继续履行合同的，应明确双方权利义务履行的具体内容。债权人在提出请求继续履行合同的仲裁请求时，需要注意明确双方继续履行的各方权利义务，以及履行方式、履行期限等具体合同内容。

结合有关实务案例，可以更好地了解仲裁请求、仲裁裁决内容可执行的问题。

059. 裁决债务人按《流动资金贷款合同》约定计算借款利息、罚息、复利，该裁决内容是否明确，能否执行

◇ **执行依据** 金融借款、保证合同纠纷仲裁裁决

◇ **问题** 仲裁裁决债务人按《流动资金贷款合同》约定计算应向债权人支付的借款利息、罚息、复利，该裁决内容是否符合执行受理条件

◇ **案例** 山东高院（2020）鲁执复363号

◇ **结论** 仲裁裁决债务人按《流动资金贷款合同》约定计算借款利息、罚息、复利，但因《流动资金借款合同》系当事人之间签订的合同，属于仲裁程序应当审查认定的事实，不能作为民事执行程序强制执行的依据，被执行人应当承担的利息、罚息、复利，应当在仲裁裁决主文中明确具体计算的区间、计算方式、计算标准等。因此，本案作为执行依据的裁决书给付内容不明确，不符合执行案件受理条件

【基本案情】

济宁银行与翔悦贸易公司金融借款、保证合同纠纷一案，济宁仲裁委员会作出济仲裁字（2018）第1022号裁决，主要内容如下：（1）翔悦贸易公司向济宁银行偿还借款本金933213.21元，支付截至2018年11月14日的借款利息、罚息、复利共计38092.76元，并支付以933213.21元为基数自2018年11月15日起至实际清偿之日止按《流动资金贷款合同》约定计算的借款利息及罚息、复利；（2）翔悦贸易公司向济宁银行支付律师代理费56760元；（3）本案仲裁费用15521元、财产保全申请费5000元，合计20521元（申请人已垫付），由第一被申请人承担，翔悦贸易公司在向济宁银行履行上述第1项、第2项裁决时，须加付仲裁费用、财产保全申请费共计20521元；（4）包括代某在内的其他被申请人应就上述债务向申请人济宁银行承担连带清偿责任。所有被申请人迟延履行的，应加倍支付迟延履行期间的债务利息。

2018年12月24日，济宁银行公司与惠金资产公司签订债权转让协议，将案涉裁决书确定的债权转让给惠金资产公司。

2019年9月19日，济宁中院向金乡县某街道办事处送达通知书，要求：该单位对被执行人代某的到期债务1111936.47元向法院支付，不得向被执行人清偿。济宁中院收到上述款项，扣除执行费后，将1099050.47元案款过付申请执行人济宁银行。

济宁中院认为，案涉裁决书第 1 项中要求被执行人翔悦贸易公司支付以 933213.21 元为基数自 2018 年 11 月 15 日起至实际清偿之日止按《流动资金贷款合同》约定计算的借款利息及罚息、复利，该项内容属于给付内容不明确的情形，不符合执行立案标准。对案涉裁决书确定的其他义务，已执行完毕。遂于 2019 年 12 月 31 日作出（2019）鲁 08 执 501 号之六执行裁定，裁定驳回惠金资产公司关于案涉裁决书第一项的执行申请。

惠金资产公司不服，向山东高院申请复议，请求裁决济宁中院继续执行申请人申请的利息 93089.9 元。山东高院经审理，裁定如下：驳回惠金资产公司的复议申请，维持济宁中院（2019）鲁 08 执 501 号之六执行裁定。

【争议焦点】

济宁中院驳回惠金资产公司申请执行仲裁裁决第 1 项内容的请求是否符合法律规定？

【裁判要点】

本案中，《流动资金借款合同》系当事人之间签订的合同，属于仲裁程序应当审查认定的事实，不能作为民事执行程序强制执行的依据，被执行人应当承担的利息、罚息、复利，应当在仲裁裁决主文中明确具体计算的区间、计算方式、计算标准等，济宁仲裁委员会济仲裁字（2018）第 1022 号裁决关于按《流动资金贷款合同》约定计算借款利息、罚息、复利的裁决内容，属于给付内容不明确。关于第 1 项复议理由，执行依据确定的给付内容是否明确、具体，系执行实施程序审查确定的范围，惠金资产公司在《执行申请书》中自行计算的利息、罚息、复利，与仲裁裁决主文是否明确、具体、是否具有可执行性，没有必然联系，惠金资产公司可与被执行人共同确认应承担的利息、罚息、复利，经被执行人书面认可后提交济宁中院。关于第 2 项复议理由，济仲裁字（2018）第 1022 号裁决虽然在查明事实中载明了《流动资金贷款合同》约定的贷款年利率、罚息利率、复利计收利率，但贷款利息、罚息、复利的具体计算区间、计算方式等不明确。

综上，复议申请人金乡县惠金资产管理有限公司的复议请求不成立，本院不予支持。

【相关法律法规】

《民事诉讼法司法解释》

第四百六十一条 当事人申请人民法院执行的生效法律文书应当具备下列条件：

（一）权利义务主体明确；

（二）给付内容明确。

法律文书确定继续履行合同的，应当明确继续履行的具体内容。

《执行工作规定》

16. 人民法院受理执行案件应当符合下列条件：

（1）申请或移送执行的法律文书已经生效；

（2）申请执行人是生效法律文书确定的权利人或其继承人、权利承受人；

（3）申请执行的法律文书有给付内容，且执行标的和被执行人明确；

（4）义务人在生效法律文书确定的期限内未履行义务；

（5）属于受申请执行的人民法院管辖。

人民法院对符合上述条件的申请，应当在七日内予以立案；不符合上述条件之一的，应当在七日内裁定不予受理。

《民事诉讼法》

第二百六十条 被执行人未按判决、裁定和其他法律文书指定的期间履行给付金钱义务的，应当加倍支付迟延履行期间的债务利息。被执行人未按判决、裁定和其他法律文书指定的期间履行其他义务的，应当支付迟延履行金。

【诉讼策略】

1. 本案系金融借款合同纠纷案件，后资管公司通过受让债权的方式取得涉案债权，资管公司依据仲裁裁决内容申请法院强制执行过程中，执行法院认为裁决书内容不明确，故裁定驳回资管公司的执行申请。

本案主要争议问题集中于作为执行依据的仲裁裁决第1项内容“按《流动资金贷款合同》约定计算的借款利息及罚息、复利”，该项内容是否明确。

执行法院认为，《流动资金贷款合同》系债权人、债务人自行签署的合同，该事项属于仲裁庭应查明内容，不应在执行程序中由执行法院审查。而且，该《流动资金借款合同》不能作为民事执行程序强制执行的依据。

综上，被执行人应当承担的利息、罚息、复利，应在仲裁裁决主文中明确具体计算的区间、计算方式、计算标准等。因此，案涉裁决书中“按《流动资金贷款合同》约定计算借款利息、罚息、复利”的裁决内容，属于给付内容不明确，故不符合执行案件受理条件。

2. 作为执行依据的裁决书内容中关于律师费、诉讼费承担问题以及保证人承担责任的内容均表示明确，可作为该类案件仲裁请求内容的参考。

作为执行依据的仲裁裁决书，其内容如下：（1）被申请人翔悦贸易公司应当于本裁决生效之日起10日内向申请人济宁银行偿还借款本金933213.21元，支付截至2018年11月14日的借款利息、罚息、复利共计38092.76元，并支付以933213.21元为基数自2018年11月15日起至实际清偿之日止按《流动资金贷款合同》约定计算的借款利息及罚息、复利；（2）被申请人翔悦贸易公司应当于本裁决生效之日起10日内向申请人济宁银行支付律师代理费56760元；（3）本案仲裁费用15521元、财产保全申请费5000元，合计20521元（申请人已垫付），由第一被申请人承担，被申请人翔悦贸易公司在向申请人济宁银行履行上述第1项、第2项裁决时，须加付仲裁费用、财产保全申请费共计20521元；（4）被申请人中天冷藏公司、被申请人代某、被申请人侯某、被申请人杨某应当按照《最高额保证合同》的约定就上述第1项、第2项、第3项向申请人济宁银行承担连带清偿责任，并有权在代为清偿后向被申请人翔悦贸易公司追偿。如被申请人翔悦贸易公司、被申请人中天冷藏公司、被申请人代某、被申请人侯某、被申请人杨某未在本裁决指定的期间内履行上述金钱给付义务，则应当按照《民事诉讼法》第260条的规定，向申请人济宁银行加倍支付迟延履行期间的债务利息。

【类案裁判观点分析】

案例：被申请人对因质物缺失给申请人造成损失的部分按每吨1026元补充赔偿，该认定债务给付内容不明确，故无法执行——山西高院（2021）晋执复237号

裁决第3项为：被申请人龙泰公司太原分公司对因质物缺失给申请人造成损失的部分按每吨1026元承担补充赔偿责任。据此，本案生效裁决书关于龙泰公司太原分公司应当承担的债务给付内容不明确，不符合受理条件，申请执行人可在符合条件后申请追加龙泰公司为被执行人并无不当。

060. 裁决内容为双方继续履行购房合同，该裁决能否执行

◇ **执行依据** 商品房买卖合同纠纷案件仲裁裁决

◇ **问题** 仲裁裁决内容为双方继续履行购房合同，该裁决能否执行

◇ **案例** 云南高院（2021）云执复116号

◇ **结论** 仲裁裁决大德房产公司与杨某签订的《商品房购销合同》继续履行，该仲裁裁决仅确定双方继续履行合同，但对继续履行的权利义务，以及履行的方式、期限等具体内容未作明确阐述，不符合执行案件受理条件，故驳回杨某的执行申请

【基本案情】

杨某与大德房产公司商品房买卖合同纠纷一案，昭通仲裁委员会于2020年7月2日作出（2020）昭仲裁字第21号裁决书，裁决内容为：（1）被申请人大德房产公司与申请人杨某于2016年4月13日签订的《商品房购销合同》继续履行；（2）驳回申请人杨某的其他仲裁请求；（3）驳回被申请人大德房产公司的全部仲裁反请求。

仲裁裁决生效后，杨某向昭通中院申请强制执行，昭通中院于2021年2月23日作出（2021）云06执36号执行裁定书，裁定驳回杨某的执行申请。

杨某不服，向云南高院申请复议，请求撤销（2021）云06执36号裁定，督促执行（2020）昭仲裁字第21号裁决书。云南高院经审理，认为杨某的复议申请不成立，遂裁定如下：驳回杨某的复议申请，维持昭通中院（2021）云06执36号执行裁定。

【争议焦点】

昭通中院裁定驳回杨某对仲裁裁决的执行申请是否违反法律规定？

【裁判要点】

云南高院认为，《最高人民法院关于人民法院办理仲裁裁决执行案件若干问题的规定》第3条第2款规定："仲裁裁决或者仲裁调解书仅确定继续履行合同，但对继续履行的权利义务，以及履行的方式、期限等具体内容不明确，导致无法执行的，依照前款规定处理。"作为本案执行依据的法律文书仅确定继续履行合同，并无其他明确内容，按照规定，该仲裁裁决无法执行，依法应驳回执行申请。

【相关法律法规】

《民事诉讼法司法解释》

第四百六十一条 当事人申请人民法院执行的生效法律文书应当具备下列条件：

（一）权利义务主体明确；

（二）给付内容明确。

法律文书确定继续履行合同的，应当明确继续履行的具体内容。

《执行工作规定》

16. 人民法院受理执行案件应当符合下列条件：

（1）申请或移送执行的法律文书已经生效；

（2）申请执行人是生效法律文书确定的权利人或其继承人、权利承受人；

（3）申请执行的法律文书有给付内容，且执行标的和被执行人明确；

（4）义务人在生效法律文书确定的期限内未履行义务；

（5）属于受申请执行的人民法院管辖。

人民法院对符合上述条件的申请，应当在七日内予以立案；不符合上述条件之一的，应当在七日内裁定不予受理。

《最高人民法院关于人民法院办理仲裁裁决执行案件若干问题的规定》

第三条第二款 仲裁裁决或者仲裁调解书仅确定继续履行合同，但对继续履行的权利义务，以及履行的方式、期限等具体内容不明确，导致无法执行的，依照前款规定处理。

【诉讼策略】

本案系商品房买卖合同纠纷案件，双方经仲裁程序解决纠纷，但因裁决内容欠缺给付内容，法院裁定驳回胜诉方对仲裁裁决的执行申请。

《民事诉讼法司法解释》第461条第2款规定："法律文书确定继续履行合同的，应当明确继续履行的具体内容。"《最高人民法院关于人民法院办理仲裁裁决执行案件若干问题的规定》第3条第2款规定："仲裁裁决或者仲裁调解书仅确定继续履行合同，但对继续履行的权利义务，以及履行的方式、期限等具体内容不明确，导致无法执行的，依照前款规定处理。"

本案作为执行依据的仲裁裁决内容如下：（1）被申请人大德房产公司与申请人杨某于2016年4月13日签订的《商品房购销合同》继续履行；（2）驳回申请人杨某的其他仲裁请求；（3）驳回被申请人大德房产公司的全部仲裁反请求。

综上，作为执行依据的仲裁裁决仅是确定继续履行合同，未对合同继续履行的权利义务，以及履行的方式、期限等具体内容进行明确，导致无法执行的，人民法院可以裁定驳回执行申请。

【类案裁判观点分析】

案例一：商品房买卖合同纠纷案件中，关于逾期交房违约金、逾期利息等支付期限，仲裁裁决为"支付至实际交房之日止"，但因未交房故无法计算违约金、逾期利息的具体金额，该裁决内容无法执行——河南高院（2021）豫执复731号

裁决书主要内容：被申请人新城公司于本裁决书送达之日起10日内向申

请人丁某、李某支付逾期交房违约金，支付违约金数额以404913元为基数，按照日1‱的标准从2018年9月29日起，计算至合同标的房屋实际交付之日止。裁决生效后，申请人丁某、李某向信阳中院递交执行申请，请求事项为：被申请人向申请人支付截至2021年9月10日逾期交房违约金43649.62元等费用。上述请求中，其要求支付截至2021年9月10日的截止日期明确，计算的逾期交房违约金的数额明确，相应的该部分的执行标的数额明确具体，具有可执行性，信阳中院应予执行。但是，其要求支付至房屋实际交付之日止，该日期并不确定，违约金的数额不明确，该部分无法执行，申请人可待房屋实际交付后另行主张。

案例二：仲裁裁决仅确定继续履行有关合同，但对继续履行的权利义务，以及履行的方式、期限等具体内容不明确，该仲裁裁决无法执行——江苏高院（2020）苏执复151号

涉案仲裁裁决第1项关于行为履行的标准、对象、范围等不明确，无法执行。涉案仲裁裁决第1项为：道达尔公司与威琦公司分别于2008年8月18日签署的加油站租赁合同及补充协议、2009年8月10日签署的加油站租赁合同《补充协议二》、2013年11月27日签署的加油站租赁合同《补充协议三》、2015年12月22日签署的加油站租赁合同《补充协议四》继续履行；威琦公司应当拆除其加装的营业站房门锁，并排除对道达尔公司的妨害。首先，该仲裁裁决仅确定继续履行有关合同，但对继续履行的权利义务，以及履行的方式、期限等具体内容没有予以明确，该事项无法执行。其次，涉案仲裁裁决查明事实部分对是否存在加装的营业站房门锁，威琦公司存在哪些具体妨害行为，威琦公司是否阻挠道达尔公司对加油站的双层罐进行改造导致道达尔公司承租的加油站无法正常经营等相关事实未予查明，且无锡中院执行中查明“加装的营业站房门锁”已拆除，裁决主文对排除妨害的具体内容亦未明确。因此，道达尔公司请求执行涉案仲裁裁决第1项并排除威琦公司对其进行加油站双层罐改造的妨害，应驳回该执行申请。

案例三：仲裁裁决仅确定继续履行合同，但对继续履行的权利义务、履行方式、期限等具体内容不明确，导致无法执行——浙江高院（2020）浙执复40号

万花筒公司提出的申请执行事项，是否属于继续履行《App建设合同》的范围，（2018）杭仲裁字第571号裁决并未明确；且杭州中院在执行过程中，亦就执行事项组织双方当事人协商，但未能达成一致意见。（2018）杭仲裁字第571号裁决仅确定继续履行合同，但对继续履行的权利义务、履行方式、期限等具体内容没有予以明确，导致无法执行。

061. 经济适用房交易纠纷，仲裁裁决仅确认房产公司协助办理产权证，该裁决能否执行

◇ **执行依据** 商品房买卖合同纠纷案件仲裁裁决

◇ **问题** 就经济适用房交易纠纷，仲裁裁决仅确认房产公司负有协助办理不动产权证义务，该裁决内容是否符合执行受理条件

◇ **案例** 湖北高院（2021）鄂执复311号

◇ **结论** 就满5年经济适用住房的房产交易，交易时应交纳土地出让金或相当于土地出让金的价款等土地收益。仲裁庭在确认涉案房屋为经济适用住房的前提下，未明确土地出让金或土地收益的缴纳主体，属裁决事项的权利义务主体不明确。同时，裁决书内容是房产公司协助办理不动产权证，属行为履行，但仲裁裁决对行为履行的标准、对象、范围未明确，故导致购房人请求房产公司协助办理不动产权证的执行申请不符合执行案件受理条件

【基本案情】

张某、魏某与朝华公司商品房买卖合同纠纷一案，十堰仲裁委员会于2020年12月30日作出（2020）十仲裁字第314号仲裁裁决书，裁决如下：（1）朝华公司在裁决书生效之日起90日内协助申请人张某、魏某办理权利性质为出让/市场化商品房的不动产权证；（2）驳回张某、魏某的其他仲裁

请求；（3）本案仲裁费 4687 元由朝华公司承担（在履行第 1 项裁决时一并支付给申请人）。

裁决书生效后，申请执行人张某、魏某于 2021 年 5 月 12 日向十堰中院申请强制执行。

十堰中院查明，本案所涉房屋为 2007 年以前所建经济适用住房，且取得房屋产权证已满五年。十堰中院认为，仲裁庭在确认涉案房屋为经济适用住房的前提下，未明确土地出让金或土地收益的缴纳主体，属裁决事项的权利义务主体不明确。遂作出（2021）鄂 03 执 280 号执行裁定，裁定驳回张某、魏某的执行申请。

张某、魏某向湖北高院申请复议，请求如下：撤销十堰中院（2021）鄂 03 执 280 号执行裁定，并恢复张某、魏某与朝华公司买卖合同纠纷案的强制执行。湖北高院经审理，裁定如下：驳回张某、魏某的复议申请，维持十堰中院（2021）鄂 03 执 280 号执行裁定。

【争议焦点】

十堰中院驳回张某、魏某依据仲裁裁决提出的执行申请是否符合法律规定？

【裁判要点】

湖北高院认为，（2020）十仲裁字第 314 号仲裁裁决书第 1 项内容为朝华公司在裁决书生效之日起 90 日内协助张某、魏某办理权利性质为出让/市场化商品房的不动产权证，根据十堰中院查明事实，朝华公司协助张某、魏某办理不动产权证，需要明确交纳土地出让金或土地收益的主体，以及朝华公司具体的协助执行事项，但（2020）十仲裁字第 314 号仲裁裁决书仅确认朝华公司有协助执行义务，并未对以上事项予以明确。按照《最高人民法院关于人民法院办理仲裁裁决执行案件若干问题的规定》第 4 条的规定，本案仲裁裁决书查明及认定事实也未对土地出让金或土地收益的缴纳主体以及朝华公司具体的协助执行事项予以明确，不属于仲裁庭可以补正或者说明事项。（2020）十仲裁字第 314 号仲裁裁决书第 3 项明确本案仲裁费由朝华公司在履行裁决第 1 项时一并支付给张某、魏某，该执行内容的支付条件与仲裁裁决第1项的执行密不可分。

综上，张某、魏某的复议理由没有法律依据，湖北高院依法不予支持。

【相关法律法规】

《最高人民法院关于人民法院办理仲裁裁决执行案件若干问题的规定》

第三条第一款 仲裁裁决或者仲裁调解书执行内容具有下列情形之一导致无法执行的，人民法院可以裁定驳回执行申请；导致部分无法执行的，可以裁定驳回该部分的执行申请；导致部分无法执行且该部分与其他部分不可分的，可以裁定驳回执行申请。

（一）权利义务主体不明确；

（二）金钱给付具体数额不明确或者计算方法不明确导致无法计算出具体数额；

（三）交付的特定物不明确或者无法确定；

（四）行为履行的标准、对象、范围不明确；

第四条 对仲裁裁决主文或者仲裁调解书中的文字、计算错误以及仲裁庭已经认定但在裁决主文中遗漏的事项，可以补正或说明的，人民法院应当书面告知仲裁庭补正或说明，或者向仲裁机构调阅仲裁案卷查明。仲裁庭不补正也不说明，且人民法院调阅仲裁案卷后执行内容仍然不明确具体无法执行的，可以裁定驳回执行申请。

第五条 申请执行人对人民法院依照本规定第三条、第四条作出的驳回执行申请裁定不服的，可以自裁定送达之日起十日内向上一级人民法院申请复议。

【诉讼策略】

1. 本案系政策性房屋买卖合同纠纷案件，仲裁庭查明涉案房屋为经济适用房，交易时需要额外补缴相应费用，但在裁决中未明确相应费用的缴纳主体以及房产公司协助义务的具体事项，故导致执行内容不明确，无法执行。

根据《十堰市已购公有住房和经济适用住房上市交易管理暂行办法》等相关规定，取得经济适用住房合法产权证书满5年的购房人可以对住房进行交易，但应当交纳土地出让金或相当于土地出让金的价款等土地收益，并由十堰市房屋产权交易中心全额上缴市财政局；对没有发生交易行为、申请变更房屋性质的，也应由购房人足额缴纳土地收益等价款后方能变更房屋性质。

本案中，仲裁庭已经查明涉案房屋系经济适用房，但裁决文书中未明确土地出让金或土地收益的缴纳主体，该问题属于裁决事项的权利义务主体不明确。同时，又因为裁决书主文未明确协助义务人房产公司协助购房人办理不动产权证的具体协助义务，导致执行内容不明确。

综上，作为本案执行依据的仲裁裁决书，因裁决主文内容不符合执行案件受理条件，故无法执行。

2. 结合本案裁决书主文内容，因裁决第 1 项内容不符合执行受理条件导致整个裁决文书均无法执行，其问题在于“在履行第一项裁决时一并支付给申请人”的表述，导致整个裁决事项捆绑在一起，一损俱损。

本案执行依据的仲裁裁决书，裁决主文如下：（1）朝华公司在裁决书生效之日起 90 日内协助申请人张某、魏某办理权利性质为出让/市场化商品房的不动产权证；（2）驳回张某、魏某的其他仲裁请求；（3）本案仲裁费 4687 元由朝华公司承担（在履行第 1 项裁决时一并支付给申请人）。

062. 裁决卖房人协助办理产权变更的房屋已网签至他人名下，该裁决内容能否执行

◇ **执行依据**　商品房买卖合同纠纷案件仲裁裁决

◇ **问题**　裁决卖房人协助办理产权变更，但房屋已网签至他人名下，该裁决内容是否符合法定执行案件受理条件

◇ **案例**　陕西高院（2021）陕执复 100 号

◇ **结论**　裁决卖房人协助购房人办理涉案房屋的产权证书，但涉案房屋已网签备案在案外人名下，对权利人办理网签备案形成障碍。裁决主文内容未释明协助的事项是否包括解除其与案外人的合同等具体内容，据此，该项内容属于司法解释中“行为履行的对象、范围不明确”的情形，故不具备强制执行的受理条件

【基本案情】

赵某与班博公司商品房买卖合同纠纷一案，西安仲裁委员会作出的西仲裁字（2020）第1561号裁决书已发生法律效力。

因被执行人班博公司未履行裁决书所确定的义务，赵某向西安中院申请强制执行，请求如下：（1）将房屋权属登记所需要班博公司提供的所有相关资料报产权登记机关登记备案并协助申请执行人赵某办理锦业某SOHO空间第×幢××号房屋的产权登记证书；（2）向申请执行人支付违约金37687.91元、保全费8000元；（3）承担本案仲裁费6934元、案件执行费689元。

西安中院执行中查明，位于锦业某SOHO空间第××幢××号房屋已实际预告登记到李某某名下，上述房屋的房地产权属证书无法办理，故该案无法执行。遂于2021年3月12日作出（2021）陕01执75号之一执行裁定，裁定如下：驳回赵某的执行申请。

赵某不服，向陕西高院申请复议，请求撤销西安中院（2021）陕01执75号之一执行裁定。陕西高院经审理，裁定变更西安中院执75号之一执行裁定为：（1）驳回赵某对西仲裁字（2020）第1561号裁决书第1项裁决内容的执行申请；（2）对西仲裁字（2020）第1561号裁决书第2项、第3项裁决内容继续执行。

【争议焦点】

赵某依据西仲裁字（2020）第1561号仲裁裁决书申请执行是否符合法律规定，应否予以受理？

【裁判要点】

本案中，申请执行人赵某向西安中院申请执行的依据是西安仲裁委员会作出的西仲裁字（2020）第1561号裁决书，该裁决书主文有3项，第1项为：班博公司在裁决书送达之日起3个月内协助赵某办理涉案房屋的产权证书。此项内容属于行为履行，西安中院在执行过程中查明涉案房屋已预告登记在案外人李某某名下与事实不符，经陕西高院核实，涉案房屋已网签备案在案外人李某某名下，而给赵某办理房屋产权过户的前提是赵某与被执行人班博公司办理涉案房屋网签备案，现涉案房屋已网签备案至案外人名下，对赵某办理网签备案形成障碍。裁决书裁决班博公司协助赵某办理涉案房屋产权证书，但协助的事项是否包括解除其与案外人的合同等内容亦不明确具体。据此，该项内容属于司法解释中"行为履行的对象、范围不明确"的情形，因而，不具备强制执行的受理条件，执行法院在受理后裁定驳回该项仲裁裁决执行申请，并无不当。

该裁决书第2项、第3项即被申请人班博公司应支付赵某逾期办证违约金37687.91元、财产保全费用8000元及案件仲裁费6934元。该两项金钱给付数额明确、履行时间确定，与第1项内容具有可分性，符合法律规定的受理执行案件的条件，西安中院驳回申请执行人对该两项的执行申请于法无据。

综上，复议申请人赵某的部分复议理由成立，陕西高院予以支持。西安中院执行裁定驳回申请执行人对该仲裁裁决第2项、第3项内容的执行申请不当，应予纠正。

【相关法律法规】

《执行工作规定》

16. 人民法院受理执行案件应当符合下列条件：

（1）申请或移送执行的法律文书已经生效；

（2）申请执行人是生效法律文书确定的权利人或其继承人、权利承受人；

（3）申请执行的法律文书有给付内容，且执行标的和被执行人明确；

（4）义务人在生效法律文书确定的期限内未履行义务；

（5）属于受申请执行的人民法院管辖。

人民法院对符合上述条件的申请，应当在七日内予以立案；不符合上述条件之一的，应当在七日内裁定不予受理。

《最高人民法院关于人民法院办理仲裁裁决执行案件若干问题的规定》

第三条第一款　仲裁裁决或者仲裁调解书执行内容具有下列情形之一导致无法执行的，人民法院可以裁定驳回执行申请；导致部分无法执行的，可以裁定驳回该部分的执行申请；导致部分无法执行且该部分与其他部分不可分的，可以裁定驳回执行申请。

（一）权利义务主体不明确；

（二）金钱给付具体数额不明确或者计算方法不明确导致无法计算出具体数额；

（三）交付的特定物不明确或者无法确定；

（四）行为履行的标准、对象、范围不明确；

【诉讼策略】

1. 本案系商品房买卖合同纠纷案件，经仲裁裁决卖房人协助购房人办理涉案房屋的产权变更，但因涉案房屋已网签至他人名下阻碍执行，同时，裁决书主文未明确协助办理义务的具体内容，故该裁决内容不符合执行案件受理条件。

作为执行依据的仲裁裁决，执行过程中的争议焦点在于：卖房人协助购房人办理涉案房屋的产权证书，该裁决内容属于行为履行，但行为履行内容未明确具体行为，属于《最高人民法院关于人民法院办理仲裁裁决执行案件若干问题的规定》第3条第1款规定的“行为履行的标准、对象、范围不明确”的情形，不符合执行案件受理条件。

同时，执行法院在执行中查明涉案房屋已网签在他人名下，而给购房人办理房屋产权过户的前提是购房人与卖房人办理涉案房屋网签备案，现涉案房屋已网签备案至他人名下，对购房人办理网签备案形成障碍。

综上，裁决书裁决卖房人协助购房人办理涉案房屋产权证书，但协助的事项是否包括解除其与他人的合同等内容亦不明确具体。因此，不具备强制执行的受理条件，执行法院在受理后裁定驳回购房人请求协助办理产权登记的执行申请，并无不当。

2. 作为本案执行依据的仲裁裁决书，其内容包含卖房人协助办理产权变更的行为给付内容，但因该协助行为欠缺具体操作内容，故最终无法执行。

仲裁裁决主文为：（1）班博公司在本裁决送达之日起3个月内协助赵某办理其购买的位于锦业某SOHO空间第×幢××号房屋产权证书；（2）班博公司在本裁决送达之日起10日支付赵某逾期办证违约金37687.91元，保全费用8000元；（3）本案仲裁费6934元一并支付给赵某。

上述裁决内容可供同类案件参考，但本案最终无法执行除仲裁请求内容未明确具体给付行为的行为对象和范围之外，另一重要原因是涉案房屋已网签备案至他人名下，引起执行纠纷。若在仲裁过程中对涉案房屋做好调查，并在条件允许的情况下完成涉案房屋的保全查封措施，将有效降低购房人无法获得房屋的风险。

063. 裁决开发商按《认购合同》交付的房屋现实中不存在，该裁决能否执行

◇ **执行依据**　商品房预售合同纠纷案件仲裁裁决

◇ **问题**　《认购合同》约定的房屋信息与开发商实际建设的不同，仲裁裁决开发商按照《认购合同》交付房屋办理手续的裁决内容，能否执行

◇ **案例**　陕西高院（2021）陕执复57号

◇ **结论**　仲裁裁决开发商履行《认购合同》向购房人交付商铺并签署正式的《商品房买卖合同》、办理该商铺网签备案手续，因认购时的"商铺销售图纸"无盖章原件，《认购合同》按"商铺销售图纸"约定商铺购买信息，但开发商未按照"商铺销售图纸"进行建设，因此，《认购合同》中的商铺客观不存在。此种情况下，仲裁裁决开发商交付《认购合同》约定的商铺、办理网签备案手续以及支付至"实际交房之日止"的违约金等裁决内容，无法确认具体给付内容，不符合执行案件受理条件，故执行法院裁定驳回该部分执行申请

【基本案情】

王某与威龙公司合同纠纷一案，西安仲裁委员会作出西仲裁字（2020）第45号裁决，内容为：（1）威龙公司自收到本裁决书之日起15日内向王某

交付位于西安市高新区丈八北路××城××园××社区——商业综合体21幢4层A441号商铺。(2)威龙公司自收到本裁决书之日起15日内与申请人王某签订正式的《商品房买卖合同》并办理该商铺网签备案手续。(3)威龙公司自收到本裁决书之日起15日内向申请人王某一次性支付逾期交房违约金;违约金以224106元为基数,按日1‰计算(自2017年1月1日起计算至实际交付商铺之日止)。

上述裁决生效后,王某于2020年8月向西安中院申请执行,请求如下:(1)威龙公司向王某交付涉案商铺;(2)威龙公司与王某签订正式的《商品房买卖合同》并办理网签备案手续;(3)威龙公司向王某支付逾期交房违约金(以224106元为基数,按日1‰计算,自2017年1月1日起至实际交付商铺之日止);(4)承担仲裁费7878元,本案执行费50元。

因无法确认涉案商铺的具体位置及该商铺的产权证等证明文件,且仲裁委员会亦未做任何补正或说明,2020年9月10日,西安中院作出(2020)陕01执1523号之一执行裁定,裁定如下:(1)终结(2020)第45号仲裁裁决书第1项、第2项内容的执行;(2)(2020)第45号仲裁裁决第3项、第4项内容执行完毕。

王某对此不服,向西安中院提出执行异议,请求依法恢复执行。西安中院经审查,发现仲裁裁决确认交付的涉案商铺客观上并不存在,无法履行,遂作出(2020)陕01执异1169号执行裁定:驳回王某的异议请求。

王某不服向陕西高院申请复议,请求:撤销西安中院(2020)陕01执1523号执行裁定,恢复对西仲裁字(2020)第45号裁决书的执行。

陕西高院经审理,认为王某的复议主张不能成立,裁定如下:(1)驳回王某的复议申请,维持西安中院(2020)陕01执异1169号执行裁定;(2)驳回王某对(2020)第45号裁决书第1项、第2项内容的执行申请;(3)驳回王某对西安中院(2020)陕01执1523号之一执行裁定次日至实际交付商铺之日止的违约金的执行申请。

【争议焦点】

王某以涉案商铺位置明确为由,提出撤销西安中院终结执行裁定的复议理由是否成立，西安中院的执行行为是否符合法律规定？

【裁判要点】

1. 裁决书裁决主文所涉商铺的坐标、四至、相邻铺位界线划分等均未予确定

本案仲裁庭审中，王某作为举证证据向仲裁庭提交的商铺销售图纸，无坐标、四至以及相邻铺位划分界线等关键内容，且该商铺销售图纸载明的商铺位置与执行中查明的现场实地铺位分布并不一致，与不动产登记机关备案的铺位号无法对应。西安中院召集复议申请人与被执行人就争议商铺位置进行多次协商，但双方未达成一致意见。西安中院依法书面要求西安仲裁委员会限期对涉案裁决书的第1项要求交付的房产具体位置予以补正说明，但西安仲裁委员会不补正也不说明。综上，涉案裁决书主文第1项执行标的不明确导致无法执行，依法应当驳回执行申请。

2. 裁决书第2项内容因所涉商铺位置信息不明确导致交付该商铺无法执行

本项执行内容要求就涉案商铺签订正式的《商品房买卖合同》并办理该商铺网签备案手续，与本案仲裁裁决第1项执行内容相关联，两项执行内容不可分，故该项行为执行内容亦无法执行，依法亦应驳回执行申请。

3. 裁决书主文第3项内容“至实际交付商铺”之日的违约金无法计算和执行

自2017年1月1日起计算至西安中院（2020）陕01执1523号之一执行裁定作出之日止的违约金已执行完毕，在此之后至实际交付商铺之日止的违约金，因该商铺位置信息不确定，导致无法执行，故至实际交付该商铺之日止的违约金亦无法计算，依法应驳回该部分的执行申请。

综上，复议申请人王某的复议理由与事实不符，于法无据，陕西高院不予支持。西安中院异议审查涉及双方当事人实体争议超越执行审查权范围，虽属不当，但裁决结果正确，陕西高院予以维持。西安中院执行中查证事实清楚，但裁定终结执行不符合法律规定，陕西高院依法予以变更。

【相关法律法规】

《民事诉讼法司法解释》

第四百六十一条 当事人申请人民法院执行的生效法律文书应当具备下列条件：

（一）权利义务主体明确；

（二）给付内容明确。

法律文书确定继续履行合同的，应当明确继续履行的具体内容。

《执行工作规定》

16. 人民法院受理执行案件应当符合下列条件：

（1）申请或移送执行的法律文书已经生效；

（2）申请执行人是生效法律文书确定的权利人或其继承人、权利承受人；

（3）申请执行的法律文书有给付内容，且执行标的和被执行人明确；

（4）义务人在生效法律文书确定的期限内未履行义务；

（5）属于受申请执行的人民法院管辖。

人民法院对符合上述条件的申请，应当在七日内予以立案；不符合上述条件之一的，应当在七日内裁定不予受理。

《最高人民法院关于人民法院办理仲裁裁决执行案件若干问题的规定》

第三条 仲裁裁决或者仲裁调解书执行内容具有下列情形之一导致无法执行的，人民法院可以裁定驳回执行申请；导致部分无法执行的，可以裁定驳回该部分的执行申请；导致部分无法执行且该部分与其他部分不可分的，可以裁定驳回执行申请。

（一）权利义务主体不明确；

（二）金钱给付具体数额不明确或者计算方法不明确导致无法计算出具体数额；

（三）交付的特定物不明确或者无法确定；

（四）行为履行的标准、对象、范围不明确；

仲裁裁决或者仲裁调解书仅确定继续履行合同，但对继续履行的权利义务，以及履行的方式、期限等具体内容不明确，导致无法执行的，依照前款规定处理。

第四条　对仲裁裁决主文或者仲裁调解书中的文字、计算错误以及仲裁庭已经认定但在裁决主文中遗漏的事项，可以补正或说明的，人民法院应当书面告知仲裁庭补正或说明，或者向仲裁机构调阅仲裁案卷查明。仲裁庭不补正也不说明，且人民法院调阅仲裁案卷后执行内容仍然不明确具体无法执行的，可以裁定驳回执行申请。

【诉讼策略】

1. 本案系由预售合同引发的纠纷，开发商建成的商铺与认购合同中的商铺出现差异，无法依据认购合同锁定现实商铺的位置及四至。因此，执行法院认为认购合同中的商铺客观不存在，无法执行。

根据《执行工作规定》第 16 条第 1 款的规定，申请执行的法律文书应当有给付内容，且执行标的和被执行人应当明确。生效法律文书（2020）第 45 号裁决书确定交付的标的为涉案商铺 A441，王某称该商铺在其提供的销售选铺图所示的位置，威龙公司称王某所购商铺的具体位置在签订认购合同时没有确定，应在签订正式的商品房买卖合同时予以确定，否认销售选铺图为其提供。因购买商铺的众业主均称其所持销售选铺图系威龙公司所提供，且生效法律文书亦裁决威龙公司交付涉案商铺，故西安中院可以确认业主所持的销售选铺图为威龙公司所提供，但威龙公司已经开发建成的商铺与该图不一致，即威龙公司并未按该图纸进行建设，故仲裁裁决所确定应当交付的涉案商铺 A441 客观上并不存在，且仲裁裁决未确定相对应的商铺。因此，生效法律文书执行标的不明确，不符合执行案件受理条件。

2. 执行标的不明确时，执行法院不应以执行终结结案，而应驳回权利人的相应执行申请。

对于仲裁裁决第 2 项：被申请人威龙公司自收到本裁决书之日起 15 日内与申请人王某签订正式的《商品房买卖合同》并办理该商铺网签备案手续。该项执行内容因所涉商铺位置信息不明确导致交付该商铺无法执行，进而本项执行内容要求就涉案商铺签订正式的《商品房买卖合同》并办理该商铺网签备案手续，与本案仲裁裁决第1项执行内容相关联，两项执行内容不可分，故该项行为执行内容亦无法执行，故依法应驳回申请人的执行申请。

064. 裁决确认的给付金额需依据另案执行结果确认，该裁决能否执行

◇ **执行依据** 合同纠纷仲裁裁决

◇ **问题** 仲裁裁决被申请人承担补充赔偿责任的金额需依据另案判决的执行结果才能进行确认，该裁决能否顺利执行

◇ **案例** 安徽高院（2020）皖执复89号

◇ **结论** 仲裁裁决被申请人在另案判决就债务人强制执行后不能清偿部分承担补充赔偿责任，该裁决因另案执行情况的不确定而导致裁决被申请人承担补充赔偿责任的给付内容不确定。因此，就仲裁裁决的执行内容，因金钱给付具体数额不明确而无法执行，故法院裁定驳回申请人的执行申请

【基本案情】

东证公司与霍邱农商银行某支行资金监管协议纠纷一案，北京仲裁委员会于2018年8月3日作出（2018）京仲裁字第1338号裁决：根据北京二中院（2016）京02民初542号民事判决书，在强制执行债务人机械公司以及担保人的财产后，仍不能实现申请人3255万元本金返还的部分，被申请人向申请人承担补充赔偿责任。

北京二中院于2017年11月28日作出（2016）京02民初542号民事判决，该判决生效后，东证公司向北京二中院申请强制执行。因无可供执行财产，北京二中院于2019年10月29日作出的（2019）京02执恢145号之一执行裁定：终结（2016）京02民初542号民事判决的本次执行程序。

东证公司依据（2018）京仲裁字第1338号仲裁裁决向六安中院申请执行，执行请求如下：（1）本金3255万元、案件受理费111275元，合计

32661275 元；（2）被申请人逾期履行的，加倍支付迟延履行期间的债务利息；（3）执行费用由被执行人承担。六安中院查明，西藏东方公司、基金管理公司申请机械公司破产清算一案，六安中院于 2019 年 12 月 24 日作出（2019）皖 15 破终 2 号民事裁定，指令安徽霍邱法院裁定受理西藏东方公司、基金管理公司对机械公司的破产清算申请。

六安中院认为：作为执行依据的（2018）京仲裁字第 1338 号仲裁裁决未明确霍邱农商银行某支行承担补充赔偿责任的具体数额和履行期限，且机械公司破产管理人已将东证公司的涉案债权纳入已知债权范围，债权受偿比例暂不能明确，霍邱农商银行某支行承担补充赔偿责任的范围亦无法明确，故执行内容不明确。2020 年 5 月 11 日，六安中院作出（2020）皖 15 执异 5 号裁定：驳回东证公司对（2018）京仲裁字第 1338 号裁决书的执行申请。

东证公司向安徽高院申请复议，请求如下：撤销（2020）皖 15 执异 5 号执行裁定，裁定六安中院继续执行其对（2018）京仲裁字第 1338 号裁决书的申请事项。安徽高院经审理，裁定如下：驳回东证公司复议申请，维持六安中院（2020）皖 15 执异 5 号执行裁定。

【争议焦点】

东证公司申请强制执行霍邱农商银行某支行承担补充赔偿责任是否具备条件，给付义务是否明确具体？

【裁判要点】

安徽高院认为：安徽霍邱法院立案受理机械公司的破产清算，依法指定了破产管理人并发布了申报债权的公告，破产管理人已将东证公司的涉案债权纳入已知债权范围。东证公司的涉案债权中应通过机械公司的破产程序受偿的数额，目前尚未确定。因此，霍邱农商银行某支行就北京仲裁委员会（2018）京仲裁字第 1338 号仲裁裁决承担补充赔偿责任的范围亦无法明确。涉案仲裁裁决的执行内容因金钱给付具体数额不明确无法执行。东证公司申请执行的复议理由，安徽高院不予支持。

【相关法律法规】

《执行工作规定》

16. 人民法院受理执行案件应当符合下列条件：

（1）申请或移送执行的法律文书已经生效；

（2）申请执行人是生效法律文书确定的权利人或其继承人、权利承受人；

（3）申请执行的法律文书有给付内容，且执行标的和被执行人明确；

（4）义务人在生效法律文书确定的期限内未履行义务；

（5）属于受申请执行的人民法院管辖。

人民法院对符合上述条件的申请，应当在七日内予以立案；不符合上述条件之一的，应当在七日内裁定不予受理。

【诉讼策略】

1. 本案系资金监管协议纠纷案件，双方经仲裁程序取得仲裁裁决，因裁决内容涉及的给付内容需要结合另案判决的执行结果予以确认，同时债务人又已被受理破产清算，因此，裁决确认的给付内容无法明确，执行内容不明，故执行法院驳回了权利人依据仲裁裁决提出的执行申请。

作为本案执行依据的仲裁裁决，其给付内容需要根据另案判决的执行结果才能确认，即北京二中院（2016）京02民初542号民事判决在强制执行债务人机械公司以及担保人的财产后，仍不能实现东证公司3255万元本金返还的部分，由被申请人承担补充赔偿责任。然而，该裁决本身并未明确被申请人承担补充赔偿责任的具体数额和履行期限。

同时，由于安徽霍邱法院已立案受理债务人机械公司的破产清算，依法指定了破产管理人，发布了申报债权的公告，且破产管理人已将权利人的涉案债权纳入已知债权范围。根据《企业破产法》的相关规定，企业破产程序包括重整、和解和破产清算等程序，权利人的涉案债权通过机械公司的破产程序能否受偿及可能的受偿比例暂不能明确。据此，被执行人承担补充赔偿责任的范围无法明确。

综上，执行法院以执行内容不明确为由，裁定驳回权利人对仲裁裁决的强制执行申请。

2. 本案仲裁裁决被申请人承担补充赔偿责任，且补充赔偿责任的金额、范围又基于另案判决的执行结果，因此，对于该类裁决，因补充赔偿金额的确认受他因影响较多、存在不确定性，执行难度较大。

仲裁裁决如下：（1）根据北京二中院（2016）京02民初542号民事判决书，在强制执行债务人机械公司以及担保人的财产后，仍不能实现申请人3255万元本金返还的部分，由被申请人向申请人承担补充赔偿责任；（2）驳回申请人的其他仲裁请求；（3）本案仲裁费用222550元（已由申请人全额预交），由申请人负担111275元，由被申请人负担111275元，被申请人应于裁决书送达之日起15日内直接向申请人支付申请人代其垫付的仲裁费用111275元。

065. 裁决买卖双方继续履行合同的，已确定交付货物型号、数量和价值时，该裁决能否执行

◇ **执行依据**　买卖合同纠纷仲裁裁决

◇ **问题**　裁决买卖双方履行合同的，可以确定交付的货物的型号、数量和价值，但无法确定履行的期限、方式、地点、验货等具体内容，该裁决能否执行

◇ **案例**　广东高院（2020）粤执复797号

◇ **结论**　买卖合同纠纷案件，仲裁裁决买卖双方继续履行合同的，买方支付货款、卖方交付货物，双方互负给付义务。买方依据仲裁裁决内容请求法院执行卖方按《订货单》内容交付货物的，虽能确认交付货物的型号、数量和价值，但从裁决内容及合同约定均不能判断《订货单》的履行期限、方式、地点、验货标准等具体内容，属于执行权利义务内容不明确，故不符合执行案件受理条件

【基本案情】

广州纳闵公司与深圳瓦特公司买卖合同纠纷一案，深圳国际仲裁院作出（2018）深仲裁字第2246号裁决，主要内容如下：（1）深圳瓦特公司向广州纳闵公司支付逾期利息28552元；（2）继续履行合同编号分别为026、007、001的3份《订货单》。执行依据裁决并无支付货款的内容。

上述仲裁裁决生效后，广州纳闵公司于2020年2月18日向深圳中院申请强制执行，请求：强制被执行人瓦特公司继续履行合同，并支付货款3878573.8元。在执行过程中，深圳中院依法冻结被执行人在某银行深圳分行开设的×××账户款项60552元。

深圳中院查明，根据被执行人提交的付款凭证，被执行人于2019年11月28日向申请执行人支付款项60552元。深圳中院认为：被执行人对仲裁裁决确认的金钱给付部分已履行完毕，本次执行是双方继续履行合同部分，因裁决项未确定订货单交付日期、截止日期、是否分期履行、分期履行的数量、交付方式等具体内容，属于权利义务内容不明确，不符合立案执行条件，遂作出（2020）粤03执737号之一执行裁定，裁定如下：（1）驳回广州纳闵公司的强制执行申请；（2）解除对被执行人深圳瓦特公司名下财产的控制措施。

广州纳闵公司不服深圳中院（2020）粤03执737号之一执行裁定，向广东高院申请复议，请求：撤销（2020）粤03执737号之一执行裁定，继续执行仲裁裁决。广东高院经审理，裁定如下：驳回广州纳闵公司的复议申请，维持深圳中院（2020）粤03执737号之一执行裁定。

【争议焦点】

深圳中院驳回深圳古瑞瓦特公司的强制执行申请是否合法？

【裁判要点】

本案中，根据已经发生法律效力的（2018）深仲裁字第2246号仲裁裁决书，申请执行人向深圳中院申请强制执行，执行的内容一方面是申请执行人交付货物，另一方面是被执行人支付货款，显然申请执行人与被执行人双方互负义务，为此需要确定申请执行人和被执行人双方应当履行义务、履行的方式、日期、期限等具体内容。结合仲裁裁决书“被申请人深圳瓦特公司和申请人广州纳闵公司继续履行合同编号分别为026、007、001的3份《订货单》”的裁决项以及“根据仲裁庭查明的事实：合同编号为026《订货单》项下规格型号为T60404－N4646－X412/100A/50mA的货物尚有23240件（货值924487.2元）未出货；合同编号为007《订货单》项下规格型号为T60404－N4646－X412/100A/50mA的货物尚有15000件（货值592500元）未出货；合同编号为001《订货单》项下规格型号为T60404－N4646－X410/50A/50mA的货物尚有32074件（货值1151456.6元）、规格型号为T60404－N4646－X412/100A/50mA的货物尚有30000件（货值1185000元）未出货。双方应当分别按照合同编号为026、007、001的3份《订货单》的约定就仲裁庭查明的相应未出货部分继续履行”的内容，仅可以确定申请执行人应当交付的货物的型号、数量和价值，但无法确定履行的期限、方式、地点、验货地点等具体内容，故申请执行人的强制执行申请不具有可执行性，不符合执行立案受理的条件。

深圳中院据此驳回申请执行人的强制申请，并解除对深圳瓦特公司的强制执行措施符合上述法律规定，广东高院予以维持。复议申请人可依据本案仲裁及双方合同履行的具体情况，另循途径主张相应的具体权利，故裁定驳回广州纳闵公司的复议申请。

【相关法律法规】

《民事诉讼法司法解释》

第四百六十一条　当事人申请人民法院执行的生效法律文书应当具备下列条件：

（一）权利义务主体明确；

（二）给付内容明确。

法律文书确定继续履行合同的，应当明确继续履行的具体内容。

《执行工作规定》

16. 人民法院受理执行案件应当符合下列条件：

（1）申请或移送执行的法律文书已经生效；

（2）申请执行人是生效法律文书确定的权利人或其继承人、权利承受人；

（3）申请执行的法律文书有给付内容，且执行标的和被执行人明确；

（4）义务人在生效法律文书确定的期限内未履行义务；

（5）属于受申请执行的人民法院管辖。

人民法院对符合上述条件的申请，应当在七日内予以立案；不符合上述条件之一的，应当在七日内裁定不予受理。

《最高人民法院关于执行案件立案、结案若干问题的意见》

第二十条 执行实施案件立案后，经审查发现不符合《执行工作规定》第18条[①]规定的受理条件，裁定驳回申请的，以“驳回申请”方式结案。

《最高人民法院关于人民法院办理仲裁裁决执行案件若干问题的规定》

第三条 仲裁裁决或者仲裁调解书执行内容具有下列情形之一导致无法执行的，人民法院可以裁定驳回执行申请；导致部分无法执行的，可以裁定驳回该部分的执行申请；导致部分无法执行且该部分与其他部分不可分的，可以裁定驳回执行申请。

（一）权利义务主体不明确；

（二）金钱给付具体数额不明确或者计算方法不明确导致无法计算出具体数额；

（三）交付的特定物不明确或者无法确定；

（四）行为履行的标准、对象、范围不明确；

仲裁裁决或者仲裁调解书仅确定继续履行合同，但对继续履行的权利义务，以及履行的方式、期限等具体内容不明确，导致无法执行的，依照前款规定处理。

【诉讼策略】

1. 本案系买卖合同纠纷案件，经仲裁裁决确认买卖双方继续履行合同，在可以确定交付货物的型号、数量和价值的情况下，因无法确定履行的期限、

---

① 现为《执行工作规定》第16条。

方式、地点、验货等具体内容，故该裁决仍无法执行。

作为执行依据的仲裁裁决第 2 项内容为：要求买卖双方继续履行合同编号分别为 026、007、001 的 3 份《订货单》，从《订货单》内容上可判断出交付货物的型号、数量和价值，但无论仲裁裁决内容还是双方合同约定，均未明确履行的期限、方式、地点、验货等具体内容，因此申请执行人广州纳闵公司的强制执行申请权利义务内容不明确，不符合立案执行条件，其强制执行申请执行法院遂予以驳回。

2. 本案系买卖合同纠纷案件，买卖双方互负给付义务，因此不论仲裁程序或者执行程序，在履行相应买卖合同时需明确履行内容、期限、方式、顺位以及履行不能的责任，否则就有可能因执行内容不明确而无法执行。

作为执行依据的（2020）深仲裁字第 2246 号仲裁裁决，内容为：（1）被申请人深圳瓦特公司向申请人广州纳闵公司支付逾期利息 28552 元。（2）被申请人深圳瓦特公司和申请人广州纳闵公司继续履行合同编号分别为 026、007、001 的 3 份《订货单》。（3）被申请人深圳瓦特公司支付申请人广州纳闵公司律师费 20000 元、保全费 1000 元、诉讼保全保险费 1000 元。（4）准许被申请人深圳瓦特公司撤回仲裁反请求申请。（5）本案仲裁费 66312 元，由申请人广州纳闵公司承担 56312 元，由被申请人深圳瓦特公司承担 10000 元，由被申请人深圳瓦特公司付 10000 元给申请人广州纳闵公司，申请人广州纳闵公司已预交 67190 元，剩余 878 元由仲裁委员会退还给申请人广州纳闵公司；本案反请求仲裁费 16988 元，由被申请人深圳瓦特公司承担，被申请人深圳瓦特公司已预交 82820 元，剩余 65832 元由仲裁委员会退还给被申请人深圳瓦特公司。（6）驳回申请人广州纳闵公司的其他仲裁请求。

066. 仲裁裁决退房清理垃圾等九项租赁双方互负义务的内容，因垃圾清理范围无法确认，该裁决全部内容均无法执行

◇ **执行依据** 租赁合同纠纷案件仲裁裁决

◇ **问题** 仲裁裁决租赁合同解除、出租方退还保证金、承租方支付租金及

清理垃圾等9项内容，租赁双方互负债务，但未明确垃圾清理范围，该裁决全部9项内容能否执行

◇ **案例** 陕西高院（2020）陕执复80号

◇ **结论** 仲裁裁决第4项就清理租赁期间产生的垃圾这一内容并无明确具体的范围，因垃圾量大清理费用高，执行中双方就垃圾清理范围无法形成一致意见，故裁决清理垃圾的行为给付内容无法执行。又因，仲裁裁决内容明确双方在合同解除后是双方互负义务的法律关系，该裁决9项内容作为一个整体，垃圾清理行为无法执行，该仲裁裁决整体内容亦无法执行，故执行法院驳回申请人的全部执行申请

【基本案情】

瓷砖公司与蔚蓝国际公司租赁合同纠纷一案，西安仲裁委员会于2019年5月15日作出西仲裁字（2018）第900号裁决书裁决，裁决主要内容如下：（1）确认申请人瓷砖公司与被申请人蔚蓝国际公司续订的《租赁合同》解除。（2）被申请人返还申请人50万元保证金。（3）申请人支付被申请人欠款9.1万元。（4）申请人从租赁场地、厂房、仓库搬出，按照《租赁合同》所附财产清单给被申请人返还移交租赁财产；清理其租赁期间产生的垃圾。（5）驳回申请人的其他本请求。（6）驳回被申请人的其他反请求。（7）本案勘验费20000元由被申请人承担，勘验费申请人已经预交，被申请人在支付上述款项时一并支付申请人。（8）本案本请求仲裁费38740元由申请人自行承担，本案反请求仲裁费41313元由被申请人自行承担。（9）上述第2项、第3项的款项，逾期支付按照中国人民银行同期贷款利率加倍支付利息。

裁决生效后，瓷砖公司依据西仲裁字（2018）第900号仲裁裁决向西安中院申请强制执行，要求蔚蓝国际公司返还保证金50万元及利息、勘验费2万元。因该仲裁裁决确定的内容为双务内容，故蔚蓝国际公司亦向西安中院申请强制执行，请求如下：瓷砖公司支付其欠款9.1万元，从租赁场地搬出并交付租赁财产，清理租赁期间产生的垃圾。

执行中，双方当事人对仲裁裁决第 4 项关于清理租赁期间产生的垃圾一项内容存在较大分歧，导致西安中院在组织双方当事人协商后无法形成一致意见。

西安中院认为，仲裁裁决对清理垃圾这项行为给付的标准、范围、履行方式等具体内容均没有明确，但因仲裁裁决明确了双方当事人之间是互负义务的法律关系，因上述执行内容不明确，导致本案全案无法执行，遂于 2019 年 11 月 28 日作出（2019）陕 01 执 2030 号执行裁定：驳回申请执行人瓷砖公司依据西仲裁字（2018）第 900 号裁决书提出的执行申请。

瓷砖公司不服上述裁定，向陕西高院申请复议，请求：撤销西安中院（2019）陕 01 执 2030 号执行裁定，责令西安中院对西仲裁字（2018）第 900 号仲裁裁决予以执行。陕西高院经审理，裁定如下：驳回瓷砖公司的复议申请，维持西安中院（2019）陕 01 执 2030 号执行裁定。

【争议焦点】

西安中院以涉案仲裁裁决对清理垃圾行为执行的范围不明确为由驳回申请执行人瓷砖公司的执行申请是否符合法律规定？

【裁判要点】

本案执行依据西安仲裁委员会西仲裁字（2018）第 900 号裁决书共有 9 项裁决内容，其中第 2 项、第 3 项、第 7 项、第 9 项裁决内容为金钱给付，第 4 项裁决内容为行为给付，且以上裁决项均以第 1 项裁决内容确认合同解除为基础，明确的是合同解除后双方互负义务的法律关系，故整个裁决内容为一个整体。

本案申请执行人瓷砖公司认为涉案租赁场地不仅有瓷砖公司租赁期间生产经营遗留下的垃圾，还有蔚蓝国际公司之前生产经营产生的垃圾，且垃圾量非常大，无法分割，而仲裁裁决第 4 项中就清理其租赁期间产生的垃圾这一内容未明确具体的范围。执行中，西安中院组织瓷砖公司与蔚蓝国际公司协商后无法形成一致意见，故清理垃圾的行为无法执行。进而因第 4 项仲裁裁决内容无法执行，从而导致整个仲裁裁决无法执行。

综上，瓷砖公司的复议申请与事实不符，于法无据，应予驳回。西安中院（2019）陕01执2030号执行裁定认定事实清楚，处理结果并无不当，应予维持。

【相关法律法规】

《民事诉讼法司法解释》

第四百六十一条 当事人申请人民法院执行的生效法律文书应当具备下列条件：

（一）权利义务主体明确；

（二）给付内容明确。

法律文书确定继续履行合同的，应当明确继续履行的具体内容。

《最高人民法院关于人民法院办理仲裁裁决执行案件若干问题的规定》

第三条 仲裁裁决或者仲裁调解书执行内容具有下列情形之一导致无法执行的，人民法院可以裁定驳回执行申请；导致部分无法执行的，可以裁定驳回该部分的执行申请；导致部分无法执行且该部分与其他部分不可分的，可以裁定驳回执行申请。

（一）权利义务主体不明确；

（二）金钱给付具体数额不明确或者计算方法不明确导致无法计算出具体数额；

（三）交付的特定物不明确或者无法确定；

（四）行为履行的标准、对象、范围不明确；

仲裁裁决或者仲裁调解书仅确定继续履行合同，但对继续履行的权利义务，以及履行的方式、期限等具体内容不明确，导致无法执行的，依照前款规定处理。

【诉讼策略】

1. 本案系租赁合同纠纷案件，经仲裁确认解除租赁合同，承租方支付租金、清理租赁垃圾，出租方退还保证金，租赁双方互负给付义务。租赁双方均依据该裁决申请法院强制执行，执行法院认为因双方就清理垃圾的范围不能确认，导致9项裁决内容中的第4项清理垃圾行为义务无法执行，进而导致整个裁决9项内容均无法执行，故裁定驳回承租人请求退还50万元保证金等执行申请。

作为执行依据的裁决书共有9项裁决内容，其中第2项、第3项、第7项、第9项裁决内容为金钱给付，第4项关于清理租赁期间垃圾的裁决内容为行为给付，且以上裁决项均以第1项裁决内容确认合同解除为基础，明确的是合同解除后双方互负义务的法律关系，因此，该裁决内容为一个整体。

涉案租赁场地不仅有承租人租赁期间生产经营遗留下的垃圾，还有出租人之前生产经营产生的垃圾，且垃圾量非常大，无法分割，而仲裁裁决第4项中就清理其租赁期间产生的垃圾这一内容未明确具体的范围，租赁双方在执行中又无法就垃圾清理范围达成一致意见，因此清理垃圾的执行内容因内容不明确无法执行。

综上，仲裁裁决9项内容互相关联，裁决内容视为一个整体，根据《最高人民法院关于人民法院办理仲裁裁决执行案件若干问题的规定》第3条第1款第3项的规定，仲裁裁决或者仲裁调解书执行内容具有下列情形之一导致无法执行的，人民法院可以裁定驳回执行申请；导致部分无法执行且该部分与其他部分不可分的，可以裁决驳回执行申请。仲裁裁决中垃圾清理内容无法执行，故该仲裁裁决全部9项内容亦无法执行。

2. 仲裁裁决内容较明确，但租赁双方在仲裁过程中并未就清理租赁期间垃圾一事予以重视，未明确清理垃圾该项行为给付内容的范围，最终导致整个裁决均无法执行。

作为执行依据的裁决书，共有9项裁决内容，具体如下：（1）确认申请人与被申请人2016年12月30日续订的《租赁合同》于2018年2月28日解除。（2）被申请人于本裁决书送达之日起10日内返还申请人50万元保证金。（3）申请人于本裁决书送达之日起10日内支付被申请人欠款9.1万元。（4）申请人于本裁决书送达之日起15日内从租赁场地、厂房、仓库搬出，按照《租赁合同》所附财产清单给被申请人返还移交租赁财产；清理其租赁期间产生的垃圾。（5）驳回申请人的其他本请求。（6）驳回被申请人的其他反请求。（7）本案勘验费20000元由被申请人承担，勘验费申请人已经预交，被申请人在支付上述款项时一并支付申请人。（8）本案本请求仲裁费 38740 元由申请人自行承担，本案反请求仲裁费 41313 元由被申请人自行承担。（9）上述第 2 项、第 3 项的款项，逾期支付按照中国人民银行同期贷款利率加倍支付利息。

上述裁决内容，其中第 2 项、第 3 项、第 7 项、第 9 项裁决内容为金钱给付，第 4 项裁决内容为行为给付，且以上裁决项均以第 1 项裁决内容确认合同解除为基础，明确的是合同解除后双方互负义务的法律关系，因此，执行法院认为该裁决 9 项内容应为一个整体。

067. 裁决内容为给付工程资料，在无具体明确文件名称的情况下，能否顺利执行

◇ **执行依据** 建设工程施工合同纠纷案件仲裁裁决

◇ **问题** 仲裁裁决要求义务人提交“涉案建设工程资料、建材合格检测报告、桩基检测报告，签署基本监督资料，签署基础工程验收手续”，该裁决能否顺利执行

◇ **案例** 山东高院（2020）鲁执复 96 号

◇ **结论** 仲裁裁决要求义务人提交“涉案建设工程资料、建材合格检测报告、桩基检测报告，签署基本监督资料，签署基础工程验收手续”，但未作出明确、具体的说明，在执行程序中无法确定实际执行的具体文件内容，属于给付内容不明确，故而无法执行

【基本案情】

鲁深置业公司与华龙公司建设工程施工合同纠纷一案，济宁仲裁委员会于 2018 年 1 月 2 日作出济仲裁字（2017）第 442 号裁决书，裁决主要内容如下：（1）华龙公司向鲁深置业公司交付涉案建设工程资料、建材合格检测报告、桩基检测报告，签署基本监督资料，签署基础工程验收手续；（2）驳回鲁深置业公司的其他仲裁请求。被申请人内向申请人支付本案仲裁费 4041 元。

鲁深置业公司依据上述裁决内容向济宁中院申请强制执行。执行中，被执行人华龙公司将涉案工程书面资料共7卷交付济宁中院，申请执行人对被执行人提交的资料提出异议：一是被执行人应提交施工单位为华龙公司的桩基检测报告，二是应提交××县工程质量检测站出具的混凝土建材回弹强度合格的检测报告。

济宁中院认为，本案已符合终结执行的条件，遂于2018年12月17日作出（2018）鲁08执243号执行裁定，终结执行。

鲁深置业公司不服，向济宁中院提出执行异议，济宁中院认为终结（2018）鲁08执243号案件的执行确有不妥，遂作出（2019）鲁08执异49号执行裁定：撤销济宁中院（2018）鲁08执243号执行裁定。

华龙公司不服，向山东高院申请复议。山东高院裁定驳回华龙公司的复议。

2019年11月6日，济宁中院对本案恢复执行。恢复执行后，济宁中院于2019年12月4日作出（2019）鲁08执恢128号执行通知书，责令华龙公司向济宁中院交付完整的涉案工程资料（目前，爆破工程缺少在××县公安局的爆破备案资料）、建材合格检测报告（××县工程质量检测站出具的混凝土建材回弹强度合格报告）、桩基检测报告（施工单位为华龙公司或附有分包合同的桩基检测报告）等。

被执行人华龙公司向济宁中院提出书面异议称，济宁中院向异议人下达的（2019）鲁08执恢128号执行通知书要求异议人提交的材料在仲裁裁决书中未记载，济宁中院审查后同意（2019）鲁08执恢128号执行通知书中的内容确超出了裁决书范围，遂于2020年2月26日作出（2020）鲁08执异6号执行裁定，撤销（2019）鲁08执恢128号执行通知书。

鲁深置业公司不服，向山东高院申请复议，请求撤销济宁中院（2020）鲁08执异6号执行裁定。山东高院经审理裁定如下：驳回鲁深置业公司的复议申请，维持济宁中院（2020）鲁08执异6号执行裁定。

【争议焦点】

作为执行依据的仲裁裁决内容是否符合执行案件受理条件？

【裁判要点】

本案中，作为执行依据的济仲裁字（2017）第442号裁决书确定的被执行人应履行的义务为：华龙公司应于裁决生效之日起10日内向鲁深置业公司交付涉案建设工程资料、建材合格检测报告、桩基检测报告，签署基本监督资料，签署基础工程验收手续。该项裁决对提交的“涉案建设工程资料、建材合格检测报告、桩基检测报告，签署基本监督资料，签署基础工程验收手续”均未作出明确、具体的说明，在执行程序中无法确定实际执行的内容，属于给付内容不明确而无法执行。济宁中院在执行内容不明确且双方当事人存在争议的情况下，裁定撤销（2019）鲁08执恢128号执行通知书并无不当。

【相关法律法规】

《民事诉讼法司法解释》

第四百六十一条　当事人申请人民法院执行的生效法律文书应当具备下列条件：

（一）权利义务主体明确；

（二）给付内容明确。

法律文书确定继续履行合同的，应当明确继续履行的具体内容。

《最高人民法院关于人民法院办理仲裁裁决执行案件若干问题的规定》

第三条第一款　仲裁裁决或者仲裁调解书执行内容具有下列情形之一导致无法执行的，人民法院可以裁定驳回执行申请；导致部分无法执行的，可以裁定驳回该部分的执行申请；导致部分无法执行且该部分与其他部分不可分的，可以裁定驳回执行申请。

（一）权利义务主体不明确；

（二）金钱给付具体数额不明确或者计算方法不明确导致无法计算出具体数额；

（三）交付的特定物不明确或者无法确定；

（四）行为履行的标准、对象、范围不明确；

【诉讼策略】

1. 本案系建设工程施工合同纠纷案件，纠纷双方争议于涉案工程资料的给付责任，仲裁裁决义务人向权利人提供工程资料但未就资料作明确、具体说明，导致无法执行。

作为执行依据的裁决书，双方在执行中的争议点系其中第1项内容，其具体内容如下："被申请人华龙公司应于本裁决生效之日起10日内向申请人鲁深置业公司交付涉案建设工程资料、建材合格检测报告、桩基检测报告，签署基本监督资料，签署基础工程验收手续。"该项裁决对提交的"涉案建设工程资料、建材合格检测报告、桩基检测报告，签署基本监督资料，签署基础工程验收手续"均未作出明确、具体的说明。在执行程序中无法确定实际执行的内容，属于给付内容不明确而无法执行。

2. 本案中的仲裁裁决主要围绕义务人提交涉案工程资料，权利人在提起仲裁时若能对具体要求给付的材料内容进行充分说明，将可避免裁决无法执行的不利结果。对于此类案件在提请仲裁请求时应避免请求内容模糊，应尽量使请求内容明确、具体，避免胜诉后无法执行的结果。

涉案裁决内容具体如下：(1) 被申请人华龙公司应于本裁决生效之日起10日内向申请人鲁深置业公司交付涉案建设工程资料、建材合格检测报告、桩基检测报告，签署基本监督资料，签署基础工程验收手续；(2) 驳回申请人鲁深置业公司的其他仲裁请求。被申请人应于本裁决生效之日起10日内向申请人支付本案仲裁费4041元。

068. 仲裁裁决确认了权利人依据《项目权益转让及合作协议》享有的项目权益价值255万元，该裁决内容能否执行

◇ **执行依据**　合作开发房地产合同纠纷案件仲裁裁决

◇ **问题**　仲裁裁决确认《项目权益转让及合作协议》中约定了权利人在开发涉案就业用地项目权益价值为255万元，该裁决内容能否执行

◇ **案例** 广西高院（2021）桂执复237号

◇ **结论** 仲裁裁决仅是确认双方当事人之间已经履行的权利义务，确认权利人按照《项目权益转让及合作协议》在开发涉案就业用地项目中所享有的权益，但裁决主文并无任何可执行的内容，故执行法院裁定不予受理权利人依据裁决书提出的执行申请

【基本案情】

梁某与彭某、邱某合同纠纷案件，钦州仲裁委员会于2020年3月3日作出（2019）钦仲案字第230号仲裁裁决，裁决主文内容如下：（1）确认申请人梁某与被申请人彭某、邱某于2010年7月5日签订的《项目权益转让及合作协议》合法有效；（2）确认申请人梁某与被申请人彭某、邱某在2010年7月5日签订的《项目权益转让及合作协议》中约定了申请人在开发涉案就业用地项目中所享有的权益价值为255万元。

2021年4月28日，梁某向钦州中院申请强制执行上述裁决。钦州中院认为：该裁决主文没有明确的给付内容和执行标的，遂于2021年5月21日作出（2021）桂07执599号执行裁定，裁定：对申请人梁某的执行申请不予受理。

梁某不服上述钦州中院作出的裁定，向广西高院申请复议，并主张（2019）钦仲案字第230号仲裁裁决书确认其拥有在开发涉案就业项目中享有的权益价值为255万元的给付内容，执行标的和被执行人明确，同时应追加喜悦管理公司和广西××律师事务所为被执行人，故请求撤销钦州中院作出的执行裁定。

广西高院经审理，裁定如下：驳回梁某的复议申请，维持钦州中院的执行裁定。

【争议焦点】

钦州中院对梁某的执行请求不予受理是否符合法律规定？

【裁判要点】

广西高院认为，钦州仲裁委员会（2019）钦仲案字第230号仲裁裁决仅是确认了双方当事人之间已经履行的权利义务，确认梁某按照《项目权益转让及合作协议》在开发涉案就业用地项目所享有的权益，却无任何可执行的内容，故钦州中院裁定不予受理该执行申请，并无不当，应予维持。至于复议申请人申请追加喜悦管理公司和广西××律师事务所为被执行人，因申请执行人在异议审查时并未提出，故不属于法院复议审查范围。综上，复议申请人梁某的复议理由不成立，应予驳回。

【相关法律法规】

《执行工作规定》

16. 人民法院受理执行案件应当符合下列条件：

（1）申请或移送执行的法律文书已经生效；

（2）申请执行人是生效法律文书确定的权利人或其继承人、权利承受人；

（3）申请执行的法律文书有给付内容，且执行标的和被执行人明确；

（4）义务人在生效法律文书确定的期限内未履行义务；

（5）属于受申请执行的人民法院管辖。

人民法院对符合上述条件的申请，应当在七日内予以立案；不符合上述条件之一的，应当在七日内裁定不予受理。

【诉讼策略】

本案系合作开发房地产合同纠纷案件，双方经仲裁程序确认合同有效，且合同中约定了权利人就开发项目享有权益的具体金额，但因无给付内容，不符合执行案件受理条件。

本案争议焦点集中在裁决主文第2项“确认申请人梁某与被申请人彭某、邱某在2010年7月5日签订的《项目权益转让及合作协议》中约定了申请人在开发涉案就业用地项目中所享有的权益价值为255万元”。

上述裁决内容仅是确认了权利人梁某在《项目权益转让及合作协议》中

约定了其在开发涉案就业用地项目中所享有的权益价值为255万元，但并无任何关于义务人向权利人给付该255万元的内容。

因此，作为执行依据的仲裁裁决主文中并无任何可执行的内容，执行法院遂裁定不予受理权利人梁某的执行申请。

069. 裁决受托人为委托人办理产权登记，因房产未登记在受托人名下，该裁决内容能否执行

◇ **执行依据** 委托合同纠纷案件仲裁裁决

◇ **问题** 在委托团购房屋纠纷案件中，裁决受托人为委托人办理房产产权过户和不动产登记，在房产未登记在受托人名下的情况下，委托人能否依据该仲裁裁决申请法院强制办理产权过户手续

◇ **案例** 广东高院（2020）粤执复669号

◇ **结论** 仲裁裁决受托人为委托人办理涉案房产的产权过户和不动产登记，但因涉案房产并未登记在受托人名下，受托人非涉案房产所有权人，受托人无法履行仲裁裁决确定的给付义务。同时，因涉案房产物权权属属于待定状态，并不明确，亦未登记在受托人名下，属于“交付的特定物不明确或者无法确定”，故不符合执行立案受理条件

【基本案情】

李某与陈某委托合同纠纷一案，广州仲裁委员会于2019年7月25日受理，后作出的（2019）穗仲案字第9956号仲裁裁决文书，主要内容为：被申请人陈某应为申请人李某办理广州市×区×路松××房［粤华房产公司、某区城建公司通过《房地产预售契约》（编号为市管契字第××号）出售广州银行某支行名下的房产］的产权过户和不动产登记、将该涉案房产过户登记至申请人李某名下的手续，交易过程中所产生的税费由各方依法缴纳。

广州仲裁委员会同时查明：1996年6月，涉案房产办理预售合同备案，

预购人为广州市某城市信用合作社。2018 年 12 月 25 日，李某与陈某签订《资产包权益团购合同》，约定李某委托陈某团购包括涉案房屋在内的 48 套房产，李某以 47.4 万元向广州银行（该涉案房产原权益人）购买涉案房产，由陈某以自己名义负责办理房产购买及后续相关手续；双方共同确认，团购的资产包中涉案房产所有权益归李某所有，陈某应在资产包成交后及时为李某办理相关过户登记手续。2019 年 2 月 19 日，广州银行通过广州市产权交易所挂牌拍卖包括涉案房产在内的 48 套房产，由陈某、某信息咨询中心等（本案中统称联合体）共同竞得，双方签订《转让协议》确认转让 48 套房产。

（2019）穗仲案字第 9956 号仲裁裁决生效后，李某于 2020 年 2 月向广州中院申请执行裁决内容。在广州中院 2020 年 2 月 25 日的询问笔录中，被执行人陈某并不反对协助办理涉案房产的过户手续，该涉案房屋已交付给申请人李某入住，并称曾向房管部门提交过户登记材料，房管部门未接受并建议走诉讼程序。

广州中院认为，涉案房产目前尚不属于陈某名下可供执行的财产，李某请求法院强制将涉案房产过户登记至其名下，于法无据。2020 年 4 月 23 日，广州中院作出（2020）粤 01 执 866 号执行裁定，裁定驳回李某的执行申请。

李某向广东高院申请复议，请求如下：撤销（2020）粤 01 执 866 号执行裁定，继续执行。广东高院经审理，裁定如下：驳回李某的复议申请，维持广州中院（2020）粤 01 执 866 号执行裁定。

【争议焦点】

作为执行依据的仲裁裁决是否具备可执行的条件？

【裁判要点】

本案中，结合仲裁委员会已查明事实，广州银行通过拍卖方式出售的涉案房产，系其（其下级单位广州市某城市信用合作社）与粤华房产公司、某区城建公司通过签订房屋买卖合同所购的房产。在房屋买卖合同中，双方因此产生一种债权债务关系。

关于不动产物权的买卖，买房人对卖房人的债权是要求卖房人过户和交房。根据物权法的相关法律规定，本案所涉房产至今并未完成不动产物权的变更登记，涉案房产的物权并未发生变动。因此，广州银行后续通过拍卖处置的不是房产，而是债权，其性质是债权转让。

根据作为本案执行依据的仲裁裁决书主文，要求被申请人（陈某）应为申请人（李某）办理涉案房产的产权过户和不动产登记、将该涉案房产过户登记至申请人李某名下的手续。从内容上看，义务人是陈某，权利人是李某，仲裁裁决确定陈某履行过户义务。复议申请人提出，法院在执行过程中，可以处置被执行人对第三人的到期债权。但是，本案执行依据不是到期债权的执行，而是针对特定标的物的行为履行，需将特定房产过户至李某名下。根据查明的事实，生效裁决所确定的涉案房产并未登记在陈某名下，陈某并非涉案房产所有权人，其本人是无法履行义务的。同理，因涉案房产的物权权属处于待定状态，并不明确，法院在陈某名下也查无该财产。这种情形属于《最高人民法院关于人民法院办理仲裁裁决执行案件若干问题的规定》第3条第1款第3项“交付的特定物不明确或者无法确定”的情形。广州中院执行裁定依据《执行工作规定》第18条①以及《最高人民法院关于执行案件立案、结案若干问题的意见》作出裁定结果，实质上与《最高人民法院关于人民法院办理仲裁裁决执行案件若干问题的规定》第3条第1款第3项的规定相同。因此，广州中院适用法律亦无不当。

综上，广州中院裁定驳回李某的执行申请，符合法律所蕴含的规范精神与价值取向，应予维持。复议申请人所提请求及理由不成立，广东高院不予支持。

【相关法律法规】

《民法典》

第二百零八条 不动产物权的设立、变更、转让和消灭，应当依照法律规定登记。动产物权的设立和转让，应当依照法律规定交付。

---

① 现为《执行工作规定》第16条。

第二百零九条第一款　不动产物权的设立、变更、转让和消灭，经依法登记，发生效力；未经登记，不发生效力，但是法律另有规定的除外。

第二百二十九条　因人民法院、仲裁机构的法律文书或者人民政府的征收决定等，导致物权设立、变更、转让或者消灭的，自法律文书或者征收决定等生效时发生效力。

第二百三十二条　处分依照本节规定享有的不动产物权，依照法律规定需要办理登记的，未经登记，不发生物权效力。

《最高人民法院关于人民法院办理仲裁裁决执行案件若干问题的规定》

第三条第一款　仲裁裁决或者仲裁调解书执行内容具有下列情形之一导致无法执行的，人民法院可以裁定驳回执行申请；导致部分无法执行的，可以裁定驳回该部分的执行申请；导致部分无法执行且该部分与其他部分不可分的，可以裁定驳回执行申请。

（一）权利义务主体不明确；

（二）金钱给付具体数额不明确或者计算方法不明确导致无法计算出具体数额；

（三）交付的特定物不明确或者无法确定；

（四）行为履行的标准、对象、范围不明确；

《执行工作规定》

16. 人民法院受理执行案件应当符合下列条件：

（1）申请或移送执行的法律文书已经生效；

（2）申请执行人是生效法律文书确定的权利人或其继承人、权利承受人；

（3）申请执行的法律文书有给付内容，且执行标的和被执行人明确；

（4）义务人在生效法律文书确定的期限内未履行义务；

（5）属于受申请执行的人民法院管辖。

人民法院对符合上述条件的申请，应当在七日内予以立案；不符合上述条件之一的，应当在七日内裁定不予受理。

【诉讼策略】

1. 本案系因委托团购房屋后受托人无法向委托人交付房屋产生的纠纷，委托人与受托人经仲裁裁决确认受托人就涉案房屋的交付义务，但因交付涉案房屋产权权属不明确导致无法执行，故执行法院裁定驳回委托人的执行申请。

涉案房屋未登记到受托人名下，受托人通过联合竞买银行处分的资产包的方式竞得涉案房屋，受托人竞买所得的是要求银行办理产权变更的请求权，权利基础是债权。

作为执行依据的裁决书主文内容是要求受托人为委托人办理涉案房屋的产权过户和不动产登记，裁决内容系交付特定物的行为履行内容。涉案房屋的物权权属处于待定状态，并不明确，执行法院在受托人名下也查无涉案房屋。

综上，受托人对银行的权利与裁决书确认的委托人对受托人的权利之间存在差异。因此，对于委托人在执行过程中主张法院处置受托人对银行的债权以完成其应享有的物权登记的请求，执行法院未予支持。

2. 本案关于债权、物权二分原则的论述，论证清楚受托人未通过联合竞拍取得涉案房屋的物权，故执行法院无法强制执行将未登记至受托人名下房屋转移登记至委托人名下。

根据《民法典》第208条、第209条、第229条、第232条的相关规定，由于涉案房屋至今并未完成从银行名下登记至受托人名下的不动产物权变更登记，所以依据“不动产物权的设立、变更、转让和消灭，经依法登记，发生效力；未经登记，不发生效力”的法律规定，涉案房屋的物权权属未发生变动。因此，本案中银行后续通过拍卖处置的不是房产，而是债权，受托人与银行之间签署的《转让协议》性质是债权转让。

作为本案执行依据的仲裁裁决主文内容为：被申请人陈某应为申请人李某办理广州市×区×路松××房［粤华房产公司、某区城建公司通过《房地产预售契约》（编号为市管契字第××号）出售广州银行某支行名下的房产］的产权过户和不动产登记、将该涉案房产过户登记至申请人李某名下的手续，交易过程中所产生的税费由各方依法缴纳。

本案中，受托人因涉案房屋并未登记在其名下，该受托人无能力履行，而非有能力履行拒不履行，此种情况下，司法强制执行程序也无法将非裁决义务人名下的房产执行登记至申请人名下，故执行法院裁定驳回委托人的执行申请。

【类案裁判观点分析】

案例：恺恪中心并未通过登记取得涉案房产的所有权，涉案房产不属于恺恪中心名下可供执行的财产，权利人黄某请求人民法院执行仲裁裁决将涉案房产过户登记至其名下，缺乏事实依据和法律依据，无法执行——最高人民法院（2022）最高法执监5号

本案仲裁裁决内容为恺恪中心为黄某办理涉案房产的过户手续，系行为执行。根据本案查明的事实，涉案房产目前并未登记在恺恪中心名下，亦未登记在对办理过户手续表示无异议的广州银行名下。在无登记且无生效法律文书确认的情况下，执行法院一般不能直接出具执行文书将房产从案外人名下过户至执行案件申请执行人名下；对于行为的执行，如被执行人未能按期履行，应当承担缴纳迟延履行金等责任；执行法院也可通过采取其他强制措施督促被执行人履行义务；如因客观原因，确无可能执行到位，执行法院可裁定终结执行，各方当事人应通过另诉等方式解决纠纷。

070. 裁决义务人以知识产权履行出资义务但未明示相关细节，该裁决能否执行

◇ **执行依据**　出资责任纠纷案件仲裁裁决

◇ **问题**　仲裁裁决义务人履行以技术、知识产权出资义务，但未明示出资的技术参数、知识产权的范围、方式、交付期限等具体内容，该裁决能否执行

◇ **案例**　江苏高院（2019）苏执复181号

◇ **结论** 仲裁裁决义务人继续按照合同约定向公司履行以技术、知识产权出资的义务，但该裁决并未就义务人出资的技术参数、知识产权的范围、方式，以及交付的期限等内容进行明确，导致无法执行，因此执行法院裁定驳回权利人对仲裁裁决的执行申请

【基本案情】

金能公司与马斯特公司出资责任纠纷一案，中国国际经济贸易仲裁委员会（本案中简称中国贸仲）作出（2017）中国贸仲京裁字第0181号裁决书，裁决主文第1项为马斯特公司继续按照《设立有限公司合同》之约定向百年梦公司履行以技术、知识产权出资的义务。

仲裁裁决生效后，金能公司于2017年4月6日向无锡中院申请执行（2017）中国贸仲京裁字第0181号裁决书，请求：执行马斯特公司继续按照双方签订的《设立有限公司合同》之约定向百年梦公司履行以技术、知识产权出资的义务。

金能公司于2017年9月19日向无锡中院提交了《执行标的具体描述》，从“技术范围、技术基本内容、技术指标、技术特点及优势、环保指标、利润指标”6个方面对执行标的进行了说明，以明确执行标的。2018年1月4日，金能公司又向无锡中院提交了《回复意见》，对执行标的进一步补充说明。

无锡中院因无法确认履行《设立有限公司合同》的具体内容，向中国贸仲发出征询意见函，询问本案执行标的具体内容、认定标准及验收方法等。中国贸仲函复称：相关问题不属于双方仲裁请求或反请求的范围，故未作出分析和裁决。无锡中院认为马斯特公司继续履行以技术、知识产权出资义务的具体内容不明确，无法执行。马斯特公司无法履行相应出资义务所造成的损失，金能公司可以另行起诉。

2019年6月13日，无锡中院作出（2017）苏02执279号执行裁定：驳回金能公司的执行申请。

金能公司向江苏高院申请复议，请求如下：撤销无锡中院（2017）苏02

执279号执行裁定，裁定马斯特公司继续按照《设立有限公司合同》之约定向百年梦公司履行以技术、知识产权出资义务。江苏高院于2020年7月7日作出（2019）苏执复181号执行裁定：驳回金能公司复议申请，维持无锡中院（2017）苏02执279号执行裁定。

【争议焦点】

执行法院裁定驳回金能公司对仲裁裁决的执行申请是否符合法律规定？

【裁判要点】

作为执行依据的涉案仲裁裁决主文第1项，即马斯特公司继续按照《设立有限公司合同》之约定向百年梦公司履行以技术、知识产权出资的义务，江苏高院认为，该裁决要求马斯特公司继续履行义务，但是关于技术、知识产权的范围、方式，以及交付的期限等内容不明确，导致无法执行。无锡中院裁定驳回金能公司的执行申请并无不当。

第一，涉案仲裁裁决在事实认定及说理部分均没有认定马斯特公司应当交付的技术、知识产权的具体内容，人民法院无法依据涉案仲裁裁决明确执行内容。

第二，中国贸仲2018年2月28日的复函也没有明确涉案仲裁裁决主文第1项。

第三，《执行标的具体描述》《回复意见》不能作为人民法院执行依据。金能公司向无锡中院提交了《执行标的具体描述》《回复意见》，并主张据此确定仲裁裁决主文要求马斯特公司交付技术、知识产权的具体内容，但是《执行标的具体描述》《回复意见》并不是仲裁裁决所载明的内容，未经仲裁审理。金能公司主张以《执行标的具体描述》《回复意见》确定涉案仲裁裁决的执行内容，不能成立。

综上，金能公司的复议请求应予驳回。遂裁定：驳回金能公司复议申请，维持无锡中院（2017）苏02执279号执行裁定。

【相关法律法规】

《民事诉讼法司法解释》

第四百六十一条　当事人申请人民法院执行的生效法律文书应当具备下列条件：

（一）权利义务主体明确；

（二）给付内容明确。

法律文书确定继续履行合同的，应当明确继续履行的具体内容。

《最高人民法院关于人民法院办理仲裁裁决执行案件若干问题的规定》

第三条　仲裁裁决或者仲裁调解书执行内容具有下列情形之一导致无法执行的，人民法院可以裁定驳回执行申请；导致部分无法执行的，可以裁定驳回该部分的执行申请；导致部分无法执行且该部分与其他部分不可分的，可以裁定驳回执行申请。

（一）权利义务主体不明确；

（二）金钱给付具体数额不明确或者计算方法不明确导致无法计算出具体数额；

（三）交付的特定物不明确或者无法确定；

（四）行为履行的标准、对象、范围不明确；

仲裁裁决或者仲裁调解书仅确定继续履行合同，但对继续履行的权利义务，以及履行的方式、期限等具体内容不明确，导致无法执行的，依照前款规定处理。

第四条　对仲裁裁决主文或者仲裁调解书中的文字、计算错误以及仲裁庭已经认定但在裁决主文中遗漏的事项，可以补正或说明的，人民法院应当书面告知仲裁庭补正或说明，或者向仲裁机构调阅仲裁案卷查明。仲裁庭不补正也不说明，且人民法院调阅仲裁案卷后执行内容仍然不明确具体无法执行的，可以裁定驳回执行申请。

【诉讼策略】

1. 本案涉及以技术、知识产权出资所引发的争议，仲裁裁决义务人继续履行合同约定以技术、知识产权向公司出资，但因技术、知识产权相关参数无法明确，故该裁决内容依然不符合执行受理条件，无法执行。

作为执行依据的裁决书，其裁决主文第 1 项为：马斯特公司继续按照《设立有限公司合同》之约定向百年梦公司履行以技术、知识产权出资的义务。

执行过程中，法院无法依据该裁决内容确认执行标的，故又向作出裁决的仲裁委员会发函请求释明，仲裁委员会回函内容依然无法确认执行标的，即关于技术、知识产权的范围、方式，以及交付的期限等内容不明确。

综上，执行法院认为作为执行依据的仲裁裁决，其内容缺乏明确给付内容，不符合执行案件受理条件，故裁定驳回权利人的执行申请。

2. 在仲裁裁决内容不明确时，权利人向执行法院提交《执行标的具体描述》《回复意见》，意图对执行内容进行明确，但因上述文件均不能作为执行依据，故仍无法就涉案仲裁裁决进行执行。

执行过程中，金能公司向无锡中院提交的《执行标的具体描述》《回复意见》，从“技术范围、技术基本内容、技术指标、技术特点及优势、环保指标、利润指标”6 个方面对执行标的进行了说明，金能公司主张据此确定仲裁裁决主文要求马斯特公司交付技术、知识产权的具体内容。然而，《执行标的具体描述》《回复意见》并不是仲裁裁决所载明的内容，未经仲裁审理。因此，金能公司主张以《执行标的具体描述》《回复意见》确定涉案仲裁裁决的执行内容，不能成立，涉案仲裁裁决内容仍无法明确，不符合执行案件受理条件。

（二）避免仲裁裁决被不予执行的风险

071. 仲裁裁决不予执行程序与裁决主文内容不符合执行案件受理条件的区别

1. 裁决主文内容不符合执行案件受理条件是执行案件的立案审查程序

在执行程序中，人民法院会依据《民事诉讼法》和《最高人民法院关于人民法院办理仲裁裁决执行案件若干问题的规定》第3条、第4条等相关规定，判断仲裁裁决是否符合执行案件受理条件，有无驳回执行申请的法定情形，一般不对仲裁裁决本身的合法性进行评判，除非属于先予仲裁的特定情形。

2. 不予执行仲裁裁决是立案后的司法审查程序

人民法院主要依据《民事诉讼法》第244条第2款和第3款的规定，判断仲裁裁决有无违反法定程序等不予执行的法定情形，是对仲裁裁决本身的合法性进行判断，是人民法院对仲裁裁决进行司法监督的主要形式之一。

综上，鉴于执行案件的立案审查与不予执行仲裁裁决的司法审查存在上述区别，人民法院在强制执行仲裁裁决过程中，不得以立案审查替代司法审查，即以驳回仲裁裁决的执行申请替代不予执行仲裁裁决。

072. 仲裁裁决不予执行程序中申请不予执行仲裁裁决的时间节点和审查期限

根据《最高人民法院关于人民法院办理仲裁裁决执行案件若干问题的规定》第8～12条的相关规定，关于被执行人或案外人提请不予执行仲裁裁决的时间要求如下：

1. 被执行人向人民法院申请不予执行仲裁裁决的，应当在执行通知书送达之日起15日内提出书面申请。

2. 案外人自知道或者应当知道人民法院对该标的采取执行措施之日起30日内提出。

3. 关于法院就被执行人或案外人提请不予执行仲裁裁决案件的审查期限问题，依据上述法律规定，人民法院应当在立案之日起2个月内审查完毕并作出裁定；有特殊情况需要延长的，经本院院长批准，可以延长1个月。

073. 债务人申请不予执行仲裁裁决的情形

根据《民事诉讼法》第244条第2款的规定，债权人依据仲裁裁决向法院申请强制执行的，债务人能够提出证据证明仲裁裁决有下列情形之一的，法院将裁定不予执行仲裁裁决：

1. 当事人在合同中没有订有仲裁条款或者事后没有达成书面仲裁协议的。

2. 裁决的事项不属于仲裁协议的范围或者仲裁机构无权仲裁的。

3. 仲裁庭的组成或者仲裁的程序违反法定程序的。

4. 裁决所根据的证据是伪造的。

5. 对方当事人向仲裁机构隐瞒了足以影响公正裁决的证据的。

6. 仲裁员在仲裁该案时有贪污受贿，徇私舞弊，枉法裁决行为的。

7. 人民法院认定执行该裁决违背社会公共利益的。

074. 案外人申请不予执行仲裁裁决的条件

根据《最高人民法院关于人民法院办理仲裁裁决执行案件若干问题的规定》第9条的相关规定，案外人在符合以下条件时，可以向法院申请不予执行仲裁裁决或者仲裁调解书：

1. 有证据证明仲裁案件当事人恶意申请仲裁或者虚假仲裁，损害其合法权益。

2. 案外人主张的合法权益所涉及的执行标的尚未执行终结。

3. 案外人自知道或者应当知道人民法院对该标的采取执行措施之日起30日内提出。

综上，就仲裁裁决的不予执行程序，若人民法院经审理裁定不予执行仲裁裁决的，根据《民事诉讼法》第244条第5款“仲裁裁决被人民法院裁定不予执行的，当事人可以根据双方达成的书面仲裁协议重新申请仲裁，也可以向人民法院起诉”的规定，权利人还需重新提起仲裁或诉讼，可谓费时费力。因此，在提起仲裁程序时，应事先综合评判案件并在仲裁程序中尽量避免仲裁裁决不予执行的情形发生。

具体到司法实践中，以下案例可很好阐释不予执行程序的常见情形，并提醒当事人在申请仲裁及仲裁过程中提前做好防范。

075. 在寄送仲裁材料联系电话有误且邮递员未上门派送的情况下作出的裁决能否执行

◇ **执行依据** 代理合同纠纷案件仲裁裁决

◇ **问题** 仲裁委员会按照公司法人工商登记地址寄送仲裁材料，在预留电话区号错误、邮递员未上门派送的情况下，仲裁委员会作出的仲裁裁决能否执行

◇ **案例** 佛山中院（2022）粤06执异129号

◇ **结论** 仲裁委员会向债务人寄送涉案仲裁文书时，虽邮寄地址与债务人工商登记地址一致，但记载的固定电话的区号明显有误。在联系电话有误且邮递员未上门派送的情况下，佛山仲裁委员会的送达程序违反仲裁规则，且可能影响公正裁决，故执行法院裁定不予执行该仲裁裁决

【基本案情】

申请人聚弘公司与被申请人健泉公司代理合同纠纷仲裁裁决一案，佛山仲裁委员会于2019年11月5日受理该案。

佛山仲裁委员会分别于2019年11月5日、2019年11月28日、2020年4月15日向健泉公司以邮政快递方式寄送了涉案仲裁申请书及证据材料、仲裁通知书、举证通知书、仲裁规则、开庭通知书、仲裁庭组成通知书、裁决书等材料，上述邮件向健泉公司工商登记地址“佛山市南海区××街道”投递，填写联系方式为“020－8”，邮寄查询结果显示上述邮件均被退回妥投，退回的原因记载为“无法联系”“无法打入”“电话多天无法联系”。

2020年3月31日，佛山仲裁委员会作出（2019）佛仲字第533号仲裁裁决书，裁决如下：健泉公司负有向聚弘公司支付款项的给付责任。

裁决生效后，聚弘公司向佛山中院申请执行（2019）佛仲字第533号裁决内容。执行过程中，健泉公司以仲裁送达程序违法、损害其利益为由向佛

山中院申请不予执行该仲裁裁决。

佛山中院经审理，并查询《佛山仲裁委员会仲裁规则》第111条关于送达的相关规定，裁定如下：不予执行（2019）佛仲字第533号仲裁裁决。

【争议焦点】

涉案仲裁送达程序是否合法？

【裁判要点】

佛山中院认为：佛山仲裁委员会向健泉公司寄送涉案仲裁文书时，虽邮寄地址与健泉公司工商登记地址一致，但记载的联系方式为区号为“020”的固定电话号码，明显有误。再根据邮单记载的退回妥投原因，并结合健泉公司工商登记地址为客观上易于查找的高层写字楼的事实，健泉公司关于邮递员仅电话联系但未上门派送的主张具有高度可能性。综上，在联系电话有误且邮递员未上门派送的情况下，佛山仲裁委员会的送达程序违反仲裁规则，且可能影响公正裁决，根据《最高人民法院关于人民法院办理仲裁裁决执行案件若干问题的规定》第14条的规定，应不予执行该仲裁裁决。

【相关法律法规】

《最高人民法院关于人民法院办理仲裁裁决执行案件若干问题的规定》

第十四条　违反仲裁法规定的仲裁程序、当事人选择的仲裁规则或者当事人对仲裁程序的特别约定，可能影响案件公正裁决，经人民法院审查属实的，应当认定为民事诉讼法第二百三十七条①第二款第三项规定的“仲裁庭的组成或者仲裁的程序违反法定程序的”情形。

当事人主张未按照仲裁法或仲裁规则规定的方式送达法律文书导致其未能参与仲裁，或者仲裁员根据仲裁法或仲裁规则的规定应当回避而未回避，可能影响公正裁决，经审查属实的，人民法院应当支持；仲裁庭按照仲裁法或仲裁规则以及当事人约定的方式送达仲裁法律文书，当事人主张不符合民

① 现为《民事诉讼法》第244条。

事诉讼法有关送达规定的，人民法院不予支持。

适用的仲裁程序或仲裁规则经特别提示，当事人知道或者应当知道法定仲裁程序或选择的仲裁规则未被遵守，但仍然参加或者继续参加仲裁程序且未提出异议，在仲裁裁决作出之后以违反法定程序为由申请不予执行仲裁裁决的，人民法院不予支持。

《民事诉讼法》

第二百四十四条第二款 被申请人提出证据证明仲裁裁决有下列情形之一的，经人民法院组成合议庭审查核实，裁定不予执行：

（一）当事人在合同中没有订有仲裁条款或者事后没有达成书面仲裁协议的；

（二）裁决的事项不属于仲裁协议的范围或者仲裁机构无权仲裁的；

（三）仲裁庭的组成或者仲裁的程序违反法定程序的；

（四）裁决所根据的证据是伪造的；

（五）对方当事人向仲裁机构隐瞒了足以影响公正裁决的证据的；

（六）仲裁员在仲裁该案时有贪污受贿，徇私舞弊，枉法裁决行为的。

【诉讼策略】

1. 本案系基于代理合同纠纷案件的仲裁裁决产生的执行纠纷，债务人向执行法院申请不予执行仲裁裁决，执行法院经审查支持了债务人的不予执行申请。

债务人（也可称为仲裁被申请人、被执行人）认为：佛山仲裁委员会在仲裁期间向其邮寄送达相关文书，邮寄单上写的联系电话填写错误，债务人住所地在佛山（区号0757），区号却写为020（广州区号）。即使邮递员无法通过电话联系债务人，但邮寄单的邮寄地址正确且债务人一直在工商登记的地址办公营业，邮递员完全可以将邮件直接送至公司，不存在多次无法送达的情况。

债权人（也可称为仲裁申请人、申请执行人）认为：在债务人提供的快递单证据中，虽然有多次未签收，都显示退回妥投，但其中有一张快递单显示签收，证明该地址或电话可以联系上债务人。且在债权人申请执行程序时，债务人又收到了相应文书，并提出了执行异议，因此，仲裁邮寄地址及电话可以正常送达。

综上，双方就不予执行纠纷事项的主要争议点在于涉案材料是否经法定程序送达债务人。因仲裁委员会邮寄单填写的债务人联系电话明显错误，且在债务人地址明确的情况下邮递员未上门派送，仲裁委员会在未有效送达相应文书即作出裁决的行为有可能影响案件公证裁决，因此，仲裁的程序违反法定程序，仲裁裁决应不予执行。

2. 本案不予执行仲裁裁决程序的提起主体为债务人（被执行人），故执行法院作出的裁定送达即生效，双方均无权就该不予执行裁定提出复议。

根据《最高人民法院关于人民法院办理仲裁裁决执行案件若干问题的规定》第22条第1款的规定，人民法院裁定不予执行仲裁裁决、驳回或者不予受理不予执行仲裁裁决申请后，当事人对该裁定提出执行异议或者申请复议的，人民法院不予受理。

3. 执行法院裁定不予执行仲裁裁决后，债权人的救济不是就裁定提出复议，而是需与债务人重新协商仲裁，或重新向人民法院提起诉讼。

债务人（被执行人）就人民法院执行仲裁裁决申请不予执行程序的，根据《民事诉讼法》第244条第5款和《最高人民法院关于人民法院办理仲裁裁决执行案件若干问题的规定》第22条第2款的规定，人民法院裁定不予执行仲裁裁决的，债务人（被执行人）可重新与债权人（申请执行人）达成书面仲裁协议重新仲裁。若达不成仲裁协议的，债权人（申请执行人）可向人民法院起诉。

【类案裁判观点分析】

案例一：债权人在提请仲裁时故意隐瞒债务人的实际联系地址和电话，导致与仲裁相关的所有法律文书均未能送达，债务人未能参加仲裁程序，属仲裁程序违法——重庆二中院（2022）渝02执异81号

本院认为，秦皇岛某传媒公司故意向仲裁庭隐瞒欧某的实际联系地址和电话，导致与仲裁相关的所有法律文书均未能送达，进而造成其未能参与仲裁程序，客观上剥夺了欧某的程序性权利，属仲裁程序违法。申请人欧某不予执行仲裁裁决的请求成立，本院予以支持。遂裁定如下：对秦皇岛仲裁委员会（2021）秦仲裁字第278号仲裁裁决不予执行。

案例二：仲裁委员会通过电子送达平台向债务人送达相关仲裁文件，但无证据证明债务人认可电子送达方式或债务人已收到相关仲裁文书，因此，仲裁送达程序违法，符合不予执行条件——常德中院（2022）湘07执291号

本院查明，衢州仲裁委员会于2021年9月14日、9月16日、10月8日分别通过电子送达平台向张某送达仲裁应裁通知、组庭与书面审理通知、裁决通知，但无证据证明张某认可该电子送达方式或者张某已收到上述法律文书。衢州仲裁委员会开庭通知送达程序不规范，严重影响被执行人张某行使申请仲裁员回避、提供证据、答辩等基本程序权利，违反《最高人民法院关于人民法院办理仲裁裁决执行案件若干问题的规定》第14条的规定。遂裁定如下：不予执行衢州仲裁委员会（2021）衢仲字第2－17974号裁决书。

076. 在未约定仲裁管辖的情况下，仲裁机构按合同指定地址邮寄仲裁材料并作出裁决，该裁决能否执行

◇ **执行依据**　借款合同纠纷案件仲裁裁决

◇ **问题**　双方约定通过诉讼解决纠纷但未明示管辖法院，一方提请仲裁并按合同约定地址邮寄仲裁材料，此种情形下仲裁机构作出的裁决能否执行

◇ **案例**　北京二中院（2022）京02执异91号

◇ **结论**　债权人、债务人合同中虽未明确管辖法院，但从其内容可看出双方约定是通过诉讼手段解决争议，即双方未约定仲裁条款。在仲裁过程中，仲裁机构按合同中载明的地址向债务人邮寄的仲裁材料，债务人拒收，故不能视为债务人事后接受仲裁而放弃对管辖权的抗辩。因此，涉案仲裁裁决符合不予执行的条件

【基本案情】

慧达公司与李某、卡乐公司借款合同纠纷一案，北海仲裁委员会（北海国际仲裁院）于2021年10月28日作出（2021）北海仲字第21－99号裁决书，裁决：李某、卡乐公司负有向慧达公司偿还借款本息的给付责任。

因李某、卡乐公司未履行义务，慧达公司于2022年1月向北京二中院申请强制执行。执行过程中，卡乐公司于2022年2月15日签收了北京二中院向其发出的执行通知书，后卡乐公司提出不予执行申请，北京二中院于2022年3月1日立案受理。

北京二中院查明：慧达公司与李某、卡乐公司签订的《贷款服务合同》中载明：甲方（借款人及共借人）卡乐公司、李某的送达地址，并约定法院向该地址送达文书即视为送达。关于管辖的约定，关于甲方卡乐公司、李某与乙方慧达公司的争议提交北海仲裁委员会（北海国际仲裁院）进行仲裁裁决，一裁终局。关于卡乐公司、李某与慧达公司的争议，双方一致同意向人民法院裁决，但双方未明确约定具体管辖法院。

另查明：北海仲裁委员会（北海国际仲裁院）向卡乐公司上述合同约定地址邮寄的仲裁材料未妥投，被退回，原因为拒收。

北京二中院审查后，裁定如下：不予执行（2021）北海仲字第21－99号仲裁裁决中卡乐公司向慧达公司承担还款责任的内容。

【争议焦点】

涉案仲裁裁决程序是否符合不予执行的条件？

【裁判要点】

本案中，北海仲裁委员会（北海国际仲裁院）仲裁的慧达公司与李某、卡乐公司签订的《贷款服务合同》第10条第2款中虽未明确管辖法院，但从其内容可以看出双方约定是通过诉讼手段解决争议，确实未就双方发生的争议约定仲裁条款。北海仲裁委员会（北海国际仲裁院）虽按合同中载明的地址向卡乐公司邮寄仲裁案件通知书、仲裁申请书及证据等材料，但即使在卡乐公司拒收的情况下，亦不能视为卡乐公司事后接受仲裁，放弃了对管辖权的抗辩。因此，应认定卡乐公司与慧达公司之间在合同中没有订有仲裁条款或者事后没有达成书面仲裁协议。综上，卡乐公司所提不予执行申请理由成立，应予支持。

【相关法律法规】

《民事诉讼法》

第二百四十四条第二款 被申请人提出证据证明仲裁裁决有下列情形之一的，经人民法院组成合议庭审查核实，裁定不予执行：

（一）当事人在合同中没有订有仲裁条款或者事后没有达成书面仲裁协议的；

（二）裁决的事项不属于仲裁协议的范围或者仲裁机构无权仲裁的；

（三）仲裁庭的组成或者仲裁的程序违反法定程序的；

（四）裁决所根据的证据是伪造的；

（五）对方当事人向仲裁机构隐瞒了足以影响公正裁决的证据的；

（六）仲裁员在仲裁该案时有贪污受贿，徇私舞弊，枉法裁决行为的。

【诉讼策略】

1. 本案系借款合同纠纷仲裁裁决执行程序中引起的不予执行纠纷，因双方未在借款合同中约定仲裁条款，亦未在事后达成书面仲裁协议，故仲裁机构在此种情形下作出的裁决符合不予执行的条件，无法执行。

首先，涉案借款合同系融资担保借款合同，涉及三方主体，债务人与其他方约定了仲裁条款，但本案债权人、债务人之间未约定仲裁条款。本案债权人、债务人双方虽未明确管辖法院，但从其内容中可以看出双方约定是通过诉讼手段解决争议，即双方未约定仲裁条款。

其次，在仲裁过程中，仲裁委员会虽按合同中载明的地址向债务人邮寄仲裁材料，但是债务人拒收，故不能视为债务人事后接受仲裁，放弃对管辖权的抗辩。

综上，本案双方在合同中没有约定仲裁条款，事后亦没有达成书面仲裁协议，符合《民事诉讼法》第 244 条第 2 款第 1 项“当事人在合同中没有订有仲裁条款或者事后没有达成书面仲裁协议的”这一不予执行的条件，故人民法院裁定不予执行涉案仲裁裁决。

2. 关于涉案合同中未约定仲裁条款事项，因涉案合同涉及三方主体，且债务人与他方之间约定了仲裁条款，与本案债权人之间未明确约定诉讼管辖法院，因此才有本案是否存在仲裁条款以及本案仲裁裁决能否执行的争议。

本案中，卡乐公司提交的证据《贷款服务合同》，该证据标题为《贷款服务合同》，合同内容证明更偏向一份担保合同，担保人为本案债权人慧达公司。慧达公司认为，《民法典》第700条规定：“保证人承担保证责任后，除当事人另有约定外，有权在其承担保证责任的范围内向债务人追偿，享有债权人对债务人的权利，但是不得损害债权人的利益。”合同条款第4项第2条约定了慧达公司提供的担保范围及债务人卡乐公司、李某的义务，慧达公司履行了担保责任，应享有债权人的权利，因此慧达公司应承继《贷款服务合同》中卡乐公司与他方（债权人）约定的仲裁条款，解决纠纷。

同时，慧达公司认为卡乐公司在仲裁程序中未提管辖异议，应视为双方以实际行动达成通过仲裁解决纠纷的一致意见。

然而，慧达公司的上述意见之所以未被人民法院采纳，主要原因系仲裁委员会按照合同执行的送达地址送达的仲裁文书均被拒收，仲裁文件并未实际送达到债务人，债务人亦无法提出相应管辖权异议，仲裁程序侵害了卡乐公司的程序性权利且可能影响仲裁结果的公证，又因双方合同中未约定仲裁条款，故符合不予执行的法定条件。

077. 手机信息通知、电子送达文件能否佐证变更后的仲裁机构有管辖权，变更后的仲裁机构作出的裁决能否执行

◇ **执行依据**　借款合同纠纷案件仲裁裁决

◇ **问题**　债权人向债务人单方发送变更仲裁管辖约定的信息，仲裁机构电子送达仲裁通知，在债务人未明确回复的情况下能否起到变更管辖的效果

◇ **案例** 宜昌中院（2021）鄂05执异42号

◇ **结论** 债权人单方面向债务人发送变更仲裁管辖约定的信息，在债务人未回复同意的情况下，不能起到变更仲裁管辖的效果。即便仲裁机构能出具相应送达材料，亦无法证明债权人、债务人就借款合同的仲裁管辖已协商变更。因此，涉案仲裁机构在无管辖权的情形下作出的裁决，符合不予执行的条件

【基本案情】

北京知了公司与席某借款合同纠纷一案，北海仲裁委员会（北海国际仲裁院）于2019年11月1日受理了北京知了公司的仲裁申请，并于11月11日缺席审理（席某未到庭）。2019年12月26日，该仲裁机构作出（2019）北海仲裁字第21－5028号裁决书，裁决：被申请人席某向北京知了公司归还借款本息。

北海仲裁委员会（北海国际仲裁院）于2020年1月6日向席某电子送达了裁决书等相应仲裁文书（通过发送手机短信的方式送达）。2020年1月，北京知了公司以上述（2019）北海仲裁字第21－5028号裁决书为依据向法院申请执行。

执行过程中，席某以借款协议约定的仲裁机构是中国广州仲裁委员会、对仲裁机构变更为北海仲裁委员会（北海国际仲裁院）不知情、对北海仲裁委员会（北海国际仲裁院）的仲裁裁决行为不知情为由，向宜昌中院申请不予执行涉案仲裁裁决。

宜昌中院受理不予执行申请后，查明：2018年10月9日，席某通过“融贝网”平台，签订《借款协议》（系电子协议），约定了由中国广州仲裁委员会解决纠纷。2019年9月29日，融贝网与北京知了公司签订《债权转让协议》，将对席某的债权转让给北京知了公司。债权转让协议上无席某签章，未约定变更仲裁机构。

另查明，北京知了公司提供了融贝网于2019年9月17日通过号码为189××××××××的手机发送给席某（号码为188××××××××）的

手机短信截图，证明其告知席某争议解决地改为北海仲裁委员会（北海国际仲裁院）解决。北京知了公司认可未收到席某对变更仲裁机构事项的回复。席某对上述债权转让及短信通知表示不知情，不予认可。

宜昌中院经评议并报湖北高院、最高人民法院核准，裁定：不予执行（2019）北海仲裁字第21－5028号仲裁裁决。

【争议焦点】

本案是否变更了管辖仲裁机构，北海仲裁委员会（北海国际仲裁院）对本案是否有管辖权？

【裁判要点】

本院认为，借款合同双方应依照借款协议的约定行使权利和履行义务，已经约定仲裁机构的，若改为其他仲裁机构仲裁也应由双方达成一致协议。《民事诉讼法》第237条[①]第2款规定："被申请人提出证据证明仲裁裁决有下列情形之一的，经人民法院组成合议庭审查核实，裁定不予执行：……（二）裁决的事项不属于仲裁协议的范围或者仲裁机构无权仲裁的……"本案中，北京知了公司仅凭该公司单方面提供的短信截图和北海仲裁委员会（北海国际仲裁院）出具的送达证明，不能证明席某与其就民间借贷纠纷由借款协议上约定的广州仲裁委员会改为北海仲裁委员会（北海国际仲裁院）进行仲裁达成了一致，故北海仲裁委员会（北海国际仲裁院）对本案所涉民间借贷纠纷没有管辖权。根据前述法律规定，对于北京知了公司申请执行的北海仲裁委员会（北海国际仲裁院）的仲裁裁决应不予执行。

【相关法律法规】

《民事诉讼法》

第二百四十四条第二款 被申请人提出证据证明仲裁裁决有下列情形之一的，经人民法院组成合议庭审查核实，裁定不予执行：

---

① 现为《民事诉讼法》第244条。

（一）当事人在合同中没有订有仲裁条款或者事后没有达成书面仲裁协议的；

（二）裁决的事项不属于仲裁协议的范围或者仲裁机构无权仲裁的；

（三）仲裁庭的组成或者仲裁的程序违反法定程序的；

（四）裁决所根据的证据是伪造的；

（五）对方当事人向仲裁机构隐瞒了足以影响公正裁决的证据的；

（六）仲裁员在仲裁该案时有贪污受贿，徇私舞弊，枉法裁决行为的。

《最高人民法院关于人民法院办理仲裁裁决执行案件若干问题的规定》

第十三条 下列情形经人民法院审查属实的，应当认定为民事诉讼法第二百三十七条①第二款第二项规定的“裁决的事项不属于仲裁协议的范围或者仲裁机构无权仲裁的”情形：

（一）裁决的事项超出仲裁协议约定的范围；

（二）裁决的事项属于依照法律规定或者当事人选择的仲裁规则规定的不可仲裁事项；

（三）裁决内容超出当事人仲裁请求的范围；

（四）作出裁决的仲裁机构非仲裁协议所约定。

【诉讼策略】

1. 本案系典型的网贷纠纷案件，网贷平台或其他方与借款人签订电子借款协议，并约定仲裁管辖，仲裁机构基于借款合同的约定及借款人的还款情况，裁决借款人清偿债务。执行程序中，涉案裁决因仲裁机构无管辖权，人民法院裁定不予执行该涉案裁决。

本案中，债权人认为涉案仲裁机构有管辖权的依据系其提供的手机短信截图，截图显示信息为：原债权人于2019年9月17日通过号码为189××××××××的手机发送给债务人（号码为188××××××××）的手机短信截图，证明原债权人已告知债务人争议解决地改为北海仲裁委员会（北海国际仲裁院）。但同时，债权人亦认可未收到债务人对变更仲裁

① 现为《民事诉讼法》第244条。

机构事项的回复，即双方未就变更仲裁机构达成一致意见。此后，债务人在不予执行纠纷案件中对上述债权转让及短信通知均表示不知情，不予认可，亦说明债权人、债务人未就仲裁管辖的变更达成一致意见。因此，涉案仲裁机构在无管辖权的情形下，作出的裁决违反法律规定，符合不予执行的条件。

2. 本案中，若债务人就债权人变更仲裁机构的短信或微信或电子邮件回复同意，可视为双方已协商变更仲裁管辖约定，但本案债务人未作任何回复，故双方并未达成变更管辖的约定。关于民事诉讼法中规定的“裁决的事项不属于仲裁协议的范围或者仲裁机构无权仲裁的”情形，可以包括以下四种情况：

（1）裁决的事项超出仲裁协议约定的范围。

（2）裁决的事项属于依照法律规定或者当事人选择的仲裁规则规定的不可仲裁事项。

（3）裁决内容超出当事人仲裁请求的范围。

（4）作出裁决的仲裁机构非仲裁协议所约定。

仲裁过程中，出现上述情形均可视为仲裁程序违反法律规定，债务人（被执行人）有权向人民法院申请不予执行仲裁裁决。

【类案裁判观点分析】

案例：仲裁机构未有效送达导致被申请人未能参加庭审的，属程序违法，仲裁裁决符合不予执行条件——成都中院（2021）川01执异2784号

本案中，衢州仲裁委员会采用非同步电子交互形式对案件进行网上开庭审理，在蒋某未参加开庭的情况下，未能保障蒋某的辩论权等权利，程序违法。根据《民事诉讼法》第237条[①]第2款的规定，案涉仲裁裁决应不予执行。

① 现为《民事诉讼法》第244条。

078. 仲裁机构就已故当事人债务裁决“父债子还”的，因遗产继承尚存争议，该裁决能否执行

◇ **执行依据** 保证合同纠纷案件仲裁裁决

◇ **问题** 被继承人生前签署合同所负债务，仲裁裁决其继承人向债权人进行清偿，继承人以其非债务人且已放弃继承遗产为由申请不予执行仲裁裁决的，能否获得支持

◇ **案例** 抚顺中院（2022）辽04执异2号

◇ **结论** “父债子还”的前提是“子”明确表示认可偿还债务或在其继承遗产范围内偿还债务。本案中，涉案仲裁裁决的责任形式为直接给付责任，直接责任人为继承人，但继承人是否继承被继承人遗产尚存在争议，而继承纠纷属于依法不能仲裁的事项。因此，涉案仲裁裁决事项属于依照法律规定不可仲裁事项，符合不予执行条件

【基本案情】

抚顺担保公司与王某、王某博担保合同纠纷一案，抚顺仲裁委员会于2020年11月23日作出抚仲字［2020］第101号裁决书，裁决如下：被申请人王某博代其父亲王某向申请人抚顺担保公司偿还借款本息及违约金。

裁决生效后，抚顺担保公司于2021年9月23日向抚顺中院申请执行。2021年10月18日，抚顺中院作出执行通知书，责令王某博报告财产。11月3日，抚顺中院裁定对坐落于抚顺市东洲区××路××号××单元××室房屋予以预查封，查封期限3年。

2021年11月24日，王某博提出执行异议，请求撤销对王某博的执行行为，不将其列为被执行人。2021年12月16日，抚顺中院裁定如下：驳回王某博的异议请求。

2021 年 12 月 16 日，王某博向抚顺中院请求不予执行抚仲字［2020］第 101 号裁决。抚顺中院查明：王某系王某博父亲。2015 年 6 月 11 日，王某与抚顺担保公司签订《合同书》，并约定了仲裁条款。2015 年 12 月 13 日，王某因病去世。王某博在仲裁答辩意见中表示，其正在读书，现虽已毕业，正在考研阶段，无能力承担其父王某的债务，所以也不继承此债务。

抚顺中院认为涉案裁决符合不予执行条件，遂裁定如下：不予执行抚仲字［2020］第 101 号裁决。

【争议焦点】

王某博申请不予仲裁裁决的请求是否成立?

【裁判要点】

本案中，抚顺担保公司依据其与王某博父亲王某在合同中订立的仲裁条款向抚顺仲裁委员会申请仲裁，而王某博并未与抚顺担保公司签订仲裁协议或者仲裁条款，亦未能在事后达成仲裁协议。虽然王某博参加了本案仲裁，但已在答辩意见中明确表示不继承其父王某的债务。本案仲裁裁决的责任方式为直接给付责任，该责任方式应以王某博明确表示继承其父的债务为前提，且应当符合限定继承原则。本案王某博是否继承王某的遗产存在争议，依据《仲裁法》第 3 条的规定，继承纠纷属于依法不能仲裁的事项。因此，本案仲裁裁决事项属于依照法律规定不可仲裁事项。王某博申请不予执行仲裁裁决的理由成立，抚顺中院依法予以支持。

【相关法律法规】

《仲裁法》

第三条　下列纠纷不能仲裁：

（一）婚姻、收养、监护、扶养、继承纠纷；

（二）依法应当由行政机关处理的行政争议。

《最高人民法院关于人民法院办理仲裁裁决执行案件若干问题的规定》

第十三条　下列情形经人民法院审查属实的，应当认定为民事诉讼法第二百三十七条[①]第二款第二项规定的“裁决的事项不属于仲裁协议的范围或者仲裁机构无权仲裁的”情形：

（一）裁决的事项超出仲裁协议约定的范围；

（二）裁决的事项属于依照法律规定或者当事人选择的仲裁规则规定的不可仲裁事项；

（三）裁决内容超出当事人仲裁请求的范围；

（四）作出裁决的仲裁机构非仲裁协议所约定。

【诉讼策略】

1. 本案系因担保合同履行产生的纠纷，但合同主体非当事人而是当事人的已故父亲，因此，本案是否应“父债子还”产生争议。但因涉案仲裁裁决事项属于法定不可仲裁事项，故人民法院不予执行涉案裁决。

与担保公司签订《合同书》的当事人已死亡，其继承人在仲裁答辩意见中表示：其正在读书，现虽已毕业，正在考研阶段，无能力承担被继承人的债务，所以也不继承此债务。同时，该继承人在申请法院不予执行仲裁裁决时，又提出其对被继承人生前这笔“银行房产贷款”并不知情，更没有继承被继承人的遗产。因此，本案继承人是否继承合同当事人（被继承人）的遗产存在争议，依据《仲裁法》第3条的规定，继承纠纷属于依法不能仲裁的事项，故涉案裁决符合不予执行条件。

2. 涉案合同的签订主体死亡的，合同中的仲裁条款不应直接适用于其继承人。

根据《仲裁法司法解释》第8条第2款“当事人订立仲裁协议后死亡的，仲裁协议对承继其仲裁事项中的权利义务的继承人有效”的规定，仲裁协议对继承人有效。然而本案中，继承人已明示放弃继承合同当事人的遗产，则涉案合同的仲裁条款不能直接适用于该继承人。

---

① 现为《民事诉讼法》第244条。

079. 被申请人未出庭、仲裁申请人隐瞒证据，此种情形下作出的仲裁裁决能否执行

◇ **执行依据**　房屋买卖合同纠纷案件仲裁裁决

◇ **问题**　出现两份不同合同，仲裁申请人在被申请人未参与仲裁情形下仅提交其中一份，此种情形下仲裁机构作出的裁决是否符合不予执行条件

◇ **案例**　恩施中院（2022）鄂28执异8号

◇ **结论**　执行纠纷中，审查仲裁裁决是否符合不予执行条件时，仲裁被申请人未参加仲裁程序，其向执行法院提交的房屋买卖合同与仲裁申请人向仲裁委员会提交的据以作出裁决的证据《房屋买卖合同》内容不一致，因此，执行法院认为本案可能存在当事人向仲裁机构隐瞒足以影响公正裁决的证据的情形，故裁定涉案裁决不予执行

【基本案情】

乐某与崔某房屋买卖合同纠纷一案，武汉仲裁委员会于2019年7月16日作出（2019）武仲裁字第1174号裁决书，裁决：被申请人崔某向申请人乐某支付房款及违约金。

2021年9月30日，乐某向恩施中院申请强制执行。恩施中院先后向被执行人崔某下达执行通知书、报告财产令和财产申报表，因无法送达，上述文书被邮局退回。

2021年12月1日，恩施中院下达对崔某的限制消费令。12月27日，裁定终结本次执行程序。

2022年3月17日，崔某向恩施中院提出申请，要求不予执行仲裁裁决并解除执行措施。恩施中院经审理裁定如下：对武汉仲裁委员会（2019）武仲裁字第1174号裁决不予执行。

【争议焦点】

涉案仲裁裁决是否符合不予执行的条件？

【裁判要点】

本案中，崔某向恩施中院提交的证据，可以证明其未参加仲裁。且乐某向武汉仲裁委员会提交的据以作出仲裁裁决的《武汉存量房买卖合同》，与崔某与乐某签订的《存量房买卖（居间）合同》不一致，因此，本案可能存在当事人向仲裁机构隐瞒足以影响公正裁决的证据的情形，故（2019）武仲裁字第1174号裁决书应裁定不予执行。

关于乐某认为崔某没有在规定期限内提出主张、视为放弃救济权利的抗辩理由，恩施中院认为，《最高人民法院关于人民法院办理仲裁裁决执行案件若干问题的规定》第8条第1款规定："被执行人向人民法院申请不予执行仲裁裁决的，应当在执行通知书送达之日起十五日内提出书面申请；有民事诉讼法第二百三十七条[①]第二款第四、六项规定情形且执行程序尚未终结的，应当自知道或者应当知道有关事实或案件之日起十五日内提出书面申请。"崔某因限制消费、购买动车车票失败，发现仲裁裁决及执行案件存在的事实，向恩施中院提出不予执行仲裁裁决的申请，并未超过司法解释规定的申请期限。（2019）武仲裁字第1174号裁决书裁定不予执行后，当事人可以根据《最高人民法院关于人民法院办理仲裁裁决执行案件若干问题的规定》第22条第2款的规定重新申请仲裁或者向人民法院起诉。

综上，被申请人崔某的申请不予执行理由成立，其提出的请求恩施中院予以支持。

【相关法律法规】

《民事诉讼法》

第二百四十四条第二款 被申请人提出证据证明仲裁裁决有下列情形之

① 现为《民事诉讼法》第244条。

一的，经人民法院组成合议庭审查核实，裁定不予执行：

……

（三）仲裁庭的组成或者仲裁的程序违反法定程序的；

（四）裁决所根据的证据是伪造的；

（五）对方当事人向仲裁机构隐瞒了足以影响公正裁决的证据的；

（六）仲裁员在仲裁该案时有贪污受贿，徇私舞弊，枉法裁决行为的。

《最高人民法院关于人民法院办理仲裁裁决执行案件若干问题的规定》

第十四条第二款 当事人主张未按照仲裁法或仲裁规则规定的方式送达法律文书导致其未能参与仲裁，或者仲裁员根据仲裁法或仲裁规则的规定应当回避而未回避，可能影响公正裁决，经审查属实的，人民法院应当支持；仲裁庭按照仲裁法或仲裁规则以及当事人约定的方式送达仲裁法律文书，当事人主张不符合民事诉讼法有关送达规定的，人民法院不予支持。

【诉讼策略】

1. 因仲裁申请人在仲裁时存在隐瞒证据的情形，导致仲裁结果可能影响公正裁决，故不予执行。

本案系因房屋买卖合同纠纷引起的不予执行仲裁裁决纠纷案件，因仲裁被申请人未接到仲裁通知未能参与仲裁程序，且在不予执行纠纷审查过程中出现了与仲裁程序中申请人提交的合同内容不一致的另份合同，故执行法院认为仲裁申请人存在向仲裁机构隐瞒足以影响公正裁决的证据的情形，涉案裁决符合不予执行的条件。

2. 本案涉及不予执行申请提请期限的问题，申请执行人认为被执行人提出不予执行的期限已经超期，故法院不应支持该不予执行申请。但本案特殊情形在于被执行人始终不知其涉诉且未参与仲裁程序，故人民法院认为被执行人在知道被限制高消费后即向法院申请不予执行，符合法定期限要求。

申请执行人（又可称为仲裁申请人、不予执行被申请人、债权人）认为被执行人（又可称为仲裁被申请人、不予执行申请人、债务人）没有在规定期限内提出主张、视为放弃救济权利的抗辩理由。所谓规定期限，是指根据《最高人民法院关于人民法院办理仲裁裁决执行案件若干问题的规定》第8

条的规定，被执行人向人民法院申请不予执行仲裁裁决的，应当在执行通知书送达之日起 15 日内提出书面申请。

恩施中院认为，根据上述司法解释第 8 条后半句的规定内容：有《民事诉讼法》第 237 条①第 2 款第 4 项、第 6 项规定的情形且执行程序尚未终结的，应当自知道或者应当知道有关事实或案件之日起 15 日内提出书面申请。本案被执行人因限制消费、购买动车车票失败，发现仲裁裁决及执行案件存在的事实，向执行法院提出不予执行仲裁裁决的申请，符合上述司法解释规定，故被申请人提出的不予执行仲裁裁决申请未超过司法解释规定的申请期限。

3. 本案还涉及法院裁定不予执行仲裁裁决后的救济路径问题，当事人可重新申请仲裁或重新起诉。

人民法院裁定不予执行仲裁裁决后，案件当事人可以根据《最高人民法院关于人民法院办理仲裁裁决执行案件若干问题的规定》第 22 条第 2 款的规定，重新协商申请仲裁或者向人民法院起诉。

080. 仲裁机构就被申请人提出的仲裁反请求应合并审理但未合并审理的，作出的裁决能否执行

◇ **执行依据** 商品房预售合同纠纷案件仲裁裁决

◇ **问题** 仲裁机构就被申请人提出的仲裁反请求应合并审理而未合并审理的，作出的裁决是否符合不予执行条件

◇ **案例** 乌鲁木齐中院（2021）新 01 执异 426 号

◇ **结论** 债务人在仲裁委员会提出的仲裁反请求，属于仲裁事项，仲裁机构应当通过合并审理在仲裁案件中一并裁决，然而仲裁机构对债务人提出反请求不予审理的仲裁程序，违反法律规定，故涉案仲裁程序违反法定程序。因此，人民法院裁定不予执行涉案仲裁裁决

① 现为《民事诉讼法》第 244 条。

【基本案情】

肖某与雄峰房产公司商品房买卖合同纠纷一案，乌鲁木齐仲裁委员会受理肖某的仲裁申请，并于2021年3月3日作出（2020）乌仲裁字第0162号裁决书，裁决：雄峰房产公司向肖某支付逾期交房违约金，驳回雄峰房产公司的仲裁反请求申请。

仲裁裁决生效后，因被执行人雄峰房产公司未履行义务，申请执行人肖某向乌鲁木齐中院申请强制执行。2021年5月20日，乌鲁木齐中院作出（2021）新01执498号执行裁定书，裁定如下：冻结、查封被执行人雄峰房产公司的资产。

执行过程中，被执行人雄峰房产公司以仲裁程序违反法定程序为由，提出不予执行上述仲裁裁决的书面申请。

乌鲁木齐中院经审查，裁定如下：不予执行（2020）乌仲裁字第0162号裁决书。

【争议焦点】

涉案仲裁裁决是否符合不予执行的条件？

【裁判要点】

乌鲁木齐中院认为，人民法院在审查不予执行仲裁裁决案件中应当按照《民事诉讼法》第237条[①]的规定进行审查，对于申请不予执行仲裁裁决案件，人民法院仅对仲裁程序是否违法和是否违背社会公共利益进行审查，不审查案件实体裁决部门。

在本案中，肖某与雄峰房产公司在双方签订的《商品房预售合同》中约定产生争议解决的途径是通过合同签订地的仲裁委员会仲裁，合同签订地为乌鲁木齐市，该仲裁协议对双方均有法律约束力。在肖某与雄峰房产公司就该合同的履行产生争议后，均选择向乌鲁木齐仲裁委员会申请仲裁。根据上

① 现为《民事诉讼法》第244条。

述法律规定，在仲裁期间，肖某就涉案合同向人民法院提出诉讼，人民法院应不予受理。针对合同解除后产生的法律后果是尚未履行的，终止履行；已经履行的，根据履行情况和合同性质，当事人可以请求恢复原状或者采取其他补救措施，并有权请求赔偿损失。合同因违约解除的，解除权人可以请求违约方承担违约责任，但是当事人另有约定的除外。因此，雄峰房产公司在乌鲁木齐仲裁委员会提出的仲裁反请求，属于仲裁事项，乌鲁木齐仲裁委员会应当通过合并审理在仲裁案件中一并裁决。乌鲁木齐仲裁委员会对雄峰房产公司提出反请求不予审理的仲裁程序，违反上述法律规定。故申请人雄峰房产公司以仲裁程序违反法定程序为由，申请不予执行乌鲁木齐仲裁委作出的（2020）乌仲裁字第0162号裁决书，乌鲁木齐中院予以支持。

【相关法律法规】

《民事诉讼法》

第二百四十四条第二款 被申请人提出证据证明仲裁裁决有下列情形之一的，经人民法院组成合议庭审查核实，裁定不予执行：

（一）当事人在合同中没有订有仲裁条款或者事后没有达成书面仲裁协议的；

（二）裁决的事项不属于仲裁协议的范围或者仲裁机构无权仲裁的；

（三）仲裁庭的组成或者仲裁的程序违反法定程序的；

（四）裁决所根据的证据是伪造的；

（五）对方当事人向仲裁机构隐瞒了足以影响公正裁决的证据的；

（六）仲裁员在仲裁该案时有贪污受贿，徇私舞弊，枉法裁决行为的。

《仲裁法》

第五条 当事人达成仲裁协议，一方向人民法院起诉的，人民法院不予受理，但仲裁协议无效的除外。

【诉讼策略】

本案系因双方履行商品房预售合同仲裁后产生的执行中不予执行纠纷案件，被执行人在执行程序中就仲裁机构未予合并审理其解除合同的仲裁反请求违反法律规定为由申请不予执行，人民法院经审理裁定不予执行。

对于肖某与雄峰房产公司签订的《商品房预售合同》，肖某仲裁申请雄峰房产公司赔偿逾期交房违约金，雄峰房产公司反请求解除《商品房预售合同》，因雄峰房产公司向仲裁机构提出的仲裁反请求属于仲裁事项，仲裁机构应当通过合并审理而未合并审理。因此，仲裁程序违反法定程序，仲裁裁决符合不予执行的条件。

（三）避免仲裁裁决被依法撤销的风险

081. 撤销仲裁裁决程序与不予执行仲裁裁决之间的区别

《民事诉讼法》第244条第5款、《仲裁法》第58条等相关规定，规定了撤销仲裁裁决与不予执行仲裁裁决两种有关仲裁裁决执行的救济程序，其二者的主要区别如下。

1. 提请撤销仲裁裁决和不予执行程序的主体不同

根据《仲裁法》第58条的规定，提请撤销仲裁裁决的主体只能是仲裁裁决的当事人，执行程序中一般为仲裁被申请人（又称为债务人、被执行人）。

根据《民事诉讼法》第244条的规定，以及《最高人民法院关于人民法院办理仲裁裁决执行案件若干问题的规定》第9条的规定，就已生效的仲裁裁决提出不予执行申请的主体包括：仲裁被申请人（又称为债务人、被执行人），以及非仲裁程序当事人的案外人（既非仲裁申请人也非仲裁被申请人）。

2. 提请撤销仲裁裁决和不予执行程序的提请时间和审查期限不同

根据《仲裁法》第59条的规定，当事人申请撤销裁决的，应当自收到裁决书之日起6个月内提出，即申请撤销仲裁裁决程序应在收到仲裁裁决书之日起6个月内提起。根据《仲裁法》第60条的规定，人民法院应当在受理撤销仲裁裁决申请之日起2个月内作出撤销仲裁裁决或者驳回申请的裁定。

根据《民事诉讼法司法解释》第479条的规定，当事人请求不予执行仲裁裁决的，应当在执行终结前向执行法院提出。根据《最高人民法院关于人民法院办理仲裁裁决执行案件若干问题的规定》第8条第1款的规定，被执行人向人民法院申请不予执行仲裁裁决的，应当在执行通知书送达之日起15日内提出书面申请；有《民事诉讼法》第237条①第2款第4项、第6项规定的超裁和伪造证据情形且执行程序尚未终结的，应当自知道或者应当知道有关事实或案件之日起15日内提出书面申请。简单来说，当事人提请不予执行仲裁裁决程序应在收到受理执行通知之日起15日内提出，有特殊情况则应当在执行终结前提出。

综上，关于申请撤销仲裁裁决或不予执行仲裁裁决程序，相关权利人可根据所处时间节点及结合在案证据合理提出相应仲裁救济程序。

3. 提请撤销仲裁裁决和不予执行程序的缴费金额略有不同

根据《诉讼费用交纳办法》第10条第1款的规定："当事人依法向人民法院申请下列事项，应当交纳申请费：……（五）申请撤销仲裁裁决或者认定仲裁协议效力……"据此，提请撤销仲裁裁决需向法院交纳申请费。

关于申请不予执行仲裁裁决程序的缴费问题，目前尚无明确的法律法规规定需要缴纳费用，司法实践中，法院一般不对申请不予执行仲裁裁决收取费用。

4. 提请撤销仲裁裁决和不予执行程序的审查结果不同

提请撤销仲裁裁决程序的审查结果，包括撤销仲裁裁决、重新裁决和驳回撤销仲裁裁决申请。根据《仲裁法司法解释》第19条的规定，当事人以仲裁裁决事项超出仲裁协议范围为由申请撤销仲裁裁决，经审查属实且超裁部分与其他裁决事项不可分的，人民法院应当撤销仲裁裁决。根据该司法解释第21条的规定，仲裁裁决所根据的证据是伪造或当事人隐瞒了足以影响公正裁决的证据，人民法院可通知仲裁庭在一定期限内重新仲裁。因此，就当事人提请撤销仲裁裁决的，人民法院认为理由成立的，裁定撤销仲裁裁决或通知仲裁庭重新仲裁。理由不成立，人民法院裁定驳回撤销仲裁裁决申请。同时，根据《仲裁法》第64条的规定，一方当事人申请执行裁决，另一方当事人申请撤销裁决的，人民法院应当裁定中止执行。人民法院裁定撤销裁决的，应当裁定终结执行。撤销裁决的申请被裁定驳回的，人民法院应当裁

① 现为《民事诉讼法》第244条。

定恢复执行。

提请不予执行仲裁裁决的审查结果，包括裁定不予执行和裁定驳回不予执行申请。根据《最高人民法院关于人民法院办理仲裁裁决执行案件若干问题的规定》第19条第2款的规定，被执行人、案外人对仲裁裁决执行案件申请不予执行，经审查理由成立的，人民法院应当裁定不予执行；理由不成立的，应当裁定驳回不予执行申请。

5. 提请撤销仲裁裁决和不予执行程序的司法救济途径不同

关于当事人申请撤销仲裁裁决，人民法院裁定驳回撤销仲裁裁决申请的，当事人无权上诉、复议、申请再审。根据《最高人民法院关于审理仲裁司法审查案件若干问题的规定》第20条的规定："人民法院在仲裁司法审查案件中作出的裁定，除不予受理、驳回申请、管辖权异议的裁定外，一经送达即发生法律效力。当事人申请复议、提出上诉或者申请再审的，人民法院不予受理，但法律和司法解释另有规定的除外。"

关于申请不予执行仲裁裁决程序，人民法院作出裁定后债务人（被执行人）与案外人提请程序的救济途径不同，债务人（被执行人）提请的不予执行程序不能复议，案外人提请的程序双方均可向上一级人民法院申请复议。具体如下：

（1）债务人（被执行人）就人民法院执行仲裁裁决申请不予执行程序的，根据《民事诉讼法》第244条第5款和《最高人民法院关于人民法院办理仲裁裁决执行案件若干问题的规定》第22条第2款的规定，人民法院裁定不予执行仲裁裁决的，债务人（被执行人）可重新与债权人（申请执行人）达成书面仲裁协议重新仲裁，若达不成仲裁协议的，债权人（申请执行人）可向人民法院起诉。

（2）根据《最高人民法院关于人民法院办理仲裁裁决执行案件若干问题的规定》第22条第1款的规定，人民法院裁定不予执行仲裁裁决、驳回或者不予受理不予执行仲裁裁决申请后，当事人对该裁定提出执行异议或者申请复议的，人民法院不予受理。

（3）根据《最高人民法院关于人民法院办理仲裁裁决执行案件若干问题的规定》第22条第3款的规定，人民法院基于案外人申请裁定不予执行仲裁裁决或者仲裁调解书，当事人不服的，可以自裁定送达之日起 10 日内向上一级人民法院申请复议；人民法院裁定驳回或者不予受理案外人提出的不予执行仲裁裁决、仲裁调解书申请，案外人不服的，可以自裁定送达之日起 10 日内向上一级人民法院申请复议。

（4）当事人对执行法院裁定不予执行仲裁裁决的，可提起执行监督程序。

082. 债务人（被执行人）向人民法院提请撤销仲裁裁决的法定情形

根据《仲裁法》第 58 条的规定，当事人可向仲裁委员会所在地的中级人民法院申请撤销仲裁裁决的情形如下：

1. 没有仲裁协议的。
2. 仲裁裁决的事项不属于仲裁协议的范围或者仲裁委员会无权仲裁的。
3. 仲裁庭的组成或者仲裁的程序违反法定程序的。
4. 裁决所根据的证据是伪造的。
5. 对方当事人隐瞒了足以影响公正裁决的证据的。
6. 仲裁员在仲裁该案时有索贿受贿、徇私舞弊、枉法裁决行为的。
7. 人民法院认定该裁决违背社会公共利益的。

综上，撤销仲裁裁决的情形与不予执行仲裁裁决的情形相同，因此，债务人在出现上述情形时，既可以选择向法院申请不予执行，又可以向法院申请撤销仲裁裁决。根据《最高人民法院关于人民法院办理仲裁裁决执行案件若干问题的规定》第 20 条的规定，无论债务人申请撤销仲裁裁决还是申请不予执行仲裁裁决，相同事由只能采取一个程序进行救济，即若相同事由在不予执行仲裁裁决的审查中被驳回，债务人再以该事由申请撤销仲裁裁决的，法院不予支持，反之亦然。但是，债务人可以通过不予执行程序和撤销仲裁裁决两个程序，以及分别提起的不同程序之间的程序衔接及信息交换过程，起到拖延和阻碍执行的目的。因此，债权人在提请仲裁时需要关注仲裁裁决不能执行、不予执行仲裁裁决和撤销仲裁裁决的所有不利情形，避免千辛万苦取得的胜诉裁决，出现不能执行或被撤销仲裁裁决的不利结果。

上述法律法规内容具体到司法实践中，以下案例可以很好地阐释撤销仲裁裁决程序的常见情形，并提醒当事人在申请仲裁及仲裁过程中提前做好防范。

083. 仲裁裁决义务人的赔偿金额为比特币等值法定货币，该仲裁裁决应否撤销

◇ **执行依据**　股权转让协议纠纷案件仲裁裁决

◇ **问题**　义务人赔偿与比特币等值的美元再将美元折算成人民币，该裁决内容是否符合金融、货币等相关规定，应否撤销

◇ **案例**　深圳中院（2018）粤03民特719号

◇ **结论**　根据相关部门规定，禁止比特币的兑付、交易及流通。涉案仲裁裁决高某赔偿李某与比特币等值的美元，再将美元折算成人民币，实质上是变相支持了比特币与法定货币之间的兑付、交易，与现行法律文件精神不符，违背了社会公共利益，故该仲裁裁决应予撤销

【基本案情】

2017年12月2日，云丝路企业、高某、李某签订了《股权转让协议》，约定云丝路企业将其持有的极驱公司5%股权以55万元转让给高某，李某同意代替高某向云丝路企业支付30万元股权转让款，高某直接向云丝路企业支付人民币25万元股权转让款，同时高某将李某委托其进行理财的比特币全部归还至李某的电子钱包。

协议签订后，高某未履行合同义务。云丝路企业、李某向深圳仲裁委员会申请仲裁，深圳仲裁委员会于2018年8月21日作出（2018）深仲受字第64号仲裁裁决书，裁决：（1）变更云丝路企业持有的极驱公司5%股权至高某名下；（2）高某向云丝路企业支付股权转让款人民币25万元；（3）高某向李某支付401780美元（按裁决作出之日的美元兑人民币汇率结算为人民

币）；（4）高某向李某支付违约金人民币10万元。

上述裁决作出后，高某认为该裁决违背社会公共利益，请求人民法院予以撤销。深圳中院受理并经审理，于2020年4月26日作出（2018）粤03民特719号民事裁定，撤销（2018）深仲裁字第64号仲裁裁决。

【争议焦点】

涉案仲裁裁决是否符合应予撤销的条件？

【裁判要点】

深圳中院认为：根据《中国人民银行、工业和信息化部、中国银行业监督管理委员会、中国证券监督管理委员会、中国保险监督管理委员会①关于防范比特币风险的通知》的有关规定精神，比特币不具有与货币等同的法律地位，不能且不应作为货币在市场上流通使用。2017年《中国人民银行、中央网信办、工业和信息化部、工商总局、银监会、证监会、保监会关于防范代币发行融资风险的公告》，重申了上述规定，同时从防范金融风险的角度，进一步提出任何所谓的代币融资交易平台不得从事法定货币与代币、虚拟货币相互之间的兑换业务，不得买卖或作为中央对手方买卖代币或虚拟货币，不得为代币或虚拟货币提供定价、信息中介等服务。上述文件实质上禁止了比特币的兑付、交易及流通，炒作比特币等行为涉嫌从事非法金融活动，扰乱金融秩序，影响金融稳定。涉案仲裁裁决高某赔偿李某与比特币等值的美元，再将美元折算成人民币，实质上是变相支持了比特币与法定货币之间的兑付、交易，与上述文件精神不符，违背了社会公共利益，该仲裁裁决应予撤销。

【相关法律法规】

《中国人民银行、工业和信息化部、中国银行业监督管理委员会、中国证券监督管理委员会、中国保险监督管理委员会关于防范比特币风险的通知》

一、正确认识比特币的属性

---

① 该国务院直属事业单位现已撤销。

比特币具有没有集中发行方、总量有限、使用不受地域限制和匿名性等四个主要特点。虽然比特币被称为“货币”，但由于其不是由货币当局发行，不具有法偿性与强制性等货币属性，并不是真正意义的货币。从性质上看，比特币应当是一种特定的虚拟商品，不具有与货币等同的法律地位，不能且不应作为货币在市场上流通使用。

《中国人民银行、中央网信办、工业和信息化部、工商总局、银监会、证监会、保监会关于防范代币发行融资风险的公告》

一、准确认识代币发行融资活动的本质属性

代币发行融资是指融资主体通过代币的违规发售、流通，向投资者筹集比特币、以太币等所谓“虚拟货币”，本质上是一种未经批准非法公开融资的行为，涉嫌非法发售代币票券、非法发行证券以及非法集资、金融诈骗、传销等违法犯罪活动。有关部门将密切监测有关动态，加强与司法部门和地方政府的工作协同，按照现行工作机制，严格执法，坚决治理市场乱象。发现涉嫌犯罪问题，将移送司法机关。

代币发行融资中使用的代币或“虚拟货币”不由货币当局发行，不具有法偿性与强制性等货币属性，不具有与货币等同的法律地位，不能也不应作为货币在市场上流通使用。

《仲裁法》

第五十八条　当事人提出证据证明裁决有下列情形之一的，可以向仲裁委员会所在地的中级人民法院申请撤销裁决：

（一）没有仲裁协议的；

（二）裁决的事项不属于仲裁协议的范围或者仲裁委员会无权仲裁的；

（三）仲裁庭的组成或者仲裁的程序违反法定程序的；

（四）裁决所根据的证据是伪造的；

（五）对方当事人隐瞒了足以影响公正裁决的证据的；

（六）仲裁员在仲裁该案时有索贿受贿，徇私舞弊，枉法裁决行为的。

人民法院经组成合议庭审查核实裁决有前款规定情形之一的，应当裁定撤销。

人民法院认定该裁决违背社会公共利益的，应当裁定撤销。

【诉讼策略】

本案系最高人民法院公布的指导性案例，双方因股权转让协议纠纷申请仲裁，但因仲裁裁决违背公共利益符合应予撤销的法定情形，故在裁决作出后被裁定撤销。

涉案仲裁裁决以比特币做等价参照的法定货币，该裁定已经变相地支持了比特币与法定货币之间的兑付、交易。

《中国人民银行、工业和信息化部、中国银行业监督管理委员会、中国证券监督管理委员会、中国保险监督管理委员会关于防范比特币风险的通知》以及《中国人民银行、中央网信办、工业和信息化部、工商总局、银监会、证监会、保监会关于防范代币发行融资风险的公告》的有关规定，均明确比特币不具有与货币等同的法律地位，不能且不应作为货币在市场上流通使用。上述文件内容实质上禁止了比特币的兑付、交易及流通。

综上，涉案仲裁裁决为高某赔偿李某与比特币等值的美元，再将美元折算成人民币。该裁决内容实质上是变相支持了比特币与法定货币之间的兑付、交易，违反了金融领域关于虚拟货币的禁止性规定，违背了社会公共利益，符合仲裁裁决应予撤销的情形。

084. 合同一方通知变更仲裁管辖对方未回复的，作出的裁决能否执行

◇ **执行依据**　银行卡纠纷案件仲裁裁决

◇ **问题**　主合同已约定诉讼管辖，一方以单方通知的形式变更为仲裁管辖，对方未回复的情况下作出的仲裁裁决是否符合被撤销的法定情形

◇ **案例**　广州中院（2018）粤01民特683号

◇ **结论**　仲裁协议需经双方协商一致签署确认，对于主合同约定诉讼管辖，一方以单方通知形式变更管辖条款为仲裁管辖的，在无证据

证明对方签收通知材料并作出同意意思表示的，不能认为双方之间就涉案仲裁条款达成了一致变更意见，故仲裁机构据此作出的仲裁裁决应予撤销

【基本案情】

尹某与东莞银行银行卡纠纷一案，东莞银行于2016年10月14日向广州仲裁委员会东莞分会提起涉案银行卡纠纷的仲裁申请，要求解除双方的合同关系，裁决尹某向其归还贷款本金及相应的利息、费用等。

经仲裁委员会通知，尹某未提交答辩及质证意见，也未提供证据。广州仲裁委员会东莞分会经过书面审理后，于2016年12月30日作出（2016）穗仲莞案字第10860号仲裁裁决。根据其出具的《送达证明》，涉案裁决书自作出之日起发生法律效力，并于2017年2月20日送达尹某。仲裁卷宗材料显示，东莞分会向尹某邮寄送达的相关仲裁文书均被退回。

东莞银行依据上述仲裁裁决申请强制执行，尹某于2018年8月23日向广州中院申请撤销涉案仲裁裁决，尹某称：其在2018年4月份收到南京玄武法院冻结其银行账户的信息后，经过查询才得知涉案仲裁案件的存在，故申请撤销涉案仲裁裁决。

广州中院经审理，并经广东高院审核，裁定如下：撤销（2016）穗仲莞案字第10860号仲裁裁决。

【争议焦点】

涉案仲裁裁决应否被撤销？

【裁判要点】

关于双方是否存在仲裁协议的问题。仲裁协议是双方达成的将双方之间的纠纷提交仲裁机构请求仲裁解决的意思表示，该意思表示必须是双方真实的、明确的、一致的意思表示。本案中，东莞银行单方向尹某邮寄《信用卡逾期催收及变更纠纷解决方式的通知书》，告知变更纠纷解决方式为仲裁，

但该变更只是东莞银行单方作出的意思表示，并未得到尹某的确认。虽然东莞银行提供了相关的证据证明其已经向尹某邮寄上述通知书，但是并没有提供充分的证据证明尹某已经签收上述通知书，也没有提供相关的证据证明尹某作出同意该变更的意思表示。据此，现有证据不能证明东莞银行单方向尹某发出《信用卡逾期催收及变更纠纷解决方式的通知书》后，尹某收到该通知并明确表示接受通知载明的仲裁条款，故不能认为双方之间就涉案仲裁条款达成了一致意见。因此，仲裁庭在未审查双方当事人之间是否存在有效的仲裁条款的情况下，作出涉案仲裁裁决，根据《仲裁法》第58条第1款第1项的规定，尹某以双方不存在仲裁协议为由申请撤销涉案仲裁裁决，合理有据，广州中院予以支持。

【相关法律法规】

《仲裁法》

第五十八条　当事人提出证据证明裁决有下列情形之一的，可以向仲裁委员会所在地的中级人民法院申请撤销裁决：

（一）没有仲裁协议的；

（二）裁决的事项不属于仲裁协议的范围或者仲裁委员会无权仲裁的；

（三）仲裁庭的组成或者仲裁的程序违反法定程序的；

（四）裁决所根据的证据是伪造的；

（五）对方当事人隐瞒了足以影响公正裁决的证据的；

（六）仲裁员在仲裁该案时有索贿受贿，徇私舞弊，枉法裁决行为的。

人民法院经组成合议庭审查核实裁决有前款规定情形之一的，应当裁定撤销。

人民法院认定该裁决违背社会公共利益的，应当裁定撤销。

【诉讼策略】

1. 本案系因银行卡纠纷引起的撤销仲裁裁决纠纷案件，申请人以不知仲裁事项以及涉案仲裁无仲裁协议为由申请撤销仲裁裁决，人民法院经审理予以认可、支持。

本案中双方当事人基于签订合同建立相应法律关系，主合同已约定诉讼管辖，在无明确变更管辖约定的情形下，双方纠纷应通过人民法院审理。但本案中，合同一方当事人东莞银行单方向另一方尹某邮寄《信用卡逾期催收及变更纠纷解决方式的通知书》，告知变更纠纷解决方式为仲裁，但该变更只是东莞银行单方作出的意思表示，并未得到尹某的确认，且上述邮寄信息尹某也未签收。因此，双方并未通过明示或默示的方式变更了管辖约定。

同时，仲裁机构在审理时的所有仲裁文件均未有效送至尹某处，尹某未签收。

综上，涉案仲裁裁决因违反《仲裁法》第58条第1款第1项“没有仲裁协议”的规定，故符合被撤销的情形，人民法院经审理撤销涉案仲裁裁决。

2. 管辖约定系双方协商约定而成，需双方达成一致意见才可变更，单方通知无法起到变更管辖约定的效力。

本案法律问题与本书第77篇文章内容相似，均是单方面发送变更管辖约定的信息且未回复，均未起到变更仲裁管辖的效果。

仲裁裁决不予执行与撤销仲裁裁决的适用情形（或称条件）有很多相同、相似点，因此，会出现同一情形下存在可选择撤销仲裁裁决亦可选择申请不予执行的情形，遇有此种问题，可参见本书第81篇文章了解撤销仲裁裁决与不予执行仲裁裁决程度的区别，并结合案件实际情况，在综合研判后选择合理、正确的救济途径。

【类案裁判观点分析】

案例：含有仲裁条款的合同中，保证人的签名并非其本人签署，故保证人与债权人并未达成仲裁管辖的约定，因此，人民法院应撤销涉案仲裁裁决中有关保证人责任承担部分的裁决事项——上海一中院（2017）沪01民特668号

本院认为，根据《仲裁法》第58条的规定，经审查核实仲裁裁决当事人之间没有达成仲裁协议的，应当裁定撤销。现经司法鉴定科学研究院鉴定，系争《保证合同》中，保证人签章处所载“××”签名并非××本人所签署，捺印亦无法判断其真实性，故应当认定××与同岳公司之间没有达成仲裁的合意，即双方之间不存在仲裁协议，申请人××申请撤销涉案仲裁裁决中关于××责任承担的裁决事项符合应予撤销的法定情形。

085. 仲裁裁决发包人向实际施工人支付工程款，该裁决能否顺利执行

◇ **执行依据** 建设工程合同纠纷案件仲裁裁决

◇ **问题** 仲裁裁决发包人向实际施工人支付工程款及违约金，发包人申请撤销仲裁裁决的，能否获得法院支持

◇ **案例** 岳阳中院（2018）湘06民特1号（最高人民法院指导案例198号）

◇ **结论** 实际施工人并非发包人与承包人签订的施工合同的当事人，亦未与发包人、承包人订立有效仲裁协议，不应受发包人与承包人的仲裁协议约束。实际施工人依据发包人与承包人的仲裁协议申请仲裁，仲裁机构在没有仲裁协议的情形下作出的仲裁裁决，发包人请求撤销仲裁裁决的，应予支持

【基本案情】

2012年8月30日，发包人工行某分行与承包人巴陵公司签订《装修工程施工合同》并约定了纠纷由岳阳仲裁委员会管辖。2012年9月10日，巴陵公司与刘某签订《内部项目责任承包合同书》将上述工程转包给刘某。

由于工行某分行未能按照约定支付工程款，2017年7月4日，刘某以工行某分行为被申请人向岳阳仲裁委员会申请仲裁。

2017年12月22日，岳阳仲裁委员会作出岳仲决字〔2017〕696号裁决书，裁决工行某分行向刘某支付到期应付工程价款及违约金。工行某分行遂向岳阳中院申请撤销该仲裁裁决。

2018年11月12日，岳阳中院作出（2018）湘06民特1号民事裁定，撤销岳仲决字〔2017〕696号裁决。

【争议焦点】

涉案仲裁裁决应否撤销？

【裁判要点】

岳阳中院认为，仲裁协议是仲裁机构取得管辖权的依据，是仲裁合法性、正当性的基础，其集中体现了仲裁自愿原则和协议仲裁制度。本案中，工行某分行与巴陵公司签订的《装修工程施工合同》管辖约定由岳阳仲裁委员会仲裁管辖，故工行某分行与巴陵公司之间因工程款结算及支付引起的争议应当通过仲裁解决。但刘某作为实际施工人，其并非工行某分行与巴陵公司签订的《装修工程施工合同》的当事人，刘某与工行某分行及巴陵公司之间均未达成仲裁合意，不受该合同中仲裁条款的约束。除非另有约定，刘某无权援引工行某分行与巴陵公司之间《装修工程施工合同》中的仲裁条款向合同当事方主张权利。

刘某以巴陵公司的名义施工，巴陵公司作为《装修工程施工合同》的主体仍然存在并承担相应的权利义务，案件当事人之间并未构成《仲裁法司法解释》第 8 条第 1 款规定的合同仲裁条款“承继”情形，亦不构成上述司法解释第 9 条规定的合同主体变更情形。《最高人民法院关于审理建设工程施工合同纠纷案件适用法律问题的解释》① 第 26 条虽然规定实际施工人可以发包人为被告主张权利且发包人只在欠付工程款的范围内对实际施工人承担责任，但上述内容仅规定了实际施工人对发包人的诉权以及发包人承担责任的范围，不应视为实际施工人援引《装修工程施工合同》中仲裁条款的依据。

综上，工行某分行与刘某之间不存在仲裁协议，岳阳仲裁委员会基于刘某的申请以仲裁方式解决工行某分行与刘某之间的工程款争议无法律依据。据此，裁定如下：撤销岳仲决字〔2017〕696 号裁决。

【相关法律法规】

《仲裁法》

第五十八条 当事人提出证据证明裁决有下列情形之一的，可以向仲裁委员会所在地的中级人民法院申请撤销裁决：

---

① 该法现已废止。

（一）没有仲裁协议的；

（二）裁决的事项不属于仲裁协议的范围或者仲裁委员会无权仲裁的；

（三）仲裁庭的组成或者仲裁的程序违反法定程序的；

（四）裁决所根据的证据是伪造的；

（五）对方当事人隐瞒了足以影响公正裁决的证据的；

（六）仲裁员在仲裁该案时有索贿受贿，徇私舞弊，枉法裁决行为的。

人民法院经组成合议庭审查核实裁决有前款规定情形之一的，应当裁定撤销。

人民法院认定该裁决违背社会公共利益的，应当裁定撤销。

《仲裁法司法解释》

第八条 当事人订立仲裁协议后合并、分立的，仲裁协议对其权利义务的继受人有效。

当事人订立仲裁协议后死亡的，仲裁协议对承继其仲裁事项中的权利义务的继承人有效。

前两款规定情形，当事人订立仲裁协议时另有约定的除外。

第十八条 仲裁法第五十八条第一款第一项规定的“没有仲裁协议”是指当事人没有达成仲裁协议。仲裁协议被认定无效或者被撤销的，视为没有仲裁协议。

【诉讼策略】

本案是最高人民法院公布的第36批指导性案例之一，其内容主要围绕实际施工人与发包人之间有无仲裁协议，仲裁机构的裁决应否被撤销两个问题。

1. 关于实际施工人与发包人之间有无仲裁协议的问题

既然称为实际施工人，即表示发包人对于承包人转包、分包并未书面认可，甚至大概率是不知情，因此，实际施工人与发包人之间并无合同约定事项，故一般情况下涉及实际施工人与发包人直接的纠纷，若无特殊约定，一般无仲裁协议。本案中，发包人工行某分行申请撤销仲裁裁决的理由即其与实际施工人刘某之间没有仲裁协议。

2. 关于仲裁机构的裁决应否被撤销问题

根据《仲裁法》第58条的规定，仲裁机构在双方没有仲裁协议的情形下作出的裁决，人民法院应予以撤销，因此本案中工行某分行与刘某之间不存在仲裁协议，岳阳仲裁委员会基于刘某的申请以仲裁方式解决工行某分行与刘某之间的工程款争议无法律依据，故人民法院撤销了涉案仲裁裁决。

086. 仲裁机构适用公告送达导致被申请人未能参加仲裁，此种情形下作出的裁决能否执行

◇ **执行依据** 物业服务合同纠纷案件仲裁裁决

◇ **问题** 仲裁机构未核查被申请人可能的联系方式即以公告方式送达仲裁通知，导致被申请人不知情未能参与仲裁，该裁决程序是否违法

◇ **案例** 钦州中院（2022）桂07民特1号

◇ **结论** 仲裁机构以仲裁申请书载明的联系方式向被申请人邮寄仲裁材料被退回后，未对被申请人其他地址或联系方式进行合理的查询，即以公告方式送达相关仲裁材料，违反仲裁规则，影响了被申请人参与仲裁的权利，符合应予撤销仲裁规定的“违反法定程序”的情形

【基本案情】

亚中物业公司与王某物业服务合同纠纷一案，钦州仲裁委员会于2020年9月24日作出的（2020）钦仲案字第157号裁决书，裁决如下：王某向亚中物业公司支付物业服务费、采暖费及相应逾期支付违约金等费用。

仲裁裁决后，王某不服，于2021年12月21日通过邮寄方式向钦州中院提出撤销仲裁裁决申请。钦州中院经审理裁定如下：撤销钦州仲裁委员会（2020）钦仲案字第157号裁决。

【争议焦点】

涉案仲裁裁决是否存在程序违法？

【裁判要点】

关于涉案仲裁裁决是否存在程序违法的问题。《钦州仲裁委员会仲裁规则》第99条第2项规定，“如本会或者对方当事人经合理查询仍不能找到受送达人的营业地点、经常居住地或者通信地址，而以挂号信或者能提供投递记录的其他方式送达给受送达人最后一个为人所知的营业地、注册地、住所地、经常居住地或者通信地址，视为送达”。第9项规定，“受送达人下落不明，或用本条其他方法无法送达，可适用公告送达。公告送达的，自发出公告之日起，经过60天，即视为送达”。

本案中，虽然钦州仲裁委员会按照仲裁申请书中载明的王某地址及联系电话向王某邮寄相关仲裁材料，但在该邮件退回后，在亚中物业公司提交的证据中已记载了王某其他联系电话、微信的情况下，未对王某的其他地址或联系方式进行合理的查询，即以公告方式送达相关仲裁材料，违反了上述仲裁规则的规定，影响了王某参与仲裁的权利，符合《仲裁法》第58条规定的“违反法定程序”的情形，故本案应撤销钦州仲裁委员会（2020）钦仲案字第157号裁决。

【相关法律法规】

《仲裁法》

第五十八条 当事人提出证据证明裁决有下列情形之一的，可以向仲裁委员会所在地的中级人民法院申请撤销裁决：

（一）没有仲裁协议的；

（二）裁决的事项不属于仲裁协议的范围或者仲裁委员会无权仲裁的；

（三）仲裁庭的组成或者仲裁的程序违反法定程序的；

（四）裁决所根据的证据是伪造的；

（五）对方当事人隐瞒了足以影响公正裁决的证据的；

（六）仲裁员在仲裁该案时有索贿受贿，徇私舞弊，枉法裁决行为的。

人民法院经组成合议庭审查核实裁决有前款规定情形之一的，应当裁定撤销。

人民法院认定该裁决违背社会公共利益的，应当裁定撤销。

【诉讼策略】

1. 本案系因双方物业服务合同纠纷产生的衍生纠纷，仲裁机构未核查申请人提供的其他联系方式即以公告方式送达仲裁通知，导致被申请人不知情未能参与仲裁，故仲裁程序符合“违反法定程序”的情形。

本案要点在于仲裁机构仅对仲裁申请书中载明的送达地址及联系方式进行了邮寄送达，后被退回，但未尝试亦未查询申请人提供的其他有可能是被申请人有效联系的地址和联系方式，导致被申请人不知情仲裁情况，未能参与到仲裁程序中，程序违法影响了实体公正，故根据《仲裁法》第58条第1款第3项的规定，涉案仲裁裁决符合应予撤销的情形。

2. 在撤销仲裁裁决案件中，仲裁程序的合法性是法院的重要审查要点，因此，对于权利人在提请或参与仲裁程序时，要格外关注仲裁程序的合法、合规。

根据《仲裁法》第58条第2款、第3款的规定：“人民法院经组成合议庭审查核实裁决有前款规定情形之一的，应当裁定撤销。人民法院认定该裁决违背社会公共利益的，应当裁定撤销。”对于当事人申请撤销国内仲裁裁决的案件，撤销仲裁裁决申请人的申请请求和理由是否成立，均应依据《仲裁法》第58条的相应规定进行审查。其中第58条第1款中有6种法定情形，结合58条第3款，应予撤销仲裁裁决的法定情形共有7种，权利人应避免在仲裁程序中出现该7种情形，以避免仲裁裁决被撤销而无法执行的不利结果。

087. 仲裁卷宗中评议结果与仲裁员评议意见矛盾、不一致，该裁决能否撤销

◇ **执行依据**　建设工程施工合同纠纷案件仲裁裁决

◇ **问题**　仲裁卷宗中记载仲裁机构领导参与案件评议并对案件发表意见，同时仲裁员的评议意见与评议结果矛盾、不一致，该裁决能否撤销

◇ **案例** 宁波中院（2019）浙02民特81号

◇ **结论** 仲裁卷宗中，评议笔录记载的评议结果与三位仲裁员发表的意见不一致，仲裁机构依据评议结果拟写最终裁决书稿的行为，与仲裁庭独立裁决的制度不相符，相关仲裁员的履职行为不规范。同时，仲裁机构主任参与了案件评议并对案件处理发表了意见，亦违反了仲裁规则。因此，涉案仲裁裁决符合《仲裁法》第58条第1款第3项“仲裁庭的组成或者仲裁的程序违反法定程序的”应予撤销的情形

【基本案情】

孙某与华东公司建设工程施工合同纠纷一案，宁波仲裁委员会于2018年12月27日作出（2017）甬仲字第6号裁决，裁决如下：华东公司向孙某支付工程欠款及返还保证金，孙某向华东公司支付工期延误赔偿金，驳回孙某其他仲裁请求。

裁决作出后，孙某向宁波中院申请撤销上述裁决。

宁波中院经调取仲裁案卷，查明：诉争仲裁案仲裁庭于2018年12月26日进行了最后一次评议，根据首席仲裁员及仲裁庭其他成员反映，宁波仲裁委员会主任参与了该次评议并对案件处理发表了意见。评议笔录记载了仲裁庭成员各自发表的意见、评议结果以及对评议结果的意见。针对工期延误损失如何计算问题，仲裁庭3位仲裁员发表了不同的意见，评议笔录记载的评议结果与3位仲裁员发表的意见均不一致，3位仲裁员均在评议结果之下即评议笔录尾部签名。（2017）甬仲字第6号裁决书主文与该次评议结果一致。

宁波中院认为涉案仲裁裁决符合“仲裁庭的组成或者仲裁的程序违反法定程序的”情形，故裁定如下：撤销（2017）甬仲字第6号仲裁裁决。

【争议焦点】

涉案仲裁裁决是否程序违法？

【裁判要点】

关于孙某提出的仲裁程序违法影响仲裁独立性的问题，应根据《仲裁法》第58条第1款第3项及《仲裁法司法解释》第20条和《最高人民法院关于人民法院办理仲裁裁决执行案件若干问题的规定》第14条的规定进行审查，仲裁裁决存在“仲裁庭的组成或者仲裁程序违反法定程序的”情形，人民法院应当裁定撤销裁决。《仲裁法》第53条规定：“裁决应当按照多数仲裁员的意见作出，少数仲裁员的不同意见可以记入笔录。仲裁庭不能形成多数意见时，裁决应当按照首席仲裁员的意见作出。”这是仲裁庭独立裁决的制度保障。

（2017）甬仲字第6号案件首席仲裁员称评议笔录的仲裁结果与3位仲裁员在合议时发表的仲裁意见不一致，但其在该笔录上签名并依据该仲裁结果拟写了最终裁决书稿的行为，与仲裁庭独立裁决的制度不相符，相关仲裁员的履职行为不规范。同时，《宁波仲裁委员会仲裁规则》第71条、《宁波仲裁委员会仲裁案件审理规范（试行）》第83条等规程，并无仲裁庭评议时仲裁委员会负责人应当在场并对实体处理发表意见的内容。仲裁裁决的形成不符合仲裁委员会的仲裁规则，亦有违仲裁庭独立裁决制度，可能影响案件公正裁决，属于程序违法。

【相关法律法规】

《仲裁法》

第五十三条 裁决应当按照多数仲裁员的意见作出，少数仲裁员的不同意见可以记入笔录。仲裁庭不能形成多数意见时，裁决应当按照首席仲裁员的意见作出。

第五十八条 当事人提出证据证明裁决有下列情形之一的，可以向仲裁委员会所在地的中级人民法院申请撤销裁决：

（一）没有仲裁协议的；

（二）裁决的事项不属于仲裁协议的范围或者仲裁委员会无权仲裁的；

（三）仲裁庭的组成或者仲裁的程序违反法定程序的；

（四）裁决所根据的证据是伪造的；

（五）对方当事人隐瞒了足以影响公正裁决的证据的；

（六）仲裁员在仲裁该案时有索贿受贿，徇私舞弊，枉法裁决行为的。

人民法院经组成合议庭审查核实裁决有前款规定情形之一的，应当裁定撤销。

人民法院认定该裁决违背社会公共利益的，应当裁定撤销。

《最高人民法院关于人民法院办理仲裁裁决执行案件若干问题的规定》

第十四条第一款 违反仲裁法规定的仲裁程序、当事人选择的仲裁规则或者当事人对仲裁程序的特别约定，可能影响案件公正裁决，经人民法院审查属实的，应当认定为民事诉讼法第二百三十七条[①]第二款第三项规定的“仲裁庭的组成或者仲裁的程序违反法定程序的”情形。

《宁波仲裁委员会仲裁规则》

第七十一条 【裁决书核阅】仲裁庭应在签署裁决书之前将裁决书草案提交本委核阅。在不影响仲裁庭独立裁决的情况下，本委可以就裁决书中的有关问题提请仲裁庭予以注意。

本委发现仲裁庭在仲裁案件时有程序上的错误或者有其他可能影响公正裁决情形的，可以提出意见或建议，仲裁庭应当认真听取。

【诉讼策略】

权利人提请或参与仲裁时，需注意避免程序问题导致裁决被撤销的不利结果。

本案系因建设工程施工合同纠纷案件引起的撤销仲裁裁决纠纷案，涉案仲裁裁决被撤销的主要原因系仲裁卷宗中记载的评议内容存在意见与结果矛盾、仲裁机构领导参与并对案件发表了意见，导致仲裁程序出现违法情形。因此，权利人拟通过仲裁程序解决纠纷，其仲裁程序的合法性问题是关注的要点，要尽量避免程序瑕疵引起的仲裁裁决被撤销等不利结果的出现。

---

① 现为《民事诉讼法》第244条。

第三章

结合执行中追加债务人难度，考量诉讼中列共同被告的可能性和合理性

本章是结合执行中追加债务人难度，考量诉讼中列共同被告的可能性和合理性问题的讨论。选择被告是法律赋予原告的一项诉讼权利，即原告有选择起诉对象的自由，既包括选择谁作为被告的自由，也包括选择几个被告的自由。而诉讼中的被告，最终可能成为生效法律文书确定的义务主体，进而在执行程序中成为被执行人。可见，被告的选择与被执行人的确定有着紧密的联系。

司法实践中，有些权利人在提起诉讼时遗漏共同被告，导致执行困难。例如，追讨夫妻共同债务时仅将夫妻一方列为被告，债务人在诉讼中利用离婚析产等方式将财产转移至配偶名下，导致执行阶段被执行人名下无财产可供执行，此时债权人在执行程序中申请追加债务人配偶为被执行人，法院也不予支持。债权人只能再另行提起诉讼，确定案涉债务是夫妻共同债务，拿到生效判决后再申请执行债务人配偶名下资产。如此一波三折，耗时耗力，也大大增加了执行中的不确定因素。因此，我们建议当事人在起诉时完整列明所有被告，在被告的选择上应本着“宜多列、忌遗漏”的原则，在综合考虑债务人清偿能力、诉讼成本、送达时耗、败诉风险等因素的基础上，尽量将所有可能承担民事责任的法律主体一并列为共同被告。

相比将直接侵权人或合同相对方列为被告的应然性，本章更侧重于对将上述应然被告的配偶、股东、分支机构、实际控制人等主体列为共同被告是否具有可行性进行论述。因执行程序要兼顾效率，原告若未在诉讼程序中列上述主体为被告，并通过实体审判确定其民事责任，则在执行程序中申请追加这些主体为被执行人的难度更大。这种共同被告包括以下三类：（1）夫妻一方以个人名义负债，可考虑列配偶为共同被告；（2）公司负债，可考虑列公司股东、实际控制人等为共同被告；（3）公司股东负债，可考虑列发起人、实际出资人、公司高管等为共同被告。具体如下。

一、债务人为自然人时，应考虑列配偶为共同被告的可能

（一）在执行程序中执行被执行人配偶名下财产的可能性

088. 能否在执行程序中申请追加债务人配偶为被执行人

◇ **执行依据** 承揽加工合同纠纷案件

◇ **问题** 提起诉讼时未将债务人配偶列为共同被告，在执行程序中能否直接申请追加债务人配偶为被执行人

◇ **案例** 江西高院（2020）赣执复118号

◇ **结论** 在没有生效法律文书确认债务人配偶承担民事责任的情况下，不能在执行程序中直接追加债务人的配偶为被执行人

【基本案情】

2017年5月，李某委托杨某进行校服制作，双方约定由李某提供原材料及部分辅料，杨某进行加工，由李某支付加工费。

后因双方对货款单价、产品交付时间、货款支付时间产生分歧，李某以杨某为被告向法院提起诉讼，诉讼请求如下：（1）判令被告立即返还原告布匹及辅料款232848.40元；（2）判令被告支付延期还款的利息损失；（3）判令被告承担本案诉讼费、保全费等诉讼费用。

该案经江西高院二审，判决如下：（1）双方签订的承揽加工合同解除；（2）杨某返还李某布料款计130759.16元；（3）李某支付给杨某加工费38796.2元；（4）两项相抵，杨某尚应支付给李某91962.96元。

判决生效后，因被执行人杨某未履行生效法律文书确定的义务，李某向抚州中院申请强制执行，抚州中院立案执行。

在执行过程中，申请执行人李某提出申请称：被执行人杨某与艾某系夫妻关系，其夫妻二人合伙经营服装加工业务，所得收入归其家庭享有。在被执行人承揽加工这笔业务时，艾某自始至终都全程参与，遂提出申请追加艾某为本案的被执行人。抚州中院裁定驳回李某的请求。

李某不服，向江西高院申请复议。江西高院经审理，裁定驳回李某的复议申请。

【争议焦点】

在执行程序中追加被执行人配偶为被执行人是否符合法律规定？

【裁判要点】

人民法院在民事程序中追加被执行主体，应当符合《民事诉讼法》第223条[①]、《民事诉讼法司法解释》第472～475条[②]、《变更、追加规定》第10～25条，以及《执行工作规定》第76～82条[③]规定的情形之一。根据《最高人民法院关于依法制裁规避执行行为的若干意见》第20条的规定，被执行人恶意转移财产规避执行的，执行法院可以依法变更、追加被执行人，但并未增设执行程序中直接变更追加被执行人的法定情形，执行程序中发现有充分证据证明被执行人通过离婚析产、不依法清算、改制重组、关联交易、财产混同等方式恶意转移财产规避执行的，仍应当符合《民事诉讼法》第232条[④]及上述司法解释的规定，如此才能直接变更、追加被执行主体。

本案中，被执行人与复议申请人债权债务虽然发生在被执行人杨某与艾某夫妻关系存续期间，但是复议申请人依照《婚姻法》[⑤] 及其司法解释的规定，申请人民法院直接追加被执行人杨某的配偶艾某为本案被执行人，不符合上述法律及司法解释规定的民事执行中变更、追加被执行人的情形，缺乏

① 现为《民事诉讼法》第230条。
② 现为《民事诉讼法司法解释》第470～473条。
③ 该司法解释中已无相关规定。
④ 现为《民事诉讼法》第239条。
⑤ 该法现已废止。

法律依据。抚州中院裁定驳回李某的异议请求，并无不当。

【相关法律法规】

《最高人民法院关于依法妥善审理涉及夫妻债务案件有关问题的通知》

二、保障未具名举债夫妻一方的诉讼权利。在审理以夫妻一方名义举债的案件中，原则上应当传唤夫妻双方本人和案件其他当事人本人到庭；需要证人出庭作证的，除法定事由外，应当通知证人出庭作证。在庭审中，应当按照《最高人民法院关于适用〈中华人民共和国民事诉讼法〉的解释》的规定，要求有关当事人和证人签署保证书，以保证当事人陈述和证人证言的真实性。未具名举债一方不能提供证据，但能够提供证据线索的，人民法院应当根据当事人的申请进行调查取证；对伪造、隐藏、毁灭证据的要依法予以惩处。未经审判程序，不得要求未举债的夫妻一方承担民事责任。

《最高人民法院关于在执行工作中规范执行行为切实保护各方当事人财产权益的通知》

二、……

在执行程序中直接变更、追加被执行人的，应严格限定于法律、司法解释明确规定的情形。各级人民法院应严格依照即将施行的《最高人民法院关于民事执行中变更、追加当事人若干问题的规定》，避免随意扩大变更、追加范围。

【诉讼策略】

1. 本案系因债权人申请追加债务人配偶为被执行人产生的纠纷，在执行程序中直接追加被执行人应严格限定于法律、司法解释明确规定的情形，而现行法律、司法解释的规定中并无直接追加被执行人配偶为被执行人的情形。

首先，李某在提起诉讼时仅列杨某为被告，因而取得的生效判决书确定的责任人仅有杨某一人。在生效判决的执行过程中，李某又以债权债务发生在杨某与艾某夫妻关系存续期间、夫妻二人合伙经营等理由，请求追加艾某为被执行人，其实质是要求确认夫妻共同债务，涉及实体法律关系的判断，不能在执行程序中直接解决。其次，从程序上来说，根据《最高人民法院关于在执行工作中规范执行行为切实保护各方当事人财产权益的通知》第 2 条第 3 款的规定，执行程序中直接追加被执行人应严格限定于法律、司法解释明确规定的情形，《变更、追加规定》规定了可以变更、追加的 18 种情形，其中并无追加被执行人配偶为被执行人的情形。综上，无论是从法理还是程序来说，在执行程序中都不能直接追加被执行人的配偶为被执行人。

2. 只有在生效法律文书确认被执行人配偶承担民事责任的情况下，人民法院才能依申请人的申请追加被执行人的配偶为被执行人。因此，对于以自然人为被告的案件，原告在提起诉讼时，应充分考虑到列债务人配偶为共同被告的可能性和合理性。

根据《最高人民法院关于依法妥善审理涉及夫妻债务案件有关问题的通知》第 2 条的规定，“未经审判程序，不得要求未举债的夫妻一方承担民事责任”，实际上明确了追加被执行人配偶的唯一路径，即只有在生效法律文书确认被执行人配偶应承担民事责任的情况下，人民法院才能依申请人的申请追加被执行人的配偶为被执行人。回到本案，李某如想追加艾某为被执行人，只能再另行提起新的诉讼，主张涉案债务为杨某、艾某的夫妻共同债务，要求杨某、艾某共同承担还款责任，新的诉讼历经一审、二审甚至再审，至少要拖延 1 年时间，待拿到生效判决后再向执行法院提交追加被执行人的申请书。如此一来，耗时耗力。如果李某在第一次提起诉讼的时候就能列杨某、艾某为共同被告，此后执行过程中的一系列麻烦就有可能避免。

089. 在未认定夫妻共同债务的情况下，债务人诉讼程序中的离婚行为，是否影响财产执行

◇ **执行依据** 申请执行人执行异议之诉

◇ **问题** 执行依据未确认夫妻共同债务，债务人在诉讼过程中、法院查封房产前签订离婚协议，约定登记在配偶名下的房产归配偶所有，执行过程中配偶能否排除法院对该房产的强制执行

◇ **案例** 最高人民法院（2021）最高法民申 1530 号

◇ **结论** 离婚协议签订于法院查封前，且该房产原本就登记于被执行人配偶名下，则自离婚协议签订时起涉案房产即归被执行人配偶个人所有，可以排除强制执行

【基本案情】

2015 年 1 月 4 日，孙某良为经营养老院与霍某签订书面《房屋租赁居间服务合同》，约定霍某将名下别墅出租给孙某良。合同签订后，孙某良委托王某（孙某良之子）对别墅进行装修改造，王某为此雇佣肖某。后因肖某装修时操作不当引起火灾，造成别墅建筑及内部财产烧损。

2015 年 2 月 12 日，霍某向一审法院提起诉讼，要求孙某良、王某、王某楠（王某之妻）、肖某等连带赔偿原告房屋造价损失、屋内物品损失及司法鉴定评估费。

2015 年 3 月 20 日，因霍某申请财产保全申请，一审法院裁定查封王某名下涉案车辆。2015 年 5 月 14 日，被告王某与被告王某楠登记离婚。2015 年 5 月 21 日，一审法院裁定查封王某楠名下涉案房屋。上述车辆及房屋续封至今。

该案二审法院辽宁高院审理认为，涉案侵权之债不属于为夫妻共同生活所负债务，于 2018 年 12 月作出终审判决：肖某赔偿霍某财产损失 4720502. 08 元；王某对上述赔偿款项中的 30% 即 1416150. 62 元承担连带赔偿责任。

该案执行过程中，王某楠依据离婚协议向执行法院提出书面异议，请求如下：（1）中止对王某楠名下房屋的执行并解除查封措施；（2）王某楠对王某名下涉案车辆享有 1/2 所有权。法院裁定中止对涉案房屋的执行。

霍某提起本案执行异议之诉，请求继续对王某名下的涉案房屋的强制执行。本案经两级法院审理，最终判决不得执行涉案房屋。

霍某不服，向最高人民法院申请再审，最高人民法院经审理裁定驳回霍某的再审申请。

【争议焦点】

王某名下的涉案房屋是否应当继续强制执行？

【裁判要点】

最高人民法院认为，作为执行标的物的涉案房屋，在王某与王某楠协议离婚时，已约定归王某楠所有。因房屋本来就登记在王某楠名下，故无须另行办理产权过户手续，王某楠即对涉案房屋享有所有权。在霍某没有提交新的证据证明涉案离婚协议存在恶意串通规避债务的情况下，原审判决判令不得执行涉案房屋并无不当。

【相关法律法规】

《民法典》

第二百零九条 不动产物权的设立、变更、转让和消灭，经依法登记，发生效力；未经登记，不发生效力，但是法律另有规定的除外。

依法属于国家所有的自然资源，所有权可以不登记。

《最高人民法院关于人民法院办理执行异议和复议案件若干问题的规定》

第二十四条 对案外人提出的排除执行异议，人民法院应当审查下列内容：

（一）案外人是否系权利人；

（二）该权利的合法性与真实性；

（三）该权利能否排除执行。

第二十五条第一款 对案外人的异议，人民法院应当按照下列标准判断其是否系权利人：

（一）已登记的不动产，按照不动产登记簿判断；未登记的建筑物、构筑物及其附属设施，按照土地使用权登记簿、建设工程规划许可、施工许可等相关证据判断；

……

第二十八条 金钱债权执行中，买受人对登记在被执行人名下的不动产提出异议，符合下列情形且其权利能够排除执行的，人民法院应予支持：

（一）在人民法院查封之前已签订合法有效的书面买卖合同；

（二）在人民法院查封之前已合法占有该不动产；

（三）已支付全部价款，或者已按照合同约定支付部分价款且将剩余价款按照人民法院的要求交付执行；

（四）非因买受人自身原因未办理过户登记。

【诉讼策略】

1. 本案系因债务人在诉讼中的离婚行为导致的婚内房产应否执行产生的纠纷，在未认定夫妻共同债务的情况下，被执行人配偶利用离婚协议主张中止执行，有排除强制执行的可能。

本案中，霍某起诉要求王某、王某楠等承担赔偿责任，在财产损害赔偿纠纷案诉讼案件中，法院认为，“侵权之债不属于为夫妻共同生活所负债务，原告诉讼请求被告王某楠承担赔偿责任，没有法律依据”，因此在判决中并没有判决王某楠承担赔偿责任。该案诉讼过程中，霍某申请财产保全，法院也裁定查封王某楠名下涉案房产，但在法院裁定作出前，王某与王某楠协议离婚并约定将涉案房产分给王某楠。因此，在该案进入执行程序时，王某楠不是经生效判决确认的债务人，其名下房产也因离婚协议分割而属于个人财产，因此，法院判决不得执行涉案房产。

当然，本案也具有特殊性：一是本案被执行人早在被起诉之后就迅速作出反应，赶在法院查封涉案房产之前签订离婚协议分割房产；二是侵权之债是否属于夫妻共同财产是司法实践中一个颇具争议的问题，持肯定观点的判决也不在少数；三是涉案房屋原本就登记在王某楠名下，因此离婚协议签订后王某楠即对房屋享有所有权。基于上述情况，法院最终认定涉案房产不得执行。但是，本案情况并非个例，被执行人利用离婚协议转移财产的情况不在少数。根据（2020）最高法民申 7055 号、（2020）最高法民申 1912 号等判决书的观点，执行程序中，被执行人原配偶依据离婚协议要求排除强制执行，法院一般从以下 3 个角度予以审查：（1）离婚协议是否真实；（2）离婚协议须签订于人民法院查封之前；（3）当事人对未办理过户登记没有过错。

满足以上 3 个条件的离婚协议，一般可以排除强制执行。

2. 债权人在提起诉讼时及诉讼过程中，应考虑举证证明涉案债务属夫妻共同债务的可能性，以免债权人利用离婚协议转移资产。

基于上述分析，即便债权人在起诉时对被执行人配偶名下资产一并申请保全，在执行程序中，被执行人配偶也有以离婚协议排除强制执行的可能性。要想执行被执行人配偶名下资产并不容易，债权人在提起诉讼时除应考虑列债务人及配偶为共同被告外，还应收集证据证明债务人所负债务是夫妻共同债务，如本案霍某如能提交证据证明养老院是王某、王某楠夫妻共同经营，或能证明经营养老院是为了夫妻共同生活所用，将本案侵权之债定性为夫妻共同债务，便可以彻底阻断被执行人利用离婚协议转移财产、在执行过程中阻碍执行的后路。

此外，在未认定夫妻共同债务的情况下，即便被执行人没有离婚，申请执行人也不能主张以夫妻共同债务偿还债务。例如，最高人民法院（2021）最高法民申 6934 号判决书、（2021）最高法民申 7283 号判决书均认为据以申请执行的生效判决并未认定涉案债务系夫妻共同债务的，债权人主张应以夫妻共同财产偿还涉案债务，法院不应予以支持。

综上，在债务人为自然人的情况下，原告在提起诉讼时应当将债务人配偶一并列为共同被告，并且收集证据证明涉案债务属于夫妻共同债务，才能从根本上避免执行程序中来自被执行人配偶的阻碍。

（二）以配偶为共同被告的常见情形

090. 因夫妻共同生产经营所负债务为夫妻共同债务，应列夫妻二人为共同被告

◇ **执行依据** 对赌协议纠纷案件

◇ **问题** 夫妻二人共同经营公司，一方在经营过程中对外负债，能否认定为夫妻共同债务

◇ **案例** 最高人民法院（2021）最高法民申4323号

◇ **结论** 债权人能够证明夫妻双方同经营企业，则因经营企业所获得的收入属于夫妻共同财产，夫妻一方因经营行为对外负债应认定为夫妻共同债务

【基本案情】

光达公司成立于2003年10月29日，许某系该公司法定代表人。远洋企业、许某均为光达公司股东。

2017年4月17日，许某与远洋企业、光达公司签订一份《转让协议》，约定许某将其持有的光达公司860000股股份以每股29.86元转让给远洋企业。同日，许某与远洋企业签订一份《补充协议》，约定如光达公司未能在约定日期前完成中国A股IPO上市，则远洋企业有权向许某转让其在本次转让取得的光达公司全部或部分股份，许某必须予以购入。

后因光达公司未在约定日期上市，远洋企业提起诉讼要求许某、郑某（许某之妻）共同向远洋企业支付股权回购款并承担违约责任。

经查，许某与郑某于2003年办理结婚登记，郑某长期以股东身份、监事身份、监事会主席身份、财务副总身份与许某共同经营光达公司。

一审法院判决许某、郑某向远洋企业支付股权回购款及相应违约金。郑某上诉至福建高院，认为涉案债务非夫妻共同债务，请求撤销一审法院对郑某作出的民事判决。福建高院二审判决驳回上诉，维持原判。

郑某向最高人民法院申请再审，最高人民法院经审理，裁定如下：驳回郑某的再审申请。

【争议焦点】

涉案债务是否属于夫妻共同债务？

【裁判要点】

根据《民法典》第1064条第2款的规定，如果要将夫妻一方在婚姻关系

存续期间以个人名义超出家庭日常生活需要所负的债务认定为夫妻共同债务，须有证据足以证明该债务用于夫妻共同生活、共同生产经营或者具有夫妻共同意思表示。首先，在本案中，许某取得光达公司股权时处于与郑某的婚姻关系存续期间，该股权应认定为夫妻共同财产。其次，郑某在婚姻关系存续期间亦曾任光达公司股东，后虽将股权转让至许某一人投资的光达公司，但后续担任光达公司监事、监事会主席及财务副总等核心要职。许某则陆续为光达公司的唯一股东、控股股东，作为公司的法定代表人，任公司董事及经理。据此，光达公司系许某、郑某二人分工协力、共同经营的企业，因经营或任职光达公司所获得的收入亦应属于夫妻共同财产。最后，许某、光达公司与远洋企业签订的《股份转让协议》、许某与远洋企业签订的《补充协议》中明确约定许某负有回购股权的义务，这也是远洋企业购买股权投资光达公司的条件，可见涉案协议的签订系出于经营光达公司的商业目的，因此产生的回购股权债务应属于公司生产经营所负债务。

此外，2017 年 8 月 26 日，光达公司召开第一届监事会第四次会议，郑某作为监事会主席进行主持，会议对《光达公司 2017 年半年度报告》进行审议并表决通过。郑某对光达公司 2017 年 4 月 17 日签订涉案协议及 2017 年 8 月 4 日收到远洋企业支付的股权转让款应系明知并且同意。据此，签订涉案协议应系许某、郑某因经营公司所作出的共同决策，涉案债务的负担具有夫妻共同意思表示。

综上，涉案债务用于许某、郑某二人共同生产经营，且有证据证明具有二人共同意思表示，应认定为夫妻共同债务。

【相关法律法规】

《民法典》

第一千零六十四条　夫妻双方共同签名或者夫妻一方事后追认等共同意思表示所负的债务，以及夫妻一方在婚姻关系存续期间以个人名义为家庭日常生活需要所负的债务，属于夫妻共同债务。

夫妻一方在婚姻关系存续期间以个人名义超出家庭日常生活需要所负的债务，不属于夫妻共同债务；但是，债权人能够证明该债务用于夫妻共同生活、共同生产经营或者基于夫妻双方共同意思表示的除外。

【诉讼策略】

1. 本案系因债务人与他方对赌失败故引起的股权回购纠纷案件，债务人为经营公司对外负债，债权人在起诉时应注意债务人负债是否属于“用于共同生产经营”的情况。

根据《民法典》第1064条第2款的规定，对于夫妻一方在婚姻关系存续期间以个人名义超出家庭日常生活需要所负的债务，如果债权人能够证明该债务用于共同生产经营，则可认定为夫妻共同债务。所谓“共同生产经营”，实务中的常见情形如下：(1) 一人有限责任公司股东为夫妻一方，另一方在公司担任高管人员的；(2) 夫妻双方均为有限责任公司股东，共同参与公司经营管理的；(3) 一方经营公司，另一方分享经营收益的；(4) 夫妻一方经营公司，另一方利用该公司账户参与其他业务的［(2021) 最高法民申3225号］；(5) 夫妻双方从事性质相似的工作，且婚姻关系存续期间有多笔大额款项相互转账的［(2021) 最高法民申2558号］。以上几种情形，均可认定为“共同生产经营”。

本案中，为证明许某所负债务是用于共同生产经营，原告远洋企业提交如下证据：(1)《光达公司招股说明书》，其中“历史沿革”部分载明郑某曾为公司股东；(2)《企业基本情况表》，证明郑某现在公司担任重要职务；(3) 由郑某签字的《光达公司2017年半年度报告》，证明郑某对涉案交易及负债事项知情且同意。法院通过以上证据认定郑某参与了光达公司的经营管理，再结合许某系光达公司股东、法定代表人的身份，最终认定许某为光达公司经营的对外负债属于夫妻共同债务。

2. 因夫妻共同生产经营所负债务属于夫妻共同债务，债权人起诉时应列该夫妻双方为共同被告。

夫妻一方为共同生产经营对外承担债务，即便仅有夫妻一方在借款合同等文件中签字，该债务仍应视为该夫妻共同债务。债权人在起诉要求清偿债务时，应注意列夫妻双方为共同被告，并举证证明债务用于共同生产经营，经生效判决文书确认债务人及其配偶均为债务人，从而在执行过程中扩大被执行人责任财产范围，最大限度保障债权实现。

091. 因家庭日常生活需要所负债务为夫妻共同债务，应列夫妻二人为共同被告

◇ **执行依据**　借款合同纠纷案件

◇ **问题**　夫妻一方在婚姻存续期间多次以个人名义对外借款，同时多次向配偶账户转账，此种情形所负债务是否属于夫妻共同债务

◇ **案例**　北京高院（2021）京民再129号

◇ **结论**　夫妻一方多次对外借款，单笔债务数额不大，且存在多次向配偶账户账款记录，可认定涉案负债系用于家庭日常生活，属于夫妻共同债务

【基本案情】

2013年梁某与韩某相识，韩某称能帮助梁某进行高回报的理财活动，并要求将款项直接打入个人账户内。梁某先后向韩某及杜某德（韩某岳父）银行账户汇款11笔，金额共计1037250元，其中9张汇款单中明确写明款项为借款。

2014年5月23日，韩某向梁某出具了《借条》一张，其中写明“今日韩某向梁某借款捌拾伍万元整，借款利息按每月1.5%支付”。

2015年2月3日，韩某还款15万元，余款887250元及利息至今未还。

另查，韩某与杜某梅于2010年3月15日登记结婚，二人于2015年6月17日登记离婚。

梁某向法院提起诉讼，请求判令杜某梅、韩某共同偿还借款本金及利息。经北京海淀法院一审、北京一中院二审，最终作出5757号民事判决，判决杜某梅、韩某向梁某偿还借款887250元及利息。

杜某梅不服，认为涉案债务并非夫妻共同债务，向北京高院申请再审。北京高院指令北京一中院再审。

北京一中院再审认为梁某未提交充分证据证明涉案借款为夫妻共同债务，作出 129 号民事判决：撤销原判，改判韩某向梁某偿还借款 887250 元及利息。

梁某不服，向检察机关申诉，检察机关向北京高院提出抗诉。北京高院裁定提审本案，经审理判决如下：撤销北京市一中院 129 号民事判决，维持北京市一中院 5757 号民事判决。

【争议焦点】

涉案借款是否属于韩某与杜某梅夫妻关系存续期间的共同债务？

【裁判要点】

在案证据显示：首先，梁某于 2013 年 4 月至 2015 年 6 月，分 11 笔陆续向韩某出借款项共计 1037250 元，金额从 3 万余元至 20 万元不等，单笔支付数额并非巨大。其次，韩某使用其名下尾号为 4949 的银行卡分期收取梁某借款后，该银行卡每月定期向韩某名下尾号为 7856 的账户转款用于分期偿还贷款本息。而所偿还贷款系用于韩某、杜某梅共同购置房产。韩某收取梁某的借款后，还多次向杜某梅名下多个银行卡账户转款，杜某梅名下的银行卡又用于就医、购物等生活消费，故北京高院再审认定梁某出借款项被用于韩某、杜某梅偿还夫妻共同债务，以及家庭日常生活消费。

北京高院再审过程中，韩某述称曾经多次使用杜某梅名下信用卡转账、套现，用于投资、还款和网络赌博，杜某梅均不知情。杜某梅辩称，其个人账户也有购买理财产品等投资行为，对于韩某使用其名下信用卡转账、套现等行为均不知情。根据银行卡管理相关规定，信用卡申请资料必须由申请人本人亲自签名，发卡银行不得在客户不知情或违背客户意愿的情况下发卡，故信用卡申请人应当知晓其名下信用卡的交易信息，并对所发生的交易行为承担责任。现杜某梅未提供证据证明其账户密码等个人信息被盗用，基于韩某与杜某梅的夫妻关系，可推定杜某梅授权韩某使用其名下银行卡交易，并应对其授权行为承担法律责任。据此，杜某梅关于不知晓其名下银行卡交易信息的抗辩理由不能成立。韩某和杜某梅虽然使用各自名下的银行账户投资，但是梁某出借的款项通过韩某频繁操作与其夫妻共同投资或家庭日常生活消费资金发生混同，且投资收益归韩某、杜某梅夫妻共同所有，故由共同投资或家庭日常生活消费行为产生的债务应属于夫妻共同债务。

【相关法律法规】

《民法典》

第一千零六十四条 夫妻双方共同签名或者夫妻一方事后追认等共同意思表示所负的债务，以及夫妻一方在婚姻关系存续期间以个人名义为家庭日常生活需要所负的债务，属于夫妻共同债务。

夫妻一方在婚姻关系存续期间以个人名义超出家庭日常生活需要所负的债务，不属于夫妻共同债务；但是，债权人能够证明该债务用于夫妻共同生活、共同生产经营或者基于夫妻双方共同意思表示的除外。

【诉讼策略】

1. 本案系因夫妻一方为家庭日常生活需要所负的债务，法院据此认定该债务属于夫妻共同债务。

根据《民法典》第1064条第2款的规定，夫妻一方在婚姻关系存续期间以个人名义为家庭日常生活需要所负的债务属于夫妻共同债务。所谓“因家庭日常生活需要”，一般包括买房、买车、养育子女、赡养老人、医疗保健及其他日常消费。此外，认定为满足家庭日常生活需要的支出应当考虑适当性，即债务数额不能超出家庭生活所需，实践中要结合负债金额、家庭财产状况、当地经济水平等因素综合判断。从举证责任分配角度看，如负债金额不超过家庭日常生活所需，则一般推定为夫妻共同债务；但如果负债数额巨大，则债权人需要举证证明用于共同生活。

2. 债务人为家庭日常生活需要所负的债务属于夫妻共同债务，债权人在提起诉讼时应列债务人及其配偶为共同被告。

如债务人债务金额不超过日常生活所需，则一般法院会推断债务用于夫妻共同生活，债权人提交初步证据即可。但是，在债务数额较大、超出家庭日常生活需要的情况下，债权人就要承担举证责任，证明涉案债务用于共同生活，否则就要承担举证不能的不利后果。

此外，本案中，因原告梁某分11次向被告韩某转账，金额共计100余万元，北京一中院再审中认为："按照借款当地一般社会生活习惯判断，本案借款属于大额债务，应属于司法解释中规定的超出家庭日常生活需要所负的债务。"据此认定应由梁某承担举证责任，证明涉案借款用于韩某与杜某梅夫妻共同生活，并最终以梁某举证不充分为由，将涉案债务认定为韩某个人债务。后经检察机关抗诉，北京高院再审过程中认为，涉案款项分11笔陆续向韩某出借，金额从3万余元至20万元不等，单笔支付数额并非巨大。加上原告梁某向法院提交调查取证申请，调取了韩某及杜某德的银行流水明细，初步证明韩某及杜某德账户曾向杜某梅账户大量汇款，据此北京高院最终认定涉案负债为夫妻共同债务并依法改判。据此，在判断负债金额是否超出家庭日常生活所需时，如果涉案债务是分次形成的，则债权人可以主张每个单笔债务单独定性，结合转账间隔时间、单笔债务金额、当地经济发展水平等相关因素，主张每个单笔债务构成夫妻共同债务，以减轻自身举证负担。

092. 夫妻一方以个人名义提供担保，债权人可主张该担保之债属于夫妻共同债务，列夫妻二人为共同被告

◇ **执行依据**　借款合同纠纷案件

◇ **问题**　夫妻一方作为股东以个人名义为公司债务提供担保，债权人能否主张该担保之债属于夫妻共同债务，列夫妻二人为共同被告

◇ **案例**　河北高院（2019）冀民再39号

◇ **结论**　夫妻一方作为股东以个人名义为公司债务提供担保，该担保之债发生在婚姻关系存续期间，且因担保人为公司股东，该担保将影响股东的收益，进而影响夫妻共同财产的多少，因而该担保之债属于夫妻共同债务，债权人可列夫妻二人为共同被告，要求以夫妻共同财产共同承担保证责任

【基本案情】

2014年9月13日，天华公司召开股东会，决议股东李某、刘某等为孙某良与天华公司签订的借款合同项下的债务承担无限连带保证责任。

2014年9月17日，孙某良与天华公司签订借款合同，约定天华公司向孙某良借款2000万元。

天华公司于2014年10月17日至2015年1月20日分10笔共计还款310万元，剩余借款未能按期归还。

2015年1月25号，刘某将登记在其名下的两处房屋过户给姜某，2015年1月30日，刘某与姜某协议离婚。

2015年6月8日孙某良向法院提起诉讼，请求依法判决天华公司偿还剩余借款本金及利息，股东李某、刘某等承担连带保证责任，股东家属姜某等承担共同偿还责任。

一审法院判决支持了孙某良的诉讼请求。姜某不服一审判决，向沧州中院申请再审，请求判令刘某对天华公司提供担保之债不应认定为夫妻共同债务。沧州中院作出（2016）冀09民再84号民事判决，判决维持原判。

姜某向检察机关申诉。检察机关抗诉认为，沧州中院判令姜某承担涉案债务的连带责任适用法律错误，该债务不符合夫妻共同生活所形成债务的条件，不属于夫妻共同债务。河北高院裁定提审本案，并在审理后，判决如下：维持沧州中院（2016）冀09民再84号民事判决。

【争议焦点】

姜某是否应对涉案债务承担共同偿还责任？

【裁判要点】

《最高人民法院民一庭关于夫妻一方对外担保之债能否认定为夫妻共同债务的复函》复函案件与本案情况不同，复函案件中担保人提供担保，不存在获利情形。本案中，作为该公司股东的担保人与债务人之间存在出资关系，公司的股东依法享有资产收益、参与重大决策和选择管理者等权利。公司对外借款是公司开展的经营活动，将影响股东的收益。在婚姻存续期间的生产经营收益应归夫妻共同所有，刘某为天华公司担保之债发生于刘某与姜某夫妻关系存续期间，刘某系债务人天华公司的股东，天华公司经营活动影响股东刘某收益，也与刘某与姜某婚姻关系存续期间的夫妻共同财产的多少有关系。在没有相反证据证明的情况下，应认定刘某为天华公司提供担保而产生的担保之债应为刘某与姜某之间的夫妻共同债务，姜某对刘某因担保涉案借款形成的个人债务应承担共同偿还责任。综上，申诉人姜某的申诉理由不能成立，不予支持。

【相关法律法规】

《民法典》

第一千零六十二条 夫妻在婚姻关系存续期间所得的下列财产，为夫妻的共同财产，归夫妻共同所有：

（一）工资、奖金、劳务报酬；

（二）生产、经营、投资的收益；

（三）知识产权的收益；

（四）继承或者受赠的财产，但是本法第一千零六十三条第三项规定的除外；

（五）其他应当归共同所有的财产。

夫妻对共同财产，有平等的处理权。

第一千零六十四条 夫妻双方共同签名或者夫妻一方事后追认等共同意思表示所负的债务，以及夫妻一方在婚姻关系存续期间以个人名义为家庭日常生活需要所负的债务，属于夫妻共同债务。

夫妻一方在婚姻关系存续期间以个人名义超出家庭日常生活需要所负的债务，不属于夫妻共同债务；但是，债权人能够证明该债务用于夫妻共同生活、共同生产经营或者基于夫妻双方共同意思表示的除外。

《最高人民法院民一庭关于夫妻一方对外担保之债能否认定为夫妻共同债务的复函》

福建省高级人民法院：

你院（2014）闽民申字第1715号《关于再审申请人宋某、叶某与被申请人叶某某及一审被告陈某、李某民间借贷纠纷一案的请示》收悉。经研究答复如下：同意你院审判委员会多数意见，即夫妻一方对外担保之债不应当适用《最高人民法院关于适用〈中华人民共和国婚姻法〉若干问题的解释（二）》[①] 第二十四条的规定认定为夫妻共同债务。

【诉讼策略】

1. 本案系因夫妻一方对外担保引发是否应为夫妻共同负债的纠纷，夫妻一方以个人名义对外担保形成的担保之债不一定属于个人债务，存在为夫妻共同债务的可能。

最高人民法院在《最高人民法院民一庭关于夫妻一方对外担保之债能否认定为夫妻共同债务的复函》中提到"夫妻一方对外担保之债不应当适用《最高人民法院关于适用〈中华人民共和国婚姻法〉若干问题的解释（二）》第二十四条的规定认定为夫妻共同债务"。有些观点因此认为所有担保之债都不能认定为夫妻共同债务，这种说法是不准确的。该复函针对的是福建高院（2014）闽民申字第 1715 号案件，该案件中，担保人为个人债务提供担保，不存在获利情形。而本案中，担保人是为公司债务提供担保，且担保人本身为公司股东，公司对外借款用于经营，所得收益与股东有关。另外，在没有相反证据证明的情况下，夫妻一方作为公司股东所得收益应推定用于夫妻共同生活。也就是说，担保人作为公司股东为公司提供担保，既是为了公司的利益，也是为了个人利益。在这种情况下，法院最终认定刘某因担保涉案借款形成的债务为夫妻共同债务。

2. 夫妻一方以个人名义对外担保，如果存在获利，则债权人在提起诉讼时可将夫妻二人列为共同被告，主张该担保之债属于夫妻共同债务。

如上所述，担保之债能否认定为夫妻共同债务的关键在于担保人是否因提供担保而获利，如果债权人有证据证明担保人为个人利益提供担保，则可在提起诉讼时一并将担保人及其配偶列为共同被告，要求担保人配偶共同承担担保责任。

---

① 该司法解释现已废止。

093. 夫妻二人共同经营“夫妻店”，公司负债时可列公司与夫妻二人为共同被告

◇ **执行依据** 申请执行人执行异议之诉

◇ **问题** 夫妻二人出资设立有限责任公司，公司对外负债，债权人能否主张“夫妻店”实质上为一人公司，在起诉时可否列夫妻双方为共同被告，要求夫妻双方与公司承担连带责任

◇ **案例** 最高人民法院（2019）最高法民再372号

◇ **结论** 夫妻二人出资设立有限责任公司，公司全部股权实质上源于同一财产权，并为一个所有权共同享有和支配，可认定为实质意义上的一人有限责任公司。公司对外负债，债权人在起诉时可列夫妻双方为共同被告，要求夫妻双方与公司承担连带责任

【基本案情】

2011年8月3日，熊某与沈某登记结婚。同年11月，二人出资成立青曼公司，青曼公司为有限责任公司，熊某、沈某各持股50%。

2015年6月24日，法院作出民事调解书，确认青曼公司应支付猫人公司货款2983704.65元。该案执行过程中，因未发现被执行人可供执行的财产线索，执行法院裁定终结本次执行。

2017年10月，猫人公司以青曼公司符合一人公司的实质要件为由，请求追加熊某、沈某为被执行人，对青曼公司所欠债务承担连带责任。武汉中院裁定驳回猫人公司的请求。

猫人公司遂提起本案申请执行人执行异议之诉，请求追加熊某、沈某为被执行人。武汉中院一审判决驳回猫人公司的诉讼请求。

猫人公司不服，上诉至湖北高院，湖北高院作出二审判决，改判追加熊某、沈某为被执行人，对青曼公司所负债务承担连带清偿责任。

熊某、沈某不服，向最高人民法院申请再审，最高人民法院经审理，判决：维持湖北高院二审民事判决。

【争议焦点】

1. 青曼公司是否属于一人有限责任公司？
2. 猫人公司申请追加熊某、沈某为被执行人应否支持？

【裁判要点】

1. 关于青曼公司是否属于一人有限责任公司问题

本案中，青曼公司虽系熊某、沈某两人出资成立，但熊某、沈某为夫妻，青曼公司设立于双方婚姻存续期间，且青曼公司工商登记备案资料中没有熊某、沈某财产分割的书面证明或协议，熊某、沈某亦未补充提交。据此可以认定，青曼公司的注册资本源于熊某、沈某的夫妻共同财产，青曼公司的全部股权属于熊某、沈某婚后取得的财产，应归双方共同共有。青曼公司的全部股权实质上源于同一财产权，并为一个所有权共同享有和支配，该股权主体具有利益的一致性和实质的单一性。青曼公司由熊某、沈某夫妻二人在婚姻关系存续期间设立，公司资产归熊某、沈某共同共有，双方利益具有高度一致性，亦难以形成有效的内部监督。熊某、沈某均实际参与公司的管理经营，夫妻其他共同财产与青曼公司财产亦容易混同，从而容易损害债权人利益。在此情况下，应参照《公司法》第63条的规定，将公司财产独立于股东自身财产的举证责任分配给股东熊某、沈某。综上，青曼公司与一人有限责任公司在主体构成和规范适用上具有高度相似性，二审法院认定青曼公司系实质意义上的一人有限责任公司并无不当。

2. 关于猫人公司申请追加熊某、沈某为被执行人应否支持问题

如上分析，青曼公司系实质意义上的一人有限责任公司，适用《公司法》第63条的规定，而《变更、追加规定》第20条的实体法基础亦为《公司法》第63条的规定。据此，熊某、沈某应对青曼公司财产独立于双方其他共有财产承担举证责任，在二审法院就此事项要求熊某、沈某限期举证的情况下，熊某、沈某未举证证明其自身财产独立于青曼公司财产，应承担举证

不力的法律后果。二审法院支持猫人公司追加熊某、沈某为被执行人的申请，并无不当。

【相关法律法规】

《民法典》

第一千零六十二条 夫妻在婚姻关系存续期间所得的下列财产，为夫妻的共同财产，归夫妻共同所有：

（一）工资、奖金、劳务报酬；

（二）生产、经营、投资的收益；

（三）知识产权的收益；

（四）继承或者受赠的财产，但是本法第一千零六十三条第三项规定的除外；

（五）其他应当归共同所有的财产。

夫妻对共同财产，有平等的处理权。

《公司法》

第五十七条第二款 本法所称一人有限责任公司，是指只有一个自然人股东或者一个法人股东的有限责任公司。

第六十三条 一人有限责任公司的股东不能证明公司财产独立于股东自己的财产的，应当对公司债务承担连带责任。

《变更、追加规定》

第二十条 作为被执行人的一人有限责任公司，财产不足以清偿生效法律文书确定的债务，股东不能证明公司财产独立于自己的财产，申请执行人申请变更、追加该股东为被执行人，对公司债务承担连带责任的，人民法院应予支持。

【诉讼策略】

1. 本案系因夫妻共同成立有效责任公司负债是否为夫妻债务问题产生的纠纷，“夫妻店”可能构成实质上的一人公司，夫妻二人应对公司债务承担连带责任。

所谓“夫妻店”，是指仅有夫妻二人作为股东出资设立的有限责任公司。“夫妻店”的股东虽有两人，但是因两股东为夫妻关系，且公司设立于婚姻关系存续期间，注册资本通常也源于夫妻共同财产，因此，夫妻店公司的全部股权也应认定是夫妻双方共同共有。从法律效果和社会效果分析，“夫妻店”对债权人的利益保护存在天然缺陷，导致债权人与“夫妻店”发生纠纷时，得不到法律的有力保护，此情况尚待立法及法律适用改善。但是，依照我国夫妻财产共同共有原则，夫妻股东持有的全部股权应构成不可分割的整体，而公司实质充任了夫妻股东实施民事行为的代理人，若依法人有限责任制度认定夫妻股东设立的公司承担有限责任的同时，不对夫妻股东其他义务予以强化和规制，则有违民法的公平原则，也不利于对交易相对方利益的平等保护。因此，法院通常认定“夫妻店”属于实质上的一人公司，夫妻二人应对公司债务承担连带责任。

本案中，青曼公司设立于熊某、沈某婚姻存续期间，二人各自持股50%，由双方共同经营，庭审过程中二人也未提交证据证明双方对其婚前财产或婚后所得财产归属进行了约定，因此法院认为青曼公司实质上是为一个所有权共同享有和支配，具有实质上的单一性，最终认定“夫妻店”属于实质意义上的一人公司。

2. 当债务人为夫妻共同设立的公司时，债权人在起诉公司的同时，可列夫妻双方为共同被告，要求夫妻二人对公司债务承担连带责任。

《变更、追加规定》第20条规定了债权人可以在执行程序中追加一人有限责任公司股东为被执行人，但是，一方面执行程序中追加被执行人以“公司财产不足以清偿生效法律文书确定的债务”为前置条件，另一方面被追加的股东也可以通过执行异议、执行复议程序拖延时间。因此，相比于在执行程序中申请追加夫妻店股东为被执行人，在诉讼程序中直接列夫妻二人为共同被告更有利于债权的实现。

二、债务人为企业法人时，应考虑列其股东或者与其有密切关系的企业法人为共同被告的可能

094. 公司起诉要求部分发起人全面履行出资义务，可列其他发起人为共同被告，要求所有发起人共同承担连带责任

◇ **执行依据**　股东出资纠纷案件

◇ **问题**　公司设立过程中股东未完全出资，公司申请破产后，管理人代表公司提起诉讼，要求股东全面履行出资义务，已经完成实缴的发起人应否承担连带责任

◇ **案例**　江西高院（2020）赣民终910号

◇ **结论**　公司设立时股东未完全出资，公司起诉要求股东全面履行出资义务，可列发起人为共同被告，要求发起人与欠缴股东承担连带责任

【基本案情】

文化公司于2011年1月28日由宦某、袁某、好世界公司、华夏公司共同出资组建。

2011年3月6日，文化公司作出股东会决议：同意股东袁某、华夏公司分别将所持有的文化公司4%共20万元、16%共80万元的股权转让给有道公司。

文化公司的股东认缴及实缴情况如下：（1）有道公司认缴100万元，全部实缴；（2）华夏公司认缴240万元，全部实缴；（3）好世界公司认缴50万元，全部实缴；（4）宦某认缴80万元，实缴20万元；（5）袁某认缴30万元，实缴10万元。

2011年5月12日，文化公司全体股东作出一份《承诺书》，其中记载：

公司两次出资420万元，占注册资本84%，余额80万元于2013年1月27日前全部缴足。有道公司、宦某、袁某、好世界公司、华夏公司在该《承诺书》上加盖公章或签字。

2019年9月16日，法院受理华夏公司对文化公司的破产清算申请。

2020年5月，文化公司以宦某、袁某、好世界公司、华夏公司、有道公司为被告，向法院起诉请求判令5被告连带补缴出资80万元及利息。

一审法院判决支持了文化公司的诉讼请求。

袁某、华夏公司不服，向江西高院提起上诉，主张已经实缴全部认缴的出资款，不应对涉案80万元欠缴出资承担连带责任。江西高院判决如下：驳回上诉，维持原判。

【争议焦点】

华夏公司、袁某是否应承担涉案出资补缴和支付补缴出资利息的义务？

【裁判要点】

江西高院认为，依照《企业破产法》第35条的规定，人民法院受理文化公司破产申请后，文化公司的股东应足额缴纳认缴的出资，而不受出资期限的限制。一审、二审已查明，文化公司的注册资本为500万元，未缴80万元。《公司法司法解释三》第13条第1款规定："股东未履行或者未全面履行出资义务，公司或者其他股东请求其向公司依法全面履行出资义务的，人民法院应予支持。"此外，根据该条第2款的规定，股东在公司设立时未履行或者未全面履行出资义务，公司的发起人与被告股东承担连带责任。根据上述规定，一审法院判决袁某、华夏公司与其他股东承担连带补缴80万元出资的义务，并无不当。上诉人袁某、华夏公司关于已履行认缴出资义务，不应承担补缴80万元出资义务的上诉主张，因缺乏事实和法律依据，不予支持。本案承诺书明确记载各股东承诺80万元出资于2013年1月27日前全部缴足，但因股东未按照承诺履行缴纳义务，一审法院判决以80万元为基数，自2013年1月27日计算利息并无不当，应予维持。

【相关法律法规】

《公司法司法解释三》

第十三条 股东未履行或者未全面履行出资义务，公司或者其他股东请求其向公司依法全面履行出资义务的，人民法院应予支持。

公司债权人请求未履行或者未全面履行出资义务的股东在未出资本息范围内对公司债务不能清偿的部分承担补充赔偿责任的，人民法院应予支持；未履行或者未全面履行出资义务的股东已经承担上述责任，其他债权人提出相同请求的，人民法院不予支持。

股东在公司设立时未履行或者未全面履行出资义务，依照本条第一款或者第二款提起诉讼的原告，请求公司的发起人与被告股东承担连带责任的，人民法院应予支持；公司的发起人承担责任后，可以向被告股东追偿。

股东在公司增资时未履行或者未全面履行出资义务，依照本条第一款或者第二款提起诉讼的原告，请求未尽公司法第一百四十七条第一款规定的义务而使出资未缴足的董事、高级管理人员承担相应责任的，人民法院应予支持；董事、高级管理人员承担责任后，可以向被告股东追偿。

【诉讼策略】

1. 本案系股东出资纠纷案件，公司发起人未完全出资，所有发起人应对补缴欠缴出资承担连带责任，公司或公司债权人起诉要求欠缴出资的发起人承担责任的，可列全体发起人为共同被告，要求全体发起人承担连带责任。

根据《公司法司法解释三》第13条第3款的规定，股东在公司设立时未全面履行出资义务，公司起诉要求补缴出资，或者公司债权人起诉要求对公司债务承担补充赔偿责任的，公司发起人应与被告股东承担连带责任。“在公司设立时未全面履行出资义务的股东”其实就是发起人，该条规定实际上是明确了发起人之间的连带责任。发起人的连带责任是无过错责任，该连带责任的承担只与发起人身份有关，发起人是否实际缴纳自己认缴的出资部分，对发起人之间的连带责任没有影响。因此，本案中，袁某、华夏公司以自己持有股份已经全部实缴到位，不应对其他发起人的补缴出资承担连带责任的上诉主张未得到法院支持。

综上，无论是公司起诉要求补缴出资，还是债权人起诉要求承担补充赔偿责任，只要公司发起人有未完全出资情形的，就可以将所有发起人列为共同被告，要求与责任股东（发起人）共同承担连带清偿责任。

2. 关于发起人将股权转让后，出资连带责任是否随之转移给受让方的问题。

关于发起人将股权转让后是否还应承担出资连带责任，目前法律或司法解释没有明确规定，该问题仍属实务争议比较大的问题。最高人民法院民事审判第二庭编写的《最高人民法院关于公司法司法解释（三）清算纪要理解与适用》一书认为："资本充实责任因公司设立行为而产生，其承担者限于公司设立者。在公司成立后接受出资或股份转让的股东，或股份有限公司发起人以外的应募股东，均不承担资本充实责任。"据此，发起人的出资连带责任不随股权转移而转移。但是，司法实践中也有相反案例。例如，（2020）渝民终475号案例中，重庆高院就认为："被告在各发起人出资期限未到之时就转让了股权，不应再对其余发起人的瑕疵出资责任承担连带责任。"

095. 公司与股东人格混同，可列公司和股东为共同被告，要求承担连带责任

◇ **执行依据**　股东损害公司债权人利益责任纠纷

◇ **问题**　公司与股东存在财物、人员、住所等混同的情况，公司不能清偿到期债务时，债权人能否要求股东承担连带清偿责任

◇ **案例**　最高人民法院（2020）最高法民申5116号

◇ **结论**　公司债权人能够提供证据证明公司与股东存在人格混同情形的，可列公司和股东为共同被告，要求二者承担连带责任

【基本案情】

华企公司成立于2007年6月18日，股东分别为节能公司、后勤公司、

郭某。

2016 年 5 月 30 日，北京仲裁委员会就光伏公司与华企公司之间工程款纠纷作出裁决，裁决华企公司向光伏公司支付工程价款及利息、律师费、仲裁费等共计 70422379. 66 元。该案执行过程中，华企公司和光伏公司达成和解并已履行 2003 万元，但债权剩余部分未履行。后因被执行人无财产可供执行，法院裁定终结本次执行程序。

2018 年 4 月，光伏公司向法院提起诉讼，以节能公司、后勤公司、郭某为共同被告，主张三被告作为华企公司的股东与公司存在人格混同情形，请求判令三被告连带清偿华企公司拖欠的应付款及利息。

经无锡中院一审、江苏高院二审，最终判决支持光伏公司的诉讼请求。

节能公司、后勤公司、郭某不服，向最高人民法院申请再审。最高人民法院经审理，裁定驳回再审申请。

【争议焦点】

节能公司、后勤公司、郭某是否与华企公司存在人格混同情形，是否应对华企公司对光伏公司的涉案债务承担连带清偿责任？

【裁判要点】

1. 原判决认定 3 家公司之间存在财务混同并无不当。光伏公司一审中提供了初步证据证明 3 家公司住所地、联系方式、高管人员、业务范围等存在混同情形。在此情况下，一审法院调取银行流水以查明 3 家公司是否存在财务混同，于法有据。一审法院调取的华企公司 5 个银行账户往来明细反映 3 家公司之间存在多笔大额资金往来，但 3 家公司和郭某均称不清楚华企公司与 3 股东之间有无业务往来以及资金往来的原因，原审法院认定涉案财务账册记载了财物混同内容，并无不当。

2. 3 家公司之间存在人格混同。除上述财务混同原因外，还表现在人员混同、经营场所混同及业务混同等方面，原判决已详细阐述，最高人民法院予以认可。节能公司、后勤公司虽主张实际办公地点与登记的住所地不同、公司使用的联系电话为分机号码、电子邮箱不同等，但均不足以否定原审法院的事实认定。光伏公司的举证已经达到前述证明标准，原判决认定节能公司、后勤公司与华企公司之间存在人格混同，于法有据。

3. 原判决认定郭某可以实际控制 3 家公司正确。郭某持有后勤公司 97.83% 股权，为法定代表人。后勤公司持有节能公司 99.69% 股权，为控股股东，节能公司持有华企公司 93.75% 股权，为控股股东，郭某为节能公司和华企公司的股东并同时担任公司高管。原判决据此认定郭某存在过度支配与控制情形的高度可能性，并无不当。郭某主张公司可能有隐名股东或其他实际控制人，但并未提供证据，不予采信。

如上所述，原判决适用《公司法》第 20 条第 3 款，判决节能公司、后勤公司、郭某对华企公司的涉案债务承担连带清偿责任正确。

【相关法律法规】

《公司法》

第二十条第三款　公司股东滥用公司法人独立地位和股东有限责任，逃避债务，严重损害公司债权人利益的，应当对公司债务承担连带责任。

《全国法院民商事审判工作会议纪要》

10. 【人格混同】认定公司人格与股东人格是否存在混同，最根本的判断标准是公司是否具有独立意思和独立财产，最主要的表现是公司的财产与股东的财产是否混同且无法区分。在认定是否构成人格混同时，应当综合考虑以下因素：

（1）股东无偿使用公司资金或者财产，不作财务记载的；

（2）股东用公司的资金偿还股东的债务，或者将公司的资金供关联公司无偿使用，不作财务记载的；

（3）公司账簿与股东账簿不分，致使公司财产与股东财产无法区分的；

（4）股东自身收益与公司盈利不加区分，致使双方利益不清的；

（5）公司的财产记载于股东名下，由股东占有、使用的；

（6）人格混同的其他情形。

在出现人格混同的情况下，往往同时出现以下混同：公司业务和股东业务混同；公司员工与股东员工混同，特别是财务人员混同；公司住所与股东住所混同。人民法院在审理案件时，关键要审查是否构成人格混同，而不要求同时具备其他方面的混同，其他方面的混同往往只是人格混同的补强。

13. 【诉讼地位】人民法院在审理公司人格否认纠纷案件时，应当根据不同情形确定当事人的诉讼地位：

……

（2）债权人对债务人公司享有的债权提起诉讼的同时，一并提起公司人格否认诉讼，请求股东对公司债务承担连带责任的，列公司和股东为共同被告；

……

【诉讼策略】

1. 本案系股东损害债权人纠纷案件，公司债权人在起诉要求公司清偿债权时，如公司股东与公司之间是否存在人格混同情形，可列公司股东为共同被告，要求股东与公司承担连带责任。

本案中，债权人光伏公司在最初的工程款纠纷仲裁过程中仅列合同相对方华企公司为被申请人，虽然拿到胜诉裁定，但在执行过程中因债权数额较大，华企公司名下资产不足以清偿仲裁文书确认的所有债务，执行法院以无财产可供执行为由作出终结本次执行程序的裁定。光伏公司遂又另外提起本案股东损害公司债权人利益责任纠纷诉讼，以股东与公司人格混同为由，要求华企公司及其股东承担连带责任。本案提起诉讼时，距离光伏公司 2016 年 5 月拿到胜诉裁定已过两年。本案又历经无锡中院一审、江苏高院二审，最高人民法院再审，在 2020 年年底才拿到最高人民法院驳回再审申请的裁定，前后耗时近五年的时间。如果光伏公司能在最初的工程款纠纷仲裁中直接将华企公司及其股东一并列为被申请人，在执行过程中就可直接执行节能公司、后勤公司、郭某名下资产，可缩短案件拖延时间，也大大减少债务人及其股东利用诉讼程序时间转移资产的可能性，既可提高执行效率，又能最大限度保障债权的实现。鉴于此，在债务人为公司的情况下，债权人在提起诉讼时，就应充分调查了解公司及其股东是否存在人格混同的情形，如果能够提供证据证明存在人格混同，可一并提起公司人格否认诉讼，直接以公司及其股东为共同被告，请求股东与公司共同承担连带责任，以此扩大债务人范围，减少执行过程中的阻碍。

2. 债权人能够提供初步证据证明公司与其股东存在人格混同情形的，可申请法院调取证据进一步证明。

在（2021）最高法知民终380号民事判决书中，最高人民法院明确认定公司人格与股东人格是否存在混同，最根本的判断标准是公司是否具有独立意思和独立财产，最主要的表现是公司的财产与股东的财产是否混同且无法区分。在认定是否构成人格混同时，应当综合考虑以下因素：（1）股东无偿使用公司资金或者财产，不作财务记载的；（2）股东用公司的资金偿还股东的债务，或者将公司的资金供关联公司无偿使用，不作财务记载的；（3）公司账簿与股东账簿不分，致使公司财产与股东财产无法区分的；（4）股东自身收益与公司盈利不加区分，致使双方利益不清的；（5）公司的财产记载于股东名下，由股东占有、使用的；（6）人格混同的其他情形。

关于举证责任，因公司经营情况、银行账户流水、财务账册等重要信息一般不会对外公开，债权人难以掌握，根据《最高人民法院关于民事诉讼证据的若干规定》第2条第2款的规定，当事人因客观原因不能自行收集的证据，可申请人民法院调查收集。因此，公司债权人在提供初步证据证明公司和股东存在人格混同情形之后，可以申请人民法院调取债务人公司及其股东名下的银行账户信息等其他由债务人公司掌管的证据。本案中，光伏公司在一审中通过网络查询华企公司及其股东的人员信息、持股情况、招聘信息等公司基本信息，提供了初步证据证明3家公司住所地、联系方式、高管人员、业务范围等存在混同情形。后又向法院申请调取华企公司的银行流水，一审法院调取的华企公司5个银行账户往来明细反映3家公司之间存在多笔大额资金往来，但3家公司和郭某均不能合理解释上述资金往来的原因。综合以上因素，法院最终认定华企公司的股东与公司存在人格混同情形，判令三被告连带清偿华企公司拖欠的应付款项及利息。

3. 对于非公司股东的公司实际控制人操纵公司损害债权人利益的，也可考虑主张类推适用人格否认制度，要求该股东与公司承担连带责任。

在（2020）最高法民终185号案件中，最高人民法院认为："公司人格否认制度旨在矫正有限责任制度在特定情形下对债权人利益保护的失衡。非公司股东但与公司存在关联或控制关系的其他主体通过操作或控制公司而损害公司债权人利益，与公司股东滥用公司人格损害债权人利益具有同质性。对此应基于公平及诚信原则，类推适用《公司法》第 20 条第 2 款规定予以规制，以实现实质公正。”据此，对于非公司股东的实际控制人操纵公司侵害债权人利益的，债权人也可主张类推适用人格否认制度，要求实际控制人与公司承担连带责任。

4. 股东与公司人格混同的情形下，公司也要为股东债务承担连带责任。

在（2020）最高法民申 2158 号裁定书中，最高人民法院认为：“《公司法》第 63 条的规定虽系股东为公司债务承担连带责任，但目前司法实践中，在股东与公司人格混同的情形下，公司亦可为股东债务承担连带责任。”据此，股东的债权人如果能够提供证据证明股东与公司存在人格混同，则也可以将公司一并列为被告，要求公司为股东债务承担连带责任。

096. 公司对外欠款，债权人可将未足额出资股东列为共同被告，要求股东承担补充责任

◇ **执行依据** 借款合同纠纷案件

◇ **问题** 公司对外欠款，债权人能否以公司和未足额出资的股东为共同被告，要求股东在未出资范围内对公司债务承担补充赔偿责任

◇ **案例** 最高人民法院（2020）最高法民申 6403 号

◇ **结论** 公司股东未完全出资，公司债权人可以将公司和股东作为共同被告提起诉讼，要求未全面履行出资义务的股东在未出资本息范围内对公司债务不能清偿的部分承担补充赔偿责任

【基本案情】

金石公司于 2013 年 10 月 16 日成立，金石集团、谷阳公司、恒昌公司、威远公司均为金石公司股东，且认缴出资部分均未实际缴足。

2013年12月3日，陈某等与金石公司签订了《股权转让协议》，约定如下：陈某等将晖健公司100%的股权以4亿元的对价转让给金石公司。同日，金石公司与梁某群等签订《借款协议》，约定金石公司向梁某群借款2.4亿元，用于支付上述股权转让款。

2013年12月11日，陈某等作为甲方（出借人）、梁某群作为乙方（借款人）、金石公司作为丙方（担保人），签订了《借款合同》，约定如下：乙方于2013年12月3日与丙方签订了借款协议，由乙方出借2.4亿元给丙方，乙方为筹集资金，向甲方借款1.75亿元。

2015年5月20日金石公司作出股东会决议，将各股东未到位剩余出资的出资时间改为2032年10月31日。

2017年，陈某向法院提起诉讼，诉讼请求如下：（1）判令金石公司向陈某偿还欠款本金5710.8万元及利息622.992万元；（2）金石集团、谷阳公司、恒昌公司、威远公司在未出资26603万元本息范围内按照各自认缴的出资比例对金石公司上述债务不能清偿部分向原告陈某承担补充赔偿责任。

本案经长沙中院一审、湖南高院二审，最终判决支持了陈某的诉讼请求。

金石集团、谷阳公司、恒昌公司、威远公司不服，向最高人民法院申请再审，主张金石集团等股东不存在瑕疵出资，且出资期限尚未届满，不应对金石公司不能清偿的债务承担补充赔偿责任。最高人民法院再审审理，驳回了上述再审申请。

【争议焦点】

金石集团、谷阳公司、恒昌公司、威远公司等股东对金石公司的债务是否应承担补充赔偿责任？

【裁判要点】

1. 关于金石集团、谷阳公司、恒昌公司、威远公司所主张各股东已经履行完毕出资义务，不应承担补充赔偿责任的问题。本案中，金石集团、谷阳公司、恒昌公司、威远公司主张已经通过债转股的方式增资亦不能证明其已经履行完毕出资义务，原审法院认定金石集团、谷阳公司、恒昌公司、威远公司未按认缴金额出资到位，应就未出资部分对公司债务承担补充赔偿责任，并无不当。

2. 关于金石集团、谷阳公司、恒昌公司、威远公司主张其出资义务尚未到期，对金石公司的债务不应承担补充赔偿责任的问题。对此，最高人民法院认为，实务中，在公司债务产生后，公司股东会决议或以其他方式延长股东出资期限的，债权人以公司不能清偿到期债务为由，请求未届出资期限的股东在未出资范围内对公司不能清偿的债务承担补充赔偿责任的，人民法院应予支持。本案中，金石公司在2015年5月20日作出股东会决议，将股东原认缴出资时间由2015年10月变更为2032年10月31日，而金石公司对涉案债权人所负债务在2015年5月20日前已经产生并未予全部清偿，该情况符合应确认股东认缴出资义务加速到期的情形。据此，原审法院认定金石集团、谷阳公司、恒昌公司、威远公司应对金石公司未能清偿的债务承担补充赔偿责任，并无不当。金石集团、谷阳公司、恒昌公司、威远公司的主张缺乏法律依据，不予采纳。

【相关法律法规】

《公司法司法解释三》

第十三条第二款 公司债权人请求未履行或者未全面履行出资义务的股东在未出资本息范围内对公司债务不能清偿的部分承担补充赔偿责任的，人民法院应予支持；未履行或者未全面履行出资义务的股东已经承担上述责任，其他债权人提出相同请求的，人民法院不予支持。

《变更、追加规定》

第十七条 作为被执行人的营利法人，财产不足以清偿生效法律文书确定的债务，申请执行人申请变更、追加未缴纳或未足额缴纳出资的股东、出资人或依公司法规定对该出资承担连带责任的发起人为被执行人，在尚未缴纳出资的范围内依法承担责任的，人民法院应予支持。

《全国法院民商事审判工作会议纪要》

6. 【股东出资应否加速到期】在注册资本认缴制下，股东依法享有期限利益。债权人以公司不能清偿到期债务为由，请求未届出资期限的股东在未出资范围内对公司不能清偿的债务承担补充赔偿责任的，人民法院不予支持。但是，下列情形除外：

（1）公司作为被执行人的案件，人民法院穷尽执行措施无财产可供执行，已具备破产原因，但不申请破产的；

（2）在公司债务产生后，公司股东（大）会决议或以其他方式延长股东出资期限的。

【诉讼策略】

1. 本案系因公司对外负债债权人要求未履行出资义务的股东为被告并承担责任产生的纠纷，对于公司对外欠款，债权人可列未完全出资股东为共同被告，要求其对公司债务不能清偿的部分承担补充赔偿责任。

根据《公司法司法解释三》第 13 条第 2 款的规定，公司债权人有权请求未履行或者未全面履行出资义务的股东在未出资本息范围内对公司债务不能清偿的部分承担补充赔偿责任。所谓“未履行或者未全面履行出资义务”，是指出资期限届满而未完全出资。如果出资期限尚未届满，则股东享有期限利益，债权人请求其承担补充赔偿责任的，法院将不予支持。但是，根据《全国法院民商事审判工作会议纪要》第 6 条关于股东出资加速到期有两种例外规定：（1）公司作为被执行人的案件，人民法院穷尽执行措施无财产可供执行，已具备破产原因，但不申请破产的；（2）在公司债务产生后，公司股东（大）会决议或以其他方式延长股东出资期限的。在上述两种情形下，公司债权人可不经申请破产程序，直接以未届出资期限的股东为被告提起诉讼，请求在认缴出资范围内对公司债务不能清偿的部分承担补充赔偿责任。

本案就属于第二种情况，金石公司的涉案债务产生于 2013 年，原本股东认缴出资时间为 2015 年 10 月，金石公司在认缴期限届满后，又于 2015 年 5 月 20 日作出股东会决议，将股东原认缴出资时间延长至 2032 年 10 月 31 日，法院据此认定本案情况符合应确认股东认缴出资义务加速到期的情形，最终判令金石集团、谷阳公司、恒昌公司、威远公司在未缴纳出资范围内对金石公司债务不能清偿部分承担补充赔偿责任。

2. 虽然在执行程序中也有追加未完全出资的股东为被执行人的可能性，但是在执行程序中申请追加被执行人在增加执行困难的同时又会引起新一轮的诉讼纠纷。

根据《变更、追加规定》第 17 条的规定，执行过程中，公司财产不足以清偿生效法律文书确定的债务，申请执行人可以申请追加未缴纳或未足额缴纳出资的股东为被执行人。根据该条规定，公司债权人在执行过程中可以追加未完全履行出资义务的公司股东为被执行人，但在实践中，执行程序中追加被执行人所面对的阻碍更多。一方面，执行程序中追加被执行人以“公司财产不足以清偿债务”为前提，通常要经历财产调查阶段，以确定被执行人公司确无财产可供执行，法院据此作出终结本次执行程序的裁定后，申请执行人才可申请追加被执行人。另一方面，在执行阶段提起追加被执行人申请，被追加的公司股东很有可能会提出执行异议和执行复议，将拖延执行时间，也增加了申请被驳回的风险。

综上，债权人在提起诉讼时，可一并将借款人公司未实际出资的股东列为被告，要求股东承担偿还责任，这样不仅可以减少诉累，避免司法资源的浪费，而且可以增加债权人实现债权的可能性，最大限度实现债权人的合法权益。

097. 公司债权人起诉未完全出资的股东，要求对公司债务承担补充赔偿责任，可将实际出资人列为共同被告

◇ **执行依据**　借款合同纠纷案件

◇ **问题**　公司债权人起诉公司股东，要求在未履行出资义务范围内对公司债务不能清偿的部分承担补充赔偿责任，能否以实际出资人为共同被告

◇ **案例**　山东高院（2020）鲁民申 10359 号、泰安中院（2021）鲁 09 民再 37 号

◇ **结论**　当公司债权人在知道实际出资人的情况下，则既可以只要求基于登记信赖的名义股东承担责任，也可以将实际出资人和名义股东列为共同被告，请求实际出资人与名义股东共同对未履行出资义务的出资部分承担清偿责任

【基本案情】

通达公司成立于2011年，杨某春、李某生、杨某金为公司登记备案的股东。曹某、吴某为公司实际出资人，在公司经营中参与公司管理、决策，但均未在注册登记中显名。

为经营需要，通达公司先后于2014年3月17日、2017年8月29日两次增资，分别增资2070万元、5160万元。但是，公司内部约定五位实际股东各占20%的股份，每位出资额仍为100万元。

2015年4月3日，通达公司向李某鸿借款80万元。后通达公司偿还借款50万元，剩余30万元至今未偿还。

2019年9月9日，李某鸿向一审法院起诉要求通达公司、杨某春、李某生、杨某金、曹某、吴某偿还借款30万元及其利息。

本案经两级法院审理，均认为曹某、吴某因不是通达公司登记备案的股东，不应承担偿还责任。最终判决通达公司偿还李某鸿借款30万元及利息，杨某春、李某生、杨某金在未出资本息范围内承担补充偿还责任。

李某鸿对该判决不服，向山东高院申请再审。

山东高院再审审理认为二审法院对曹某和吴某是否还是通达公司的实际出资人、是否履行了出资义务未予查清，属认定基本事实不清。于2020年12月作出裁定，指令泰安中院再审本案。

2021年7月8日，泰安中院再审改判杨某春、杨某金、李某生、曹某、吴某在其未出资本息范围内对通达公司不能偿还借款30万元及其利息部分承担补充赔偿责任。

【争议焦点】

曹某、吴某作为实际出资人，是否应对通达公司不能清偿的债务承担赔偿责任?

【裁判要点】

山东高院认为，当公司债权人在知道实际出资人的情况下，则既可以只要求基于登记信赖的名义股东承担责任，也可以将实际出资人和名义股东列为共同被告，请求实际出资人与名义股东共同对未履行出资义务承担责任。本案中，曹某、杨树涛、杨某春、杨某金、吴某曾在2011年7月31日签订《合伙企业合伙协议》，5人约定每人出资100万元，成立合伙企业通达公司。2016年7月25日、2017年5月30日、2017年8月22日，通达公司曾分别形成股东会决议，曹某、杨某涛、杨某春、杨某金、赵某凤5人在股东会决议书上进行了签字。其中，2017年8月22日股东会决议确认杨某涛的股份转让给李某生，公司工商登记注册股东变更为杨某春、李某生、杨某金，公司注册资本2070万元不变，5位实际股东各占20%股份，原协议规定公司5位股东出资各100万元，8月31日前必须全部到位。曹某原审中主张其于2017年9月8日将股份转让给了案外人郑某，杨某春、杨某金对此表示不知情，没有召开股东会议表决，曹某仅提交了一份转让协议，并未提交协议已实际履行及股权转让前其已补足出资的证据。杨某春、杨某金原审中主张"参加股东会议的是吴某，因吴某是政府工作人员，所以公司会议记录上不能出现他的名字，吴某均代签上赵某凤的名字，公司所有的投资也是吴某以赵某凤的名义进行的投资"。二审对曹某、吴某是否还是通达公司的实际出资人，曹某、吴某是否履行了出资义务未予查清。二审认定基本事实不清，本案应予再审。

泰安中院再审认为，曹某、吴某在工商注册中虽未被登记为股东，但2人依照《合伙企业合伙协议》的约定，履行了出资义务，在公司经营中参与公司管理、决策，且其他股东均对2人的股东身份予以认可。因此，要综合运用股东资格的形式要件和实质要件审查，在利益平衡的基础上，结合所争议的法律关系，选定合理的标准，维护善意第三人的利益，对曹某、吴某应确认其股东身份。涉案借款发生在2015年4月，而2014年3月17日通达公司登记注册资本为2070万元，5位实际股东各占20%的股份，即每位股东应出资为414万元，但5位实际股东约定，每位出资额还是100万元，应确认未对其认缴资金履行了全部出资义务。杨某春、李某生、杨某金、曹某、吴某应当对通达公司债务不能清偿的部分在其未出资范围内承担补充赔偿责任。

【相关法律法规】

《公司法司法解释三》

第二十六条 公司债权人以登记于公司登记机关的股东未履行出资义务为由，请求其对公司债务不能清偿的部分在未出资本息范围内承担补充赔偿责任，股东以其仅为名义股东而非实际出资人为由进行抗辩的，人民法院不予支持。

名义股东根据前款规定承担赔偿责任后，向实际出资人追偿的，人民法院应予支持。

【诉讼策略】

1. 本案系债权人要求公司隐名股东承担责任引起的纠纷案件，当公司债权人在知道实际出资人的情况下，可以将实际出资人和名义股东列为共同被告，请求实际出资人与名义股东共同对未履行出资义务承担责任。

《公司法司法解释三》第26条第2款的规定，名义股东对公司债务承担补充赔偿责任后，可以向实际出资人追偿。可见，补足出资义务的最终义务主体还是实际出资人，即所谓隐名股东。因此，如果公司债权人在提起诉讼的时候就知道且有证据能够证明实际出资人身份，则债权人可以选择将实际出资人和名义股东列为共同被告，请求二者共同对未履行出资义务承担责任。由此可以一步到位，直接追究实际出资人的责任，省去名义股东事后另行起诉追偿的麻烦，减少诉累。在执行过程中也增加了被执行人数量，提高了债权人胜诉债权的清偿可能。

2. 公司债权人请求实际出资人与名义股东共同对未履行出资义务部分承担责任，重点和难点在于能否提供证据证明实际出资人身份。

本案的争议焦点在于曹某、吴某对外不具有公司股东身份的情况下，公司的债权人李某鸿能否直接以曹某、吴某为被告提起诉讼，要求曹某、吴某作为实际出资人对通达公司不能清偿的债务承担赔偿责任。一审、二审法院均认为非公司登记备案的股东就不应承担偿还责任，因此未支持李某鸿对曹某、吴某的诉讼请求。但是，山东高院在再审审查过程中明确：如果公司债权人知道实际出资人，就可以将实际出资人和名义股东列为共同被告，请求实际出资人与名义股东共同对未履行出资义务承担责任。由此，只要李某鸿有证据证明曹某、吴某是未完全出资的实际出资人，其诉讼请求就应得到法院支持。

为了举证证明曹某、吴某的实际出资人身份，李某鸿出示了通达公司设立时的《合伙企业合伙协议》，证明曹某、吴某均为通达公司的创始人；又出示有曹某、吴某签字的通达公司股东会决议，加上公司其他股东证言，证明曹某、吴某实际参与公司经营，其他股东也认可二人的隐名股东身份。最终，法院确认曹某、吴某具有实质上的股东身份，应与公司其他股东共同对通达公司债务不能清偿的部分在未出资范围内承担补充赔偿责任。

据此，实际出资人身份一般可从以下几个角度证明：（1）向公司实际出资；（2）有代持股协议或合意；（3）实际参与公司经营管理；（4）公司其他股东知道并认可其股东身份。

098. 公司对外借款，股东以个人名义在借据上签字，可认定为共同借款人

◇ **执行依据**　借款合同纠纷案件

◇ **问题**　公司对外借款，公司股东以个人名义在借据“借款人”处签名，是否属于职务行为、债权人能否要求股东承担还款责任

◇ **案例**　甘肃高院（2020）甘民终182号

◇ **结论** 非公司法定代表人的股东，在未取得公司授权的情况下，在借据及还款承诺书上签字，不属于履行职务的行为，应认定该股东为共同借款人

【基本案情】

贾某是正和公司股东、实际控制人，邴某与贾某、正和公司之间长期存在资金拆借关系。

2015 年 4 月至 2016 年 10 月，邴某多次向正和公司汇款，金额共计 8000 万元。

2017 年 7 月 11 日，正和公司出具借据，载明“截至 2017 年 7 月 11 日，正和公司共借有邴某人民币捌仟万元整”，贾某在正和公司公章处签名。同日，贾某向邴某出具还款承诺书一份，承诺于 2017 年 10 月 31 日前偿还借款 8000 万元。

2017 年 9 月，邴某分 4 次向正和公司汇款共计 2000 万元。

2017 年 9 月 28 日，正和公司出具借据，载明“今收到邴某借款贰仟万元”。正和公司在借款人处加盖公章，贾某在公章处签名。

自 2015 年 4 月起，正和公司多次向邴某付款共计 9975 万元，剩余借款未及时还清。邴某遂向法院提起诉讼，要求贾某和正和公司共同承担还款责任。

一审法院认为，贾某并未以借款人的名义出具借据或以个人名义作出加入承担还款的意思表示，故邴某要求贾某承担还款责任的诉讼请求不能成立。判决如下：正和公司偿还邴某借款本金及利息，驳回邴某的其他诉讼请求。

邴某不服，上诉至甘肃高院，请求贾某和正和公司共同承担还款责任。甘肃高院经审理，改判贾某和正和公司共同承担还款责任。

【争议焦点】

贾某是否应当承担还款责任？

【裁判要点】

代表法人从事民事活动的负责人，为法人的法定代表人，其代表公司的行为可认定为公司行为，法律后果由公司承受。民间借贷中，个人借贷行为归结于公司行为的前提亦为该个人系公司法定代表人。经审查在案证据，贾某为正和公司股东，并非正和公司法定代表人，也未取得正和公司涉案借贷行为的代理授权。综上，其在涉案借据及还款承诺书上签字的行为，并非履行职务的行为，应认定贾某在本案中为共同借款人。一审法院对该项事实认定错误，甘肃高院予以纠正。

【相关法律法规】

《民法典》

第六十一条 依照法律或者法人章程的规定，代表法人从事民事活动的负责人，为法人的法定代表人。

法定代表人以法人名义从事的民事活动，其法律后果由法人承受。

法人章程或者法人权力机构对法定代表人代表权的限制，不得对抗善意相对人。

《最高人民法院关于审理民间借贷案件适用法律若干问题的规定》

第二十二条 法人的法定代表人或者非法人组织的负责人以单位名义与出借人签订民间借贷合同，有证据证明所借款项系法定代表人或者负责人个人使用，出借人请求将法定代表人或者负责人列为共同被告或者第三人的，人民法院应予准许。

法人的法定代表人或者非法人组织的负责人以个人名义与出借人订立民间借贷合同，所借款项用于单位生产经营，出借人请求单位与个人共同承担责任的，人民法院应予支持。

【诉讼策略】

1. 本案系借款合同纠纷案件，公司股东以个人名义在公司对外借款协议上签字，可认定为共同借款人，应承担还款责任。

根据《最高人民法院关于审理民间借贷案件适用法律若干问题的规定》

第22条第2款的规定，公司法定代表人以个人名义签订借款合同，所借款项用于公司生产经营的，公司与个人共同承担还款责任。本案中，贾某虽主张其在涉案借据及还款承诺书上签字的行为为职务行为，是代表正和公司借款，实际借款均由正和公司收取和使用，其个人不应承担法律责任。但是，因为贾某既非公司法定代表人，也未就公司对外借款一事获得公司授权，二审法院最终认定贾某在借据和还款协议上签字的行为是个人行为，参照上述规定，应与公司共同承担还款责任。

2. 公司对外负债，公司股东以个人名义在借款协议、借据、还款承诺等文件上签字的，债权人起诉公司要求还款时，可列签字股东为共同被告。

需注意的是，所谓“以个人名义”应排除作为公司法定代表人签字和受公司委托作为公司代表人签字两种情况。此外，签字人虽为公司法定代表人，但如其签名在“借款人”“欠款人”“承诺人”等字样之后，则可认定为是以个人名义签名，根据最高人民法院相关案件的裁判观点：“基于法定代表人的特殊身份，其以个人名义签订合同，是实际上的合同当事人，所借资金由公司实际使用，公司实际参与了合同的履行，成为事实上的合同当事人，此时可推定公司和法定代表人均为合同当事人，需要共同承担还款义务。”债权人在提起诉讼时，仍可将公司法定代表人个人作为共同被告。

综上，出借人在签订借款协议时，应将股东或法定代表人与公司共同列为借款人，并且在签字处标明“借款人”“欠款人”等字样，避免“公司授权代表”“公司法定代表人”等字样，以明确签字股东或法定代表人共同借款人的法律地位。

099. 债务人公司出资设立新公司，债权人可列新公司为共同被告，要求新公司承担连带责任

◇ **执行依据**　借款合同纠纷案件

◇ **问题**　债务人公司以优质资产投资设立新公司，导致偿债能力严重受损，债权人能否要求新设公司在接受财产范围内承担连带责任

◇ **案例** 山东高院（2020）鲁民再13号

◇ **结论** 债务人公司以优质资产投资设立新公司，导致偿债能力严重受损，债权人可以新设公司和债务人公司作为共同被告提起诉讼主张债权，新设公司应当在所接收的财产范围内对债务人公司欠款承担连带清偿责任

【基本案情】

2013年12月9日，小额贷款公司与美晶集团签订《借款合同》，约定美晶集团向小额贷款公司借款1100万元。借款到期后，美晶集团未能按期还款。

2015年，经小额贷款公司起诉，法院判决美晶集团向小额贷款公司还款。该案件在强制执行中，小额贷款公司发现美晶集团在债务存续期间与农垦公司共同设立米业公司，将固定资产和无形资产投资到米业公司，小额贷款公司遂申请追加米业公司为被执行人，要求对上述原债权共同承担连带还款责任。执行法院裁定追加米业公司为被执行人。米业公司提出异议，法院认为米业公司是否应承担债务连带清偿责任应由诉讼程序解决，裁定驳回了小额贷款公司要求追加米业公司为被执行人的申请。

小额贷款公司遂向法院提起本案借款纠纷诉讼，请求判令米业公司与美晶集团对其借款本金1100万元及利息、罚息共同承担连带还款责任。本案经过济宁高新区法院一审、济宁中院二审，法院均判决支持小额贷款公司的诉讼请求。

米业公司不服，向山东高院申请再审。

经查，2014年12月26日，农垦公司与美晶集团签订了出资协议，约定共同出资设立米业公司。美晶集团以其拥有的全部固定资产和部分无形资产（土地使用权）出资，公司无偿受让美晶集团的商标、专利、域名等无形资产，并接收美晶集团提供的全部在岗人员。出资协议签订后，美晶集团以变更固定资产登记的方式陆续投资到位，并以固定资产及无形资产出资4673.60万元取得了出资协议中约定的米业公司46.7%的股权。

山东高院改判如下：米业公司对美晶集团对小额贷款公司借款本金1100万元、利息3578666元（截至2016年12月20日）及至还清之日止的利息、罚息在所接收财产范围内承担连带责任。

【争议焦点】

米业公司是否应为美晶集团的涉案债务承担责任？

【裁判要点】

本案中，农垦公司与美晶集团签订了出资协议，约定共同出资设立米业公司，美晶集团未提供证据证实公司的本次出资已得到债权人的同意，其以美晶集团优质资产与农垦公司共同出资成立米业公司，并取得米业公司相应的股权，同时将相关股权进行了质押。美晶集团以优质资产、核心人员与他人合作，使美晶集团无法正常生产经营，美晶集团的偿债能力严重受损。企业法人是以自己所有的财产独立对外承担民事责任。美晶集团的优质资产是其偿还已然债务的基础，米业公司应在其接收财产范围内与美晶集团对小额贷款公司的债务承担连带清偿责任。米业公司主张，《最高人民法院关于审理与企业改制相关的民事纠纷案件若干问题的规定》仅适用于国有企业改制范畴，不适用于美晶集团，未提供相应的法律依据，其该再审理由不能成立。

综上，米业公司的再审请求及理由部分成立。原审判决认定事实清楚，适用法律正确，原审判决在“本院认为”部分虽表明米业公司应在其所接收财产范围内与美晶集团承担连带责任，但在判项下未有相关表述，山东高院予以纠正。

【相关法律法规】

《公司法》

第二十条　公司股东应当遵守法律、行政法规和公司章程，依法行使股东权利，不得滥用股东权利损害公司或者其他股东的利益；不得滥用公司法人独立地位和股东有限责任损害公司债权人的利益。

公司股东滥用股东权利给公司或者其他股东造成损失的，应当依法承担赔偿责任。

公司股东滥用公司法人独立地位和股东有限责任，逃避债务，严重损害公司债权人利益的，应当对公司债务承担连带责任。

《最高人民法院关于审理与企业改制相关的民事纠纷案件若干问题的规定》

第七条 企业以其优质财产与他人组建新公司，而将债务留在原企业，债权人以新设公司和原企业作为共同被告提起诉讼主张债权的，新设公司应当在所接收的财产范围内与原企业共同承担连带责任。

【诉讼策略】

1. 本案系借款合同纠纷案件，债务人公司出资设立新公司，导致自身资产清偿能力严重受损的，公司债权人可列新设公司与债务人公司为共同被告，要求新设公司在接收财产范围内承担连带清偿责任。

投资新公司本是企业的正常经营行为，如果对外投资后，原企业的资产价值和债务清偿能力并不减少，则此类出资行为应为合法出资行为，新设公司对原企业的债务不承担清偿责任。但是，如果公司在负债的情况下，不通知债权人，将大部分资产投资到新设公司，实质上起到了通过设立新公司、平移资产方式逃避债务的效果，因此，在此情形下，新设公司应当在所接收的财产范围内与原企业共同承担连带责任。债权人在提起诉讼时，应以新设公司和原债务人公司为共同被告，要求新设公司在接收财产范围内对原债务人公司的债务承担连带清偿责任。

2. 债权人要求新设公司承担法律责任，应分情况主张适用《最高人民法院关于审理与企业改制相关的民事纠纷案件若干问题的规定》第7条的规定，或者类推适用《公司法》第20条第3款的规定。

根据笔者对相关案例观点的检索，有些公司的债权人援引《最高人民法院关于审理与企业改制相关的民事纠纷案件若干问题的规定》第7条的规定作为法律依据主张新设公司承担连带赔偿责任时，法院会以债务人公司出资行为不涉及企业改制为由，认为涉案纠纷不适用上述规定，最终驳回债权人的诉讼请求。例如，在（2020）最高法民再164号案中，最高人民法院认为："《最高人民法院关于审理与企业改制相关的民事纠纷案件若干问题的规定》适用的案件范围是与企业改制相关的民事纠纷案件。根据本案再审时当事人一致确认的事实，金丝路公司以土地使用权评估作价出资，系依法依约履行其作为金业公司股东的出资义务的行为，而非涉及金丝路公司进行企业产权制度改造的行为。《最高人民法院关于审理与企业改制相关的民事纠纷案件若干问题的规定》并不适用于本案。"据此，公司债权人应注意区分债务人公司投资的性质，如果债务人公司仅是对外转移资产，没有人员、地点、无形资产等其他领域的合并行为，则法院很难认定债务人公司有通过改制逃避债务的行为，这种情况下，债权人可尝试援引《公司法》第 20 条第 3 款的规定，主张原债务人公司与新设公司共同滥用公司法人独立地位，逃避债务，应承担连带责任。如（2016）浙 02 民终 322 号案例[①]中，法院认为："本案银行举证已达高度盖然性标准，能证明机械公司与齿轮公司存在公司平移、人格混同、利益转移，滥用公司法人独立地位，逃避债务，减弱了齿轮公司承担最高额保证能力，严重损害了银行利益。本案事实虽无法落入《公司法》第 20 条第 3 款所规范的情形之内，但'兄弟公司型人格混同'与'母子公司型人格混同'在事实构成上具有高度相似性，因而适用于后者的法律规范可被类推适用到前者情形，故判决服饰公司偿还银行借款本息，齿轮公司及机械公司承担连带清偿责任。"

100. 债务人为一人公司的，债权人可列公司与其一人股东为共同被告，要求股东承担连带责任

◇ **执行依据**　申请执行人执行异议之诉

◇ **问题**　债务人为一人公司的，债权人能否在起诉时直接列公司股东为共同被告，要求股东承担连带责任

① 宁波银行股份有限公司江北支行与宁波金刚机器人有限公司最高额保证合同纠纷上诉案，载《人民司法·案例》2017 年第 11 期。

◇ **案例** 最高人民法院（2021）最高法民申3711号

◇ **结论** 债务人为一人公司，债权人可在诉讼过程中列公司与其一人股东为共同被告，要求股东对公司债务承担连带责任

【基本案情】

洋华公司为一人有限责任公司，庞某自2001年12月18日起成为洋华公司唯一股东。

2006年10月，山东高院作出民事调解书，确认洋华公司需分期支付盛达公司工程欠款及利息1350万元。2007年，盛达公司向山东高院申请强制执行，该执行款至今未执行到位。

盛达公司以庞某作为一人公司的股东，不能证明其财产独立于公司财产为由，申请请求追加庞某为被执行人，被执行法院裁定驳回。

盛达公司遂于2018年向法院提起申请执行人执行异议之诉，请求判决追加庞某为被执行人，并判决其对洋华公司债务承担连带责任。经山东高院一审、最高人民法院二审，最终判决支持盛达公司的诉讼请求。

庞某不服，向最高人民法院申请再审，主张洋华公司有财产可供清偿债务，追加洋华公司股东庞某为被告缺乏必要，且庞某个人财产与公司不存在混同。最高人民法院经审理，裁定如下：驳回庞某的再审申请。

【争议焦点】

本案是否应当追加庞某为被执行人？

【裁判要点】

根据原审查明的事实，在2007年6月20日至2021年，执行法院没有强制执行到洋华公司任何款项，庞某虽然主张洋华公司通过各种途径筹集资金偿还债务，特别是通过诉讼向济南市人民政府追索土地补偿款，但该案尚未审结，尚不能确定洋华公司能否获得补偿款以及补偿款的数额，故原审认定洋华公司的财产已不足以清偿涉案生效法律文书所确定债务的基本事实并不

缺乏证据证明。

洋华公司成为一人有限公司后，违反《公司法》第62条的规定，未在每一会计年度终了时编制财务会计报告并经会计师事务所审计。虽然庞某提交了会计师事务所出具的洋华公司审计报告等证据材料以证明公司财产独立，但根据原审查明的事实，以上审计报告对可通过公开查询获知的涉案执行债务都没有纳入洋华公司的资产负债表，存在明显的审计失败情形，原审不予采信并无不当，故原审认定洋华公司财务管理混乱，庞某作为公司唯一股东应当承担公司财产混同不利后果的基本事实并不缺乏证据证明，原审认定庞某应当对洋华公司的债务承担连带责任并追加为被执行人适用法律并无不当。

【相关法律法规】

《公司法》

第六十三条　一人有限责任公司的股东不能证明公司财产独立于股东自己的财产的，应当对公司债务承担连带责任。

《变更、追加规定》

第二十条　作为被执行人的一人有限责任公司，财产不足以清偿生效法律文书确定的债务，股东不能证明公司财产独立于自己的财产，申请执行人申请变更、追加该股东为被执行人，对公司债务承担连带责任的，人民法院应予支持。

【诉讼策略】

1. 本案系因列一人公司股东为被告产生的纠纷案件，债务人为一人公司时，债权人应在提起诉讼时将一人公司股东一并作为共同被告，要求股东对公司债务承担连带责任。

通常情况下，基于法人人格独立及股东有限责任原则，公司对外负债不能要求股东承担连带责任。但是，一人公司存在例外。一人公司缺少股东之间的制约，财务流转比较自由，容易发生股东个人财产与公司财产的混同，因此，《公司法》第63条明确规定："一人有限责任公司的股东不能证明公司财产独立于股东自己的财产的，应当对公司债务承担连带责任。"而司法实践中，一人公司股东是不能够提供有效证据证明自己财产独立于公司财产的，因此，当债务人为一人公司时，债权人应在提起诉讼时将一人公司股东一并作为共同被告，要求股东对公司债务承担连带责任。

此外，根据《公司法》第 63 条的规定，一人有限责任公司的法人人格否认适用举证责任倒置规则，债权人起诉时并不需要股东与一人公司财产混同的相关证据，只要债务人是一人公司即可，在诉讼过程中需要由股东提供证据证明自己财产与公司不存在混同，否则将承担举证不能的不利后果。之所以如此规定，原因系一人有限责任公司只有一个股东，缺乏社团性和相应的公司机关，没有分权制衡的内部治理结构，缺乏内部监督。股东既是所有者，又是管理者，个人财产和公司财产极易混同，极易损害公司债权人利益。因此，通过举证责任倒置，强化一人有限责任公司的财产独立性，从而加强对债权人的保护。

2. 相比于在执行程序中申请追加一人公司股东为被执行人，在诉讼程序中直接列一人公司股东为共同被告更有利于债权的实现。

虽然《变更、追加规定》第 20 条规定了一人有限责任公司的债权人可以在执行程序中追加公司股东为被执行人，但是，一方面执行程序中追加被执行人以"公司财产不足以清偿生效法律文书确定的债务"为前提条件，另一方面被追加的股东也可以通过执行异议、执行复议程序拖延时间。例如，本案中，涉案债权确定于 2006 年，但是债权人在提起诉讼时并未将一人公司的股东庞某列为共同被告，导致庞某一直假借其他公司转移财产、逃避债务，执行款项十几年不到位。盛达公司在执行程序中申请追加庞某为被执行人，历经执行异议之诉一审、二审程序，后庞某又向最高人民法院申请再审，在 2021 年才拿到驳回再审申请的裁定。如果盛达公司能在一开始的诉讼阶段就将庞某列为共同被告，要求庞某承担连带责任，则应该能够更加顺利地实现债权。

据此，相比于在执行程序中申请追加一人公司股东为被执行人，债权人在诉讼程序中直接列一人公司股东为共同被告，在诉讼过程中查明股东与公司财产混同的事实，避免股东在诉讼中转移财产，也省去后续在执行程序中追加被执行人的麻烦。

101. 公司对外欠款，债权人可将抽逃出资股东列为共同被告，要求股东在抽逃出资的范围内承担责任

◇ **执行依据**　申请执行人执行异议之诉

◇ **问题**　公司对外欠款，债权人能否要求抽逃出资的股东对公司不能清偿的债务承担责任

◇ **案例**　河南高院（2022）豫民终541号

◇ **结论**　抽逃出资的股东应在其抽逃出资范围内对公司不能清偿的债务承担补充赔偿责任

【基本案情】

马某与泰达公司民间借贷纠纷一案，仲裁机构于2016年10月14日作出仲裁裁决，裁决泰达公司向马某偿还借款本金380万元及利息。该案执行过程中，因泰达公司无财产可供执行，执行法院于2018年7月作出裁定终结本次执行程序。

2021年，马某以抽逃出资为由向法院申请追加泰达公司股东秦某为被执行人，被法院裁定驳回，马某遂提起本案申请执行人执行异议之诉。

经查，泰达公司成立于2012年1月17日，股东秦某认缴出资200万元，持股比例20%。2012年1月16日，股东秦某出资200万元。2012年1月17日至18日，上述出资款又分12笔陆续从公司账户转出。

本案经郑州中院一审、河南高院二审，最终判决如下：追加秦某为马某执行泰达公司民间借贷纠纷一案的被执行人，秦某在200万元范围内对泰达公司所负债务承担责任。

【争议焦点】

秦某是否构成抽逃出资，是否应在其抽逃出资范围内对泰达公司不能清偿的债务承担责任？

【裁判要点】

首先，追加股东为被执行人的前提条件是公司财产不足以清偿生效法律文书确定的债务。本案中，虽然上诉人庭审中称郑州中院还查封了被执行人史某某名下在北京的一套房产，可以作为被执行的财产，但根据庭审查明的事实，该套房产上存在抵押权，郑州中院已将处置权移交给抵押权执行法院，该套房产是史某某的唯一住房，目前尚未处置。除此之外，秦某未能提交被执行人名下有其他可供执行的财产线索。且郑州中院已于 2018 年 7 月 18 日查明经穷尽财产调查措施暂未发现被执行人名下有其他可供执行的财产，并裁定终结本次执行程序，表明被执行人泰达公司已无财产可供执行，故本案具备追加股东为被执行人的前提条件。

其次，本案中，泰达公司成立于 2012 年 1 月 17 日，股东秦某认缴出资 200 万元，并于 2012 年 1 月 16 日向泰达公司实缴出资 200 万元，但申请执行人马某提供证据证明上述出资款在 2012 年 1 月 17 日至 18 日分 12 笔陆续从公司账户转出。在债权人已初步举证证明股东在出资后短时间内即将出资款从公司账户转出后，举证责任即应转移至股东秦某，秦某应提供证据证明该转出款项的行为系公司正常经营行为或有其他合理、正当依据，而非抽逃出资的行为。但是，秦某并未提供相关证据证明该款项的转出系公司的正常经营行为或有其他合理、正当依据，可以认定其构成抽逃出资，应在抽逃出资范围内对泰达公司不能清偿的债务承担责任。

综上，上诉人秦某作为被执行人泰达公司的股东抽逃出资，符合《变更、追加规定》第 18 条的规定，依法应被追加为本案的被执行人。

【相关法律法规】

《公司法司法解释三》

第十二条 公司成立后，公司、股东或者公司债权人以相关股东的行为符合下列情形之一且损害公司权益为由，请求认定该股东抽逃出资的，人民法院应予支持：

（一）制作虚假财务会计报表虚增利润进行分配；

（二）通过虚构债权债务关系将其出资转出；

（三）利用关联交易将出资转出；

（四）其他未经法定程序将出资抽回的行为。

《变更、追加规定》

第十八条　作为被执行人的营利法人，财产不足以清偿生效法律文书确定的债务，申请执行人申请变更、追加抽逃出资的股东、出资人为被执行人，在抽逃出资的范围内承担责任的，人民法院应予支持。

【诉讼策略】

1. 本案系追加抽逃出资股东为被执行人产生的纠纷，若公司债权人在诉讼程序中直接将抽逃出资的股东列为共同被告，可能会更省时省力。

根据《变更、追加规定》第18条的规定，申请执行人在执行程序中可以申请追加抽逃出资的股东为被执行人。但是，因执行程序追求效率，在执行程序中直接追加股东为被执行人应当以股东承担责任的事实具有外观上的明显性为基础。而股东抽逃出资具有隐秘性、复杂性的特点，执行法院为了避免在执行程序中对实体权利义务判断与当事人之间的实际法律关系出现明显背离，往往会裁定得更加谨慎。如本案，马某在执行程序中申请追加泰达公司抽逃出资的股东秦某某为被执行人，执行法院裁定驳回，马某又提起申请执行人执行异议之诉，历经两次审理程序，才得以追加秦某为被执行人。

鉴于此，在债务人为公司的情况下，债权人提起诉讼时应当考虑公司股东是否存在抽逃出资的情况，如果有，则应在提起诉讼时将抽逃出资股东和公司一并列为共同被告，在庭审中查明事实、作出实体判决，直接将抽逃出资的股东划进生效法律文书确定的债务人范围，方便执行程序的启动。

2. 诉讼中最难的就是证明股东有抽逃出资行为，关于股东抽逃出资的举证责任及证明方法问题，债权人在起诉前需做好相关调研和准备工作。

追究公司股东抽逃出资的责任，难点在于证明股东存在抽逃出资行为。如前所述，抽逃出资行为往往具有隐蔽性、复杂性，因此，在举证责任方面并不完全遵循“谁主张，谁举证”的原则。公司债权人能提出初步证据证明被告股东存在抽逃出资行为，则被告股东应当就其已履行出资义务承担举证责任。

实践中，债权人要想初步证明债务人公司股东存在抽逃出资行为，可以从以下几个方面入手：

（1）申请法院调取债务人公司的银行流水，查找公司与股东或股东的关联方之间是否存在不合理的汇款记录。

（2）获取债务人公司对外公开的财务报表等财务资料，如果是债务人公司股东，还可以通过行使股东知情权的方式查阅债务人财务资料，重点查看“应收账款”的项下数据。

（3）通过网络检索债务人公司及股东的相关裁判文书，如能找到认定股东存在抽逃出资的生效裁判，则可以直接引用。

102. 公司侵权案件，可以公司实际控制人等人与公司为共同被告，要求连带赔偿损失

◇ **执行依据**　因申请诉中财产保全损害责任纠纷

◇ **问题**　公司法定代表人操纵公司恶意诉讼，在卸任法定代表人后仍以公司员工名义参与诉讼，诉讼相对方因此遭受损失，能否要求该原法定代表人与公司一起承担连带赔偿责任

◇ **案例**　最高人民法院（2021）最高法民申2982号

◇ **结论**　实际控制人操纵公司恶意诉讼造成损失构成共同侵权，被侵权方可以实际控制人与公司为共同被告，要求该实际控制人与公司连带承担赔偿责任

【基本案情】

海信公司系涉案大厦业主，东隆公司为该大厦承租方及实际使用者，双方订有《大厦整体转让框架协议》，但未实际履行。

2013 年 11 月，东隆公司以海信公司及 27 个爱尔兰自然人（业主）为被告向法院提起 39796 号案件，要求确认《框架协议》无效。该案最终被裁定驳回。

此后，东隆公司分别于 2014 年 6 月、2016 年 11 月两次以东隆公司及 2 个爱尔兰自然人为被告向法院起诉，诉讼请求继续履行《框架协议》、2 个爱尔兰自然人持有的海信公司股权应全部转让给东隆公司。并在诉讼过程中向法院申请保全查封了海信公司名房产、2 个爱尔兰自然人在海信公司的全部股权。案件最终均以东隆公司申请撤诉结案。

2017 年 9 月底，东隆公司又以海信公司及 323 个爱尔兰自然人为被告向法院提起 39504 号案件，诉讼请求继续履行《框架协议》、2 个爱尔兰自然人持有的海信公司股权应全部转让给东隆公司、321 个自然人名下房产应转移过户至东隆公司。2017 年 11 月 13 日，经东隆公司申请，法院裁定保全查封了海信公司名下房产、2 个爱尔兰自然人在海信公司的全部股权、321 个爱尔兰自然人名下房产。该案尚在审理中。

为处理上述案件，海信公司与律师事务所签订法律服务合同，并先后支付多笔律师费共计 700 余万元。上述诉讼过程中，王某以公司法定代表人或者公司员工身份代表东隆公司参加庭审。

2018 年 5 月，海信公司向上海一中院提起诉讼，主张东隆公司反复多次对海信公司提起相同或类似的诉讼，并利用诉讼保全重复查封海信公司的房产和股权，以此达到不正当目的。请求判令东隆公司及其原法定代表人、实际控制人王某连带赔偿因恶意诉讼造成的损失。

经查，王某等自然人股东与东隆公司之间曾签订协议书，约定共同经营涉案大厦酒店项目。东隆公司作为珀丽公司的名义股东，由珀丽公司来承接东隆公司与海信公司就涉案大厦所签订的租赁合同以及相关的酒店管理合同，在酒店项目正式经营以后，再将珀丽公司股权转回各自然人股东，王某为珀丽公司的隐名投资人。

本案经上海一中院一审、上海高院二审，最终判决东隆公司、王某连带赔偿海信公司损失 278.33 万元。

王某不服，向最高人民法院申请再审，主张王某不具备侵权主体资格，未实施侵权行为，不应承担连带责任。最高人民法院经审理，裁定：驳回王某的再审申请。

【争议焦点】

王某是否应当承担连带赔偿责任？

【裁判要点】

本案中，海信公司起诉请求判令东隆公司、王某赔偿因滥用诉权、不当保全而造成的损失，一审、二审法院根据审理查明的事实证据，认定造成本案实际损失的侵权行为是东隆公司滥用诉权。在一审、二审法院查明的东隆公司滥用诉权的系列诉讼中，王某虽然不是相关案件的原告和财产保全申请人，但其曾作为东隆公司的法定代表人行使诉权，其不再担任东隆公司法定代表人和不再是东隆公司股东后，仍然以东隆公司员工的名义作为代理人参加诉讼。王某参与相关诉讼活动，不仅是履行职务行为，也体现了其个人意志。一审、二审法院结合案件具体情况，认定王某作为东隆公司的实际控制人和相关诉讼的最终受益人之一，在相关诉讼过程中起到了积极和主导作用，与东隆公司形成了共同意思联络，与海信公司损失的产生具有因果关系，符合共同侵权的要件，故判决王某作为共同侵权人承担连带赔偿责任，并无不当。

【相关法律法规】

《民法典》

第一千一百六十八条　二人以上共同实施侵权行为，造成他人损害的，应当承担连带责任。

【诉讼策略】

1. 本案系因保全错误损害赔偿引发的纠纷，在公司侵权案件中，如果侵权公司的法定代表人、实际控制人、高管、员工等人也实际参与了侵权行为，被侵权方可考虑以共同侵权为由列为共同被告，要求上述人员与公司承担连带赔偿责任。

受公司人格独立和股东有限责任原则的影响，在公司作为侵权人的案件中，被侵权人提起诉讼时通常仅以侵权公司为被告，而不会想到将侵权公司的法定代表人、实际控制人、高管等一并列为共同被告。这种诉讼思路下，即便是法院确认侵权行为，判处侵权公司承担赔偿责任，侵权公司也可通过各种手段向股东、实际控制人或其他关联方转移资产，致使执行过程中公司名下无财产可供执行，其股东、高管等人又非生效法律文书确认的责任主体，执行法院最终只能裁定终结本次执行程序，胜诉判决变成一纸空文。

实际上，在侵权诉讼中，因侵权责任的归责以过错为基础，而公司作为法人不能实际实施法律行为，其法律行为一定是由自然人代为实施，这就决定了大多数公司侵权案件实际上是公司与其内部人员共同实施侵权行为，构成共同侵权。因此，在公司侵权案件中，被侵权人在提起诉讼时可以考虑将实际参与侵权行为的公司成员一并列为共同被告，包括公司法定代表人、实际控制人、高管、知情员工等。

2. 公司侵权案件中，要求公司内部人员承担连带责任，难点在对于存在共同侵权意思及行为的举证。

如前所述，侵权诉讼以过错责任为基础，因此，要想证明公司实际控制人等人员与公司构成共同侵权，重点和难点在于证明实际控制人等有实施侵权行为的主观过错和共同侵权的意思联络。本案中，经查明王某是涉案《框架协议》的经办人，又是涉案大厦租赁项目最终受益方珀丽公司的隐名投资人，加之海信公司在诉讼过程中提交了夫妻财产分割协议书、东隆公司股东及法定代表人变更信息，以证明王某是东隆公司的实际控制人，本案诉讼发生后王某通过转让股权、变更法定代表人等方式来逃避债务、规避法律责任。法院最终认定王某系相关诉讼的最终受益人，在本案所涉纠纷的诉讼过程中起到了积极和主导的作用，充分体现了其个人意志，与东隆公司形成了共同意思联络，符合共同侵权的要件。

103. 公司股东在债务形成后违法减资，债权人可将公司与违法减资股东、协助减资的董事、监事、高级管理人员等人列为共同被告

◇ **执行依据** 侵害外观设计专利权纠纷案件

◇ **问题** 债权形成后，债务人公司减资且未通知公司债权人，导致公司责任财产减少，债权人提起诉讼时能否列公司与违法减资股东等为共同被告

◇ **案例** 重庆高院（2021）渝民终801号

◇ **结论** 公司减资未通知债权人构成违法减资，由此导致公司清偿能力下降的，债权人可列公司与违法减资股东为共同被告，要求违法减资股东在其减资范围内对该公司债务不能清偿的部分承担补充赔偿责任

【基本案情】

李某龙、李某为科技公司的股东，公司首次出资情况为：李某龙出资60万元，占股60%，李某出资40万元，占股40%。

2020年1月，设计公司以科技公司、李某龙、李某为被告提起侵害外观设计专利权诉讼。2020年3月30日，法院向科技公司邮寄送达诉讼材料，科技公司未签收；2020年5月12日，法院刊登公告向其送达诉讼材料。

2020年5月13日，科技公司刊登减资公告。2020年6月24日，科技公司为本案委托了律师作为诉讼代理人。2020年7月2日，科技公司注册资本从100万元变更为3万元。该减资事项未通知设计公司。

本案经重庆一中院审理，认定科技公司构成专利侵权，应承担赔偿责任，李某龙、李某的减资行为存在瑕疵，最终判决李某龙、李某在减资数额范围内对科技公司的债务清偿不能的部分承担补充赔偿责任。

李某龙、李某不服，上诉至重庆高院。重庆高院经审理，判决如下：驳

回上诉，维持原判。

【争议焦点】

李某龙、李某应否在其减资范围内对科技公司的涉案债务不能清偿的部分承担补充赔偿责任？

【裁判要点】

公司未按照《公司法》第177条规定的法定程序进行减资的行为实际上违反了公司资本不变和资本维持原则，与股东未履行出资义务及抽逃出资对于债权人利益的侵害在本质上无异。因此，公司债权人请求未按法定程序进行减资的公司的股东在减资范围内对该公司债务不能清偿的部分承担补偿赔偿责任的，人民法院应予支持。

本案中，一审法院于2020年5月12日向科技公司公告送达了诉讼材料，虽然至2020年7月2日并未经过60日，但科技公司于2020年4月14日向重庆市公证处申请办理用于本案诉讼的保全证据公证以及2020年6月24日委托律师作为本案一审诉讼代理人的行为均表明其于2020年7月2日办理减资登记前已经知晓了本案诉讼情况。由于设计公司确系科技公司减资前的合法债权人且科技公司在办理减资登记前已经知晓了本案诉讼情况，因此其在未通知设计公司的情况下办理减资登记的行为不符合《公司法》第177条关于公司减资程序的规定，一审法院据此判决科技公司的股东李某龙、李某在其减资范围内对该公司债务不能清偿的部分承担补充赔偿责任，并无不当，重庆高院予以维持。

【相关法律法规】

《公司法》

第一百七十七条　公司需要减少注册资本时，必须编制资产负债表及财产清单。

公司应当自作出减少注册资本决议之日起十日内通知债权人，并于三十日内在报纸上公告。债权人自接到通知书之日起三十日内，未接到通知书的自公告之日起四十五日内，有权要求公司清偿债务或者提供相应的担保。

《公司法司法解释三》

第十三条 股东未履行或者未全面履行出资义务，公司或者其他股东请求其向公司依法全面履行出资义务的，人民法院应予支持。

公司债权人请求未履行或者未全面履行出资义务的股东在未出资本息范围内对公司债务不能清偿的部分承担补充赔偿责任的，人民法院应予支持；未履行或者未全面履行出资义务的股东已经承担上述责任，其他债权人提出相同请求的，人民法院不予支持。

股东在公司设立时未履行或者未全面履行出资义务，依照本条第一款或者第二款提起诉讼的原告，请求公司的发起人与被告股东承担连带责任的，人民法院应予支持；公司的发起人承担责任后，可以向被告股东追偿。

股东在公司增资时未履行或者未全面履行出资义务，依照本条第一款或者第二款提起诉讼的原告，请求未尽公司法第一百四十七条第一款规定的义务而使出资未缴足的董事、高级管理人员承担相应责任的，人民法院应予支持；董事、高级管理人员承担责任后，可以向被告股东追偿。

【诉讼策略】

1. 本案系专利侵权纠纷案件，公司股东在债务形成后违法减资，导致公司可供清偿债务的资产减少，减资股东应对公司债务承担补充赔偿责任。

公司减资可能会导致用于清偿债务的责任财产减少，减资过程中公司债权人又处于信息不对称的劣势地位，因而《公司法》第 177 条严格规定了减资的法定程序，明确公司减资过程中对债权人的通知义务。但是，对于违反法定程序减资的公司及股东应当承担的法律后果，目前法律并没有明确规定。本案就是一则围绕违法减资股东是否应当承担责任的典型案例，科技公司因专利侵权产生侵权之债，公司在明知被侵权方提起诉讼后，在未通知被侵权方的情况下作出减资公告，将公司注册资本从 100 万元减至 3 万元，最终法院认定科技公司减资程序违法，并类推适用抽逃出资、瑕疵出资的有关规定，判决减资股东李某龙、李某在减资范围内对科技公司债务不能清偿的部分承担补充赔偿责任。

实践中，债权人诉讼请求违法减资股东承担连带责任或补充责任，法院往往如上述案例，类推适用《公司法司法解释三》第13条关于抽逃出资或者瑕疵出资的规定，以违反法定程序减资的行为实际上与股东未履行出资义务及抽逃出资对于债权人利益的侵害在本质上无异为由，判定违法减资股东在减资范围内对公司债务不能清偿的部分承担责任。因此，债权人如想追究减资股东的补充赔偿责任，须以减资行为实际导致公司资产减少、降低公司清偿能力为前提条件，如果股东仅进行形式上的减资程序，但实质上并未从公司取回资金，则该行为不能与抽逃出资或瑕疵出资类比，不能要求股东承担补充赔偿责任①。

2. 公司股东违法减资，债权人提起诉讼时就应当列公司与违法减资股东为共同被告，要求违法减资股东对公司债务承担补充赔偿责任。

一些债权人在诉讼过程中仅以债务人公司为被告，拿到确定债权的判决后，在执行过程中申请追加违法减资股东为被执行人。但是，基于审执分离原则以及保障当事人程序权利的需要，并非依实体法规定应当对被执行人的债务承担清偿、赔偿等义务的所有第三人均可在执行程序中被追加为被执行人。执行程序兼顾效率，在执行程序中变更、追加执行当事人应当严格限定于法律、司法解释明确规定的可以追加为被执行人的情形，而《变更、追加规定》中并没有追加违法减资股东为被执行人的规定，因而在执行过程中申请追加违法减资股东为被执行人很难得到法院支持。

相反，在诉讼过程中，因没有明确的法律规定和请求权基础，法官可以进行一定程度的法律解释和自由裁量。如本案中，法院以违法减资“与股东未履行出资义务及抽逃出资对于债权人利益的侵害在本质上无异”为由，类推适用股东抽逃出资的法律规定，判决减资股东承担责任。据此，债权人在提起诉讼时应当将公司与违法减资股东列为共同被告，既追究公司的侵权责任，也要求违法减资股东对公司债务承担补充赔偿责任，从而在诉讼过程中将违法减资股东纳入判决书确定的债务人范围，直接申请执行减资股东的个

---

① 参见丰汇世通（北京）投资有限公司与黑龙江省农业生产资料公司案外人执行异议之诉纠纷再审案，最高人民法院（2019）最高法民再144号民事判决书。

人财产。

3. 协助办理减资的公司法定代表人、其他股东、董事、高级管理人员或者实际控制人等也可一并列为共同被告，要求对减资股东所负民事责任承担连带责任。

根据《公司法司法解释三》第 14 条第 2 款的规定，其他股东、董事、高级管理人员或者实际控制人如果协助抽逃出资，也应与抽逃出资的股东一起承担连带责任。据此，如果股东违法减资参照适用抽逃出资的相关规定划定责任，则协助办理减资的其他股东、董事、监事、高级管理人员等公司内部人员及公司实际控制人也可以一并列为被告。

此外，也有法院判例认为，公司的法定代表人对公司负有忠实义务和勤勉义务，在公司减资时应当代表公司履行向已知债权人的通知义务，如违反上述义务协助公司办理减资手续（如在减资文件上签字等行为均可认定为协助），应对减资股东所负民事责任承担连带责任。

综上，作为债务人的公司违法减资，债权人在提起诉讼时可要求减资股东在减资范围内对公司债务承担补充赔偿责任，还可将协助办理减资的公司法定代表人、其他股东、董事、监事、高级管理人员或者实际控制人等一并列为共同被告，要求对减资股东所负民事责任承担连带责任。

104. 分公司实施侵权行为，可以列总公司为共同被告，要求总公司承担补充赔偿责任

◇ **执行依据** 环境污染公益诉讼纠纷案件

◇ **问题** 法人分支机构侵权，原告在起诉法人分支机构时能否将设立该分支机构的法人一并列为共同被告

◇ **案例** 最高人民法院（2018）最高法民再 177 号（载《最高人民法院公报》2019 年第 4 期）

◇ **结论** 在法律没有特殊规定的情况下，起诉的对象属于原告可以选择的程序事项，原告可以选择将设立分支机构的法人一并列为共同被告

【基本案情】

油田分公司是天然气公司设立的分公司。某环境研究所在调查中发现油田分公司存在环境违法问题，遂以天然气公司、油田分公司为共同被告，向法院提起环境污染公益诉讼，要求二被告立即消除危险、恢复原状并赔偿损失。

经北京四中院一审、北京高院二审，法院均认为油田分公司具备相应的诉讼主体资格，且无相关证据证实天然气公司直接实施污染环境、破坏生态的行为，因此认定天然气公司并非本案适格被告，裁定驳回原告对天然气公司的起诉。

某环境研究所不服，向最高人民法院申请再审。最高人民法院经审理，裁定如下：撤销一审、二审裁定，本案由松原中院审理。

【争议焦点】

天然气公司是否为本案适格被告?

【裁判要点】

法人分支机构以自己的名义从事民事活动，产生的民事责任由法人承担；也可以先以该分支机构管理的财产承担，不足以承担的，由法人承担。根据《民事诉讼法》第48条①、《民事诉讼法司法解释》第52条②的规定，依法设立并领取营业执照、有一定组织机构和财产的法人分支机构可以作为民事诉讼的当事人。但是，对于原告在起诉法人分支机构时是否可以一并起诉设立该分支机构法人的问题，相关法律和司法解释并未予以明确，结合民事诉讼法赋予其他组织当事人诉讼主体资格的目的在于保护其他组织和相对方的民事权利、及时解决纠纷，并无限制当事人一并起诉设立分支机构法人的意旨，故除法律法规另有规定外，该事项应属原告起诉时可以选择的程序事项。

---

① 现为《民事诉讼法》第51条。

② 该规定在该司法解释2020年、2022年修正时均未做改动。

本案系某环境研究所就油田分公司污染环境的行为提起的环境民事公益诉讼。天然气公司作为中央直接管理的大型石油企业，应当自觉承担并监督其分支机构自觉承担相应的生态环境保护责任。某环境研究所因环境污染提起环境民事公益诉讼，将油田分公司和天然气公司列为共同被告，对督促天然气公司进一步加强对其分支机构的监管，积极承担维护环境公共利益的社会责任，具有积极的推动作用。二审法院以另案再审审查裁定作为在先裁判驳回某环境研究所和中华环保联合会对天然气公司的起诉，缺乏充分法律依据，亦不利于实现环境公益诉讼制度目的，应予纠正。

【相关法律法规】

《民事诉讼法》

第五十一条 公民、法人和其他组织可以作为民事诉讼的当事人。

法人由其法定代表人进行诉讼。其他组织由其主要负责人进行诉讼。

《民事诉讼法司法解释》

第五十二条 民事诉讼法第五十一条规定的其他组织是指合法成立、有一定的组织机构和财产，但又不具备法人资格的组织，包括：

（一）依法登记领取营业执照的个人独资企业；

（二）依法登记领取营业执照的合伙企业；

（三）依法登记领取我国营业执照的中外合作经营企业、外资企业；

（四）依法成立的社会团体的分支机构、代表机构；

（五）依法设立并领取营业执照的法人的分支机构；

（六）依法设立并领取营业执照的商业银行、政策性银行和非银行金融机构的分支机构；

（七）经依法登记领取营业执照的乡镇企业、街道企业；

（八）其他符合本条规定条件的组织。

《公司法》

第十四条第一款 公司可以设立分公司。设立分公司，应当向公司登记机关申请登记，领取营业执照。分公司不具有法人资格，其民事责任由公司承担。

【诉讼策略】

1. 本案系环境污染公益诉讼纠纷案件，在法律没有特殊规定的情况下，起诉的对象属于原告可以选择的程序事项，原告可以选择将设立分支机构的企业法人一并列为共同被告。

本案争议焦点在于法人分支机构侵权，设立该分支机构的法人能否被列为共同被告。原审法院认为油田分公司作为依法设立并领取营业执照、有一定组织机构和财产的分支机构，具备相应的诉讼主体资格，且天然气公司并没有直接实施侵权行为，因此认为天然气公司并非本案适格被告。最高人民法院再审认为，在法律没有特别规定的情况下，起诉对象的选择属于原告可以自由选择的范围，这也符合“法无禁止即自由”的原则。

依法设立并领取营业执照的法人的分支机构即通常所说的“分公司”，其法律地位为《民事诉讼法》第51条规定的“其他组织”，虽不具备法人资格，但具有诉讼主体资格，可以独立作为原告或者被告参与诉讼。但是，法律赋予分公司参与诉讼的主体资格并不等同于强制原告只能选择分公司为被告进行诉讼，原告在提起诉讼时仍可以选择以分公司还是总公司为被告，当然也可以选择将二者列为共同被告。因此，对于分公司的债权人在提起诉讼时，可考虑将分公司和总公司一并列为共同被告，特别是在分公司本身偿付能力较差的情况下，更要一并起诉总公司，要求总公司承担相应责任。

2. 分公司以自己的名义从事民事活动产生的民事责任可以由总公司承担，也可以先以该分公司的财产承担，不足以承担的，由法人承担。

独立的诉讼主体资格并不等同于具有独立的民事主体地位，法律规定分公司具有诉讼主体资格是为了当事人的诉讼便利，而最终责任的承担主体仍是总公司。正如本文所引公报案例中最高人民法院观点：“法人分支机构以自己的名义从事民事活动，产生的民事责任由法人承担；也可以先以该分支机构管理的财产承担，不足以承担的，由法人承担。”审判实践中，具体的责任承担方式依当事人对被告选择的不同分为以下3种：（1）当事人仅选择分公司作为被告，法院可以直接判决分公司承担法律责任。（2）当事人仅选择总公司为被告，要以分公司的责任能力大小以及是否有特殊法律规定区别处理。分公司如果具有较强的偿付能力，或者是有特殊的法律规定的，应当以分公司为被告。（3）在当事人以分公司和总公司为共同被告的情况下，分公司如果没有较强的支付能力，在判决分公司承担责任的同时，可以确定总公司承担补充责任。据此，既然当事人有权自由选择被告，分公司的债权人在提起诉讼时就将总公司和分公司一并列为共同被告，要求总公司对分公司的债务承担补充赔偿责任，以此最大限度保障债权的实现。

第四章

利用保全程序，保障执行优势

本章中关于利用保全程序保障胜诉后的执行优势问题，主要包括采取保全措施避免债务人转移资产的财产保全程序，以及首先查封法院就执行标的的执行处置权优势、执行分配中先顺位先分配的顺位优势。同时，该章结合司法实务中巧妙使用行为保全措施取得诉讼优势地位的案例，阐明行为保全的适用范围和适用要点。

一、及时采取保全措施，避免债务人转移财产

根据《民事诉讼法》第 103 条及第 104 条的规定，债权人可在诉前或诉中向法院提请对被告（债务人）采取财产保全措施或行为保全措施，即查封、扣押、冻结被告（债务人）相应资产。

根据《最高人民法院关于人民法院民事执行中查封、扣押、冻结财产的规定》第 24 条第 1 款、第 2 款的规定，被执行人就已经查封、扣押、冻结的财产所作的移转、设定权利负担或者其他有碍执行的行为，不得对抗债权人。第三人未经人民法院准许占有查封、扣押、冻结的财产或者实施其他有碍执行的行为的，人民法院可以依据债权人的申请或者依职权解除其占有或者排除其妨害。

根据《刑法》第 314 条关于非法处置查封、扣押、冻结的财产罪的规定，被告（债务人）隐藏、转移、变卖、故意毁损已被司法机关查封、扣押、冻结的财产，情节严重的，可处 3 年以下有期徒刑、拘役或者罚金。

因此，债权人在诉前、诉中采取相应保全措施，可以有效避免被告（债务人）转移资产。

105. 可采取保全措施的财产类型

根据《民事诉讼法》第 103 条及第 104 条的规定，债权人可在诉前或诉中向法院提请对被告（债务人）采取财产保全措施，具体措施包括查封、扣押、冻结。根据《民事诉讼法司法解释》第 485 条的规定，人民法院冻结被

执行人的银行存款的期限不得超过1年，查封、扣押动产的期限不得超过2年，查封不动产、冻结其他财产权的期限不得超过3年。上述查封、扣押、冻结期限届满的，人民法院可以依申请或依职权续行查封、扣押、冻结手续。

根据现有法律法规，可供保全的财产主要有以下几种类型：

1. 被告名下的银行账户内存款。

2. 登记在被告名下或被告与他人共有房产、商铺、土地使用权等不动产。

3. 登记在被告名下或被告与他人共有的车辆。

4. 登记在被告名下或被告与他人共有的有限公司股权、非上市公司股份。

5. 被告持有的上市公司股票。

6. 被告占有或所有的企业厂房、机械设备等生产资料，以及原材料、半成品、产成品等货物。

7. 登记在被告名下、被告持有或与他人共有的有价证券、理财产品、投资型保险产品、基金份额、信托收益等金融产品。

8. 登记在被告名下或被告与他人共有的专利、商标等有金钱价值的知识产权。

9. 登记在被告名下或被告与他人共有的采矿权、碳排放权、排污权、林权等财产性权利。

10. 被告对他人的到期债权。

11. 被告对他人的应收账款。

12. 被告拥有的金钱价值和权利的财产。

同时，需要注意再审审查期间，债务人申请保全生效法律文书确定给付的财产，人民法院不予受理。债务人的该种财产保全存在阻碍生效法律文书执行的意图，若同意债务人的保全申请，既与再审审查期间不停止执行的法律规定相悖，亦影响生效判决执行的司法权威。

106. 诉前或诉中申请财产保全，申请书请求事项可概况性表述

1. 根据《最高人民法院关于人民法院办理财产保全案件若干问题的规定》第1条的规定，债权人申请财产保全，应当写明生效法律文书的制作机

关、文号和主要内容，并附生效法律文书副本。提交保全申请书及相应证据材料，其中申请书应当载明下列事项：

（1）申请保全人与被保全人的身份、送达地址、联系方式。其中双方身份信息，具体可准备如下材料：①原告的身份信息。原告是自然人的，交身份证复印件；原告是法人的，交营业执照及复印件。②被告是自然人的，打印常住人口信息表，如被告为夫妻，需证明夫妻关系；被告是法人的，提交在工商管理部门打印的企业机读档案资料或国家企业信用信息公示系统下载打印的企业公示信息，其他如企查查、天眼查等查询系统下载打印的企业公示信息也可使用。

（2）请求事项和所根据的事实与理由。

（3）请求保全数额或者争议标的。

（4）明确的被保全财产信息或者具体的被保全财产线索。申请保全财产清单及权属证明材料，若保全财产是房屋，可到房产交易中心打印房地产登记表，此程序需向不动产登记部门提交授权委托书复印件，提供房地产权号，并缴纳工本费。

（5）为财产保全提供担保的财产信息或资信证明，或者不需要提供担保的理由。保全保险的保函可直接联系各保险公司出具。若申请保全人以个人房屋提供保全担保的，需提供房产证原件及复印件，担保财产的所有权人身份证或法人营业执照、法定代表人身份证明及复印件。

2. 上述内容中，债权人提供财产线索是保全申请程序的难点，根据《最高人民法院关于人民法院办理财产保全案件若干问题的规定》第10条第2款及第11条的规定：

（1）申请保全人在诉讼中申请财产保全，确因客观原因不能提供明确的被保全财产信息，但提供了具体财产线索的，人民法院可以依法裁定采取财产保全措施。

（2）人民法院执行上述程序作出的保全裁定时，申请保全人可以向已经建立网络执行查控系统的执行法院，书面申请通过该系统查询被保全人的财产。

（3）申请保全人提出查询申请的，执行法院可以利用网络执行查控系统，对裁定保全的财产或者保全数额范围内的财产进行查询，并采取相应的查封、扣押、冻结措施。

（4）人民法院利用网络执行查控系统未查询到可供保全财产的，应当书面告知申请保全人。

根据上述规定，债权人（申请保全人）在诉讼保全程序中在无法提供明确财产信息的情况下，可向审理法院提供财产线索，通过人民法院与银行等机构之间的司法辅助查控系统，查询被告的相应财产，其中最常见的查询内容包括存款、不动产、车辆、股票等资产。

综上，债权人申请财产保全时可尝试向审理法院申请查询被告相应财产，同时，在保全申请书中用概况性的表述配合具体财产线索，有助于法院依申请或依职权在保全阶段完成对被告财产的查控。因此，若在无明确财产信息的情况下，财产保全申请书的请求事项可以尝试如下写法：请求冻结被申请人名下的银行账户资金××元，或者查封、扣押、冻结被申请人相等价值的其他财产。若有明确的财产信息，则需要更规范地写明保全财产信息及保全期限，例如：请求查封/扣押/冻结被申请人×××的×××（写明保全财产的名称、性质、数量、数额、所在地等信息），保全期限为××年（查封不动产最长不超过3年，查封、扣押动产最长不超过2年，冻结银行存款最长不超过1年）。

107. 公司法定代表人以不知情为由处分保全查封的财产，是否构成刑事犯罪

◇ **执行依据**　非法处置查封的财产罪

◇ **问题**　公司法定代表人对其处分的公司财产主张不知情已被保全查封，该法定代表人的财产处分行为是否构成非法处置查封财产罪

◇ **案例**　河北高院（2019）冀刑申496号

◇ **结论**　公司因涉诉被人民法院查封土地后，该公司法定代表人与他方签署土地转让合同将查封土地转让给他人的，虽该法定代表人主张

> 其不知涉案土地被查封，但结合在案证据能证明该公司法定代表人在明知公司名下土地已被人民法院依法查封、不能处分的情况下，仍非法处置，妨害了司法机关的正常诉讼活动，使公民利益遭受损失，情节严重，构成非法处置查封的财产罪，判处2年6个月有期徒刑

【基本案情】

因燕春公司所涉诉讼纠纷，石家庄长安法院于2011年12月6日对燕春公司名下的矿区国用（2011）第×××5号、第×××6号、第×××7号土地进行了查封，查封时间为2011年12月6日至2013年12月5日。

2012年5月17日，燕春公司法定代表人王某在明知公司名下的矿区国用（2011）第×××5号、第×××7号两块商服用地已被石家庄长安法院查封的情况下，隐瞒事实真相，代表燕春公司与吕某签订一份“土地买卖转让合同”，合同约定：“燕春公司（甲方）以100万元的价格将上述两块土地转让给吕某（乙方），甲方为乙方在相关管理部门办理过户手续，从合同签订之日起3个月办理完毕，乙方予以积极配合；甲方未在合同约定的时间内办理完相关转让手续，甲方应该3日内退还乙方所支付的转让款，并支付违约金；逾期一天，甲方每日按照土地款和违约金总额的5‰作为滞纳金支付乙方，直至结清为止。许某（丙方）作为甲方担保人，对甲方的违约责任向乙方承担连带担保责任。”此合同在河北省石家庄市太行公证处进行了公证。

同时，王某以燕春公司名义出具“授权书”一份，授权把土地转让款转入宫某的银行卡上。协议签订后，吕某于2012年5月17日向宫某的银行卡转款70万元、于5月21日转款15万元。

公证“土地买卖转让合同”时，燕春公司向太行公证处提供“股东会决议”一份，内容为：“经董事会全体同意将矿区两块商业用地［土地证号：矿区国用（2011）第×××5号993.××平方米和矿区国用（2011）第×××7号557.8平方米共1550.85平方米土地］，转让给吕某先生。股东签字：王某、董某某。”经河北大学司法鉴定中心鉴定，“股东会决议”下方“董某

某”三个字是张某书写。经石家庄市公安局物证鉴定所鉴定，“股东会决议”上的“燕春公司”印文与燕春公司提供的“燕春公司”印文不是同一枚公章盖印；“股东会决议”上股东签字处的签名“董某某”与董某某本人书写的材料不是同一人书写。

以上事实有王某供述、吕某陈述、证人证言、土地买卖转让合同、公证书、股东会决议、收款收据、相关法律文书、土地证、授权书、账户明细、鉴定意见等证据予以证实。

经检察机关提起公诉，石家庄长安法院一审判决如下：王某犯非法处置查封的财产罪，判处有期徒刑2年6个月，罚金1万元。

王某上诉至石家庄中院，石家庄中院裁定维持原判。

王某向河北高院申诉，河北高院裁定驳回其申诉。

【争议焦点】

公司资产因涉诉纠纷被人民法院保全查封后，该公司法定代表人主张其不知情已出让财产系查封财产的，该法定代表人是否构成刑事犯罪？

【裁判要点】

本案中，燕春公司法定代表人王某在明知燕春公司名下土地已被人民法院依法查封、不能处分的情况下，仍非法处置，妨害了司法机关的正常诉讼活动，使公民利益遭受重大损失，情节严重，构成非法处置查封的财产罪。王某申诉称不知涉案土地被查封，根据证人证言证实你已明知土地被查封的情况，所提理据不足。原判定罪量刑并无不当，王某申诉所提理由理据不足。原判应予维持，申诉应予驳回。

【相关法律法规】

《刑法》

第三百一十四条　【非法处置查封、扣押、冻结的财产罪】隐藏、转移、变卖、故意毁损已被司法机关查封、扣押、冻结的财产，情节严重的，处三年以下有期徒刑、拘役或者罚金。

【诉讼策略】

本案系因涉诉公司资产被人民法院查封，该公司法定代表人擅自出让已查封资产后被处以非法处置查封财产罪，判处该法定代表人2年6个月有期徒刑。

人民法院依法对当事人的财产采取了查封等强制措施后，非经人民法院依法定程序解除查封，任何组织或个人不得以任何理由处置被人民法院查封的财产。本案中，被告人王某作为燕春公司的法定代表人，在明知燕春公司名下两块土地已被人民法院依法查封、不能处分的情况下，仍将两块土地卖给他人，妨害了人民法院正常的司法活动，情节严重，其行为已构成非法处置查封的财产罪。被告人王某及其辩护人提出王某不知土地已被法院查封、与吕某之间不是土地买卖关系而是借款关系的辩解及辩护意见，因无相关证据予以证实，人民法院未予采信，故最终该法定代表人被判处2年6个月有期徒刑，并处罚金1万元。

二、争取首先查封，确保对债务人资产的处置优势

首先查封法院对执行标的物享有执行处置权，其他法院债权人只能向执行处置权法院申请参与分配。根据《执行工作规定》第56条的规定，对于被执行人的财产处分及分配，应由首先查封、扣押或冻结的法院主持进行，即所谓首先查封法院享有执行处置权。若首先查封法院采取的执行措施为财产保全，则对于保全物的具体分配应当在首先查封法院案件审理终结后进行，即首先查封法院采取保全措施的，其他债权人需要在首先查封债权人的债权经诉讼确认后再行分配。

首先查封法院的优势地位并非无法变动，两个司法解释中就有关于轮候查封法院商请移送执行处置权的规定内容。

1. 优先债权执行法院商请首先查封法院移送执行处置权

根据《最高人民法院关于首先查封法院与优先债权执行法院处分查封财产有关问题的批复》的规定内容，首先查封法院与轮候优先债权相遇时，只

有在首先查封法院自首先查封之日起已超过60日，且尚未就该查封财产发布拍卖公告或者进入变卖程序的，优先债权执行法院才可以要求将该查封财产移送执行。满足上述两个条件，执行处置权才由首先查封法院转移至轮候查封法院。

2. 首先查封法院系保全措施作出的查封，执行法院向首先查封保全法院商情移送执行处置权

根据《最高人民法院关于人民法院办理财产保全案件若干问题的规定》第21条的规定，保全法院在首先采取查封、扣押、冻结措施后超过一年未对被保全财产进行处分的，除被保全财产系争议标的外，在先轮候查封、扣押、冻结的执行法院可以商请保全法院将被保全财产移送执行。但司法解释另有特别规定的，适用其规定。保全法院与在先轮候查封、扣押、冻结的执行法院就移送被保全财产发生争议的，可以逐级报请共同的上级法院指定该财产的执行法院。共同的上级法院应当根据被保全财产的种类及所在地、各债权数额与被保全财产价值之间的关系等案件具体情况指定执行法院，并督促其在指定期限内处分被保全财产。

综上，首先查封法院对执行标的物的执行处置权，会使债权人在债权清偿上享有一定优势。

108. 涉案不动产产权证遗失是否影响首先查封法院的查封效力

◇ **执行依据** 买卖合同纠纷案件

◇ **问题** 涉案房产的房产证遗失能否影响首先查封法院的查封效力

◇ **案例** 河北高院（2018）冀执复430号

◇ **结论** 债务人所持有的涉案房产的房产证的遗失与否，均不能影响法院向不动产登记机关送达查封手续的法律效力及对涉案不动产进行查封的法律效力。因此，一审法院通过诉讼保全程序查封的涉案不动产已依法完成查封，系首先查封，故一审法院在执行程序中享有对涉案不动产的执行处置权，有权对涉案不动产依法进行拍卖

【基本案情】

保定中院在执行药都公司与海洋公司等买卖合同纠纷一案中，裁定查封了被执行人海洋公司名下位于唐山市海港开发区××南侧××房产和相应土地使用权（涉案不动产）并拟进行拍卖。

宏达公司认为保定中院对涉案房产的查封在唐山中院之后，属轮候查封，因此，保定中院无权处分拍卖涉案不动产。宏达公司向保定中院提出书面异议，请求中止执行保定中院（2016）冀06执113号之一执行裁定和（2017）冀06拍2号司法网络拍卖通知书，解除对涉案不动产的查封，停止拍卖。

保定中院查明：该院依药都公司的保全申请，于2015年4月29日作出（2015）保民三初字第29－1号民事裁定书，裁定冻结海洋公司的存款2000万元或查封其等值财产，并于2015年5月11日作出（2015）保民三初字第29－1号、（2015）保民三初字第29－1号《协助执行通知书》，查封了涉案不动产。保定中院认为宏达公司关于首先查封法院的异议无事实依据，故于2018年7月24日作出（2018）冀06执异57号执行裁定书，裁定驳回宏达公司的异议请求。

宏达公司向河北高院提出复议，河北高院认为宏达公司关于首先查封法院的异议无事实依据，故裁定驳回其复议请求。

【争议焦点】

保定中院对涉案不动产的查封是否为首先查封及查封是否连续？

【裁判要点】

关于保定中院对涉案不动产的查封是否为首先查封及查封是否连续问题。宏达公司对保定中院于2015年5月11日查封涉案不动产、于2017年4月26日续封涉案不动产的过程不持异议，只是主张保定中院2015年5月11日的查封因涉案商业楼1号房屋所有权证遗失而为无效查封，及主张唐山中院已于2016年5月9日查封了涉案不动产，保定中院2017年4月26日的查封在唐山中院查封之后为轮候查封。对此，保定中院已查明，该院于2015年5月

11 日查封涉案不动产后又于 2017 年 4 月 26 日进行了续封，可见该院对涉案不动产的查封是连续的，且该院 2015 年 5 月 11 日查封的时间早于宏达公司所主张的唐山中院 2016 年 5 月 9 日查封的时间；而宏达公司不能举证证明保定中院对涉案不动产的查封不具连续性，也不能举证证明唐山中院的查封早于保定中院 2015 年 5 月 11 日的查封，故保定中院关于保定中院为涉案不动产首先查封法院的认定，河北高院予以支持。而且，海洋公司所持有的涉案不动产房产证的遗失与否，均不能影响法院向不动产登记机关送达查封手续的法律效力及对涉案不动产进行查封的法律效力，不能以此判断查封无效与否或者查封是否有效。

在上述保定中院为涉案不动产首先查封法院的情形下，则保定中院当然有权对涉案不动产采取拍卖等相关执行措施。

【相关法律法规】

《执行工作规定》

56. 对参与被执行人财产的具体分配，应当由首先查封、扣押或冻结的法院主持进行。

首先查封、扣押、冻结的法院所采取的执行措施如系为执行财产保全裁定，具体分配应当在该院案件审理终结后进行。

《民事诉讼法》

第一百零三条 人民法院对于可能因当事人一方的行为或者其他原因，使判决难以执行或者造成当事人其他损害的案件，根据对方当事人的申请，可以裁定对其财产进行保全、责令其作出一定行为或者禁止其作出一定行为；当事人没有提出申请的，人民法院在必要时也可以裁定采取保全措施。

人民法院采取保全措施，可以责令申请人提供担保，申请人不提供担保的，裁定驳回申请。

人民法院接受申请后，对情况紧急的，必须在四十八小时内作出裁定；裁定采取保全措施的，应当立即开始执行。

第一百一十一条 当事人对保全或者先予执行的裁定不服的，可以申请复议一次。复议期间不停止裁定的执行。

【诉讼策略】

1. 本案系多债权人抢夺被执行人资产引发的纠纷案件，一审法院因保全查封取得对涉案不动产的首先查封，并在判决生效后启动涉案不动产的拍卖程序，宏达公司作为另案债权人以唐山中院应为首先查封法院为由提出异议，经保定中院及河北高院的审理，对宏达公司的异议请求均未予支持。

保定中院依诉讼中的原告药都公司的保全申请，于 2015 年 4 月 29 日作出（2015）保民三初字第 29－1 号民事裁定书，裁定冻结海洋公司的存款 2000 万元或查封其等值财产，并于 2015 年 5 月 11 日作出（2015）保民三初字第 29－1 号、（2015）保民三初字第 29－1 号《协助执行通知书》，查封了涉案不动产。现无证据证明存在任何查封措施早于 2015 年 5 月 11 日这一时间点。

关于宏达公司认为涉案不动产土地证丢失影响查封效力进而药都公司 2015 年 5 月 11 日的首先查封为无效查封的主张，因债务人所持有的涉案不动产房产证的遗失与否，均不能影响法院向不动产登记机关送达查封手续的法律效力及对涉案不动产进行查封的法律效力。因此，保定中院通过诉讼保全程序查封的涉案不动产已依法完成查封，系首先查封，故保定中院在执行程序中享有对涉案不动产的执行处置权，有权对涉案不动产依法进行拍卖。

综上，宏达公司认为保定中院非涉案不动产的首先查封法院、无权处分涉案不动产的异议主张，无事实及法律依据，不应予以支持。

2. 宏达公司提出首先查封时间及首先查封法院的问题，目的系争取首先查封债权优势，并争取由唐山中院对涉案不动产进行处分及分配涉案不动产的拍卖款。

根据《执行工作规定》第 55 条第 1 款及第 2 款的规定，多份生效法律文书确定金钱给付内容的多个债权人分别对同一被执行人申请执行，各债权人对执行标的物均无担保物权的，按照执行法院采取执行措施的先后顺序受偿。多个债权人的债权种类不同的，基于所有权和担保物权而享有的债权，优先于金钱债权受偿。有多个担保物权的，按照各担保物权成立的先后顺序清偿。根据《执行工作规定》第 56 条第 1 款的规定，对参与被执行人财产的具体分配，应当由首先查封、扣押或冻结的法院主持进行。因此，首先查封法院和首先查封债权人在多债权人参与分配案件中优势较明显，相应权利人的权益亦能得到保障。

109. 轮候查封债权人能否就查封的共有资产提起代位析产诉讼

◇ **执行依据** 债权人代位析产纠纷

◇ **问题** 轮候查封债权人能否就查封的共有资产提起代位析产诉讼

◇ **案例** 上海二中院（2022）沪02民终3301号

◇ **结论** 债权人对执行标的物提起代位析产诉讼需具备对标的物的执行处分性权益，因轮候查封的查封效力是待定的，只有在先查封解除或自动失效后，轮候查封才自动生效。在轮候查封时还不具备执行行为的生效条件，债权人对共有物并没有法律上合法权益。因此，轮候查封债权人无通过代位析产推进对涉案房产的处分分配的资格，无权提起代位析产诉讼

【基本案情】

因刘某对冯某享有债权，冯某个人无资产，对于共有财产——涉案房产怠于主张析产权益，导致刘某的债权得不到清偿。因此，刘某起诉冯某、马某、王某债权人代位析产纠纷一案，刘某的诉讼请求如下：依法分割涉案房屋的产权份额，由冯某和马某各享有49.5%份额，王某享有1%份额。

一审法院经审查认为，涉案房屋由法院以（2021）沪0118执1019号案件首先查封，预计结束日期为2024年3月21日，刘某与冯某之间的执行案件中对涉案房屋采取的查封措施系轮候查封。刘某不具备提起代位析产诉讼的主体资格，依法应予驳回，遂裁定驳回刘某的起诉。

刘某不服，上诉至上海二中院，请求如下：撤销一审裁定，指令一审法院对本案进行实体审理。上海二中院经审理，裁定如下：驳回刘某的上诉。

【争议焦点】

涉案房产轮候查封债权人能否就涉案房产提起代位析产诉讼？

【裁判要点】

上海二中院经审查认为，申请执行人对执行标的物提起代位析产诉讼需具备对标的物的执行处分性权益。经查，刘某与冯某之间的执行案件中对涉案房产采取的查封措施系轮候查封，而轮候查封对执行标的物的查封效力待定，尚不具备执行行为的生效要件。因此，刘某目前尚不具备通过代位析产推进对涉案房产的处分分配资格，尚不具备提起代位析产诉讼主体资格。一审法院裁定驳回刘某的起诉，于法有据，上海二中院予以维持。

【相关法律法规】

《最高人民法院关于人民法院民事执行中查封、扣押、冻结财产的规定》

第十二条　对被执行人与其他人共有的财产，人民法院可以查封、扣押、冻结，并及时通知共有人。

共有人协议分割共有财产，并经债权人认可的，人民法院可以认定有效。查封、扣押、冻结的效力及于协议分割后被执行人享有份额内的财产；对其他共有人享有份额内的财产的查封、扣押、冻结，人民法院应当裁定予以解除。

共有人提起析产诉讼或者申请执行人代位提起析产诉讼的，人民法院应当准许。诉讼期间中止对该财产的执行。

第二十六条　对已被人民法院查封、扣押、冻结的财产，其他人民法院可以进行轮候查封、扣押、冻结。查封、扣押、冻结解除的，登记在先的轮候查封、扣押、冻结即自动生效。

其他人民法院对已登记的财产进行轮候查封、扣押、冻结的，应当通知有关登记机关协助进行轮候登记，实施查封、扣押、冻结的人民法院应当允许其他人民法院查阅有关文书和记录。

其他人民法院对没有登记的财产进行轮候查封、扣押、冻结的，应当制作笔录，并经实施查封、扣押、冻结的人民法院执行人员及被执行人签字，或者书面通知实施查封、扣押、冻结的人民法院。

第二十七条 查封、扣押、冻结期限届满，人民法院未办理延期手续的，查封、扣押、冻结的效力消灭。

查封、扣押、冻结的财产已经被执行拍卖、变卖或者抵债的，查封、扣押、冻结的效力消灭。

【诉讼策略】

1. 本案系债权人因债务人无其他财产又怠于分配共有房产，故提起代位析产诉讼请求确认债务人的分配份额，进而执行该份额以清偿债务人对债权人所负债务。因该债权人对共有房产系轮候查封，无相应权益及主体资格，故人民法院仅从程序审理上即驳回债权人的起诉。

（1）根据《最高人民法院关于人民法院民事执行中查封、扣押、冻结财产的规定》第 12 条的规定，债权人因债务人怠于行使分割共有资产的权利，债权人在执行阶段有权代位提起析产诉讼。

（2）本案中之所以未支持债权人的起诉请求，主要系因该债权人系轮候查封债权人，根据《最高人民法院关于人民法院民事执行中查封、扣押、冻结财产的规定》第 26 条的规定，轮候查封的查封效力是待定的，只有在先查封解除或自动失效后，轮候查封才自动生效。

综上，在轮候查封时还不具备执行行为的生效条件，债权人（申请执行人）对共有物并没有法律上的权益，并无通过代位析产推进对涉案房屋的处分分配资格，因此，因债权人无起诉主体资格，人民法院未对债权人的诉讼请求进行实体争议审查，仅在程序上即裁定驳回债权人的起诉。

2. 权利人对于涉案资产的查封，无论是起诉前、诉讼中、抑或诉讼后的执行阶段，均需密切关注查封顺位的变化，以便及时、合理地使用相应程序权利。

（1）若对查封物是首先查封，则首先查封法院对查封不享有处置权。但是，若该查封财产上设置有抵押权等担保物权，则根据有关规定，该优先债权法院有权要求移送对查封物的处置权。如果优先债权法院商请移送，作为首先查封债权如果已经生效，可以申请参与分配，按照法律规定的清偿顺位受偿；如果首先查封债权还在诉讼程序中尚未生效，则可要求优先债权法院按首先查封债权的清偿顺位预留相应份额。

（2）若对查封物是轮候查封，根据《最高人民法院关于正确处理轮候查封效力相关问题的通知》的规定，首先查封法院对查封物处置变现后，首先查封债权人受偿变价款有剩余的，该剩余价款属于轮候查封物的替代物，轮候查封的效力应当及于该替代物。首先查封法院有义务将有关处置情况告知变价款处置前已知的轮候查封法院，并将剩余变价款移交给轮候查封法院处理。轮候查封法院案件尚在诉讼程序中的，由首先查封法院予以留存，待审判确定后依法处理。

综上，若对查封物的查封为首先查封的，则需推进对查封物的处置。若对查封物的查封是轮候查封的，则权利人应主动联系首先查封法院，一方面告知查封物被轮候查封的事实，另一方面要求告知查封物的处置情况，请求移交剩余变价款或申请参与分配。

3. 轮候查封法院在特定情形下亦存在争取到查封物处置权的机会。

根据《最高人民法院关于办理财产保全案件的若干问题的规定》第 21 条的规定，首先查封法院超过一年未对查封物进行处置的，除查封物是争议标的外，在先轮候查封、扣押、冻结的执行法院可以商请首先查封法院移送执行。因此，轮候查封债权人可在诉讼、执行程序中通过对涉案资产的查封、扣押、冻结的首先查封时间、处置情况等信息，并积极联系相关审理、执行机构，及时调整应对方案以保障权利人权益。

【类案裁判观点分析】

案例：轮候查封法院未取得执行处置权，故不存在异议人请求中止执行的问题——青海高院（2020）青执异 5 号

本案的涉案房屋由海西中院首先查封，本院为轮候查封。后海西中院将执行案件移送西宁中院执行，海西中院对涉案房屋的查封自动转为西宁中院的查封。西宁中院 2018 年 10 月 6 日对涉案房屋的查封可视为是对海西中院涉案房屋的续封措施。不动产登记机关将本院查封转为首先查封有误，应告知其予以纠正。故现涉案房屋的首先查封法院应为西宁中院，本院仍为轮候查封。对查封标的物的处分权在西宁中院，本院并未取得对查封标的物的执行处分权。由于本院对涉案房产执行条件尚未成就，故也不存在中止问题。

110. 首先查封法院能否将未查封财产以物抵债给债权人

◇ **执行依据** 建设工程合同纠纷

◇ **问题** 本案首先查封债权人的首先查封范围不包括与商业房相邻的亮化工程部分，首先查封法院能否在流拍后将商业房与亮化工程部分一并抵债给首先查封债权人

◇ **案例** 汉中中院（2020）陕07执复13号

◇ **结论** 虽然涉案亮化工程与一层的商业房相邻，但是根据城乡建设规划局颁发的建设工程规划许可证、建设工程施工许可证以及汉中中院的实地勘察，均能证明该亮化工程是独立的主体建筑。因此，债权人保全申请查封的范围并不包括××小区一号改造亮化工程地上建筑物，故商业房首先查封债权人对该部分未查封的亮化工程部分无相应的处置权，无权将相应资产以物抵债给商业房首先查封债权人

【基本案情】

泰煊公司与汉江物产公司建设工程施工合同纠纷一案，经泰煊公司于2016年11月2日提出诉前财产保全申请书，请求如下：冻结被申请人汉江物产公司银行存款754万元，或查封、扣押被申请人相应价值之财产（××城××楼等价值商品房）。汉中汉台法院于2016年11月3日立（2016）陕0702执保124号财产保全案件，并于2016年11月14日作出查封公告：查封了被申请人汉江物产房地产公司××小区××号楼××层商业房6间（约600平方米），查封期限自2016年11月15日至2018年11月14日。

2016年12月6日，汉中汉台法院作出（2016）陕0702民初2938号民事判决，经上诉，汉中中院于2017年9月22日作出（2017）陕07民终705号

民事判决书，判决汉江物产公司应向泰煊公司支付工程款及利息。

二审判决生效后，泰煊公司于2018年1月9日向汉中汉台法院申请执行，执行中，就查封财产经法院两次拍卖流拍后，依申请，汉台法院于2019年10月12日将作出（2018）陕0702执123号之一以物抵债裁定书，裁定如下：汉江物产房地产公司名下位于汉台区××小区××号楼××层约453.21平方米房屋归泰煊公司所有。

异议人潘某认为，汉中汉台法院（2018）陕0702执123号案件处置其申请首先查封的附属钢结构部分财产，剥夺了其首先查封处置权，给其申请执行目的的实现造成了损失，向汉中汉台法院提出书面异议。

汉中汉台法院经审理，作出（2020）陕0702执异29号执行裁定，撤销汉中汉台法院作出的（2018）陕0702执123号之一执行裁定书中涉及××小区一号楼改造亮化工程地上建筑物的执行行为。

泰煊公司不服，向汉中中院提起复议，汉中中院经审理，裁定如下：驳回其复议请求，维持汉中汉台法院（2020）陕0702执异29号执行裁定。

【争议焦点】

汉中汉台法院（2016）陕0702执保124号保全案件查封被申请人汉江物产公司××小区××号楼××层商业房6间（约600平方米），是否包含（2018）陕0702执123号之一执行裁定书涉及的××小区一号楼改造亮化工程地上建筑物？

【裁判要点】

首先，汉中汉台法院根据泰煊公司的诉前财产保全申请作出的保全裁定及张贴的查封公告均表明，查封的是一层的商业房，不能因为现商业房的面积不足600平方米，就得出查封的效力及于改造亮化工程地上建设物。

其次，虽然该亮化工程与一层的商业房相邻，但是根据城乡建设规划局颁发的建设工程规划许可证、建设工程施工许可证以及汉中中院的实地勘察，均能证明该亮化工程是独立的主体建筑。（2016）陕0702执保124号保全案件及（2018）陕0702执123号执行案件均未查封××小区一号楼改造亮化工程地上建筑物，对该部分财产无相应的处置权。

综上，汉中汉台法院认定事实清楚，适用法律准确。遂裁定如下：驳回泰煊公司的复议申请，维持（2020）陕0702执异29号执行裁定。

【相关法律法规】

《最高人民法院关于人民法院办理执行异议和复议案件若干问题的规定》

第二十五条第一款 对案外人的异议，人民法院应当按照下列标准判断其是否系权利人：

（一）已登记的不动产，按照不动产登记簿判断；未登记的建筑物、构筑物及其附属设施，按照土地使用权登记簿、建设工程规划许可、施工许可等相关证据判断；

（二）已登记的机动车、船舶、航空器等特定动产，按照相关管理部门的登记判断；未登记的特定动产和其他动产，按照实际占有情况判断；

（三）银行存款和存管在金融机构的有价证券，按照金融机构和登记结算机构登记的账户名称判断；有价证券由具备合法经营资质的托管机构名义持有的，按照该机构登记的实际出资人账户名称判断；

（四）股权按照工商行政管理机关的登记和企业信用信息公示系统公示的信息判断；

（五）其他财产和权利，有登记的，按照登记机构的登记判断；无登记的，按照合同等证明财产权属或者权利人的证据判断。

【诉讼策略】

1. 本案系不同财产的首先查封债权人就人民法院错误将两部分资产混同抵债给一个债权人提出的异议纠纷案件，其中商业房首先查封法院无权处置未查封的亮化工程部分，因此，亮化工程部分首先查封债权人请求撤销该部分抵债执行行为的请求应予支持。

保全限于请求的范围，或者与本案有关的财物。当事人、利害关系人申请财产保全，应当向人民法院提供明确的被保全财产信息或者具体的被保全财产线索。泰煊公司诉前财产保全申请书请求事项为：“冻结被申请人汉江物产公司银行存款754万元，或查封、扣押被申请人相应价值之财产（××

城××楼等价值商业房)。”法院依其保全请求查封了汉江物产公司××小区××号楼××层商业房，保全请求及实际查封范围明显指定该商业房，不包含一号楼改造亮化工程。尽管查封公告中载明查封商业房6间（约600平方米)，但对一号楼改造亮化工程不能以间来计算，而且对面积也未实际测量。汉中市城乡建设规划局颁发的建设工程规划许可证、建设工程施工许可证均明确了项目名称为××小区一号楼改造亮化工程，足以说明该工程为区别于商业房的建筑。可以明确：（2016）陕0702执保124号保全案件及（2018）陕0702执123号执行案件的查封范围为××小区××号楼××层（建设银行营业部使用部分除外）房屋，不包括亮化工程地上建筑物，因此，汉中汉台法院对该部分财产无处置权，异议人潘某请求的理由合法，异议成立。(2018）陕0702执123号之一执行裁定书将该财产裁定以物抵债给泰煊公司的执行行为违法，应予撤销。

2. 如本案，债权人在诉前或诉中保全程序中应注意明确查封资产的范围，避免执行过程中因无处分权而损失权益。

根据《最高人民法院关于人民法院办理执行异议和复议案件若干问题的规定》第25条第1款的规定：“对案外人的异议，人民法院应当按照下列标准判断其是否系权利人：（一）已登记的不动产，按照不动产登记簿判断；未登记的建筑物、构筑物及其附属设施，按照土地使用权登记、建设工程规划许可、施工许可等相关证据判断……”因此，商业房及××小区一号楼改造亮化工程地上建筑物均未办理不动产登记的情况下，应按照建设工程规划许可证、施工许可证等证据审查，并以此明确查封范围。

111. 首先查封法院拍卖资产，优先权人申请撤销拍卖的，能否获得支持

◇ **执行依据** 拍卖合同纠纷

◇ **问题** 刑民交叉案件中，在抵押权人提出执行异议的情况下，首先查封的公安机关对应的执行法院是否有权对涉案房产进行处置

◇ **案例** 南昌中院（2020）赣01执异175号

◇ **结论** 刑民交叉案件中，对于首先查封法院优先处置查封标的物的规则不变，本案中公安机关的查封时间早于抵押债权法院查封时间系首先查封，且抵押债权法院未向首先查封法院发送商请移送函请求移送对涉案房产的处置权，因此，首先查封法院对涉案房产享有处置权，有权委托对涉案房产进行拍卖

【基本案情】

杨某集资诈骗罪一案，南昌中院于2017年12月14日作出（2017）赣01刑初60号刑事判决书，其中追缴被告人杨某犯集资诈骗罪取得的款项61505800元，追缴后发还各被害人（详见各被害人损失清单）。江西高院二审维持原判。

2018年12月5日，南昌中院立案执行，执行过程中，南昌中院裁定拍卖涉案房产并委托淘宝网对涉案房产进行公开网络拍卖。

兴国农商银行因与杨某借款合同纠纷，经江西兴国法院判决对杨某享有债权，且对涉案房产享有抵押权。兴国农商银行对南昌中院拍卖杨某涉案房产不服，提出异议，要求撤销对涉案房产的网络司法拍卖并将涉案房产移送江西兴国法院执行。

公安机关于2016年9月8日以青公（经）封通通字2016×××号协助查封通知书查封涉案房产，江西兴国法院于2017年7月3日以（2017）赣0732执972号执行裁定书查封了涉案房产。公安机关查封时间在前，系首先查封。

南昌中院经审理，认为其系首先查封法院对涉案房产享有执行处置权，且拍卖程序合法，故裁定驳回异议人兴国农商银行的异议请求。

【争议焦点】

南昌中院对涉案房产是否有处置权？

【裁判要点】

《最高人民法院关于刑事裁判涉财产部分执行的若干规定》第 5 条第 1 款规定："刑事审判或者执行中，对于侦查机关已经采取的查封、扣押、冻结，人民法院应当在期限届满前及时续行查封、扣押、冻结。人民法院续行查封、扣押、冻结的顺位与侦查机关查封、扣押、冻结的顺位相同。"本案中，公安机关于 2016 年 9 月 8 日查封了涉案房产，进入执行程序后，南昌中院于 2019 年 5 月 14 日进行了续查封，该续查封的顺位与公安机关查封的顺位相同，即之前的查封均已到期后，南昌中院的查封成为第一顺位查封。另外，根据《最高人民法院关于首先查封法院与优先债权执行法院处分查封财产有关问题的批复》第 1 条的规定："执行过程中，应当由首先查封、扣押、冻结（以下简称查封）法院负责处分查封财产。但已进入其他法院执行程序的债权对查封财产有顺位在先的担保物权、优先权（该债权以下简称优先债权），自首先查封之日起已超过 60 日，且首先查封法院就该查封财产尚未发布拍卖公告或者进入变卖程序的，优先债权执行法院可以要求将该查封财产移送执行。"本案中，南昌中院作为首先查封法院，负责处分涉案房产。异议人作为抵押权人，对涉案房产享有顺位在先的担保物权，但江西兴国法院作为优先债权执行法院并未来函要求将涉案房产移送执行，且南昌中院已就涉案房产发布拍卖公告，故南昌中院有权处置涉案房产。

【相关法律法规】

《最高人民法院关于刑事裁判涉财产部分执行的若干规定》

第五条　刑事审判或者执行中，对于侦查机关已经采取的查封、扣押、冻结，人民法院应当在期限届满前及时续行查封、扣押、冻结。人民法院续行查封、扣押、冻结的顺位与侦查机关查封、扣押、冻结的顺位相同。

对侦查机关查封、扣押、冻结的财产，人民法院执行中可以直接裁定处置，无需侦查机关出具解除手续，但裁定中应当指明侦查机关查封、扣押、冻结的事实。

《最高人民法院关于首先查封法院与优先债权执行法院处分查封财产有关问题的批复》

一、执行过程中，应当由首先查封、扣押、冻结（以下简称查封）法院负责处分查封财产。但已进入其他法院执行程序的债权对查封财产有顺位在先的担保物权、优先权（该债权以下简称优先债权），自首先查封之日起已超过60日，且首先查封法院就该查封财产尚未发布拍卖公告或者进入变卖程序的，优先债权执行法院可以要求将该查封财产移送执行。

二、优先债权执行法院要求首先查封法院将查封财产移送执行的，应当出具商请移送执行函，并附确认优先债权的生效法律文书及案件情况说明。

首先查封法院应当在收到优先债权执行法院商请移送执行函之日起15日内出具移送执行函，将查封财产移送优先债权执行法院执行，并告知当事人。

移送执行函应当载明将查封财产移送执行及首先查封债权的相关情况等内容。

《最高人民法院关于人民法院办理执行异议和复议案件若干问题的规定》

第二十一条 当事人、利害关系人提出异议请求撤销拍卖，符合下列情形之一的，人民法院应予支持：

（一）竞买人之间、竞买人与拍卖机构之间恶意串通，损害当事人或者其他竞买人利益的；

（二）买受人不具备法律规定的竞买资格的；

（三）违法限制竞买人参加竞买或者对不同的竞买人规定不同竞买条件的；

（四）未按照法律、司法解释的规定对拍卖标的物进行公告的；

（五）其他严重违反拍卖程序且损害当事人或者竞买人利益的情形。

当事人、利害关系人请求撤销变卖的，参照前款规定处理。

【诉讼策略】

1. 本案系执行程序中的刑民交叉案件，公安机关首先查封了涉案房产，优先权法院轮候查封，但因轮候查封法院未曾向首先查封公安机关对应的执行法院协调商请移送执行处置权的相应事宜，故首先查封法院对涉案房产享有处置权，其有权对涉案房产进行拍卖处置。

公安机关于2016年9月8日以青公（经）封通通字2016×××号协助查封通知书查封涉案房产，江西兴国法院于2017年7月3日以（2017）赣0732执972号执行裁定书查封了涉案房产。公安机关查封时间在前，系首先查封。根据《最高人民法院关于刑事裁判涉财产部分执行的若干规定》第5条第2款的规定，对于对公安机关查封的财产，人民法院执行中可以直接裁定处置，且相应的查封顺位承接公安机关的查封顺位。因此，刑事案件的执行法院系涉案房产的首先查封法院。

根据《最高人民法院关于首先查封法院与优先债权执行法院处分查封财产有关问题的批复》第1条的规定，南昌中院作为首先查封法院，负责处分涉案房产。异议人作为抵押权人，对涉案房产享有顺位在先的担保物权，但江西兴国法院作为优先债权执行法院并未来函要求将涉案房产移送执行，且南昌中院已就涉案房产发布拍卖公告。

综上，南昌中院系首先查封法院，且有权处置涉案房产。

2. 本案涉及异议人认为执行法院拍卖程序违法，请求撤销拍卖程序的问题，因拍卖程序虽有瑕疵但未严重违反拍卖程序，不影响拍卖公正，故不符合拍卖被撤销的情形。

根据《最高人民法院关于人民法院民事执行中拍卖、变卖财产的规定》的相关规定，评估报告应当送达当事人及其他利害关系人，在拍卖前也应当通知当事人和已知的担保物权人、优先购买权人或者其他优先权人。本案中，评估报告未送达异议人，拍卖前亦未通知异议人，确不符合《最高人民法院关于人民法院民事执行中拍卖、变卖财产的规定》的相关规定，属于程序瑕疵。但是，即便存在程序瑕疵，仅因两次评估价值差距较大，在异议人没有提出证据证明评估程序违法、评估结果损害了当事人或者竞买人利益的情况下，该瑕疵并不足以导致拍卖程序的撤销。且评估价只是处置财产的参考价，最终价格也是交由市场来决定。因此，南昌中院拍卖涉案房产的程序并不符合《最高人民法院关于人民法院办理执行异议和复议案件若干问题的规定》第21条第1款规定的可撤销情形，故拍卖程序不应予以撤销。

112. 冻结银行股权，不同法院分别向银行和工商管理部门发送冻结文件，如何判断谁为首先查封法院

◇ **执行依据** 合同纠纷案件

◇ **问题** 冻结债务人持有的非上市股份公司股权时，向该非上市股份公司送达冻结文书是否为有效冻结

◇ **案例** 北京高院（2018）京执复132号

◇ **结论** 人民法院冻结债务人持有的非上市股份公司的股权时，应当向该非上市股份公司送达协助执行通知书及裁定书。北京二中院于2015年2月16日向晋商银行送达相关法律文书，冻结路鑫公司持有的晋商银行的全部股份（含配股分红）系有效冻结措施，北京二中院对涉案股权的冻结措施为首先查封冻结，故对涉案股权拥有处分权

【基本案情】

北京二中院在执行信托公司与路鑫公司等合同纠纷一案过程中，2017年12月19日，北京二中院通过网拍程序拍卖路鑫公司持有的晋商银行7000万股股份（含1400万元分红）的股权拍卖成交，成交价为23660万元。在处分该拍卖款过程中，交通银行某分行提出异议，请求如下：中止对路鑫公司持有的晋商银行0.36%股份（1176.48万股）拍卖款的执行程序，并请求将涉案股权拍卖款的执行处分权移交首先查封法院贵阳中院。

北京二中院查明，信托公司申请执行路鑫公司等主体，北京二中院立案执行，并于2015年2月16日向晋商银行送达协助执行通知书，冻结路鑫公司持有的晋商银行的全部股份（含配股分红）。

另查明，2015年5月20日，贵阳中院作出（2015）筑民二（商）初字第72-1号民事裁定书，裁定如下：查封、冻结路鑫公司等价值1700万元的财产，并出具协助执行通知书，载明：冻结路鑫公司持有的晋商银行0.36%

的股份，该协助执行通知书上未载明协助执行义务单位及日期。2015 年 5 月 29 日，原山西省工商行政管理局外资企业注册监督管理处加盖公章签收上述民事裁定书及协助执行通知书。

北京二中院认为，交通银行某分行主张贵阳中院在原山西省工商行政管理局对涉案股权的冻结为首先查封冻结，并据此请求将涉案股权拍卖款移交至贵阳中院处置，缺乏法律依据，遂于 2018 年 4 月 9 日作出（2018）京 02 执异 17 号执行裁定，裁定如下：驳回交通银行某分行的执行异议请求。

交通银行某分行向北京高院申请复议，北京高院经审理，裁定如下：驳回交通银行某分行的复议申请，维持北京二中院（2018）京 02 执异 17 号执行裁定。

【争议焦点】

北京二中院于 2015 年 2 月 16 日对路鑫公司持有的晋商银行 0.36% 股份的冻结，是否有效，是否为首先查封冻结？

【裁判要点】

北京高院认为，根据《公司法》第 32 条以及《公司登记管理条例》[①] 的相关规定，有限责任公司和非上市股份公司的股权（股东名称、出资额或者股份数量）登记机构是股权所在公司而非公司登记机关，公司登记机关仅登记有限公司的股东和非上市股份公司的发起人姓名（名称）。人民法院冻结被执行人持有的有限责任公司或非上市股份公司的股权、其他投资权益时，应当向被执行人所持有股权、其他投资权益所在市场主体送达协助执行通知书及裁定书。本案中，北京二中院于 2015 年 2 月 16 日向晋商银行送达相关法律文书，冻结路鑫公司持有的晋商银行的全部股份（含配股分红）。因对路鑫公司持有的晋商银行的全部股份（含配股分红）采取冻结措施在先，北京二中院对该股权拥有处分权。复议申请人交通银行某分行关于中止对路鑫公司持有的晋商银行 0.36% 股份（1176.48 万股）拍卖款的执行程序，将涉

① 该行政法规现已废止。

案股权拍卖款的执行处分权移交贵阳中院的复议请求，缺乏法律依据和事实根据，北京高院不予支持。

【相关法律法规】

《公司法》

第三十二条 有限责任公司应当置备股东名册，记载下列事项：

（一）股东的姓名或者名称及住所；

（二）股东的出资额；

（三）出资证明书编号。

记载于股东名册的股东，可以依股东名册主张行使股东权利。

公司应当将股东的姓名或者名称向公司登记机关登记；登记事项发生变更的，应当办理变更登记。未经登记或者变更登记的，不得对抗第三人。

《最高人民法院关于人民法院民事执行中查封、扣押、冻结财产的规定》

第七条第二款 查封、扣押、冻结已登记的不动产、特定动产及其他财产权，应当通知有关登记机关办理登记手续。未办理登记手续的，不得对抗其他已经办理了登记手续的查封、扣押、冻结行为。

《执行工作规定》

38. 对被执行人在有限责任公司、其他法人企业中的投资权益或股权，人民法院可以采取冻结措施。

冻结投资权益或股权的，应当通知有关企业不得办理被冻结投资权益或股权的转移手续，不得向被执行人支付股息或红利。被冻结的投资权益或股权，被执行人不得自行转让。

《市场主体登记管理条例》

第八条第二款 除前款规定外，还应当根据市场主体类型登记下列事项：

（一）有限责任公司股东、股份有限公司发起人、非公司企业法人出资人的姓名或者名称；

（二）个人独资企业的投资人姓名及居所；

（三）合伙企业的合伙人名称或者姓名、住所、承担责任方式；

（四）个体工商户的经营者姓名、住所、经营场所；

（五）法律、行政法规规定的其他事项。

【诉讼策略】

1. 本案系因多个法院均对涉案非上市股份有限公司的股权进行冻结故在首先查封冻结上出现争议，因非上市股份有限公司股权的冻结登记机构非工商部门，执行法院向非上市股份有限公司送达的冻结文件为有效冻结，执行法院系首先查封冻结法院，故有权处置涉案股权及相应股权拍卖款。

根据《公司法》《市场主体登记管理条例》① 的规定，公司的登记事项包括有限责任公司股东或股份有限公司发起人的姓名或者名称。就非上市股份有限公司而言，除发起人以外，其他股东不在工商行政管理机关的登记范围内，即股份有限公司非发起人股东名称及其股权变动亦不属于工商行政管理机关的法定登记事项。对于非上市股份有限公司的股权采取查封、冻结等执行行为的效力不应以是否向相关市场监管部门登记公示为必要条件。因此，在判断执行顺位的先后时，应考虑多个法院向被执行所持股的市场主体送达通知使查封生效的顺序，而不应仅以向协助执行主体送达公示时间为准，同时要结合多个法院之间是否明知首先查封、轮候查封情形以及续查封情况等综合判断。

2. 在判断股权首先查封冻结法院及轮候冻结法院时，对于人民法院向相关部门送达协助执行通知后如何判断顺位的问题，应以生效冻结的时间为基础进行判断。

股权冻结的顺位应以生效冻结的时间为基础进行判断，具体如下：

（1）对于需要向市场管理部门进行登记的冻结措施，一般情况下，按照《最高人民法院、国家工商总局关于加强信息合作规范执行与协助执行的通知》第 11 条第 1 款、第 13 条的规定，人民法院冻结股权、其他投资权益时，应当向被执行人及其股权、其他投资权益所在市场主体送达冻结裁定，并要求工商行政管理机关协助公示。工商行政管理机关在多家法院要求冻结同一股权、其他投资权益的情况下，应当将所有冻结要求全部公示。首先送达协助公示通知书的执行法院的冻结为生效冻结。送达在后的冻结为轮候冻结。

---

① 《公司登记管理条例》现已废止，其内容大部分由 2022 年 3 月 1 日开始实施的《市场主体登记管理条例》吸收。

按照此通知上述规定确定查封冻结顺位，应指以工商登记为查封、冻结生效要件的情形。

（2）对不在工商管理机关法定登记范围的非上市股份公司股权的冻结，在判断执行顺位的先后时，则应考虑多个法院向被执行所持股的市场主体送达通知使查封生效的顺序，而不应仅以向协助执行主体送达公示时间为准，还要结合多个法院之间是否明知首先查封、轮候查封情形以及续查封情况等综合判断。

综上，就非上市股东有限公司股权的冻结，债权人应积极协调人民法院向非上市股份有限公司送达相关冻结文件，并在有条件的情况下，协调法院向工商行政管理机关或当地股权托管交易平台等已知公示机构送达相关冻结文件，以避免不必要的纠纷缠身。

【类案裁判观点分析】

案例：就非上市股份有限公司而言，除发起人以外，其他股东不在工商行政管理机关的登记范围内，对于非上市股份有限公司的股权采取查封、冻结等执行行为的效力不应以是否向相关市场监管部门登记公示为必要条件——最高人民法院（2020）最高法执监520号

关于冻结非上市股份有限公司股权是否必须以向市场监管部门送达协助执行公示通知等作为生效要件的问题。

首先，以登记机关协助登记或公示作为人民法院对财产权的查封冻结生效要件的，应以存在该种财产权的登记义务机关为前提。具体到对公司股权的冻结，还应根据被执行主体所持股的公司的性质，按照相关法律规定来判断。根据《最高人民法院关于人民法院民事执行中查封、扣押、冻结财产的规定》第7条第2款的规定，查封、扣押、冻结已登记的不动产、特定动产及其他财产权，应当通知有关登记机关办理登记手续。未办理登记手续的，不得对抗其他已经办理了登记手续的查封、扣押、冻结行为。这里的有关登记机关，是指需要登记的不动产、特定动产及其他财产权的机关，如果登记机关并非相关财产权的登记义务机关，则不以此项作为生效条件。根据《公司法》第138条的规定，股东转让其股份，应当在依法设立的证券交易场所进行或者按照国务院规定的其他方式进行。依照该规定，对于非上市股份有限公司的股权登记机关由国务院另行规定，目前并无明确规定市场监管部门为登记公示的机关及部门。而依照《公司法》《公司登记管理条例》的规定，公司的登记事项包括有限责任公司股东或股份有限公司发起人的姓名或者名称。就非上市股份有限公司而言，除发起人以外，其他股东不在工商行政管理机关的登记范围内。也就是说，股份有限公司非发起人股东名称及其股权变动亦不属于工商行政管理机关的法定登记事项。因此，对于非上市股份有限公司的股权采取查封、冻结等执行行为的效力不应以是否向相关市场监管部门登记公示为判断标准。

其次，本案中，山东高院根据齐鲁银行的主张认定三联集团是非发起人股东，齐商银行张店支行予以否认，但并未提出充分证据予以证实，不能否定山东高院的认定。

综上所述，本案中，齐鲁银行系非上市股份有限公司，山东高院冻结其非发起人股东的股权已经向齐鲁银行送达了有关冻结该股权的协助执行通知书，该冻结合法有效，是否向市场监管部门送达协助执行公示通知书等不影响该冻结的效力。

三、利用保全争取执行分配中的优先顺位

财产保全可有效提升债权人查封、扣押、冻结相应财产的顺位，帮助债权人在财产分配中获得优先顺位。

113. 被执行人为公民或其他组织时，参与分配制度原则上对同类债权按比例分配，但也有例外，首先查封债权人可提高20%受偿比例

被执行人为公民或者其他组织时，根据《民事诉讼法司法解释》第508条的规定，参与分配执行中，执行所得价款扣除执行费用，并清偿应当优先

受偿的债权后，对于普通债权，原则上按照其占全部申请参与分配债权数额的比例受偿。清偿后的剩余债务，被执行人应当继续清偿。债权人发现被执行人有其他财产的，可以随时请求人民法院执行。浙江高院、江苏高院、重庆高院、北京高院等相继颁布了关于参与分配的更为细化的规定，可结合上述《民事诉讼法司法解释》的内容，共同参考。例如，《江苏省高级人民法院关于正确理解和适用参与分配制度的指导意见》第10条对参与分配的清偿顺序作出了细化规定，执行财产在扣除上述费用后仍有剩余的，按照以下顺序依次予以分配：

（1）享有优先权、担保物权的债权依法定顺序予以受偿。

（2）普通债权人的债权原则上按照其纳入分配程序的债权金额占全部纳入分配范围的债权总额的比例受偿。

基于上述分配原则，对下列债权人可适当提高分配比例：

（1）分配财产系根据其提供线索查控所得。

（2）分配财产系其首先申请查控所得。

（3）分配财产系其行使撤销权诉讼、执行异议之诉或者通过司法审计、悬赏执行等方式查控所得。

上述债权人的分配比例，应考虑所涉债权及分配财产数额大小等因素，原则上不超过其按债权比例分配时应分得款项的20%。

综上，对债务人为公民或其他组织涉及参与分配问题时，一些地区明确允许对首先查封债权人受偿比例提高20%，如浙江高院、江苏高院、重庆高院、北京高院及福州中院均出台了规范文件，明确了对首先查封债权人可酌情提高受偿比例，提高比例在20%以内。但是，亦有部分地区明文规定不允许首先查封债权人提高受偿比例，如上海市、佛山市。

114. 被执行人为企业法人时，同类债权人清偿顺序原则上按照采取查封、扣押、冻结措施的先后顺序受偿

1. 根据《民事诉讼法司法解释》第514条的规定，在特定条件下，执行案款的分配按照采取执行措施的先后顺序受偿，具体如下：

在执行中，作为被执行人的营利法人符合《企业破产法》第 2 条第 1 款规定情形的，若当事人不同意移送破产或者被执行人住所地人民法院不受理破产案件的，执行法院就执行变价所得财产，在扣除执行费用及清偿优先受偿的债权后，对于普通债权，按照财产保全和执行中查封、扣押、冻结财产的先后顺序清偿。

2. 根据《民事诉讼法执行程序解释》第 17 条的规定，债权人申请参与分配并未限制被执行人主体身份，具体如下：

多个债权人对同一被执行人申请执行或者对执行财产申请参与分配的，执行法院应当制作财产分配方案，并送达各债权人和被执行人。债权人或者被执行人对分配方案有异议的，应当自收到分配方案之日起 15 日内向执行法院提出书面异议。

3. 根据《执行工作规定》第 55 条、第 56 条的规定，对于多个债权人申请对同一被执行人财产进行分配时，按照采取执行措施的先后顺序受偿，该规定并未限制被执行人主体身份。具体如下：

（1）多份生效法律文书确定金钱给付内容的多个债权人分别对同一被执行人申请执行的，各债权人对执行标的物均无担保物权的，按照执行法院采取执行措施的先后顺序受偿。

（2）多个债权人的债权种类不同的，基于所有权和担保物权而享有的债权，优先于金钱债权受偿。有多个担保物权的，按照各担保物权成立的先后顺序清偿。

（3）一份生效法律文书确定金钱给付内容的多个债权人对同一被执行人申请执行，执行的财产不足清偿全部债务的，各债权人对执行标的物均无担保物权的，按照各债权比例受偿。

综上，有多个债权人对同一被执行人申请执行或者对执行财产申请参与分配的，执行法院可依照该规定制作分配方案。当事人对分配方案不服的，可以通过分配方案异议或异议之诉程序处理，并不区分被执行人是企业法人还是自然人、其他组织。实务中，可以将参与分配理解为存在广义和狭义两种概念。广义的参与分配，是指不管被执行人是否为企业法人，只要涉及多个债权人对其财产申请分配的，执行法院均应按《民事诉讼法执行程序解释》第17条的规定启动分配程序；而狭义的参与分配，则特指在被执行人为自然人或者其他组织时，在其财产不能清偿所有债权的情况下，按债权比例公平清偿的分配方式。《民事诉讼法司法解释》第506条的规定针对的正是狭义参与分配，但不能据此否定被执行人为企业法人时参与分配程序的适用，只是根据《民事诉讼法司法解释》的相关规定，被执行人为企业法人的，不得对其采取按债权比例清偿的狭义参与分配程序。

115. 被执行人为公司时，债权人能否申请参与分配

◇ **执行依据** 合同纠纷案件

◇ **问题** 被执行人为公司时，已经判决确认的债权人能否申请对公司名下财产参与分配

◇ **案例** 最高人民法院（2022）最高法执监215号

◇ **结论** 根据《民事诉讼法执行程序解释》第17条的规定，有多个债权人对同一被执行人申请执行或者对执行财产申请参与分配的，执行法院可依照该规定制作分配方案，并不区分被执行人是自然人、法人还是非法人组织。因此，涉案债权已经生效判决予以确认，权利人向人民法院申请对作为被执行人的公司名下财产参与分配，有事实和法律依据

【基本案情】

缑某与弘基公司合同纠纷案，晋城中院作出（2015）晋市法民初字第55号民事判决，判令弘基公司偿还缑某借款本金2500万元及相应利息。

判决生效后，缑某申请法院执行。晋城中院于2020年9月25日裁定拍卖弘基公司名下晋城市某小区23号楼（本案中简称23号楼）1号至10号商铺（含地下室）。两次网络司法拍卖，均流拍。

2020年10月23日，源泰公司向晋城中院提出参与执行分配的申请，请求对上述拍卖、变卖所得参与分配。晋城中院认为，本案被执行人为企业法

人，不能适用被执行人为公民或其他组织的参与分配制度，且无证据证明源泰公司对上述财产拥有优先受偿权，依法不符合参与分配的条件，遂于2020年12月14日向源泰公司发出通知，不予准许源泰公司的参与分配申请。

2020年12月7日，缑某对上述10套房产向法院请求以第二次流拍价以物抵债。晋城中院分别于2020年12月9日和2021年1月18日作出裁定，将涉案10套商铺交付缑某抵偿债务。

源泰公司不服晋城中院不准其参与分配的执行通知，向晋城中院提出异议，请求如下：（1）准许源泰公司对弘基公司所有的23号楼1～10号全部商铺（含地下室）参与分配；（2）确认源泰公司对涉案商铺在5921025.64元建设工程款的范围内优先受偿，剩余的利息16205547.51元作为普通债权参与分配。

晋城中院认为源泰公司所提异议不符合执行异议的受理条件，于2021年4月25日作出（2021）晋05执异3号执行裁定，裁定驳回源泰公司的异议申请。

源泰公司向山西高院申请复议，请求如下：撤销晋城中院（2021）晋05执异3号执行裁定及晋城中院于2020年12月14日作出的通知书，准许其对涉案商铺参与分配，并指令晋城中院作出分配方案。

2021年12月24日，山西高院作出（2021）晋执复139号执行裁定，裁定如下：（1）撤销晋城中院（2021）晋05执异3号执行裁定；（2）撤销晋城中院于2020年12月14日向源泰公司作出的通知；（3）对源泰公司要求对涉案商铺优先受偿的请求，作出分配方案并依法审查处理。

缑某向最高人民法院申诉，请求撤销山西高院（2021）晋执复139号执行裁定，驳回源泰公司的异议申请。最高人民法院经审查，裁定如下：驳回缑某的申诉请求。

【争议焦点】

源泰公司对弘基公司资产申请参与分配的请求是否应予支持?

【裁判要点】

根据《民事诉讼法执行程序解释》第17条的规定，有多个债权人对同一被执行人申请执行或者对执行财产申请参与分配的，执行法院可依照该规定制作分配方案，并不区分被执行人是自然人、法人或非法人组织。

本案中，源泰公司对弘基公司的债权已经生效判决予以确认，其向晋城中院申请对弘基公司名下财产参与分配，有事实和法律依据。晋城中院以本案被执行人为法人为由，不予准许源泰公司参与分配的申请，异议审查中又以源泰公司应通过分配方案异议及异议之诉进行救济为由，驳回源泰公司的异议申请，适用法律均有不当，山西高院对此予以纠正，符合法律规定。

对于源泰公司是否享有涉案商铺建设工程价款优先受偿权，属于执行程序中制作分配方案时应予考虑的问题，且该问题涉及当事人的实体权利，不宜在异议、复议程序中予以确认。山西高院对此作出认定，超出复议案件审查范围，最高人民法院予以纠正。但是，山西高院要求晋城中院依源泰公司申请制作分配方案的结论正确。

晋城中院制作分配方案过程中，对源泰公司提出的建设工程价款优先受偿权的问题，应结合源泰公司主张建设工程价款时的诉讼请求、生效判决的内容以及源泰公司、缑某提交的相关证据等综合考虑。

综上，缑某的申诉理由不能成立，山西高院（2021）晋执复139号执行裁定结论正确。

【相关法律法规】

《民事诉讼法执行程序解释》

第十七条 多个债权人对同一被执行人申请执行或者对执行财产申请参与分配的，执行法院应当制作财产分配方案，并送达各债权人和被执行人。债权人或者被执行人对分配方案有异议的，应当自收到分配方案之日起十五日内向执行法院提出书面异议。

《民事诉讼法司法解释》

第五百零六条 被执行人为公民或者其他组织，在执行程序开始后，被执行人的其他已经取得执行依据的债权人发现被执行人的财产不能清偿所有债权的，可以向人民法院申请参与分配。

对人民法院查封、扣押、冻结的财产有优先权、担保物权的债权人，可以直接申请参与分配，主张优先受偿权。

第五百零九条　多个债权人对执行财产申请参与分配的，执行法院应当制作财产分配方案，并送达各债权人和被执行人。债权人或者被执行人对分配方案有异议的，应当自收到分配方案之日起十五日内向执行法院提出书面异议。

第五百一十条　债权人或者被执行人对分配方案提出书面异议的，执行法院应当通知未提出异议的债权人、被执行人。

未提出异议的债权人、被执行人自收到通知之日起十五日内未提出反对意见的，执行法院依异议人的意见对分配方案审查修正后进行分配；提出反对意见的，应当通知异议人。异议人可以自收到通知之日起十五日内，以提出反对意见的债权人、被执行人为被告，向执行法院提起诉讼；异议人逾期未提起诉讼的，执行法院按照原分配方案进行分配。

诉讼期间进行分配的，执行法院应当提存与争议债权数额相应的款项。

《最高人民法院关于审理建设工程施工合同纠纷案件适用法律问题的解释（一）》

第四十一条　承包人应当在合理期限内行使建设工程价款优先受偿权，但最长不得超过十八个月，自发包人应当给付建设工程价款之日起算。

【诉讼策略】

1. 本案系已经生效判决确认债权的权利人申请对被执行人为公司名下财产参与分配的案件，经中院、高院及最高人民法院审理，最终认定法律上并未禁止被执行人为公司时债权人不能参与分配，因此，本案债权人有权对公司财产申请参与分配。

根据《民事诉讼法执行程序解释》第 17 条的规定，有多个债权人对同一被执行人申请执行或者对执行财产申请参与分配的，执行法院可依照该规定制作分配方案，并不区分被执行人是自然人、法人或非法人组织。因此，涉案债权已经生效判决予以确认，权利人向人民法院申请对作为被执行人的公司名下财产参与分配，有事实和法律依据。

2. 关于《民事诉讼法司法解释》第 506 条与《民事诉讼法执行程序解

释》第17条应如何理解的问题，主流观点将两者理解为广义及狭义参与分配制度，两者不冲突矛盾，在启动参与分配程序时按照《民事诉讼法执行程序解释》第17条的规定，不限制被执行人主体身份，而在具体分配被执行人资产时参照《民事诉讼法司法解释》第508条、第514条以及《执行工作规定》第55条规定的方式进行分配。

在有多个债权人对同一被执行人申请执行或者对执行财产申请参与分配的，执行法院可依照该规定制作分配方案。当事人对分配方案不服的，可以通过分配方案异议或异议之诉程序处理，并不区分被执行人是企业法人还是自然人、其他组织。实务中，可以将参与分配理解为存在广义和狭义两种概念。广义的参与分配，是指不管被执行人是否为企业法人，只要涉及多个债权人对其财产申请分配的，执行法院均应按《民事诉讼法执行程序解释》第17条的规定启动分配程序；而狭义的参与分配，则特指被执行人为自然人或者其他组织时，在其财产不能清偿所有债权的情况下，按债权比例公平清偿的分配方式。《民事诉讼法司法解释》第506条的规定针对的正是狭义的参与分配，但不能据此否定被执行人为企业法人时参与分配程序的适用，只是根据《民事诉讼法司法解释》的相关规定，被执行人为企业法人的，不得对其采取按债权比例清偿的狭义参与分配程序。

【类案裁判观点分析】

案例：被执行人为企业法人，申诉人申请在赣州中院执行程序中参与分配于法无据，不予支持——最高人民法院（2019）最高法执监409号[①]

《民事诉讼法司法解释》第508条[②]第1款规定，被执行人为公民或者其他组织，在执行程序开始后，被执行人的其他已经取得执行依据的债权人发现被执行人的财产不能清偿所有债权的，可以向人民法院申请参与分配。本款明确规定当作为被执行人的公民、其他组织的财产不能清偿所有债权时，相关债权人可以申请参与分配，排除了被执行人为企业法人时适用参与分配

① 本案为2019年的案例，其观点与本文主文案例相反。

② 现为《民事诉讼法司法解释》第506条。

的空间。作为被执行人的营利法人财产不能清偿所有债权的，申诉人作为债权人可以向人民法院提出对该被执行人进行破产清算，通过破产程序受偿。本案中，被执行人为企业法人，申诉人申请在赣州中院执行程序中参与分配于法无据，本院不予支持。

116. 多债权人合并执行的债务人既有公司亦有自然人，应否按采取查封措施的先后顺序进行清偿

◇ **执行依据**　借款合同纠纷案件

◇ **问题**　债务人为多人包括公司及自然人，同时债权人亦多人，在多债权合并执行的情形下的以物抵债裁定，需考量各债权的查封顺序，查封在后的债权可否与查封在先债权混在一起一同申请以物抵债

◇ **案例**　最高人民法院（2018）最高法执监848、847、845号（最高人民法院指导案例122号）

◇ **结论**　执行法院将同一被执行人的几个案件合并执行的，应当按照申请执行人的各个债权的受偿顺序进行清偿。在多个债权人对同一被执行人申请执行的情况下，法院应按照采取执行措施的先后顺序受偿

【基本案情】

平顶山中院在执行陈某、郭某1、春某、贾某申请执行博易公司、闫某某、孙某某民间借贷纠纷四案中，原申请执行人陈某、郭某1、春某、贾某分别将其依据生效法律文书拥有的对博易公司、闫某某、孙某某的债权转让给了神泉公司。依据神泉公司的申请，平顶山中院于2017年4月4日裁定，变更神泉公司为上述四案的申请执行人，债权总额为129605303.59元（包括本金、利息及其他费用），并将四案合并执行。

就博易公司享有的涉案国有土地使用权，证载总面积为258455.39平方米。平顶山中院评估、拍卖土地为该宗土地的一部分，流拍。平顶山中院于

2017 年 4 月 4 日作出（2016）豫 04 执 57－5 号执行裁定：将扣除温泉酒店及 1 号住宅楼后的流拍财产，以保留价 153073614 元以物抵债给神泉公司。

债权人赵某某提出异议，请求法院实现查封在前的债权人债权以后，严格按照查封顺位对申请人的债权予以保护、清偿。

平顶山中院查明：涉案土地及地上建筑物被多家法院查封，本案所涉当事人轮候顺序为：（1）陈某一案；（2）郭某 1 一案；（3）郭某 2、蔡某某、金某某、赵某某等案；（4）贾某一案；（5）春某一案。法院认为赵某某的异议不符合执行异议受理范围，遂于 2017 年 5 月 2 日作出（2017）豫 04 执异 27 号执行裁定，裁定驳回赵某某的异议。

赵某某向河南高院申请复议，河南高院认为存在多个债权人对同一被执行人申请执行的情况下，法院应按照采取执行措施的先后顺序受偿。遂作出（2017）豫执复 158 号等执行裁定，裁定撤销平顶山中院（2017）豫 04 执异 27 号执行裁定及（2016）豫 04 执 57－5 号执行裁定。

神泉公司向最高人民法院申诉，最高人民法院经审查，裁定如下：驳回神泉公司的申诉请求。

【争议焦点】

以物抵债裁定是否损害查封顺位在先的其他债权人利益？

【裁判要点】

关于执行顺位，《执行工作规定》第 88 条[①]第 1 款规定，多份生效法律文书确定金钱给付内容的多个债权人对同一被执行人申请执行，各债权人对执行标的物均无担保物权的，按照执行法院采取执行措施的先后顺序受偿。平顶山中院在陈某、郭某 1、春某、贾某将债权转让给神泉公司后将四案合并执行，但该四案查封土地、房产的顺位情况不一，也并非全部首先查封涉案土地或房产。贾某虽申请执行法院对涉案土地 B29 地块运营商总部办公楼采取了查封措施，但该建筑占用范围内的土地使用权此前已被查封。根据

① 现为《执行工作规定》第 55 条。

《最高人民法院关于人民法院民事执行中查封、扣押、冻结财产的规定》第23条[①]第1款有关查封土地使用权的效力及于地上建筑物的规定精神，贾某对该建筑物及该建筑物占用范围内的土地使用权均系轮候查封。陈某、郭某1虽仅对土地使用权采取查封措施，但根据查封土地使用权的效力及于地上建筑物的规定精神，陈某、郭某1对本案所涉建筑物的查封顺序亦同于对土地使用权的查封顺序。执行法院虽将春某、贾某的案件与陈某、郭某1的案件合并执行，但仍应按照春某、贾某、陈某、郭某1依据相应债权申请查封的顺序确定受偿顺序。截至2017年2月28日，原陈某、郭某1债权本息合计76736464.09元，远低于本案所涉财产抵债价值153073614元。对原陈某、郭某1相应债权抵债后剩余部分财产价值，应当由查封顺序在郭某1之后，在贾某、春某之前，且未受偿的债权人优先受偿。因神泉公司受让了贾某、春某及陈某、郭某1的债权，平顶山中院裁定将全部涉案财产抵债给神泉公司，实质上是将查封顺位在后的原贾某、春某债权受偿顺序提前，影响了在先轮候的债权人的合法权益。平顶山中院未按照法律规定据采取执行措施的先后顺序确定受偿顺序，将博易公司的部分土地使用权及地上部分建筑物裁定以物抵债给神泉公司，该执行行为违反法律规定，侵害了顺位在先的其他债权人利益。

【相关法律法规】

《执行工作规定》

55. 多份生效法律文书确定金钱给付内容的多个债权人分别对同一被执行人申请执行，各债权人对执行标的物均无担保物权的，按照执行法院采取执行措施的先后顺序受偿。

多个债权人的债权种类不同的，基于所有权和担保物权而享有的债权，优先于金钱债权受偿。有多个担保物权的，按照各担保物权成立的先后顺序清偿。

一份生效法律文书确定金钱给付内容的多个债权人对同一被执行人申请执行，执行的财产不足清偿全部债务的，各债权人对执行标的物均无担保物

① 现为《最高人民法院关于人民法院民事执行中查封、扣押、冻结财产的规定》第21条。

权的，按照各债权比例受偿。

《最高人民法院关于人民法院民事执行中查封、扣押、冻结财产的规定》

第二十一条 查封地上建筑物的效力及于该地上建筑物使用范围内的土地使用权，查封土地使用权的效力及于地上建筑物，但土地使用权与地上建筑物的所有权分属被执行人与他人的除外。

地上建筑物和土地使用权的登记机关不是同一机关的，应当分别办理查封登记。

【诉讼策略】

1. 本文涉及两个问题，一个是明面上的以物抵债问题，另一个是执行分配顺位问题，本案抵债资产系公司法人资产，最高人民法院依据《执行工作规定》的规定内容，按各债权人采取查封措施的顺序进行分配，因此，对于该类案件保全查封的时间先后将直接影响权利人的债权清偿顺位。

关于本案中，以物抵债裁定损害查封顺位在先的其他债权人利益问题。执行法院神泉公司所涉四案合并执行，但该四案查封土地、房产的顺位情况不一，也并非全部首先查封涉案土地或房产。查封土地的顺位均为轮候查封，轮候查封顺序为：（1）陈某一案；（2）郭某1一案；（3）郭某2、蔡某某、金某某、赵某某等案；（4）贾某一案；（5）春某一案。神泉公司享有的债权顺位是上述的第1项、第2项、第4项、第5项，从查封土地的情况来看，贾某、春某查封时间晚于陈某、郭某1及另案债权人赵某某等人，从查封及拍卖房产的情况来看，本案评估拍卖的房产均在路南，春某查封的房产在路北，不在本案拍卖房产之列。

根据《执行工作规定》的规定，在多个债权人对同一被执行人申请执行的情况下，法院应按照采取执行措施的先后顺序受偿。人民法院应按照采取执行措施的先后顺序执行，即本案可以以物抵债神泉公司受让的陈某、郭某1的债权，但不能跳过赵某某，以物抵债神泉公司受让的贾某、春某的债权。

综上，河南高院及最高人民法院均认为涉案以物抵债裁定因损害查封顺位在先的其他债权人利益，故被撤销。

2. 关于多债权人申请执行同一债务人，应否按采取查封措施的先后顺序进行清偿的问题，现有规定存在一定争议，实务中一般有被执行人为自然人和被执行人为企业法人两种情形。

被执行人为公民或者其他组织时，根据《民事诉讼法司法解释》第508条的规定，在参与分配执行中，执行所得价款扣除执行费用，并清偿应当优先受偿的债权后，对于普通债权，原则上按照其占全部申请参与分配债权数额的比例受偿。但是，一些省市却明确允许对首先查封债权人受偿比例提高20%，如浙江、江苏、重庆、北京及福州等地。

被执行人为企业法人时，根据《民事诉讼法司法解释》第514条的规定，在特定条件下，执行案款的分配按照采取执行措施的先后顺序受偿。在执行中，作为被执行人的营利法人符合《企业破产法》第2条第1款规定情形的，若当事人不同意移送破产或者被执行人住所地人民法院不受理破产案件，执行法院可以就执行变价所得财产，在扣除执行费用、清偿优先受偿的债权后，对于普通债权可以按照财产保全和执行中查封、扣押、冻结财产的先后顺序清偿。

综上，无论被执行人为公司或自然人，争取首先查封或顺位在先的轮候查封，均对后续债权的清偿有一定益处，故在案件起诉时可结合案件实际情况再决定是否采取保全措施、何时采取保全措施。

【类案裁判观点分析】

案例一：在多个债权人保全刘某执行案款的情况下，被执行人兰某通过购买他人对刘某的债权以抵消其欠付刘某的债权，该抵债行为因损害分配顺位在先的债权人的权益，人民法院不予支持——最高人民法院（2018）最高法执监125号

纪某作为刘某的普通债权人，无论按采取执行措施的先后顺序，还是通过参与分配程序，其债权都无法在本案的执行程序中优先于上述债权得到清偿。此时，如果允许兰某通过购买纪某债权的方式抵销其债务，将使该债权优先于其他债权得到清偿，势必损害其他债权人的利益，不利于平等保护众多债权人的权利。因此，赣州中院、江西高院认定兰某受让的债权不能在本案中直接抵销其债务，并无不当。

案例二：被执行人为自然人的，参与分配时，执行所得价款扣除执行费用，并清偿应当优先受偿的债权后，对于普通债权，原则上按照其占全部申请参与分配债权数额的比例受偿——最高人民法院（2021）最高法民再295号

根据《民事诉讼法司法解释》第508条、第510条[①]的规定，被执行人为公民或者其他组织，在执行程序开始后，被执行人的其他已经取得执行依据的债权人发现被执行人的财产不能清偿所有债权的，可以向人民法院申请参与分配。参与分配执行中，执行所得价款扣除执行费用，并清偿应当优先受偿的债权后，对于普通债权，原则上按照其占全部申请参与分配债权数额的比例受偿。蔡某的债权为普通债权，依法应按照其债权占涉案9个申请参与分配债权数额的比例受偿。蔡某主张按照采取执行措施的先后顺序由其优先足额受偿，与法律规定不符，本院不予采纳。

117. 首先查封债权相较其他同类普通债权优先受偿，其优先受偿的金额应如何确认

◇ **执行依据** 房屋买卖合同纠纷案件

◇ **问题** 首先查封债权相较其他同为普通无担保的债权优先受偿，其优先受偿的金额如何确认

◇ **案例** 最高人民法院（2022）最高法执复19号

◇ **结论** 章某对涉案房产来说系首先查封债权人，其与城投公司对嘉信公司的债权均为普通债权，故章某对涉案房产的变价款应优先于城投公司受偿。至于章某受偿的具体数额问题，因首先查封债权人的受偿金额应受查封金额的限制，故章某优先受偿的数额应以首次查封及续封裁定载明的1200万元为限。对于章某超出1200万元查封金额的债权，其可以继续申请执行嘉信公司财产但受偿顺位应在城投公司之后

① 现为《民事诉讼法司法解释》第506条、第508条。

【基本案情】

赣州银行与九江银行、嘉信公司房屋买卖合同纠纷案，最高人民法院于2018年11月26日作出（2018）最高法民终797号民事判决，判决九江银行、嘉信公司返还赣州银行购房款本金9000万元及利息和相应损失。

因九江银行、嘉信公司未履行给付义务，赣州银行向江西高院申请强制执行，执行标的为14178.23万元。执行过程中，赣州银行将债权转让给城投公司，依城投公司申请，江西高院于2019年7月23日裁定变更城投公司为本案的申请执行人。

2021年3月2日，江西高院委托网拍涉案17套房产，后流拍。城投公司于3月12日向江西高院提交书面申请，请求将涉案17套房产以流拍价11000万元以物抵债。江西高院于2021年5月10日作出（2019）赣执56号之三执行裁定：将涉案17套房产作价11000万元，交付城投公司抵偿债务。

2021年5月17日，城投公司与九江银行、嘉信公司达成执行和解协议。江西高院于2021年6月16日作出（2019）赣执56号之四执行裁定，裁定终结（2019）赣执56号案件的执行。

利害关系人章某于2021年6月23日向江西高院提出执行异议，以（2019）赣执56号之四执行裁定侵害其首先查封权为由，请求如下：撤销（2019）赣执56号之四执行裁定，（2019）赣执56号案件继续执行。

江西高院认为其执行实施案的当事人虽然不包括章某，仅是城投公司、嘉信公司、九江银行，且三方达成执行和解协议而裁定终结案件执行，但章某是涉案17套房产分配的债权人，其债权分配清偿顺序先于城投公司。终结（2019）赣执56号案件的执行，显然不妥，应予纠正。2021年9月6日，江西高院作出（2021）赣执异5号执行裁定：（1）撤销（2019）赣执56号之四执行裁定；（2）（2019）赣执56号执行案继续执行。

城投公司向最高人民法院申请复议，请求撤销（2021）赣执异5号执行裁定，依法驳回章某的异议申请。最高人民法院经审理，裁定如下：驳回城投公司的复议请求，维持江西高院（2021）赣执异5号执行裁定。

【争议焦点】

首先查封债权人优先受偿的金额如何确认?

【裁判要点】

本案中，章某对涉案房产来说系首先查封债权人，其与城投公司对嘉信公司的债权均为普通债权，故章某对涉案房产的变价款应优先于城投公司受偿。至于章某受偿的具体数额问题，根据已经查明的事实，九江浔阳法院于2017年9月18日以（2016）赣0403执480号执行裁定及协助执行通知书查封嘉信公司名下房屋产权交易，限额为900万元，并先后于2018年10月30日以（2016）赣0403执480号之一执行裁定、于2020年4月20日以（2016）赣0403执480号之二执行裁定进行了续行查封。由于嘉信公司等不履行生效判决确定的义务，随着时间的推移，嘉信公司等依生效判决应偿付章某的债务金额不断增加，故查封金额由900万元增加至950万元，直至2020年4月增加至1200万元。如前所述，轮候查封的作用在于确保轮候查封债权人能够取得在先查封债权人从查封物中所得利益的剩余部分，首先查封债权人的受偿金额应受查封金额的限制，故章某优先受偿的数额应以九江浔阳法院（2016）赣0403执480号之二执行裁定载明的1200万元为限。城投公司主张九江浔阳法院的后两次续查封均在城投公司轮候查封之后，章某的优先受偿额应为（2016）赣0403执480号执行裁定确定的900万元，没有法律依据。江西高院认为章某应分配债权的金额应为九江浔阳法院（2015）浔民一初字第2390号民事判决确定的650万元本金及利息，系只考虑了查封顺位而未考虑查封金额，亦与法律规定不符，应予纠正。对于章某超出1200万元查封金额的债权，章某可以继续申请执行嘉信公司及其他被执行人的财产。

【相关法律法规】

《民事诉讼法司法解释》

第五百一十四条 当事人不同意移送破产或者被执行人住所地人民法院

不受理破产案件的，执行法院就执行变价所得财产，在扣除执行费用及清偿优先受偿的债权后，对于普通债权，按照财产保全和执行中查封、扣押、冻结财产的先后顺序清偿。

《执行工作规定》

55. 多份生效法律文书确定金钱给付内容的多个债权人分别对同一被执行人申请执行，各债权人对执行标的物均无担保物权的，按照执行法院采取执行措施的先后顺序受偿。

……

《最高人民法院关于人民法院民事执行中查封、扣押、冻结财产的规定》

第二十六条第一款　对已被人民法院查封、扣押、冻结的财产，其他人民法院可以进行轮候查封、扣押、冻结。查封、扣押、冻结解除的，登记在先的轮候查封、扣押、冻结即自动生效。

《最高人民法院关于首先查封法院与优先债权执行法院处分查封财产有关问题的批复》

一、执行过程中，应当由首先查封、扣押、冻结（以下简称查封）法院负责处分查封财产。但已进入其他法院执行程序的债权对查封财产有顺位在先的担保物权、优先权（该债权以下简称优先债权），自首先查封之日起已超过60日，且首先查封法院就该查封财产尚未发布拍卖公告或者进入变卖程序的，优先债权执行法院可以要求将该查封财产移送执行。

【诉讼策略】

1. 本案系首先查封债权人的首先查封权被其他轮候查封债权人侵害引起的执行异议纠纷，首先查封债权人基于其首先查封权请求通过商请移送取得执行标的物处分权的执行法院优先清偿其债权，本案出现的争议点主要集中于以下两点：一是该首先查封债权人能否优先受偿，二是应优先受偿的金额如何确定。

（1）本案执行法院江西高院通过向首先查封法院发送商请移送函，请求首先查封法院将涉案17套房产的执行处置权移送给江西高院。江西高院在其商请移送函中向首先查封法院承诺：其将依法保障九江浔阳法院对首顺位查封上述 17 套房产涉执行案件的财产参与分配权。

（2）首先查封债权人享有优先受偿优势。根据《民事诉讼法司法解释》第 514 条的规定："当事人不同意移送破产或者被执行人住所地人民法院不受理破产案件的，执行法院就执行变价所得财产，在扣除执行费用及清偿优先受偿的债权后，对于普通债权，按照财产保全和执行中查封、扣押、冻结财产的先后顺序清偿。"《执行工作规定》第 55 条第 1 款规定："多份生效法律文书确定金钱给付内容的多个债权人分别对同一被执行人申请执行，各债权人对执行标的物均无担保物权的，按照执行法院采取执行措施的先后顺序受偿。"上述规定均明确了对于多个债权人的普通债权，应根据查封、扣押、冻结财产的先后顺序清偿。因此，首先查封债权人享有优先受偿优势。

（3）根据《最高人民法院关于人民法院民事执行中查封、扣押、冻结财产的规定》第 26 条第 1 款的规定："对已被人民法院查封、扣押、冻结的财产，其他人民法院可以进行轮候查封、扣押、冻结。查封、扣押、冻结解除的，登记在先的轮候查封、扣押、冻结即自动生效。"创设轮候查封制度，目的在于最大限度保障在后主张权利债权人的权益，轮候查封的主要作用在于确保轮候查封债权人能够取得在先查封债权人从查封物中所得利益的剩余部分。因首先查封债权人的受偿金额应受查封金额的限制，故首先查封债权优先受偿的数额应以首次查封及续查封裁定载明的查封金额为限。

综上，保全顺位决定了债权清偿的先后顺序，保全金额则决定了顺位在先的债权人在多大范围内受偿，若首先查封债权人的首先查封权受到侵害，首先查封债权人有权要求撤销侵权执行裁定并重新执行分配债务人资产。

2. 对于首先查封债权人其债权若已超出首次查封及续查封的金额，该首先查封债权人不能优先受偿的部分，可以继续申请执行被执行人的财产。

轮候查封的作用在于确保轮候查封债权人能够取得在先查封债权人从查封物中所得利益的剩余部分，首先查封债权人的受偿金额应受查封金额的限制。因此，本案中，章某优先受偿的数额应以九江浔阳法院（2016）赣 0403 执 480 号之二执行裁定载明的 1200 万元为限。城投公司主张九江浔阳法院的后两次续查封均在城投公司轮候查封之后，章某的优先受偿额应为（2016）

赣0403执480号执行裁定确定的900万元，没有法律依据。

3. 普通债权人申请以物抵债一般需要向执行法院出具承诺偿还优先受偿债权的承诺函。

承诺函内容一般包括："承诺本案如其他单位和个人涉及对该资产享有工程款优先权或优先分配权的，在法院对相关生效判决进入执行阶段，且无争议后，我公司将在此次分配款项范围内将生效法律文书确定的优先权款项打入贵院账户和贵院指定的账户中。"

118. 多债权人申请执行公司资产且不符合破产条件的，按查封顺序进行清偿

◇ **执行依据**　执行分配方案异议之诉纠纷案件

◇ **问题**　债务人公司在不符合破产或执行转破产受理条件的，面对多债权人申请执行，其资产应按何种顺序进行清偿

◇ **案例**　山东高院（2021）鲁民终1977号

◇ **结论**　债务人目前的真实资产负债情况不明，不符合执行转破产条件，且债务人曾多次向人民法院提出破产申请或者执行转破产申请，但法院均未予以受理。因此，根据法律规定，涉案土地拍卖价款应先扣除执行费用及清偿优先受偿的债权，然后对普通债权按照财产保全和执行中查封、扣押、冻结财产的先后顺序进行清偿

【基本案情】

债务人国立公司名下涉案土地使用权被多个债权人查封，各债权人首次查封的顺序为张某、李某、牛某、徐某、范某、肖某。2014年经法院拍卖程序，涉案土地拍得1960万元且该部分款项当时分配给优先债权人工商银行某支行及首先查封债权人张某。2019年11月16日，聊城中院以国力公司"自买自地"违反《拍卖法》的规定为由，撤销2014年的拍卖裁定。后涉案土

地再次网络拍卖，拍卖所得4062.92万元已汇入法院专户。

2020年9月10日，聊城中院作出（2018）鲁15执恢30号执行财产分配方案，认为因法院依法撤销2014年第一次拍卖成交裁定，涉案土地恢复到第一次拍卖前的查封状态，被执行人国力公司系企业法人，在法院未受理该企业破产的情况下，对上述财产的拍卖款依法应按照采取执行措施的先后顺序清偿债务，故依法以第一次拍卖之前的查封顺序制作财产分配方案，聊城中院拍卖所得价款为4062.92万元，优先支付拍卖产生的税款和中通公司垫付的评估费用，扣除张某案执行费用、牛某案执行费用、范某案的执行费用，剩余35830403.39元拍卖款项按照查封顺序清偿债权。

徐某向一审法院起诉，请求如下：（1）依法撤销（2018）鲁15执恢30号执行财产分配方案，中止对国力公司的执行并将该公司移送破产审查；（2）本案所有诉讼费用由张某、李某、国力公司等承担。聊城中院判决驳回徐某的诉讼请求。

徐某因向山东高院提起上诉，徐某上诉请求如下：（1）撤销一审判决；（2）一审、二审诉讼费用由张某、李某、国力公司等被上诉人承担。山东高院判决如下：驳回上诉，维持原判。

【争议焦点】

债务人名下涉案土地拍卖款，应否按照第一次拍卖前各债权人查封顺序进行分配？

【裁判要点】

本案中，国力公司目前的真实资产负债情况不明，不符合执行转破产条件，且国力公司曾多次向一审法院提出破产申请或者执行转破产申请，但一审法院均未予以受理，故一审法院依照《民事诉讼法司法解释》第516条①的规定对执行变价所得财产进行清偿并无不当。

对于清偿顺序，依照不动产登记管理部门出具的查解封登记信息可知，

① 现为《民事诉讼法司法解释》第514条。

各债权人首次查封时间前六位依次为张某、李某、牛某、徐某、范某、肖某。上诉人徐某对上述债权人首次查封及续查封时间的理解有误，系因不动产登记管理部门对查封的有关信息未予详细标注导致，而非债权人未予查封或续查封。对于查封期间，张某的查封裁定未注明查封期限，房管部门工作人员未与法院沟通，自行录入查封期限 1 年，并非张某的过错，一审法院在执行中按查封期限 2 年予以处理并无不当。如此，上述 6 名债权人的查封或续查封期间均涵盖了涉案土地及房产第一次拍卖的时间 2014 年 10 月 10 日。因第一次拍卖所对应的执行裁定由于国力公司“自买自地”违反《拍卖法》规定，于 2019 年 11 月 16 日被撤销，故第一次拍卖后，债权人基于对查封土地已被处置完毕的信赖，未在查封到期前及时续查封的责任应归结于国力公司而非各债权人，各债权人并不存在过错，在此情形下，一审法院认定涉案土地应恢复到第一次拍卖前的查封状态，并以第一次拍卖之前的查封顺序确定执行分配顺序并无不当。

对于清偿数额，《民事诉讼法司法解释》第 516 条规定，执行变价所得财产应首先扣除执行费用及清偿优先受偿的债权，然后对普通债权按照财产保全和执行中查封、扣押、冻结财产的先后顺序清偿。本案中，第一次拍卖所得 1960 万元于 2014 年 11 月过付给抵押权人工商银行某支行 10025534 元，过付给张某 9574466 元，已经分配完毕，该 1960 万元并不属于本次分配的范畴，上诉人主张本案遗漏该 1960 万元执行财产与事实不符，不予支持。本案中各债权人的债权均为普通债权，依据上述法律规定，执行费用应先予扣除，而后依据生效裁判文书确定的给付内容及计算方式确定各债权人的受偿数额，因张某上次分配未获完全清偿，故一审法院对其剩余债权作为第一顺位进行清偿并无不当。

【相关法律法规】

《拍卖法》

第三十条 委托人不得参与竞买，也不得委托他人代为竞买。

《民事诉讼法执行程序解释》

第十八条 债权人或者被执行人对分配方案提出书面异议的，执行法院应当通知未提出异议的债权人或被执行人。

未提出异议的债权人、被执行人收到通知之日起十五日内未提出反对意见的，执行法院依异议人的意见对分配方案审查修正后进行分配；提出反对意见的，应当通知异议人。异议人可以自收到通知之日起十五日内，以提出反对意见的债权人、被执行人为被告，向执行法院提起诉讼；异议人逾期未提起诉讼的，执行法院依原分配方案进行分配。

诉讼期间进行分配的，执行法院应当将与争议债权数额相应的款项予以提存。

《民事诉讼法司法解释》

第五百一十四条 当事人不同意移送破产或者被执行人住所地人民法院不受理破产案件的，执行法院就执行变价所得财产，在扣除执行费用及清偿优先受偿的债权后，对于普通债权，按照财产保全和执行中查封、扣押、冻结财产的先后顺序清偿。

【诉讼策略】

1. 本案系执行分配方案异议之诉，轮候查封债权人对执行法院就拍卖款分配顺序提出异议，经一审、二审判决确认，拍卖款应按照各债权人保全和执行中查封涉案土地的先后顺序进行清偿。

债务人的真实资产负债情况不明，不符合转为破产程序的条件，且债务人曾多次向人民法院提出破产申请或者执行转破产程序的申请，但法院均未予以受理。因此，涉案土地拍卖所得价款应首先扣除执行费用及清偿优先受偿的债权，然后对普通债权以在财产保全和执行中查封、扣押、冻结财产的先后顺序为准进行清偿。

2. 本案另一主要争议焦点系查封顺位如何认定，因此前第一次拍卖因存在违法情形被撤销，故法院就查封顺位问题应按照第一次拍卖前的查封顺位认定。

本案中，对于查封期间张某的查封裁定未注明查封期限，房管部门工作人员未与法院沟通，自行录入查封期限 1 年，其原因是不动产登记管理部门对查封的有关信息未予详细标注，而非债权人未予查封或续查封，故张某对于其查封期限问题无过错，执行法院在执行中按查封期限 2 年予以处理并无不当。涉案债权人的查封或续查封期间均涵盖了涉案土地及房产第一次拍卖的时间。因第一次拍卖所对应的执行裁定因债务人“自买自地”违反《拍卖法》第30条的规定被撤销，故第一次拍卖后，债权人基于对查封土地已被处置完毕的信赖，未在查封到期前及时续查封的责任应归结于债务人而非各债权人，各债权人并不存在过错，在此情形下，执行法院认定涉案土地应恢复到第一次拍卖前的查封状态，并以第一次拍卖之前的查封顺序确定执行分配顺序。

【类案裁判观点分析】

案例：在《民事诉讼法司法解释》颁布前开始受理执行申请，在该解释颁布后制作分配方案，执行法院按照该解释规定移送破产未受理的情况下，按照法院采取执行措施的先后顺序分配涉案拍卖款，并无不当——最高人民法院（2018）最高法执监665号

莱芜中院[①]在发现汇豪公司的现有资产不能清偿全部到期债务的情况下，已经依照《民事诉讼法司法解释》第513条[②]的规定移送给其住所地法院莱芜莱城法院进行破产审查，但莱芜莱城法院于2015年7月15日裁定不予受理破产案件。在此情况下，莱芜中院依照《民事诉讼法司法解释》第516条[③]的规定，决定对涉案拍卖款按照法院采取执行措施的先后顺序予以分配，并无不当。

四、巧用行为保全措施

诉讼保全措施除财产保全外，还可采取行为保全措施，且往往行为保全

① 2019年1月，国务院正式批复同意山东省调整济南市莱芜市行政区划，撤销地级莱芜市，将其所辖区域划归济南市管辖；设立济南市莱芜区，以原莱芜市莱城区的行政区域为莱芜区的行政区域；设立济南市钢城区，以原莱芜市钢城区的行政区域为钢城区的行政区域。

② 现为《民事诉讼法司法解释》第511条。

③ 现为《民事诉讼法司法解释》第514条。

措施会对诉讼及债务清偿起到奇效。根据《民事诉讼法》第103条第1款的规定，原告（债权人）可在提起诉讼时请求对被告（债务人）采取行为保全措施，即责令被告（债务人）作出一定行为或者禁止其作出一定行为。法院可以依当事人申请采取行为保全措施，在当事人没有提出申请时，人民法院在必要时也可以依职权裁定采取保全措施。关于实务中常见的行为保全措施，暂列举10种情形，以供参考：

1. 侵犯知识产权案件中申请人请求停止侵权行为，如"中国好声音"诉前保全案件中，行为保全措施为：法院裁定被申请人立即停止在歌唱比赛选秀节目的宣传、推广、海选、广告招商、节目制作过程中使用包含"中国好声音""the Voice of China"字样的节目名称及注册商标。

2. 侵犯肖像权、隐私权、名誉权等损害精神权利的案件中申请人请求停止侵权行为，如责令被申请人立即停止拍卖钱钟书书信手稿案件。

3. 在商标侵权案件中，商标注册人或者利害关系人申请法院责令侵权人停止有关侵权行为。

4. 在离婚案件中，双方就子女抚养权进行争夺，申请人为防范另一方擅自带子女出境，而请求法院限制其出入境。

5. 对违规获得上市公司股票的股东，申请人请求禁止被保全人（股东）行使其投票权、提案权、召集和主持股东大会等股东权利。

6. 在股东会决议效力纠纷案件中，申请人请求禁止被保全人依据股东会决议内容办理工商变更登记。

7. 在公司纠纷案件中，申请人请求禁止进行公司法定代表人变更的工商变更登记。

8. 在公司股权纠纷中，申请法院责令股东停止股权转让行为。

9. 在建工领域退场行为保全案件中，发包人要求强制原承包人退场。

10. 在相邻权纠纷案件中，申请强制一方当事人立即拆除危险建筑，或者强制一方当事人立即停止建设尚未完工的危险建筑。

119. 在一审先行判决责令停止侵权行为的情况下专利权人仍坚持行为保全的，二审法院能否支持该行为保全申请

◇ **执行依据** 侵害发明专利权纠纷案件

◇ **问题** 专利权人在起诉时既提出先行判决又申请行为保全，一审法院已作出责令停止侵害的先行判决，二审法院应如何处理专利权人的行为保全申请

◇ **案例** 最高人民法院（2019）最高法知民终2号（最高人民法院指导案例115号）

◇ **结论** 在专利侵权诉讼程序中，责令停止被诉侵权行为的行为保全具有独立价值。当事人既申请责令停止被诉侵权行为，又申请先行判决停止侵害，人民法院认为需要作出停止侵害先行判决的，应当同时对行为保全申请予以审查；符合行为保全条件的，应当及时作出裁定

【基本案情】

瓦莱奥公司是涉案“机动车辆的刮水器的连接器及相应的连接装置”发明专利的专利权人，该专利仍在保护期内。瓦莱奥公司于2016年向上海知识产权法院提起诉讼称，卢卡斯公司、富可公司未经许可制造、销售、许诺销售，陈某未经许可制造、销售的雨刮器产品落入其专利权保护范围。

瓦莱奥公司请求判令卢卡斯公司、富可公司和陈某停止侵权、赔偿损失及制止侵权的合理开支暂计600万元，并请求人民法院先行判决卢卡斯公司、富可公司和陈某立即停止侵害涉案专利权的行为。同时，瓦莱奥公司还提出了临时行为保全申请，请求法院裁定卢卡斯公司、富可公司、陈某立即停止侵权行为。

上海知识产权法院于2019年1月22日作出先行判决，判令卡斯公司、富可公司于判决生效之日起立即停止对涉案发明专利权的侵害，但未支持瓦

莱奥公司的行为保全请求。

卡斯公司、富可公司不服上述判决，向最高人民法院提起上诉。最高人民法院于2019年3月27日公开审理本案，并作出民事判决，当庭宣判，判决驳回上诉，维持原判。同时，最高人民法院二审期间认为瓦莱奥公司的行为保全请求已无必要，故对行为保全申请不予支持。

【争议焦点】

瓦莱奥公司坚持其责令卢卡斯公司、富可公司停止侵害涉案专利权的诉中行为保全申请，应否得到支持?

【裁判要点】

关于本案诉中行为保全申请的具体处理问题，需要考虑的特殊情况，是原审法院虽已作出关于责令停止侵害涉案专利权的先行判决，但并未生效，专利权人继续坚持其在一审程序中的行为保全申请。此时，第二审人民法院对于停止侵害专利权的行为保全申请，可以根据如下情况分别予以处理：如果情况紧急或者可能造成其他损害，专利权人提出行为保全申请，而第二审人民法院无法在行为保全申请处理期限内作出终审判决的，应当对行为保全申请单独处理，依法及时作出裁定；符合行为保全条件的，应当及时采取保全措施。此时，由于原审判决已经认定侵权成立，第二审人民法院可根据案情对该行为保全申请进行审查，且不要求必须提供担保。如果第二审人民法院能够在行为保全申请处理期限内作出终审判决的，可以及时作出判决并驳回行为保全申请。本案中，瓦莱奥公司坚持其责令卢卡斯公司、富可公司停止侵害涉案专利权的诉中行为保全申请，但是其所提交的证据并不足以证明发生了给其造成损害的紧急情况，且最高人民法院已经当庭作出判决，本案判决已经发生法律效力，另行作出责令停止侵害涉案专利权的行为保全裁定已无必要。对于瓦莱奥公司的诉中行为保全申请，不予支持。

【相关法律法规】

《民事诉讼法》

第一百零三条 人民法院对于可能因当事人一方的行为或者其他原因，使判决难以执行或者造成当事人其他损害的案件，根据对方当事人的申请，可以裁定对其财产进行保全、责令其作出一定行为或者禁止其作出一定行为；当事人没有提出申请的，人民法院在必要时也可以裁定采取保全措施。

人民法院采取保全措施，可以责令申请人提供担保，申请人不提供担保的，裁定驳回申请。

人民法院接受申请后，对情况紧急的，必须在四十八小时内作出裁定；裁定采取保全措施的，应当立即开始执行。

第一百零四条 利害关系人因情况紧急，不立即申请保全将会使其合法权益受到难以弥补的损害的，可以在提起诉讼或者申请仲裁前向被保全财产所在地、被申请人住所地或者对案件有管辖权的人民法院申请采取保全措施。申请人应当提供担保，不提供担保的，裁定驳回申请。

人民法院接受申请后，必须在四十八小时内作出裁定；裁定采取保全措施的，应当立即开始执行。

申请人在人民法院采取保全措施后三十日内不依法提起诉讼或者申请仲裁的，人民法院应当解除保全。

《最高人民法院关于审查知识产权纠纷行为保全案件适用法律若干问题的规定》

第二条 知识产权纠纷的当事人在判决、裁定或者仲裁裁决生效前，依据民事诉讼法第一百条①、第一百零一条②规定申请行为保全的，人民法院应当受理。

知识产权许可合同的被许可人申请诉前责令停止侵害知识产权行为的，独占许可合同的被许可人可以单独向人民法院提出申请；排他许可合同的被

---

① 现为《民事诉讼法》第103条。

② 现为《民事诉讼法》第104条。

许可人在权利人不申请的情况下，可以单独提出申请；普通许可合同的被许可人经权利人明确授权以自己的名义起诉的，可以单独提出申请。

第五条 人民法院裁定采取行为保全措施前，应当询问申请人和被申请人，但因情况紧急或者询问可能影响保全措施执行等情形除外。

人民法院裁定采取行为保全措施或者裁定驳回申请的，应当向申请人、被申请人送达裁定书。向被申请人送达裁定书可能影响采取保全措施的，人民法院可以在采取保全措施后及时向被申请人送达裁定书，至迟不得超过五日。

当事人在仲裁过程中申请行为保全的，应当通过仲裁机构向人民法院提交申请书、仲裁案件受理通知书等相关材料。人民法院裁定采取行为保全措施或者裁定驳回申请的，应当将裁定书送达当事人，并通知仲裁机构。

第六条 有下列情况之一，不立即采取行为保全措施即足以损害申请人利益的，应当认定属于民事诉讼法第一百条①、第一百零一条②规定的“情况紧急”：

（一）申请人的商业秘密即将被非法披露；

（二）申请人的发表权、隐私权等人身权利即将受到侵害；

（三）诉争的知识产权即将被非法处分；

（四）申请人的知识产权在展销会等时效性较强的场合正在或者即将受到侵害；

（五）时效性较强的热播节目正在或者即将受到侵害；

（六）其他需要立即采取行为保全措施的情况。

第十条 在知识产权与不正当竞争纠纷行为保全案件中，有下列情形之一的，应当认定属于民事诉讼法第一百零一条③规定的“难以弥补的损害”：

（一）被申请人的行为将会侵害申请人享有的商誉或者发表权、隐私权等人身性质的权利且造成无法挽回的损害；

（二）被申请人的行为将会导致侵权行为难以控制且显著增加申请人损害；

---

① 现为《民事诉讼法》第103条。

② 现为《民事诉讼法》第104条。

③ 现为《民事诉讼法》第104条。

（三）被申请人的侵害行为将会导致申请人的相关市场份额明显减少；

（四）对申请人造成其他难以弥补的损害。

【诉讼策略】

1. 本案系专利权侵权纠纷案件，专利权人在一审法院已先行判决责令停止侵害涉案专利权，专利权人在二审中继续坚持其在一审程序中的行为保全申请，二审法院因已及时作出判决故认为该行为保全无行使必要，故未予支持。

本案主要的矛盾点在于一审法院虽已作出关于责令停止侵害涉案专利权的先行判决，但该判决系一审判决并未生效，在专利权人看来仍不能有效制止侵权行为人的侵害行为，故其在二审中仍然坚持其在一审中的行为保全申请。

二审法院对于停止侵害专利权的行为保全申请，从以下两点考量：

（1）如果情况紧急或者可能造成其他损害，专利权人提出行为保全申请，而二审人民法院无法在行为保全申请处理期限内作出终审判决的，应当对行为保全申请单独处理，依法及时作出裁定；符合行为保全条件的，应当及时采取保全措施。

（2）如果二审法院能够在行为保全申请处理期限内作出终审判决的，可以及时作出判决并驳回行为保全申请。

本案中，二审法院因已及时作出二审生效判决，且专利权人提交的证据并不足以证明发生了给其造成损害的紧急情况，因此，二审法院认为在责令侵权人停止侵害行为的判决已经发生法律效力的情况下，另行作出责令停止侵害涉案专利权的行为保全裁定已无必要，故未予支持专利权人的行为保全申请。

2. 证明行为保全存在应采取保全措施的“紧急情况”，权利人具体可从以下角度准备相应证据材料：

（1）申请人的商业秘密即将被非法披露。

（2）申请人的发表权、隐私权等人身权利即将受到侵害。

（3）诉争的知识产权即将被非法处分。

（4）申请人的知识产权在展销会等时效性较强的场合正在或者即将受到侵害。

（5）时效性较强的热播节目正在或者即将受到侵害。

【类案裁判观点分析】

案例：被申请人拒不遵守行为保全裁定所确定的不作为义务，违法实施了改变原有状态的行为，则其故意违法行为应视为其每日均实施了违法行为，可以视情处以每日罚款并按日累计——（2019）最高法知民终732、733、734号之二（载《最高人民法院公报》2022年第1期）

行为保全裁定中对于当事人利益的考量以利益受损比较为基本方法，即比较不采取行为保全措施对申请人造成的损害和采取行为保全措施对被申请人造成的损害，两害相权取其轻。本三案中，如前所述，不采取行为保全措施情形下，华为技术公司将遭受难以弥补的损害，包括有形损害和无形损害、经济利益损害和诉讼利益损害、在德利益损害和在华利益损害。本三案听证过程中，康文森公司认可其德国诉讼的核心利益是经济利益，具体而言是德国诉讼所涉标准必要专利的许可使用费。比较华为技术公司的受损利益和康文森公司德国诉讼的核心利益，原裁定认定不采取行为保全措施对华为技术公司造成的损害超过采取行为保全措施对康文森公司造成的损害，并无不当。

同时，本三案中，康文森公司若故意违反原裁定，申请临时执行德国法院一审判决，不仅可能使华为技术公司德国市场利益受到严重损害，还可能致使其被迫放弃在中国法院寻求司法救济的机会，而且也将使得本三案判决难以执行甚至失去意义。相反地，一旦康文森公司申请临时执行德国法院一审判决，则可能在双方后续的许可费谈判中获得显著优势地位，并基于该优势地位获得巨额利益。因此，对于康文森公司可能的故意违反原裁定所确定的义务的行为，采取按日计罚方式，既与该违法行为的恶性程度和损害后果相适应，也为维护原裁定的法律效力所必需。

120. 商业秘密侵害人违反一审行为保全禁令，二审法院能否加大民事赔偿金额

◇ **执行依据**　侵害商业秘密纠纷案件

◇ **问题**　侵害技术秘密纠纷案件中，一审法院已作出禁止继续侵害的行为保全裁定，被告置之不理依然实施侵害行为的，二审能否加大被告的民事赔偿金额

◇ **案例**　最高人民法院（2020）最高法知民终1667号（最高人民法院发布2021年中国法院10大知识产权案件之二）

◇ **结论**　W集团公司等被诉侵权人非法获取并持续、大量使用商业价值较高的涉案技术秘密，手段恶劣，具有侵权恶意，其行为冲击香兰素全球市场，且W集团公司等被诉侵权人存在举证妨碍、不诚信诉讼等情节，W集团公司等拒不执行一审法院的生效行为保全裁定，二审法院依法决定按照销售利润计算本案侵权损害赔偿数额

【基本案情】

嘉兴化工公司、欣晨公司（统称原告）诉W集团公司、W科技公司、喜孚狮W公司、傅某、王某（统称被告）侵害技术秘密纠纷一案，浙江高院于2020年4月24日作出（2018）浙民初25号民事一审判决：上述被告停止侵害、赔偿原告损失350万余元。浙江高院在作出一审判决的同时，一并作出（2018）浙民初25号之一行为保全裁定。

该行为保全裁定记载：虽然一审判决已经责令被告停止侵害涉案技术秘密的行为，但因原审判决尚未生效，不能立即发生制止侵权行为的效果，尚无法避免原告损失的扩大；本案不存在可能给社会公众利益造成损害的情形。综合考虑全案因素，本案存在责令被告立即停止侵害行为的必要性。因此，法院裁定如下：（1）W科技公司、喜孚狮W公司立即停止使用涉案技术秘

密生产香兰素的行为；（2）W 集团公司、W 科技公司、喜孚狮 W 公司、傅某不得向他人披露或者允许他人使用涉案技术秘密；（3）驳回原告的其他行为保全申请。涉案技术秘密具体范围见判决附件 2，以上行为保全措施效力维持至本案判决生效时止。本裁定立即开始执行。

原告、被告双方均向最高人民法院提起上诉，原告嘉兴化工公司、欣晨公司认为赔偿偏低应按照销售利润计算其损失。

最高人民法院经审理，判决如下：（1）撤销一审判决；（2）被告立即停止侵害原告技术秘密的行为，即停止以不正当手段获取、披露、使用、允许他人使用涉案设备图和工艺管道及仪表流程图记载的技术秘密，该停止侵害的时间持续到涉案技术秘密为公众所知悉时止；（3）被告连带赔偿原告经济损失 155829455.2 元，合理维权费用 3492216 元，共计 159321671.2 元，喜孚狮 W 公司对其中 7% 即 11152516.98 元承担连带赔偿责任；（4）驳回上诉人的其他上诉请求。

【争议焦点】

被告侵害原告技术秘密所造成的损失应如何计算？

【裁判要点】

W 集团公司等被诉侵权人非法获取并持续、大量使用商业价值较高的涉案技术秘密，手段恶劣，具有侵权恶意，其行为冲击香兰素全球市场，且 W 集团公司等被诉侵权人存在举证妨碍、不诚信诉讼等情节，W 集团公司、W 科技公司、喜孚狮 W 公司、傅某拒不执行原审法院的生效行为保全裁定，二审法院依法决定按照销售利润计算本案侵权损害赔偿数额。由于 W 集团公司、W 科技公司及喜孚狮 W 公司在本案中拒不提交与侵权行为有关的账簿和资料，二审法院无法直接依据其实际销售数据计算销售利润。

考虑到嘉兴化工公司香兰素产品的销售价格及销售利润率可以作为确定 W 集团公司、W 科技公司及喜孚狮 W 公司相关销售价格和销售利润率的参考，为严厉惩处恶意侵害技术秘密的行为，充分保护技术秘密权利人的合法利益，二审法院决定以嘉兴化工公司香兰素产品 2011 年至 2017 年的销售利润率来计算本案损害赔偿数额，即以2011年至2017年W集团公司、W科技公司及喜孚狮W公司生产和销售的香兰素产量乘以嘉兴化工公司香兰素产品的销售价格及销售利润率计算赔偿数额。

【相关法律法规】

《民事诉讼法》

第一百零三条 人民法院对于可能因当事人一方的行为或者其他原因，使判决难以执行或者造成当事人其他损害的案件，根据对方当事人的申请，可以裁定对其财产进行保全、责令其作出一定行为或者禁止其作出一定行为；当事人没有提出申请的，人民法院在必要时也可以裁定采取保全措施。

人民法院采取保全措施，可以责令申请人提供担保，申请人不提供担保的，裁定驳回申请。

人民法院接受申请后，对情况紧急的，必须在四十八小时内作出裁定；裁定采取保全措施的，应当立即开始执行。

第一百零四条 利害关系人因情况紧急，不立即申请保全将会使其合法权益受到难以弥补的损害的，可以在提起诉讼或者申请仲裁前向被保全财产所在地、被申请人住所地或者对案件有管辖权的人民法院申请采取保全措施。申请人应当提供担保，不提供担保的，裁定驳回申请。

人民法院接受申请后，必须在四十八小时内作出裁定；裁定采取保全措施的，应当立即开始执行。

申请人在人民法院采取保全措施后三十日内不依法提起诉讼或者申请仲裁的，人民法院应当解除保全。

《最高人民法院关于审查知识产权纠纷行为保全案件适用法律若干问题的规定》

第六条 有下列情况之一，不立即采取行为保全措施即足以损害申请人利益的，应当认定属于民事诉讼法第一百条①、第一百零一条②规定的

① 现为《民事诉讼法》第103条。
② 现为《民事诉讼法》第104条。

"情况紧急":

(一)申请人的商业秘密即将被非法披露;

(二)申请人的发表权、隐私权等人身权利即将受到侵害;

(三)诉争的知识产权即将被非法处分;

(四)申请人的知识产权在展销会等时效性较强的场合正在或者即将受到侵害;

(五)时效性较强的热播节目正在或者即将受到侵害;

(六)其他需要立即采取行为保全措施的情况。

第十条 在知识产权与不正当竞争纠纷行为保全案件中,有下列情形之一的,应当认定属于民事诉讼法第一百零一条①规定的"难以弥补的损害":

(一)被申请人的行为将会侵害申请人享有的商誉或者发表权、隐私权等人身性质的权利且造成无法挽回的损害;

(二)被申请人的行为将会导致侵权行为难以控制且显著增加申请人损害;

(三)被申请人的侵害行为将会导致申请人的相关市场份额明显减少;

(四)对申请人造成其他难以弥补的损害。

《最高人民法院关于审理侵犯商业秘密民事案件适用法律若干问题的规定》

第十五条 被申请人试图或者已经以不正当手段获取、披露、使用或者允许他人使用权利人所主张的商业秘密,不采取行为保全措施会使判决难以执行或者造成当事人其他损害,或者将会使权利人的合法权益受到难以弥补的损害的,人民法院可以依法裁定采取行为保全措施。

前款规定的情形属于民事诉讼法第一百条②、第一百零一条③所称情况紧急的,人民法院应当在四十八小时内作出裁定。

第二十一条 对于涉及当事人或者案外人的商业秘密的证据、材料,当事人或者案外人书面申请人民法院采取保密措施的,人民法院应当在保全、证据交换、质证、委托鉴定、询问、庭审等诉讼活动中采取必要的保密措施。

① 现为《民事诉讼法》第104条。
② 现为《民事诉讼法》第103条。
③ 现为《民事诉讼法》第104条。

违反前款所称的保密措施的要求，擅自披露商业秘密或者在诉讼活动之外使用或者允许他人使用在诉讼中接触、获取的商业秘密的，应当依法承担民事责任。构成民事诉讼法第一百一十一条①规定情形的，人民法院可以依法采取强制措施。构成犯罪的，依法追究刑事责任。

《反不正当竞争法》

第三十二条　在侵犯商业秘密的民事审判程序中，商业秘密权利人提供初步证据，证明其已经对所主张的商业秘密采取保密措施，且合理表明商业秘密被侵犯，涉嫌侵权人应当证明权利人所主张的商业秘密不属于本法规定的商业秘密。

商业秘密权利人提供初步证据合理表明商业秘密被侵犯，且提供以下证据之一的，涉嫌侵权人应当证明其不存在侵犯商业秘密的行为：

（一）有证据表明涉嫌侵权人有渠道或者机会获取商业秘密，且其使用的信息与该商业秘密实质上相同；

（二）有证据表明商业秘密已经被涉嫌侵权人披露、使用或者有被披露、使用的风险；

（三）有其他证据表明商业秘密被涉嫌侵权人侵犯。

《最高人民法院关于民事诉讼证据的若干规定》

第八十六条　当事人对于欺诈、胁迫、恶意串通事实的证明，以及对于口头遗嘱或赠与事实的证明，人民法院确信该待证事实存在的可能性能够排除合理怀疑的，应当认定该事实存在。

与诉讼保全、回避等程序事项有关的事实，人民法院结合当事人的说明及相关证据，认为有关事实存在的可能性较大的，可以认定该事实存在。

【诉讼策略】

1. 本案系最高人民法院发布的2021年中国法院10大知识产权案件之二，案件内容主要围绕侵权方是否侵害权利人的商业秘密，以及赔偿金额如何认定的问题。本案的典型意义是人民法院历史上生效判决确定赔偿数额最

---

① 现为《民事诉讼法》第114条。

高的侵害商业秘密案件，提高了赔偿标准，有效打击了相关违法行为。

本案二审裁判以销售利润作为赔偿标准，提高了侵权违法成本，切实保护了重要产业核心技术，对于在侵害技术秘密案件中认定损害赔偿数额具有参考意义。人民法院还依法将涉嫌犯罪线索移送公安机关，推进了民事侵权救济与刑事犯罪责任追究的衔接，彰显了严格依法保护知识产权、严厉打击侵权行为的鲜明司法态度。

2. 本案中，人民法院将行为保全裁定与一审判决一并作出，禁止被告在该案终审判决生效前继续使用、披露涉案商业秘密，有效保护了权利人的权益。

本案中，法院是将行为保全裁定与一审判决一并作出，禁止被告在该案终审判决生效前使用、披露涉案商业秘密。裁定书认为：虽然原审判决已经责令侵权人停止侵害涉案技术秘密的行为，但因原审判决尚未生效，不能立即发生制止侵权行为的效果，尚无法避免权利人损失的扩大。且本案不存在可能给社会公众利益造成损害的情形。综合考虑全案因素，本案存在责令侵权人立即停止侵害行为的必要性。因此，本案中的行为保全裁定与一审判决同时一并作出，有效保障了权利人的合法权益。

3. 根据有关商业秘密行为保全的相关法律规定，权利人提出申请时需要证明行为保全的紧迫性，对于商业秘密只是被非法获取、使用而没有被披露风险的，申请诉前保全的难度较高。

根据《民事诉讼法》第103条、第104条的规定，可以知道民事诉讼中行为保全的主要程序。根据《最高人民法院关于审查知识产权纠纷行为保全案件适用法律若干问题的规定》第4～14条的规定，可以知道申请行为保全的必要性条件和申请程序。而《最高人民法院关于审理侵犯商业秘密民事案件适用法律若干问题的规定》第15条，则细化了商业秘密纠纷中的行为保全必要性条件，且该规定的第21条规定了权利人对商业秘密范围的主张责任。《反不正当竞争法》第32条及《最高人民法院关于民事诉讼证据的若干规定》第86条，又再次明确了商业秘密相关的证明责任分配和证明标准。因此，结合上述法律规定，权利人可结合自身案件具体情况，向人民法院申请行为保全，以保障自身权益。

121. 禁止被告在行业展会中使用某几个字进行商业宣传，该行为保全请求能否被支持

◇ **执行依据** 不正当竞争纠纷案件

◇ **问题** 责令被申请人停止将“万事乐德”字号及含有“万事乐德”字样的企业名称用于第20届孕婴童展会进行商业宣传，该行为保全请求能否被支持

◇ **案例** 天津高院（2020）津民终444号

◇ **结论** 德国万事乐德公司就他人仿冒其企业名称纠纷案，在一审判决作出后二审正在审理期间，向二审法院申请行为保全，请求：责令万事乐德中国公司立即停止将“万事乐德”字号及含有“万事乐德”字样的企业名称用于第20届CBME孕婴童展进行商业宣传，直至本案终审法律文书生效。因展会是时效性较强的场合，不采取行为保全措施对申请人造成的损害大于采取保全措施可能对被申请人造成的损害，且保全措施不损害社会公共利益，因此，申请人的行为保全申请符合法律规定，应予支持

【基本案情】

万事乐德中国公司与德国万事乐德公司擅自使用他人企业名称纠纷案，德国万事乐德公司于2020年9月24日向天津高院申请行为保全，并提供了担保，行为保全请求内容为：责令万事乐德中国公司立即停止将“万事乐德”字号及含有“万事乐德”字样的企业名称用于第20届CBME孕婴童展进行商业宣传，直至本案终审法律文书生效。

天津高院审理查明：德国万事乐德公司向天津一中院提起本案诉讼。2020年3月18日，天津一中院作出（2019）津01民初854号民事判决，判决如下：（1）万事乐德中国公司变更企业名称，变更后的企业名称中不得含有“万事乐德”字样；（2）万事乐德中国公司在《人民日报》海外版及

《人民法院报》上连续15日发布声明，消除因本案侵权行为给德国万事乐德公司造成的不良影响；（3）万事乐德中国公司赔偿德国万事乐德公司经济损失以及为制止侵权所支出的合理开支共计17万元。万事乐德中国公司不服一审判决，向天津高院提起上诉，天津高院于2020年5月9日受理本案，目前正在审理中。

天津高院经审理，裁定：被申请人公司立即停止将“万事乐德”字号及含有“万事乐德”字样的企业名称用于第20届CBME孕婴童展进行商业宣传，直至本案终审法律文书生效。

【争议焦点】

应否支持申请人的行为保全申请，责令被申请人停止相关行为？

【裁判要点】

本案中，审查是否应当责令被申请人停止相关行为，应综合考虑以下因素：

1. 申请人的请求是否具有相应依据问题。依据在案证据，申请人德国万事乐德公司及其生产的哈罗闪品牌母婴产品自2012年进入中国市场以来，经过其与经销商的多年经营与宣传推广，在相关市场已经具有一定的知名度与影响力，其中文名称中的核心要素“万事乐德”，与德国万事乐德公司或者其德文名称Mann & Schroder之间形成了明确的指代关系且已为相关公众所知悉，构成有一定影响的企业名称（字号），可以为申请人带来竞争优势，故申请人对此享有的合法权利应受到法律保护。同为母婴产品经营者的被申请人万事乐德中国公司，于2019年4月28日在中国注册成立，该公司法定代表人为刘某。被申请人的关联公司包括：2018年在德国注册的Babyallay GmbH公司，该公司为被申请人的股东之一，其先后使用的中文名称为德国宝贝爱来有限公司、德国万事乐德股份有限公司；2019年1月8日在中国香港注册成立的德国万事乐德股份有限公司（Mann & Schroder Limited）。上述两公司的法定代表人均为刘某。作为同业竞争者，被申请人对申请人的“万事乐德”字号及哈罗闪品牌母婴产品理应知晓，但其仍将“万事乐德”登记为其企业名称中的字号并在经营中使用，结合其婴儿纸尿裤产品外包装上突出显示有“哈罗闪”字样以及相关标识、其关联公司亦有在中文企业名称中使用“万事乐德”字样等情况，可见其攀附申请人商誉的意图，且容易使相关公众对两者主体及产品产生混淆、误认，对申请人的经济利益、竞争优势和商业信誉等都会造成一定的损害，故被申请人的行为具有构成不正当竞争的极大可能性，申请人的请求具有事实基础和法律依据。

2. 停止相关行为是否具有紧迫性和必要性问题。在案证据显示，被申请人使用其企业名称报名参加了即将于 2010 年 10 月 10 日至 12 日在上海举行的第 20 届 CBME 孕婴童展，并已着手相关筹备、宣传等事宜，在展会官方网站以展商身份进行宣传介绍时还突出使用了“万事乐德”字样。一方面，考虑到被申请行为发生在展会这一时效性较强的场合，且 CBME 展会已在中国成功举办多年，在母婴产品领域知名度较高、影响力较大，申请人作为参展商曾经参加过 CBME 孕婴童展，加之申请人与被申请人的企业名称极为相似，相关公众极有可能产生混淆、误认，申请人的企业名称受到侵害的可能性较大等因素，如不及时对被申请行为采取保全措施，将导致申请人的损害后果在现有基础上进一步扩大，并将对申请人的商业信誉、竞争机会与竞争优势等造成难以弥补的损害，故本案责令被申请人停止相关行为具有紧迫性和必要性。另一方面，虽然被申请人提出其已为参展投入相当成本，采取行为保全措施将对其造成较大损失，但本案对被申请人采取的保全措施，仅是针对其将“万事乐德”字号及含有“万事乐德”字样的企业名称用于第 20 届 CBME 孕婴童展（包括在展会官网上）进行商业宣传的行为，并不影响被申请人参展，亦不影响其对企业名称必要、合理的使用，不会对被申请人造成不当损害。由此可见，不采取行为保全措施对申请人造成的损害，大于采取保全措施可能对被申请人造成的损害，故本案采取行为保全措施，符合损害的平衡性。此外，本案采取保全措施不会损害社会公共利益。

本案需要考虑的特殊情况是，一审法院已判决被申请人停止使用其企业名称，但一审判决因处于上诉状态尚未发生效力，不能立即产生制止被诉侵权行为的效果。鉴于被申请行为属于被诉侵权行为的一种持续实施方式，申请人就此向天津高院提出保全申请，且在案证据可以证明二审期间发生了正在或者即将对申请人造成不可弥补的损害这一紧急情况，故有必要依法采取诉中行为保全措施，以防止侵权影响范围和损害后果的进一步扩大，从而及时、有效地保护申请人的合法权益。

3. 申请人是否提供足额担保问题。根据《最高人民法院关于审查知识产权纠纷行为保全案件适用法律若干问题的规定》第 11 条的规定，申请人申请行为保全的，应当依法提供担保。申请人提供的担保数额，应当相当于被申请人可能因执行行为保全措施所遭受的损失，包括责令停止侵权行为所涉产品的销售收益、保管费用等合理损失。在执行行为保全措施过程中，被申请人可能因此遭受的损失超过申请人担保数额的，人民法院可以责令申请人追加相应的担保。申请人拒不追加的，可以裁定解除或者部分解除保全措施。本案中，申请人就其行为保全提供了担保金额为 182998 元的责任保险保函，天津高院认为上述担保已经初步符合本案要求。

综上，德国万事乐德公司提出的行为保全申请符合法律规定，天津高院予以支持。

【相关法律法规】

《民事诉讼法》

第一百零三条 人民法院对于可能因当事人一方的行为或者其他原因，使判决难以执行或者造成当事人其他损害的案件，根据对方当事人的申请，可以裁定对其财产进行保全、责令其作出一定行为或者禁止其作出一定行为；当事人没有提出申请的，人民法院在必要时也可以裁定采取保全措施。

人民法院采取保全措施，可以责令申请人提供担保，申请人不提供担保的，裁定驳回申请。

人民法院接受申请后，对情况紧急的，必须在四十八小时内作出裁定；裁定采取保全措施的，应当立即开始执行。

第一百零四条 利害关系人因情况紧急，不立即申请保全将会使其合法权益受到难以弥补的损害的，可以在提起诉讼或者申请仲裁前向被保全财产所在地、被申请人住所地或者对案件有管辖权的人民法院申请采取保全措施。申请人应当提供担保，不提供担保的，裁定驳回申请。

人民法院接受申请后，必须在四十八小时内作出裁定；裁定采取保全措施的，应当立即开始执行。

申请人在人民法院采取保全措施后三十日内不依法提起诉讼或者申请仲裁的，人民法院应当解除保全。

第一百一十一条　当事人对保全或者先予执行的裁定不服的，可以申请复议一次。复议期间不停止裁定的执行。

《最高人民法院关于审查知识产权纠纷行为保全案件适用法律若干问题的规定》

第六条　有下列情况之一，不立即采取行为保全措施即足以损害申请人利益的，应当认定属于民事诉讼法第一百条①、第一百零一条②规定的“情况紧急”：

（一）申请人的商业秘密即将被非法披露；

（二）申请人的发表权、隐私权等人身权利即将受到侵害；

（三）诉争的知识产权即将被非法处分；

（四）申请人的知识产权在展销会等时效性较强的场合正在或者即将受到侵害；

（五）时效性较强的热播节目正在或者即将受到侵害；

（六）其他需要立即采取行为保全措施的情况。

第七条　人民法院审查行为保全申请，应当综合考量下列因素：

（一）申请人的请求是否具有事实基础和法律依据，包括请求保护的知识产权效力是否稳定；

（二）不采取行为保全措施是否会使申请人的合法权益受到难以弥补的损害或者造成案件裁决难以执行等损害；

（三）不采取行为保全措施对申请人造成的损害是否超过采取行为保全措施对被申请人造成的损害；

（四）采取行为保全措施是否损害社会公共利益；

① 现为《民事诉讼法》第103条。

② 现为《民事诉讼法》第104条。

（五）其他应当考量的因素。

第十条 在知识产权与不正当竞争纠纷行为保全案件中，有下列情形之一的，应当认定属于民事诉讼法第一百零一条[①]规定的“难以弥补的损害”：

（一）被申请人的行为将会侵害申请人享有的商誉或者发表权、隐私权等人身性质的权利且造成无法挽回的损害；

（二）被申请人的行为将会导致侵权行为难以控制且显著增加申请人损害；

（三）被申请人的侵害行为将会导致申请人的相关市场份额明显减少；

（四）对申请人造成其他难以弥补的损害。

第十一条 申请人申请行为保全的，应当依法提供担保。

申请人提供的担保数额，应当相当于被申请人可能因执行行为保全措施所遭受的损失，包括责令停止侵权行为所涉产品的销售收益、保管费用等合理损失。

在执行行为保全措施过程中，被申请人可能因此遭受的损失超过申请人担保数额的，人民法院可以责令申请人追加相应的担保。申请人拒不追加的，可以裁定解除或者部分解除保全措施。

【诉讼策略】

1. 本案系不正当竞争纠纷案件，其中被告擅自使用原告有一定影响的企业名称参加商事展会活动，原告在一审胜诉后二审审理期间提出行为保全申请，请求责令禁止被告在展会中继续使用侵权名称，二审法院在综合审理后裁定支持原告对被告的行为保全申请。

本案所涉行为保全的行为内容是禁止被告在CBME展会上使用涉诉字样，因该展会在原告、被告商业领域知名度较高、影响力较大，如不及时对被申请行为采取保全措施，将导致原告的损害后果在现有基础上进一步扩大，并将对原告的商业信誉、竞争机会与竞争优势等造成难以弥补的损害，故责令被告停止相关行为具有紧迫性和必要性。

---

① 现为《民事诉讼法》第104条。

同时，虽然被告提出其已为参展投入相当成本，采取行为保全措施将对其造成较大损失，但本案对被告采取的保全措施，仅是针对其将“万事乐德”字号及含有“万事乐德”字样的企业名称用于第 20 届 CBME 孕婴童展（包括在展会官网上）进行商业宣传的行为，并不影响被告参展，亦不影响其对企业名称必要、合理的使用，不会对被告造成不当损害。

此外，本案采取保全措施不会损害社会公共利益。

综上，不采取行为保全措施对原告造成的损害，大于采取保全措施可能对被告造成的损害，故采取行为保全措施，符合损害的平衡性，符合保全申请的紧迫性及必要性。

2. 本案行为保全申请的时间是在一审判决作出之后二审正在审理期间，一审原告向二审法院申请行为保全。二审法院作出行为保全裁定，若任一方不服裁定，可在收到裁定书之日起 5 日内向二审法院申请复议一次。复议期间不停止裁定的执行。

原告申请行为保全的内容是禁止在参加行业展会时使用涉诉名称，时间是自保全裁定作出之日起至本案终审法律文书生效之日止。本案虽然一审法院已判决被告停止使用其企业名称，但一审判决因处于上诉状态尚未发生效力，不能立即产生制止被诉侵权行为的效果。鉴于被申请行为属于被诉侵权行为的一种持续实施方式，原告就此向二审法院提出保全申请，且在案证据可以证明二审期间发生了正在或者即将对申请人造成不可弥补的损害这一紧急情况，故有必要依法采取诉中行为保全措施，以防止侵权影响范围和损害后果的进一步扩大，从而及时、有效地保护申请人的合法权益。因此，二审法院裁定支持了一审原告的行为保全申请。此外，根据《民事诉讼法》第 111 条的规定，被告若对行为保全的裁定不服的，可以申请复议一次。复议期间不停止裁定的执行。

3. 人民法院对于当事人的行为保全申请，一般从以下角度进行审查，符合一定条件的，人民法院即裁定责令被申请人禁止实施某一行为。

（1）申请人的请求是否具有事实基础和法律依据，包括请求保护的知识产权效力是否稳定。

（2）不采取行为保全措施是否会使申请人的合法权益受到难以弥补的损

害或者造成案件裁决难以执行等损害。此处所提“难以弥补”的损害主要指：①被申请人的行为将会侵害申请人享有的商誉或者发表权、隐私权等人身性质的权利且造成无法挽回的损害；②被申请人的行为将会导致侵权行为难以控制且显著增加申请人损害；③被申请人的侵害行为将会导致申请人的相关市场份额明显减少。

（3）不采取行为保全措施对申请人造成的损害是否超过采取行为保全措施对被申请人造成的损害。

（4）采取行为保全措施是否损害社会公共利益。

122. 行为保全禁止股东就其持有股份行使表决权，该股东据此请求撤销股东会决议能否获得支持

◇ **执行依据** 公司决议纠纷案件

◇ **问题** 行为保全裁定禁止股东就其持有的20%的股份行使股东权利，此种情形下被禁权的股东请求撤销涉案股东会决议能否获得支持

◇ **案例** 无锡中院（2018）苏02民初577号

◇ **结论** 滕华公司持有的20%的股份因涉诉，相关权利人已申请行为保全且保全裁定在涉案股东会决议作出之前即已生效，此时根据行为保全裁定内容涉案股东大会将腾华公司20%股份的表决权排除在外，并无不当，因此，涉案股东会决议不属于可撤销的瑕疵决议

【基本案情】

因江苏宜兴法院对腾华公司作出的限制股东权利的行为保全裁定，禁止滕华公司在中超控股公司行使其持有的20%股权的表决权，导致中超控股公司于2018年10月17日作出的《2018年第四次临时股东大会决议》不符合滕华公司利益。滕华公司向无锡中院提起撤销公司决议诉讼，请求如下：（1）撤销中超控股公司于2018年10月17日作出的《2018年第四次临时股东大会决议》；（2）本案诉讼费用由中超控股公司承担。

无锡中院经审理查明：腾华公司于2018年10月16日已被裁定禁止行使股东权利，中超控股公司于2018年10月17日作出《2018年第四次临时股东大会决议》。

无锡中院认为，涉案股东大会根据股权登记日之后江苏宜兴法院送达的禁止腾华公司行使股东权利的民事裁定书而将腾华公司20%股份的表决权排除在外，并无不当。

2019年7月19日，无锡中院作出（2018）苏02民初577号判决书，判决如下：驳回腾华公司的诉讼请求。

【争议焦点】

涉案股东会决议将滕华公司20%股份的表决权排除在外是否符合法律规定？

【裁判要点】

上市公司召开股东大会需要确定股权登记日，有资格出席会议的股东必须是股权登记日之前登记在册的股东，股权登记日之后发生的任何股权变化对此次股东大会的股东资格和表决权数量均不产生影响，但应当注意到，股权登记日设定后的不变量在于持股主体和持股数量，而江苏宜兴法院民事裁定书限制的是股东权利本身，简言之，股权登记日指向的是谁行使权利的问题，行为保全裁定指向的是该权利能否行使的问题，故民事裁定书的执行与股权登记日制度并不冲突。腾华公司认为在股权登记日之后送达的民事裁定书不适用于本次股东大会的意见，无锡中院不予采纳。

行为保全是《民事诉讼法》修订后新增的保全类型，《仲裁法》没有相关规定，但《上海仲裁委员会仲裁规则》第19条①第1款规定，一方当事人因另一方当事人的行为或者其他原因，可能使裁决难以执行或者造成当事人其他损害的，可以提出申请，要求对另一方当事人的财产进行保全、责令其

① 现为《上海仲裁委员会仲裁规则》第27条。

作出一定行为或者禁止其作出一定行为，这与《民事诉讼法》第100条[①]有关行为保全的规定一致，中超集团、杨某在向上海仲裁委员会提起的仲裁案中申请行为保全，有法可依。此外，中超集团、杨某变更后的仲裁请求中要求对已转让的20%股份以2018年9月27日收市价90%进行回赎，这涉及20%股份的归属争议，自然也与股东权利的归属相关联，故行为保全裁定书裁定禁止腾华公司在上述仲裁案的仲裁裁决作出前就其持有的中超控股20%股份行使股东权利，未超出仲裁请求范围。

因此，江苏宜兴法院作出的行为保全裁定系生效法律文书，本次股东大会根据生效裁定将腾华公司20%股份的表决权排除在外，并无不当。

【相关法律法规】

《民事诉讼法》

第一百零三条 人民法院对于可能因当事人一方的行为或者其他原因，使判决难以执行或者造成当事人其他损害的案件，根据对方当事人的申请，可以裁定对其财产进行保全、责令其作出一定行为或者禁止其作出一定行为；当事人没有提出申请的，人民法院在必要时也可以裁定采取保全措施。

人民法院采取保全措施，可以责令申请人提供担保，申请人不提供担保的，裁定驳回申请。

人民法院接受申请后，对情况紧急的，必须在四十八小时内作出裁定；裁定采取保全措施的，应当立即开始执行。

第一百一十一条 当事人对保全或者先予执行的裁定不服的，可以申请复议一次。复议期间不停止裁定的执行。

《公司法》

第二十二条 公司股东会或者股东大会、董事会的决议内容违反法律、行政法规的无效。

股东会或者股东大会、董事会的会议召集程序、表决方式违反法律、行政法规或者公司章程，或者决议内容违反公司章程的，股东可以自决议作出

---

① 现为《民事诉讼法》第103条。

之日起六十日内，请求人民法院撤销。

股东依照前款规定提起诉讼的，人民法院可以应公司的请求，要求股东提供相应担保。

公司根据股东会或者股东大会、董事会决议已办理变更登记的，人民法院宣告该决议无效或者撤销该决议后，公司应当向公司登记机关申请撤销变更登记。

【诉讼策略】

1. 本案纠纷系因股东权利被行为保全限制而产生，导致公司股东会决议出现对该股东不利的结果，该股东向人民法院起诉请求撤销该股东会决议，法院经审查认为保全行为限制其表决权存在事实及法律依据，涉案股东会决议不属于应予撤销的决议。

根据《公司法》第22条第2款的规定，股东会或者股东大会、董事会的会议召集程序、表决方式违反法律、行政法规或者公司章程，或者决议内容违反公司章程的，股东可以自决议作出之日起60日内，请求人民法院撤销。腾华公司作为中超控股公司的股东，其认为2018年10月17日召开的临时股东大会在召集程序、表决方式上均存在瑕疵而请求撤销，人民法院对此应按上述法律规定对召集程序、表决方式等问题逐一评析。

（1）会议召集人持有中超控股公司17.08%股份，符合自行召集临时股东大会的持股比例要求。

（2）召集临时股东大会的程序符合法律规定和章程规定。

（3）召集人在股东大会通知发出前未办理股份锁定手续确有瑕疵，但其持股比例至股东大会决议公告前未发生变动，不影响决议效力。

（4）本次股东大会通知公告中未完整披露候选董事的信息确有瑕疵，但尚不足以对决议产生实质影响。

（5）本次股东大会根据股权登记日之后江苏宜兴法院送达的禁止腾华公司行使股东权利的民事裁定书而将腾华公司20%股份的表决权排除在外，并无不当。

综上，人民法院认为中超控股公司于2018年10月17日作出的《2018

年第四次临时股东大会决议》不属于可撤销的瑕疵决议，且腾华公司于2018年10月16日已被裁定禁止行使股东权利，其中亦应包括股东请求撤销公司决议的权利，故法院对该股东的诉讼请求不予支持，判决驳回其诉讼请求。

2. 与本案相同类型的案件，行为保全内容需与权利人的诉讼请求内容相符，否则权利人的行为保全申请不容易获得支持。因此，权利人在制定诉讼请求内容时需考虑行为保全申请的可能性及保全内容。

2018年10月7日，股东会召集人向上海仲裁委员会申请变更仲裁请求，新请求为：（1）确认其与腾华公司之间签订的《股份转让合作协议》《投资协议》《股份转让合作协议之补充协议》解除，9%的股份和8.76%的股份不再交割；（2）已交割的20%的股份由股东会召集人以最近一个交易日收市价的90%回赎，并要求腾华公司赔偿损失、支付违约金等。

同时，股东会召集人向上海仲裁委员会提交了行为保全申请书，请求禁止腾华公司在（2018）沪仲案字第2336号仲裁裁决书执行完毕前就其持有的25360万股股份（20%股份）行使股东权利。上海仲裁委员将保全申请书、担保材料等提交至江苏宜兴法院。

2018年10月10日，江苏宜兴法院经审查后作出（2018）苏0282行保1号民事裁定书，裁定禁止腾华公司在上海仲裁委员会对（2018）沪仲案字第2336号案件作出仲裁裁决前就其持有的中超控股公司25360万股股份行使股东权利（包括但不限于提案权、表决权、盈余分配权、股东知情权等股东权利）。腾华公司于2018年10月16日签收上述民事裁定书后即向江苏宜兴法院申请复议，请求立即解除保全措施。2018年10月22日，江苏宜兴法院作出复议裁定，驳回了腾华公司的复议请求。

综上，涉案股东会召集人变更后的仲裁请求中要求对已转让的20%股份以2018年9月27日收市价的90%进行回赎，这涉及20%的股份的归属争议，自然也与股东权利的归属相关联，故行为保全裁定书裁定禁止腾华公司在上述仲裁案的仲裁裁决作出前就其持有的中超控股公司20%的股份行使股东权利，未超出仲裁请求范围。江苏宜兴法院作出的行为保全裁定系生效法律文书，涉案股东大会根据生效裁定将腾华公司20%的股份的表决权排除在外，并无不当。

【类案裁判观点分析】

案例：行为保全的事项需与诉讼请求的事项具有关联性，原告的诉讼请求为确认其系公司股东，保全申请的事项为禁止公司法定代表人的变更登记，行为保全申请内容与诉讼请求或裁判的执行无必然关联，故行为保全申请不予支持——北京四中院（2020）京04民初139号

本院经审查认为，《民事诉讼法》第100条①规定："人民法院对于可能因当事人一方的行为或者其他原因，使判决难以执行或者造成当事人其他损害的案件，根据对方当事人的申请，可以裁定对其财产进行保全、责令其作出一定行为或者禁止其作出一定行为；当事人没有提出申请的，人民法院在必要时也可以裁定采取保全措施。"第102条②规定："保全限于请求的范围，或者与本案有关的财物。"依据前述规定，行为保全的事项需与诉讼请求的事项具有关联性。本案中，詹某的诉讼请求为确认其系北京比特公司股东，其保全申请的事项为禁止北京比特公司法定代表人的变更登记，与本案的诉讼请求或裁判的执行无必然关联。故对詹某的申请，本院不予准许。

123. 原告提出禁止公司变更法定代表人的行为保全申请，能否得到支持

◇ **执行依据** 请求变更公司登记纠纷案件

◇ **问题** 原法定代表人起诉公司要求变更工商登记，提出禁止公司变更其在银行的法定代表人及公司预留印鉴的行为保全申请，能否得到支持

◇ **案例** 北京海淀法院（2019）京0108民初35030号

◇ **结论** 许某作为网秦公司的原法定代表人，系公司的相关利益主体，现

① 现为《民事诉讼法》第103条。
② 现为《民事诉讼法》第105条。

其主张一旦网秦公司将法定代表人及公司预留印鉴变更，其利益以及网秦公司利益将会受到极大损害；同时，许某提交了相关担保。综上，人民法院依法作出的“立即停止变更网秦公司在银行的法定代表人及公司预留印鉴”的行为保全裁定并无不当

【基本案情】

原告许某与被告网秦公司、郭某与公司有关的纠纷案，北京海淀法院于2019年5月27日立案。原告许某的诉讼请求如下：（1）判令将网秦公司的法定代表人注册登记为原告许某；（2）判令将网秦公司的董事长和董事注册登记为原告许某；（3）本案诉讼费用由被告承担。

2019年5月28日，原告许某向北京海淀法院申请行为保全，请求如下：禁止网秦公司变更其在银行的法定代表人及公司预留印鉴。原告以提供保单保函的方式对此提供担保。同日，北京海淀法院作出保全裁定，裁定如下：被申请人网秦公司立即停止变更其在银行的法定代表人及公司预留印鉴。

网秦公司不服上述保全裁定，向北京海淀法院申请复议，北京海淀法院于2019年7月3日作出复议裁定，驳回网秦公司的复议申请。

2019年8月22日，北京海淀法院作出（2019）京0108民初35030号判决书，判决如下：驳回原告许某的全部诉讼请求。案件受理费、保全费，由原告许某自行负担。

【争议焦点】

海淀法院责令网秦公司立即停止变更其在银行的法定代表人及公司预留印鉴的行为保全裁定，是否符合法律规定？

【裁判要点】

北京海淀法院经审查认为，根据《民事诉讼法》第100条[①]的规定，对

① 现为《民事诉讼法》第103条。

于可能因当事人一方的行为或其他原因，使判决难以执行或造成当事人其他损害的案件，根据对方当事人的申请，可以裁定对其财产进行保全、责令其作出一定行为或禁止其作出一定行为。许某作为网秦公司的原法定代表人，系公司的相关利益主体，现其主张一旦网秦公司将法定代表人及公司预留印鉴变更，其利益以及网秦公司利益将会受到极大损害；同时，许某向北京海淀法院提交了相关担保，中国人民财产保险股份有限公司以出具保单保函的方式对许某保全申请错误致使网秦公司及郭某遭受损失，承担相关赔偿责任。关于网秦公司主张的本案实体争议问题，应当在本案审理后进行裁判，不影响北京海淀法院依法采取诉讼保全措施。综上，北京海淀法院依法作出的行为保全裁定并无不当。遂裁定如下：驳回网秦公司的复议请求。

【相关法律法规】

《民事诉讼法》

第一百零三条　人民法院对于可能因当事人一方的行为或者其他原因，使判决难以执行或者造成当事人其他损害的案件，根据对方当事人的申请，可以裁定对其财产进行保全、责令其作出一定行为或者禁止其作出一定行为；当事人没有提出申请的，人民法院在必要时也可以裁定采取保全措施。

人民法院采取保全措施，可以责令申请人提供担保，申请人不提供担保的，裁定驳回申请。

人民法院接受申请后，对情况紧急的，必须在四十八小时内作出裁定；裁定采取保全措施的，应当立即开始执行。

第一百零四条　利害关系人因情况紧急，不立即申请保全将会使其合法权益受到难以弥补的损害的，可以在提起诉讼或者申请仲裁前向被保全财产所在地、被申请人住所地或者对案件有管辖权的人民法院申请采取保全措施。申请人应当提供担保，不提供担保的，裁定驳回申请。

人民法院接受申请后，必须在四十八小时内作出裁定；裁定采取保全措施的，应当立即开始执行。

申请人在人民法院采取保全措施后三十日内不依法提起诉讼或者申请仲裁的，人民法院应当解除保全。

第一百零五条 保全限于请求的范围，或者与本案有关的财物。

第一百一十一条 当事人对保全或者先予执行的裁定不服的，可以申请复议一次。复议期间不停止裁定的执行。

【诉讼策略】

1. 本案系公司原法定代表人起诉公司要求变更其为公司法定代表人及公司董事长的请求变更公司登记纠纷案件，原告在诉讼中提出行为保全申请，请求禁止公司变更公司在银行的法定代表人及公司预留印鉴，人民法院经审理予以支持。

根据《民事诉讼法》第103条的规定，人民法院对于可能因一方当事人的行为，造成对方当事人损害的案件，根据对方当事人的申请，可以裁定责令其作出一定行为或禁止其作出一定行为。本案原告诉讼请求如下：（1）判令变更其为公司的法定代表人；（2）判令其为公司的董事长和董事。诉讼中原告提出行为保全申请，请求“禁止网秦公司变更其在银行的法定代表人及公司预留印鉴”，人民法院认为原告的申请符合法律规定。为了避免原告可能受到的损害进一步扩大，法院禁止网秦公司变更其在银行的法定代表人及公司预留印鉴，相关金融机构应当予以协助，直至本案终审法律文书生效时止。

2. 公司若对行为保全裁定不服，可向作出裁定的法院申请复议一次。

根据《民事诉讼法》第111条的规定，当事人对保全的裁定不服的，可以申请复议一次。复议期间不停止裁定的执行。

3. 本案中原告的诉讼请求未得到法院支持，可能涉及保全错误损害赔偿问题。①

---

① 参见吴志强、张烨：《保全与执行实务精要》（上下册），法律出版社2023年版，第1～88页。

124. 公司起诉原董事长要求返还公章，诉讼期间要求禁止其使用公章的行为保全申请，能否获得支持

◇ **执行依据**　公司证照返还纠纷案件

◇ **问题**　公司起诉被罢免的董事长要求返还公章，诉讼中提出禁止被告在本案诉讼期间使用公章的行为保全申请，能否得到支持

◇ **案例**　北京东城法院（2018）京0101民初9627号

◇ **结论**　对于可能因当事人一方的行为或者其他原因，使判决难以执行或者造成当事人其他损害的，对方当事人可以向人民法院提出申请，请求人民法院责令被告作出一定行为或者禁止被告作出一定行为。本案中，原告北京外贸公司请求禁止被告王某在本案诉讼期间使用其公章的行为保全申请，符合的相关规定，应予支持

【基本案情】

在原告北京外贸公司与被告王某公司证照返还纠纷案中，北京东城法院于2018年5月28日立案受理。原告的诉讼请求如下：（1）判令被告返还原告公司公章；（2）诉讼费由被告负担。

原告北京外贸公司于2018年6月5日向北京东城法院提出保全申请，认为被告王某的董事长职务已被罢免，为防止被告王某利用公章损害公司利益，请求法院禁止被告王某在本案诉讼期间使用原告公司公章，并提供了担保。

北京东城法院经审理，于2018年6月14日作出行为保全裁定，裁定如下：禁止被告王某在本案诉讼期间使用原告北京外贸公司公章。

2018年8月29日，北京东城法院作出（2018）京0101民初9627号判决书，判决如下：被告王某于本判决生效之日起7日内将原告北京外贸公司的公章返还原告。

【争议焦点】

北京外贸公司请求禁止被告王某在本案诉讼期间使用其公章的行为保全申请，应否予以支持?

【裁判要点】

北京东城法院经审查认为，民事诉讼中，对于可能因当事人一方的行为或者其他原因，使判决难以执行或者造成当事人其他损害的，对方当事人可以向人民法院提出申请，请求人民法院责令其作出或不能作出一定行为。本案中，申请人北京外贸公司提起行为保全申请，符合《民事诉讼法》的相关规定，应予支持。遂裁定如下：禁止被申请人王某在本案诉讼期间使用北京外贸公司公章。

【相关法律法规】

《民事诉讼法》

第一百零三条 人民法院对于可能因当事人一方的行为或者其他原因，使判决难以执行或者造成当事人其他损害的案件，根据对方当事人的申请，可以裁定对其财产进行保全、责令其作出一定行为或者禁止其作出一定行为；当事人没有提出申请的，人民法院在必要时也可以裁定采取保全措施。

人民法院采取保全措施，可以责令申请人提供担保，申请人不提供担保的，裁定驳回申请。

人民法院接受申请后，对情况紧急的，必须在四十八小时内作出裁定；裁定采取保全措施的，应当立即开始执行。

第一百零五条 保全限于请求的范围，或者与本案有关的财物。

第一百一十一条 当事人对保全或者先予执行的裁定不服的，可以申请复议一次。复议期间不停止裁定的执行。

【诉讼策略】

1. 本案系公司起诉原董事长要求返还公司证照纠纷案件，诉讼中公司为避免损失扩大，故请求禁止原董事长在诉讼期间使用公司公章，该行为保全申请人民法院予以支持。

在原告公司起诉被告王某公司证照返还纠纷案中，原告公司向法院提出保全申请，认为被告王某的董事长职务已被罢免，为防止被告王某利用公章损害公司利益，请求法院禁止被告王某在本案诉讼期间使用申请人的公章，并提供了担保。法院经审理认为原告公司的行为保全申请符合相关法律规定，故裁定如下：禁止被告王某在本案诉讼期间使用原告公司的公章。

2. 原告提出的行为保全申请需要注意与诉讼请求或裁判的执行之间存在一定关联，否则提出的行为保全申请不容易被法院支持。

根据《民事诉讼法》第105条的规定，保全限于请求的范围，或者与本案有关的财物。因此，行为保全的事项需与诉讼请求的事项具有关联性。本案中，原告的诉讼请求系要求被告返还公章，诉讼中原告的行为保全申请系禁止被告在本案诉讼期间使用公章，上述两项请求内容相关联，符合上述有关保全请求范围的法律规定。

125. 股权转让受让方提出禁止转让方处分股权的行为保全申请，能否获得支持

◇ **执行依据**　股权转让纠纷案件

◇ **问题**　合同履行过程中一方死亡，另一方起诉要求其继承人履行合同交付责任，并同时提出禁止继承人处分涉案股权的行为保全申请，该申请能否得到支持

◇ **案例**　平顶山中院（2019）豫04民初123－1号

◇ **结论**　股权转让协议转让方在合同履行过程中死亡，受让方因转让方未履行涉案股份的交付责任，故提起诉讼要求转让方的法定继承人履行交付责任，并在诉讼中请求法院对被告所继承的转让方名下的涉案股权权益凭证原件限制处分权，因该行为保全申请符合法律规定，故一审法院裁定予以支持

【基本案情】

陈某（买方）与赵某甲（卖方）于2017年9月29日签署《股份买卖协议》，约定陈某以94686859元对价购买赵某甲持有的山水投资公司27743股股份。陈某履行合同约定的支付义务，但赵某甲于2019年3月13日病逝，曹某系赵某甲妻子，赵某系赵某甲女儿，均系赵某甲法定继承人。

因曹某、赵某未履行合同义务，陈某向一审法院起诉，诉讼请求如下：（1）确认赵某甲在《股份买卖协议》项下的山水投资公司27743股股份实质权益已经归属陈某所有；（2）判令曹某、赵某向陈某交付涉案山水投资公司27743股股份的股权证/持股凭证；（3）判令曹某、赵某配合陈某庆进行股份过户登记，将涉案股份权益依法转移至陈某名下。

诉讼中，陈某于2019年7月3日向一审法院申请行为保全，请求对被告曹某、赵某所继承的赵某甲名下的山水投资公司27743股股份权益凭证原件限制处分权。一审法院于7月4日作出行为保全裁定：对被告曹某、赵某所继承的赵某甲名下的山水投资公司27743股股份权益凭证原件限制处分权，限制期限2年。

2020年3月6日，一审法院作出（2019）豫04民初123号判决书，判决如下：（1）赵某甲在《股份买卖协议》项下的山水投资公司27743股股份实质权益归属陈某所有；（2）曹某、赵某于判决生效后15日内向陈某交付涉案山水投资公司27743股股份的股权证/持股凭证；（3）曹某、赵某于判决生效后15日内协助陈某进行股份过户登记，将涉案股份权益转移至陈某名下。

赵某上诉至河南高院，河南高院经审理于2021年5月12日作出二审判决：（1）维持一审判决第2项、第3项；（2）变更一审判决第1项为"陈某支付《股份买卖协议》约定的转让价款后，赵某甲在《股份买卖协议》项下的山水投资公司27743股股份实质权益归属陈某所有"。

【争议焦点】

原告陈某申请限制被告处分涉案股权的行为保全请求，应否支持？

【裁判要点】

平顶山中院在审理原告陈某与被告曹某、赵某股权转让纠纷一案中，原告陈某于2019年7月3日向平顶山中院申请行为保全，请求对被告曹某、赵某所继承的赵某甲名下的山水投资公司27743股股份权益凭证原件限制处分权。担保人中国大地财产保险股份有限公司河南分公司对上述保全措施出具不可撤销保函，愿意为上述保全措施在94686859元赔偿限额内提供担保。

平顶山中院认为，原告陈某的申请符合法律规定，且已提供担保。遂裁定如下：对被告曹某、赵某所继承的赵某甲名下的山水投资公司27743股股份权益凭证原件限制处分权，限制期限2年。

【相关法律法规】

《民事诉讼法》

第一百零三条 人民法院对于可能因当事人一方的行为或者其他原因，使判决难以执行或者造成当事人其他损害的案件，根据对方当事人的申请，可以裁定对其财产进行保全、责令其作出一定行为或者禁止其作出一定行为；当事人没有提出申请的，人民法院在必要时也可以裁定采取保全措施。

人民法院采取保全措施，可以责令申请人提供担保，申请人不提供担保的，裁定驳回申请。

人民法院接受申请后，对情况紧急的，必须在四十八小时内作出裁定；裁定采取保全措施的，应当立即开始执行。

第一百零五条 保全限于请求的范围，或者与本案有关的财物。

第一百一十一条 当事人对保全或者先予执行的裁定不服的，可以申请复议一次。复议期间不停止裁定的执行。

【诉讼策略】

1. 本案系股权转让纠纷案件，诉讼中原告提出请求人民法院禁止被告处分涉案股权的行为保全申请，法院经审查认为原告的申请符合法律规定，遂裁定对被告继承的涉案股权权益凭证原件限制处分权，限制期限2年。

（1）原告就股权转让纠纷案件提出的诉讼请求如下：①确认赵某甲在《股份买卖协议》项下的山水投资公司27743股股份实质权益已经归属陈某所有；②判令曹某、赵某向陈某交付涉案山水投资公司27743股股份的股权证/持股凭证；③判令曹某、赵某配合陈宏庆进行股份过户登记，将涉案股份权益依法转移至陈某名下。原告的诉讼请求与原告提出的行为保全申请内容相关联，且行为保全内容直接影响后续案件的执行。

（2）被告在诉讼中并未放弃涉案股权的继承权，在原合同方死亡其继承人明示接受继承时，应对继承人所负给付义务承担相应责任。

（3）原告提起保全申请时已提供相应担保，符合法律规定。

综上，一审法院认为原告的行为保全申请符合法律规定，故予以支持。

2. 关于行为保全限制期限的问题，法律上并无明确时间限制，本案限制期限为2年并无不当，且该2年的期限有利于原告的权益得到更好的保障。

因生效之后原告即可选择通过执行程序查封、扣押、冻结相应给付标的物，故通常的行为保全限制期限是自行为保全裁定送达被告之日起至生效判决生效之日止。但这其中可能存在时间差问题，即判决生效之后至权利人申请执行期间有2年的执行期限且从权利人申请执行到法院受理并裁定查封、扣押、冻结相应财物还需要一定时间，而行为保全的期限若仅到判决生效之日，则会有一个空窗期，即判决生效之日至法院受理执行后对财物采取执行措施之日。如何避免上述权利空窗期，则需要原告在诉讼及判决生效前后利用好程序权利并把握好各程序权利的时间节点。

【类案裁判观点分析】

案例：损害公司利益责任纠纷案件中，原告公司起诉被告赔偿损失，同时请求法院禁止被告转移、处置原告公司机器设备的行为保全申请，人民法院予以支持——上海浦东新区法院（2019）沪0115民初32432号之一

本院在审理原告上海机械公司与被告陆某、邓某损害公司利益责任纠纷案过程中，原告于2019年6月17日向上海浦东新区法院提出行为保全申请，要求禁止被申请人陆某、邓某转移、处置原告上海机械公司机器设备的行为，并已提供担保。上海浦东新区法院认为，申请人提出的行为保全申请符合法律规定，遂裁定如下：禁止被告陆某、邓某转移、处置申请人上海机械公司机器设备。

第五章

签署和解、调解协议的注意事项

本章的主要内容为诉讼、仲裁过程中在和解协议、调解协议签署时的注意事项等问题，包括：(1) 诉中和解、调解，约定内容需明确、可执行、避免附条件；(2) 仲裁程序中的调解、和解，需注意调解内容的可执行性，避免《调解书》无法执行。诉讼过程中若能双方达成和解或经人民法院居中调解，双方和平解决纠纷则皆大欢喜。关于诉讼过程中的和解问题，当事人均需通过人民法院制作民事调解书，否则诉讼双方达成和解、原告撤诉，对于原告来说仅是签署了一份新的合同。诉讼过程中当事人之间的和解协议非生效法律文书，若因履行和解协议出现纠纷原告还需重新起诉，原告无法依据和解协议申请法院强制执行。因此，诉讼中的和解与调解在程序上均需经法院制作民事调解书才有价值，故在此层面，诉讼调解包含诉讼过程中的自行和解和人民法院居中调解。关于诉讼调解，是人民法院居中协调使双方就纠纷达成一致意见形成调解协议，并由人民法院依据调解协议制作民事调解书。若当事人未按照民事调解书约定内容履行义务，另一方当事人可直接依据民事调解书向人民法院申请强制执行程序。仲裁程序中的和解与调解也存在同样的问题及注意事项。因此，本章主要就诉讼程序、仲裁程序中的和解与调解约定的相关注意事项结合实务案例进行分类和列举，以避免辛苦达成的调解书最终无法执行。

一、诉中和解、调解，约定内容需明确、可执行、避免附条件

根据《最高人民法院关于人民法院民事调解工作若干问题的规定》的相关规定，当事人在诉讼过程中自行达成和解协议的，人民法院可以根据当事人的申请依法确认和解协议制作民事调解书。同时，人民法院也可以在经各方当事人同意的情形下，对案件进行调解，各当事人达成调解协议后，人民法院依法予以确认制作民事调解书。根据《民事诉讼法》第 241 条和第 243 条的规定，当事人在不履行民事调解书约定的履行义务时，权利人可向人民法院申请强制执行民事调解书的相关内容。

因民事调解书的主要权利义务系由各方当事人约定产生，因此，民事调解书因约定内容不明确、约定内容无法执行，以及约定内容附有条件且条件未成就甚至无法成就，导致的“执行难”问题，相比民事调解书的义务人恶意拖延执行产生的纠纷更为多发。

（一）离婚纠纷

126. 调解约定支付抚养费的条件是一方与子女共同生活，该调解事项能否顺利执行

◇ **执行依据**　离婚纠纷案件调解书

◇ **问题**　调解约定支付子女抚养费的前提是一方与子女共同生活，若子女自述其与另一方生活，依据调解书内容能否申请强制执行抚养费

◇ **案例**　北京高院（2022）京执监61号

◇ **结论**　调解约定：子女与刘某生活，由申某每月支付2万元抚养费。刘某依据调解书申请强制执行自2015年3月24日至2020年9月14日间的抚养费共计1313320元，执行中双方就孩子在此期间与谁生活各执一词，经法院询问，13岁孩子陈述其与申某生活。执行法院认为刘某依据调解书申请执行抚养费的前提是其与孩子生活在一起，现其申请强制执行上述期间的生活费、抚养费没有事实基础，其要求申某给付费用的条件不具备，故裁定驳回刘某的执行申请

【基本案情】

在刘某与申某离婚纠纷案审理中，双方达成调解协议，北京朝阳法院于2014年9月24日作出（2014）朝民初字第26633号民事调解书，后发生纠纷的内容为“原告申某与被告刘某所生之子申某乙自本调解书生效之日起由原告申某抚养，但与被告刘某共同生活，原告申某每月10日前支付生活费2

万元，申某乙的教育和医疗费用由原告申某负担”。

刘某分别于2015年6月、2016年3月依据调解书内容分别向北京朝阳法院申请强制执行，朝阳法院于2016年11月15日向刘某发还100万元案款，于2017年4月19日向刘某发还案款1320万元，于2017年8月16日向刘某发还案款1307737元，于2018年6月7日、7月3日分别向刘某发还案款6万元、20万元。刘某确认两个案件执行完毕。

2020年9月14日，刘某依据前述调解书再次向北京朝阳法院申请执行，执行内容为“从2015年3月24日到2020年9月14日，至今，申某应支付孩子的抚养费1313320元”。执行中，申某提出异议，主张其已履行完毕调解书义务，刘某申请执行期间申某乙与申某共同生活，并提交相应证据。申某乙出生日期为2009年2月16日，北京朝阳法院审查过程中，就申某乙的生活情况对其本人进行询问，申某乙称：“2015年3月之后，我就没跟我妈妈一起生活过，有些时候我住校，我爸爸负担我的生活费……我平常跟爸爸一起生活。”

北京朝阳法院认为，刘某请求执行生活费缺乏事实及法律依据，于2021年10月25日，作出（2021）京0105执异900号执行裁定，裁定驳回刘某的执行申请。

刘某不服，向北京三中院申请复议，请求撤销（2021）京0105执异900号裁定，指定北京朝阳法院继续执行，恢复已解除的执行措施。北京三中院认为，北京朝阳法院裁定驳回刘某执行申请欠妥，故于2022年4月28日作出（2021）京03执复342号执行裁定，裁定撤销北京朝阳法院（2021）京0105执异900号执行裁定，驳回申某的执行异议请求。

申某向北京高院申诉，请求撤销（2021）京03执复342号裁定，驳回刘某的复议申请，维持北京朝阳法院（2021）京0105执异900号执行裁定。北京高院经审理，裁定撤销北京三中院（2021）京03执复342号执行裁定，维持北京朝阳法院（2021）京0105执异900号执行裁定。

【争议焦点】

刘某依据离婚调解书约定要求申某支付2015年3月24日至2020年9月

14 日的生活费 1313320 元，是否符合执行案件受理条件？

【裁判要点】

北京高院认为，执行依据有给付内容且给付条件已成就，是人民法院受理执行案件应当符合的条件之一。本案中，作为执行依据的生效民事调解书确定由申某每月支付 2 万元生活费，但前提应当是申某乙与刘某共同生活，且该款项用于抚养申某乙成长。关于自 2015 年 3 月 24 日至 2020 年 9 月 14 日申某乙实际与谁共同生活的问题，申某与刘某各执一词，但从双方提供的证据来看，特别是结合申某乙的陈述，可以推知在此期间申某乙应当是与申某共同生活。因此，刘某申请强制执行该期间的生活费没有事实基础，即要求申某给付生活费的条件不具备，北京朝阳法院应当不予受理刘某的执行申请；已经受理的，应当予以驳回。综上，申某的申诉请求成立，北京三中院（2021）京 03 执复 342 号执行裁定应予撤销，北京朝阳法院（2021）京 0105 执异 900 号执行裁定应予维持。

【相关法律法规】

《执行工作规定》

16. 人民法院受理执行案件应当符合下列条件：

（1）申请或移送执行的法律文书已经生效；

（2）申请执行人是生效法律文书确定的权利人或其继承人、权利承受人；

（3）申请执行的法律文书有给付内容，且执行标的和被执行人明确；

（4）义务人在生效法律文书确定的期限内未履行义务；

（5）属于受申请执行的人民法院管辖。

人民法院对符合上述条件的申请，应当在七日内予以立案；不符合上述条件之一的，应当在七日内裁定不予受理。

【诉讼策略】

1. 本案系离婚纠纷案件，双方在诉讼中达成调解，其中关于子女生活费、抚养费的约定附有前提条件，即刘某与子女共同生活。因刘某就该前提条件无法证明，且孩子又表述其与申某生活，因此，刘某执行申请的条件未成就，无法执行。

刘某依据调解书内容，申请法院强制执行申某支付 2015 年 3 月 24 日至 2020 年 9 月 14 日的生活费 1313320 元，但就 2015 年 3 月之后至今的生活情况，子女本人已经向法院进行了明确陈述，且其子女虽然是限制行为能力人，但是已经能够正确表达意思，其述称与申某共同生活的事实法院予以采信。刘某虽不予认可，但其提交的证据材料均不足以直接反证。在此情况下，刘某请求执行后续生活费，缺乏事实及法律依据。申某请求驳回其执行申请，合法有据，法院予以支持。因此，裁定驳回刘某的执行申请。

2. 作为执行依据的民事调解书，其内容约定相对明确具体，包含确认离婚、资产分配、子女抚养等内容，刘某依据调解书已两次向执行法院申请执行并均已取得相应案款。但就其要求申某支付抚养费事项因附有前提条件，即与子女共同生活，因此，前提条件未成就，不符合执行案件受理条件，无法执行。

调解协议内容如下：（1）原告申某与被告刘某离婚；（2）原告申某与被告刘某所生之子申某乙自本调解书生效之日起由原告申某抚养，但与被告刘某共同生活，原告申某每月 10 日前支付生活费 2 万元，申某乙的教育和医疗费用由原告申某负担，原告申某可以随时探望申某乙，每年寒暑假原告申某可以将申某乙从被告刘某处接走探望 20 天；（3）登记在原告申某名下的香港亚博公司的股票归原告申某所有，登记在原告申某和被告刘某名下的上海 × × 花园一期 9 号楼 × × 层 × × 室房屋一套归被告刘某所有，登记在被告刘某名下的安徽省阜阳市 × × 花园 S16 幢 × 单元 × × 室房屋一套归被告刘某所有；（4）百达翡丽手表一块归被告刘某所有；（5）被告刘某继续租住在北京市朝阳区 × × 园 7 号楼 × 单元 × × 室，原告申某已支付房租到 2015 年 8 月 1 日；（6）（2014）通民初字第 11257 号民事调解书确定的权益（7087340 元）归被告刘某所有；（7）原告申某支付被告刘某补偿款 4000 万元，已支付 254 万元，（2014）通民初字第 11257 号民事调解书中确定的 7087340 元由开发商打给被告刘某，上海 × × 花园一期 9 号楼 × × 层 × × 室房屋一套折抵

1580 万元，其余 1458 万元原告申某于 2015 年 3 月 1 日之前支付给被告刘某 758 万元，于 2016 年 3 月 1 日之前支付给被告刘某 700 万元；（8）别无其他争议。北京朝阳法院于 2014 年 9 月 24 日作出（2014）朝民初字第 26633 号民事调解书予以确认。

（二）物权确认纠纷案件无法执行

127. 调解协议仅确认房屋归原告所有，该调解书能否执行

◇ **执行依据** 物权确认纠纷案件调解书

◇ **问题** 调解协议仅确认房屋归原告所有，该调解书能否执行

◇ **案例** 邵阳中院（2022）湘 05 执复 21 号

◇ **结论** 调解书约定的主要内容是确认房屋所有权，并无给付内容，不具有执行性，执行法院裁定驳回权利人请求办理房屋过户的执行申请

【基本案情】

原告朱某与邵阳××房地产公司所涉所有权确认纠纷案，邵阳北塔法院依据双方调解约定，作出（2021）湘 0511 民初 918 号民事调解书，其主要内容为：确认被告邵阳××房地产公司名下位于江北开发区××小区第×栋×单元 15 层 0115×号房、第×栋×单元 17 层 0117×号房归原告朱某所有。

调解书生效后，原告朱某向邵阳北塔法院申请执行，请求办理调解约定房屋的过户手续。邵阳北塔法院认为调解书不具有给付内容，遂裁定如下：驳回申请执行人朱某的执行申请。

朱某不服，向邵阳中院申请复议，形成本案纠纷，邵阳中院裁定驳回朱某的复议申请。

【争议焦点】

执行法院驳回朱某的执行申请是否符合法律规定？

【裁判要点】

邵阳中院认为，本案的执行依据（2021）湘0511民初918号民事调解书，其主要内容是确认房屋所有权，并无给付内容，不具有执行性。邵阳北塔人民法院依据《民事诉讼法司法解释》第461条第1款第2项、《执行工作规定》第16条第1款的规定，以该调解书不具有给付内容为由驳回朱某的执行申请并无不当。综上，复议申请人朱某春提出的复议理由不能成立，邵阳中院对其请求不予支持。据此，裁定如下：驳回朱某的复议申请，维持邵阳北塔法院（2022）湘0511执77号执行裁定。

【相关法律法规】

《民事诉讼法司法解释》

第四百六十一条　当事人申请人民法院执行的生效法律文书应当具备下列条件：

（一）权利义务主体明确；

（二）给付内容明确。

法律文书确定继续履行合同的，应当明确继续履行的具体内容。

《执行工作规定》

16. 人民法院受理执行案件应当符合下列条件：

（1）申请或移送执行的法律文书已经生效；

（2）申请执行人是生效法律文书确定的权利人或其继承人、权利承受人；

（3）申请执行的法律文书有给付内容，且执行标的和被执行人明确；

（4）义务人在生效法律文书确定的期限内未履行义务；

（5）属于受申请执行的人民法院管辖。

人民法院对符合上述条件的申请，应当在七日内予以立案；不符合上述条件之一的，应当在七日内裁定不予受理。

【诉讼策略】

本案系所有权确认纠纷案件，双方在诉讼中仅就房屋所有权做了约定，但就被告协助办理产权变更登记手续等内容未做约定，因此，执行法院认为调解书中无给付内容，故驳回原告办理产权登记的执行申请。

根据《民事诉讼法司法解释》第461条第1款、《执行工作规定》第16条第1款的规定，作为执行依据的法律文书应具备明确的给付内容，且执行标的和被执行人明确。

作为本案执行依据的调解书约定内容为：确认被告邵阳××房地产公司名下位于江北开发区××小区第×栋×单元15层0115×号房、第×栋×单元17层0117×号房归原告朱某所有。

综上，原告作为执行依据的民事调解书的内容仅是确权，无给付内容，不具有执行性，因此，执行法院裁定驳回原告请求办理房屋过户的执行申请。

（三）买卖合同纠纷

128. 债务人以汇票方式履行分期付款约定，能否被认定为未按期付款

◇ **执行依据** 买卖合同纠纷案件调解书

◇ **问题** 调解约定“如有一期未按期足额支付，则原告有权就全部起诉金额一并申请执行”，债务人最后一期以汇票履行债权人拒绝，债权人能否以债务人违约为由申请执行全部起诉金额

◇ **案例** 江苏高院（2019）苏执监26号

◇ **结论** 调解书虽确定了给付时间和给付金额，但未对给付方式作出约定。履行过程中，债务人请求以承兑汇票的方式履行义务，债权

人因对该给付方式存疑而拒绝接受债务人的履行，属双方当事人就给付方式发生了争议，并因此影响是否违约、违约主体、违约责任的认定，上述争议无法在执行程序中直接认定，而债权人请求执行的依据无法判断履行条件是否成就，故不符合执行案件的受理条件，无法执行

【基本案情】

原告吕某与被告唐某买卖合同纠纷一案，江苏溧阳法院于2016年9月3日作出（2015）溧民初字第704号民事调解书，调解内容如下：（1）被告唐某于2016年9月15日前支付原告10万元；于2016年10月31日前支付原告10万元；于2016年11月30日前支付原告56182元（含诉讼费6182元）。如有一期未按期足额支付，则原告有权就全部诉讼请求金额856254.4元一并申请执行（扣除已履行部分）。（2）原告自愿放弃其他诉讼请求。本次纠纷一次性处理完毕，今后再无他涉。

唐某依约向吕某支付20万元，最后一笔款项支付时，因双方就以汇票支付还是现金支付产生分歧。吕某根据调解书中约定的“如有一期未按期足额支付，则吕某有权就全部诉讼请求金额856254.4元一并申请执行（扣除已履行部分）”，于2016年12月5日向江苏溧阳法院申请执行，江苏溧阳法院于2016年12月22日立案。唐某于2017年1月18日履行完支付56182元的义务。

本案执行中，被执行人唐某认为其未构成违约，在调解书确定的履行最后期限当日即2016年11月30日通过电话方式通知吕某办理履行款交付手续，其拒绝领取银行承兑汇票并离开该所。随后唐某又以短信方式通知吕某领取履行款，但吕某未返回办理履行款交付手续，故唐某不构成违约。申请执行人吕某则予以否认，双方无法达成一致意见。

江苏溧阳法院认为吕某以唐某未按调解书履行付款义务构成违约为由向该院要求执行原诉讼标的，难以在执行程序中直接判断是否违约，遂作出（2016）苏0481执5723号执行裁定，裁定驳回吕某就（2015）溧民初字第

704 号民事调解书的执行申请。

吕某向常州中院申请复议称，请求撤销江苏溧阳法院（2016）苏 0481 执 5723 号执行裁定。常州中院认为双方就是否违约等存在争议，属于与案件审结后新发生的事实相结合而形成的新的实体权利义务争议，不宜在执行程序中直接予以认定，遂裁定驳回吕某的复议申请，维持江苏溧阳法院（2016）苏 0481 执 5723 号执行裁定。

吕某向江苏高院申诉，形成本案纠纷，江苏高院经审理，裁定驳回吕某的申诉。

【争议焦点】

执行法院裁定驳回吕某的执行申请是否符合法律规定？

【裁判要点】

本案中，执行依据江苏溧阳法院（2015）溧民初字第 704 号民事调解书虽确定了给付时间和给付金额，但未对给付方式作出约定。履行过程中，唐某于 2016 年 11 月 30 日请求以承兑汇票的方式履行义务，吕某因对该给付方式存疑而拒绝接受唐某的履行，属双方当事人就给付方式发生了争议，并因此影响是否违约、违约主体，以及违约责任的认定。此属执行依据中未明确规定的内容，双方是否违约的事实属于与案件审结后新发生的事实相结合而形成的新的实体权利义务争议，不应在执行程序中直接予以审查认定，当事人可另行诉讼予以解决。因此，本案执行依据因发生了新的事实导致给付内容不明确，依法应裁定不予受理；已经受理的，应裁定驳回执行申请。

【相关法律法规】

《民事诉讼法司法解释》

第四百六十一条 当事人申请人民法院执行的生效法律文书应当具备下列条件：

（一）权利义务主体明确；

（二）给付内容明确。

法律文书确定继续履行合同的，应当明确继续履行的具体内容。

《执行工作规定》

16. 人民法院受理执行案件应当符合下列条件：

（1）申请或移送执行的法律文书已经生效；

（2）申请执行人是生效法律文书确定的权利人或其继承人、权利承受人；

（3）申请执行的法律文书有给付内容，且执行标的和被执行人明确；

（4）义务人在生效法律文书确定的期限内未履行义务；

（5）属于受申请执行的人民法院管辖。

人民法院对符合上述条件的申请，应当在七日内予以立案；不符合上述条件之一的，应当在七日内裁定不予受理。

【诉讼策略】

1. 本案系买卖合同纠纷案件，双方在诉讼中达成调解，约定了债务给付金额、给付时间，但未约定给付方式，导致债务人在履行过程中以汇票方式履行遭拒后无法直接判断哪方违约，故无法执行。

本案中，原告、被告就支付时间及支付金额均有明确约定，但因未约定支付方式，因此对于被告以银行承兑汇票履行给付义务时，原告拒绝接收并以此认定被告违约，执行法院及执行异议、复议、申诉法院均认为被告是否违约不能在执行程序中予以认定，应驳回原告的执行申请，原告可另行起诉确认被告违约后再行执行。因此，民事调解书确定的给付内容以违约为条件或附有其他履行条件的，对于是否违约、违约程度以及对方是否违约或所附的其他履行条件是否具备，均难以在执行程序中进行判断，执行法院一般会裁定驳回执行申请，并告知当事人可另行诉讼解决纠纷。

2. 作为本案执行依据的调解书约定内容包含给付金额及给付时间，但未约定给付方式，同时约定“如有一期未按期足额支付，则原告有权就全部起诉金额一并申请执行”，因此，原告才有可能在被告已经全部履行完毕的情况下仍以被告违约为由请求重新执行全部起诉金额。

调解约定内容如下：（1）被告唐某于2016年9月15日前支付原告10万

元；于2016年10月31日前支付原告10万元；于2016年11月30日前支付原告56182元（含诉讼费6182元）。如有一期未按期足额支付，则原告有权就全部诉讼请求金额856254.4元一并申请执行（扣除已履行部分）。（2）原告自愿放弃其他诉讼请求。本次纠纷一次性处理完毕，今后再无他涉。

（四）房屋买卖合同纠纷

129. 调解约定开发商未按期履行缴税及办证需承担违约金，房屋逾期交付时购房人能否据此申请执行

◇ **执行依据** 商品房买卖合同纠纷案件调解书

◇ **问题** 调解约定开发商未按期缴纳税费及办证需支付购房款30%的违约金，但因非开发商原因导致逾期履行，购房人能否据此请求法院强制执行违约金

◇ **案例** 四川高院（2020）川执监167号

◇ **结论** 调解约定开发商未按期缴纳税费及履行办证义务则需支付总购房款30%的违约金，该约定属于附条件支付违约金条款，开发商支付违约金的前提条件为其未按时缴纳税款和履行办证义务。但履行过程中，开发商收到政府《土地出让金征收决定书》，该决定书后被依法撤销，开发商应否补缴土地出让金以及补缴数额没有最终确定。同时，开发商补缴土地出让金后方可为购房人办理不动产登记手续。因此，开发商是否违约无法直接判断，故购房人要求开发商支付违约金的条件未成就，该调解事项无法通过法院强制执行

【基本案情】

黄某与瑞益公司商品房买卖合同纠纷案，德阳中院在二审期间，于2018年9月3日作出（2018）川06民终845号民事调解书，该调解书第3项确

认：如瑞益公司未在2018年12月31日前按照政府有关部门要求缴纳税费及履行其他相关办证义务，则由其向黄某支付总购房款30%的违约金。

2019年5月6日，黄某依据（2018）川06民终845号民事调解书第3项内容向四川中江法院申请执行，要求瑞益公司向其支付补偿金1000元及房屋总价款30%的违约金。四川中江法院于5月27日裁定：查封了瑞益公司所有的××花园49套房屋。

2019年10月16日，瑞益公司提出异议，请求终结执行，并解除对49套房屋的查封。四川中江法院认为，（2018）川06民终845号民事调解书第3项约定明确，虽瑞益公司抗辩政府主管部门于2019年8月19日才向其出具土地出让金缴纳通知书，但涉案房屋的产权登记已于2019年7月10办理至黄某名下，足以证明涉案房屋的产权登记并非以缴纳土地出让金为前提，且税费并不等同于土地出让金。瑞益公司未履行调解约定义务，黄某有权要求瑞益公司支付购房款30%的违约金。遂作出（2019）川0623执异73号执行裁定，驳回瑞益公司的异议请求。

瑞益公司向德阳中院申请复议，请求如下：撤销四川中江法院（2019）川0623执异73号执行裁定，解除对××花园涉案49套房屋的查封。复议期间，德阳中院查明：2019年12月26日，四川中江政府作出行政复议决定书，撤销中江县自然资源局作出的《土地出让金征收决定书》，瑞益公司是否应当补缴土地出让金以及数额没有最终确定。2019年10月22日，中江县自然资源局作出《关于张××信访事项的回复》，明确要求瑞益公司补缴土地出让金后方可为业主办理不动产登记手续。

德阳中院认为调解书第3项约定的瑞益公司向黄某支付总购房款30%违约金的条件尚未成就，本案不具备申请执行条件，遂作出（2020）川06执复39号执行裁定：（1）撤销四川中江法院（2019）川0623执异73号执行裁定；（2）驳回黄某关于（2018）川06民终845号民事调解书第3项内容的执行申请。

黄某向四川高院申诉，四川高院认为黄某的申诉请求和理由不能成立，故裁定驳回其申诉请求。

【争议焦点】

当事人在履行涉案民事调解书过程中就违约责任承担产生争议，应否由执行程序进行审查并作出裁决?

【裁判要点】

（2018）川06民终845号民事调解书第3项所确认的基于违约责任而导致的给付义务，取决于尚未发生的事实，即当事人在履行生效民事调解书过程中是否违约以及违约程度，属于与民事调解书发生法律效力后新发生事实相结合，而形成的新的实体权利义务争议，并非简单的事实判断，在执行程序中对上述实体权利义务争议直接加以认定并作出裁决，缺乏程序的正当性和必要的程序保障。为保障各方当事人的合法权益，当事人应以另行提起诉讼的方式解决。因此，黄某英的申诉请求和理由不能成立，驳回其申诉请求。

【相关法律法规】

《最高人民法院关于人民法院办理执行异议和复议案件若干问题的规定》

第十二条 人民法院对执行异议和复议案件实行书面审查。案情复杂、争议较大的，应当进行听证。

《最高人民法院关于适用〈中华人民共和国民事诉讼法〉的解释》

第四百六十一条 当事人申请人民法院执行的生效法律文书应当具备下列条件:

（一）权利义务主体明确;

（二）给付内容明确。

法律文书确定继续履行合同的，应当明确继续履行的具体内容。

《执行工作规定》

16. 人民法院受理执行案件应当符合下列条件:

（1）申请或移送执行的法律文书已经生效;

（2）申请执行人是生效法律文书确定的权利人或其继承人、权利承受人；

（3）申请执行的法律文书有给付内容，且执行标的和被执行人明确；

（4）义务人在生效法律文书确定的期限内未履行义务；

（5）属于受申请执行的人民法院管辖。

人民法院对符合上述条件的申请，应当在七日内予以立案；不符合上述条件之一的，应当在七日内裁定不予受理。

【诉讼策略】

1. 本案系商品房买卖合同纠纷案件，双方在二审程序达成调解，但因调解内容中存在附条件支付违约金条款，在条件未成就时购房人无权请求法院强制执行违约金。

调解书第 3 项约定开发商未按期缴纳税费及履行办证义务则需支付总购房款 30% 的违约金，该约定属于附条件支付违约金条款，违约金支付的前提条件是其未按时缴纳税款和履行办证义务。

履行过程中，开发商收到县政府《土地出让金征收决定书》，开发商不服申请行政复议，复议后该决定书被撤销，因此，开发商应否补缴土地出让金以及补缴数额没有最终确定。同时，根据开发商复议期间提供的县自然资源局作出的《关于张××信访事项的回复》，明确开发商补缴土地出让金后方可为购房人办理不动产登记手续。

综上，开发商对逾期交房并无过错，其是否违约无法在执行程序中直接判断，因此，购房人要求开发商支付违约金的条件未成就，购房人依据调解书请求强制执行开发商违约金不符合执行案件受理条件，故法院驳回其执行申请。

2. 作为执行依据的调解书约定了违约金条款，但又对支付违约金附有前提条件，因此，在执行程序中因调解书履行产生的是否违约等争议系调解生效后新产生的实体争议，执行程序中无法直接判断，执行违约金的条件未成就，故无法执行。

调解约定内容如下：（1）瑞益公司于 2018 年 12 月 31 日前为黄某办理所购位于中江县××镇××村××花园××幢××号××房的初始登记及不动产产权登记，所需缴纳的契税、维修基金等由业主承担，已交纳的以票据为准；（2）瑞益公司于2018年9月30日前向黄某支付补偿费3000元；（3）如瑞益公司未在2018年12月31日前按照政府有关部门要求缴纳税费及履行其他相关办证义务，则由其向黄某支付总购房款30%的违约金；（4）一审案件受理费1158.5元，二审案件受理费1158.5元减半收取，均由瑞益公司负担。

【类案裁判观点分析】

案例：调解书履行过程中是否违约以及应否支付相应违约金产生争议不应在执行程序中予以解决，购房人关于违约金的执行申请不符合执行案件受理条件——四川高院（2020）川执监157号

本案中，当事人双方就瑞益公司在履行民事调解书过程中是否违约以及应否支付相应违约金产生争议，属就民事调解书发生法律效力后新发生事实形成的实体权利义务争议，执行程序不宜径行审查并作出裁决，当事人应以另行提起诉讼的方式解决。因此，申请执行人的执行申请不符合执行案件的受理条件。

130. 调解书仅对法律关系、合同变更内容进行确认，该调解书能否执行

◇ **执行依据** 商品房预售合同纠纷、建设工程施工合同纠纷案件调解书

◇ **问题** 调解内容仅对法律关系、合同变更内容进行确认，该调解书能否执行

◇ **案例** 北京高院（2020）京执复178号

◇ **结论** 双方调解内容系对双方诸多法律关系达成一致意见的确认，是对原商品房预售合同、建设工程施工合同相关内容变更的确认，不属于给付性质的生效法律文书，因此，双方在履行该调解书确认的调解协议过程中发生的争议，系基于新的事实产生的争议，应当另行通过法律途径解决，不属于执行程序审查范围，原告依据该调解书申请执行不符合执行案件受理条件

【基本案情】

中建某局与庄胜公司商品房预售合同纠纷、建设工程施工合同纠纷案，2006年9月28日，北京高院作出（2005）高民终字第989号民事调解书。

2007年12月24日，中建某局依据调解书内容向北京一中院申请强制执行，请求如下：（1）强制庄胜公司给付2007年5月至12月的款项46055555.52元和直至给付时止的逾期利息；（2）执行费由庄胜公司承担。

执行过程中，北京一中院于2019年7月19日作出（2008）一中执字第128号、（2009）一中执字第299号公告，公告载明：将对登记在中建某局名下的，由被执行人庄胜公司实际占有使用的，坐落于北京市西城区××××号的部分房产依法处置。庄胜公司向北京一中院提出执行异议，请求如下：（1）停止对北京一中院（2008）一中执字第128号案所涉房产进行处置（包括但不限于评估、拍卖、变卖等）；（2）驳回中建某局对于庄胜公司的执行申请。

北京一中院认为（2005）高民终字第989号调解书系对庄胜公司、中建某局诸多法律关系、诸多权利、义务关系达成一致意见的确认，是对原商品房预售合同、建设工程施工合同相关内容变更的确认，不属于给付性质的生效法律文书。遂作出（2020）京01执异65号执行裁定，裁定驳回中建某局的执行申请。

中建某局向北京高院申请复议，请求如下：（1）撤销北京一中院（2020）京01执异65号执行裁定；（2）驳回庄胜公司的执行异议申请。北京高院认同北京一中院的观点，裁定驳回中建某局的复议申请，维持北京一中院（2020）京01执异65号执行裁定。

【争议焦点】

执行法院驳回中建某局的执行申请是否符合法律规定？

【裁判要点】

北京高院认为，根据《民事诉讼法司法解释》第463条①的规定，当事

① 现为《民事诉讼法司法解释》第461条。

人申请人民法院执行的生效法律文书应当是给付性质的。本案中，已发生法律效力的（2005）高民终字第989号调解书，系诉讼中庄胜公司与中建某局对诸多法律关系达成一致意见的确认，是对原商品房预售合同、建设工程施工合同相关内容变更的确认，不属于给付性质的生效法律文书。双方在履行该调解书确认的调解协议过程中发生的争议，系基于新的事实产生的争议，应当另行通过法律途径解决。北京一中院（2020）京01执异65号执行裁定结果正确，予以维持。中建某局所提复议请求，缺乏事实根据和法律依据，不予支持。

【相关法律法规】

《民事诉讼法司法解释》

第四百六十一条 当事人申请人民法院执行的生效法律文书应当具备下列条件：

（一）权利义务主体明确；

（二）给付内容明确。

法律文书确定继续履行合同的，应当明确继续履行的具体内容。

《执行工作规定》

16. 人民法院受理执行案件应当符合下列条件：

（1）申请或移送执行的法律文书已经生效；

（2）申请执行人是生效法律文书确定的权利人或其继承人、权利承受人；

（3）申请执行的法律文书有给付内容，且执行标的和被执行人明确；

（4）义务人在生效法律文书确定的期限内未履行义务；

（5）属于受申请执行的人民法院管辖。

人民法院对符合上述条件的申请，应当在七日内予以立案；不符合上述条件之一的，应当在七日内裁定不予受理。

【诉讼策略】

本案涉及多个合同和纠纷的统一调解，调解内容包括对法律关系的确认，以及对原商品房预售合同、建设工程施工合同相关内容变更的确认，但无明确给付内容，不符合执行立案受理条件，故该调解书无法执行。

作为执行依据的法律文书，需要有给付内容且给付范围要明确，如给付标的、种类、数量、质量、时间等信息要明确指明等才能产生执行效力。本案中，生效的（2005）高民终字第989号调解书系对庄胜公司、中建某局诸多法律关系、诸多权利、义务关系达成一致意见的确认，是对原商品房预售合同、建设工程施工合同相关内容变更的确认，不属于给付性质的生效法律文书。双方在履行该调解书确认的调解协议过程中发生的争议，系基于新的事实产生的争议，应当另行通过其他法律途径解决，而不能在执行程序中直接予以确认，也因此执行条件尚未成就，中建某局依据调解书申请法院强制执行不符合执行案件受理条件，故法院裁定驳回中建某局的执行申请。

（五）借款合同纠纷

131. 调解约定义务人就涉案艺术品拍卖后偿债的差额部分承担补足义务，该调解事项能否顺利执行

◇ **执行依据**　借款合同纠纷案件调解书，涉及信托、借款、委托处理艺术品等多个合同

◇ **问题**　调解书约定字画拍卖价款用于偿债，剩余债务由义务人补足，上述约定可否确认被执行人及相应执行内容

◇ **案例**　最高人民法院（2020）最高法执复100号

◇ **结论**　调解书约定内容已明确了债务总额，并明确了书画作品的处置方式，以及涉案艺术品处置后价款分配和补足方式。涉案艺术品按约定处置完毕后，债权人向义务人发函告知处置所得总价款及差额部分。根据该调解书内容及实际情况，可进一步明确本案剩余债权执行数额，因此，该调解书内容系给付内容明确、具体，符合执行案件受理条件

【基本案情】

原告山东信托公司与被告天润公司、净雅公司、渔市公司、华衡公司、邹某媛、王某洋、张某舵、田某玲等合同纠纷案，诉讼中各方达成和解，山东高院作出（2017）鲁民初68号民事调解书，其第2条内容为：经各方确认，截至2017年7月9日，天润公司和净雅公司应共同承担120811022.8元的信托财产现金差额补足义务。其第3条内容为：本协议生效后，山东信托公司对涉案艺术品进行处置。处置所得价款不足以清偿第2条应付款项的，由天润公司、净雅公司、渔市公司于处置完毕之日起30日内承担补足义务。

2017年10月10日，在涉案艺术品处置过程中，各方协商达成《关于山东省高院2017鲁民初68号民事调解书所涉及艺术品处置方案》，各方盖章确认。2019年5月27日，山东信托公司向渔市公司出具《告知函》，说明其已于3月31日处置完毕预收购合同对应的全部艺术品，处置所得总价款为85957913元。该价款不足以清偿民事调解书第2条确定的应付价款，贵公司需补足金额本息合计为56459220.96元。

后山东信托公司以天润公司、渔市公司等被告为被执行人向山东高院申请强制执行。2019年7月15日，山东高院作出（2019）鲁执84号执行裁定书，裁定如下：冻结渔市公司银行存款56789803.96元，或查封其他相应价值的财产。在该裁定实际执行过程中，山东高院查封了渔市公司位于山东省荣成市的房地产、银行账户等财产。

2019年9月27日，山东信托公司向山东高院提交了《撤回执行申请书》，表示其与被执行人正在就债务履行进行和解。山东高院于9月29日裁定终结执行。

2020年4月16日，山东信托公司向山东高院申请恢复执行，该院于4月29日以（2020）鲁执恢3号案件恢复执行。

被执行人渔市公司向山东高院提出异议，请求撤销山东高院（2019）鲁执84号执行裁定，解除对该公司财产的查封措施。山东高院认为渔市公司对山东信托公司处置涉案艺术品的全过程是明知且认可，因此其以处置过程“严重违法”为由提出执行异议，不予支持，于2020年5月20日作出

（2020）鲁执异69号执行裁定，驳回渔市公司的异议。

渔市公司不服，向最高人民法院申请复议，请求停止对该公司房产的拍卖，解除对该公司的查封措施。最高人民法院经审理，裁定驳回渔市公司的复议申请，维持山东高院（2020）鲁执异69号执行裁定。

【争议焦点】

渔市公司是否属于本案被执行人，本案给付内容是否明确？

【裁判要点】

1. 渔市公司是否属于本案被执行人

本案的执行依据为（2017）鲁民初68号民事调解书，本案调解书中明确了涉案艺术品的处置方式，亦明确了字画作品处置后的价款分配和补足方式，即“处置所得价款超出第2条应付款项的，超出部分价款由天润公司、净雅公司、渔市公司协商分配；处置所得价款不足以清偿第2条应付款项的，由天润公司、净雅公司、渔市公司于处置完毕之日起30日内承担补足义务”。本案中，根据山东高院查明的情况，涉案艺术品处置过程中，渔市公司等被执行人对处置方案、委托拍卖合同等均予盖章确认，而涉案艺术品处置所得价款不足以清偿民事调解书第2条中约定的应付款项。根据民事调解书的内容，应“由天润公司、净雅公司、渔市公司于处置完毕之日起30日内承担补足义务”，此种情形下，执行渔市公司的条件已经成就，故山东高院在执行程序中将渔市公司作为被执行人并执行其财产，并无不当。

2. 本案给付内容是否明确

本案中，（2017）鲁民初68号民事调解书第2项明确了债务总额，第3项明确了涉案艺术品的处置方式，以及涉案艺术品处置后价款分配和补足方式。涉案艺术品按照渔市公司等被执行人认可的处置方式处置完毕后，山东信托公司向渔市公司出具《告知函》，告知处置所得总价款为85957913元。在民事调解书已明确债务总额，且涉案艺术品处置所得总价款亦明确的情况下，山东高院在此基础上，进一步确定剩余债权执行数额，并无不当。

此外，关于渔市公司提出山东信托公司系非法借贷且其对此不知情、其已向天润公司支付涉案艺术品款项等理由，系对作为执行依据的民事调解书不服，不属于本案执行程序审查范围，最高人民法院不予审查。

综上，渔市公司的复议请求及理由不能成立，最高人民法院不予支持。裁定如下：驳回渔市公司的复议申请，维持山东高院（2020）鲁执异69号执行裁定。

【相关法律法规】

《民事诉讼法》

第二百四十三条第二款 调解书和其他应当由人民法院执行的法律文书，当事人必须履行。一方拒绝履行的，对方当事人可以向人民法院申请执行。

《民事诉讼法司法解释》

第四百六十一条 当事人申请人民法院执行的生效法律文书应当具备下列条件：

（一）权利义务主体明确；

（二）给付内容明确。

法律文书确定继续履行合同的，应当明确继续履行的具体内容。

《执行工作规定》

16. 人民法院受理执行案件应当符合下列条件：

（1）申请或移送执行的法律文书已经生效；

（2）申请执行人是生效法律文书确定的权利人或其继承人、权利承受人；

（3）申请执行的法律文书有给付内容，且执行标的和被执行人明确；

（4）义务人在生效法律文书确定的期限内未履行义务；

（5）属于受申请执行的人民法院管辖。

人民法院对符合上述条件的申请，应当在七日内予以立案；不符合上述条件之一的，应当在七日内裁定不予受理。

【诉讼策略】

1. 本案系各方当事人基于签署的多个合同存在多个法律关系产生的纠

纷，原告起诉要求多名共同被告承担付款责任，后经调解约定以涉案艺术品的拍卖款作为付款方式，其他义务人承担差额补足义务，因原告在诉讼调解约定中以及后续执行过程中均能清晰、明确地确认义务人的给付责任和给付内容，故执行法院及异议、复议法院均支持原告依据调解书提出的执行申请。

（1）根据原告、被告各方的调解协议，权利人有权处置涉案艺术品。

（2）在涉案艺术品处置过程中，义务人等被执行人对处置方案、委托拍卖合同等均盖章确认，表明其对涉案艺术品的处置是明知且认可。

（3）调解书第3条明确约定：处置所得价款不足以清偿第2条应付款项的，由义务人于处置完毕之日起30日内承担补足义务。权利人在处置涉案艺术品后也书面告知了义务人应当履行补足义务的具体数额和期限。

综上，执行法院认为权利人基于调解书内容向法院申请强制执行义务人资产符合法律规定，应予立案、执行。调解约定由义务人于涉案艺术品处置完毕之日起30内就还款金额不足部分承担补足义务，此种情形下，执行义务人的条件已经成就，则执行法院可在执行程序中将该义务人作为被执行人并执行其财产。

2. 本案调解协议约定的给付义务人及给付内容清晰、明确，且权利人在处置相关争议事项时均留有相应合法、合规的证明材料，避免了因己方原因导致执行程序受阻的结果，有利于调解事项的执行。

原告、被告各方经法院调解，达成的调解协议内容如下：（1）山东信托公司与8被告签订的编号为2015年DX31H艺预收购001号《山东信托·鼎鑫31号（跃海文化3期）艺术品投资集合资金信托计划之艺术品预收购合同》于本调解书生效之日起解除。（2）经各方确认，截至2017年7月9日，天润公司和净雅公司应共同承担120811022.8元的信托财产现金差额补足义务（该款项包括本金1.02亿元、利息12304619.18元、费用6506403.62元）；自2017年7月10日起至实际给付之日的应补足金额，以1.02亿元为基数，其中5000万元按照年13.7%的利率计算（该利率包括投资者收益利率9.5%、信托报酬1.5%、投资顾问费2.5%、保管费0.2%），5200万元按照年11.5%的利率计算（该利率包括投资者收益利率7.3%、信托报酬1.5%、投资顾问费2.5%、保管费0.2%）。（3）本协议生效后，山东信托公司有权对山东泰山文化艺术品交易所保管的预收购合同对应的全部涉案艺术品进行处置。山东信托公司与天润公司、净雅公司、渔市公司自本调解书生效之日起 2 个月内协商确定预收购合同对应的全部涉案艺术品的买家及成交价格、处置方式、处置机构。逾期协商不成，则山东信托公司应选择有资质的拍卖公司公开处置。处置所得价款超出第 2 条应付款项的，超出部分价款由天润公司、净雅公司、渔市公司协商分配；处置所得价款不足以清偿第 2 条应付款项的，由天润公司、净雅公司、渔市公司于处置完毕之日起 30 日内承担补足义务。渔市公司承担补足义务后，有权向天润公司、净雅公司追偿。（4）华衡公司、邹某媛、王某洋、张某舵、田某玲对上述第 2 项、第 3 项债务承担连带清偿责任。（5）山东信托公司应于本调解书生效当日向法院申请解除对渔市公司名下房产的查封。同时，山东信托公司应向法院申请解除对渔市公司账户的冻结。（6）本案原告律师代理费按照第 2 条确定债权的实际清偿数额的 1% 计算，由除渔市公司以外的其他被告共同负担，于原告债权每次得以清偿后 10 日内支付。（7）一审案件诉讼费 651165 元，减半收取 325583 元；财产保全费 5000 元，合计 330583 元，由除渔市公司以外的其他被告共同负担。上述费用已由原告预交，除渔市公司以外的本案其他被告于本调解书生效后 3 个月内将上述诉讼费用支付给原告。据此，山东高院作出了（2017）鲁民初 68 号民事调解书，对协议内容予以确认。

权利人山东信托公司在处置涉案艺术品时，向义务人发送《告知函》，义务人公司副总签收。《告知函》载明：根据（2017）鲁民初 68 号民事调解书的约定，山东信托公司已于 2019 年 3 月 31 日处置完毕预收购合同对应的全部涉案艺术品，处置所得总价款为 85957913 元。该价款不足以清偿民事调解书第 2 条确定的应付价款，贵公司应在处置完毕之日起 30 日内履行补足义务。至 2019 年 5 月 31 日，贵公司应履行的补足义务为债权本金 54574744. 92 元，利息 1884476. 04 元，合计本息金额为 56459220. 96 元。请贵公司于 2019 年 5 月 31 日前将上述款项支付至我公司指定的账户，否则，我公司将依法申请人民法院对贵公司强制执行。

综上，在民事调解书已明确债务总额，且字画处置所得总价款亦已明确的情况下，执行法院可在此基础上，进一步确定本案剩余债权执行数额，即执行依据的给付内容清晰、明确，符合执行案件受理条件，应予继续执行。

132. 调解约定典当期间的费用由被告承担，该调解内容能否申请强制执行

◇ **执行依据**　借款合同纠纷案件调解书

◇ **问题**　调解书约定典当期间的费用由被告承担，是否属于给付内容不明确的情形，能否据此申请法院强制执行

◇ **案例**　最高人民法院（2021）最高法执监385号

◇ **结论**　借款合同纠纷案件的调解书约定“典当期间的费用由被告范某承担”，该内容从形式上看没有具体的给付金钱数额或者计算给付金钱数额的方式，属于给付内容不明确的情形，故不符合执行立案受理条件

【基本案情】

刘某与范某、李某、凤栖苑公司民间借贷纠纷案，泰安中院于2012年5月22日作出（2012）泰民一初字第23号民事调解书，主要内容为：范某偿还刘某借款本金1242万元及其利息，赔偿保全担保费用1.5万元，典当期间的费用由范某承担，李某和凤栖苑公司对上述款项承担连带责任。

调解书生效后，经刘某申请，泰安中院于2012年11月2日立案执行。2012年5月28日，泰安中院向泰安岱岳法院送达协助执行通知书，要求冻结李某在该院过付款1600万元，2014年和2016年继续冻结。

利害关系人张某明对此提出异议，异议请求如下：（1）申请告知（2012）泰民一初字第23号调解书中的债权已经执行受偿的金额和未受偿的金额等案件执行情况。（2）应撤销对调解书第3项“典当期间的费用由被告范某承担”和第4项“被告李某、凤栖苑公司对上述款项承担连带责任”的执行。（3）不应将（2016）鲁0911民初1385号民事判决作为本案执行依据。（4）张某明查封李某对第三人杨某民的到期债权顺序早于刘某，请求法院予

以查明、确认，并将刘某从杨某民处受偿数额回转给张某明。

执行过程中，被执行人李某曾先于本案异议人张某明向泰安中院提出异议，泰安中院作出（2019）鲁 09 执异 48 号执行裁定，裁定驳回李某的异议请求。泰安中院认为，张某明的异议与李某的异议基本一致，该院对李某的异议已经受理，并作出（2011）鲁 09 执异 48 号异议裁定。该裁定认定，本案已执行到位款项 2544.8072 万元；该院查封李某在泰安岱岳法院的过付款、冻结李某对杨某民的到期债权，执行行为并不违反法律规定；调解书尚未执行完毕，不应解除对相关债权的查封。因此，张某明的异议理由不成立，泰安中院于 2020 年 9 月 16 日作出（2020）鲁 09 执异 96 号执行裁定，驳回了张某明的异议请求。

张某明不服，向山东高院申请复议，山东高院认为调解书第 3 项“典当期间的费用由被告范某承担”的内容，基于（2016）鲁 0911 民初 1385 号民事判决内容，可以确认相应费用。山东高院于 2020 年 11 月 18 日作出（2020）鲁执复 454 号复议裁定，驳回张某明的复议申请。

张某明不服，向最高人民法院申诉，最高人民法院认为张某明的申诉理由成立，故撤销（2020）鲁执复 454 号复议裁定；撤销（2020）鲁 09 执异 96 号异议裁定；指令泰安中院对本案进行审查。

【争议焦点】

调解书约定“典当期间的费用由被告范某承担”，该约定的给付内容是否明确?

【裁判要点】

本案中，（2012）泰民一初字第 23 号调解书第 3 项内容为“典当期间的费用由被告范某承担”，从形式上来看，没有具体的给付金钱数额或者计算给付金钱数额的方式，属于给付内容不明确的情形。泰安中院和山东高院在异议和复议审查中，根据审判部门有关该项调解内容的答复意见，结合被执行人范某实际支付了部分典当费用等事实，参照（2016）鲁 0911 民初 1385 号民事判决认定典当费用的计算方式，确定了本案应当执行的典当费用。其中，审判部门有关该项调解内容的答复意见，并没有明确典当期间的费用数额，亦没有明确具体典当期间或者费用计算方法，不足以据此认定典当期间的费用数额。执行中，被执行人李某曾就典当期间费用的计算问题提出异议，不认可刘某的意见和泰安中院的认定。（2016）鲁0911民初1385号民事判决明确了刘某和典当行之前的典金、典当费用和利息损失等。该判决是泰安中院和山东高院认定（2012）泰民一初字第23号调解书第3项“典当期间的费用”的一项关键证据，但该判决目前已被依法撤销，该判决原告典当行撤回了起诉。综上，（2020）鲁执复454号复议裁定和（2020）鲁09执异96号异议裁定认定（2012）泰民一初字第23号调解书第3项内容具有明确给付内容，缺乏足够的证据支持，系认定基本事实不清。

【相关法律法规】

《民事诉讼法司法解释》

第四百六十一条　当事人申请人民法院执行的生效法律文书应当具备下列条件：

（一）权利义务主体明确；

（二）给付内容明确。

法律文书确定继续履行合同的，应当明确继续履行的具体内容。

《执行工作规定》

16. 人民法院受理执行案件应当符合下列条件：

（1）申请或移送执行的法律文书已经生效；

（2）申请执行人是生效法律文书确定的权利人或其继承人、权利承受人；

（3）申请执行的法律文书有给付内容，且执行标的和被执行人明确；

（4）义务人在生效法律文书确定的期限内未履行义务；

（5）属于受申请执行的人民法院管辖。

人民法院对符合上述条件的申请，应当在七日内予以立案；不符合上述条件之一的，应当在七日内裁定不予受理。

【诉讼策略】

1. 本案系借款合同纠纷案件，诉讼过程中原告、被告达成和解，法院根据和解协议制作调解书，此后权利人基于调解书内容申请法院强制执行，各方在执行程序中出现纠纷，并历经多年诉讼才最终明确调解书内容不符合执行立案的受理条件。

调解书约定的“典当期间的费用由被告范某承担”，该项内容从形式上来看，没有具体的给付金钱数额或者计算给付金钱数额的方式，属于给付内容不明确的情形。泰安中院在执行过程中，向审判部门征询相关意见，审判部门就调解内容的答复意见，并没有明确典当期间的费用数额，亦没有明确具体典当期间或者费用计算方法，不足以据此认定典当期间的费用数额。“典当期间的费用”应如何计算成为双方在执行中的争议焦点，而根据调解书内容及审判部门的答复均无法确认该部分调解内容，故执行法院及执行异议、复议法院认定该部分内容明确、可执行存在认定错误的问题，执行案件又被发回重审。

2. 调解书内容明确、具体和可执行是诉讼各方在达成和解协议时需要格外注意的事项，应避免达成和解后各方又在执行程序中再次产生争议。

法院调解书系基于原被各方自愿达成的和解协议内容，本案调解书内容如下：（1）被告范某于2012年11月1日前支付给原告刘某借款本金1242万元，自2012年1月1日起按实际天数计算支付利息（本金1600万元、月利率1%），逾期按同期中国人民银行贷款利率的4倍支付利息。（2）被告范某赔偿原告财产保全担保费用15000元，此款与上述款项一并支付。（3）典当期间的费用由被告范某承担。（4）被告李某、凤栖苑公司对上述款项承担连带责任。案件受理费106771元减半收取53386元，保全费5000元，由被告承担，此款已由原告刘某足额垫付，待执行时一并解决。

上述调解内容中，第1项关于借款本金及利息，第2项保全担保费用，以及案件受理费的承担内容，均约定明确、具体，可请求法院强制执行。但调解书的第3项内容，仅约定典当期间的费用由被告承担，但典当费用多少、如何计算典当费用等事项均不明确，不符合执行案件的受理条件，故无法通过法院强制执行。因此，原告、被告在法院调解下完成和解的，一定要注意调解事项的明确、具体和可执行问题。

133. 调解约定利息计算至“实际还款之日止”，该调解内容能否顺利执行

◇ **执行依据** 借款合同纠纷案件调解书

◇ **问题** 调解协议约定分批偿还借款，约定利息计算至实际还款之日止，该调解内容能否顺利执行

◇ **案例** 山东高院（2020）鲁执复267号

◇ **结论** 调解约定债务人于2015年12月31日前偿还债权人借款本金1000万元及利息（自2015年7月1日起至实际还款之日止，按照中国人民银行同期贷款利率的4倍计算，按月支付），因该约定内容没有明确指明利息计算的截止日期，且执行程序中双方对利息计算的截止日期存在分歧，因此债务人在执行中提出异议。调解后，执行双方因调解内容不明确产生新的争议，经多年纠纷，才最终认定上述约定内容属于给付内容明确，可进行执行

【基本案情】

汪某与华乐公司、姜某借款合同纠纷案，威海中院于2015年6月10日作出（2015）威民二初字第11号民事调解书，华乐公司按调解约定履行支付执行款的义务。华乐公司于2016年11月3日向威海中院交付执行款4030326.56元，威海中院于2016年11月30日将4030326.56元转付汪某，后华乐公司因另案给付义务向威海中院支付20万执行款，威海中院在该笔款项中扣划了本案的执行款。

华乐公司提出执行异议，认为其已按照调解书履行完义务，执行法院已超标的执行，请求将超额执行的1134659.56元退还华乐公司并解除对其房产的查封，按中国人民银行同期贷款利率的4倍赔偿其经济损失。威海中院作

出（2019）鲁10执异65号执行裁定，驳回了该执行异议。华乐公司向山东高院申请复议，山东高院于2019年12月10日作出（2019）鲁执复456号执行裁定，裁定如下：撤销（2019）鲁10执异65号执行裁定，发回威海中院重新审查。

威海中院重审华乐公司异议期间，认为本案纠纷的产生系因调解书第3项“华乐公司于2015年12月31日前偿还汪某借款本金1000万元及利息（自2015年7月1日起至实际还款之日止，按照中国人民银行同期贷款利率的4倍计算，按月支付）”，没有明确指明利息计算的截止日期，双方当事人对利息计算的截止日期亦存在严重分歧。威海中院执行部门向审判部门请求明确调解书内容，审判部门书面说明，明确本案利息计算的截止时间为实际付清款项之日，不应受2015年12月31日的限制。2020年6月4日，威海中院作出（2020）鲁10执异21号执行裁定，驳回华乐公司的异议请求。

华乐公司向山东高院申请复议，请求撤销（2020）鲁10执异21号执行裁定，裁定威海中院将超额执行的案款1134659.56元退还给复议申请人（自2016年11月3日起至实际退还日按照中国人民银行同期4倍贷款利率计算损失）。山东高院经审查，裁定如下：驳回华乐公司复议申请，维持（2020）鲁10执异21号执行裁定。

【争议焦点】

执行过程中对利息的计算是否符合执行依据的内容?

【裁判要点】

本案中，（2015）威民二初字第11号民事调解书第3项“华乐公司于2015年12月31日前偿还汪某借款本金1000万元及利息（自2015年7月1日起至实际还款之日止，按照中国人民银行同期贷款利率的4倍计算，按月支付）”，没有明确指明利息计算的截止日期，双方当事人对利息计算的截止日期亦存在分歧，鉴于该异议系因执行依据内容不明确而产生，执行部门依法提请生效法律文书的审理部门结合案件审理期间查明的情况，对不明确的执行内容予以解释说明。审理部门出具书面说明，明确本案利息计算的截止时间为实际付清款项之日，不受2015年12月31日的限制。2015年12月31日前华乐公司及姜某未偿付借款本金1000万元及利息，本案一般债务利息应依据调解书第3项，按照中国人民银行同期贷款利率的4倍计算至实际付清款项之日。因此，华乐公司主张本案一般债务利息应按照固定年利率4.75%计算至2015年12月31日与事实不符。复议申请人称对于2016年1月1日后的利息双方并没有约定，只能按照法律规定的1.75‰计算迟延履行金的和请求和理由，亦缺乏事实和法律依据。综上，华乐公司的复议请求不能成立，遂裁定如下：驳回华乐公司复议申请，维持威海中院（2020）鲁10执异21号执行裁定。

【相关法律法规】

《民法典》

第五百六十一条　债务人在履行主债务外还应当支付利息和实现债权的有关费用，其给付不足以清偿全部债务的，除当事人另有约定外，应当按照下列顺序履行：

（一）实现债权的有关费用；

（二）利息；

（三）主债务。

《最高人民法院关于执行程序中计算迟延履行期间的债务利息适用法律若干问题的解释》

第四条　被执行人的财产不足以清偿全部债务的，应当先清偿生效法律文书确定的金钱债务，再清偿加倍部分债务利息，但当事人对清偿顺序另有约定的除外。

《民事诉讼法司法解释》

第四百六十一条　当事人申请人民法院执行的生效法律文书应当具备下列条件：

（一）权利义务主体明确；

（二）给付内容明确。

法律文书确定继续履行合同的，应当明确继续履行的具体内容。

《执行工作规定》

16. 人民法院受理执行案件应当符合下列条件：

（1）申请或移送执行的法律文书已经生效；

（2）申请执行人是生效法律文书确定的权利人或其继承人、权利承受人；

（3）申请执行的法律文书有给付内容，且执行标的和被执行人明确；

（4）义务人在生效法律文书确定的期限内未履行义务；

（5）属于受申请执行的人民法院管辖。

人民法院对符合上述条件的申请，应当在七日内予以立案；不符合上述条件之一的，应当在七日内裁定不予受理。

《最高人民法院关于人民法院立案、审判与执行工作协调运行的意见》

15. 执行机构发现本院作出的生效法律文书执行内容不明确的，应书面征询审判部门的意见。审判部门应在15日内作出书面答复或者裁定予以补正。审判部门未及时答复或者不予答复的，执行机构可层报院长督促审判部门答复。

执行内容不明确的生效法律文书是上级法院作出的，执行法院的执行机构应当层报上级法院执行机构，由上级法院执行机构向审判部门征询意见。审判部门应在15日内作出书面答复或者裁定予以补正。上级法院的审判部门未及时答复或者不予答复的，上级法院执行机构层报院长督促审判部门答复。

执行内容不明确的生效法律文书是其他法院作出的，执行法院的执行机构可以向作出生效法律文书的法院执行机构发函，由该法院执行机构向审判部门征询意见。审判部门应在15日内作出书面答复或者裁定予以补正。审判部门未及时答复或者不予答复的，作出生效法律文书的法院执行机构层报院长督促审判部门答复。

【诉讼策略】

1. 本案系借款合同纠纷案件，原告提起诉讼后，审判法院在诉讼程序中组织原告、被告双方进行调解，并达成调解协议，法院据此制作民事调解书。但因调解书关于利息计算截止时间约定不明，导致原告、被告双方在执行程序中又陷入多年的诉讼纠纷之中。

本案中，调解书约定内容相对较明确，约定利息计算至“实际还款之日止”，但因本案是分批次偿还借款，每次偿还借款的部分是冲抵本金还是利息没有约定清楚，因此，原告、被告双方对于剩余未清偿债务的金额，以及最后一笔偿还是否超标的存在争议，导致执行法院在执行款项的具体金额上存在错误判断，经山东高院第一次复议审查后裁定撤销异议裁定，发回重审。第二次异议、复议程序后，山东高院裁定认可了执行法院的异议裁定，最终结合审判法院对于调解书内容的书面说明，认定本案不存在超标的执行的问题。

本案因调解内容约定不明确，导致双方在执行程序中又经历多年诉讼纠纷。经执行异议、执行复议及发回重审等程序，执行法院向审判庭请求释明调解约定内容，再次执行异议、复议程序，最终认定上述约定内容属给付内容明确，才认定内容可执行，整个程序下来费时费力。因调解约定内容不明确，导致各方均受困于诉累。

2. 原告、被告在诉讼调解过程中需要注意调解事项的可执行性，避免因调解内容约定不明导致各方再陷入诉累之中，甚至最终应得利益亦无法取得。

本案中，作为执行依据的（2015）威民二初字第 11 号民事调解书，调解内容如下：(1) 华乐公司于 2015 年 6 月 30 日前偿付汪某以 1000 万元为基数，自 2014 年 12 月 26 日起至实际还款之日止，按照中国人民银行同期贷款利率的 4 倍计算的利息。(2) 华乐公司于 2015 年 6 月 30 日前赔偿汪某律师费损失 371000 元、担保费损失 50000 元。(3) 华乐公司于 2015 年 12 月 31 日前偿还汪某借款本金 1000 万元及利息（自 2015 年 7 月 1 日起至实际还款之日止，按照中国人民银行同期贷款利率的 4 倍计算，按月支付）。(4) 姜某对华乐公司的上述债务承担连带清偿责任。(5) 姜某在承担保证责任后有权在承担责任的范围内向华乐公司追偿。(6) 案件受理费 87335 元，减半收取 43668 元，财产保全费 5000 元，共计 48668 元，由被告华乐公司、姜某负担。

综上所述，调解约定事项涉及多笔款项分批支付的情形，但未明确部分偿还借款抵充本金及利息的顺序，导致双方在执行程序中就执行金额产生极大争议，且久争不决。因此，原告、被告在诉讼调解过程中约定调解事项时，应关注内容的可执行性问题，避免达成的调解协议最终无法执行的不利结果。

134. 调解约定的给付内容需基于被告是否违反调解协议进行判断，则该调解事项能否强制执行

◇ **执行依据** 金融借款合同纠纷案件调解书

◇ **问题** 调解约定“以后被告仍按原合同偿还借款本息。如被告不按调解书履行，则原告有权单方解除合同并执行合同全部借款本息的余款”，该调解内容是否符合执行案件受理条件

◇ **案例** 河北高院（2021）冀执复382号

◇ **结论** 调解约定“如被告不按调解书履行，则原告有权单方解除合同并执行合同全部借款本息的余款”，因该约定内容是基于双方当事人未来违约而导致的给付义务，取决于未来发生的事实。当事人双方在履行生效调解书过程中是否违约以及违约程度等，属于由双方达成调解书后新发生的事实产生的新的实体权利义务争议，执行程序中无法对该部分争议产生的给付内容作出判断。因此，原告依据该调解内容申请执行不符合执行案件受理条件，调解书内容无法执行

【基本案情】

中行某支行与林某借款合同纠纷案，诉讼过程中原告、被告双方达成调解协议。2014年4月9日，唐山丰南法院作出（2014）丰民初字第1196号民事调解书，内容为“被告于2014年4月17日偿还原告所拖欠的借款本息25500元，以后被告仍按原合同偿还借款本息。如被告不按调解书履行，则原告有权单方解除合同并执行合同全部借款本息的余款”。

唐山中院依中行某支行的执行申请，于2020年11月10日立案执行，并于2020年11月26日按照申请执行的标的和要求执行完毕。2020年12月4

日，唐山中院作出结案通知书。同日，唐山中院作出（2020）冀02执18352号执行裁定书，驳回中行某支行对调解书关于执行合同全部借款本息余款的执行申请。

中行某支行向唐山中院提出异议，请求继续执行。唐山中院经审理认为，调解协议约定的第2项内容是基于双方当事人未来违约而导致的给付义务，取决于未来发生的事实，现执行程序中无法明确给付内容，故作出（2021）冀02执异364号执行裁定：驳回中行某支行的异议申请。

中行某支行向河北高院申请复议，请继续执行（2014）丰民初字第1196号民事调解书。河北高院经审理，裁定驳回中行某支行的复议。

【争议焦点】

作为执行依据的民事调解书中给付内容是否明确？

【裁判要点】

河北高院认为，当事人申请人民法院执行的生效法律文书应当具有明确的给付内容。本案执行依据——（2014）丰民初字第1196号民事调解书载明“被告于2014年4月17日偿还原告所拖欠的借款本息25500元，以后被告仍按原合同偿还借款本息。如被告不按调解书履行，则原告有权单方解除合同并执行合同全部借款本息的余款”。该民事调解书包含两部分内容，其中，第二部分内容取决于未来发生的事实。林某已经按照民事调解书内容偿还25500元，并偿还了一段时间借款本息，后期林某何时开始违约以及违约后需要偿还的余款，涉及实体权利义务争议，需要结合生效法律文书作出后新发生的事实来确定，属于执行依据中给付内容不明确，如果在执行程序中直接予以认定，不利于保障当事人的程序权利。综上，复议申请人中行某支行的复议理由不能成立，其复议请求河北高院不予支持。唐山中院作出的（2021）冀02执异364号执行裁定书认定事实清楚，适用法律正确，应予维持。

【相关法律法规】

《执行工作规定》

16. 人民法院受理执行案件应当符合下列条件：

（1）申请或移送执行的法律文书已经生效；

（2）申请执行人是生效法律文书确定的权利人或其继承人、权利承受人；

（3）申请执行的法律文书有给付内容，且执行标的和被执行人明确；

（4）义务人在生效法律文书确定的期限内未履行义务；

（5）属于受申请执行的人民法院管辖。

人民法院对符合上述条件的申请，应当在七日内予以立案；不符合上述条件之一的，应当在七日内裁定不予受理。

【诉讼策略】

1. 本案系金融借款合同纠纷案件，原告、被告在诉讼中达成调解协议，并由法院基于调解协议制作民事调解书，但双方在执行程序中就履行调解书内容产生争议。因债务人应否承担给付义务取决于未来发生的事实，但条件未成就，属于给付内容不明确，故调解书内容不符合执行案件受理条件。

调解书中约定“被告于2014年4月17日偿还原告所拖欠的借款本息25500元”，该约定内容具有给付内容且执行标的明确，可以通过法院强执行。调解书中关于“如被告不按调解书履行，则原告有权单方解除合同并执行合同全部借款本息的余款”部分，是基于双方当事人未来违约而导致的给付义务，取决于未来发生的事实。当事人双方在履行生效调解书过程中是否违约以及违约程度等问题，属于双方达成调解书后新发生的事实产生的新的实体权利义务争议，执行程序中无法对该部分争议产生的给付内容作出判断。因此，原告依据该调解内容申请执行不符合执行案件受理条件，故驳回对该调解内容的执行申请。

2. 原告、被告双方在诉讼中达成的调解内容，因调解内容存在诸多不确定因素，导致执行程序中无法确认给付内容，因此，涉案调解书的内容无法通过法院强制执行。

作为执行依据的调解书，调解内容为：被告于2014年4月17日偿还原告所拖欠的借款本息25500元，以后被告仍按原合同偿还借款本息。如被告不按调解书履行，则原告有权单方解除合同并执行合同全部借款本息的余款。

上述调解内容可以分为两部分：第一部分是“被告于2014年4月17日偿还原告所拖欠的借款本息25500元”，该部分调解事项约定明确，具有明确的给付内容，执行法院很顺利及完成该部分的执行。第二部分是“以后被告仍按原合同偿还借款本息。如被告不按调解书履行，则原告有权单方解除合同并执行合同全部借款本息的余款”。其中，引起本案执行争议以及执行受阻的第一个难点是“以后被告仍按原合同偿还借款本息”是关于后续调解书履行内容的约定，也是本案引起债务人是否违反“如被告不按调解书履行，则原告有权单方解除合同并执行合同全部借款本息的余款”的判断依据，但该债务人违反调解协议约定的判断是关于调解协议履行过程中的新产生争议，执行法院不能以执代审。引起执行受阻的第二个难点为“执行合同全部借款本息的余款”，该余款因前述第一个难点中关于债务人是否违约、违约时间等难判断，导致后续借款本息余款亦难以判断，故执行法院无法在执行程序中进行直接确认，导致执行给付内容不明确进而无法执行的结果。

135. 调解约定义务人返还现金余额附有条件，该调解约定能否顺利执行

◇ **执行依据**　金融借款合同纠纷案件调解书

◇ **问题**　调解约定义务人返还现金余额需满足一定条件，在条件未成就时，权利人的执行申请是否符合执行受理条件

◇ **案例**　上海高院（2021）沪执复12号

◇ **结论**　调解书约定的原告需要向第三人返还现金余额的前提条件是在股权过户登记手续办理完毕之日起一年内，如原告处置后，现金总额仍有余额，协商返还。据查，据原告处置后的时间已超过1年，

且原告与第三人未就现金是否有余额返还进行协商，故该条确定的前提条件并未成就，由此造成权利义务主体和给付内容均不明确。因此，第三人依据上述调解事项申请法院强制执行原告资产，不符合执行案件受理条件

【基本案情】

原告盛融公司与被告招行某支行、第三人百联公司、上海德泓公司、上海骏泓公司、兴力达公司、建配公司金融借款合同纠纷案，上海一中院依据各方达成的调解协议，于2009年12月14日作出（2009）沪一中民三（商）初字第30-3号民事调解书。执行中，各方产生争议的约定内容，系调解书第2项、第3项、第4项、第7项约定，第2项为：本案中原告盛融公司主张的诉讼请求为：（1）本金32亿元人民币（以下币种相同）；（2）利息4.36亿元（计算截至2009年12月31日）；（3）案件诉讼费及律师费计1875万元。上述债权总计36.5475亿元。第3项为：第三人上海德泓公司、第三人上海骏泓公司愿意将其拥有的以下资产抵偿上述36.5475亿元的债权。第4项为：第三人上海德泓公司、第三人上海骏泓公司承诺上述资产抵偿债务后剩余部分还应用于偿付以下债务：（1）第三人百联公司欠付约计9000万元的财政契税等相关税费；（2）第三人兴力达公司欠付约计1亿元的财政契税等相关税费；（3）第三人兴力达公司欠付约计1.2亿元的工程款及维修基金；（4）截至2009年12月底第三人百联公司一次性包干应付百联集团委托管理费300万元。第7项为：原告盛融公司和第三人上海德泓公司、第三人上海骏泓公司同意，在股权过户登记手续办理完毕之日起一年内，如原告盛融公司处置后，按上述抵偿对价以及实际承担的上述负担费用，现金总额仍有余额（本调解协议第3项、第4项约定）的，余额由原告盛融公司和第三人上海德泓公司、第三人上海骏泓公司协商返还第三人上海德泓公司、第三人上海骏泓公司。

2012年6月13日，第三人上海德泓公司、上海骏泓公司依据上述调解事项向上海一中院申请对盛融公司强制执行，申请执行标的为199707759.25

元。该院以案件强制执行条件尚未成就，于2012年12月12日以销案方式结案。2020年11月12日，上海德泓公司、上海骏泓公司再次以上述相同的内容，向上海一中院申请执行，该院立（2020）沪01执1733号案执行，盛融公司向该院提出如上执行异议。

上海一中院认为调解事项不符合执行受理条件，于2020年12月28日作出（2020）沪01执异233号异议裁定，驳回上海德泓公司、上海骏泓公司的执行申请。上海德泓公司、上海骏泓公司不服，向上海高院申请复议。上海高院经审理，裁定驳回上海德泓公司、上海骏泓公司的复议申请，维持上海一中院（2020）沪01执异233号异议裁定。

【争议焦点】

上海一中院驳回第三人上海德泓公司、上海骏泓公司的执行申请是否合法？

【裁判要点】

上海高院认为，根据法律规定，当事人申请人民法院执行的生效法律文书应当具备下列条件：（1）权利义务主体明确；（2）给付内容明确。本案中生效的（2009）沪一中民三（商）初字第30－3号民事调解书第2～4项分别明确的是盛融公司诉讼请求的债权金额（其中利息计算截至2009年12月31日），上海德泓公司、上海骏泓公司愿意抵债的资产范围及价值，以及对资产抵偿债务后剩余部分用于偿付百联公司及兴力达公司欠付的财政契税、工程款等费用的估算金额。（2009）沪一中民三（商）初字第30－3号民事调解书第7条则确定，盛融公司需要向上海德泓公司、上海骏泓公司返还现金余额的前提条件是在股权过户登记手续办理完毕之日起一年内，如原告盛融公司处置后，现金总额仍有余额，协商返还。据盛融公司称，其处置实际完成时间为2013年2月，盛融公司和上海德泓公司、上海骏泓公司均确认之后双方未就现金是否有余额返还进行协商，故该条确定的前提条件并未成就，由此造成权利义务主体和给付内容均不明确。上海一中院认为本案不符合申请执行的法定条件，据此驳回上海德泓公司、上海骏泓公司的执行申请于法有据，并无不当。

就（2009）沪一中民三（商）初字第30－3号民事调解书履行过程中产生的争议，双方当事人可依法通过其他途径寻求解决。遂裁定：驳回上海德泓公司、上海骏泓公司的复议申请，维持上海一中院（2020）沪01执异233号异议裁定。

【相关法律法规】

《民事诉讼法司法解释》

第四百六十一条 当事人申请人民法院执行的生效法律文书应当具备下列条件：

（一）权利义务主体明确；

（二）给付内容明确。

法律文书确定继续履行合同的，应当明确继续履行的具体内容。

《执行工作规定》

16. 人民法院受理执行案件应当符合下列条件：

（1）申请或移送执行的法律文书已经生效；

（2）申请执行人是生效法律文书确定的权利人或其继承人、权利承受人；

（3）申请执行的法律文书有给付内容，且执行标的和被执行人明确；

（4）义务人在生效法律文书确定的期限内未履行义务；

（5）属于受申请执行的人民法院管辖。

人民法院对符合上述条件的申请，应当在七日内予以立案；不符合上述条件之一的，应当在七日内裁定不予受理。

【诉讼策略】

1. 本案系金融借款合同纠纷案件，诉讼中原告、被告、第三人达成调解协议，既明确了原告诉讼请求的债权金额、第三人抵债的资产范围及价值，又设定了原告处置相应资产后剩余现金的返还义务。因此，本案第三人基于调解协议约定向法院请求强制执行原告处置资产后的剩余现金。

调解协议第7项约定："原告盛融公司和第三人上海德泓公司、第三人上海骏泓公司同意，在股权过户登记手续办理完毕之日起一年内，如原告盛融公司处置后，按上述抵偿对价以及实际承担的上述负担费用，现金总额仍有余额（本调解协议第3项、第4项约定）的，余额由原告盛融公司和第三人上海德泓公司、第三人上海骏泓公司协商返还第三人上海德泓公司、第三人上海骏泓公司。"上述约定明确了原告就处分资产偿还债务后的余额部分，负有向资产提供方第三人的返还义务，但同时约定了原告返还余额的前提条件，即在股权过户登记手续办理完毕之日起一年内，如原告盛融公司处置后，现金总额仍有余额，协商返还。在上述前提条件未成就时，第三人请求执行原告的给付内容无法明确，不符合执行案件的受理条件，因此，执行法院裁定驳回了第三人上海德泓公司、上海骏泓公司的执行申请。

2. 本案各方形成的调解协议内容较复杂，一旦各方因调解内容的履行发生纠纷，则相关权利义务约定是否明确、能否执行等问题就会凸显出来，导致本案最终无法执行。

调解书所涉约定内容共18大项，其中每一大项又涉及多个小项，因此各方在签署该类调解协议时，需要做好相应审查工作，避免为后续纠纷解决埋下隐患。

调解协议约定内容全文如下：（1）各方当事人共同确认：①案外人百联集团出具承诺书，同意第三人上海德泓公司拥有第三人百联公司100%股权（案外人承诺书附后作为本调解协议的有效组成部分）；②第三人上海德泓公司持有第三人兴力达公司30%股权，该股权经有效的工商登记确认；③第三人百联公司拥有哈尔滨市道里区某新城约计43.57万平方米的商用房产；④第三人兴力达公司拥有约计11.83万平方米的在建工程权益。（2）本案中原告盛融公司主张的诉讼请求为：①本金32亿元人民币（以下币种相同）；②利息4.36亿元（计算截至2009年12月31日）；③案件诉讼费及律师费计1875万元。上述债权总计36.5475亿元。（3）第三人上海德泓公司、第三人上海骏泓公司愿意将其拥有的以下资产抵偿上述36.5475亿元的债权，具体如下：①第三人百联公司100%的股权转让给原告盛融公司或原告盛融公司指定公司，以其拥有43.57万平方米的房产以每平方米6500元作价抵偿。

②第三人兴力达公司100%的股权转让给原告盛融公司或原告盛融公司指定公司，以其拥有11.83万平方米的在建工程以每平方米11500元作价抵偿。上述资产合计价值41.925亿元，在扣除36.5475亿元债务后剩余部分归第三人上海德泓公司、第三人上海骏泓公司所有。（4）第三人上海德泓公司、第三人上海骏泓公司承诺上述资产抵偿债务后剩余部分还应用于偿付以下债务：①第三人百联公司欠付约计9000万元的财政契税等相关税费；②第三人兴力达公司欠付约计1亿元的财政契税等相关税费；③第三人兴力达公司欠付约计1.2亿元的工程款及维修基金；④截至2009年12月底第三人百联公司一次性包干应付百联集团委托管理费300万元。（5）原告盛融公司同意接受第三人上海德泓公司、第三人上海骏泓公司的上述资产及负担，第三人上海德泓公司、第三人上海骏泓公司应与原告盛融公司签署《股权转让合同》并在2009年12月31日前配合办理股权过户登记手续。第三人上海德泓公司、第三人上海骏泓公司承诺在第三人百联公司、第三人兴力达公司股权交割日之前发生的一切债务由其承担。第三人上海德泓公司、第三人上海骏泓公司同时承诺股权交割日到2010年12月31日解聘第三人百联公司和第三人兴力达公司工作人员，所发生的费用由第三人上海德泓公司、第三人上海骏泓公司全部承担。（6）至股权交割日前，第三人百联公司、第三人兴力达公司名下除本协议第3项所述资产外，其余资产、债权债务均归第三人上海德泓公司、第三人上海骏泓公司所有，原告盛融公司适时配合第三人上海德泓公司、第三人上海骏泓公司实现前述权益。根据第三人上海德泓公司、第三人上海骏泓公司要求，原告盛融公司适时解除本案中已有诉讼保全措施，相关查封资产仍归第三人上海德泓公司、第三人上海骏泓公司所有。（7）原告盛融公司和第三人上海德泓公司、第三人上海骏泓公司同意，在股权过户登记手续办理完毕之日起一年内，如原告盛融公司处置后，按上述抵偿对价以及实际承担的上述负担费用，现金总额仍有余额（本调解协议第3项、第4项约定）的，余额由原告盛融公司和第三人上海德泓公司、第三人上海骏泓公司协商返还第三人上海德泓公司、第三人上海骏泓公司。（8）第三人上海德泓公司、第三人上海骏泓公司承诺，如百联集团在第三人上海德泓公司、第三人上海骏泓公司与原告盛融公司签署《股权转让合同》后，未能解除对第三人

兴力达公司在建工程的权利限制，包括但不限于预购登记、抵押登记等，第三人上海德泓公司、第三人上海骏泓公司以其自有资产承担由此产生的所有损失。（9）第三人上海德泓公司承诺，按2008年12月8日《框架协议》第4.1条约定，提供第三人上海德泓公司在第三人建配公司49%股权回购权益或对应的资产收益，在本调解协议中承担上述资产不足时对不足部分的补充抵偿责任。在股权过户后，如上述资产不足以抵偿，原告盛融公司有权直接将第三人建配公司49%的股权回购权益或对应的资产收益直接予以抵扣。（10）《股权转让合同》签署后，第三人上海德泓公司、第三人上海骏泓公司及其所有关联公司承诺放弃对第三人百联公司、第三人兴力达公司所有之权利、权力和主张，包括但不限于承担担保责任后对主债务人之追索权、优先购买权、回购权等。（11）如第三人百联公司、第三人兴力达公司股权过户登记手续没有在2009年12月31日前办理完毕，原告盛融公司可向法院申请强制执行办理第三人百联德泓公司、第三人兴力达公司股权的变更登记手续。（12）股权过户登记手续办结后，如发生第三人百联公司、第三人兴力达公司资产仍不足以抵偿原告盛融公司36.5475亿元债权的情况（第三人百联公司、第三人兴力达公司资产市场贬值因素除外），第三人上海德泓公司、第三人上海骏泓公司、第三人百联德泓公司、第三人兴力达公司对不足部分承担连带保证责任，原告盛融公司于本调解协议中保留对第三人上海德泓公司、第三人上海骏泓公司、第三人百联公司、第三人兴力达公司要求承担连带保证责任并提起诉讼的权利。（13）第三人上海德泓公司、第三人上海骏泓公司承诺，第三人百联公司、第三人兴力达公司设立合法、经营规范。第三人百联公司、第三人兴力达公司全部经营情况，包括但不限于资产负债情况、对外担保情况、税务情况、房产项目工程应付款及已收款情况、资产抵押情况、关联交易情况、重大合同情况等已如实向原告盛融公司披露，如因披露不实或隐瞒事实造成原告盛融公司损失，第三人上海德泓公司、第三人上海骏泓公司负债赔偿。（14）第三人建配公司同意，由建配公司继续承担2008年12月8日的《框架协议》明确约定的第三人建配公司应承担的责任。（15）本调解协议经各方及各方授权代表签署后生效。本协议未尽事宜，各方可另行签署相应协议予以明确。（16）本案案件受理费18688449元，减半收取9344224.5元，财产保全费5000元，共计9349224.5元，由原告盛融公司承担。(17）与本调解协议相关的《股权转让合同》是本协议的附件。(18）各方当事人其他无争议。

（六）保证合同纠纷

136. 调解约定债务人还款后债权人放弃对担保人主张还款的权利，依据该约定能否执行担保人财产

◇ **执行依据**　借款担保合同纠纷案件调解书

◇ **问题**　调解约定债务人还款后债权人放弃对担保人主张还款的权利，该条款能否作为债权人申请执行担保人财产的依据

◇ **案例**　四川高院（2019）川执复459号

◇ **结论**　调解约定："在本案有关被告向原告相应履行完毕上述还款义务后，原告放弃对陈某松主张还款义务的权利。"该条款仅是有关债权人向包括陈某松在内的三名自然人行使请求权的约定，不具有给付内容，包括履行给付义务的期间、数额及法律效果，故债权人向提出对陈某松采取强制执行措施的申请，不符合执行案件受理条件，故撤销查封裁定、解除查封措施

【基本案情】

原告成都农商行某支行诉被告盛大公司、吉庆公司、桑某、棠湖公司、严某明、福达公司、陈某松借款合同纠纷案，四川高院根据各方达成的调解协议，于2002年5月14日作出（2001）川经初字第61号民事调解书，其中第5项约定："在本案有关被告向成都农商行某支行相应履行完毕上述还款义务后，成都农商行某支行放弃对桑某、严某明、陈某松主张还款义务的权利。"

因被告盛大公司、吉庆公司、棠湖公司和福达公司未按生效民事调解书履行金钱给付义务，2003 年 6 月 17 日，成都农商行某支行向四川高院申请执行。2003 年 8 月 27 日，四川高院裁定中止（2001）川经初字第 61 号民事调解书的执行，民事裁定明确载明陈某松为被执行人。2007 年 6 月 28 日，内江中院按照四川高院指令立案执行，并于 11 月 10 日裁定如下：终结（2001）川经初字第 61 号民事调解书的本次执行程序。

2017 年 6 月 1 日，内江中院作出（2007）内执字第 60－11 号执行裁定，查封被执行人陈某松所有的位于成都市双流区的房屋，以及查封被执行人陈某松所有的位于成都市双流区的两处车位。

陈某松对法院将其列为被执行人并对其财产采取查封措施不服，向内江中院提出异议。内江中院认为成都农商行某支行申请执行时所提供的执行依据对陈某松没有具体而明确的强制执行内容，不符合执行案件受理条件。该院于 2019 年 8 月 12 日作出（2019）川 10 执异 14 号执行裁定，裁定撤销该院（2007）内执字第 60－11 号执行裁定。

成都农商行某支行向四川高院申请复议，形成本案纠纷，四川高院经审理，裁定如下：驳回成都农商行某支行复议申请。

【争议焦点】

（2001）川经初字第 61 号民事调解书能否作为强制执行异议人陈某松的执行依据？

【裁判要点】

四川高院认为，当事人申请执行应当符合的条件中包括申请执行的法律文书具有给付内容且给付内容具体明确这一实质要件。本案中，四川高院（2001）川经初字第 61 号民事调解书中与陈某松有关的内容为第 5 项，但该条款仅是有关债权人向包括陈某松在内的三名自然人行使请求权的约定，不具有给付内容，包括履行给付义务的期间、数额及法律效果，故债权人向该院提出对陈某松采取强制执行措施的申请，与司法解释有关申请执行应当具备的实质要件规定不符。内江中院（2007）内执字第60－11号执行裁定对陈某松的财产采取执行措施，缺乏事实和法律依据，应予撤销。复议申请人成都农商行某支行关于（2001）川经初字第61号民事调解书对被执行人陈某松有具体而明确的给付内容，具备申请执行实质要件的复议申请理由不能成立，其请求应不予支持。

【相关法律法规】

《民事诉讼法司法解释》

第四百六十一条 当事人申请人民法院执行的生效法律文书应当具备下列条件：

（一）权利义务主体明确；

（二）给付内容明确。

法律文书确定继续履行合同的，应当明确继续履行的具体内容。

《执行工作规定》

16. 人民法院受理执行案件应当符合下列条件：

（1）申请或移送执行的法律文书已经生效；

（2）申请执行人是生效法律文书确定的权利人或其继承人、权利承受人；

（3）申请执行的法律文书有给付内容，且执行标的和被执行人明确；

（4）义务人在生效法律文书确定的期限内未履行义务；

（5）属于受申请执行的人民法院管辖。

人民法院对符合上述条件的申请，应当在七日内予以立案；不符合上述条件之一的，应当在七日内裁定不予受理。

【诉讼策略】

1. 本案系因借款合同履行引起的债权人主张担保人清偿债务的纠纷案件，债权人依据调解书约定请求法院强制执行担保人资产，但因执行依据不符合执行案件受理条件，故法院撤销对担保人查封的裁定、解除对担保人财产的查封措施。

民事调解书中与担保人有关的约定条款系第5项，该项约定："在本案有关被告向原告成都农商行某支行相应偿还完毕上述还款义务后，成都农商行某支行放弃对桑某、严某明、陈某松主张还款义务的权利。"上述约定内容并未明确担保人陈某松负有何种给付责任，该条约定内容不明确，属于正话反说，表意难免不明。若正话正说则可表述为："担保人就债务人对债权人所负债务，承担连带保证责任，担保人对此知悉且认可。"这样表述相对来讲更清晰明确，且在各方履行调解书内容过程中出现纠纷时，更有利于保护债权人的权益。

2. 关于本案应否列担保人为被执行人的问题，因自2003年执行法院即在法律文书中列明担保人为被执行人并送达给担保人，担保人未提异议，故担保人在2017年以执行法院将其列为被执行人无事实及法律依据的主张，执行法院不予支持。

关于是否将陈某松作为本案被执行人问题，应以申请执行人提出请求为事实基础，并由人民法院通过作出相关法律文书予以确认。执行法院自2003年以来作出的多个民事裁定，明确将陈某松列为执行案件被执行人，而且在此过程中，陈某松委托他人领取相关法律文书，因此，陈某松应当知道其已被四川高院列为执行案件被执行人的事实。

四川高院将该执行案件指定内江中院执行时作出的（2005）川执字第35－3号民事裁定书将陈某松列为被执行人，此后，申请执行人向内江中院提交书面执行申请书，请求对包括陈某松在内的各被执行人采取强制执行措施，内江中院将陈某松列为被执行人，并向陈某松发送执行通知书，执行通知书由同案被执行人桑某签收。因此，担保人陈某松在2017年的异议中，认为将其列为执行案件被执行人没有事实依据的主张，与执行院审查查明的事实不符，也无法律依据，故执行法院将担保人列为被执行人并无不当。

（七）建设工程合同纠纷

137. 调解书对工程范围和工程造价结算标准予以明确，该调解书能否申请执行

◇ **执行依据** 建设工程施工合同纠纷案件调解书

◇ **问题** 建工合同纠纷案件的双方调解约定了工程范围和工程造价结算标准，但未明确工程款支付数额、支付时间、利息起算时间和利率等，该调解书能否申请法院强制执行

◇ **案例** 湖北高院（2022）鄂执复17号

◇ **结论** 调解约定虽对项目工程范围和工程造价结算标准予以明确，但未确定具体工程款支付数额、支付时间、利息起算时间和利率等。然而，法律文书主文应当明确具体，给付金钱的，应当明确数额、支付时间。需要计算利息、违约金数额的，应当有明确的计算基数、标准、起止时间等。因此，作为本案执行依据的调解书不符合执行案件受理条件

【基本案情】

腾龙公司与三江公司建设工程施工合同纠纷案，黄石中院于2019年6月5日作出（2018）鄂02民初141号民事调解书。因三江公司未履行（2018）鄂02民初141号民事调解书确定的法律义务，腾龙公司于2021年2月7日向黄石中院申请强制执行，后因腾龙公司提出撤销案件执行申请，黄石中院于2021年8月20日裁定终结（2018）鄂02民初141号民事调解书的执行程序。

2021年8月29日，腾龙公司向黄石中院申请恢复执行。黄石中院立案受理后，向三江公司送达了（2021）鄂02执恢85号执行通知书，责令其履

行以下义务：(1) 向腾龙公司支付工程款77721907.36元；(2) 向腾龙公司支付迟延履行期间的债务利息（77721907.36元为基数，自2019年9月19日起，按日1.75‱计算至实际付清之日止）；(3) 向腾龙公司支付财产保全保险费80000元；(4) 向腾龙公司支付案件受理费270900元；(5) 承担本案执行费145473元。

三江公司对（2021）鄂02执恢85号执行通知书提出异议，认为（2018）鄂02民初141号民事调解书仅确定其和腾龙公司就三江××项目按《建设工程施工合同》进行工程造价结算，并支付工程款及利息，但其和腾龙公司之间关于涉案工程，存在南地块、北地块不同的建设工程施工合同关系，南地块工程已完工，但是否具备付款条件双方未达成一致意见，北地块已停工，尚无法验收、结算，且腾龙公司单方提出的给付请求未经其确认，亦未经生效法律文书确认债权金额，不具有强制执行的法定条件。故请求撤销黄石中院（2021）鄂02执恢85号执行通知书，裁定对（2018）鄂02民初141号民事调解书不予执行。

黄石中院作出（2021）鄂02执异32号执行裁定，裁定如下：(1) 撤销黄石中院（2021）鄂02执恢85号执行通知书第1项、第2项，即向腾龙公司支付工程款77721907.36元；向腾龙公司支付工程款及迟延履行期间的债务利息。(2) 变更（2021）鄂02执恢85号执行通知书第5项（三江公司承担案件执行费145473元）为：三江公司承担案件执行费5164元。(3) 驳回三江公司对（2021）鄂02执恢85号执行通知书第3项、第4项的异议。

腾龙公司向湖北高院提出复议，请求撤销黄石中院（2021）鄂02执异32号执行裁定主文第1项，湖北高院经审理裁定如下：驳回腾龙公司复议申请，维持黄石中院（2021）鄂02执异32号执行裁定。

【争议焦点】

执行法院撤销执行通知书第1项、第2项关于支付工程款及利息的内容，是否符合法律规定？

【裁判要点】

湖北高院认为，（2018）鄂02民初141号民事调解书主文第1项虽对项目工程范围和工程造价结算标准予以明确，但未确定具体工程款支付数额、支付时间、利息起算时间和利率等。然而，法律文书主文应当明确具体。给付金钱的，应当明确数额和支付时间。需要计算利息、违约金数额的，应当有明确的计算基数、标准、起止时间等。根据《民事诉讼法司法解释》第463条[①]“当事人申请人民法院执行的生效法律文书应当具备下列条件：（一）权利义务主体明确；（二）给付内容明确。法律文书确定继续履行合同的，应当明确继续履行的具体内容”的规定，本案（2018）鄂02民初141号民事调解书第1项给付内容不明确，无法执行，黄石中院撤销执行通知书第1项、第2项关于支付工程款及利息的内容并无不当，湖北高院予以支持。

【相关法律法规】

《民事诉讼法司法解释》

第四百六十一条 当事人申请人民法院执行的生效法律文书应当具备下列条件：

（一）权利义务主体明确；

（二）给付内容明确。

法律文书确定继续履行合同的，应当明确继续履行的具体内容。

【诉讼策略】

1. 本案系建设工程施工合同纠纷案件，施工方起诉发包方支付工程款，诉讼中双方经法院调解达成调解协议，法院据此制作调解书，但因调解约定内容存在问题，导致无法依据调解书向法院申请强制执行。

根据《民事诉讼法司法解释》第461条的规定，作为执行依据的调解

---

① 现为《民事诉讼法司法解释》第461条。

书，应当明确、具体。对于约定给付金钱的，应当明确数额、支付时间；需要计算利息、违约金数额的，应当有明确的计算基数、标准、起止时间等。本案中，双方在调解书中虽然对项目工程范围和工程造价结算标准予以明确，但未确定具体工程款支付数额、支付时间、利息起算时间和利率等。因此，执行法院因执行依据给付内容不明确，认为施工方依据该调解书申请法院强制执行不符合法定受理条件，遂裁定驳回其就支付工程款的执行申请。

2. 本案因原告、被告双方涉及多个工程项目，关于涉案工程，又存在南地块、北地块不同的建设工程施工合同关系，南地块工程已完工，但是否具备付款条件双方未达成一致意见。北地块已停工，尚无法验收、结算。原告、被告双方在诉讼过程中达成的《调解协议》并未就上述工程进展及支付内容作出准确、具体约定，故导致调解书部分事项无法执行的结果。

调解内容约定如下：（1）腾龙公司承包施工的位于黄石市黄石港区××项目（北地块）1号楼、2号楼及1－24轴商业裙楼、地下室，三江××项目（北地块）3~7号楼及25－47轴商业裙楼、地下室，三江××项目（五期）14号楼、16号楼、25号楼，三江××项目南地块部分桩基、地下车库及15号楼建筑及安装工程，由腾龙公司与三江公司按照双方所签订的上述工程的《建设工程施工合同》中约定的工程结算条款进行工程造价结算，并支付工程款（含利息）；（2）确认腾龙公司对其承包施工的位于黄石市黄石港区××项目（北地块）1号楼、2号楼及1－24轴商业裙楼、地下室，三江××项目（北地块）3~7号楼及25－47轴商业裙楼、地下室，三江××项目（五期）14号楼、16号楼、25号楼，三江××项目南地块部分桩基、地下车库及15号楼建筑及安装工程，享有建设工程价款优先受偿权；（3）腾龙公司为申请人民法院财产保全支付的8万元保险费由三江公司承担，三江公司自签收民事调解书之日起一个月内给付腾龙公司；（4）案件受理费541800元，减半收取为270900元，由三江公司承担。

上述调解约定内容第2项系确认优先受偿权。第3项、第4项系对诉讼费、保全费承担责任的约定，该部分内容均明确具体，执行法院亦完成相应金额的执行。但关于第 1 项关于工程款支付责任的约定，该约定内容中并无具体支付金额、支付时间以及利息、违约金的相应计算方法，导致执行金额不明确，执行法院认为不符合执行案件受理标准，故驳回权利人的执行申请。

【类案裁判观点分析】

案例一：依据调解约定在市财政局预算评审中心未对涉案工程款作出评审结论的情况下，工程款金额无法确认。因此，执行内容不明确，不符合执行案件受理条件——山西高院（2021）晋执 21 号

申请执行人并未能提供符合本案生效民事调解书明确的给付内容依据。根据本案执行依据和查明事实，大同市装备制造产业园区管理委员会向北京××建设集团有限公司给付的工程款金额应以大同市财政局预算评审中心的最终评审结论为准，在大同市财政局预算评审中心未对涉案工程款作出评审结论的情况下，本案执行标的并不明确，不符合执行案件受理条件。

案例二：施工企业与开发商就质保金的履行未达成一致，属于执行标的不明确，执行法院不应受理施工企业关于质保金的执行申请，受理的应裁定驳回其执行申请——四川高院（2019）川执复 63 号

民事调解书中第 2 项中第 2 条确定的内容，即“结算价款的 5% 为质保金，质保金的支付按双方签订的施工合同及补充协议约定执行”。对此，双方当事人对涉案工程结算价款的金额无争议，但对依据双方签订的施工合同及补充协议支付质保金是否到期、第三建筑公司是否全面履行质保义务、瑞西合能公司应返还质保金的数额等事宜产生了争议，该部分争议直接涉及当事人的实体权利，不宜在执行程序中予以处理，双方当事人可通过另行诉讼的方式实现其权利救济。因第三建筑公司与瑞西合能公司就质保金的履行未达成一致，属于执行标的不明确，人民法院受理第三建筑公司的执行申请后，应当裁定驳回其执行申请。

138. 调解后权利义务人就调解事项细化形成和解协议，权利人能否申请执行和解协议

◇ **执行依据**　建设工程施工合同纠纷案件调解书

◇ **问题**　调解后的权利义务人又就调解事项细化形成新的和解协议，权利人以和解约定作为请求执行的事项，该执行申请是否符合受理条件

◇ **案例**　广东高院（2020）粤执复1059号

◇ **结论**　调解书确认了欠付工程款金额及由施工方、开发商另行协商具体还款方式。调解后，施工方、开发商及案外人在权利人申请执行前又就调解书约定的具体还款方式等内容协商达成了新的和解协议。和解协议约定：开发商仍拖欠的工程款其应当按照工程款项优先权的有关规定，在取得其他款项的同时支付给施工方，直至清偿完毕。施工方依据调解书申请执行，却以和解协议约定的优先受偿权为请求内容。因申请执行的内容不符合调解书的调解约定，故执行法院驳回了施工方的执行申请

【基本案情】

新东方公司与恒业公司建设工程施工合同纠纷案，肇庆中院作出（2018）粤12民初42号民事调解书，内容如下：（1）三方确认恒业公司尚欠新东方公司涉案债务金额37579690.37元，具体还款方式由恒业公司和新东方公司另行协商；（2）本案案件受理费442318元，调解减半收取221159元由新东方公司负担，财产保全费5000元由新东方公司负担。

新东方公司依据（2018）粤12民初42号民事调解书向肇庆中院申请执行，请求执行涉案债务37579690.37元及对恒业公司“西堤××一期”项目折价或拍卖价款享有的优先受偿权。执行法院于2020年6月22日立案受理。

另查明，新东方公司、恒业公司、钟某在本案当事人申请执行立案前已经就（2018）粤12民初42号民事调解书约定的具体还款方式另行协商达成了和解协议。和解协议约定，新东方公司向法院申请解除财产保全，房屋以物抵债作价22329800元，恒业公司同意将其涉项目名下的车位68个，总价10200000元通过以物抵债方式抵偿债务，若上述车位顺利过户，则恒业公司仍拖欠新东方公司的工程款，恒业公司应当按照工程款项优先受偿权的有关规定，在取得其他款项的同时支付给新东方公司，直至清偿完毕。2019年7月10日，执行法院依据新东方公司解除保全的申请，作出协助执行通知书，对查封的恒业公司房屋解除查封。

肇庆中院认为新东方公司依据和解协议的内容申请执行，其请求内容不符合（2018）粤12民初42号民事调解书的调解约定。故作出（2020）粤12执258号执行裁定书，驳回新东方公司的执行申请。

新东方公司向广东高院申请复议，请求撤销执行法院的执行裁定，继续执行本案。广东高院经审理，裁定如下：驳回新东方公司的复议申请，维持肇庆中院（2020）粤12执258号执行裁定。

【争议焦点】

新东方公司执行申请是否符合执行受理条件？

【裁判要点】

1. 据以申请执行的生效法律文书是否具有明确给付内容

本案中，新东方公司申请执行的生效法律文书为执行法院作出的（2018）粤12民初42号民事调解书，该调解书确认了恒业公司对新东方公司所负金钱债务的具体金额，但并未确认清偿债务的方式与期限，即新东方公司据以申请执行的民事调解书相应的给付内容并不明确，故新东方公司根据无明确给付内容的民事调解书申请执行，不符合执行案件受理条件。

2. 当事人自行达成的和解协议不属于应由法院执行的生效法律文书

当事人之间可以自愿协商达成和解协议，但若债务人不履行和解协议，人民法院仍应依照生效法律文书予以强制执行，而非对和解协议予以强制执行，和解协议并不具有交付人民法院强制执行的法律效力。本案中，新东方公司与恒业公司在生效民事调解书确认金钱债务金额后，另行达成具体履行债务的和解协议，该协议虽与生效民事调解书相互关联，但并非民事调解书的内容，不具有强制执行的法律效力，不能以此作为向人民法院申请强制执行的依据。因此，新东方公司将双方达成债务履行和解协议的内容，作为申请执行内容请求执行法院立案受理，不能成立。

综上所述，新东方公司申请强制执行不符合执行案件受理条件，广东高院对其复议请求不予支持。

【相关法律法规】

《民事诉讼法》

第二百四十三条 发生法律效力的民事判决、裁定，当事人必须履行。一方拒绝履行的，对方当事人可以向人民法院申请执行，也可以由审判员移送执行员执行。

调解书和其他应当由人民法院执行的法律文书，当事人必须履行。一方拒绝履行的，对方当事人可以向人民法院申请执行。

《民事诉讼法司法解释》

第四百六十一条 当事人申请人民法院执行的生效法律文书应当具备下列条件：

（一）权利义务主体明确；

（二）给付内容明确。

法律文书确定继续履行合同的，应当明确继续履行的具体内容。

《执行工作规定》

16. 人民法院受理执行案件应当符合下列条件：

（1）申请或移送执行的法律文书已经生效；

（2）申请执行人是生效法律文书确定的权利人或其继承人、权利承受人；

（3）申请执行的法律文书有给付内容，且执行标的和被执行人明确；

（4）义务人在生效法律文书确定的期限内未履行义务；

（5）属于受申请执行的人民法院管辖。

人民法院对符合上述条件的申请，应当在七日内予以立案；不符合上述条件之一的，应当在七日内裁定不予受理。

【诉讼策略】

1. 本案系建设工程施工合同纠纷案件，经法院调解，施工方新东方公司与开发商恒业公司就欠付工程款总金额已达成一致意见，法院据此制作调解书。此后，新东方公司与恒业公司又就工程款的具体支付方式形成和解协议，约定了新东方公司的优先受偿权，因调解书与和解协议内容不一致，新东方公司依据调解书申请执行和解协议内容，法院不予支持。

执行法院认为，作为执行依据的调解书的调解内容为确认涉案欠付工程款金额及由新东方公司与恒业公司另行协商具体还款方式。新东方公司与恒业公司及案外人在本案申请执行前已就该民事调解书约定的具体还款方式另行协商达成了和解协议。和解协议约定恒业公司仍拖欠的工程款其应当按照工程款项优先受偿权的有关规定，在取得其他款项的同时支付给新东方公司，直至清偿完毕。

新东方公司依据民事调解书向执行法院申请执行，申请执行标的37579690.37元及对开发商“西堤××一期”项目折价或拍卖价款享有优先受偿权。但是，调解书中就欠付工程款的支付时间、支付方式等均未做约定。

综上，新东方公司就工程款的支付请求，因调解书中无工程款支付时间、支付方式的约定，故而属于执行内容不明确。施工方请求对项目享有优先受偿权，该事项又不在调解书约定范围内。因此，施工方的上述请求不符合执行案件受理条件。

2. 关于和解协议能否执行，若和解协议经法院确认并就和解内容制作调解书的，则该相关约定事项因系法院调解书内容，可申请法院强制执行。

根据《民事诉讼法》第231条、第241条、第243条的规定，民事调解书属于应由人民法院执行的法律文书，但当事人之间自行达成的和解协议并非人民法院应予执行的法律文书。《最高人民法院关于执行和解若干问题的规定》第1条第1款规定：“当事人可以自愿协商达成和解协议，依法变更生效法律文书确定的权利义务主体、履行标的、期限、地点和方式等内容。”第9条规定：“被执行人一方不履行执行和解协议的，申请执行人可以申请恢复执行原生效法律文书，也可以就履行执行和解协议向执行法院提起诉讼。”据此可见，当事人之间可以自愿协商达成和解协议，但若债务人不履行和解协议，人民法院仍应依照生效法律文书予以强制执行，而非对和解协议予以强制执行，和解协议并不具有交付人民法院强制执行的法律效力。

3. 作为本案执行依据的民事调解书仅对欠付工程款的金额做了确认，对何时偿还、如何偿还、是否以货币或其他方式偿还等内容均未做约定，因此，执行法院认为调解事项给付内容不明确，新东方公司的该部分执行请求不符合执行案件受理条件。

调解书约定内容如下：（1）三方确认恒业公司尚欠新东方公司涉案债务金额为37579690.37元，具体还款方式由恒业公司和新东方公司另行协商；（2）本案案件受理费442318元，调解减半收取221159元，由新东方公司负担，财产保全费5000元，由新东方公司负担。

上述约定内容仅就欠付款总额做了确认，但并未确认清偿债务的方式与期限，即新东方公司据以申请执行的民事调解书相应的给付内容并不明确。因此，新东方公司根据无明确给付内容的民事调解书申请执行，不符合执行案件受理条件。

139. 调解约定义务人在“收到而尚未支付的工程款限额内”承担工程款支付责任，该调解事项能否执行

◇ **执行依据**　建设工程施工合同纠纷案件调解书

◇ **问题**　调解约定义务人在“收到而尚未支付的工程款限额内”承担工程款支付责任，该调解事项能否申请法院强制执行

◇ **案例**　云南高院（2021）云执复103号

◇ **结论**　调解约定凯达公司就工程款的支付责任是代付责任，约定凯达公司在涉案工程收到而尚未支付的工程款限额内承担支付责任。审

判部门书面就上述内容的解释是“收到而尚未支付的工程款限额”，指凯达公司收到多少即代李某向丽洁公司支付多少，限额为收到但没有向丽洁公司支付的款项金额。对没有收到或收到但不足的部分，付款义务仍然在李某。因此，在无证据证明凯达公司已经收到争议工程款的情况下，权利人申请法院强制执行凯达公司资产，执行法院不予支持

【基本案情】

丽洁公司诉凯达公司、李某、亿博公司建设工程施工合同纠纷案，昭通中院于2020年1月17日作出（2020）云06民初156号民事调解书，调解内容如下：（1）由李某自愿支付丽洁公司昭通××广场土石方工程二标段土方工程工程款共计12900596元，定为三期给付。第1期由凯达公司收到该工程结算款后在2020年1月24日之前，代李某直接支付给丽洁公司工程款240万元；第2期由凯达公司在2020年8月30日之前收到该工程结算款后次日代李某直接将收到的所有工程款支付给丽洁公司，支付金额为800万元，凯达公司在就该工程收到而尚未支付的工程款限额内承担支付责任；第3期由李某在2020年11月30日之前支付丽洁公司剩余工程款2500596元，并自愿将本人所有的证号为第××号商铺中已被抵押的余值部分作为担保。（2）丽洁公司自愿放弃其他诉讼请求。

调解书生效后，丽洁公司申请强制执行，2020年9月21日，昭通中院作出（2020）云06执266号执行裁定书，裁定如下：对凯达公司、李某价值8036872元的资产予以查封、拍卖。2020年9月29日，昭通中院作出（2020）云06执266号《协助执行通知书》，要求亿博公司协助将凯达公司工程结算款610万元划至法院账户。

凯达公司提出异议，认为其仅是协助执行人，不是被执行人，（2020）云06执266号执行裁定书将凯达公司列为被执行人错误。请求撤销（2020）云06执266号执行裁定书。

在昭通中院对异议审查过程中，因（2020）云06民初156号民事调解书

执行内容不明确，执行部门书面向审判部门征询意见。审判部门答复：“收到而尚未支付的工程款限额”是指凯达公司收到多少即代李某向丽洁公司支付多少，限额为收到但没有向丽洁公司支付的款项金额。对没有收到或收到但不足的部分，付款义务仍然在李某。昭通中院根据审判部门的答复意见，作出（2021）云06执异5号执行裁定书，裁定撤销昭通中院（2020）云06执266号执行裁定书中对凯达公司的执行行为。

丽洁公司向云南高院申请复议，请求撤销昭通中院（2021）云06执异5号执行裁定，形成本案纠纷，云南高院经审理，裁定如下：驳回丽洁公司的复议申请，维持昭通中院（2021）云06执异5号执行裁定。

【争议焦点】

执行法院裁定撤销对凯达公司的执行行为是否符合法律依据？

【裁判要点】

本院认为，本案的执行依据——昭通中院（2019）云06民初156号民事调解书明确将凯达公司列为被告，且调解书主文中涉及其应承担的责任，故昭通中院将凯达公司列为被执行人并无不当。

根据作出该执行依据的审判部门的答复意见，凯达公司在收到昭通××广场土石方工程二标段土方工程款且未向丽洁公司转付时，才在收到的工程款范围内（限额800万元）承担支付责任，而昭通中院认定凯达公司未收到上述款项，丽洁公司也未提交证据证明凯达公司收到了上述款项，故凯达公司现尚不具备转付工程款的前提条件，（2021）云06执异5号执行裁定撤销对凯达公司的执行行为并无不当。

丽洁公司如果有证据证明凯达公司怠于向亿博公司主张债权，可依法另寻法律途径解决。执行阶段不审查当事人对执行依据本身提出的异议，当事人对执行依据的异议依法应通过审判监督程序解决。

执行笔录明确的责任主体是李某和“被执行人凯达公司法定代表人毛某”，而非凯达公司，该证据与本案争议无关联性，且凯达公司对该执行笔录的合法性亦有异议，云南高院在本案中对该证据不予认定。综上所述，丽洁公司的复议请求及理由不能成立，云南高院不予支持。

【相关法律法规】

《民事诉讼法司法解释》

第四百六十一条 当事人申请人民法院执行的生效法律文书应当具备下列条件：

（一）权利义务主体明确；

（二）给付内容明确。

法律文书确定继续履行合同的，应当明确继续履行的具体内容。

《最高人民法院关于人民法院立案、审判与执行工作协调运行的意见》

15. 执行机构发现本院作出的生效法律文书执行内容不明确的，应书面征询审判部门的意见。审判部门应在15日内作出书面答复或者裁定予以补正。审判部门未及时答复或者不予答复的，执行机构可层报院长督促审判部门答复。

执行内容不明确的生效法律文书是上级法院作出的，执行法院的执行机构应当层报上级法院执行机构，由上级法院执行机构向审判部门征询意见。审判部门应在15日内作出书面答复或者裁定予以补正。上级法院的审判部门未及时答复或者不予答复的，上级法院执行机构层报院长督促审判部门答复。

执行内容不明确的生效法律文书是其他法院作出的，执行法院的执行机构可以向作出生效法律文书的法院执行机构发函，由该法院执行机构向审判部门征询意见。审判部门应在15日内作出书面答复或者裁定予以补正。审判部门未及时答复或者不予答复的，作出生效法律文书的法院执行机构层报院长督促审判部门答复。

【诉讼策略】

1. 本案系建设工程施工合同纠纷案件，原告施工方提起诉讼，诉讼过程中原告、被告等各方达成调解协议，约定付款义务人及代付人，约定代付人在“收到而尚未支付的工程款限额内”承担工程款支付责任，施工方据此约定申请法院强制执行代付人资产，经执行异议、复议程序，法院认定施工方无权申请执行代付人资产，故驳回其执行申请。

执行法院在就民事调解书执行过程中，认为调解书内容约定不明，故书面向审判部门征询意见。审判部门答复：调解书各方均认可工程款支付的主体是李某，凯达公司是代付责任。调解书约定凯达公司在“收到而尚未支付的工程款限额”内承担支付责任，是指凯达公司收到多少即代李某向丽洁公司支付多少，限额为收到但没有向丽洁公司支付的款项金额。对没有收到或收到但不足的部分，付款义务仍然在李某，凯达公司不承担该部分工程款的支付责任。执行法院在就相关方执行异议进行审查的过程中，依据上述审判部门就调解内容的释明内容，认为：可以认定凯达公司在收到涉案工程款且未转付时才在工程款限额内承担支付责任。

结合本案中已查明事实，能够认定凯达公司未收到民事调解书涉及的涉案工程款，故凯达公司尚不具有转付工程款的情形，不应承担转支付责任。因此，执行裁定将凯达公司列为被执行人是依据执行依据和申请执行人的申请而列，并无不当，但因凯达公司未收到相关工程款，不应承担转支付责任，故不应对凯达公司的资产采取任何执行措施。因此，执行法院撤销对凯达公司的执行裁定，驳回丽洁公司的该部分执行申请。

2. 本案调解协议约定内容涉及工程款支付义务人以及约定了相关代付款责任人，且约定代付人在“收到而尚未支付的工程款限额”内承担工程款支付责任，该调解约定因涉及前置条件，只有在代付人“收到而尚未支付”的情形下才可执行代付人的资产。因此，在条件未成就时，权利人请求法院执行代付人资产不符合执行案件受理条件。

作为本案执行依据的调解书，其约定内容如下：（1）由李某自愿支付丽洁公司昭通××广场土石方工程二标段土方工程工程款共计12900596元，定为三期给付：第1期由凯达公司收到涉案工程结算款后在2020年1月24日之前，代李某直接支付给丽洁公司工程款240万元；第2期由凯达公司在2020年8月30日之前将收到昭通××广场土石方工程二标段土方工程结算款后次日代李某直接将收到的所有工程款支付给丽洁公司，支付金额为800万元，凯达公司就该工程收到而尚未支付的工程款限额内承担支付责任；第3期由李某在2020年11月30日之前支付丽洁公司剩余涉案工程款2500596元，并自愿将本人所有的证号为第××号商铺中已被抵押的余值部分作为担保。(2) 丽洁公司自愿放弃其他诉讼请求。

上述约定凯达公司就工程款的支付责任是代付责任，约定凯达公司在昭通××广场土石方工程二标段土方工程收到而尚未支付的工程款限额内承担支付责任，审判对约定内容的释明，明确“收到而尚未支付的工程款限额”是指凯达公司收到多少即代李某向丽洁公司支付多少，限额为收到但没有向丽洁公司支付的款项金额。因此，在无证据证明凯达公司已经收到争议工程款的情况下，权利人申请法院强制执行凯达公司资产，执行法院不予支持。

【类案裁判观点分析】

案例：调解协议并非约定得越全面越有利，如一方面既约定付款期限，又约定付款条件；另一方面既约定“支付金额”，又约定“在涉案工程收到而尚未支付的工程款限额内承担支付责任”。上述约定内容因存在给付条件，在条件未成就时给付内容不能确认，故无法执行——云南高院（2021）云执复24号

民事调解书载明：“凯达公司在2020年8月30日之前将收到昭通××广场土石方工程二标段工程结算款后次日代李某直接将收到的所有工程款支付给丽洁公司，支付金额为800万元，凯达公司在涉案工程收到而尚未支付的工程款限额内承担支付责任。”上述条款一方面既约定凯达公司的付款期限（2020年8月30日之前），又约定付款条件（收到涉案工程结算款后）；另一方面既约定凯达公司“支付金额为800万元”，又约定“凯达公司在涉案工程收到而尚未支付的工程款限额内承担支付责任”，故本案属执行依据内容不明确。

140. 调解约定的工程款支付附有履行条件，该调解约定能否顺利执行

◇ **执行依据**　建设工程施工合同纠纷案件调解书

◇ **问题**　调解书约定的工程款支付存在多种形式又附有一定条件，条件未成就时，该调解约定能否作为执行依据申请法院强制执行

◇ **案例**　陕西高院（2020）陕执复174号

◇ **结论**　调解约定以电影院产权折抵工程款，同时约定履行电影院现有租赁合同的变更，以及涉及附条件折抵价款的认定、折抵物回购及差价款的给付等内容，上述约定在执行程序中产生纠纷，系双方当事人履行调解协议过程中形成的新的实体争议，需要结合涉案调解书所约定的违约责任的确定性予以判断，无法在执行程序中直接予以解决。因此，调解书履行过程中以房抵债有关内容以及违约责任承担等均因附有一定条件，在条件尚未成就时执行内容并不明确，故权利人依据调解书的执行申请不符合法院受理案件的条件，裁定予以驳回

【基本案情】

九天公司起诉金田公司建设工程施工合同纠纷案，宝鸡中院于2019年1月25日作出（2015）宝中民二初00107号民事调解书，其中调解协议第2项约定："工程款按以下方式支付：被告所承建的电影院3660.57平方米，折价2500万元将全部产权抵顶给原告，但是被告同时应当保证电影院租赁费以3660.57平方米，以现在的合同单价比例确保原告收取租金（收取时间以被告与横店院线已签的合同为准），电影院承租方（横店院线）的承租合同在2019年6月30日之前由被告负责无条件配合过户到原告名下，剩余款项12803329.53元从2019年3月1日起，每月1日被告支付原告350万元，直到付清为止；若调解书履行过程中，如果租金计算面积按照现在合同约定面积2700平方米计算，则电影院按2000万元折价，被告再行支付原告差价款500万元或者被告以2500万元回购，支付500万元差价款，回购期限为2019年6月底前。"

调解书生效后，九天公司向宝鸡中院申请强制执行。2019年12月16日，宝鸡中院作出（2015）陕03执274号执行裁定。该裁定中，宝鸡中院认为：对在调解书履行过程中违约责任由谁承担及违约责任大小在执行程序中无法认定，应另案通过诉讼解决。对调解书第2项以房抵债部分是否应再支

付500万元差价款或是以2500万元赎回的执行内容，因该给付内容附有一定条件，即与电影院的承租方（横店院线）的承租合同要过户到申请执行人名下但该条件关涉第三人横店院线的权利和义务，现该条件尚未成就，该执行内容尚不确定，对此争议可另行诉讼，待该执行标的确定后申请执行人可再行主张权利。据此，裁定终结本案执行。

九天公司不服上述裁定，提出异议，请求如下：撤销（2015）陕03执274号执行裁定，并对（2015）宝中民二初00107号民事调解书约定事项继续执行。宝鸡中院认为九天公司申请执行条件尚未成就，执行内容不明确，故于2020年6月10日作出（2020）陕02执异2号执行裁定，驳回九天公司的异议请求。

九天公司向陕西高院申请复议，形成本案纠纷。陕西高院经审理，裁定如下：驳回九天公司的复议申请，维持宝鸡中院（2020）陕02执异2号执行裁定。

【争议焦点】

法院在执行程序中，能否直接解决当事人因履行民事调解书过程中就违约责任产生的新争议？

【裁判要点】

陕西高院认为，人民法院在受理执行案件时，首先应对申请执行人的执行请求予以审查，即对调解书等法律文书是否具有可执行性进行审查。本案中，作为执行依据的（2015）宝中民二初00107号民事调解书的主文本身就设定有附条件履行项，具有不确定性。九天公司主张对宝鸡中院进入执行程序后，金田公司支付的6342829.53元应优先扣减迟延付款利息、违约金等，以及关于调解书第2项约定的租赁合同的变更、附条件折抵价款的认定、折抵物回购及差价款的给付等内容的履行，属于本案调解书履行过程中双方当事人形成的新的实体争议，上述事实的审查，需要结合涉案调解书所约定的违约责任的确定性予以判断，该审查内容均属实体审查，无法在执行程序中予以解决。为切实保障各方当事人的合法权益，应由当事人通过另行提起诉讼的方式予以解决。另外，九天公司请求法院按照调解书第 6 项约定强制执行九天公司及时配合原告退还劳保费的请求，因无具体执行内容，且不符合申请法院执行案件的受理范围，故九天公司的该项复议理由不能成立。

【相关法律法规】

《民事诉讼法司法解释》

第四百六十一条　当事人申请人民法院执行的生效法律文书应当具备下列条件：

（一）权利义务主体明确；

（二）给付内容明确。

法律文书确定继续履行合同的，应当明确继续履行的具体内容。

【诉讼策略】

1. 本案涉及本诉及反诉，本诉原告九天公司与被告金田公司在诉讼中经法院调解达成调解协议，但因调解约定的给付内容附有履行条件，而执行程序中对于履行条件是否成就无法做实体判断，故认定执行内容不明确，驳回原告的执行申请。

作为执行依据的调解书，调解约定的内容涉及以电影院产权折抵工程款的约定，涉及非直接金钱义务中以物抵债部分中折抵物租赁合同的变更、分情形附条件折抵价款认定与差价款给付、折抵物回购、折抵物权利人登记、违约责任承担以及金田公司配合九天公司退还劳保费等调解内容的履行，其中又涉及案外人横店公司的权利和义务，该部分调解内容履行所产生的争议和违约责任承担以及金田公司有关配合退还劳保费等争议，不是通过执行措施能够实现的，该争议也不属执行案件裁决的范围，应另行诉讼解决。

同时，调解约定以电影院产权折抵工程款，同时约定履行电影院现有租赁合同的变更，并且涉及附条件折抵价款的认定、折抵物回购及差价款的给付等内容。因上述约定在执行程序中产生的纠纷，属于双方当事人履行调解协议过程中形成的新的实体争议，需要结合涉案调解书所约定的违约责任的确定性予以判断，无法在执行程序中直接予以解决。

综上，调解书履行过程中以房抵债有关内容以及违约责任承担等均因附有一定条件，在条件尚未成就时执行内容并不明确，故权利人依据调解书提出的执行申请不符合法院受理案件的条件，涉案民事调解书无法执行。

2. 作为本案执行依据的调解书，关于原告、被告所涉工程款支付问题，约定以电影院产权作为抵债资产，同时涉及电影院现有经营及租赁协议主体的变更等问题，各方调解约定的事项存在复杂性。因此，在该类案件的调解约定中，既应该保障权利人的应有权益，同时要注意调解内容的可执行性，避免后续执行产生新的纠纷以及调解书无法执行的结果。

本案争议的是调解协议第2项，其内容为："工程款按以下方式支付：被告所承建的电影院3660.57平方米，折价2500万元将全部产权抵顶给原告，但是被告同时应当保证电影院租赁费以3660.57平方米，以现在的合同单价比例确保原告收取租金（收取时间以被告与横店院线已签的合同为准），电影院承租方（横店院线）的承租合同在2019年6月30日之前由被告负责无条件配合过户到原告名下，剩余款项12803329.53元从2019年3月1日起，每月1日被告支付原告350万元，直到付清为止；若调解书履行过程中，如果租金计算面积按照现在合同约定面积2700平方米计算，则电影院按2000万元折价，被告再行支付原告差价款500万元或者被告以2500万元回购，支付500万元差价款，回购期限为2019年6月底前。"

上述调解内容中，前半部分主要是抵债电影院的产权变更及租赁协议主体变更问题，后半部分约定"若调解书履行过程中，如果租金计算面积按照现在合同约定面积2700平方米计算，则电影院按2000万元折价，被告再行支付原告差价款500万元或者被告以2500万元回购，支付500万元差价款，回购期限为2019年6月底前"。

综上，调解约定内容涉及各方在履行调解书时产生新的实体争议，该争议无法在执行程序中解决，只能由各方另行起诉解决。同时，上述支付责任和回购责任均附有履行条件，条件未成就时无法确认明确的给付内容和给付金额。因此，执行法院以执行内容不明确，裁定驳回原告的执行申请。

【类案裁判观点分析】

案例：调解书履行过程中双方当事人形成新的实体争议，需要结合涉案调解书所约定的违约责任的确定性予以判断，而该争议属实体争议，无法在执行程序中予以解决。因此，本案执行申请内容不明确，不符合执行案件受理条件，已经受理的应予驳回，已经查封的财产应予解封——陕西高院（2021）陕执复51号

本案中，九天公司复议申请主张其依据（2015）宝中民二初00107号民事调解书享有的权利至今未能全部实现，宝鸡中院解除对涉案土地使用权的查封违反该调解书约定内容等问题，宝鸡中院（2020）陕03执异2号执行裁定书和本院（2020）陕执复174号执行裁定书中，已明确阐明上述问题属本案调解书履行过程中双方当事人形成的新的实体争议，需要结合涉案调解书所约定的违约责任的确定性予以判断，该审查内容均属实体审查，无法在执行程序中予以解决，应由当事人通过另行提起诉讼的方式予以解决。现九天公司已另行提出诉讼，并申请对被告金田公司、横店影视股份有限公司815万元的财产进行了诉讼保全。故解除对被执行人金田公司名下位于渭滨区××街××号商业住宅用地1587.1平方米土地及位于渭滨区××街××号商业用地985.3平方米土地的续查封。

141. 调解约定最后一次付款时原告配合完成备案竣工资料，该调解事项能否强制执行

◇ **执行依据**　建设工程施工合同纠纷案件调解书

◇ **问题**　调解约定最后一次付款时原告配合被告完成备案竣工资料，被告可否依据该调解事项申请法院强制原告履行上述行为

◇ **案例**　陕西高院（2020）陕执复169号

◇ **结论** 调解约定被告支付第一期工程款的3日内原告需派员配合被告开始整理工程资料，并在被告最后一次付款时原告须同时配合被告完成符合备案竣工的工程资料。执行法院认为上述约定系双方共同完成，非单方义务，且“最后一次付款”的期限双方亦有争议，因此，本案所涉行为履行内容的执行申请，不符合法院执行立案受理条件

【基本案情】

原告九天公司起诉金田公司建设工程施工合同纠纷案，宝鸡中院2019年1月25日作出（2015）宝中民二初00107号民事调解书，其中第3项约定：“第一期350万元到达原告账户后，原告3日内需派员配合被告开始整理工程资料。在最后一次付款时，原告必须同时配合被告共同完成符合备案竣工的工程资料。工程款付清后，原告申请法院对查封的被告的土地予以解封。工程款未付清以前，原告对所承建的所有工程（包括商铺）享有优先受偿权。”

调解书生效后，金田公司向九天公司支付700万元。2019年8月，被告金田公司向宝鸡中院申请执行，请求如下：（1）强制执行九天公司支付违约金13270746.1元；（2）依法解除九天公司对金田公司土地的查封；（3）九天公司办理并移交符合备案竣工标准的工程资料。宝鸡中院作出（2019）陕03执268号执行裁定：驳回申请执行人金田公司强制执行申请，终结执行。

金田公司不服，向宝鸡中院提出异议。宝鸡中院认为，（2015）宝中民二初00107号调解书第2项、第3项内容既分情形又附有条件，条件是否成就尚有争议，故无法在执行程序中解决。金田公司主张强制执行九天公司办理符合竣工备案工程资料的具体请求事项，具体可执行内容不明确。2020年6月12日，宝鸡中院作出（2020）陕03执异32号执行裁定：驳回金田公司的异议请求。

金田公司向陕西高院申请复议，形成本案纠纷。陕西高院经审理，裁定驳回金田公司复议申请，维持宝鸡中院（2020）陕03执异32号执行裁定。

【争议焦点】

执行法院驳回申请执行人金田公司强制执行申请、终结执行，是否符合法律规定?

【裁判要点】

本案执行依据——（2015）宝中民二初 00107 号民事调解书主文第 3 项约定，第一期 350 万元到达九天公司账户后，九天公司 3 日内需派员配合金田公司开始整理工程资料。在最后一次付款时，九天公司必须同时配合金田公司共同完成符合备案竣工的工程资料。据此，该项行为执行内容系由申请执行人与被执行人共同完成，而非单方义务。此外，该项行为执行内容完成的时间要求是最后一次付款时，但执行中，双方当事人对于调解书履行过程中有关违约责任的承担、以房抵债等均产生争议，“最后一次付款”的期限双方亦有争议，故涉案行为执行内容的强制执行申请不符合人民法院执行立案的条件。

【相关法律法规】

《民事诉讼法司法解释》

第四百六十一条 当事人申请人民法院执行的生效法律文书应当具备下列条件：

（一）权利义务主体明确；

（二）给付内容明确。

法律文书确定继续履行合同的，应当明确继续履行的具体内容。

【诉讼策略】

1. 本案与前一篇文章所涉执行依据系同一个案件，本案因（2015）宝中民二初 00107 号调解书第 3 项约定的行为给付义务产生纠纷，被告依据调解书约定请求法院强制原告履行准备备案竣工的工程资料，法院认为被告的行为给付申请不符合执行案件受理条件。

调解书约定被告支付第一期工程款的3日内，原告需派员配合被告开始整理工程资料，并在被告最后一次付款时原告须同时配合被告完成符合备案竣工标准的工程资料。上述约定内容并非单方约定原告的配合义务，同时约定了被告支付工程款的义务，且原告的行为义务须在被告支付工程款后履行，并在被告最后一期支付工程款时完成，双方就“最后一次付款”产生争议，执行程序中无法直接予以确认，因此，本案所涉行为履行内容的执行申请，不符合法院执行立案受理条件。

2. 调解书既约定被告的付款责任又约定原告的行为责任，付款责任系行为责任的条件。因此，执行过程中无法判断给付义务的条件是否成就，执行内容不明确无法执行。

调解书第3项约定：“电影院（宝鸡市石坝河街道两侧整体改制建设项目×号楼×层）预售合同一周内网签到原告委托的‘赵某’或其他人名下，房产证网签后360个工作日之内办理完毕产权登记。由电影院（宝鸡市石坝河街道两侧整体改制建设项目×号楼×层）施工单位出具放弃优先受偿权的承诺书之后，法院对所保全的商品房全部予以解封。第一期350万元到达原告账户后，原告3日内需派员配合被告开始整理工程资料。在最后一次付款时，原告必须同时配合被告共同完成符合备案竣工标准的工程资料。工程款付清后，原告申请法院对查封的被告的土地予以解封。工程款未付清以前，原告对所承建的所有工程（包括商铺）享有优先受偿权。”

上述约定既有被告就欠付工程款的支付责任，又有原告在收到工程款后配合准备备案竣工资料的行为责任，工程款的支付是原告履行行为责任的前提条件。因此，关于调解约定的“最后一次付款”，如果双方产生争议，该问题已是调解书履行过程中产生的新的实体问题，不属于执行法院审理的范围，且上述争议导致申请人请求执行的行为给付内容不明确，故法院认为申请人的执行申请不符合执行案件受理条件。

142. 调解约定原告先履行义务的3个月内被告支付余款，该调解事项能否顺利执行

◇ **执行依据** 建筑工程施工合同纠纷案件调解书

◇ **问题** 调解约定原告履行前一项义务后的3个月内被告支付余款，原告能否依据该调解书请求法院强制执行后履行义务人的给付责任

◇ **案例** 广东高院（2020）粤执监70号

◇ **结论** 调解书第3项、第4项约定的义务是有先后顺序的，被告在原告履行完第3项义务之后3个月内向其支付余款101.96万元。原告没有举证证明其已经按照调解书的约定履行完毕第3项义务。因此，原告请求深圳宝安法院强制执行被告支付余款101.96万元，因其尚未履行调解书确定的先履行义务，故不符合申请执行的条件

【基本案情】

揭西建筑公司诉富园公司建筑工程合同纠纷案，深圳宝安法院作出（2003）深宝法房初字第517号民事调解书，其中第3项约定："原告（揭西建筑公司）负责收回其原转租第三人（租户）而委托被告所出具的全部发票及协议书，再由被告按2000年3月7日双方签订的《补充协议》的约定，根据法律规定的20年年限（除去已实际履行的年限），与第三人（租户）重新签订协议书并开具相应的发票。"第4项约定："被告在上述第3项履行完毕后3个月内再向原告支付余款101.96万元。"

2017年4月24日，揭西建筑公司依据（2003）深宝法房初字第517号调解书向深圳宝安法院申请强制执行。在执行过程中，深圳宝安法院认为（2003）深宝法房初字第517号调解书于2003年生效，约定的履行期限为3个月，因此原告于2017年4月24日才申请强制执行，已超过法定2

年的申请执行期限。2018 年 12 月 5 日，深圳宝安法院作出（2017）粤 0306 执 9943 号执行裁定：不予执行（2003）深宝法房初字第 517 号民事调解书。

揭西建筑公司向深圳宝安法院提出执行异议，请求如下：撤销上述（2017）粤 0306 执 9943 号执行裁定，强制执行富园公司支付工程款 101.96 万元及利息。深圳宝安法院认为揭西建筑公司申请执行的条件不成就，于 2019 年 4 月 15 日作出（2019）粤 0306 执异 127 号执行裁定书，裁定如下：（1）撤销（2017）粤 0306 执 9943 号执行裁定书；（2）驳回揭西建筑公司的执行申请。

揭西建筑公司不服异议裁定第 2 项内容，向深圳中院申请复议，深圳中院审理后，于 2020 年 3 月 24 日作出（2019）粤 03 执复 201 号执行裁定，裁定如下：驳回揭西建筑公司的复议申请，维持深圳宝安法院（2019）粤 0306 执异 127 号执行裁定。

揭西建筑公司不服上述复议裁定，向广东高院申请执行监督，形成本案纠纷。广东高院经审理，裁定如下：驳回揭西建筑公司的申诉请求。

【争议焦点】

揭西建筑公司向深圳宝安法院申请强制执行是否符合执行受理条件？

【裁判要点】

本案中，揭西建筑公司向深圳宝安法院申请强制执行（2003）深宝法房初字第 517 号民事调解书第 4 项内容，要求富园公司支付余款 101.96 万元。经审查，（2003）深宝法房初字第 517 号民事调解书第 3 项、第 4 项约定的义务是有先后顺序的，富元公司在揭西建筑公司履行完第 3 项义务之后 3 个月内向其支付余款 101.96 万元，揭西建筑公司、富园公司均应按照调解书的约定履行各自义务。现揭西建筑公司主张由其为富园公司从第三人处收回相关发票、协议对富园公司没有任何价值和法律约束力、不会损害富园公司利益的复议理由，与上述调解书不符。富园公司未向法院申请执行（2003）深宝法房初字第517号民事调解书第3项内容，亦不是免除揭西建筑公司所负义务的法定事由。揭西建筑公司也没有举证证明其已经按照调解书的约定履行完毕第3项义务。因此，揭西建筑公司请求深圳宝安法院强制执行富园公司支付余款101.96万元，因其尚未履行调解书确定的先履行义务，不符合申请执行的条件，深圳宝安法院（2019）粤0306执异127号执行裁定书裁定撤销（2017）粤0306执9943号执行裁定书、驳回揭西建筑公司的执行申请，深圳中院（2019）粤03执复201号执行裁定书维持深圳宝安法院（2019）粤0306执异127号执行裁定，均无不当。

【相关法律法规】

《民事诉讼法司法解释》

第四百六十一条　当事人申请人民法院执行的生效法律文书应当具备下列条件：

（一）权利义务主体明确；

（二）给付内容明确。

法律文书确定继续履行合同的，应当明确继续履行的具体内容。

《执行工作规定》

16. 人民法院受理执行案件应当符合下列条件：

（1）申请或移送执行的法律文书已经生效；

（2）申请执行人是生效法律文书确定的权利人或其继承人、权利承受人；

（3）申请执行的法律文书有给付内容，且执行标的和被执行人明确；

（4）义务人在生效法律文书确定的期限内未履行义务；

（5）属于受申请执行的人民法院管辖。

人民法院对符合上述条件的申请，应当在七日内予以立案；不符合上述条件之一的，应当在七日内裁定不予受理。

【诉讼策略】

1. 本案原告、被告双方约定的调解协议内容存在双方互负义务的情形，且存在先后顺序，本案中被告承担支付余款的给付责任的前提条件是原告先履行约定义务，因此，在条件未成就时，原告的申请不符合执行受理条件。

执行法院最初裁定驳回原告执行申请的依据是原告的执行申请超过法定2年的申请期限，后执行异议审理机构认为以在案证据不能认定原告的申请期限已经超过，故以超过期限驳回原告的执行申请欠妥。本案真正的问题是申请执行的条件尚未成就。

调解书第3项、第4项约定的义务是有先后顺序的，富元公司在揭西建筑公司履行完第3项义务之后3个月内向其支付余款101.96万元，揭西建筑公司、富园公司均应按照调解书的约定履行各自义务。揭西建筑公司没有举证证明其已经按照调解书的约定履行完毕第3项义务，因此，揭西建筑公司请求深圳宝安法院强制执行富元公司支付余款101.96万元，因其尚未履行调解书确定的先履行义务，故揭西建筑公司依据调解书提起的执行申请，不符合法院受理执行案件的条件。

2. 作为执行依据的调解书中的约定事项直接关系着执行内容是否明确、调解书能否顺利执行，因此，在调解约定中应尽量明确，并减少对给付责任条件的设定。

作为本案执行依据的民事调解书，其内容为："（1）原告（揭西建筑公司）向被告（富园公司）提出返还商铺租金抵付工程款30年无效部分201.96万元，被告表示同意。（2）被告承诺在法院调解书生效的当天支付原告100万元。（3）原告负责收回其原转租第三人（租户）而委托被告所出具的全部发票及协议书，再由被告按2000年3月7日双方签订的《补充协议》的约定，根据法律规定的20年年限（除去已实际履行的年限），与第三人（租户）重新签订协议书并开具相应的发票。（4）被告在上述第3项履行完毕后3个月内再向原告支付余款101.96万元。"

上述约定的第3项、第4项内容的履行存在先后顺序，若原告未履行第3项约定义务，则被告支付余款的条件未成就，原告无权通过法院强制执行程序执行被告该约定项下的给付责任。

143. 调解约定收款方逾期提供发票应按日支付违约金，该调解事项能否执行

◇ **执行依据**　建设工程施工合同纠纷案件调解书

◇ **问题**　调解约定收款方逾期提供发票应按日支付违约金，但执行过程中义务人就其是否具有违约情形存在异议，此种情形下，权利人能否依据调解书内容请求法院强制执行该违约金

◇ **案例**　山东高院（2020）鲁执复169号

◇ **结论**　调解约定了被告就涉案工程尾款的支付金额、支付方式，以及原告在收款日前出具发票的责任，且双方亦约定若逾期则按日计算违约金。原告依据调解书申请法院执行工程款已完毕，被告依据调解书申请法院执行原告逾期开具发票的违约金1573.5万元。原告答辩称被告违约在先，被告逾期支付又遇税制变化，导致原告税负加重。执行法院认为：双方在违约金问题上的争议并非数额上的争议，而是是否存在违约情形，以及何时出现违约情形的争议。该争议非程序问题，属于对实体争议的审查，双方应当通过诉讼程序予以解决。因此，执行法院裁定驳回被告依据调解书请求法院执行原告违约金的执行申请

【基本案情】

原告大众公司起诉被告恒生源公司建设工程施工合同纠纷案，烟台中院于2015年1月20日作出（2014）烟民一初字第53号民事调解书，调解书第3项约定：（1）涉案工程尾款共计25622575元，被告分期支付，2017年6月30日前完成全部工程款的支付，被告每期逾期一日应支付违约金1.5万元；（2）原告应在约定支付期限前5日向被告提供当期应付款等额发票，逾期提供，每逾期一日支付违约金1.5万元；（3）原告应于2015年6月25日前解决烟台××劳务公司起诉纠纷事项。

调解书生效后，大众公司未按照约定履行调解书确定的义务，2015 年 2 月 11 日，恒生源公司向烟台中院申请强制执行，案号为（2015）烟执字 189 号，后大众公司欠付工程款已执行完毕。

2019 年 1 月 9 日，大众公司向烟台中院申请强制执行，要求恒生源公司开具发票和支付违约金，案号为（2019）鲁 06 执 35 号。该案执行中，被执行人恒生源公司以烟台中院不应受理大众公司执行申请为由，向烟台中院提出异议。

2020 年 1 月 6 日，恒生源公司向大众公司交付了本案全部发票，大众公司予以接收。烟台中院认为，大众公司申请执行要求恒生源公司交付发票已经执行完毕，其要求恒生源公司支付违约金的请求因涉及是否存在违约以及违约时间的计算等实体争议，应当通过诉讼确定，对于该执行请求应当予以驳回。2020 年 1 月 20 日，烟台中院作出（2019）鲁 06 执异 109 号执行裁定，裁定如下：（1）驳回异议人恒生源公司撤销对其限制消费强制执行措施的申请；（2）驳回异议人恒生源公司终结（2019）鲁 06 执 35 号案件执行的申请；（3）驳回申请执行人大众公司要求被执行人恒生源公司支付违约金的强制执行请求。

大众公司向山东高院申请复议，请求撤销烟台中院（2019）鲁 06 执异 109 号执行裁定。山东高院经审理，裁定如下：驳回大众公司的复议申请，维持烟台中院（2019）鲁 06 执异 109 号执行裁定。

【争议焦点】

大众公司主张的恒生源公司未能按照调解书约定履行义务的违约金能否在执行程序中处理？

【裁判要点】

本案中，执行依据是烟台中院（2014）烟民一初字第 53 号民事调解书，因大众公司未按调解书履行义务，恒生源公司申请强制执行。后因恒生源公司未开具发票和支付违约金，大众公司也申请强制执行。现两案争议的焦点是违约金如何处理。

从调解书第3项的内容来看，涉案工程尾款共计25622575元，双方约定了支付方式。因恒生源公司于2015年2月11日申请强制执行，进入执行程序后，对于双方的义务如何履行，特别是违约金如何计算的问题，大众公司主张，其每次付款、被扣划的时间都有据可查，且大众公司应当支付的款项均已结清。恒生源公司实际履行调解书义务的时间节点为开具发票之日，因此恒生源公司违约的时间亦为清晰。恒生源公司应承担的违约责任明确，即恒生源公司应支付大众公司违约金15735000元。恒生源公司主张大众公司没有按照约定支付工程款，导致恒生源公司开具发票时税制发生变化，给恒生源公司造成了损失，是大众公司违约在先，应当承担全部责任。调解书是双方自愿达成的解决纠纷方案，本应主动履行全部义务，现就违约金的问题，双方无法达成一致，属给付内容不明确。烟台中院异议裁定，认定强制执行行为已经导致了调解书约定的履行期限无法实现，双方在违约金问题上的争议并非数额上的争议，而是是否存在违约情形，以及何时出现违约情形的争议。该争议非程序问题，属于对实体争议的审查，双方应当通过诉讼程序予以解决。烟台中院该认定并无不当，山东高院予以支持。

综上，复议申请人大众公司的复议理由不能成立，山东高院依法不予支持。裁定如下：驳回大众公司的复议申请，维持烟台中院（2019）鲁06执异109号执行裁定。

【相关法律法规】

《民事诉讼法司法解释》

第四百六十一条　当事人申请人民法院执行的生效法律文书应当具备下列条件：

（一）权利义务主体明确；

（二）给付内容明确。

法律文书确定继续履行合同的，应当明确继续履行的具体内容。

《执行工作规定》

16. 人民法院受理执行案件应当符合下列条件：

（1）申请或移送执行的法律文书已经生效；

（2）申请执行人是生效法律文书确定的权利人或其继承人、权利承受人；

（3）申请执行的法律文书有给付内容，且执行标的和被执行人明确；

（4）义务人在生效法律文书确定的期限内未履行义务；

（5）属于受申请执行的人民法院管辖。

人民法院对符合上述条件的申请，应当在七日内予以立案；不符合上述条件之一的，应当在七日内裁定不予受理。

【诉讼策略】

1. 本案系被告依据建设工程施工合同纠纷案件调解书有关收款方逾期提供发票的违约责任约定，向法院请求强制执行原告违约金的案件。因基于调解书内容无法直接判断收款方是否违约、何时违约，故无法判断违约金的具体支付金额，故执行法院裁定驳回了被告的该项执行申请。

被告认为原告实际履行调解书义务的时间节点为开具发票之日，因此原告违约的时间亦为清晰。原告应承担的违约责任明确，即应支付被告违约金1573.5万元。原告主张被告没有按照约定支付工程款，导致原告开具发票时税制发生变化，给原告造成了损失，是被告违约在先，应当承担全部责任。调解书是双方自愿达成的解决纠纷方案，本应主动履行全部义务，现就违约金的问题，双方无法达成一致，双方在违约金问题上的争议并非数额上的争议，而是是否存在违约情形，以及何时出现违约情形的争议。该争议非程序问题，属于对实体争议的审查，双方应当通过诉讼程序予以解决。被告就执行案件的执行申请内容属于给付内容不明确，不符合执行案件的受理条件，遂裁定驳回其关于执行违约金的执行申请。

2. 对于作为本案执行依据的调解书，双方发生争议的事项主要集中在第3项约定，执行法院认为其依据该调解约定内容无法判断原告是否违约、何时违约，故无法判断违约金的具体给付金额，遂裁定驳回被告的执行申请。

调解书第3项约定内容如下："涉案工程尾款共计25622575元，被告按如下方式支付：（1）2015年2月10日前，被告向原告支付650万元。如被告逾期付款，原告可就全部未付款项向法院申请强制执行，且被告自逾期之日起每日向原告支付违约金15000元。（2）2015年6月30日前，被告向原告支付500万元。（3）2015年12月30日前，被告向原告支付500万元。（4）2016年9月30日前，被告向原告支付750万元。（5）2017年6月30日前，被告向原告支付1622575元。上述第2～5笔付款如任何一笔逾期超过20日，原告可就全部未付款项向法院申请强制执行，且被告自逾期之日起每日向原告支付违约金15000元。2015年3月31日前原告应向被告出具总额为72483465元的工程款发票，如原告未在2015年3月31日前向被告出具发票，每逾期一日，原告向被告支付违约金15000元，此款被告有权在其向原告支付的下期款项中直接扣除。原告分别在上述第2～5笔付款到期日前5日内，按当前应付款额向被告出具工程款发票。如原告未按期出具发票，被告有权停止支付相应到期款项，并且不因此向原告承担逾期付款的违约责任，直至被告收到原告开具的发票之日起5日内开始履行付款义务。2015年6月25日前原告应就烟台××劳务公司向青岛即墨法院起诉原告和被告480万元工程款及逾期付款利息10万元一案完成如下工作：（1）原告与烟台××劳务公司通过法院调解、自行和解或烟台××劳务公司撤诉，被告依法不再向烟台××劳务公司承担付款义务；（2）青岛即墨法院下发裁定解除对被告资产的查封。否则，被告有权不承担后期所有付款义务，并且不因此向原告承担违约责任，直至被告确认原告已完成上述工作之日起5日内开始履行付款义务。被告若未按前述约定履行付款义务，则应按本协议约定向原告承担违约责任。”

上述约定围绕三个主题，涉及本案争议的主要是前两个主题：（1）涉案工程尾款共计25622575元，被告分期支付，2017年6月30日前完成全部工程款的支付，被告每期逾期一日应支付违约金15000万元；（2）原告应在约定支付期限前5日向被告提供当期应付款等额发票，逾期提供，每逾期一日支付违约金15000万元。经原告申请执行，被告已支付约定的工程款，后被告依据调解书约定事项向法院请求执行原告逾期开具发票的违约金。执行法院认为，依据上述约定内容无法判断原告是否违约、何时违约，故无法判断违约金的具体给付金额，因此，执行法院以给付内容不明确，裁定驳回被告的执行申请。

144. 调解约定施工方配合完成竣工验收后收取剩余工程款，该调解事项能否顺利执行

◇ **执行依据** 建设工程施工合同纠纷案件调解书

◇ **问题** 调解约定施工方配合完成施工许可证变更及工程竣工验收备案手续后收取剩余工程款，在工程未竣工验收时，施工方可否强制执行剩余工程款

◇ **案例** 广东高院（2020）粤执复775号

◇ **结论** 调解约定："广西建工公司配合珠江科技公司办妥施工许可证变更及9栋、12栋竣工验收备案手续后支付500万元。"由此可见，珠江科技公司作为义务人，履行向广西建工公司支付500万元工程款的义务是附条件的，因此，在广西建工公司未配合珠江科技公司完成施工许可证变更及9栋、12栋竣工验收备案手续的情况下，珠江科技公司履行义务所附条件并未成就，故广西建工公司以调解书为依据提出的执行申请不符合执行受理条件

【基本案情】

广西建工公司与珠江科技公司等建设工程合同纠纷案，佛山中院于2019年1月14日作出（2017）粤06民初201号民事调解书，调解书载明："广西建工公司、珠江科技公司同意：珠江科技公司分三次向广西建工公司支付上述款项，具体付款日期和金额如下：（1）2019年1月31日前支付48106226元；（2）2019年3月30日前支付500万元；（3）广西建工公司配合珠江科技公司办妥施工许可证变更及9栋、12栋竣工验收备案手续后支付500万元。每次付款前5天广西建工公司须提供等额有效的工程款发票，否则珠江科技公司有权顺延付款期限。"

调解书生效后，因珠江科技公司支付剩余工程款500万元，广西建工公司向佛山中院申请强制执行，佛山中院立（2019）粤06执2165号执行案号。

珠江科技公司提出本案执行异议。

在异议审查期间，珠江科技公司于2020年3月24日作出《关于配合南海×期工程提供合同原件的函》，要求广西建工公司提交购销合同原件。广西建工公司于2020年3月30日回函，表示其愿意提供相关合同原件。2020年4月2日，珠江科技公司相关工作人员签收了广西建工公司提供的相关合同原件。

佛山中院认为，广西建工公司以及珠江科技公司均认可9栋、12栋竣工验收备案手续尚未办理完毕，因此，珠江科技公司向广西建工公司支付剩余工程款500万元的条件并未成就。故作出（2020）粤06执异7号执行裁定：驳回广西建工公司的执行申请。

广西建工公司向广东高院申请复议，请求撤销佛山中院（2020）粤06执异7号执行裁定。广东高院再查明：涉案项目中，9栋已于2020年4月15日完成竣工验收备案手续，12栋于2020年8月17日由有关部门受理珠江科技公司提交的竣工验收材料，尚未验收合格和备案。广东高院认为执行剩余500万工程款的条件尚未成就，遂裁定驳回广西建工公司的复议申请，维持佛山中院（2020）粤06执异7号执行裁定。

【争议焦点】

广西建工公司对珠江科技公司提出的强制执行申请是否符合受理条件？

【裁判要点】

债权人广西建工公司向佛山中院申请执行珠江科技公司欠付的剩余工程款500万元及其利息、罚息，据以申请执行的依据是该院已经生效的（2017）粤06民初201号调解书。该调解书载明："广西建工公司配合珠江科技公司办妥施工许可证变更及9栋、12栋竣工验收备案手续后支付500万元。"由此可见，珠江科技公司作为义务人，履行向广西建工公司支付上述工程款500万元的义务是附条件的，即广西建工公司在配合珠江科技公司完成施工许可证变更及9栋、12栋竣工验收备案手续后，珠江科技公司履行义务所附条件才成就。而根据佛山中院和广东高院查明的事实，广西建工公司虽然一直在积极提供相关材料，配合珠江科技公司办理竣工验收备案手续，但从客观情况来看，涉案项目中的9栋在2020年4月15日才完成竣工验收备案手续，12栋于2020年8月17日才由有关部门受理竣工验收材料，尚未验收合格和备案，且本案无充分证据证明珠江科技公司存在为自己利益不正当地阻止条件成就的情形。因此，佛山中院认为珠江科技公司向广西建工公司支付剩余工程款500万元的条件尚未成就，广西建工公司以珠江科技公司拒不履行调解书确定义务为由提出的强制执行申请不符合受理条件，鉴于该院已经立案执行，遂裁定驳回其强制执行申请，该裁定并无不当。

【相关法律法规】

《建设工程质量管理条例》

第四十九条 建设单位应当自建设工程竣工验收合格之日起15日内，将建设工程竣工验收报告和规划、公安消防、环保等部门出具的认可文件或者准许使用文件报建设行政主管部门或者其他有关部门备案。

建设行政主管部门或者其他有关部门发现建设单位在竣工验收过程中有违反国家有关建设工程质量管理规定行为的，责令停止使用，重新组织竣工验收。

《房屋建筑和市政基础设施工程竣工验收备案管理办法》

第四条 建设单位应当自工程竣工验收合格之日起15日内，依照本办法规定，向工程所在地的县级以上地方人民政府建设主管部门（以下简称备案机关）备案。

《执行工作规定》

16. 人民法院受理执行案件应当符合下列条件：

（1）申请或移送执行的法律文书已经生效；

（2）申请执行人是生效法律文书确定的权利人或其继承人、权利承受人；

（3）申请执行的法律文书有给付内容，且执行标的和被执行人明确；

（4）义务人在生效法律文书确定的期限内未履行义务；

（5）属于受申请执行的人民法院管辖。

人民法院对符合上述条件的申请，应当在七日内予以立案；不符合上述条件之一的，应当在七日内裁定不予受理。

【诉讼策略】

1. 本案中，权利人依据调解书约定请求法院强制执行剩余工程款，但因调解书关于剩余工程款的支付附有条件，执行法院认为只有在支付条件成就时且义务人拒不支付，权利人才有权申请法院强制执行。

根据调解书的约定内容“广西建工公司配合珠江科技公司办妥施工许可证变更及9栋、12栋竣工验收备案手续后支付500万元”，可知珠江科技公司作为义务人，履行向广西建工公司支付工程款500万元的义务是附条件的，即广西建工公司在配合珠江科技公司完成施工许可证变更及9栋、12栋竣工验收备案手续后，珠江科技公司履行义务所附条件才成就。

本案审查确认的事实为，涉案项目中的9栋在2020年4月15日才完成竣工验收备案手续，12栋于2020年8月17日才由有关部门受理竣工验收材料，尚未验收合格和备案，且本案无充分证据证明珠江科技公司存在为自己利益不正当地阻止条件成就的情形。

综上，执行法院认为珠江科技公司向广西建工公司支付剩余工程款500万元的条件尚未成就，广西建工公司以珠江科技公司拒不履行调解书确定义务为由提出的强制执行申请不符合受理条件。

2. 作为执行依据的民事调解书内容，既明确了欠付的工程款金额及工程款的支付方式，又约定了支付工程款的条件，因此，在支付条件未成就时，权利人无权要求义务人支付工程款，法院亦无权强制执行。

调解书第3项约定内容：“广西建工公司、珠江科技公司一致确认南海×期工程珠江科技公司的已付款金额为171893773.79元（包含珠江科技公司代付的土方款1016862.17元），基于本协议第2条，珠江科技公司还需向广西建工公司支付58106226元。广西建工公司、珠江科技公司同意：珠江科技公司分三次向广西建工公司支付上述款项，具体付款日期和金额如下：（1）2019年1月31日前支付48106226元；（2）2019年3月30日前支付500万元；（3）广西建工公司配合珠江科技公司办妥施工许可证变更及9栋、12栋竣工验收备案手续后支付500万元。每次付款前5天广西建工公司须提供等额有效的工程款发票，否则珠江科技公司有权顺延付款期限。”调解书第6项约定内容为：“广西建工公司在本协议签订后5日内向佛山中院提交竣工备案换证诉讼［（2018）粤06民终10166号］的撤诉申请，并在本协议签订后5日内配合珠江科技公司完成南海×期工程解除备案合同、变更施工许可证的有关手续（主要是将相关资料配合珠江科技公司交建设行政部门），逾期一天，广西建工公司须向珠江科技公司支付1万元的违约金。”

上述约定对于给付义务人及给付金额约定明确，仅就工程款的给付附有条件，在条件未成就时，权利人无权要求义务人支付相应工程款。

145. 调解约定“被告按照起诉数额一次性还清本金及利息”，但起诉请求内容是违约金而非利息，调解约定能否执行

◇ **执行依据** 建设工程施工合同纠纷案件调解书

◇ **问题** 调解约定“被告按照起诉数额一次性还清本金及利息”，但起诉请求内容是违约金而非利息，该调解约定能否执行

◇ **案例** 最高人民法院（2021）最高法民申7133号

◇ **结论** 调解约定“原告有权要求被告按照起诉数额一次性还清本金及利息”，该调解内容通过一审记录能确认原告起诉金额，但因原告起诉时的诉讼请求项是违约金而非利息，结合原告诉讼请求及调解书内容均无法确认利息的计算标准，因此，该调解事项给付内容不明确，无法执行。最终该调解书已被审判委员会撤销，经再审后的一审、二审及再审后仅支持原告最初诉讼请求中的违约金请求，而原告希望得到的利息、律师费、差旅费、保全费等未得到支持

【基本案情】

振华公司与恒和公司建设工程施工合同纠纷案，白城中院经审理于2013

年10月15日作出（2013）白民二初字第23号民事调解书，内容为：（1）被告恒和公司向原告振华公司共支付本金及利息236万元，从2013年12月15日起算，每月15日前还款20万元直至还清本息；（2）被告恒和公司如逾期未按协议支付任何一期还款数额，视为被告违约，原告有权要求被告按照起诉数额一次性还清本金及利息。

调解书生效后，振华公司向白城中院申请强制执行，白城中院于2015年5月11日将该调解书第1项内容全部执行完毕，该案结案。振华公司要求白城中院继续执行调解书第2项内容，白城中院认为该项内容执行标的不明确，未予执行。2019年11月8日，白城中院原审判部门作出《情况说明》，说明："原告振华公司起诉的2095867.20元及违约金1156881.00元的数额是明确并具体的，调解书中利息即双方所指违约金1156881.00元。"依据该说明，白城中院于2019年12月6日立案恢复对该民事调解书第2项内容的执行，案号为（2019）吉08执恢38号。

恒和公司提出执行异议，请求撤销（2019）吉08执恢38号案，白城中院认同异议人恒和公司提出的关于执行事项违约金和利息不能混同的意见，于2019年12月12日作出（2019）吉08执异44号裁定：撤销（2019）吉08执恢38号案的执行。

振华公司向吉林高院申请复议，请求撤销（2019）吉08执异44号裁定，恢复（2013）白民二初字第23号民事调解书的执行。吉林高院认为：白城中院对恒和公司的异议申请再次受理并审查，既违反法律规定，又违背"一事不再理"的法律原则。2020年5月20日，吉林高院作出（2020）吉执复68号裁定，裁定如下：（1）撤销白城中院（2019）吉08执异44号执行裁定。（2）驳回恒和公司的异议申请。

2020年7月24日，经白城中院审判委员会决定，作出（2020）吉08民监5号民事裁定：再审（2013）白民二初字第23号案。并于2020年10月26日作出（2020）吉08民再33号判决书，判决如下：（1）撤销白城中院（2013）白民二初字第23号民事调解书；（2）被告恒和公司给付振华公司工程款2095867.2元及违约金（违约金以3277809元为基数，从2011年7月25日至2013年4月25日，按照中国人民银行发布的同期同类贷款利率计算）；

（3）驳回原告振华公司其他诉讼请求。

吉林高院于2021年4月16日作出（2021）吉民再53号判决：驳回振华公司上诉，维持原判。2021年11月24日，最高人民法院作出（2021）最高法民申7133号裁定，驳回振华公司再审申请。

【争议焦点】

（2013）白民二初字第23号调解书第2条是否具有可执行性？振华公司反复就此问题提执行异议是否符合受理条件？

【裁判要点】

最高人民法院认为：第一，作为被执行的法律文书，给付内容须具体明确。如果被执行的调解书约定的内容不明确，既无法充分体现当事人自愿原则，亦与执行内容需具体明确的规定相违背。（2013）白民二初字第23号调解书第2项载明：恒和公司逾期如未按协议支付任何一期还款数额，视为违约，振华公司有权要求恒和公司按照起诉数额一次性还清本金及利息。而（2013）白民二初字第23号案中，振华公司诉讼请求第1项为“恒和公司支付拖欠的工程款2095867.2元及其违约金1156880元”。原审以恒和公司并未明确主张利息，（2013）白民二初字第23号调解书属于给付内容不确定、无法执行的法律文书为由，撤销（2013）白民二初字第23号调解书，并无明显不当。原审围绕振华公司的诉讼请求，对于尚欠工程款本金数额及违约金计算基数、给付标准及起止日期等问题进行了审理，振华公司与恒和公司均围绕诉讼请求提交证据并充分发表意见，判决结果亦符合公平原则。

第二，振华公司在一审中的诉讼请求第2项为“恒和公司承担诉讼费用”，并未明确提出由恒和公司支付振华公司包括律师费、差旅费和其他费用在内的实现债权的所有费用以及由恒和公司支付保全费的诉讼请求。

根据《民事诉讼法司法解释》的相关规定，上诉人提出的上诉请求一般不得超过一审诉讼请求的范围，且振华公司并未提交证据证明保全费用实际发生，二审认定振华公司关于恒和公司应支付上述费用的上诉请求不属本案审理范围，对此不予支持，亦无不当。

【相关法律法规】

《最高人民法院关于人民法院办理执行异议和复议案件若干问题的规定》

第十五条　当事人、利害关系人对同一执行行为有多个异议事由，但未在异议审查过程中一并提出，撤回异议或者被裁定驳回异议后，再次就该执行行为提出异议的，人民法院不予受理。

案外人撤回异议或者被裁定驳回异议后，再次就同一执行标的提出异议的，人民法院不予受理。

《执行工作规定》

16. 人民法院受理执行案件应当符合下列条件：

（1）申请或移送执行的法律文书已经生效；

（2）申请执行人是生效法律文书确定的权利人或其继承人、权利承受人；

（3）申请执行的法律文书有给付内容，且执行标的和被执行人明确；

（4）义务人在生效法律文书确定的期限内未履行义务；

（5）属于受申请执行的人民法院管辖。

人民法院对符合上述条件的申请，应当在七日内予以立案；不符合上述条件之一的，应当在七日内裁定不予受理。

《最高人民法院关于人民法院立案、审判与执行工作协调运行的意见》

15. 执行机构发现本院作出的生效法律文书执行内容不明确的，应书面征询审判部门的意见。审判部门应在15日内作出书面答复或者裁定予以补正。审判部门未及时答复或者不予答复的，执行机构可层报院长督促审判部门答复。

执行内容不明确的生效法律文书是上级法院作出的，执行法院的执行机构应当层报上级法院执行机构，由上级法院执行机构向审判部门征询意见。审判部门应在15日内作出书面答复或者裁定予以补正。上级法院的审判部门未及时答复或者不予答复的，上级法院执行机构层报院长督促审判部门答复。

执行内容不明确的生效法律文书是其他法院作出的，执行法院的执行机构可以向作出生效法律文书的法院执行机构发函，由该法院执行机构向审判部门征询意见。审判部门应在15日内作出书面答复或者裁定予以补正。审判部门未及时答复或者不予答复的，作出生效法律文书的法院执行机构层报院长督促审判部门答复。

【诉讼策略】

1. 本案系双方因建工纠纷经法院达成调解协议后产生的纠纷，因调解约定内容缺乏明确、具体的给付内容，导致调解书无法执行以及最终调解书被再审审判程序撤销，权利人权益和主张未能实现。

作为执行依据的民事调解书，调解约定“原告有权要求被告按照起诉数额一次性还清本金及利息”，该调解内容中关于起诉数额问题，可通过一审记录能确认原告起诉金额。但因原告起诉时的诉讼请求项是违约并非利息，而违约金与利息的性质、概念均不同，无法混为一谈。同时，结合原告诉讼请求及调解书内容均无法确认利息的计算基数、起算和截止时间、利率等计算标准。

因此，该调解事项给付内容不明确，无法执行。最终，该调解书已被审判委员会撤销，经再审后的一审、二审及再审后仅支持原告最初诉讼请求中的违约金请求，而原告希望得到的利息、律师费、差旅费、保全费等未得到支持。

2. 调解内容无法根据起诉请求进行确认，调解书确认的给付内容不明确，故无法执行。

调解约定如下：“（1）被告恒和公司向原告振华公司共支付本金及利息236万元，从2013年12月15日起算，每月15日前还款20万元直至还清本息；（2）被告恒和公司逾期如未按协议支付任何一期还款数额，视为被告违约，原告有权要求被告按照起诉数额一次性还清本金及利息。”

原告起诉时的诉讼请求如下：（1）恒和公司支付拖欠的工程款2095867.2元及其违约金1156880元；（2）恒和公司承担诉讼费用。

综上，原告起诉时诉讼请求内容为违约金及要求被告恒和公司承担诉讼费，但调解书第2项约定的内容是“按照起诉数额一次性还清本金及利息”，两者之间存在差异，调解书约定的是利息，且利息按照起诉请求进行计算，但起诉请求内容是违约金而非利息，违约金与利息的概念及性质均不相同。因此，调解内容无法根据起诉请求进行准确确认，给付内容不明确，所以无法执行。

146. 对于调解约定的偿债方式产生争议时，审判部门的回复意见可否作为执行依据

◇ **执行依据** 建设工程施工合同纠纷案件调解书

◇ **问题** 调解约定的偿债方式产生争议时，审判部门的书面回复意见可否作为执行依据

◇ **案例** 湖南高院（2022）湘执复97号

◇ **结论** 调解约定义务人履行偿债的方式，双方在执行程序中产生争议，即是按现金支付和实物抵债相结合的方式履行义务还是以全部支付现金的方式。上述调解约定不明时，执行机构依法书面征询审判部门的意见，审判部门通过书面答复方式对执行内容予以明确后，可以作为执行的依据，执行机构可据此执行

【基本案情】

关于原告（反诉被告）新纪公司与福临门公司建设工程施工合同纠纷案，长沙中院于2020年1月17日作出（2019）湘01民初745号民事调解书，其第5条内容为：“特别说明：若福临门公司未能按期足额偿还款项（包括福临门公司没有依约及时为新纪公司办理房屋过户手续），则所有未还款项提前到期，新纪公司可就全部未还款项和违约金向法院申请强制执行，所有因此而产生的费用，全部由福临门公司承担。”

该调解书生效后，新纪公司于2020年3月22日向长沙中院申请强制执行。执行过程中，双方当事人对（2019）湘01民初745号民事调解书第5条“特别说明”条款的理解以及本案的履行方式产生争议。2021年7月2日，长沙中院执行机构函询该院审判部门，得到回复“双方当事人达成的和解协

议第 2 条明确了福临门公司分别按照现金和实物抵债的方式向新纪建工支付工程款，而根据和解协议第 5 条的约定，在福临门公司未能按期足额偿还款项的情况下，新纪公司可通过就现金和抵债的房屋申请强制执行实现其债权，如此更符合双方在签订和解协议时的通常预期”。

另查明，2021 年 1 月 21 日，新纪公司与陈某签订《债权转让合同》，并于 2 月 7 日向福临门公司发出《债权转让通知书》。2021 年 7 月 16 日，长沙中院裁定如下：变更陈某为案件申请执行人。

异议人陈某向长沙中院提出异议，请求执行部门查明事实，停止将案件分为现金与房屋抵债两部分执行，继续执行（2019）湘 01 民初 745 号民事调解书确定的 4275 万元工程款债权和相应违约金、迟延履行金。长沙中院认为：审判部门通过书面答复方式对执行内容予以明确后，可以作为本案执行的依据，执行机构据此执行并无不当。2022 年 4 月 8 日，长沙中院作出（2022）湘 01 执异 16 号裁定：驳回陈某的异议请求。

陈某向湖南高院申请复议，湖南高院认为作出调解书的审判部门对调解书的补充说明以及对相关条款的释明，可以作为执行机构的执行依据，遂裁定驳回陈某的复议申请。

【争议焦点】

调解约定的意思是福临门公司按照现金支付和实物抵债相结合的方式履行义务还是由福临门公司以全部支付现金方式向新纪建工履行义务？

【裁判要点】

湖南高院认为，本案原申请执行人新纪公司与福临门公司之间达成的调解协议就双方之间的债权债务金额，约定清偿债务方式分为现金支付、以房抵债两种方式，以及具体抵债房产、相应房产的抵债金额均做了约定。该调解协议经长沙中院确认，并作出（2019）湘 01 民初 745 号民事调解书。在案件执行过程中，双方当事人对上述调解书中第 5 项“特别说明”条款的理解产生争议，即申请执行人就全部未还款项和违约金向人民法院申请强制执行后，是由福临门公司按照现金支付和以房抵债相结合的方式，还是以全部支付现金方式向申请执行人清偿债务。对此，长沙中院执行机构依照《最高人民法院关于人民法院立案、审判与执行工作协调运行的意见》第15条第1款的规定，书面征询该院相关审判部门意见。长沙中院相关审判部门于2021年8月25日作出函复，称申请执行人可通过就现金和抵债的房屋申请强制执行实现其债权。该函复内容系对该院作出的（2019）湘01民初745号民事调解书的补充说明，以及对当事人之间有争议的相关条款的释明。根据长沙中院相关审判部门的复函，申请复议人陈某的复议理由不能成立，湖南高院不予支持。

【相关法律法规】

《民事诉讼法司法解释》

第四百六十一条　当事人申请人民法院执行的生效法律文书应当具备下列条件：

（一）权利义务主体明确；

（二）给付内容明确。

法律文书确定继续履行合同的，应当明确继续履行的具体内容。

《执行工作规定》

16. 人民法院受理执行案件应当符合下列条件：

（1）申请或移送执行的法律文书已经生效；

（2）申请执行人是生效法律文书确定的权利人或其继承人、权利承受人；

（3）申请执行的法律文书有给付内容，且执行标的和被执行人明确；

（4）义务人在生效法律文书确定的期限内未履行义务；

（5）属于受申请执行的人民法院管辖。

人民法院对符合上述条件的申请，应当在七日内予以立案；不符合上述条件之一的，应当在七日内裁定不予受理。

《最高人民法院关于人民法院立案、审判与执行工作协调运行的意见》

15. 执行机构发现本院作出的生效法律文书执行内容不明确的，应书面征询审判部门的意见。审判部门应在15日内作出书面答复或者裁定予以补正。审判部门未及时答复或者不予答复的，执行机构可层报院长督促审判部门答复。

执行内容不明确的生效法律文书是上级法院作出的，执行法院的执行机构应当层报上级法院执行机构，由上级法院执行机构向审判部门征询意见。审判部门应在15日内作出书面答复或者裁定予以补正。上级法院的审判部门未及时答复或者不予答复的，上级法院执行机构层报院长督促审判部门答复。

执行内容不明确的生效法律文书是其他法院作出的，执行法院的执行机构可以向作出生效法律文书的法院执行机构发函，由该法院执行机构向审判部门征询意见。审判部门应在15日内作出书面答复或者裁定予以补正。审判部门未及时答复或者不予答复的，作出生效法律文书的法院执行机构层报院长督促审判部门答复。

【诉讼策略】

1. 本案系执行过程中申请执行人、被执行人就执行依据中调解书关于履行偿债的方式产生的争议，久争不决，执行机构向审判部门致函征询意见后，审判部门作出了有利于被执行人的解释，申请执行人不服但提出的相关异议均被驳回。

就调解书约定事项，被执行人福临门公司认为：该公司虽因现金履行部分出现违约致申请执行人向长沙中院申请强制执行，但该院在强制执行过程中仍应依调解书约定的方式执行，即现金部分和以物抵债部分分开执行，房产部分依旧按约定的价值抵偿债务。而申请执行人新纪公司则认为，被执行人福临门公司未按调解书履行义务，应就其全部债务统一执行，不应再区分履行方式，即要求福临门公司全部履行金钱给付义务。

申请执行人认为应该全部执行现金，被执行人认为应该部分现金部分以房抵债，双方争执不决，执行机构依法书面征询了审判部门的意见，审判部门解释应该理解为部分现金、部分以房抵债，审判部门的该解释对申请执行人新纪公司不利，但新纪公司执行异议、复议均未得到支持。因此，对于权利人在调解协议中的约定，不应忽视偿债方式的明确约定，避免执行程序中产生纠纷和不利结果。

2. 调解书第2项已约定具体偿债的现金金额以及以房抵债的具体房屋信息及抵债金额，结合审判部门就调解书第五项的回复意见，本案给付内容可明确。因此，执行法院未采纳债权人的意见，而是结合上述约定及意见完成对调解书约定内容的执行。

调解书中与本案争议有关的约定内容主要是第2项和第5项，第5项内容案情介绍中已有，第2项约定主要内容为："福临门公司采取以下方式向新纪公司支付欠款：（一）现金支付：1. 福临门公司应于银行账户解冻当日向新纪公司指定账户支付230万元；福临门公司于2020年5月15日前再付现金400万元给新纪公司；福临门公司于2020年6月15日前再付现金445万。以上合计1075万元需支付至新纪建工指定账户。2. 新纪公司垫付给本工程项目部的510万元，本金及利息由福临门公司在调解书下达后半年内支付给新纪公司。（二）实物抵债：剩余欠款共计2690万元，新纪公司同意福临门公司采取以房抵债的方式偿还，具体如下：1. 福临门公司××名郡4套房屋（面积合计566.45平方米，总价290万元），福临门××名郡1套二层商铺（面积985.08平方米，总价600万元），福临门××名都2套房屋（面积合计99.63平方米，总价40万元），福临门××名都6套商铺（面积合计1744.2平方米，总价1760万元），以上房产总价2690万元用以抵扣福临门公司欠新纪公司的债务（具体房源明细详见附件）；2. 福临门公司应于调解书下达后3个月内为新纪公司办理完毕网签手续，6个月内将前款约定的房屋全部过户至新纪公司或新纪公司指定的人名下，并协助办理相关产权证明，过户产生的相关费用全部由福临门公司承担。"

上述约定明确具体，结合该项约定，双方就第5项"特别说明"的内容可以进行执行，以及作出调解书的审判部门对于第5项"特别说明"内容的回复，亦能明确调解约定的偿债方式。因此，执行法院按照审判部门的书面回复，可完成对调解书内容的执行。

（八）知识产权执行

147. 调解约定未归还货物应支付违约金，但具体型号约定不明，该调解事项能否执行

◇ **执行依据** 知识产权权属、侵权纠纷案件调解书

◇ **问题** 调解中关于违约责任成立条件即归还调色机的型号未明确约定，执行中双方对调色机型号未协商一致，权利人能否通过法院强制执行违约金

◇ **案例** 湖北高院（2022）鄂执复14号

◇ **结论** 调解书中对违约责任的成立条件即俊朗公司、陈某应归还调色机的型号未作明确约定，且双方当事人对调色机型号无法协调统一，双方产生的争议，属于因履行生效民事调解书而产生的新的实体权利义务争议，无法通过执行程序审查确定。因此，本案执行依据的给付内容不明确，债权人不能据此调解事项申请强制执行

【基本案情】

对于立邦公司与俊朗公司、陈某知识产权权属、侵权纠纷案，荆门中院于2021年4月30日作出（2021）鄂08民初57号民事调解书，其第2项内容为："俊朗公司、陈某在京山公司收到上述13000元后，7日内拆除含有立邦元素的门店招牌，退还乳胶漆货架、木器漆货架和调色机给立邦公司指定的业务员。如俊朗公司、陈某7日内不拆除含有立邦元素的门店招牌，由俊朗公司、陈某赔偿立邦公司违约金13000元。"其第3项内容为："俊朗公司可以在门店内销售库存的立邦品牌产品至2021年12月31日。"

调解书生效后，立邦公司分别于2021年5月14日、19日向京山公司转账3000元、10000元。陈某于2021年5月20日收到前述款项合计13000元。

2021 年 5 月 22 日，陈某拆除含有立邦元素的门店招牌，并微信通知立邦公司代理律师翟某派人接收货架及调色机。立邦公司派出代表到现场接收时，因对接收货物存在争议，双方未能达成一致，交付未完成。截至目前，俊朗公司、陈某按（2021）鄂 08 民初 57 号调解书第 3 项约定的内容，仍继续销售库存的立邦品牌产品，并在门店悬挂带有“立邦”字样的宣传横幅。

2021 年 6 月 9 日，立邦公司向荆门中院申请强制执行，要求俊朗公司、陈某向其支付违约金 13000 元。执行中，俊朗公司、陈某提出执行异议，认为其已履行完毕调解书确定的义务，请求驳回立邦公司的执行申请。

荆门中院认为，调解书对违约责任的成立条件，也就是俊朗公司、陈某应归还调色机的型号没有明确约定，且双方当事人对调色机型号无法协调统一。因此，双方争议属于因履行生效民事调解书而产生的新的实体权利义务争议，无法通过执行程序审查确定，本案执行依据的给付内容不明确，申请执行人不能依此申请强制执行。2021 年 12 月 17 日，荆门中院作出（2021）鄂 08 执异 50 号裁定，裁定驳回立邦公司的执行申请。

立邦公司向湖北高院申请复议，请求撤销荆门中院（2021）鄂 08 执异 50 号执行裁定，并要求俊朗公司、陈某继续履行（2021）鄂 08 民初 57 号民事调解书所确定的义务。湖北高院裁定如下：驳回立邦公司的复议申请，维持荆门中院（2021）鄂 08 执异 50 号执行裁定。

【争议焦点】

荆门中院驳回立邦公司的执行申请是否符合法律规定？

【裁判要点】

湖北高院认为，在调解书作为执行依据的情况下，人民法院有权对调解书中确定的履行内容是否明确、履行条件是否成就等进行审查。本案中，（2021）鄂 08 民初 57 号民事调解书第 2 项主要内容为在京山公司收到立邦公司退还的 13000 元后，俊朗公司、陈某需在 7 日内拆除含有立邦品牌元素的门店招牌，退还乳胶漆货架、木器漆货架和调色机给立邦公司指定的业务员，如未履行以上义务，则应赔偿立邦公司违约金 13000 元。现双方在履行调解协议中对俊朗公司、陈某应归还的调色机存在争议。立邦公司认为俊朗公司、陈某并未履行生效调解书确定的义务，已经构成违约并申请强制执行，要求俊朗公司、陈某支付违约金，而俊朗公司、陈某则认为已经完全履行调解书确定的义务。双方对退还货物履行情况的争议直接关系到违约责任的承担及本案是否应立案执行，属实体权利义务的争议，不宜由荆门中院在执行程序中直接进行认定，应通过其他法律途径解决。荆门中院经审查后，认为本案执行依据的给付内容不明确并裁定驳回立邦公司的执行申请并无不当。

【相关法律法规】

《民事诉讼法司法解释》

第四百六十一条 当事人申请人民法院执行的生效法律文书应当具备下列条件：

（一）权利义务主体明确；

（二）给付内容明确。

法律文书确定继续履行合同的，应当明确继续履行的具体内容。

【诉讼策略】

1. 本案系知识产权侵权纠纷案，双方当事人在诉讼中达成调解，但因约定违约责任的认定条件即应归还调色机的型号，约定不明确，导致无法认定应给付违约金的具体金额，故无法执行。

权利人立邦公司认为，侵权责任人俊朗公司、陈某并未履行生效调解书确定的义务，未向其返还调色机已经构成违约，应支付违约金，故申请法院强制执行侵权责任人资产，要求俊朗公司、陈某支付违约金。然而，俊朗公司、陈某则认为其已经完全履行调解书确定的义务。

双方的争议在于应退还何种型号的调色机，双方对退还货物履行情况的争议直接关系到违约责任的承担及执行案件应否应立案执行，但人民法院对以调解书作为执行依据的执行案件，有权对调解书中确定的履行内容是否明确、履行条件是否成就等进行审查，而对于调解书履行过程中产生的新的争议无权审查，故执行法院裁定驳回权利人的执行立案申请。

2. 作为本案执行依据的调解书就应归还货物的具体型号未作明确约定，导致双方在执行程序中侵权责任人是否违约、何时违约均无法确认，因此违约金金额亦无法确认，故无法执行。

作为本案执行依据的民事调解书，其主要内容如下：（1）立邦公司于2021年5月28日前退还俊朗公司13000元（立邦公司应同时退还肖某的押金10000元，陈某垫付的沙洋地区5个下级分销商的押金10000元、调色机45000元，俊朗公司欠立邦公司货款52000元），三方均同意将该款项经京山公司转给陈某。如上述5个分销商向立邦公司主张退还押金，则由陈某负责退还。（2）俊朗公司、陈某在京山公司收到上述13000元后，7日内拆除含有立邦品牌元素的门店招牌，退还乳胶漆货架、木器漆货架和调色机给立邦公司指定的业务员。如俊朗公司、陈某7日内不拆除含有立邦品牌元素的门店招牌，由俊朗公司、陈某赔偿立邦公司违约金13000元；如在7日内立邦公司业务员不到场接收乳胶漆货架、木器漆货架和调色机，俊朗公司、陈某就此项退还义务不承担违约责任。（3）俊朗公司可以在门店内销售库存的立邦品牌产品至2021年12月31日。（4）俊朗公司及陈某不得阻挠立邦公司在沙洋县区域内开发其他经销商。（5）案件受理费3300元，减半收取1650元，由立邦公司负担。

（九）股权转让纠纷

148. 调解约定义务人未按期完成约定事项将承担退还1亿元定金的违约责任，该调解书能否强制执行

◇ **执行依据**　股权转让纠纷案件调解书

◇ **问题**　调解书约定义务人未按期完成约定事项将承担退还1亿元定金的违约责任，该约定事项是否符合执行立案受理条件

◇ **案例**　最高人民法院（2021）最高法执监550号

◇ **结论**　作为执行依据的民事调解书，其内容应明确、具体，否则将无法

执行。根据民事调解书的约定，关于义务人是否履行了补充协议约定内容、是否应当承担民事调解书约定的违约责任，属于民事案件审结后新发生的事实，且双方有重大争议，并非简单的事实判断，不宜通过执行程序解决，当事人应通过另行提起诉讼的方式解决。因此，权利人依据民事调解书约定要求执行义务人承担1亿元违约责任的执行申请，不符合执行案件受理条件，故驳回其执行申请

【基本案情】

宝璨公司与苏邦公司、蔡某杰、蔡某、蔡某辰、蔡某贵股权转让纠纷案，郑州中院作出（2019）豫01民初1548号民事调解书，其内容如下：（1）蔡某杰、蔡某与宝璨公司同意双方于2018年8月6日签订的《和乐公司股权转让框架协议》中关于和乐公司股权转让的条款不再履行，双方同意按照2019年7月2日签署的《和乐公司股权转让框架协议补充协议》的约定履行各自义务；（2）蔡某杰、蔡某承诺，若2020年1月30日前仍未按照《和乐公司股权转让框架协议补充协议》的约定，以新项目公司即宝隆公司的名义完成“××项目”地块的摘牌工作，或摘牌地块不符合补充协议的约定，蔡某杰、蔡某应在2020年1月30日前按照《和乐公司股权转让框架协议补充协议》的约定双倍退还宝璨公司定金共计1亿元整；（3）蔡某辰、蔡某贵、苏邦公司对蔡某杰、蔡某上述第2条的付款义务承担连带清偿责任；（4）本案的诉讼费由宝璨公司承担。

宝璨公司依据该调解书向郑州中院申请执行，申请执行事项为：（1）蔡某杰、蔡某向宝璨公司支付1亿元；（2）蔡某辰、蔡某贵、苏邦公司对上述债务承担连带清偿责任；（3）本案执行费由宝璨公司承担。

郑州中院认为，（2019）豫01民初1548号民事调解书确认的第2项内容是基于违约责任而导致的给付义务，取决于未来发生的事实。而双方当事人在履行调解书过程中是否违约以及违约程度等，属于因民事案件审结后新发生的事实而形成的新的实体权利义务争议，当事人应通过另行提起诉讼的方

式解决有关履行生效调解书过程中是否违约以及违约责任承担问题，故宝璨公司执行申请不符合执行案件的受理条件。2020 年 5 月 11 日，郑州中院作出（2021）豫 01 执 86 号执行裁定，驳回宝璨公司的执行申请。

宝璨公司向河南高院申请复议，请求撤销郑州中院（2021）豫 01 执 86 号执行裁定，并请求河南高院责令郑州中院继续执行本案。河南高院于 2021 年 6 月 22 日作出（2021）豫执复 385 号执行裁定，驳回宝璨公司的复议申请，维持（2021）豫 01 执 86 号执行裁定。

宝璨公司不服，向最高人民法院申诉，请求撤销河南高院（2021）豫执复 385 号及郑州中院（2021）豫 01 执 86 号执行裁定，立案执行本案调解书内容。最高人民法院经审理，驳回宝璨公司的申诉。

【争议焦点】

作为执行依据的民事调解书内容是否具体明确？

【裁判要点】

《民事诉讼法司法解释》第 463 条[①]第 1 款规定："当事人申请人民法院执行的生效法律文书应当具备下列条件：（一）权利义务主体明确；（二）给付内容明确。"第 2 款规定："法律文书确定继续履行合同的，应当明确继续履行的具体内容。"根据该规定，执行依据有明确的执行内容是当事人申请执行的基本条件。本案中，执行依据第 1 项内容是蔡某杰、蔡某与宝璨公司之间的主要权利义务，内容是不再履行《和乐公司股权转让框架协议》中关于和乐公司股权转让的条款，双方按照《和乐公司股权转让框架协议补充协议》的约定履行各自义务。该项内容属于《民事诉讼法司法解释》第 463 条第 2 款规定的"法律文书确定继续履行合同"的情形，但该项内容并没有明确继续履行的具体内容，不属于法律规定的"给付内容明确"的情形，依法不应予以执行。

执行依据第 2 项内容是蔡某杰、蔡某依照《和乐公司股权转让框架协议

---

① 现为《民事诉讼法司法解释》第 461 条。

补充协议》履行义务时所应承担的违约责任。首先，执行依据第 2 项内容与第 1 项内容存在紧密联系，在不予执行第 1 项内容的情况下，不宜单独就第 2 项内容进行强制执行。其次，第 2 项内容中的“‘××项目’地块”以及有关“补充协议的约定”等内容，均不够具体明确，仅根据该执行依据难以认定。最后，在 2021 年 1 月宝璨公司以蔡某杰、蔡某未履行调解协议内容为由申请执行时，宝隆公司已经完成一个地块摘牌，蔡某杰、蔡某已将和乐公司持有宝隆公司的 30% 的股权转让给了宝璨公司，并主张其已经履行了《和乐公司股权转让框架协议补充协议》中的义务，没有完全按照合同履行的原因是宝璨公司违约在先，是因为疫情原因和政府政策调整，属于不可抗力。宝璨公司主张摘取地块是其自行完成的，蔡某杰、蔡某没有依照《和乐公司股权转让框架协议补充协议》约定在 2020 年 1 月 31 日之前履行义务，主张蔡某杰、蔡某摘牌的地块不符合《和乐公司股权转让框架协议补充协议》约定的内容。这种情况下，关于蔡某杰、蔡某是否履行了《和乐公司股权转让框架协议补充协议》约定的内容、是否应当承担执行依据第 2 项的违约责任，属于民事案件审结后新发生的事实，且双方有重大争议，并非简单的事实判断，不宜通过执行程序解决，当事人应通过另行提起诉讼的方式解决。河南高院和郑州中院驳回宝璨公司执行申请的意见，并无不当。

【相关法律法规】

《民事诉讼法司法解释》

第四百六十一条 当事人申请人民法院执行的生效法律文书应当具备下列条件：

（一）权利义务主体明确；

（二）给付内容明确。

法律文书确定继续履行合同的，应当明确继续履行的具体内容。

《执行工作规定》

16. 人民法院受理执行案件应当符合下列条件：

（1）申请或移送执行的法律文书已经生效；

（2）申请执行人是生效法律文书确定的权利人或其继承人、权利承受人；

（3）申请执行的法律文书有给付内容，且执行标的和被执行人明确；

（4）义务人在生效法律文书确定的期限内未履行义务；

（5）属于受申请执行的人民法院管辖。

人民法院对符合上述条件的申请，应当在七日内予以立案；不符合上述条件之一的，应当在七日内裁定不予受理。

【诉讼策略】

1. 本案系股权转让纠纷案件，双方在诉讼中达成和解，法院按照双方约定制作民事调解书，本案因调解书内容不符合执行立案受理条件，故无法强制执行。

调解书第2项约定：蔡某杰、蔡某承诺，若2020年1月30日前仍未按照《和乐公司股权转让框架协议补充协议》的约定，以新项目公司即宝隆公司的名义完成“××项目”地块的摘牌工作，或摘牌地块不符合补充协议的约定，蔡某杰、蔡某应在2020年1月30日前按照《和乐公司股权转让框架协议补充协议》的约定双倍退还宝璨公司定金共计1亿元整。然而，双方当事人在履行调解书过程中是否违约以及违约程度等问题，均属于民事案件审结后新发生的事实，执行程序中无法解决，当事人应通过另行提起诉讼的方式解决。因此，执行法院遂以权利人的执行申请不符合执行立案受理条件为由，裁定驳回其执行申请。

2. 法院根据原告、被告双方达成的和解内容制作调解书，权利人可以调解书内容作为执行依据申请法院强制执行，但调解书需满足执行程序中的相关规定，否则将无法执行。因此，调解书中的约定内容至关重要，既要满足权利人的权益主张，又需要注意调解书内容的具体、明确和可执行，以避免调解书无法执行的结果。

法院根据原告、被告双方的和解内容，制作调解书，调解内容如下：（1）蔡某杰、蔡某与宝璨公司同意双方于2018年8月6日签订的《和乐公司股权转让框架协议》中关于和乐公司股权转让的条款不再履行，双方同意按照2019年7月2日签署的《和乐公司股权转让框架协议补充协议》的约定履行各自义务；（2）蔡某杰、蔡某承诺，若2020年1月30日前仍未按照《和乐公司股权转让框架协议补充协议》的约定，以新项目公司即宝隆公司的名义完成“××项目”地块的摘牌工作，或摘牌地块不符合补充协议的约定，蔡某杰、蔡某应在2020年1月30日前按照《和乐公司股权转让框架协议补充协议》的约定双倍退还宝璨公司定金共计1亿元整；（3）蔡某辰、蔡某贵、苏邦公司对蔡某杰、蔡某上述第2条的付款义务承担连带清偿责任；（4）本案的诉讼费由宝璨公司承担。

权利人宝璨公司依据该调解书向执行法院申请执行，申请执行事项为：（1）蔡某杰、蔡某向宝璨公司支付1亿元；（2）蔡某辰、蔡某贵、苏邦公司对上述债务承担连带清偿责任；（3）本案执行费由宝璨公司承担。

综上所述，上述调解书内容中第2项涉及1亿元返还款，但调解书中未约定清楚被告返还该1亿元的条件，导致执行法院认为原告的执行申请不符合执行立案受理条件，释明原告应另行起诉确认被告行为已符合返还1亿元款项的条件，然后再行申请法院强制执行，无形中增加了原告的资金成本和负担。

149. 调解约定权利人自行办理股权变更手续义务人应予配合，该调解书能否强制执行

◇ **执行依据**　股权转让纠纷案件调解书

◇ **问题**　调解书明确权利人自行办理股权变更手续，义务人应予以配合。该调解事项是否具有给付内容，能否申请法院强制执行

◇ **案例**　山西高院（2021）晋执2号

◇ **结论**　调解书中明确“连某自行办理完毕焦化公司51%的股权回转变更的工商登记手续，天润公司应予配合”。因此，对于权利人连某，其需要自行办理股权回转变更的工商登记手续，生效调解书并未载明其具有给付请求权的内容，故权利人的执行申请不符合执行案件受理条件

【基本案情】

连某与天润公司股权转让纠纷案，山西高院基于原告、被告双方和解内容，于2019年9月23日作出（2018）晋民初2号民事调解书。该调解书主要内容为："连某与天润公司均认可2010年3月10日双方签订的股权转让协议真实、有效。连某和天润公司确认：自2020年3月10日起，天润公司名下之焦化公司的51%股权的所有权属于连某所有，并享有相关的权益；自2010年3月10日起至股权变更至连某名下之日止，天润公司未在该等股权上设置抵押、质押等第三方权益。连某与天润公司同意在本调解书生效之日起90日内，连某自行办理完毕焦化公司51%的股权回转变更的工商登记手续，天润公司应予配合。"

2020年11月3日，天润公司依据上述调解书曾向山西高院申请强制执行，请求将其名下焦化公司51%的股权，强制变更工商登记至连某名下，执行案号为（2020）晋执43号。山西高院审查认为，天润公司作为协助义务并非权利承受人，其请求法院启动强制执行程序，不符合法院受理执行案件的条件，遂裁定驳回天润公司的执行申请。

2021年2月，连某依据上述调解书向山西高院申请强制执行，请求将天润公司名下焦化公司51%的股权，强制变更工商登记到连某名下。

山西高院认为连某请求法院启动强制执行程序，不符合执行案件受理条件，遂裁定如下：驳回申请执行人连某的执行申请。

【争议焦点】

连某依据调解书内容申请强制执行，是否符合执行案件受理条件？

【裁判要点】

本案中，调解书中明确"连某自行办理完毕焦化公司51%的股权回转变更的工商登记手续，天润公司应予配合"。为此，天润公司于2020年11月向山西高院提出强制执行申请，请求强制变更其名下焦化公司51%的股权至连某名下，该事实足以证明天润公司愿意积极配合连某办理股权回转登记事宜，履行该调解书明确的协助义务；对于连某，生效调解书明确由其自行办理相关手续，并未载明其具有给付请求权的内容。综上，连某请求人民法院启动强制执行程序，不符合执行案件受理条件。

【相关法律法规】

《民事诉讼法司法解释》

第四百六十一条 当事人申请人民法院执行的生效法律文书应当具备下列条件：

（一）权利义务主体明确；

（二）给付内容明确。

法律文书确定继续履行合同的，应当明确继续履行的具体内容。

《执行工作规定》

16. 人民法院受理执行案件应当符合下列条件：

（1）申请或移送执行的法律文书已经生效；

（2）申请执行人是生效法律文书确定的权利人或其继承人、权利承受人；

（3）申请执行的法律文书有给付内容，且执行标的和被执行人明确；

（4）义务人在生效法律文书确定的期限内未履行义务；

（5）属于受申请执行的人民法院管辖。

人民法院对符合上述条件的申请，应当在七日内予以立案；不符合上述条件之一的，应当在七日内裁定不予受理。

【诉讼策略】

1. 本案系股权转让纠纷案件，原告、被告双方在法院主持的调解程序中达成和解，并由法院制作民事调解书，执行法院认为权利人依据调解书提出的执行申请不符合执行案件受理条件，遂裁定驳回其执行申请。

执行法院认为权利人的执行申请不符合执行立案受理条件，主要有以下两点原因：

（1）协助义务人天润公司并未拒绝履行协助义务，其于 2020 年 11 月向山西高院提出强制执行申请，请求强制变更其名下焦化公司 51% 的股权至连某名下，该事实足以证明天润公司愿意积极配合连某办理股权回转登记事宜，履行该调解书。

（2）调解书的内容明确“连某自行办理完毕焦化公司51%的股权回转变更的工商登记手续，天润公司应予配合”。该调解书内容明确是权利人自行办理，并未载明连某具有给付请求权的内容。

综上，执行法院认为连某请求人民法院启动强制执行程序，不符合执行案件受理条件。

2. 作为本案执行依据的调解书，不仅要保障权利人的权益，同时需注意调解内容在后续纠纷时具有可执行性，避免陷入再起纠纷的诉累中。

山西高院基于原告、被告双方的和解内容制作的调解书，主要有以下三项内容：

（1）连某与天润公司均认可2010年3月10日双方签订的股权转让协议真实、有效。

（2）连某和天润公司确认：自2020年3月10日起，天润公司名下之焦化公司的51%股权的所有权属于连某，并享有相关的权益；自2010年3月10日起至股权变更至连某名下之日止，天润公司未在该等股权上设置抵押、质押等第三方权益。

（3）连某与天润公司同意在本调解书生效之日起90日内，连某自行办理完毕焦化公司51%的股权回转变更的工商登记手续，天润公司应予配合。

关于上述调解内容是否符合执行案件受理条件，以及作为执行依据的调解书内容是否明确、具体、有无给付内容等问题，进入执行程序后相关问题就会凸显出来。因此，原告、被告双方在诉讼中和解并由法院制作调解书时，既需注意调解内容需保障权利人的权益，也需注意调解内容的可执行性，避免再行起诉的相关诉累。

【类案裁判观点分析】

案例：天润公司作为生效民事调解书确定的协助义务人，并非权利承受人，其请求法院启动强制执行程序，不符合法院受理执行案件的条件，天润公司执行申请依法应予驳回——山西高院（2020）晋执43号

本案中天润公司依据已生效的本院（2018）晋民初2号民事调解书向本

院申请执行，该民事调解书主要内容为："一、连某与天润公司均认可2010年3月10日双方签订的股权转让协议真实、有效。连某和天润公司确认：自2020年3月10日起，天润公司名下之焦化公司的51%股权的所有权属于连某所有，并享有相关的权益；自2010年3月10日起至股权变更至连某名下之日止，天润公司未在该等股权上设置抵押、质押等第三方权益。二、连某与天润公司同意在本调解书生效之日起90日内，连某自行办理完毕焦化公司51%的股权回转变更的工商登记手续，天润公司应予配合。"根据以上内容，可以确定该民事调解书的权利承受人为连某，协助义务人为天润公司。根据该民事调解书第2项，对于一方当事人连某，该民事调解书并无具体的给付内容，不符合《执行工作规定》第18条①的相关规定，故驳回申请执行人天润公司的执行申请。

150. 调解约定"不得再参与公司的经营"等内容，该调解书能否强制执行

◇ **执行依据** 股权转让纠纷案件调解书

◇ **问题** 调解书约定义务人"不得再参与公司的经营"等内容，该调解书内容是否符合执行案件受理条件

◇ **案例** 山东高院（2021）鲁执复29号

◇ **结论** 调解书约定义务人"不得以公司的名义从事任何行为""不得再参与公司的经营""使香港南十字星公司确定无疑地成为美国甘源公司的唯一股东"等内容，属于约定了以违约为条件和附有其他履行条件的内容，上述约定没有明确具体的给付内容和继续履行的具体内容，不具有可执行性，不符合人民法院执行案件受理条件

① 现为《执行工作规定》第16条。

【基本案情】

对于甘源公司与贾某、博元公司之间股权转让纠纷案，青岛中院作出的（2015）青民四初字第97号民事调解书已经发生法律效力，调解协议主要内容如下：（1）博元公司一次性向李某支付人民币5932350元，作为解决各方之间所有纠纷的补偿。对于上述款项，贾某承担连带保证责任，博元公司每逾期一日，应按照本金人民币5932350元的年息24%的标准按日支付逾期付款违约金。（2）博元公司按本协议第1条的约定将4284475元付至青岛中院账户后30个工作日内，各方应各自撤回在中国或美国法院对他方提起的诉讼，每逾期一日，违约方应向守约方支付违约金人民币3000元。（3）李某及新生命公司确认：在博元公司履行完毕全部款项的支付义务后，香港南十字星公司是甘源公司的唯一股东，李某或新生命公司不再是甘源公司的股东；李某或新生命公司不得以甘源公司的名义从事任何行为，并不得再参与甘源公司的经营。李某及新生命公司应协助香港南十字星公司办理甘源公司在当地相关部门的登记或公示信息，以使香港南十字星公司确定无疑成为甘源公司的唯一股东。

贾某、博元公司未按调解书履行义务，甘源公司于2020年4月7日向青岛中院申请强制执行，执行请求如下：（1）贾某、博元公司应支付延迟支付补偿款违约金62412元；（2）贾某、博元公司应支付不予撤回美国法院诉讼案违约金1908000元；（3）确认在贾某、博元公司未履行完毕全部款项支付义务前，李某或新生命公司仍然是甘源公司股东；（4）本案执行费由被执行人负担。

执行过程中，青岛中院向贾某、博元公司发出执行通知和报告财产令，责令其履行生效法律文书确定的义务。贾某、博元公司均认为其不应承担逾期违约金及撤诉违约金。

青岛中院认为，贾某、博元公司不属于调解书中美国诉讼的原告或反诉原告，没有撤诉的权利和义务，不应承担未撤诉所产生的违约金。另外，确认在贾某、博元公司未履行完毕全部款项支付义务之前李某或新生命公司为甘源公司股东的请求，并非明确的给付执行请求，不属于执行案件受理范围。

青岛中院作出（2020）鲁02执355号执行裁定，裁定如下：（1）（2015）青民四初字第97号民事调解书第1项调解协议执行完毕；（2）驳回甘源公司其他执行申请。

甘源公司不服上述裁定，向山东高院申请复议，形成本案纠纷，山东高院经审理，裁定如下：驳回甘源公司复议申请，维持（2020）鲁02执355号异议裁定。

【争议焦点】

甘源公司的执行申请是否符合执行受理条件？

【裁判要点】

1. 关于撤回诉讼是否属于调解书的履行内容问题

本案中，生效调解书确定的案件当事人分别是原告甘源公司、被告贾某和博元公司，而香港南十字星公司并非本案的当事人。调解书要求："各方应各自撤回在中国或美国法院对他方提起的诉讼，每逾期一日，违约方应向守约方支付违约金人民币3000元。"各方是否包括香港南十字星公司没有明示约定，该条款也没有约定被执行人贾某、博元公司需要承担连带赔偿责任。根据申请执行人提交的A－16－735257－B法律文书两份，证明美利坚合众国内华达州克拉克郡法院受理的A－16－735257－B案件中，原告为香港南十字星公司和甘源公司，被告为新生命公司和李某；反诉原告为新生命公司和李某，反诉被告为香港南十字星公司、贾某、博元公司。2020年1月10日，克拉克郡法院的承办法官作出如下裁决："准予原告撤回动议及反诉原告撤回反动议，本案全部结案。"虽然甘源公司主张本案的被执行人贾某是香港南十字星公司的所有人和实际控制人，但美国诉讼案件的原告是香港南十字星公司，而甘源公司要求本案被执行人贾某、博元公司承担案外人香港南十字星公司未能撤回诉讼的违约责任，没有事实和法律依据。

2. 关于确认"在复议被申请人未履行完毕全部款项支付义务前，李某或新生命公司仍然是甘源公司股东"有效性是否符合执行受理条件的问题

本案中，调解书第3项约定本案当事人"不得以公司的名义从事任何行

为”“不得再参与公司的经营”“使香港南十字星公司确定无疑地成为甘源公司的唯一股东”等内容，这些都是以违约为条件和附有其他履行条件的内容，上述约定没有任何明确具体的给付内容和继续履行的具体内容，不具有可执行性，不符合人民法院受理其执行申请的条件。

综上，青岛中院在执行完毕逾期付款违约金62412元及执行费836元后，以“驳回申请”方式结案而裁定驳回甘源公司的执行申请并无不当。

【相关法律法规】

《民事诉讼法司法解释》

第四百六十一条　当事人申请人民法院执行的生效法律文书应当具备下列条件：

（一）权利义务主体明确；

（二）给付内容明确。

法律文书确定继续履行合同的，应当明确继续履行的具体内容。

《执行工作规定》

16. 人民法院受理执行案件应当符合下列条件：

(1) 申请或移送执行的法律文书已经生效；

(2) 申请执行人是生效法律文书确定的权利人或其继承人、权利承受人；

(3) 申请执行的法律文书有给付内容，且执行标的和被执行人明确；

(4) 义务人在生效法律文书确定的期限内未履行义务；

(5) 属于受申请执行的人民法院管辖。

人民法院对符合上述条件的申请，应当在七日内予以立案；不符合上述条件之一的，应当在七日内裁定不予受理。

《最高人民法院关于执行案件立案、结案若干问题的意见》

第二十条　执行实施案件立案后，经审查发现不符合《执行工作规定》第18条①规定的受理条件，裁定驳回申请的，以“驳回申请”方式结案。

---

① 现为《执行工作规定》第16条。

【诉讼策略】

1. 本案系股权转让纠纷案件，原告、被告双方在法院主持下达成调解协议，并由法院制作调解书。权利人依据调解书申请法院强制执行时遇到阻碍，法院认为权利人申请事项不符合受理条件，故驳回其执行申请。

（1）关于两被执行人是否应当承担未在美国法院撤诉所产生的违约金问题。

美利坚合众国内华达州克拉克郡法院受理的 A－16－735257－B 案件中原告及反诉原告均非两被执行人。申请执行人主张香港南十字星公司系贾某个人控制，因此应当承担未撤诉的违约责任，但申请执行人并未提交证据予以证明。因此，被执行人贾某、博元公司不属于调解书中美国诉讼的原告或反诉原告，没有撤诉的权利和义务，不应承担未撤诉所产生的违约金。

（2）确认在被执行人未履行完毕全部款项支付义务之前李某或新生命公司为甘源公司股东的请求，并非明确的给付请求，不属于执行案件受理范围。

综上，执行法院驳回权利人的执行申请。

2. 调解协议中发生争议的事项系给付内容不明确导致无法执行的约定内容，因此相关权利人在参与诉讼调解时需要注意相关约定事项的可执行性。

法院基于原告、被告各方的和解内容制作调解书，调解书内容如下：（1）博元公司一次性向李某支付人民币 5932350 元，作为解决各方之间所有纠纷的补偿，其中的 4284475 元博元公司应于本协议生效后 15 个工作日内支付至青岛中院。该款项到达法院账户后，李某和甘源公司即同意由法院解除对贾某、博元公司或香港南十字星公司采取的所有财产保全措施。如果因李某或新生命公司的原因，中国或美国法院还对贾某、博元公司或香港南十字星公司采取了其他财产保全措施，李某或新生命公司同意一并解除。其余 1647875 元，博元公司应于 2018 年 6 月 30 日前付至青岛中院。对于上述款项，贾某承担连带保证责任，博元公司每逾期一日，应按照本金人民币 5932350 元的年息 24% 的标准按日支付逾期付款违约金。（2）博元公司按本协议第 1 项的约定将 4284475 元付至青岛中院账户后 30 个工作日内，各方应各自撤回在中国或美国法院对他方提起的诉讼，每逾期一日，违约方应向守约方支付违约金人民币3000元。如果相关诉讼已经由裁判机关作出了生效法律文书，各方也不得依据相关法律文书向他方主张任何权利，已经申请执行的，应立即撤回申请。(3）李某及新生命公司确认：在博元公司履行完毕全部款项的支付义务后，香港南十字星公司是甘源公司的唯一股东，李某或新生命公司不再是甘源公司的股东；李某或新生命公司不得以甘源公司的名义从事任何行为，并不得再参与甘源公司的经营。李某及新生命公司应协助香港南十字星公司办理甘源公司在当地相关部门的登记或公示信息，以使香港南十字星公司确定无疑成为甘源公司的唯一股东。

上述调解内容中，第1项调解内容因具有明确的给付内容，执行法院已确认执行完毕。第2项逾期撤诉违约金及甘源公司相关管理事项的约定内容，因无明确、具体的给付内容，不符合执行案件受理条件，执行法院及执行异议、复议审查法院均认为不应支持权利人的执行申请，遂裁定驳回其执行申请。

（十）与破产有关的纠纷

151. 债权人能否以破产重整计划为依据向法院申请强制执行

◇ **执行依据**　破产重整计划

◇ **问题**　在重整计划中对债务清偿承担连带责任的重整投资人未执行重整计划的，债权人能否以重整计划为依据向法院申请强制执行

◇ **案例**　湖南高院（2022）湘执复25号

◇ **结论**　债务人被裁定破产重整，其债权人因重整投资人未执行重整计划，以重整计划和法院批准重整计划的裁定文书为依据，向法院申请强制执行重整计划投资人。执行法院受理执行案件，作为执行依据的法律文书应在法院受理的文书范围之内，同时该文书应具有明确的给付内容。但本案债权人申请执行，无论是以重整计划还是批准重整计划的裁定作为执行依据，均不符合执行案件受理条件

【基本案情】

2018 年 7 月 3 日，金顺公司以不能清偿到期债务，且现有资产不足以清偿全部债务为由，向怀化中院申请破产重整。怀化中院于 2018 年 7 月 11 日作出（2018）湘 12 破申 2 号民事裁定，受理金顺公司的重整申请。后怀化中院作出（2018）湘 12 破 4 号民事裁定，确认包括陈某、申某玮、周某智在内的 249 位债权人的债权。

2018 年 9 月 20 日，金顺公司管理人制作了金顺公司重整计划，该重整计划中列明桐木公司为金顺公司重整投资人，为该重整计划草案约定的清偿义务提供连带责任保证，确保按期支付债权人的债权。上述重整计划还包括重整计划由债务人负责执行、重整计划的执行期限为自重整计划草案被法院裁定批准之日起两年等内容。

2018 年 10 月 31 日，怀化中院作出（2018）湘 12 破 4 号之一民事裁定，批准金顺公司重整计划，终止金顺公司重整程序。

在重整计划执行过程中，陈某、申某玮、周某智因债权未能按照重整计划规定的期限如期得到清偿，以怀化中院（2018）湘 12 破 4 号之一民事裁定及金顺公司重整计划为依据，以重整投资人桐木公司为被执行人向怀化中院申请强制执行。陈某、申某玮、周某智申请强制执行的请求为：桐木公司按重整计划约定向申请执行人陈某、申某玮、周某智支付本金 258. 5875 万元及违约金，并按照日利率 0. 0175% 加倍支付迟延履行期间的债务利息，承担本案执行费。

怀化中院于 2021 年 8 月 30 日立案执行。怀化中院认为，重整计划不属于人民法院执行机构负责执行的发生法律效力的法律文书，不能作为人民法院受理执行案件的执行依据。该院作出的（2018）湘 12 破 4 号之一民事裁定书，只是批准金顺公司重整计划，并没有明确的给付内容，也没有明确重整投资人桐木公司作为被执行人的主体责任义务。遂裁定如下：驳回陈某、申某玮、周某智的执行申请。

陈某、申某玮、周某智向湖南高院申请复议，形成本案纠纷。湖南高院经审理，裁定驳回陈某、申某玮、周某智的复议申请。

【争议焦点】

在重整计划中，对债务清偿承担连带责任的重整投资人未执行重整计划的，债权人能否以重整计划为依据向人民法院申请强制执行？

【裁判要点】

湖南高院认为，人民法院受理执行案件应当符合相关条件，包括法律规定由人民法院执行的法律文书，生效法律文书具有明确的给付内容等。金顺公司因不能清偿到期债务向怀化中院申请破产重整，金顺公司管理人制作了金顺公司重整计划，包括重整投资人为桐木公司、重整计划由债务人负责执行等内容。金顺公司的债权人陈某、申某玮、周某智因重整投资人桐木公司未执行重整计划，以重整计划等为依据向怀化中院申请强制执行桐木公司。根据上述有关法律规定，破产程序中的重整计划并非法律规定由人民法院执行的法律文书。陈某、申某玮、周某智上述强制执行申请，依据不足，怀化中院驳回陈某、申某玮、周某智的执行申请，并无不当。

【相关法律法规】

《民事诉讼法司法解释》

第四百六十一条　当事人申请人民法院执行的生效法律文书应当具备下列条件：

（一）权利义务主体明确；

（二）给付内容明确。

法律文书确定继续履行合同的，应当明确继续履行的具体内容。

《执行工作规定》

16. 人民法院受理执行案件应当符合下列条件：

（1）申请或移送执行的法律文书已经生效；

（2）申请执行人是生效法律文书确定的权利人或其继承人、权利承受人；

（3）申请执行的法律文书有给付内容，且执行标的和被执行人明确；

（4）义务人在生效法律文书确定的期限内未履行义务；

（5）属于受申请执行的人民法院管辖。

人民法院对符合上述条件的申请，应当在七日内予以立案；不符合上述条件之一的，应当在七日内裁定不予受理。

【诉讼策略】

1. 本案系因投资人未履行破产重组计划，债权人依据重整计划向法院申请强制执行投资人资产，执行法院认为重整计划或批准重整计划的法律裁定文书均不符合执行案件受理条件，遂裁定驳回其执行申请。

在债务人被裁定破产重组后，管理人会对债务人的所负债务制定重组方案，经各方同意并批准后，可按照重整计划实施，最终债务人起死回生。但若重整计划未按期实施，债权人有权以重整计划和法院批准重整计划的裁定文书为依据，向法院申请强制执行重整计划投资人。因法院受理执行案件要求作为执行依据的法律文书为法定应由法院执行的文书，以及该文书内容应具有明确的给付内容。然而，无论是重整计划还是批准重整计划的法院裁定，均非法定应由法院执行的文书。因此，债权人依据重整计划或批准重整计划的法律裁定文书向法院申请强制执行，均不符合执行案件受理条件，法院将驳回债权人的强制执行申请。

2. 重整计划是基于债务人、债权人、投资人等多方主体达成的一种特殊的合同行为，破产法院裁定批准后重整计划才得以生效。关于重整计划能否强制执行，司法实务中存在诸多争议，应结合案件具体情况综合判定。

本案中，债权人申请执行投资人资产，法院认为重整计划非法定可强制执行的文书，遂裁定驳回债权人的强制执行申请。该案具有一定代表性，同时亦不能否认债权人在重整程序中的应然权利。重整计划是债务人、债权人、投资人等多方主体达成的一种特殊的合同，破产法院裁定批准后重整计划才得以生效。重整计划能否强制执行，实务中亦存在争议，应根据具体内容来综合判定。如资产重组方案、出资人权益调整等内容，一般可纳入强制执行范围。但是，如债务清偿方案、经营计划、重整投资人责任等，一般不能强制执行。

3. 若不能执行重整计划，则债务人将被宣告破产，已经清偿的部分依然有效，其他未清偿部分作为破产财产，按比例向债权人清偿。

关于债权人遇到不能强制执行的重整计划应如何自救，根据《企业破产法》第93条第1～3款的规定："债务人不能执行或者不执行重整计划的，人民法院经管理人或者利害关系人请求，应当裁定终止重整计划的执行，并宣告债务人破产。人民法院裁定终止重整计划执行的，债权人在重整计划中作出的债权调整的承诺失去效力。债权人因执行重整计划所受的清偿仍然有效，债权未受清偿的部分作为破产债权。前款规定的债权人，只有在其他同顺位债权人同自己所受的清偿达到同一比例时，才能继续接受分配。"据此，如果债务人不能执行或者不执行重整计划，则债务人将被宣告破产，已经清偿的部分依然有效，其他未清偿部分作为破产财产，按比例向债权人清偿。

（十一）证券回购合同纠纷

152. 调解约定义务人支付其境外托管的股票，该调解事项能否执行

◇ **执行依据**　股票回购合同纠纷案件调解书

◇ **问题**　调解约定义务人支付股票到指定账户，但股票境外托管、义务人非直接持有，权利人能否依据该调解书请求法院强制办理股票过户

◇ **案例**　北京高院（2020）京执复59号

◇ **结论**　调解书第2项中关于基金合伙企业将7848万股国农控股有限公司股票根据河北农业公司书面指示支付到其指定股票账户的内容，因涉案股票实际持有人非调解书约定的义务人，且涉案股票在境外托管，无法对上述股票采取强制执行措施，执行申请属执行标的不明确、给付内容不明确。因此，执行法院驳回河北农业公司提出的办理股票过户的执行申请

【基本案情】

对于基金合伙企业与百豪公司、河北农业公司股票回购合同纠纷案，北京高院作出（2017）京民初34号民事调解书，调解书内容如下：（1）百豪公司、河北农业公司连带向基金合伙企业支付股票回购款。2017年11月20日前支付回购款103293929港元。2017年12月31日前支付回购款81097074.47港元。（2）百豪公司或河北农业公司按照本协议约定履行完毕全部回购款支付义务后，基金合伙企业应在10个工作日内将7848万股国农控股有限公司股票根据河北农业公司书面指示支付到其指定股票账户。

调解书生效后，河北农业公司向北京高院申请执行，北京高院指定北京一中院执行，北京一中院于2019年8月29日立案执行。河北农业公司执行请求如下：强制基金合伙企业将7848万股国农控股有限公司股票支付到申请执行人指定的股票账户中。

执行中，双方均确认调解书的第1项支付回购款内容已经履行完毕，河北农业公司合计将人民币159762800元支付至基金合伙企业在上海浦东发展银行杨浦支行开立的账户。被执行人基金合伙企业就其未按约履行出具了书面说明，执行法院向安信证券公司发出协助执行通知书，要求该公司将基金合伙企业持有的7848万股国农控股有限公司股票，支付到河北农业公司指定的股票账户。

安信证券公司于2019年11月5日向法院书面回函，称依照其与基金合伙企业所签《安信证券××号定向资产管理合同》的约定，基金合伙企业持有的资产为该公司作为资产管理人的定向计划，并不直接持有作为执行标的的7848万股国农控股有限公司股票；该股票也因QDII业务的特殊性，依法保管在境外托管行中国工商银行（亚洲）有限公司境外托管专户内。如需转移过户，只能由中国工商银行（亚洲）有限公司在境外办理过户，其他主体无法操作。河北农业公司与基金合伙企业在境内支付股票回购款，并要求处置定向计划持有的资产划转股票，不符合双方签署的定向合同的约定，绕开了结汇程序，违反了国家外汇管理规定。

北京一中院认为：执行标的股票实际持有人非被执行人，且执行标的在境外托管，亦无法采取强制执行措施，执行申请属执行标的不明确，应裁定予以驳回。北京一中院作出（2019）京01执855号执行裁定，驳回河北农业公司对（2017）京民初34号调解书第2项中关于将基金合伙企业持有的7848万股国农控股有限公司股票支付到河北农业公司指定股票账户的执行申请。

河北农业公司向北京高院申请复议，请求撤销北京一中院（2019）京01执855号执行裁定，指令北京一中院继续执行。北京高院于2020年4月29日作出（2020）京执复59号裁定，裁定驳回河北农业公司的复议申请。

【争议焦点】

北京一中院驳回河北农业公司的执行申请是否符合法律规定？

【裁判要点】

北京高院认为，当事人申请人民法院执行的生效法律文书应当具有明确的给付内容。本案民事调解书第2项中关于供销五期合伙企业将7848万股国农控股有限公司股票根据河北农业公司书面指示支付到其指定股票账户的内容，对股票支付应具备的条件没有确定，属于给付内容不明确。对河北农业公司提出的执行申请，应予驳回。对复议申请人所提复议请求，北京高院不予支持。遂裁定如下：驳回河北省农业生产资料集团有限公司的复议申请。

【相关法律法规】

《执行工作规定》

16. 人民法院受理执行案件应当符合下列条件：

（1）申请或移送执行的法律文书已经生效；

（2）申请执行人是生效法律文书确定的权利人或其继承人、权利承受人；

（3）申请执行的法律文书有给付内容，且执行标的和被执行人明确；

（4）义务人在生效法律文书确定的期限内未履行义务；

（5）属于受申请执行的人民法院管辖。

人民法院对符合上述条件的申请，应当在七日内予以立案；不符合上述条件之一的，应当在七日内裁定不予受理。

41. 生效法律文书确定被执行人交付特定标的物的，应当执行原物。原物被隐匿或非法转移的，人民法院有权责令其交出。原物确已毁损或灭失的，经双方当事人同意，可以折价赔偿。

双方当事人对折价赔偿不能协商一致的，人民法院应当终结执行程序。申请执行人可以另行起诉。

【诉讼策略】

1. 本案系股权回购合同纠纷案件，双方当事人在诉讼中达成调解协议，约定权利人支付款项，义务人支付相应数额的上市公司股票，但因股票不具备交付条件，导致权利人在支付款项后无法通过执行程序取得涉案股票。

义务人就不能交付股票出具书面说明，称系资产管理人安信证券公司没有按照其要求办理过户手续，执行法院遂向安信证券公司出具协助执行通知函，安信证券公司回函称：被执行人基金合伙企业持有的资产为该公司作为资产管理人的定向计划，并不直接持有作为执行标的的7848万股国农控股有限公司股票。而上述股票实际保管在资产托管人中国工商银行（亚洲）有限公司开立的境外托管专户内。

执行法院认为，被执行人未提交其持有7848万股国农控股有限公司股票的直接证据。基金合伙企业在与河北农业公司等公司达成调解协议时，未考虑到是否符合其与资产管理人所签定向合同的约定以及国家外汇管理的规定，造成安信证券公司无法依照其要求办理股票过户。

综上，执行法院因执行标的股票实际持有人非被执行人，且执行标的在境外托管，亦无法采取强制执行措施。对申请执行人依照民事调解书第2项中股票过户部分的申请，属执行标的不明确，遂裁定驳回河北农业公司的执行申请。

2. 调解书内容约定明确，但在调解时未确认涉案股票是否由义务人实际持有，亦未核查涉案股票过户的相关禁止性规定，故导致执行时无法执行的结果。

调解书内容如下：(1) 百豪公司、河北农业公司连带向基金合伙企业支付股票回购款。2017 年 11 月 20 日前支付回购款 103293929 港元，2017 年 12 月 31 日前支付回购款 81097074. 47 港元。（2）百豪公司或河北农业公司按照本协议约定履行完毕全部回购款支付义务后，基金合伙企业应在 10 个工作日内将 7848 万股国农控股有限公司股票根据河北农业公司书面指示支付到其指定股票账户。

二、仲裁程序中的调解、和解，内容应具有可执行性

仲裁调解内容，其中仲裁程序需要注意事项可查阅本书第 2 章第 2 部分关于避免仲裁裁决被不予执行的风险以及避免仲裁裁决被依法撤销的风险等相关内容，关于纠纷双方约定内容应注意事项可查阅第 5 章第 1 部分关于诉中调解约定等注意事项的相关内容，此处不再重复以上两部分已有之内容，就以上两部分未涉及但又属于仲裁调解程序中需要注意的问题，在以下内容中继续阐明。

153. 调解事项虽能确认货款金额，但就货款的支付方式、期限无法确认的，该调解事项能否执行

◇ **执行依据**　买卖合同纠纷案件仲裁调解书

◇ **问题**　调解书约定剩余合同价款根据合同执行情况按约定的条件和节点执行，该调解内容是否明确、能否符合执行案件的受理条件

◇ **案例**　河南高院（2021）豫执复 237 号

◇ **结论**　作为执行依据的调解书，其关于买方支付剩余货款的支付条件、支付方式、支付时间和期限均未明确，仅是笼统约定：剩余合同款项根据合同执行情况按照约定的条件和节点执行。因此，该调解书关于剩余合同款项履行的具体内容并不明确，执行法院应予驳回卖方请求支付货款及违约金的执行申请

【基本案情】

能发公司与电建公司买卖合同纠纷案，郑州仲裁委员会于2015年5月19日作出（2015）郑仲调字第043号调解书，主要内容如下：（1）双方就液控蝶阀买卖合同总价款75.8万元，被申请人电建公司于2015年6月15日之前支付申请人能发公司合同到货款20万元；于2015年7月30日前支付申请人合同到货款17.9万元。付款方式均为银行承兑汇票。（2）剩余合同款项根据合同执行情况按照约定的条件和节点执行。

2020年11月18日，能发公司向郑州中院申请执行。郑州中院查明：调解书中第1项到货款37.9万元已于2015年7月30日前以银行承兑汇票方式支付。调解书中第2项剩余合同款项根据合同执行情况按照约定的条件和节点执行具体履行节点和履行情况不明。

郑州中院认为执行依据不明确、具体，遂于2021年1月19日作出（2020）豫01执1591号执行裁定，驳回能发公司的执行申请。

能发公司向河南高院申请复议，其认为应给付合同总价款75.8万元，去掉已付的37.9万元，剩余的37.9万元并承担仲裁费用，能发公司要求执行的具体内容十分明确。故提出以下请求：撤销郑州中院（2020）豫01执1591号执行裁定，执行被执行人电建公司应付货款37.9万元及迟延履行金。

河南高院经审理，裁定如下：驳回能发公司的复议申请，维持郑州中院（2020）豫01执1591号执行裁定。

【争议焦点】

涉案仲裁调解书是否符合执行案件受理条件？

【裁判要点】

河南高院认为，执行依据有明确的执行内容是当事人申请执行的基本条件。本案中，执行依据的主文为剩余合同款项根据合同执行情况按照约定的条件和节点执行，但该调解书并未列明约定的条件和节点。因此，本案执行依据关于剩余合同款项履行的具体内容并不明确，郑州中院驳回能发公司的执行申请并无不当，能发公司的复议理由无事实及法律依据，河南高院不予支持。

【相关法律法规】

《民事诉讼法司法解释》

第四百六十一条 当事人申请人民法院执行的生效法律文书应当具备下列条件：

（一）权利义务主体明确；

（二）给付内容明确。

法律文书确定继续履行合同的，应当明确继续履行的具体内容。

《执行工作规定》

16. 人民法院受理执行案件应当符合下列条件：

(1) 申请或移送执行的法律文书已经生效；

(2) 申请执行人是生效法律文书确定的权利人或其继承人、权利承受人；

(3) 申请执行的法律文书有给付内容，且执行标的和被执行人明确；

(4) 义务人在生效法律文书确定的期限内未履行义务；

(5) 属于受申请执行的人民法院管辖。

人民法院对符合上述条件的申请，应当在七日内予以立案；不符合上述条件之一的，应当在七日内裁定不予受理。

【诉讼策略】

本案系买卖合同履行产生的纠纷，双方经调解形成仲裁调解书，因调解内容约定不明确导致给付内容不明确，故无法执行。

买卖合同双方就货款的支付需明确支付主体、支付金额、支付方式、支付期限、迟延支付的违约金具体金额或计算方法，若仅是笼统约定，不明确不具体，则不利于调解书生效后的执行。如本案调解书约定“剩余合同款项根据合同执行情况按照约定的条件和节点执行”，该约定内容即属约定不明确情形，导致执行过程中无法确认执行内容。

根据《民事诉讼法司法解释》第461条、《执行工作规定》第16条等相关规定，执行依据有明确的执行内容是当事人申请执行的基本条件。因此，本案执行法院认为债权人的执行申请不符合执行案受理条件。

154. 未办理初始登记的房产，购房人能否依据仲裁调解请求法院强制过户至己方名下

◇ **执行依据** 房屋买卖合同纠纷案件仲裁调解书

◇ **问题** 仲裁调解约定了开发商协助购房人办理产权过户，但开发商未缴纳土地出让金、税款，未办理初始登记，购房人请求强制办理过户能否获得支持

◇ **案例** 广东高院（2021）粤执复700号

◇ **结论** 作为执行依据的仲裁调解书已明确开发商协助办理产权过户的给付责任，但因开发商未办理涉案房产的初始登记以及补缴相应土地出让金及税费，导致无法向购房人办理产权过户，此种情形不属于不予受理执行申请的情形。但执行法院可根据政府部门对办理产权证的要求及开发商的履行情况，结合执行进度和阻碍，依法中止执行或终结执行

【基本案情】

金鲸公司与龙津公司所涉商品房买卖合同纠纷案，广州仲裁委员会根据双方达成的调解事项，作出（2019）穗仲案字第13876号调解书。

金鲸公司依据广州仲裁委员会（2019）穗仲案字第13876调解书向广州中院申请执行，请求如下：强制龙津公司协助申请执行人将广州市荔湾区××路××号A梯701房的产权过户登记至申请执行人名下。广州中院于2020年11月6日立案。

广州中院经审查认为：金鲸公司申请强制执行办理不动产转移登记的事项属于行政管理职责范围，不属于人民法院受理执行案件的管辖范围。广州

中院遂于2020年12月21日作出（2020）粤01执4910号执行裁定，裁定如下：驳回申请执行人金鲸公司的执行申请。

金鲸公司向广东高院申请复议，请求如下：撤销（2020）粤01执4910号执行裁定书，并责令广州中院依法执行（2019）穗仲案字第13876号调解书。广东高院认为：仲裁调解书要求履行的内容是明确的，不属于应当驳回执行申请的情形，但因被执行人龙津公司就涉案房产未办理初始登记未支付土地出让金等原因无法办理房产过户，执行法院在执行过程中可视案件具体情况依法中止执行、终结执行。遂裁定如下：撤销广州中院（2020）粤01执4910号执行裁定。

【争议焦点】

执行法院驳回过户申请的裁定是否正确以及本案应当如何执行？

【裁判要点】

本案所涉中国广州仲裁委员会作出的（2019）穗仲案字第13876号仲裁调解书第1项分别确定被执行人龙津公司应协助申请执行人金鲸公司将广州市荔湾区××路××号A梯701房产权过户登记至金鲸公司名下。上述仲裁调解书要求履行的内容是明确的，不属于应当驳回执行申请的情形。

广州中院驳回执行申请的理由之一是根据相关法律规定，因已经发生法律效力的判决、裁定、裁决或者调解而取得房地产权利的，可由权利人单方向不动产登记机构提出登记申请并提交材料。广东高院认为，该仲裁裁决是否引起物权变动应以法律规定为判断依据。本案发生时适用的《物权法》第28条规定："因人民法院、仲裁委员会的法律文书或者人民政府的征收决定等，导致物权设立、变更、转让或者消灭的，自法律文书或者人民政府的征收决定等生效时发生效力。"何种法律文书能够引起物权变动，应结合其他法律、司法解释的规定。《最高人民法院关于适用〈中华人民共和国物权法〉若干问题的解释（一）》[①] 第7条规定："人民法院、仲裁委员会在分割共有

---

① 该司法解释现已废止。

不动产或者动产等案件中作出并依法生效的改变原有物权关系的判决书、裁决书、调解书，以及人民法院在执行程序中作出的拍卖成交裁定书、以物抵债裁定书，应当认定为物权法第二十八条所称导致物权设立、变更、转让或者消灭的人民法院、仲裁委员会的法律文书。”本案所述仲裁裁决本质上属于债的范畴，并非确认申请执行人金鲸公司取得涉案不动产所有权。因此，广州中院以金鲸公司已取得物权并可单方向不动产登记机关申请办理产权变更登记，并据此驳回执行申请的裁定结果不当，应予纠正。

广东高院同时注意到，金鲸公司曾与龙津公司就其开发的××商贸大厦的其他多处房产签订《商品房买卖合同》，并就争议房产向广州仲裁委员会申请仲裁。广州仲裁委员会作出过多份仲裁裁决或仲裁调解书，仲裁裁决或仲裁调解书的内容与本案相同，均是要求龙津公司协助金鲸公司将特定的房产产权过户登记至金鲸公司名下。广州中院在先期部分案件执行中，曾就部分房产的过户问题致函广州市规划和自然资源局、广州市住房和城乡建设局。相应职能部门答复所涉房屋存在所在项目整体暂未办理首次登记、需要缴纳土地出让金、暂无法确定涉案房屋是否属于私房回迁房等过户障碍。广东高院曾在相应的执行裁定中指出，金鲸公司作为买受人，其请求不动产过户的申请实际为合同的履行，是债的给付请求。其过户请求能否得到实际执行还需审查执行标的是否存在法律上、事实上不能强制执行的障碍。执行法院在执行过程中可视案件具体情况依法中止执行，确实在客观上无法执行的，执行法院可以依法终结执行。对于本案所涉三处房产，广州中院亦应照此办理。

综上所述，广州中院适用法律上有误，驳回申请执行人金鲸公司房产过户执行申请不当，广东高院予以纠正。

【相关法律法规】

《最高人民法院关于人民法院办理仲裁裁决执行案件若干问题的规定》

第三条第一款 仲裁裁决或者仲裁调解书执行内容具有下列情形之一导致无法执行的，人民法院可以裁定驳回执行申请；导致部分无法执行的，可以裁定驳回该部分的执行申请；导致部分无法执行且该部分与其他部分不可分的，可以裁定驳回执行申请。

（一）权利义务主体不明确；

（二）金钱给付具体数额不明确或者计算方法不明确导致无法计算出具体数额；

（三）交付的特定物不明确或者无法确定；

（四）行为履行的标准、对象、范围不明确；

《不动产登记暂行条例实施细则》

第十九条第一款　当事人可以持人民法院、仲裁委员会的生效法律文书或者人民政府的生效决定单方申请不动产登记。

第十九条第二款　有下列情形之一的，不动产登记机构直接办理不动产登记：

（一）人民法院持生效法律文书和协助执行通知书要求不动产登记机构办理登记的；

（二）人民检察院、公安机关依据法律规定持协助查封通知书要求办理查封登记的；

（三）人民政府依法做出征收或者收回不动产权利决定生效后，要求不动产登记机构办理注销登记的；

（四）法律、行政法规规定的其他情形。

《民法典》

第二百二十九条　因人民法院、仲裁机构的法律文书或者人民政府的征收决定等，导致物权设立、变更、转让或者消灭的，自法律文书或者征收决定等生效时发生效力。

《最高人民法院关于适用〈中华人民共和国民法典〉物权编的解释（一）》

第七条　人民法院、仲裁机构在分割共有不动产或者动产等案件中作出并依法生效的改变原有物权关系的判决书、裁决书、调解书，以及人民法院在执行程序中作出的拍卖成交裁定书、变卖成交裁定书、以物抵债裁定书，应当认定为民法典第二百二十九条所称导致物权设立、变更、转让或者消灭的人民法院、仲裁机构的法律文书。

【诉讼策略】

1. 本案系房屋买卖合同纠纷仲裁案件，双方在仲裁程序中达成调解，调解内容中亦明确约定了开发商协助办理产权过户的给付责任，但因开发商未缴纳土地出让金、税费，涉案房产未办理初始登记，故阻碍购房人完成产权变更登记。

作为执行依据的仲裁调解书第 1 项确定被执行人龙津公司应协助申请执行人金鲸公司将广州市荔湾区××路××号 A 梯 701 房产权过户登记至金鲸公司名下。上述仲裁调解书要求履行的内容是明确的，不属于应当驳回执行申请的情形。

金鲸公司作为房屋买受人，其请求不动产过户的申请实际是为了合同的履行，是债的给付请求。购房人的过户请求能否得到实际执行还需审查执行标的是否存在法律上、事实上不能强制执行的障碍。本案因开发商就所涉案房屋存在所在项目整体暂未办理首次登记、需要缴纳土地出让金、暂无法确定涉案房屋是否属于私房回迁房等过户障碍，导致无法向购房人办理产权过户。

综上所述，购房人的执行申请符合受理条件，应予受理，但因物权变更存在客观障碍，执行法院于是依法中止执行，或在确认无法执行的情况下终结执行。

2. 作为执行依据的仲裁调解书，权利义务主体明确，履行的内容及期限等给付内容均约定得清楚明确，符合执行案件的受理条件。

本案调解书关于给付内容的约定如下："龙津公司应在调解书生效之日起 15 日内协助金鲸公司将涉案房屋的产权过户登记至金鲸公司名下。"该约定内容权利义务主体明确，履行的内容及期限均清楚明确，不存在任何可以驳回执行申请的法定情形。

3. 判决书、仲裁裁决、调解书等法律文书，相关权利人单方持有判决书、仲裁裁决、调解书等法律文书无法要求不动产登记部门办理产权变更。因此，权利人仍需向执行法院申请执行，并取得协助执行通知书，才能将涉案房屋所有权转移登记至购房人名下。

根据《民法典》第229的规定，以及《不动产登记暂行条例实施细则》第29条第2款“有下列情形之一的，不动产登记机构直接办理不动产登记：（一）人民法院持生效法律文书和协助执行通知书要求不动产登记机构办理登记的……”的规定，权利人可以依据法院生效确权文书以及协助执行通知书，单方向不动产登记部门要求办理相关登记。但上述情形的文书要件是生效法律文书和协助执行通知书。因此，权利人依据生效的确认相关物权的法律文书，需要先行执行立案，拿到协助执行通知书，才能单方面到不动产登记中心完成不动产设立、变更等相关登记。

155. 调解书中利息计算约定不同还款期适用不同利率标准，该调解事项能否顺利执行

◇ **执行依据**　融资租赁合同纠纷案件仲裁裁决

◇ **问题**　融资租赁合同纠纷调解书中利息计算约定不同还款期适用不同利率标准，调解书中的利息给付金额能否在执行中予以明确

◇ **案例**　陕西高院（2022）陕执复34号

◇ **结论**　调解事项中金钱给付内容包括以下两部分：（1）约定日期前：债务人在该日期之前应当履行的分期还款义务及未按期足额还款应当一次性履行该项约定中确定的还款金额；（2）约定日期后：债务人在该日期之后应承担还款义务及未按期足额还款或逾期30天内及逾期30天以上履行还款义务，逾期利息的计算标准。通过调解内容能确认给付金额、给付时间、逾期利息的利率、起止时间的，则该调解书给付内容明确，符合执行立案受理条件

【基本案情】

前海公司与饮品公司、刘某、荣某融资租赁合同纠纷案，深圳国际仲裁院作出（2020）深国仲调1941号调解书，其中第3项第2款规定：“若双方达成和解协议之后，关于本协议约定的乙方应于2021年6月30日前承担的

律师费、仲裁费、融资租赁利息的还款义务，如有一期还款不足额或者逾期达30天以上，则甲方有权向乙方要求一次性偿还未偿还的律师费、仲裁费和融资租赁利息。”第3项第3款规定：“关于本协议约定的乙方应于2021年6月30日后承担的融资租赁本息的还款义务，如有一期还款不足额或逾期，逾期30天内的利息，利率标准从年利率15.4%上调为年利率24%，以未偿还的融资租赁本金为基数进行计算。逾期30天以上，甲方有权要求乙方一次性归还未偿还的融资租赁本金及利息，逾期30天以内的利息以未偿还的融资租赁本金为基数，按照年利率24%计算。”

2021年8月30日，前海公司依据（2020）深国仲调1941号调解书向西安中院申请强制执行，请求如下：执行被执行人饮品公司、刘某、荣某向申请执行人偿还融资租赁本金2600万元，融资租赁利息620万元，律师费、仲裁费130万元。

西安中院认为调解书的具体给付内容不明确，向深圳国际仲裁院去函要求予以说明，但深圳国际仲裁院至今未回复该院。遂作出（2021）陕01执2943号执行裁定，驳回前海公司的执行申请。

前海公司向陕西高院申请复议，请求如下：（1）撤销西安中院（2021）陕01执2943号执行裁定；（2）受理复议申请人的执行申请。陕西高院经审理，裁定：撤销西安中院（2021）陕01执2943号执行裁定。

【争议焦点】

前海公司申请执行的调解书第3项内容确定的金钱给付内容是否符合执行案件受理条件，应否立案执行？

【裁判要点】

1. 本案复议申请人前海公司申请执行的深圳国际仲裁院作出的（2020）深国仲调1941号调解书，该调解书中对于乙方饮品公司、刘某、荣某应当履行的金钱给付义务为调解书第3项内容，该内容包括以下两部分：一是乙方饮品公司、刘某、荣某在2021年6月30日之前应当履行的分期还款义务及未按期足额还款应当一次性履行该项约定中确定的还款金额；二是乙方饮品公司、刘某、荣某在2021年6月30日之后应承担还款义务及未按期足额还款或逾期30天内及逾期30天以上履行还款义务，还有逾期利息的计算标准。上述调解书已确定了融资租赁利息的计算标准，按照有关规定，仲裁调解书已明确了利息计算标准，属于生效法律文书有给付内容且执行标的明确。

2. 复议申请人前海公司与饮品公司、刘某、荣某在仲裁中提交了双方达成的还款计划，明确了饮品公司、刘某、荣某履行的具体还款金额及分期还款的期限，深圳国际仲裁院在该仲裁调解书中亦对双方签订的上述还款计划的事实予以确认。现前海公司申请执行，执行中对于被执行人饮品公司、刘某、荣某是否按期履行了还款义务，是否存在违约的情形，只需判断饮品公司是否按协议约定的时间节点履行各期还款义务即可。

综上所述，西安中院执行裁定以本案执行依据不明确等为由驳回复议申请人前海公司的执行申请不符合上述司法解释的规定，应予撤销。

【相关法律法规】

《执行工作规定》

16. 人民法院受理执行案件应当符合下列条件：

（1）申请或移送执行的法律文书已经生效；

（2）申请执行人是生效法律文书确定的权利人或其继承人、权利承受人；

（3）申请执行的法律文书有给付内容，且执行标的和被执行人明确；

（4）义务人在生效法律文书确定的期限内未履行义务；

（5）属于受申请执行的人民法院管辖。

人民法院对符合上述条件的申请，应当在七日内予以立案；不符合上述条件之一的，应当在七日内裁定不予受理。

《最高人民法院关于人民法院立案、审判与执行工作协调运行的意见》

11. 法律文书主文应当明确具体：

（1）给付金钱的，应当明确数额。需要计算利息、违约金数额的，应当有明确的计算基数、标准、起止时间等；

（2）交付特定标的物的，应当明确特定物的名称、数量、具体特征等特定信息，以及交付时间、方式等；

（3）确定继承的，应当明确遗产的名称、数量、数额等；

（4）离婚案件分割财产的，应当明确财产名称、数量、数额等；

（5）继续履行合同的，应当明确当事人继续履行合同的内容、方式等；

（6）排除妨碍、恢复原状的，应当明确排除妨碍、恢复原状的标准、时间等；

（7）停止侵害的，应当明确停止侵害行为的具体方式，以及被侵害权利的具体内容或者范围等；

（8）确定子女探视权的，应当明确探视的方式、具体时间和地点，以及交接办法等；

（9）当事人之间互负给付义务的，应当明确履行顺序。

……

【诉讼策略】

1. 本案系因双方融资租赁合同履行引起的纠纷案件，其中利息的计算随着还款逾期递增利率，此类约定内容在执行程序中可能会遇到一定阻碍，本案即在首次向执行法院立案时因执行内容不明确被裁定驳回执行申请。

对于本案中调解书第 3 项内容，执行法院西安中院对于债权人前海公司的执行申请，其认为本案的执行依据即调解书的具体给付内容不明确。同时，该调解书在当事人履行过程中是否构成违约以及违约程度等，属于与案件审结后新发生的事实相结合而形成的新的实体权利义务争议，并非简单的事实判断，在执行程序中直接予以认定，缺乏程序的正当性和必要的程序保障，故申请执行人前海公司申请执行被执行人因履行调解协议过程中违约责任造成的损失，是对新的实体权利义务争议的主张，应通过另行提起诉讼方式予以解决。遂作出驳回债权人的执行申请。

债权人就驳回执行申请裁定提起复议，复议请求有以下两点：（1）撤销西安中院裁定；（2）受理其执行申请。最终陕西高院复议裁定撤销西安中院裁定。

后续债权人重新向西安中院申请执行，或西安中院重新出具裁定受理债权人的执行申请，债权人的一个简单执行申请行为经历了上述执行异议、复议等诉讼程序，无形中的耗时耗力已扩大了维权成本。

2. 执行依据内容明确是当事人申请执行的基本条件，其中利息的计算，应明确计算基数、标准、起止时间。

根据《执行工作规定》第16条第1款的规定："人民法院受理执行案件应当符合下列条件：……（3）申请执行的法律文书有给付内容，且执行标的和被执行人明确……"何为执行标的明确，根据《最高人民法院关于人民法院立案、审判与执行工作协调运行的意见》第11条第1款的相关规定，法律文书主文为给付金钱的，应当明确数额。需要计算利息、违约金数额的，应当有明确的计算基数、标准、起止时间等。

156. 仲裁调解书未明确"保修期满"的具体时限，债权人要求退还保证金的执行申请，能否获得支持

◇ **执行依据** 建设工程合同纠纷案件仲裁调解书

◇ **问题** 仲裁调解书未明确"保修期满"的具体时限，债权人依据调解书内容申请法院强制执行退还工程质量保修金及迟延履行利息的，该申请能否获得支持

◇ **案例** 广东高院（2021）粤执复77号

◇ **结论** 仲裁调解书未明确"保修期满"的具体时限，双方执行程序中对保修期的起始计算时间及保修期限无法达成一致意见。执行法院向仲裁机构发函要求明确保修期等事项，仲裁机构回复"无法对调解书内容进行补正或说明"。因此，执行法院无法确定被执行人目前应否退还工程质量保修金，以及应退还的具体数额和履行期限，也无法判断是否存在逾期未退还应计算迟延履行金等关键事项，金钱给付具体数额不明确，故执行法院驳回了债权人的执行申请

【基本案情】

河南五建公司与泰克公司建设工程合同纠纷案，珠海仲裁委员会依据双方调解内容，作出珠仲裁字（2017）第269号调解书，其中第4项约定：如非河南五建公司原因导致房产证办理延迟或无法办理，泰克公司须在工程竣工验收合格之日起90日内完成付款，5%作为工程质量保修金，保修期满后一次性付清。

上述调解书于2018年7月7日发生法律效力，同年8月，河南五建公司向珠海中院申请强制执行，请求如下：（1）支付工程质量保修金959152.58元；（2）加倍支付迟延履行期间的债务利息33906.04元。

执行过程中，被执行人泰克公司认为涉案多份合同中保修期约定不一致且部分工程保修期未到期，故提出异议，请求如下：驳回河南五建公司的执行申请并撤销该执行案件。珠海中院于2020年12月7日作出（2020）粤04执异241号执行裁定：驳回被执行人泰克公司的异议请求。

泰克公司广东高院申请复议，请求如下：（1）撤销（2020）粤04执异241号执行裁定；（2）驳回（2020）粤04执895号执行申请；（3）中止或解除对泰克公司账户的冻结及其他强制执行措施。

广东高院经审理，认为保修期限通过合同约定，调解书内容及仲裁机构的回函均无法明确，涉案金钱给付内容不明确，遂裁定如下：（1）撤销珠海中院（2020）粤04执异241号执行裁定。（2）撤销珠海中院（2020）粤04执895号案件。（3）驳回河南五建公司的执行申请。

【争议焦点】

作为执行依据的仲裁调解书第4项约定的工程质量保修金是否具备强制执行条件？

【裁判要点】

河南五建公司的执行请求为要求泰克公司支付工程质量保修金并加倍支付迟延履行期间的债务利息，工程质量保修金通常应在施工方承建的工程验收质量合格，依保修约定在保修期满后由发包方退还给施工方。现执行依据珠仲裁字（2017）第269号调解书第4项中未明确“保修期满”的具体时限，双方对保修期的起始计算时间及保修期限各执一词，无法达成一致意见。

珠海中院异议裁定认为，对保修金的执行因执行依据未确定保修期而存在执行内容不明确不具体的情形，执行部门应参照《最高人民法院关于人民法院办理仲裁裁决执行案件若干问题的规定》第4条规定的处理程序进行处理，而不宜直接驳回执行申请。其后，珠海中院向珠海仲裁委员会发出书面函件，要求明确保修期等事项。根据珠海仲裁委员会“本会无法对调解书内容进行补正或说明”的复函内容及意见，现因珠海仲裁委员会无法明确执行依据中应退还的工程质量保修金具体金额和退还期限，执行部门无法确定泰克公司目前应否退还工程质量保修金，以及应退还的具体数额和履行期限，也无法判断是否存在逾期未退还应计算迟延履行金等关键事项。

根据《最高人民法院关于人民法院办理仲裁裁决执行案件若干问题的规定》第3条的规定，仲裁调解书执行内容具有几种规定情形进而导致无法执行的，人民法院可以裁定驳回执行申请，而本案属这几种情形中“金钱给付具体数额不明确或者计算方法不明确导致无法计算出具体数额”的情形，故河南五建公司就本案工程质量保修金的执行申请应予驳回，（2020）粤04执895号案件应予撤销。泰克公司所提异议和复议请求成立，广东高院予以支持。

【相关法律法规】

《最高人民法院关于人民法院办理仲裁裁决执行案件若干问题的规定》

第三条　仲裁裁决或者仲裁调解书执行内容具有下列情形之一导致无法执行的，人民法院可以裁定驳回执行申请；导致部分无法执行的，可以裁定驳回该部分的执行申请；导致部分无法执行且该部分与其他部分不可分的，可以裁定驳回执行申请。

（一）权利义务主体不明确；

（二）金钱给付具体数额不明确或者计算方法不明确导致无法计算出具体数额；

（三）交付的特定物不明确或者无法确定；

（四）行为履行的标准、对象、范围不明确；

仲裁裁决或者仲裁调解书仅确定继续履行合同，但对继续履行的权利义务，以及履行的方式、期限等具体内容不明确，导致无法执行的，依照前款规定处理。

第四条 对仲裁裁决主文或者仲裁调解书中的文字、计算错误以及仲裁庭已经认定但在裁决主文中遗漏的事项，可以补正或说明的，人民法院应当书面告知仲裁庭补正或说明，或者向仲裁机构调阅仲裁案卷查明。仲裁庭不补正也不说明，且人民法院调阅仲裁案卷后执行内容仍然不明确具体无法执行的，可以裁定驳回执行申请。

【诉讼策略】

1. 本案系施工方仲裁申请开发商退还保证金等费用的建设工程合同纠纷案件，双方达成调解经仲裁机构制作调解书，施工方依据调解书内容向法院申请强制执行。因执行依据中关于“保修期满”的期限约定不明，导致调解书无法执行的不利结果。

（1）工程质量保修金通常应在施工方承建的工程验收质量合格，依保修约定在保修期满后由发包方退还给施工方，但涉案调解书中关于“保修期满”的具体时限并无明确规定，导致保修金应何时退还无法确认。

（2）通过双方签署的合同亦无法确认双方准确的保修期满日期。本案开发商提供的《广东省建设工程施工合同》《补充协议一》《补充协议二》等多份合同中，对保修期有不同的约定，且双方对保修期的始算时间及保修期限各持已见，无法达成一致意见。因此，以双方合同约定无法确认保修期时限等事项。

（3）执行法院就“保修期满”事项发函仲裁机构请求补正和释明，仲裁机构回函称“本会无法对调解书内容进行补正或说明”，故调解书中“保修期满”时限问题亦无法明确。

综上，执行法院无法明确执行依据中应退还的工程质量保修金具体金额和退还期限，无法确定开发商目前应否退还工程质量保修金，以及应退还的具体数额和履行期限，也无法判断是否存在逾期未退还应计算迟延履行金等关键事项。因此，上述情形符合《最高人民法院关于人民法院办理仲裁裁决执行案件若干问题的规定》第 3 条第 1 款第 2 项“金钱给付具体数额不明确或者计算方法不明确导致无法计算出具体数额”规定的情形，应驳回债权人的执行申请。

2. 作为执行依据的仲裁调解书，首先明确了应支付的工程款及已付工程款，这一点是双方关注的问题且仅作事实确认，执行过程中容易因给付期限、方式等产生新的争议。双方在调解书中又明确了收款方提供发票的责任，此处可尝试再明确具体发票的要求及税点，避免执行中再起纠纷。施工方最终无法执行的关键点在于保修金退还的约定内容，双方约定“保修期满”一次性退还，但未明确“保修期满”的具体时限，故一招不慎满盘皆输，执行法院因此驳回施工方的执行申请并撤销执行案件。

涉案仲裁调解书的主要约定内容如下，可对同类案件进行参考。第 1 项约定：双方一致确认泰克公司 GMP 工程结算总金额为 19183051.6 元，截至 2018 年 5 月 30 日，被执行人已向申请执行人支付工程款 14558760.19 元；第 3 项、第 4 项均约定：支付工程款前，申请执行人需向被执行人出具发票；第 4 项约定：如非河南五建公司原因导致房产证办理延迟或无法办理，泰克公司须在工程竣工验收合格之日起 90 日内完成付款，5% 作为工程质量保修金，保修期满后一次性付清。

157. 双方基于调解书约定的履行违约而导致的给付义务，权利人依据调解书能否执行违约金

◇ **执行依据**　建设工程合同纠纷案件仲裁调解书

◇ **问题**　双方基于调解书就迟延履行违约金的约定而导致的给付义务，权利人能否依据仲裁调解书申请法院强制执行违约金

◇ **案例**　贵州高院（2020）黔执复 109 号

◇ **结论** 调解书中就迟延履行的违约责任进行约定，双方基于违约责任而导致的给付义务，取决于双方在履行生效调解书过程中是否违约及违约的程度等，应在当事人无异议时确定或通过诉讼程序才能确定，执行程序中无法直接予以确认。因此，在未确认义务人是否违约以及违约程度等问题时，权利人关于强制执行违约金的请求属给付内容不明确，不符合执行案件受理条件

【基本案情】

仁核公司与亨特公司建设工程合同纠纷案，双方在仲裁程序中达成调解，贵阳仲裁委员会作出（2018）贵仲调字第0547号调解书，主要内容如下：（1）双方确认涉案酒店10KV配电工程最终结算价总计1540万元。截至2019年7月29日，被申请人已向申请人支付工程款1200万元，尚欠340万元未支付。（2）欠付的340万元以分期付款的方式支付，具体如下：①本协议签订10日内，支付100万元。②在2020年1月22日前，支付剩余工程款240万元。（3）若被申请人未按约定履行给付义务，视为被申请人违约，则被申请人除应继续按本协议约定履行工程款给付义务外，还应向申请人支付逾期付款违约金，双方约定了具体计算方法。

2020年3月8日，仁核公司向贵阳中院申请强制执行，请求如下：强制被申请人支付逾期付款违约金共计3304160元，且执行费由亨特公司承担。3月12日，贵阳中院向被执行人亨特公司发出执行通知书、报告财产令及当事人缴款通知书等法律文书，并通过网络执行查控系统，冻结了被执行人名下相关银行账户。

被执行人亨特公司向贵阳中院提出执行异议，请求如下：（1）终止仁核公司对亨特公司提起的仲裁调解执行申请；（2）解除对亨特公司采取的强制措施。

贵阳中院认为，仁核公司要求亨特公司支付逾期付款违约金，因未经审判或仲裁程序实体审查判断亨特公司是否违约及违约程度，故无法确认本案具体执行内容，本案不符合执行案件受理条件，遂作出（2020）黔01执异

200 号执行裁定，驳回仁核公司的执行申请。

仁核公司不服，向贵州高院申请复议，请求如下：撤销（2020）黔 01 执异 200 号裁定，继续执行本案。贵州高院经审理，裁定如下：驳回仁核公司的复议申请，维持贵阳中院（2020）黔 01 执异 200 号执行裁定。

【争议焦点】

当事人在仲裁调解协议中约定的违约条款是否符合立案执行的条件？

【裁判要点】

本案中，亨特公司已于 2020 年 3 月 4 日向仁核公司支付完毕剩余款项，至此，双方达成的仲裁调解书中所确定的履行义务已履行完毕。至于双方基于违约责任而导致的给付义务，取决于双方在履行生效调解书过程中是否违约及违约的程度等，涉及当事人的实体权利问题，并非简单事实判断，应在当事人无异议或通过诉讼程序才能确定。仁核公司主张本案中仲裁调解书中的违约金条款约定明确，亨特公司的违约事实简单明了，但亨特公司答辩称本案属于履行瑕疵，不属于根本性违约，不适用仲裁调解书第 3 项约定“视为被申请人违约”。案件双方当事人对本案是否构成违约存在争议，由此而来，本案中因违约责任而产生的执行标的是否明确在执行程序中无法直接认定。

【相关法律法规】

《执行工作规定》

16. 人民法院受理执行案件应当符合下列条件：

（1）申请或移送执行的法律文书已经生效；

（2）申请执行人是生效法律文书确定的权利人或其继承人、权利承受人；

（3）申请执行的法律文书有给付内容，且执行标的和被执行人明确；

（4）义务人在生效法律文书确定的期限内未履行义务；

（5）属于受申请执行的人民法院管辖。

人民法院对符合上述条件的申请，应当在七日内予以立案；不符合上述条件之一的，应当在七日内裁定不予受理。

【诉讼策略】

1. 本案主要讨论双方就生效调解书履行过程中产生新的违约赔偿责任，以及该赔偿责任能否在以调解书为执行依据的执行程序中一并解决的问题。因执行程序不能代替审判程序，双方基于履行调解书违约产生的给付义务系新的实体争议，应经诉讼或仲裁解决，故该部分违约金无法直接予以执行。

作为执行依据的仲裁调解书，双方当事人就迟延履行的违约责任进行了约定，且因一方迟延履行产生违约赔偿责任，系义务人新的给付义务，且该给付义务的具体内容取决于双方在履行生效调解书过程中是否违约及违约的程度等，涉及当事人的实体权利问题，并非简单事实判断，应在当事人无异议或通过诉讼程序才能确定，执行程序中无法直接予以确认。

因此，在未确认义务人是否违约以及违约程度等问题时，权利人关于强制执行违约金的请求属给付内容不明确，不符合执行案件受理条件，人民法院应不予执行立案，已经立案的应裁定驳回其执行申请。

2. 作为本案执行依据的调解书，其内容既有对欠付工程款事实及欠付金额的事实确认部分，又有对欠付工程款的具体给付金额及给付方式、期限的明确约定，同时约定了迟延履行的违约责任及违约金的具体计算方法，约定内容明确。但就基于违约责任产生的给付责任，一般均不能在一个执行程序中全部解决。因此，对于该类案件可尝试再细化和明确违约情形，或在执行完毕主要责任后直接再诉违约金赔偿责任，分步解决。

作为本案执行依据的调解书，其主要内容如下：（1）申请人、被申请人双方共同确认，涉案酒店 10KV 配电工程最终结算价总计 1540 万元。截至 2019 年 7 月 29 日，被申请人已向申请人支付工程款共计 1200 万元，尚欠 340 万元未支付。（2）申请人同意被申请人以分期付款的方式支付 340 万元，具体如下：①在本协议签订之日起 10 日内，被申请人向申请人支付工程款 100 万元。②在 2020 年 1 月 22 日前，被申请人向申请人支付剩余工程款 240 万元。被申请人未按上述约定履行工程款给付义务，每逾一期，申请人有权就全部未付工程款向人民法院申请强制执行。若被申请人按约定全额履行上述①、②的付款义务，则视为被申请人全面履行工程款的付款义务，申请人自愿放弃剩余款项的追索权利。(3) 若被申请人未按约定履行给付义务，视为被申请人违约，则被申请人除应继续按本协议约定履行工程款给付义务外，还应向申请人支付逾期付款违约金，具体计算方式为：①以 200 万元为基数，从 2015 年 8 月 1 日起至 2019 年 2 月 2 日止，按每日 4‰的利率标准向申请人支付逾期付款违约金；②以 340 万元为基数，从 2015 年 8 月 1 日起，按每日 4‰的利率标准向申请人支付逾期付款违约金直至未付工程款完全付清之日止。前述违约金的计算方式是同时适用。(4) 本案仲裁申请费用 78763 元由双方各承担 39381.5 元，被申请人在 2020 年 1 月 22 日前履行最后一期工程款支付义务时一并支付给申请人。